大清一統志

第一册

京師
直隸（一）

上海古籍出版社

圖書在版編目(CIP)數據

大清一統志 / 王文楚等點校. —上海：上海古籍出版社，2022. 12
ISBN 978-7-5732-0384-7

Ⅰ.①大… Ⅱ.①王… Ⅲ.①地理志-中國-清代
Ⅳ.①K928.649

中國版本圖書館CIP數據核字(2022)第135013號

2021—2035年國家古籍工作規劃重點出版項目
國家古籍整理出版專項經費資助項目

大清一統志
(全三十册)
[清] 穆彰阿、潘錫恩等　修纂
王文楚等　點校
上海古籍出版社出版發行
(上海市閔行區號景路159弄1-5號A座5F　郵政編碼201101)
(1) 網址：www.guji.com.cn
(2) E-mail：guji1@guji.com.cn
(3) 易文網網址：www.ewen.co
浙江新華數碼印務有限公司印刷
開本890×1240　1/32　印張635.125　插頁152　字數13,333,000
2022年12月第1版　2022年12月第1次印刷
ISBN 978-7-5732-0384-7/K・3226
審圖號：GS(2022)5171號　定價：4500.00元
如有質量問題，請與承印公司聯繫

大清一統志整理工作委員會

主　編：王文楚

副主編：占旭東

整理人員：（以姓氏筆畫爲序）

丁如明　王文楚　占旭東　史良昭　杜東嫣

李祚唐　李夢生　李劍雄　何立民　金良年

胡　真　祝伊湄　馬　顥　郭子建　郭時羽

曹光甫　曹明綱　許洪新　張　敏　劉　賽

責任編辑：徐樂帥
封面設計：嚴克勤
技術編輯：耿瑩禕
責任校對：侯奇偉　梁　勤　陳　穎　王怡瑋　王舒平
沈息蘭　羅思遠　魯雨桐　富毓雯

總目録

第一册

第二册

第三册

第四册

第五册

第六册

第七册

大清一統志整理序言

王文楚

嘉慶重修一統志（即本志）是清代嘉慶朝編纂的一部著名的地理總志，也是我國傳統社會最後一部地理總志。

清初緣因社會政治的日益穩定和經濟的不斷發展，於康熙二十五年開始編修大清一統志。但因編修工作的艱巨和繁重，歷久未成，經雍正和乾隆之初，仍繼續進行，直至乾隆八年，全書方才告竣。「聖祖仁皇帝特命纂輯全書，以昭大一統之盛，卷帙繁重，久而未成。世宗憲皇帝御極之初，重加編纂，閱今十有餘載，次第告竣。自京畿達於四裔，爲省十有八，統府州縣千六百有奇，外藩屬國五十有七，朝貢之國三十有一」〔一〕。總計三百五十六卷。

乾隆二十年至二十二年，相繼平定準噶爾部，收復天山北路，二十三年至二十四年平定回部，收復天山南路，這是自漢、唐、元以來，中國政府對西域的重新統一。乾隆四十年討定大、小金川，西南土司歸附，幅員益廣，疆土遼濶，政治統一，將西域新疆增入，重編大清一統志被排上議事日程。再者，一統志自纂成以來二十多年，各地「户口日蕃，田賦日殷」，經濟日趨繁榮，行政區劃之變更，職官之增減與移駐，多與舊制不同，前志内容已顯陳舊，「其他考稽失實，與凡掛漏冗複者，諒均在所不免，亟應重加纂修，以成全書」〔二〕。纂修工作始於乾隆二十九年，和珅出任總裁。一統志稿陸續撰成後，遵循乾隆帝「隨繕隨進，候朕裁定」的諭旨〔三〕，由他親自審定。最終於乾隆四十九年成書，所録「各項册檔以四十九年送核者爲斷」〔四〕。書凡四百二十四卷，加上子卷爲五百卷，被收入四庫全書史部地理類。四庫全書總目評曰：「迨乾隆二十年，『平定伊犁，拓地二萬餘里，爲自古輿圖所未紀。而府州縣之分併改隸，與職官之增減移駐，亦多與舊制異同，乃特詔重修，定爲此本。……乾隆四十年，又討定兩金川，開屯列戍，益廣幅員，因並載入簡編，以昭大同之盛軌。蓋版圖廓於前，而蒐羅彌博；門目仍其舊，而體例加詳。一展卷而九州之秪屬、八極之會同，皆可得諸指掌間矣』。

乾隆欽定大清一統志（下簡稱乾隆志）成書後，移交武英殿刊刻，直至嘉慶十五年完工，時去乾隆四十九年已經二十六年，「其間魯魚亥豕，間有不免」，「有一切必應載入之處，未臻齊備」，「其最大者卷首未經恭載裕陵，又五十年建造辟雍，亦未詳記本末。又恭查祠祀類中，如近年來添設文昌廟，崇祀興安大嶺暨太白山、湖海諸神，并加封號，尚未列入。隆規鉅典，開卷闕如。此外如外域門内，緬甸、越南、巴勒布、廓爾喀等處，投順錫封，又如臺灣、哈仔爛歸入版圖，亦皆屬事之大者。至如各省添設文武官職，以及郡縣廳營裁置歸併，城池、學校增設遷移，或地名與今不符，或事實與前互異，若不添補改葺完善，礙難請旨頒行」〔五〕。乾隆志的纂修工作匆忙倉促，門類不齊，漏載亦多，體例未協。故此，嘉慶十六年正月，方略館奏請補修欽定大清一統志，「自乾隆五十年以後，至嘉慶十五年以前，凡應補載者，一併依類敬謹列入，並將全書通行詳校，以免疏漏脱誤」〔六〕，使一統志成爲完本，這就成爲嘉慶重修一統志（下簡稱嘉慶志）編纂的起始。

嘉慶志由國史館承辦，潘錫恩任提調總纂官，廖鴻荃任總纂修官。但因工作繁重和艱巨，終嘉慶一朝而未能完成。道光十六年，又敕修大清一統志，由國史館總裁、大學士穆彰阿主持重修，「督飭在館各員，將全書纂輯」〔七〕。歷時三十一年，至道光二十二年十二月，全書告竣，以嘉慶二十五年爲斷〔八〕。總凡五百六十卷。

嘉慶志繼承了唐宋以來歷代地理總志的體裁，記録了清代興盛時期的全部疆域，包括清王朝全盛時期的統轄範圍：西北達巴爾喀什湖北岸及其西南地區，北至薩彦嶺、額爾古納河和外興安嶺，西抵帕米爾高原，東至鄂霍次克海、庫頁島，南及南海諸島。

嘉慶志記録了嘉慶二十五年全國範圍的各級行政區域，首敘京師，次直隸、盛京、江蘇、安徽、山西、山東、河南、陝西、甘肅、浙江、江西、湖北、湖南、四川、福建、廣東、廣西、雲南、貴州、新疆、烏里雅蘇台、蒙古、青海、西藏等，最後附以「外域朝貢諸國」。

清代對遼濶疆土的治理，採取了兩種不同的方式，一是内地十八省的郡縣制，一是邊疆地區的特殊政區制度。漢族聚居區十八省的最高一級行政長官是總督、巡撫，共設八督：直隸、兩江（清初爲江南、江西，後江南分爲江蘇、安徽）、閩浙（福建、浙江）、陝甘（陝西、甘肅）、湖廣（湖北、湖南）、兩廣（廣東、廣西）、四川、雲貴（雲南、貴州）。八督並不包容十八省，又設十五巡撫：江蘇、安徽、江西、山東、山西、河南、陝西、浙江、福建、湖北、湖南、廣東、廣西、雲南、貴州。甘肅不設巡撫，而由陝甘總督兼管，直隸、四川只設總督，不設巡撫。總督、巡撫駐所，即爲該省省會。省以下是府（直隸州、直隸廳）、縣（散州、散廳），形成三級地方行政體系。在省和府州廳之間設置道，屬監察性質，亦有治所和轄區。

邊疆少數民族聚居區根據地域遼濶、民族複雜的特點，因地制宜，因俗設治，實施特殊管轄措施。清代定都京師順天府（治今北京市），以前舊都盛京爲留都（治今瀋陽市），將東北滿洲皇興之地設盛京（奉天）、吉林、黑龍江三將軍，分別統領三轄區。奉天將軍駐盛京，設三副都統駐防。盛京附近設奉天府，統轄州縣，位同京師順天府。其西設錦州府，位同内地之府，統屬於奉天府。吉林將軍駐吉林（今吉林市），設五副都統駐防。黑龍江將軍駐齊齊哈爾（今齊齊哈爾市），設三副都統及總管駐防。副都統下設城守尉、防守尉駐防。〔九〕

内外蒙古和青海大部分地區，爲蒙古民族游牧地，推行盟旗制度。内蒙古二十四部四十九旗，統於哲里木、卓索圖、昭烏達、錫林郭勒、烏蘭察布和伊克昭六盟，套西二旗不設盟，直屬中央理藩院。歸化城、土默特二旗，屬山西綏遠將軍管轄。察哈爾八旗，由察哈爾都統管轄。〔一〇〕

外蒙古設定邊左副將軍（即烏里雅蘇台將軍），統轄喀爾喀四部及科布多、唐努烏梁海地方，駐烏里雅蘇台城（今蒙古國扎布汗省會扎布哈朗特）。喀爾喀四部八十六旗：土謝圖汗部二十旗，車臣汗部二十三旗，扎薩克圖汗部十九旗，賽因諾顔部二十四旗。科布多設參贊大臣，駐科布多（今蒙古國科布多省會），管轄杜爾伯特十四旗、扎哈沁一旗、新土爾扈特一旗、新和碩特一旗、明阿特一旗、厄魯特一旗、阿勒坦烏梁海七旗、阿勒坦淖爾烏梁海二旗，共八部二十九旗。唐努烏梁海部五旗。又設庫倫辦事大臣，駐庫倫（今蒙古國首都烏蘭巴托），專理對俄羅斯通商事務，並監理車臣汗、土謝圖汗二部。〔一一〕

青海設西寧辦事大臣，駐西寧（今西寧市），統轄青海北部和碩特、綽羅斯、輝特、土爾扈特、喀爾喀五部二十九旗。南部爲玉樹等四十藏族土司。〔一二〕

西藏設辦事大臣、幫辦大臣，分駐拉薩、日喀則，統轄全藏，分衛、藏、喀木、阿里四區。〔一三〕

新疆實施軍民分治制度。軍治設伊犁將軍，駐惠遠城（今霍城縣南），統轄天山南北準噶爾部、回部的軍政。在伊犁、塔爾巴哈台、喀什噶爾設參贊大臣，烏魯木齊設都統，哈密、喀喇沙爾、庫車、阿克蘇、烏什、葉爾羌、和闐設辦事大臣，庫爾喀喇烏蘇、古城、巴里坤、吐魯番、英吉沙爾設領隊大臣，皆統於伊犁將軍。民治在天山北路設鎮西府於巴里坤，設迪化州於烏魯木齊，隸屬於甘肅省。天山南路則依據維吾爾族原有行政制度，實行伯克制。〔一四〕

嘉慶志卷首列有皇輿全圖一幅，是嘉慶二十五年全國疆域總圖的簡縮版圖。各省和府、直隸州廳，邊區軍政區域和屬部，皆設輿圖（亦有屬部無圖者），是各省、邊區軍政區域範圍和所轄各級政區位置與山川湖澤自然地理要素互相聯繫的政區簡圖，政區區域和建置大體明瞭，頗便直觀。

嘉慶志記載各省和府、直隸州廳，邊區統部和屬部及青海、西藏政區沿革有二：一載於沿革表，以表格形式譜列，以嘉慶末政區爲準，此下大致分成秦、兩漢至宋、元、明共十一格，簡注各代政區設置、併廢、更易變遷，提綱挈領，簡明扼要。二載於「建置沿革」，詳載省、府、直隸州廳和散州廳縣及邊區各級政區自周、秦、兩漢至唐、宋、元、明、清政區設置、併廢、改易的沿革變遷。二者各有側重，表以簡要，文以詳悉，前後參照，相得益彰。

如上所述，志書所載疆域政區取材於嘉慶二十五年，爲康熙志、乾隆志二書不及載，是考察和研究這一時代疆域發展和範圍及政區建置最完整、堅實的寶貴資料。譚其驤先生主編的中國歷史地圖集第八册清嘉慶圖組就主要是根據此書的記載編繪而成。所載政區沿革，上溯周、秦、兩漢，下迄明、清，比之他書，内容更翔實，脈絡更貫通，迄今凡需要查證各地歷代政區建置沿革的，依然要依據它。

此外，各省統部列敘「分野」、「形勢」、「文職官」、「武職官」、「户口」、「田賦」、「税課」、「名宦」等項；府、直隸州廳分卷列敘「分野」、「形勢」、「風俗」、「城池」、「學校」、「户口」、「田賦」、「山川」、「古蹟」、「關隘」、「津梁」、「隄堰」、「陵墓」、「祠廟」、「寺觀」、「名宦」、「人物」、「流寓」、「列女」、「仙釋」、「土産」等項；京師及盛京列敘「城池」、「壇廟」、「山陵」、「宫殿」、「苑囿」等項；邊區敘及内容有所不同，增敘「屬部」、「旗分」、「封爵」、「驛站」等不一，其屬部亦各略異，别敘「晷度」、「屬境」、「臺站」、「卡倫」、「營塘」不一。

其中「山川」記載清代各地區的山嶺、巖峯、峽谷、原坡、嶂洞和江河、湖澤、港溪、渠池、井泉及沿海島山、礁嶼等，是與政區相互聯繫的自然地理分佈要素，其範圍之廣泛，内容之豐富，是任何其他專書和地志無可比擬的。記録河流名稱、分佈、源流，系統詳細，又詳於歷史變遷，論述深湛，對研究各歷史時期河流改道遷移，具有重要參考價值。

「古蹟」記載故城、廢縣、鎮村、宅莊、宫殿、樓臺、亭閣、苑囿、館園、衛所等，絶大多數是歷代建置的。志書以今州縣（嘉慶末的州縣）記載其方位和里數，再敘何代建置、改易、廢棄及其遷移。彙集大量清代以前歷史文獻，上自春秋左傳，旁及水經注、歷代正史地理志、歷代地理總志、名人文集、筆記，各地府志、州志、縣志和舊志，採擷宏富。遇有建廢年代及地址闕疑者，廣徵資料，詳加考證，甚而結合實地考察，力求祛疑存真。今天能得以了解歷史上各個時代城址所在，主要依賴於此書的記載，可以説本書古蹟部分是研究歷史時期各級政區治所和其他城址所在及其遷徙的最爲全面而完整的珍貴資料。中國歷史地圖集是我國現代歷史地理學最重大的一項科研成果，這部空前巨著共八册圖集，三百零四幅地圖，收録了清嘉慶末以前各代見諸歷史文獻可考的政區和其他地名，計以數萬的今地位置，大多依據此書的記載，再參考其他相關資料，又將嘉慶末的州縣治所轉换成今地而考定其確實地點。可見「古蹟」部分具有極其重要的史料價值。

各省府州廳「關隘」記載關口、巡司、鎮堡、寨戍等，其中所載驛站，盛京奉天府、錦州府、吉林、黑龍江驛站，蒙古和喀爾喀四部度漠驛站，新疆各屬的臺站、卡倫、營塘，都是研究清代交通地理

浙江：李夢生
江西：史良昭
湖北：劉賽
湖南：曹明綱
四川：占旭東
福建：杜東嫣、胡真
廣東：馬顥
廣西：李祚唐
雲南：祝伊湄
貴州：郭時羽
新疆、烏里雅蘇台：何立民
蒙古、青海、西藏、朝貢各國：曹明綱

自著手校點至今已過去十數年，這期間，李劍雄、曹光甫二先生先後作古，竟不及看到此書的出版，甚爲憾事，令人歎惋！

本次整理以四部叢刊續編本爲底本，廣泛參校相關文獻，主要參考文獻見另文。古籍整理，涉及面廣，欲成佳品，良非易易。整理中紕繆之處，尚望學界同好指正。

注釋

〔一〕乾隆八年大清一統志序。
〔二〕〔三〕欽定大清一統志序。
〔四〕乾隆大清一統志凡例。
〔五〕〔六〕嘉慶道光兩朝上諭檔，第一六册，嘉慶十六年正月二十五日。
〔七〕嘉慶重修一統志國史館總裁、大學士穆彰阿奏。
〔八〕〔一五〕嘉慶重修一統志凡例。
〔九〕嘉慶重修一統志卷五七一七一。
〔一〇〕嘉慶重修一統志卷五三四一五四三，並參考清史稿卷七七地理志二四。
〔一一〕嘉慶重修一統志卷五三二一五三三、五四四，並參考清史稿卷七八地理志二五。
〔一二〕嘉慶重修一統志卷五四六，並參考清史稿卷七九地理志二六。
〔一三〕嘉慶重修一統志卷五四七，並參考曾國慶清代藏史研究，西藏人民出版社，一九九九年。
〔一四〕嘉慶重修一統志卷五一六、二五一。
〔一六〕牛潤珍、張慧大清一統志纂修考述，載明清論叢第九輯，紫禁城出版社，二〇〇九年。

整理凡例

（一）嘉慶重修一統志成書後並未刊行，民間流傳多爲抄本，隨著時間流逝，國史館所藏進呈本副本亦有散佚。二十世紀初北洋政府修清史稿，搜集有清史料，幸而得到嘉慶重修一統志進呈寫本全本。一九三四年，上海商務印書館將之影印收入四部叢刊續編。本次整理即以該本爲底本。

（二）嘉慶重修一統志是在乾隆一統志的基礎上增修的，所以乾隆志無疑是本次整理最重要的參校材料，幾可列於對校之地位。一統志援引與涉及的史料極廣，如二十四史中的地理志、歷代所修地理總志、明清所修地方志及通志等等，皆盡力收集合適傳本列爲參校文獻，詳見後文。

（三）一統志的編排在體例上有時未能始終貫徹，如正文每卷例標卷數，而時有未標，今皆補齊。又如朝貢諸國，多國共用一卷而編排上爲分卷形式，殊不便搜檢，今添加「上」「下」或「之一」「之二」等字樣。

（四）各省統部及各府皆有沿革表。表中文字偶有訛誤，爲免煩瑣，皆於文中改正，不出校勘記。誤字置圓括號之内，正字外加六角方括號。表中偶有少量文字上下錯欄，如漢代史實誤移秦代一欄之類，蓋原抄本所誤録，今徑移正。

（五）其他皆遵古籍整理慣例或自成一例，瑣細不具舉。

主要參校文獻

北齊魏收撰魏書，一九七四年中華書局點校本。

北魏崔鴻撰，明屠喬孫、項琳之輯十六國春秋，明萬曆三十七年嘉興蘭暉堂刻本。

北魏酈道元撰水經注，一九八七年上海古籍出版社影印文淵閣四庫全書本。

陳漢章撰遼史索隱，一九九四年嶽麓書社二十五史三編本。

陳橋驛、王東注釋水經注，二〇〇九年中華書局整理本。

春秋左丘明撰春秋左傳，清阮元校刻十三經注疏本。

東漢袁康、吴平撰越絶書，四部叢刊據嘉業堂藏明刊本影印本。

東晉常璩撰，任乃强校注華陽國志校補圖註，二〇〇七年上海古籍出版社點校本。

漢班固撰漢書，一九六二年中華書局點校本。

漢司馬遷撰，宋裴駰集解、唐司馬貞索隱、唐張守節正義史記，一九六三年中華書局點校本。

後晉劉昫等撰舊唐書，一九七五年中華書局點校本。

晉陳壽撰三國志，一九五九年中華書局點校本。

梁沈約撰宋書，一九七四年中華書局點校本。

梁蕭子顯撰南齊書，一九七二年中華書局點校本。
明曹學佺撰大明一統名勝志，明崇禎三年刻本。
明曹學佺撰蜀中廣記，一九八七年上海古籍出版社影印文淵閣四庫全書本。
明馮惟敏纂、王國楨續修萬曆保定府志，明萬曆三十六年刻本。
明管大勳、劉松纂修臨江府志，一九六二年上海古籍書店據寧波天一閣藏明隆慶刻本影印本。
明胡漢等纂修郴州志，一九六二年上海古籍書店據寧波天一閣藏明萬曆刻本影印本。
明黄仲昭纂八閩通志，明弘治三年刻本。
明蔣一葵撰長安客話，一九八二年北京古籍出版社整理本。
明焦竑纂國朝獻徵録，二〇一三年廣陵書社影印明萬曆四十四年徐象枟曼山館刻本。
明李輔修全遼志，金毓黻主編遼海叢書本。
明李賢等修大明一統志，明天順五年内府刊本。
明淩迪知撰萬姓統譜，明毛氏汲古閣刻本。
明宋濂撰宋學士文集，四部叢刊初編本。
明宋濂撰元史，一九七六年中華書局點校本。
明孫世芳修、欒尚約輯宣府鎮志，明嘉靖四十年刻本。

明太宗實録，一九六二年臺北「中研院」歷史語言研究所影印北平圖書館藏紅格抄本。
明太祖實録，一九六二年臺北「中研院」歷史語言研究所影印北平圖書館藏紅格抄本。
明陶宗儀撰南村輟耕録，四部叢刊三編影印元建陽刻本。
明田汝成撰西湖遊覽志，明嘉靖二十六年刻本。
明汪珂玉撰西子湖拾翠餘談，清光緒刻本。
明王鏊纂姑蘇志，明正德元年刻本。
明吴之鯨撰武林梵志，一九八七年上海古籍出版社影印文淵閣四庫全書本。
明武宗實録，一九六二年臺北「中研院」歷史語言研究所影印北平圖書館藏紅格抄本。
明憲宗實録，一九六二年臺北「中研院」歷史語言研究所影印北平圖書館藏紅格抄本。
明孝宗實録，一九六二年臺北「中研院」歷史語言研究所影印北平圖書館藏紅格抄本。
明薛瑄撰敬軒文集，一九八七年上海古籍出版社影印文淵閣四庫全書本。
明嚴從簡撰殊域周諮録，明萬曆刻本。
明嚴嵩纂修袁州府志，一九六三年上海古籍書店據寧波天一閣藏明隆慶刻本影印本。
明佚名撰福州府志，明萬曆刻本。
明佚名撰淮南水利考，明刻本。
明英宗實録，一九六二年臺北「中研院」歷史語言研究所影印北平圖書館藏紅格抄本。

明鄭若曾撰鄭開陽雜著，一九八七年上海古籍出版社影印文淵閣四庫全書本。
明朱謀㙔撰水經注箋，明萬曆四十三年李長庚刻本。
明朱廷焕撰增補武林舊事，清康熙四十三年刻本。
乾隆欽定大清一統志，一九八七年上海古籍出版社影印文淵閣四庫全書本。
清阿桂、于敏中撰欽定滿洲源流考，清乾隆四十二年武英殿刻本。
清阿桂等纂修欽定盛京通志，清乾隆四十九年武英殿刻本。
清寶琳等纂修直隸定州志，清道光二十九年刻本。
清畢沅撰關中勝蹟圖志，清乾隆畢沅經訓堂刻本。
清曾曰瑛等修、李紱等纂汀州府志，清乾隆十七年修同治六年刻本。
清常明修、楊芳燦等纂四川通志，清嘉慶二十一年刻本。
清陳弘謀等纂修湖南通志，清乾隆二十二年刻本。
清陳儀撰直隸河渠志，一九八七年上海古籍出版社影印文淵閣四庫全書本。
清陳兆麟纂修開州志，清光緒七年刻本。
清鄂爾泰等纂修貴州通志，清乾隆六年刻本。
清鄂爾泰等修、靖道謨等纂雲南通志，清乾隆元年刻本。
清鄂爾泰修、張廣泗等纂貴州通志，清乾隆六年刻本。

清方愷撰新校晉書地理志，商務印書館叢書集成初編本。
清高宗實録，一九八六年中華書局影印本。
清顧炎武撰昌平山水記，二〇一一年上海古籍出版社顧炎武全集整理本。
清顧炎武撰日知録，黄珅、嚴佐之、劉永翔主編顧炎武全集，二〇一一年上海古籍出版社整理本。
清顧炎武撰天下郡國利病書，黄珅、嚴佐之、劉永翔主編顧炎武全集，二〇一二年上海古籍出版社整理本。
清顧祖禹撰，賀次君、施和金點校讀史方輿紀要，二〇〇五年中華書局點校本。
清海忠修、林從炯等纂承德府志，清光緒十三年廷杰重訂本。
清郝玉麟等修、魯曾煜等纂廣東通志，清雍正九年刻本。
清郝玉麟等修、謝道承等纂福建通志，清乾隆二年刻本。
清洪亮吉撰十六國疆域志，清嘉慶二年刻本。
清胡渭撰，鄒逸麟整理禹貢錐指，二〇〇六年上海古籍出版社整理本。
清許容修、李迪等纂甘肅通志，清乾隆元年刻本。
清黄彭年總纂畿輔通志，清光緒十二年蓮池書院刻本。
清黄廷桂等纂修四川通志，清乾隆元年刻本。

清黄文琛纂修邵陽縣志，清光緒二年刻本。
清惠棟撰後漢書補注，一九三六年商務印書館叢書集成初編本。
清嵇曾筠等纂修浙江通志，清乾隆元年刻本。
清紀昀等纂欽定河源紀略，二〇一六年中華書局影印清武英殿刻本。
清傅恒等纂欽定皇輿西域圖志，清乾隆四十七年武英殿刻本。
清傅恒等纂西域同文志，清乾隆二十八年刻本。
清金鉷修、錢元昌等纂廣西通志，清雍正十一年刻本。
清金志節、黄可潤纂修口北三廳志，清乾隆二十三年刻本。
清覺羅石麟修、儲大文等纂山西通志，清雍正十二年刻本。
清李慎儒撰遼史地理志考，一九五五年中華書局二十五史補編本。
清劉錫信撰歷代諱名考，清劉氏嘉蔭簃抄本。
清劉於義修、沈青崖等纂陝西通志，清雍正十三年刻本。
清羅景泐修、曹鼎望等纂豐潤縣志，清康熙三十一年刻本。
清邁柱修、夏力恕等纂湖廣通志，清雍正十一年刻本。
清牛昶煦等纂修豐潤縣志，清光緒十年修民國十年鉛印本。
清濮瑗纂安岳縣志，清道光十六年刻本。

清齊召南撰水道提綱，清乾隆四十一年刻本。
清錢大昕撰廿二史考異，二〇〇四年上海古籍出版社整理本。
清全祖望撰漢書地理志稽疑，商務印書館叢書集成初編本。
清仁宗實録，一九八六年中華書局影印本。
清任銜蕙等纂修棗强縣志，清嘉慶八年刻本。
清沈炳巽撰水經注集釋訂訛，一九八七年上海古籍出版社影印文淵閣四庫全書本。
清聖祖實録，一九八六年中華書局影印本。
清石臺修、馮師元等纂恩平縣志，清道光五年刻本。
清世祖實録，一九八六年中華書局影印本。
清世宗實録，一九八六年中華書局影印本。
清孫承澤撰春明夢餘録，清光緒七年孔氏刻古香齋袖珍本。
清孫承澤撰天府廣記，北京大學圖書館藏清抄本。
清太祖實録，一九八六年中華書局影印本。
清陶壽嵩修、楊兆熊纂竹谿縣志，清同治六年刻本。
清賈漢復修、沈荃等纂河南通志，清康熙九年徐化成增修刻本。
清田文鏡等修、孫灝等纂河南通志，清雍正十三年刻本。

清屠英等修、江藩等纂肇慶府志，清光緒二年重刻道光本。
清王士禛撰池北偶談，清康熙二十八年刻本。
清王先謙撰漢書補注，清光緒二十六年王氏虛受堂刻本。
清王先謙撰合校水經注，二〇〇九年中華書局整理本。
清吴長元撰宸垣識略，清乾隆五十三年池北草堂刻本。
清吴汝綸撰深州風土記，清光緒二十六年文瑞書院刻本。
清吴廷華修、王者輔等纂宣化府志，清乾隆八年修二十二年訂補重刊本。
清吴增僅撰三國郡縣表附考證，一九五五年中華書局二十五史補編影印開明書店排印本。
清謝旻等監修江西通志，清雍正十年刻本。
清徐景曾纂修順德府志，清乾隆十五年刻本。
清徐景熹修、魯曾煜纂福州府志，清乾隆十九年刻本。
清徐松輯宋會要輯稿，一九三五年北平圖書館據徐氏原稿影印本。
清徐松撰新疆識略，清道光元年刻本。
清徐鼒撰小腆紀傳，一九五八年中華書局排印本。
清楊復吉撰遼史拾遺補，清道光五年刻本。
清楊守敬、熊會貞撰水經注疏，一九五五—一九五七年中國科學出版社據原稿本影印本。

清楊守敬撰隋書地理志考證，清光緒二十七年宜都楊氏刻本。
清佚名纂衛藏通志，一九三六年商務印書館叢書集成初編本。
清佚名纂香山縣鄉土志，清抄本。
清殷作霖修順德府志，清康熙增修本。
清欽定八旗通志，一九八七年上海古籍出版社影印文淵閣四庫全書本。
清尹繼善修，黄之雋等纂江南通志，清乾隆元年刻本。
清尹侃纂修直隸深州總志，清乾隆二十一年刻本。
清英廉等奉敕編日下舊聞考，清乾隆五十三年武英殿刻本。
清英啓修、鄧琛纂黄州府志，清光緒十年刻本。
清袁文焕等纂修隆平縣志，清乾隆二十九年抄本。
清岳濬等修、杜詔等纂山東通志，清乾隆元年刻本。
清張穆撰蒙古遊牧記，清同治六年刻本。
清張廷玉等撰明史，一九七四年中華書局點校本。
清張廷玉等撰清朝文獻通考，清武英殿刻本。
清張祥雲修、孫星衍等纂廬州府志，清嘉慶八年刻本。
清趙一清撰水經注箋刊誤，清乾隆五十九年刻本。

湯球撰十六國春秋輯補，商務印書館叢書集成初編本。
唐杜佑撰通典，清乾隆武英殿刻九通本。
唐房玄齡等撰晉書，一九七四年中華書局點校本。
唐李百藥撰北齊書，一九七二年中華書局點校本。
唐李吉甫撰、賀次君點校元和郡縣圖志，一九八三年中華書局點校本。
唐李延壽撰北史，一九七四年中華書局點校本。
唐李延壽撰南史，一九七五年中華書局點校本。
唐令狐德棻等撰周書，一九七一年中華書局點校本。
唐魏徵、令狐德棻撰隋史，一九七三年中華書局點校本。
唐姚思廉撰陳書，一九七二年中華書局點校本。
唐姚思廉撰梁書，一九七三年中華書局點校本。
欽定勝朝殉節諸臣録，一九八七年上海古籍出版社影印文淵閣四庫全書本。
元孛蘭肹等撰、趙萬里校輯元一統志，一九六五年中華書局點校本。
元黎崱撰安南志略，一九八七年上海古籍出版社影印文淵閣四庫全書本。
元馬端臨撰文獻通考，清乾隆十二年武英殿刻本。
元脱脱等撰金史，一九七五年中華書局點校本。

元脫脫等撰遼史，一九七四年中華書局點校本。
元脫脫等撰宋史，一九七七年中華書局點校本。
元吴澄撰吴文正集，明宣德十年刻本。
趙爾巽等撰清史稿，一九七七年中華書局整理本。

崔文印撰大金國志校證，一九八六年中華書局。
后曉榮撰秦代政區地理，二〇〇九年社會科學文獻出版社。
金殿士撰遼代安德州今地考，一九八二年社會科學輯刊第二期。
孔祥軍撰三國政區研究，二〇一二年花木蘭出版社。
李恭篤、高美璇撰遼寧淩源安杖子古城發掘報告，一九九六年考古學報第二期。
施和金撰北齊地理志，二〇〇八年中華書局。
譚其驤主編中國歷史地圖集，一九八二年中國地圖出版社。
譚其驤撰秦郡界址考，載長水集，二〇〇九年人民出版社。
王建撰史諱辭典，二〇一一年上海古籍出版社。
王文楚撰關於中國歷史地圖集第二册西漢圖幾個郡國治所問題，載歷史地理第五輯。
王仲犖撰北周地理志，一九九〇年中華書局。

斯編也，即其迹而道載焉矣！朕惟乾惕震恐，冀迪前光，深知守成之難不殊於創始，願與内外百執事勉，固封守而阜兆民，繼自今無疆惟休，亦無疆惟恤，續有編録，視此典型，是朕之厚望也夫！

道光二十二年壬寅十二月二十二日

國史館總裁、大學士臣穆彰阿等謹奏：爲接纂大清一統志全書告成，恭摺奏聞請旨事。竊臣館於嘉慶十六年經方略館奏請，將大清一統志移交補纂，臣等現已督飭在館各員將全書纂輯繕校完竣，共五百六十卷，凡例、目録二卷，陸續恭進。伏思纂輯大清一統志卷帙浩煩，與臣館常行功課不同，恭查嘉慶十七年四月内欽奉諭旨，嗣後各館纂辦書籍至一百數十卷以上，准其奏請優敘等因，欽此欽遵在案。此次書成，除臣等總裁不敢仰邀議敘外，前任提調、總纂官，今任江南河道總督臣潘錫恩等，前任總纂、纂修官、工部尚書廖鴻荃等，均係一二品大員，另繕清單，恭呈御覽，所有應得議敘，伏候欽定。至在館之提調、總纂、纂修、協修、校對、收掌、繙譯、謄録、供事等官等，臣等核其功課多寡，分別一二等，咨部給予優敘。其中悉心校勘尤爲出力之漢校對，内閣中書宗稷辰、賀式韓、沈維鐈三員可否敕下吏部酌給升班，以示鼓勵之處，出自皇上格外天恩，爲此謹奏，是否有當，伏乞聖鑒。謹奏。

道光二十二年十二月　　日

大清一統志凡例

一、舊志原成於乾隆八年，續成於乾隆四十九年，今纂至嘉慶二十五年。國家幅員日闢，户口日蕃，田賦日充，人官、物産之華日著，謹確稽部、院、寺、監並各直省來册詳載，以昭重熙累洽、久道化成之盛。

一、志中編次，首京師，次直隸，次盛京，次江蘇、安徽、山西、山東、河南、陝西、甘肅、浙江、江西、湖北、湖南、四川、福建、廣東、廣西、雲南、貴州，次新疆，次蒙古各藩部，次朝貢各國，凡五百六十卷。

一、志自京師以下，每省有統部，總敘一省大要，各府、廳、直隸州自有分卷，凡所屬之州縣入焉。蒙古各藩統部分卷，悉照各省體例，其中間有新增者，謹另標出。

一、列聖繼承德威洪鬯，遐荒朔漠，咸隸版圖，其間聖製詩文有關地理者，敬謹備載。

一、採用羣書，自國史外，如日下舊聞考、熱河志、盛京通志、平定準噶爾方略、西域同文志、西域圖志、平定金川方略、天下輿地全圖等書，旁搜博採，確切參稽，並照體例登入，用光册府。

一、直省列聖巡蹕所經，均建行宫，惟直隸承德府行殿，歲當秋獮，駐蹕較久，謹按前志特標

「行宫」一門，今於興京并仍其例，餘就各省疆界山川所在，分晰恭載。

一、府廳州縣有升、如縣升州，州升直隸州、廳，直隸州、廳升府之類。降、如府降州，州降縣之類。分、如一府中析數縣益他府，一縣中割一隅益彼縣之類。合如原係二縣，今併爲一，原分屬各府，今合爲一直隸州、廳之類。者，府與直隸州、廳自立專部，即於「建置沿革」門敘清源流及升、降、分、合年分，其各州縣除於所轄府州下詳載外，仍於本條兼注。

一、直省修葺及新建之城池、學校，並海嶽江河神廟，與諸寺觀等，凡在嘉慶二十五年以前奉旨建修及賜名者均據各省來册備載外，其各書院及津梁、隄堰等有經某官某人增建增修者亦載入。

一、續志「學校」門各學之下，以一書院爲綱，餘用小注，未免有統屬軒輊之分，茲仍照乾隆八年前志平列。至各府、廳、州、縣入學額數，除定額照舊纂入外，其有增裁者，據各省來册分别記載。

一、舊志統部「田賦」後，不立鹽課、關税專條，蓋仿前明李賢所撰統志之例。前代鹽法、關税，弊竇叢生，征求無藝，本無成額。我朝法制修明，恤商輕税，超越前古，規條詳備，按册可稽，今增「税課」一門，列於各統部「田賦」之後，以昭美善。

一、職官有增設裁汰者，於本條下注明「舊若干缺，某年裁幾缺」，「舊若干缺，某年增幾缺」，本無是缺而新設者，注明「某年新設」。亦有既裁而復設者，注明「某年裁，某年復設」。移駐亦然，以類相從，旁注於下。若無類可歸，則於相近之官下注明。如舊有通判，今裁去者即於本府同知下注「舊有通判某年裁」之類。

一、四川、廣西、貴州等省，向設有土司官員，歷年有裁汰停襲，續志悉仍前志，今從嘉慶二十五年以前詳悉咨查各省，照來册備載。

一、河工、海塘事宜，謹遵嘉慶二十五年以前所奉諭旨及督撫河臣奏疏所陳，節載於各省河海條下。

一、「山川」、「古蹟」、「關隘」等，續志以四正四隅爲序，每致重複混淆，今悉照乾隆八年前志，先東，次東南，次南，次西南，次西，次西北，次北，次東北，地勢相接，條理較爲分明。

一、「陵墓」除續志所載，照舊存録外，其自乾隆元年以後至嘉慶二十五年有賜祭葬者，一一查覈載入，至其人事蹟已登「名宦」、「人物」，概不重載。

一、「名宦」、「人物」凡續志所載，照舊纂入外，其新增者以嘉慶二十五年以前奉旨入名宦、鄉賢祠者爲據，照時代序入。

一、「名宦」順天府卷中，自嘉慶二十五年以前已故之文武大臣有治行卓著，曾經奉旨褒嘉入祀賢良、昭忠二祠者，俱遵查國史載入。至諸王及八旗大臣等事蹟，已詳八旗通志，兹不重載。其八旗大臣中有職任封疆，政績懋著者，仍載入各省「名宦」中。

一、名宦凡統轄全省及轄數府者，載入統部，知府以下暨武職等官，專管一郡、一邑者，分載各府部。間有一人，而各省俱載者，止就本省本任政績紀録，不牽敘别省别任之事，以清眉目。至「名宦」、「人物」二門，有一人而彼此互見者，「名宦」撮舉政績，「人物」歷序生平，自不重複。

一、「列女」前志從「名宦」、「人物」之例，每人各立專條，續志則有專條，有附注。今覈各省來册名數實繁，既不能删此録彼，以意棄取，亦不能連篇累牘，致乖體裁。謹將前志所載貞女、烈婦合之；續志及新來文册，人數尚簡，仍舊各立專條，注明事實外，其節婦人數較多，每縣以奉旨旌獎者最先一人爲綱，注明事實，而以其餘彙注於下。

一、新疆涵濡聖教所設安西州、鎮西府、迪化州等，皆督臣所轄，既隸甘肅省，至伊犂之東西路、回部、準部，自伊犂至和闐，舊志已有「新疆」一門，其新疆慕化各藩、左右哈薩克等部，舊次於蒙古各藩部之後者，今悉編附新疆後，以類相從，便於省覽。

一、外藩各部，自内扎薩克察哈爾至喀爾喀、青海、西藏諸境，俱詳覈其山水、形勢之蹟，及「封爵」、「旗分」添設移改并世襲傳次之數，照理藩院册籍登記。

一、烏里雅蘇台設有將軍一、參贊二，統轄唐努烏梁海、科布多、喀爾喀四部官兵，會辦庫倫以西事務，并設辦事司員，舊志未經晰載。今詳考「晷度」、「山川」、「卡倫」、「臺站」，自爲一卷，附於新疆志之末。

一、外域朝貢諸國，均照禮部册籍，詳考史志諸書甄載。

一、援引各書，各省均於首見之條，載明著書人姓氏，其再引此書，即不重載姓氏，以歸簡易。

一、遼、金、元史中人名地名，見於志者，均遵新譯改正，並注明「某某舊作某某，今改正」等語於各條之下。間有一人一地疊見者，最先一條業已注明，其後見者即注明「某某改見前」。至奉天及蒙古、西域等山川地名，各土音並照新譯字樣登載。

皇輿全圖

大清一統志總目

京师

目録

京師圖

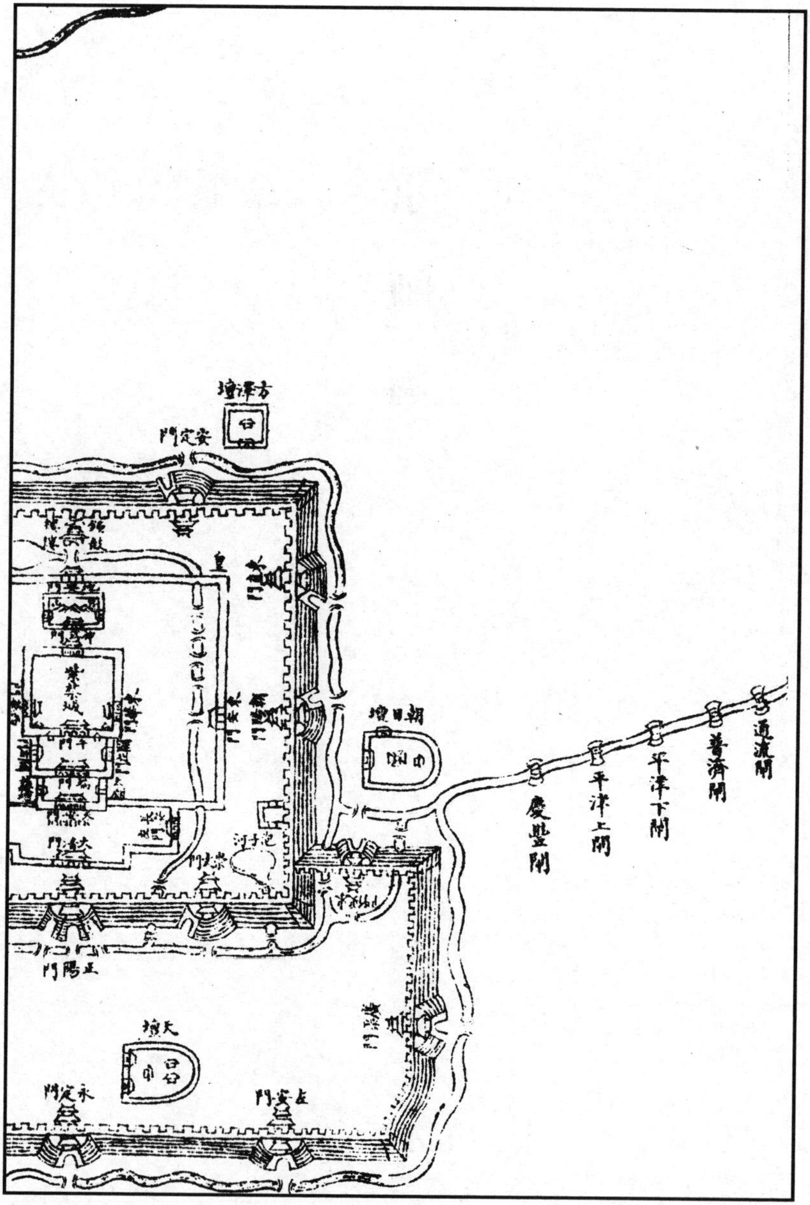
方澤壇
安定門
朝日壇
通流閘
普濟閘
平津下閘
平津上閘
慶豐閘
崇文門
正陽門
天壇
永定門
左安門

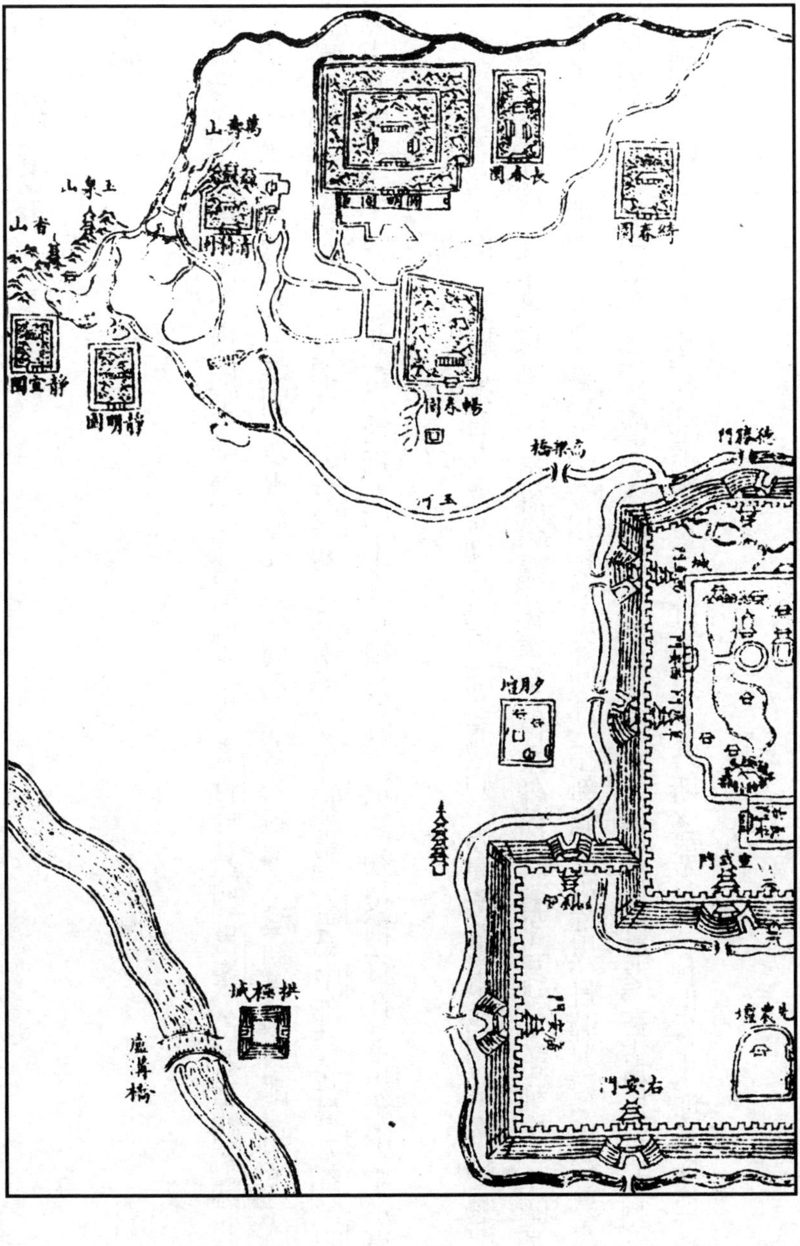
萬壽山
玉泉山
香山
靜宜園
靜明園
長春園
綺春園
暢春園
高梁橋
玉河
德勝門
夕月壇
宣武門
拱極城
盧溝橋
先農壇
右安門

大清一統志卷一

京師一

京師形勝甲天下，民俗樸淳，土地深厚，滄海環其東，太行擁其西，喜峯、古北諸關衛其北。兖、豫、荆、揚，襟帶南服，都會雄固，無過於此。在周爲燕召公封國。漢初爲燕國都，昭帝元鳳元年置廣陽郡。唐爲幽州范陽郡。遼會同初升爲南京，始建都焉。金爲中都。元爲大都。明初爲燕王封國，永樂元年建北京，稱行在，十九年稱京師。洪熙初復稱行在。正統中始定爲京師。

本朝世祖章皇帝統一寰區，撫有九域，聲教廣被，靡遠弗届。幅員所暨，東包朝鮮，南越瀛海，北抵大漠，西踰流沙，而定都京師。宫邑維舊，德化聿新，懷柔外藩，亭育中夏。列祖列宗，丕昭神武，繼繼承承，平定朔漠、青海、臺灣、兩金川暨準夷、回部，拓新疆二萬餘里，日淵月窟，絡繹尊王。皇上纘承列聖之志，居中馭外，遠肅邇安，如海朝宗，如星拱極。以道里遠近計之，在古伊洛爲九州之中，今京師宅萬國之中，重譯同文，八維奉朔，自虞夏以來，未有若斯之盛者也。卜世卜年，斯萬斯億，猗歟盛矣！

城池

京城。周四十里，高三丈五尺五寸。門九：南曰正陽，南之東曰崇文，南之西曰宣武，北之東曰安定，北之西曰德勝，東之北曰東直，東之南曰朝陽，西之北曰西直，西之南曰阜成。

按遼史地理志：「南京析津府城方三十六里。八門：東曰安東、迎春，南曰開陽、丹鳳，西曰顯西、清普〔一〕，北曰通天、拱辰。」金史地理志：「燕城門十三：東曰施仁、宣曜、陽春，西曰麗澤、顥華、彰義，南曰景風、豐宜、端禮，北曰會城、通玄、崇智、光泰。」宇文懋昭大金國志：「都城四圍七十五里。」陶宗儀輟耕録：元至元四年於中都東北置京城，「方六十里，分十一門：正南曰麗正，南之右曰順承，南之左曰文明，北之東曰安貞，北之西曰健德，正東曰崇仁，東之右曰齊化，東之左曰光熙，正西曰和義〔二〕，西之右曰肅清，西之左曰平則」。明洪武九年，徐達經理元都，縮其城之北五里，廢光熙、肅清二門，其九門俱仍舊，尋改安貞曰安定，健德曰德勝，崇仁曰東直，和義曰西直。永樂元年爲北京城〔三〕，十九年營建宫殿成，乃拓其城，周圍四十里。正統二年修城樓，四年工成，乃改麗正曰正陽，文明曰崇文，順承曰宣武，齊化曰朝陽，平則曰阜成。

本朝鼎建以來，修整壯麗，其九門之名，則仍舊焉。世祖章皇帝於京師分列八旗，拱衛皇居，於是正黄旗居德勝門内，鑲黄旗居安定門内，並在北方；正白旗居東直門内，鑲白旗居朝陽門内，並在東方；正紅旗居西直門内，鑲紅旗居阜成門内，並在西方；正藍旗居崇文門内，鑲藍旗居宣武門内，並在南方。各有定居，分爲左右二翼。又按城濠之水，源出昌平州白浮村之神山泉，通榆河，會一畝、馬眼諸泉，匯爲七里濼，東流環繞都城，曰玉河。又西山之玉泉，從水關經銀錠橋，流入西苑，繞宫禁，自玉河橋入城濠，合流至大通橋入漕河。明嘉靖中，工部尚書雷禮以外城濠池淺狹，請悉深濬，水乃自城西北隅環城東注，歷九橋九閘，從城東南隅流入大通橋。

皇城。在京城中。周十八里有奇，繚牆袤三千六百五十六丈五尺，高一丈八尺。正南曰大清門，少北曰長安左門，曰長安右門，東曰東安門，西曰西安門，正北曰地安門，舊爲北安門，順治九年改今名。大清門之内曰天安門，舊爲承天門，順治八年改今名。天安門之内曰端門，端門之内左曰闕左門，右曰闕右門。

紫禁城。在皇城中。周六里，南北長二百三十六丈二尺，東西長三百有二丈九尺五寸，高三丈。南曰午門，左曰左掖門，右曰右掖門。午門内爲太和門，左曰昭德門，右曰貞度門，其東曰協和門，西曰熙和門。太和門内爲太和殿，大朝正殿也。太和殿前東爲體仁閣，西爲弘義閣。體仁閣之北曰左翼門，弘義閣之北曰右翼門。由太和殿入爲中和殿、保和殿，左有中左門、後左門，右有中右門、後右門。保和殿之後爲乾清門，左曰内左門，右曰内右門。其東曰景運門，西曰隆宗門。景運門之東爲寧壽宫，乾隆三十七年敕葺，四十一年落成，其正殿曰皇極殿。隆宗門之西爲慈寧宫，又西爲壽康宫，後爲壽安宫，皇太后萬壽聖節，及長至元旦，皇上率王公大臣於此行朝賀禮。自協和門出爲東華門，自熙和門出爲西華門，城之正北曰神武門。文華殿，在東華門内箭亭之南，殿後爲文淵閣，以庋四庫全書，設官掌之。東北有石橋三，過橋爲三座門，正北有殿宇三所，覆以緑瓦，爲皇子所居。武英殿，在西華門内。南薰殿，在武英殿南。自乾清門以内，殿廷之制度，中禁嚴密，不敢詳載。

按遼史地理志：皇城在南京析津府西南隅，「大内門曰宣教，外三門曰南端、左掖、右掖。西曰顯西，設而不開，北曰子北」。又聖宗本紀：「統和二十四年八月改南京宣教門爲元和，外三門爲南端，左掖門爲萬春，右掖門爲千秋。」大金國志：「宫城周圍凡九里三十步。自天津橋之北曰宣陽門，過門有兩樓，曰文曰武，文之轉東曰來寧館〔四〕，武之轉西曰會同館。正北曰千步廊，東西對焉。廊之半各有偏門，向東曰太廟，向西曰尚書省。宫城之正南門曰應天，觀高八丈〔五〕，朱門五，東西相去一里餘，又各設一門，左曰左掖，右曰右掖。城之正東曰宣華，正西曰玉華，北曰拱辰。」輟耕録：「元宫城周圍九里三十步，東西四百八十步，南北六百十五步。分六門：正南曰崇天，崇天之左曰星拱，右曰雲從，東曰東華，西曰西華，北曰厚載。角樓四，據宫城之四隅。」自大明門由日精、月華二門以内，皆元之宫闕諸門也。明初燕王府，建於元之皇城舊址，即今西苑。門四：東曰體仁，西曰遵義，南曰端禮，北曰廣智。至永樂十五年，乃改建皇城於東，去舊宮一里許。時以東華門之外逼近民居，喧囂之聲，至達禁籞。宣德七年，乃加恢廓，移東華門於河之東，遷民居於灰廠西之隙地，正陽門内曰棋盤街，府部對列街之左右。孫承澤春明夢餘録：「紫禁城門凡八：曰承天門，曰端門，曰午門，東曰左掖門，西曰右掖門，再東曰東華門，再西曰西華門，向北曰玄武門。」蓋皇城自遼、金以來，遞經改徙，至元、明二代而制度乃備。本朝順治、康熙間，重建諸宫殿，各門規模益弘整云。

外城。包京城南面，轉抱東西角樓，計長二十八里，高二丈，亦曰外羅城。門七：南曰永定，曰左安，曰右安，東曰廣渠，西曰廣寧〔六〕；在東、西隅而北向者，東曰東便，西曰西便。按外城建於明嘉靖三十二年，先是成化十二年，定西侯蔣琬言宜倣南京舊制，築土城。嘉靖二十一年，都御史毛伯温等言「成祖遷都金臺，當時内城足居，所以外城未立，今城外之民，殆倍城中，宜修築外城」，時以給事中劉養直言而止。至是給事中朱伯辰復言四郊咸有土城故址，環繞如規，周可百二十餘里，宜仍舊貫修築。因命都督陸炳、平江伯陳珪等相度京城四面，計當築外城約七十餘里，因條上其規制，已允行。尋又以工費重大，止築南面。四十一年添築永定等七門甕城，至四十三年六月，城始成。

壇廟

天壇。在正陽門外南郊。按春明夢餘録：「明嘉靖九年定分祀天地之制，遂於大祀殿之南建圜丘，後屢有修葺。」本朝因之，重加繕治，乾隆十六年又修。每年冬至，大祀天於圜丘，奉太祖高皇帝、太宗文皇帝、世祖章皇帝、聖祖仁皇帝、世宗憲皇帝、高宗純皇帝、仁宗睿皇帝以配。日、月、星辰、雲、雨、風、雷，分四從壇。其制三成，南嚮，第一成寬徑五丈九尺，高九尺，二成徑九丈，三成徑一十二丈，皆高八尺一寸。其墁石皆按九九陽數。周圍石欄，四出陛，各九級，白石爲之。内壝圓牆，牆瓦舊皆用黄色琉璃，乾隆十六年改天青色琉璃，櫺星石門四面各三，外壝方牆，櫺星門制同。壇之東爲神庫、神厨、祭器庫、宰牲亭；壇之西爲神樂署、犧牲所、鑾駕庫；壇之北爲皇穹宇，藏神版。翼以兩廡，藏從祀神牌，其前建三門。又其外繞牆爲方牆，門四，東曰泰元，南曰昭亨，西曰廣利，北曰成貞。其西爲齋宮。祀之前一日，皇上親詣皇穹宇，拈香齋宿，以致昭祀之誠。

地壇。在安定門外北郊。按春明夢餘録：「明嘉靖九年建方澤壇。」本朝因之，重加繕治，乾隆十六年又修。每年夏至，大祀地於方澤，奉太祖高皇帝、太宗文皇帝、世祖章皇帝、聖祖仁皇帝、世宗憲皇帝、高宗純皇帝、仁宗睿皇帝以配。五嶽、五鎮、四海、四瀆，分四從壇，以啓運山、天柱山、隆業山、昌瑞山、永寧山，從祀五鎮之次。其制二成，北嚮，第一成方六丈，高六尺；第二成方十丈六尺，高六尺。其甃石皆按六六陰數，四出陛，各八級。周壇爲水渠。内壝方牆，牆瓦皆用黄色琉璃。櫺星門六，正北三，東、西、南各一。外壝方牆亦如之。壇之南爲皇祇室，藏神版，外爲方牆。壇之西南，有神庫、神厨、樂器庫、宰牲亭，西北爲齋宮，又西北爲鑾駕庫。又外圍方牆，惟西南三門，其西石坊曰廣厚街。

祈穀壇。在天壇内。明永樂中合祀天地，建此殿曰大祀殿。嘉靖九年分爲北郊，遂於其南建天壇，而此殿專以祈穀，改名大享。本朝因之，每年正月上辛，恭祀上帝，以祈年穀，奉太祖高皇帝、太宗文皇帝、世祖章皇帝、聖祖仁皇帝、世宗憲皇帝、高宗純皇帝、仁宗睿皇帝以配。乾隆十六年重修，改名祈年殿。殿制圓象天，周十有二柱，中柱四，圓頂三，檐用天青琉璃瓦。殿陛三級，臺三成，周以石欄。前後三出陛，東西一出陛，上、中二成九級，下一成十級。前廡九楹，後廡七楹，左右廡各五楹。周以方牆，南爲祈年門，北爲皇乾殿，藏神版。牆外東爲神庫、神厨、宰牲亭。

朝日壇。在朝陽門外東郊。其制一成，西嚮。每年春分卯時祭，遇甲、丙、戊、庚、壬年，皇上親祭，餘年遣大臣攝祭。

夕月壇。在阜成門外西郊。其制一成，東嚮。每年秋分酉時祭，遇丑、辰、未、戌年，皇上親祭，餘年遣大臣攝祭。按金史禮志：「朝日壇曰大明，在施仁門外東南，夕月壇曰夜明，在彰義門外西北。」明洪武中，以日、月、星辰從祀天地，罷朝日、夕月、禜星之祭。嘉靖九年，既建南北郊，始於東郊祭日，西郊祭月。本朝順治元年罷，八年復建。朝日壇制，方廣五丈，高五尺九寸，四出陛，九級。圓壝内櫺星門六，乾隆二十一年重修。夕月壇制，方廣四丈，高四尺六寸，四出陛，六級。方壝内櫺星門亦六，乾隆二十二年重修。神庫、神厨、宰牲亭、祭器庫俱在壇右，齋宫在壇左，壇門外甬道，舊俱曰禮神街，雍正二年名朝日壇之街曰景升，夕月壇之街曰光恒，壇内牆瓦皆緑琉璃。

太歲壇。在正陽門外之西故山川壇之内。明嘉靖八年建。本朝因之，乾隆十九年重修。每年於正月上旬吉日、十二月杪，恭祀太廟日，致祭太歲、月將之神。恭遇皇上行耕耤禮，致祭先農禮成，詣太歲壇拈香。壇内正殿七楹，南嚮，東西兩廡各十一楹。又南爲拜殿，東爲齋宫，西爲神庫、神厨、祭器庫、宰牲亭。

先農壇。在太歲壇西南。明嘉靖中建，本朝因之，乾隆十九年重修。制一成，方廣四丈七尺，高四尺五寸，四出陛。東爲齋宫，乾隆二十年改爲慶成宫。東爲鑾駕庫，東北爲神倉，東南爲具服殿，殿前爲觀耕臺，臺之南即耤田也。世祖章皇帝順治十一年，聖祖仁皇帝康熙十一年，俱親享先農，行耕耤禮。世宗憲皇帝雍正二年親祀先農，舉行躬耕禮，三推畢，又加一推，遂爲常例。每歲以季春吉亥，皇上躬行祀禮，親御耒耜。若遇巡省之年，則遣官致祭，順天府尹率屬代耕。按：明嘉靖十年改耕耤壇後之神倉爲天神地祇壇，隆慶元年，禮官議罷之。本朝順治初復於先農壇之南，立天神壇，南嚮，設雲師、雨師、風伯、雷神位，於天神壇之西，立地祇壇，北嚮，設五嶽、五鎮、啓運山、天柱山、隆業山、昌瑞山、永寧山、四海、四瀆神位，凡祈雨，於此分祭，雨應則報祭，而明建山川壇，在正陽門南之右者省焉。

先蠶壇。在西苑東北隅。乾隆七年勅建。其制一成，方四丈，高四尺，四出陛。壇東南爲先蠶神殿，壇之東爲觀桑臺，臺之前爲桑園。每歲以季春吉巳，皇后親祀，行躬桑禮，或遣妃代行禮。

社稷壇。在皇城内午門之右，北嚮。明永樂八年建，本朝乾隆二十一年因舊制重修。每年春秋二仲月上戊日致祭，異壇同壝，社以句龍氏配，稷以后稷配。壇制二成，上廣五丈，下廣五丈三尺，俱高四尺，四出陛，築以五色土，色如其方。壝垣四面，各有櫺星門，飾垣亦各如其方之色。壇北爲祭殿，又有拜殿，俱南嚮。其西爲神庫、神厨、宰牲亭。

太廟。在皇城内午門之左，南嚮。每歲四孟月時享，歲暮祫祭。廟制：前殿十一楹，中殿九楹，同堂異室，奉列聖、列后神龕，後殿九楹，奉祧廟神龕。前殿兩廡各十五楹，東廡配享功王位，西廡配享功臣位。中殿、後殿兩廡，各五楹，藏祭器。南爲廟門，東爲神庫，西爲神厨，東南爲宰牲亭。

奉先殿。在景運門東。前後殿各七楹，中設暖閣、寶牀，内安神龕。順治十三年，世祖章皇帝以太廟時享逾時稍遠，思得朝夕奠獻，以展孝思，因建此殿。自後每逢萬壽、聖誕及國家大典禮，若乘輿出入則有告，歲時節序、每月朔望則有薦，忌辰則有祭，供獻禮儀。内務府掌儀司掌之。

壽皇殿。在北上門内景山後。中峯正午，甎城戟門，明堂九室，一仿太廟之制而約之。康熙中，聖祖仁皇帝視射校士於此，乾隆十四年重建，敬奉列聖、列后御容。每遇聖誕、忌辰，皇上親詣行禮。有高宗純皇帝御製碑文。

雍和宫。在安定門内國子監東。世宗憲皇帝潛邸也，雍正三年命今名，十三年九月爲暫安奉殿，乾隆十年重修。繚垣四周，南北袤一百二十一丈，東西廣四十九丈，南嚮。前有石坊，門曰昭泰，中爲雍和門，門内爲天王殿，正中爲雍和宫。宫後爲永佑殿，殿後爲法輪殿，東爲藥師壇，西爲戒壇。法輪殿後爲萬福閣，東爲永康閣，後爲綏成殿。有高宗純皇帝御製碑文。

傳心殿。在文華殿東。崇祀皇師伏羲、神農、黄帝，帝師堯、舜，王師禹、湯、文、武，皆南嚮，先師周公西嚮，先師孔子東嚮。每年春秋經筵前一日，遣官告祭。乾隆六年仲春，六十年仲春，高宗純皇帝御經筵，特行親祭禮。嘉慶元年，仁宗睿皇帝初御經筵，親詣行禮。

堂子。在長安左門外玉河橋東。每年元旦，皇上親祭。凡國家有征討大事，必親祭告。

歷代帝王廟。在阜成門内大市街之西。崇祀歷代帝王，每年春秋二仲月祭。廟制：殿九楹，曰景德崇聖之殿，東西兩廡各七楹，南爲景德門，又南爲廟門，街曰景德街。舊止祀三皇、五帝、三王及漢、唐、宋、遼、金、元、明創業諸帝，以歷代開國勳臣配享。本朝康熙六十一年，詔歷代享國之君及名臣輔佐太平者，俱宜增配，上自伏羲，下迄明代，凡一百六十四帝，名臣自風后、力牧以下七十九人。世宗憲皇帝常親詣致祭。乾隆二十八年，特命重修，覆屋改用黄瓦。高宗純皇帝親詣行禮，並御書「報功勸德」

扁額〔七〕。四十九年，大學士、九卿等，遵旨議定帝王廟祀典，增入兩晉、元魏、前後五代創業守成諸帝，自晉元帝至周世宗共二十三帝，又增入唐憲宗、金哀宗，撤去漢桓帝、靈帝，得旨允行，並命增飾廟貌。五十年，又親詣致祭。嘉慶九年、十四年、十五年，仁宗睿皇帝親詣致祭。

文廟。在安定門内國子監之東。崇祀先師孔子，每年春秋二仲上丁日致祭，以先賢、先儒配享兩廡。廟制：正殿七楹，題曰「先師廟」，中揭聖祖仁皇帝御書「萬世師表」、世宗憲皇帝御書「生民未有」、高宗純皇帝御書「與天地參」、仁宗睿皇帝御書「聖集大成」各扁額。東掖爲祭器庫，西掖爲樂器庫，東西兩廡各十九楹，前爲廟門。大成門内左右列石鼓各五，門外左右列高宗純皇帝御製重排石鼓各五，其歷代進士題名碑，元三，明七十六。本朝每科一碑，並列廟門外。又康熙四十三年三月，聖祖仁皇帝御製平定朔漠告成太學碑。雍正三年五月，世宗憲皇帝御製平定青海告成太學碑。乾隆十四年四月，高宗純皇帝御製平定金川告成太學碑，二十一年五月，御製平定準噶爾告成太學碑，二十四年十一月，御製平定回部告成太學碑，四十一年四月，御製平定兩金川告成太學碑，俱建立碑亭於廟内。門旁爲持敬門。殿後崇聖祠，初名啓聖祠，雍正元年加封先師五代王爵，改題今名。謹按順治九年秋、十七年春，世祖章皇帝兩詣文廟行釋奠禮。康熙八年夏，聖祖仁皇帝親行釋奠。雍正二年春，世宗憲皇帝親行釋奠，改幸學爲詣學，增祀先賢、先儒；四年秋、六年春、十一年春，皆親詣行禮，御製詩勒碑，建亭。乾隆三年春，高宗純皇帝親詣釋奠，先期飭新廟貌，大成殿及門，特命改覆黄瓦，崇聖祠覆緑瓦，御書碑文；三十二年復命重修，又五年秋、九年春、十八年秋、二十一年春、三十四年春、四十八年春、五十年春、六十年春，皆親詣行禮。嘉慶元年春，仁宗睿皇帝親詣行禮，三年春、七年春、十六年春、二十二年春、二十三年春、二十五年春，皆親詣行禮，規制並詳見官署門「國子監」註。按：戟門内石鼓，世傳周宣王獵碣，凡十，辭類風雅，字畫蓋籀文，高二尺，廣徑一尺有奇。自甲至癸，其形如鼓，而頂微圓。初在陳倉野中，唐鄭餘慶取置鳳翔縣學〔八〕，而亡其一。宋皇祐四年，向傳師得之民間，十數乃足。大觀二年，自京兆移汴梁，初置大學，後移保和殿，字塗以金。靖康二年，金輦至燕，置王宣撫家，復移大興府學。元大德末，虞集爲大都教授，得之泥草中，始移今所。鼓文多剥落，宋治平中，存字四百六十有五，元至元中，存字三百八十有六，今所存者僅三百二十五字。本朝乾隆五十五年，高宗純皇帝御製集石鼓文十章。

山陵

孝莊文皇后昭西陵。在遵化州西七十里世祖章皇帝孝陵之南。先是聖祖仁皇帝遵奉孝莊文皇后遺命，以昭陵奉安年久，未便合葬，建造兆域，必近孝陵，乃擇地建暫安奉殿。雍正二年，世宗憲皇帝以暫安奉殿安奉三十餘年，聖祖享國永久，子孫蕃衍，海宇昇平，兆庶康阜，爰恪遵文皇后慈旨，即暫安奉殿爲昭西陵。寶城前爲享殿，曰隆恩殿，門曰隆恩門，外爲紅門。

世祖章皇帝孝陵。在遵化州西七十里鳳臺山麓。孝康章皇后、端敬皇后同安地宮。寶城前爲享殿，曰隆恩殿，門曰隆恩門。神道南爲聖德神功碑亭，外爲大紅門。康熙二年，封鳳臺山爲昌瑞山，從祀地壇。自分水嶺起，左山麓以南，至鮎魚池口，瞭馬臺以北，河西岸山麓以西，右山麓以南，至寬佃谷以北，河東岸山麓以東，俱屬陵寢重地。

孝惠章皇后孝東陵。在孝陵東。殿宇制度，倣昭西陵。

聖祖仁皇帝景陵。在昌瑞山之東。孝誠仁皇后、孝昭仁皇后、孝懿仁皇后、孝恭仁皇后同安地宮，敬敏皇貴妃祔焉。殿宇制度，悉準孝陵。世宗憲皇帝御製聖德神功碑，序述聖祖六十一年鴻猷盛烈，昭示萬世，凡數千餘言，碑扁皆御筆親書。

妃園寢。在景陵之東。

世宗憲皇帝泰陵。在易州西三十里太平峪。孝敬憲皇后同安地宮，敦肅皇貴妃祔焉。寶城前爲享殿，曰隆恩殿，門曰隆恩門。神道南爲碑亭，高宗純皇帝御製聖德神功碑，序述世宗十有三年建中立極，更化砥俗，以成繼述之大，凡數千言，碑扁皆御筆親書。亭之南爲龍鳳門，外爲紅門，繚垣長四千三百九十九丈，界周一百五十二里。乾隆元年封太平峪爲永寧山，從祀地壇。

謹按永寧山勢，來自太行，巍峩聳拔，脈秀力豐，峻嶺崇山，遠拱於外，靈巖翠岫，環衛其間。前則白澗河旋繞，而清、滱、沙、滋諸水會之。後則巨馬河縈流，而胡良、琉璃、大峪諸水會之。信天設之吉地也。

孝聖憲皇后泰東陵。在泰陵東。殿宇制度，倣孝東陵。

妃園寢。在泰陵之東北。

高宗純皇帝裕陵。在昌瑞山右麓之勝水峪。孝賢純皇后、孝儀純皇后同安地宮，慧賢皇貴妃、哲憫皇貴妃、淑嘉皇貴妃祔焉。殿宇制度，悉準泰陵。神道南爲碑亭，仁宗睿皇帝御製碑文，序述高宗六十年聖德神功，十全巍焕，爲文數千言，碑扁皆御筆親書。

妃園寢。在裕陵之西。

仁宗睿皇帝昌陵。在永寧山太平峪。孝淑睿皇后同安地宮。殿宇制度，悉準裕陵。神道南爲碑亭，皇上御製碑文，序述仁宗二十五年聖德神功，憂勤恭儉，爲文數千言，碑扁皆御筆親書。

妃園寢。在昌陵之西南。

以上陵寢，各設總管一員，副總管二員，禮部、工部、内務府郎中、員外郎、主事、筆帖式及雲騎尉世職，八旗防禦等員。東、西兩陵，設馬蘭、泰寧二鎮總兵以下等官兵守護，並特遣貝勒、貝子公一人承辦事務，三年更換。

校勘記

〔一〕清普　「普」，乾隆欽定大清一統志（以下簡稱乾隆志）卷一京師上及日下舊聞考卷三七京城總記、宸垣識略卷一建置同。遼史卷四〇地理志四、天府廣記卷四城池作「晉」，未知是否。光緒順天府志一京師志一作「音」。

〔二〕正西曰和義　「義」，乾隆志、日下舊聞考卷三八京城總記引禁扁、天府廣記卷四城池、宸垣識略卷一建置及光緒順天府志一京師志一同，今通行本南村輟耕録卷二一宫闕制度作「美」。

〔三〕永樂元年爲北京城　「元年」，乾隆志作「七年」，明太宗實録卷一六：永樂元年正月，「以北平爲北京」。同書卷九三：永樂七年六月，「修北京安定門城池」。同書卷九四：永樂七年秋七月，「修葺京師城垣、門樓、鋪舍」。明史卷六成祖紀二：永樂元年正月，「以北平爲北京」，四年閏七月，「詔以明年五月建北京宫殿」。同書卷四〇地理志一：「永樂元年正月升（北平府）爲北京，改府爲順天府。永樂四年閏七月詔建北京宫殿，修城垣。」永樂元年升北平府爲北京，即爲北京城，本志記是，永樂四年（實在永樂五年）、七年相繼修北京城，則乾隆志所述爲誤。

〔四〕文之轉東曰來寧館　「寧」，原作「安」，乃避清道光皇帝旻寧之名諱而改，據乾隆志、大金國志卷三三燕京制度及日下舊聞考卷二九宫室引金圖經回改。

〔五〕觀高八丈　「觀」，原作「樓」，乾隆志同。日下舊聞考卷二九宫室引金圖經：「通天門，觀高八丈。」大金國志卷三三燕京制度：通天門，「後改名應天樓，高八丈」。崔文印大金國志校證：「按金史卷二四地理志：『應天門舊名通天門，大定五年更。』考下文有『觀高八丈』，則或作『門』是。又『觀高八丈』，原脱『觀』字，據三朝北盟會編卷二四四引金虜圖經補。」崔氏校證與上述日下舊聞考引金圖經相合，此「樓」爲「觀」字之誤，據改。

〔六〕西曰廣寧　「寧」，原作「安」，據乾隆志改。　按，本志避清道光皇帝旻寧之名諱改字。下文類此徑改。

〔七〕並御書報功勸德扁額　「勸」，乾隆志作「觀」，日下舊聞考卷五一城市同，引皇上御製重修歷代帝王廟碑文：「歷代帝王之祀，其準古遷廟觀德遺意而推而放之者歟！書曰：七世之廟，可以觀德。」又引乾隆二十九年御製重修歷代帝王廟告成詩云：「由來觀德視遷廟，用以陳年新閟宫。」則作「觀」是。

〔八〕唐鄭餘慶取置鳳翔縣學　「翔」字原脱，據明一統志卷一京師順天府古蹟「石鼓」條補。

大清一統志卷二

京師二

山川

景山。一名萬歲山，在神武門北。爲大内屏扆，高十四丈七尺。山有五峯，上各有亭，中峯亭曰萬春，左曰觀妙，又左曰周賞，右曰輯芳，又右曰富覽，俱乾隆十六年建。

白塔山。在西苑内，爲西苑鎮山。即金瓊華島，元名萬壽山，亦曰萬歲山。明時則互稱之，或又謂之大山子。本朝順治八年建白塔於山巔，更名白塔山，有高宗純皇帝御製白塔山總記及塔山四面記勒石。

萬壽山。在圓明園西三里許。本名甕山，本朝乾隆十六年，恭逢孝聖憲皇后六旬大慶，高宗純皇帝於山麓建寺祝釐，並賜山名曰萬壽，因山爲園曰清漪。舊志：土色黑而兼赤，童無草木。山下有圓靜寺，寺後石壁百尺，步磴而上，畠庵在焉，亦名雪洞。俯視湖曲，平田遠村，延亘無際。山西北越横嶺有白石如幢，曰白鹿巖，相傳遼時有仙人騎白鹿於此。

玉泉山。在萬壽山西五里許，靜明園在焉。王衡緱山集：「穿青龍橋，得玉泉山。土紋隱起，作蒼龍鱗，其下爲池。」池上有亭曰望湖，明宣宗駐蹕處。其南爲上下華嚴寺，有華嚴七真洞，又西爲補陀寺，有呂公洞。又北爲金山寺，有七寶洞，上有芙蓉殿，舊傳爲金章宗避暑行宮。區懷瑞游業：「玉泉山麓有寺，所謂玉泉寺也。」

西山。在京西三十里，太行山支阜也。巍峩秀拔，爲京師右臂。衆山連接，山名甚多，總名曰西山。金圖經：「西山亦名小清涼。」張鳴鳳西山記：「西山内接太行，外屬諸邊，磅礴數千里，林麓蒼黝，谿澗鏤錯，神皋奥區也。」明統志：「每大雪初霽，千峯萬壑，積素凝華，若圖畫然，爲燕京八景之一，曰『西山積雪』。」按：燕京八景，爲金明昌遺事，曰：「瓊島春陰」、「太液秋風」、「玉泉垂虹」、「西山積雪」、「薊門飛雨」、「盧溝曉月」、「居庸疊翠」、「金臺夕照」。明永樂中改「薊門飛雨」爲「薊門煙樹」。本朝高宗純皇帝有燕京八景詩，改「玉泉垂虹」爲「玉泉趵突」，「西山積雪」爲「西山晴雪」，並各有御書八景碑亭，詳志中各卷及後順天府志。

香山。在京西北三十里，今爲静宜園。磵掩壑重，松蘿薈蔚，琳宫梵宇，隱現諸天，實勝攬之奥區，修真之祕府。劉侗帝京景物略：「香山多名蹟，有葛稚川丹井，金章宗祭星臺、護駕松、感夢泉，又有棊盤、蟾蜍、香鑪諸石。」

泡子河。在崇文門内。孫國敉燕都游覽志：「河前有長溪，後有廣淀，兩岸多高槐垂柳，最爲清曠。」

玉河。源出玉泉山，匯爲昆明湖，分流而東南，入德勝門西水關，爲積水潭，入皇城爲太液池，環繞紫禁城，經金水橋，出玉河橋，達正陽門東水關，東流少北，至東便門東水關，下注大通河，亦名御河，元曰金水河，以其自西門入，故名。

前湖。在圓明園之南。乾隆二十八年，高宗純皇帝以園之南岸地勢窪狹，多積水，命濬湖以便遵陸之車馬，工竣，賜名前湖，有御製前湖詩。

昆明湖。在萬壽山下。乾隆十六年導西山玉泉之水，即舊所謂西湖者，廣爲疏濬，周三十餘里，賜今名。有御製昆明湖記。間置橋閘，以時節宣。其西爲蓄水湖，水勢稍高，即昆明湖之上流也。夾岸開稻田百頃，資以灌溉，彌望青疇，宛然水鄉風景。中有戰艦，設水師營統之。其經流自繡綺橋入長河，引流入京城，繞紫禁城而出，歸大通河，通濟漕渠，灌溉田畝，萬世永賴之利也。酈道元水經注：「西湖東西二里，南北三里，蓋燕之舊池也。渌水澄澹，川亭望遠，爲遊矚之勝所。」舊志：「玉泉之水，出石罅間，瀦而爲池，廣三丈許，東流匯爲西湖，周十餘里。荷蒲菱芡，沙禽水鳥，稱爲佳勝。明季南人興水田之利，盡決諸窪，隄塍菑畬，宛似江南。湖之滸有佛寺十，俗名『西湖十寺』。」又太湖在京城西南四十五里。廣袤十數畝，傍有泉湧出，經冬不凍。

裂帛湖。在玉泉山望湖亭下。泉從石根出，溢爲湖，渟泓方廣數丈，泉涌湖底，狀如裂帛。其水澄鮮，漾沙金色。乾隆年間，時加疏濬。屢有御製詩。

一畝泉。發源南苑西北隅。大畝許，雖旱不竭。東流過德壽寺後，涼水河自西北來入之，水流漸壯。至東紅門，又南過半邊橋，出苑牆，折而東北至馬駒橋，又東至大石橋，達張家灣，入北運河。本朝乾隆三十二年重加疏濬，並添建閘座，以資蓄洩。

玉泉。在玉泉山。泉出石罅，瀦而成池，渟泓淨瑩。舊名「玉泉垂虹」，爲燕京八景之一。本朝乾隆十六年，御題八景詩，以其歕出水面，類濟南之趵突，因改爲「玉泉趵突」，勒碑泉上。又以泉味清洌，品其輕重，定爲「天下第一泉」。御製有玉泉山天下第一泉記。蔣一葵長安客話：「玉泉山以泉名。泉出石罅，瀦而爲池，廣三丈許。水清而碧，細石流沙，緑藻紫荇，一一可辨。池東跨小石橋，水經橋下東流入西湖。」燕都游覽志：「玉泉山沙痕石隙，隨地皆泉。山陽有巨穴，泉歕而上，淙淙有聲，或名之曰噴雪泉。」戴洵司成集：「京城西三十里有石洞，泉自洞中出，洞門刻『玉泉』二字。泉味甘洌，其在山之陽者，泓澄百頃，合流而入都城，逶迤曲折，宛若流虹。」

魚藻池。在崇文門外西南，俗呼金魚池。帝京景物略：「金故有魚藻池。」舊志：池上有瑶池殿，今遺址不可考。居人界池爲塘，植柳覆之，歲種金魚以爲業。每端午日走馬於此。

飛放泊。即永定門外南苑，亦名南海子。元史兵志：「冬春之交，天子親幸近郊，縱鷹隼搏擊，以爲遊豫之度，謂之飛放。」明統志：「南海子，舊爲下馬飛放泊。」又北城店、黄埃店俱有飛放泊，廣三十頃。

滿井。在安定門外東五里。井徑五尺餘，清泉涌出，冬夏不竭，好事者甃欄以束之。水常浮起，散漫四溢。

古蹟

薊丘。在德勝門外。戰國策：「樂毅報燕王書曰：薊丘之植，植於汶篁。」水經注：「薊城内西北隅有薊丘，因丘以名邑也，猶魯之曲阜，齊之營丘矣。」長安客話：「今都城德勝門外有土城關，相傳古薊門遺址，亦曰薊丘。舊有樓館，並廢，但門存二土阜，旁多林木，蓊翳蒼翠。燕京八景有『薊門煙樹』，即此。」

瓊華島。在西苑太液池上。金史地理志：「西園有瑶光臺、瓊華島。」蔣一葵堯山堂外紀：「金章宗爲李宸妃建梳糚臺於都城東北隅，今瓊華島即其故蹟，目爲遼后梳糚臺誤。」輟耕録：「萬歲山在大内西北太液池之陽。金時名瓊華島，元中統三年修，至元八年賜今名。其山皆疊玲瓏石爲之，峯巒隱映，松桂隆鬱，秀若天成。引金水河至其後，轉機運至山頂，出石龍口，注方池，至仁智殿後，從石龍頭噴出，入太液池。左右皆有登山之徑，縈紆萬石中，洞府出入，宛轉相迷。至一殿一亭，各擅一景之妙。」故老言朔漠有山，形勢雄偉，金時發卒鑿掘，運至幽州城北，積累成山，因搆宫殿，以爲遊幸之所。明宣宗廣寒殿記：「萬歲山石，宋之艮嶽也，金徙於此。」同成集：自山麓至巔，百二十餘步，周二百餘丈，皆疊石而成。頂有廣寒殿，四隅各有亭，左曰玉虹，曰方虹，右曰金露，曰瀛洲。山半有三殿，中曰仁智，東曰介福，西曰延和。山上常有雲氣浮空，氤氲五采，變化翕忽，莫測其妙，爲燕京八景之一，曰「瓊島春陰」。

元故宫。在皇城内，即明西苑也。元世祖至元十年建。王士點禁扁：大明門，殿正門也。旁有掖門，繞爲長廡，左右爲文、武樓，與廡相連。門之左爲日精門，右爲月華門。大明殿乃朝會正殿也。殿十一間，殿後有寢宫，宫後連抱長廡，廡後横亘道以入延春宫。寶雲殿在寢殿後，東廡爲鳳儀門，西廡爲麟瑞門，後廡東曰嘉慶門，西曰景福門。延福門在寶雲殿後，左爲懿範門，右爲嘉則門，内爲延春閣，閣九間，後有寢殿、香閣。文思殿在大明寢殿東，紫檀殿在大明寢殿西。又有慈福殿曰東煖殿，明仁殿曰西煖殿，左爲景耀門，右爲清灝門。玉德殿在清灝門外，東爲東香殿，西爲西香殿，宸慶殿在其後。又有隆福宫，皇太后所居，在大内之西，興聖之前。光天門乃光天殿之正門也，左爲崇華門，右爲膺福門，殿七間，左廡爲青陽門，右廡爲明暉門。翥鳳樓在青陽之南，驂龍樓在明暉之南。又有壽昌殿曰東暖殿，嘉禧殿曰西暖殿，鍼綫殿在寢殿後。又有楠木殿，一名文德殿，鹿頂殿在光天殿西北〔一〕。興聖宫在大内之西北，宫内建小直殿，後有禮天臺，高跨殿上。興聖門乃興聖殿之北門也，左爲明華門，右爲肅章門，殿七間，東廡爲弘慶門，西廡爲宣則門。凝暉樓在弘慶之南，延灝樓在宣則之南。又有嘉德殿、寶慈殿。山字門在興聖宫後，乃延華閣之正門也，閣五間，圓亭在延華閣後，芳碧亭在圓亭東，徽清亭在圓亭西，東鹿頂殿在延華閣之東，西鹿頂殿在延華閣之西。此宫闕制度之大畧也。明燕王府仍元宫遺址，永樂十五年始建造焉。

萬壽宫。沈德符野獲編：「萬壽宫在太液池西，明成祖舊宫也。嘉靖初名永壽宫，自壬寅從大内移蹕此中，至四十年災，凡乘輿一切服御及先朝異寶盡燼，復以三殿大工之餘木重建，名曰萬壽宫。」後寢曰壽源宫。

玉熙宫。高士奇金鼇退食筆記：「玉熙宫在西安門内街北，金鼇、玉蝀橋之西。明神宗始建，莊烈每宴於此，作過錦水嬉之戲。」

遼故宫。在京城南。遼太宗會同元年建。王士點禁扁：「宫名曰永興，曰積慶，曰延昌，曰章敏，曰長寧，曰崇德，曰興聖，曰敦睦，曰永昌，曰延慶，曰長春，曰太和，曰延和。殿名曰清涼，曰元和，曰嘉寧。堂名曰天善。樓名曰五花，曰五鳳，曰迎月。閣名曰乾文。」

長春宫。在遼故宫内。遼史：聖宗統和七年二月「幸長春宫」，十三年正月「如長春宫」，十五年二月「如長春宫」，皆此地。按朱彝尊日下舊聞引北平古今記云：「遼有二長春宫，一在南京，一在長春州，若統和五年三月幸長春宫，十二年三月如長春宫，十七年正月如長春宫，則非南京之長春宫也。」又日下舊聞考按云：「統和十三年正月壬子幸延芳淀，庚午如長春宫，十五年正月庚午幸延芳淀，二月丙申朔如長春宮。」延芳淀在東京，其地與上京之長春宮較近，此二條似指上京之長春宮而言。」今按遼史聖宗本紀：「統和十二年十二月丁未「幸南京」，十三年正月壬子「幸延芳淀」，庚午「如長春宮」，十四年十二月甲子「幸南京」，十五年正月庚午「幸延芳淀」，二月丙申朔「如長春宮」。丁未至壬子僅六日，甲子至庚午僅七日，不應即至東京。考延芳淀在南京漷陰縣，爲遼國君臣弋獵之所，詳載遼史地理志，班班可考。又遼史考證引北平古今記云：「統和四年命皇族廬帳駐東京延芳淀。」是東京亦有延芳淀，但以月日計之，此延芳淀自應指南京而言，則此二條自應仍指南京之長春宮而言也。

金故宮。在京城西南。金貞元元年建。大金國志：「應天門内殿凡九重，殿三十有六，樓閣倍之。正中曰『皇帝正位』，後曰『皇后正位』。位之東曰『内省』，西曰『十六位』，乃妃嬪居之。」金史地理志：「應天門内有左、右翔龍門及日華、月華門，前殿曰大安，殿之東北爲東宮，正北列三門，中曰粹英，爲壽康宮，母后所居也。西曰會通門，門北曰承明門，又北曰昭慶門。東曰集禧門，尚書省在其外，其東西門左、右嘉會門也，門有二樓〔二〕，大安殿後門之後也。其北曰宣明門，則常朝後殿門也。北曰仁政門，内有仁政殿〔三〕，常朝之所也。」又大定二十五年，宰相入見於香閣，其後承安、泰和間，遂爲轉對召見之所。外有乾元、泰和、慶寧、紫宸、慶和、廣仁、神龍、太和、厚德、垂拱、崇政、清暉、慶春、天香、瑶光、睿思、蓬萊、長生、浮玉〔四〕、長樂，皆殿名也。啓慶、聖壽、翠微、慶寧、景明、坤寧、光春、磐寧、仁壽、隆慶、長春、建春、興德、慶元、光興、集慶、坤儀、會聖，皆宫名也。明統志：「府西南有舊燕城，蓋即其遺址。」

奎章閣。在元故宮興聖殿西。輟耕録：「元文宗天曆二年建，置大學士等官以侍燕閒，左右藏祕書、書畫等物，設官掌之。至正初改爲宣文閣。」

崇文閣。在東直門内。元延祐六年建，吴澄撰碑，即今國子監彝倫堂址也。

晾鷹臺。在永定門外南海子内。臺高丈餘，元之舊也。有聖祖仁皇帝御製晾鷹臺詩，恭值大閲之典，例於晾鷹臺舉行。

天主堂。在宣武門内東城隅。大西洋奉天主教者。明萬曆中，利瑪竇自歐邏巴國航入中國，神宗命建第於此，其左建天主堂祀耶蘇。本朝以來，西洋人之來京師者，授爲欽天監監正、監副等官居此。又西安門内光明殿後，亦有天主堂。

漱芳亭。在朝陽門外。元道士吴全節建。輟耕録：「初，燕地未有梅花，吴全節從江南移至，護以穹廬，扁曰『漱芳亭』。道士張伯雨造其所，不覺熟寢於中，夢覺賦詩，有『風沙不憚五千里，將身跳入仙人壺』之句。」

婆娑亭。在廣安門内。元馬文友别墅。又有飲山亭，亦文友所築。

鰕菜亭。在德勝門水關西。明戴大圓建。

杏花園。在東直門外。元董宇定建，植杏千餘株。至順二年，王用亨與華陰楊廷鎮、高安張質夫、莆陽陳衆仲讌集於此，虞集爲之記。

鹿園。在東便門外大通橋東。方廣十餘里，地平如掌，古樹偃仰，傳是金章宗時故址。今曰藍靛廠。

韋園。在左安門外二里。明正德中，太監韋霦建。水木清幽，爲當時勝地。

同樂園。在金故宫西。大金國志：「西出玉華門曰同樂園，瑶池、蓬瀛、柳莊、杏林〔五〕，盡在於是。」師拓、趙秉文皆有同樂園詩。按金史，又有蓬萊院、熙春園、廣樂園、芳苑、環秀亭、建春宫、南苑、東園、西苑、北苑、後園之名，俱載本紀諸傳中，今無考。

奇太保園。在德勝門外。元延祐四年詔作林園於健德門外，賜太保奇齊耶。趙孟頫名其堂曰賢樂，亭曰燕喜。奇齊耶，舊名「曲出且」，今改正。

東苑。在皇史宬之西，明觀心殿址稍南，即南城也。明雷禮大政記：「成祖時，率太孫洎羣臣觀擊毬射柳於此。」吴伯與内南城紀略：「自東華門進至麗春門，凡里餘，經弘慶殿，歷皇史宬門，至龍德殿，隙地皆種瓜蔬，注水負甕，宛若村舍。」過此則飛虹橋，石刻羆、虎、禽、鳥狀，傳爲西洋僧載而來。橋之南北柱石，題曰「戴鼇」，曰「飛虹」，有洞嵌石壁，壁上刻「秀巖」二字。石磴數十級，有方丘焉，最上爲乾運殿，古松大柏覆之。按明英宗所居南内，亦曰南宫，謂之小南城，以其近東苑之南城也，其地在禁垣内之東隅。

御苑。輟耕録：「御苑在元隆福宫西，厚載門北。有香殿在石假山上，有圓殿在山前圓頂上〔六〕。後有流杯池，歇山殿在圓殿前。東、西水心亭在歇山殿池中，池引金水注焉。棕毛殿在假山東偏。」苑西有翠殿，又有花亭、毬閣、金殿。苑外重繞長廡，廡後出内牆，東連海子，以接厚載門。元掖庭記：「元建内殿，制度精巧，極一時之麗，有光天、玉德、七寶、瑶光、通雲、凝翠、廣寒等殿，不能一一數也。大内有德壽宫、翠華宫、擇勝宫、連天樓、紅鸞殿、入霄殿、五華殿。又有迎凉之所，曰清林閣。又有温室，曰春熙臺。曰九引臺者，七夕乞巧之所也。曰刺繡亭，緝衮堂者，冬至候日之所也。九龍墀、延香亭，春時宫女傳杯於此。拱璧亭，又名夜光亭。探芳徑旁有逍遥市。又有集賢臺、集寶臺、眺遠閣、留連館、萬年宫，並在禁苑。」

神木廠。在廣渠門外二里許。有大木偃側於地，高可隱一人一騎，明初構宫殿遺材也。相傳其木有神，因名。本朝乾隆年間，高宗純皇帝經臨其地，有御製神木謡。

津梁

東安橋。在東安門内。橋北又有騎河橋。橋上有亭，曰涵碧，今遺石礎二。

玉蝀橋。在西華門西。一名御河橋，又名金海橋。明人題詠俱稱玉蝀橋，跨太液池上，廣約二尋，修數百步，下列九門，兩崖闌楯，皆白石鐫鏤，爲禁苑往來大道。

玉河橋。在正陽門内御河上。凡三：一跨長安東街，一跨文德坊，一近城垣。

銀錠橋。在地安門西北。一名玉河橋，爲城中水際看西山最勝處。橋東西皆水，多芰荷菰蒲，南望宮闕，北有琳宮，西眺城外諸峯，遠近畢露。

德勝橋。在德勝門內，積水潭東。水注橋下東行。

正陽橋。在正陽門外。又崇文門、宣武門外均有橋，跨護城河上。

普濟橋。在廣安門外。本朝康熙年間建。又各門外皆有橋，今舉其最著者載之。

高梁橋。在西直門外半里，跨高梁河。橋上坊楔二：東曰長源、曰永澤，西曰廣潤、曰資安。旁有倚虹堂，高宗純皇帝聖
駕經行傳膳於此。

麥莊橋。在昆明湖之南，與長春橋相接。高宗純皇帝有御製麥莊橋記。

隄堰

高梁閘。在西直門外迤北一里。元至元二十九年建，一名西城閘。本朝時加修築。

廣源閘。在西直門外七里。元至元二十六年建。本朝時加修築。

惠山園閘。在惠山園東北。本朝乾隆十八年建。

昆明湖閘。在清漪園湖隄。本朝乾隆十五年建。

玉泉新閘。在玉泉山下。本朝康熙二十二年建。

祠廟

獎忠祠。在地安門内東。嘉慶二年建，祀贈郡王銜貝子、大學士謚文襄福康安，御書額曰「北猷壯弼」，每春秋二仲月致祭。

雙忠祠。在崇文門内。乾隆十六年建，合祀都統一等伯謚襄烈傅清、左都御史一等伯謚壯果拉布敦，高宗純皇帝御書額曰「勇烈雙垂」。

昭忠祠。在玉河橋東南。雍正二年敕建，祀本朝王公大臣官員之全忠盡節者。高宗純皇帝御書額曰「表獎忠勳」。

旌勇祠。在地安門外之西。乾隆三十三年建，祀一等承恩毅勇公、將軍明瑞，都統扎拉豐阿，護軍統領觀音保，總兵李全、王玉廷、德福，有御製碑記。

褒忠祠。在地安門外西。嘉慶十年建，祀御前大臣、三等公額勒登保。仁宗睿皇帝御書額曰「揚武抒忠」，並御製碑文。

賢良祠。在地安門外之西。雍正八年，世宗憲皇帝敕建，御書額曰「崇忠念舊」，祀王公大臣之有功國家者。王二人：怡賢親王、和碩超勇襄親王策凌；公八人：愛星阿、哈世屯、圖海、福善、費揚古、賴塔、尹德、兆惠；侯三人：李國翰、張勇、施琅；大學士四十二人：范文程、達海、額色黑、甯完我、魏裔介、王熙、阿蘭泰、李之芳、張玉書、張英、吴琠、李光地、張鵬翮、富寧安、朱軾、田從典、高其位、馬齊、伊桑阿、福敏、黄廷桂、蔣溥、史貽直、梁詩正、來保、傅恒、尹繼善、陳宏謀、劉綸、劉統勳、舒赫德、高晉、英廉、徐本、高斌、福康安、阿桂、劉墉、朱珪、王杰、戴衢亨、董誥；尚書十八人：米思翰、姚文然、魏象樞、湯斌、顧八代、徐潮、馬爾漢、趙申喬、勵杜訥、徐元夢、楊名時、汪由敦、李元亮、阿里衮、錢陳羣、董邦達、覺羅奉寬、彭元瑞；左都御史一人：拉布敦；都統三人：根特、馮國相、傅清；將軍九人：佛尼勒、莽依圖、王進寶、孫思克、阿爾納、伊勒圖、奎林、傅弘烈、和起；總督十九人：孟喬芳、李國英、靳輔、于成龍、趙良棟、傅臘塔、齊蘇勒、楊宗仁、李衛、那蘇圖、陳大受、鶴年、喀爾吉善、鄂弼、吴達善、何煟、袁守桐、方觀承、薩載；巡撫四人：陳璸、徐士林、潘思榘、李湖；提督一人：許世亨；副都統一人：諸庫；凡一百十一人。

惠濟祠。在綺春園内。嘉慶二十二年建，祀天后，仁宗睿皇帝御書「宅神天沼」、「德施功溥」二殿額。

宣仁廟。在東華門外。雍正六年建，祀風神。嘉慶九年修。恭懸世宗憲皇帝御書額曰「協和昭泰」、仁宗睿皇帝御書額曰「布氣含和」。

凝和廟。在東華門外。雍正十年建，祀雲師。嘉慶二十三年修。恭懸世宗憲皇帝御書額曰「興澤昭彩」、仁宗睿皇帝御書額曰「占象書豐」。

昭顯廟。在西華門外。雍正十年建，祀雷神。世宗憲皇帝御書額曰「導和宣豫」。

先醫廟。在太醫院内。門曰咸濟，殿曰景惠。明嘉靖二十七年建，祀三皇。隆慶中罷。本朝仍舉行，聖祖仁皇帝御書殿額曰「永濟羣生」，每歲春冬仲月上甲日致祭。

都城隍廟。在京城之西南隅。明永樂中建。本朝雍正四年增修，世宗憲皇帝御製碑文，又御書額曰「永佑畿甸」。乾隆二十八年重修，高宗純皇帝親臨拈香，御書前殿額曰「神依民社」，後殿額曰「福蔭黄圖」，又御製文并詩勒碑。又紫禁城城隍廟，在神武門内之西，俱每年秋遣官致祭。又有永佑廟，雍正九年建，在西安門内，亦祀城隍，世宗憲皇帝御書額曰「順承協德」。

關帝廟。在地安門外。舊名白馬關帝廟。本朝雍正五年修，御書額曰「忠貫天人」。歲以春秋二仲月及五月十三日致祭。又有廟在正陽門月城之右，有明焦竑撰，董其昌書廟碑，本朝康熙十六年，御書額曰「忠義」。按神廟食千載，至本朝而益顯。順治九年封爲忠義神武關聖大帝，雍正三年封神曾祖爲光昭公、祖裕昌公、父成忠公，崇祀後殿，敕直省府州縣有司並春秋致祭；是年以神後裔在洛陽者，授爲五經博士，世襲罔替；四年以神原籍解州後裔，照洛陽後裔世襲之例，授爲五經博士；十年於湖北當陽縣增置世襲博士一人，奉祀神墓。乾隆二十五年改神原謚爲神勇，三十三年加封靈佑，嘉慶十九年加封仁勇，因題定神牌曰忠義神武靈佑仁勇關聖大帝。

文昌廟。在地安門外東。明成化間建。本朝嘉慶六年奉敕重修，落成，仁宗睿皇帝親臨薦香，行九叩禮，御書額曰「贊天佑順」，並御製詩恭懸殿内，每春秋二仲月致祭。

火神廟。在地安門外日中坊橋西。元至正六年建，明萬曆中增飾碧瓦重閣。本朝康熙二年列於祀典，歲以六月二十三日遣官致祭。高宗純皇帝御書額曰「司南利用」。

東嶽廟。在朝陽門外二里。元延祐中建，有趙孟頫書道教碑及虞集隸書仁聖宫碑、趙世延書昭德殿碑，列墀下，神像係元昭文館大學士劉元手塑。明正統中重修，有英宗御製碑記。本朝康熙三十九年重修，有聖祖仁皇帝御製碑文，又御書額曰「靈昭發育」。雍正十年、乾隆二十六年重修，高宗純皇帝御書「嶽宗昭貺」、「蒼靈贊化」諸額，并御製碑文及詩。又乾隆二十一年於静明園内山西建東嶽天齊廟，名仁育宫，御書殿内額曰「蒼靈賜禧」，有御製玉泉山東嶽廟碑文。

安佑廟。在南苑中王公臺。雍正中建，祀司土之神。世宗憲皇帝御書額曰「薰風布澤」。

河神廟。在綺春園内。嘉慶二十二年建。仁宗睿皇帝御書「朝宗廣運」、「鏡清寰宇」二殿額。

龍王廟。在静明園内山東。乾隆十六年因舊址重修，御書正殿額曰「靈源昭應」，殿前洎岸上有御製碑二座，其在暢春園南者曰泉宗廟，在昆明湖者曰廣潤祠。又黑龍潭龍王廟，詳後直隸志「山川」門。

真武廟。在静明園山東。乾隆十六年修建，御書殿外額曰「辰居資佑」。

時應宫。在御河橋西，紫光閣後。雍正二年建，祀龍神，世宗憲皇帝御書額曰「瑞澤霑和」，嘉慶二十二年仁宗睿皇帝御書額曰「靈昭澤物」。

顯佑宫。在地安門外日中坊橋東。祀北極佑聖真君。明永樂十三年建，本朝雍正九年修，乾隆二十八年重修，高宗純皇帝御書額曰「拱辰錫福」，並御製碑文及詩。

廣仁宫。在西直門外。舊名護國洪慈宫，祀碧霞元君，康熙五十一年敕定今名，有御製碑文，並御書額曰「金闕宣慈」，爲孝惠章皇后祝釐於此。高宗純皇帝御書額曰「坤元廣毓」。宫門外坊楔一，左右坊楔各一，坊額皆聖祖仁皇帝御書。

大高殿〔七〕。在神武門北。明嘉靖中建，本朝雍正八年修，乾隆十一年、嘉慶二十三年重修，恭懸高宗純皇帝御書額曰「元宰無爲」。每歲元旦，皇上親詣瞻禮。

寺觀

永安寺。在西苑太液池東北，踞水中，即金瓊華島址。詳見「古蹟」。本朝順治八年立塔建寺，名白塔寺，乾隆八年重修，改今名，有高宗純皇帝御製碑記。寺門内爲法輪殿，額曰「慈雲覺海」，又曰「人天調御」，皆高宗純皇帝御書。寺西由山路而上爲悦心殿，西北爲閱古樓，樓壁嵌三希堂石刻。山之西麓有古井，轆轤綆汲，可致山巔，有高宗純皇帝御製古井記。山之北麓有漪瀾堂，略仿金山規制爲之。東北岸爲春雨林塘，引太液池水注爲池，池北相對爲畫舫齋。按：永安寺左右，地博境幽，注中略見梗概，至朱彝尊日下舊聞所載，廣寒、仁智之殿，玉虹、金露之亭，禁苑森嚴，不敢詳載。

西天梵境。在太液池東北岸，五龍亭東北，舊所謂大西天經廠者也。乾隆二十四年修，御書殿内額曰「恒河演乘」。其東北有鏡清齋，齋臨河沼，如在鏡中。

闡福寺。在太液池西北。有亭五，翼然臨於水際，曰五龍亭。亭北綴以閒館，爽塏軒豁，聖祖仁皇帝常奉孝莊文皇后避暑於此。乾隆十年，發內帑葺之，改建佛宇，賜名闡福，有御製碑文及詩，殿制仿正定府隆興寺。重宇三層，上層恭懸御書額曰「大雄寶殿」，中曰「極樂世界」，下曰「福田花雨」。嘉慶二十三年修。其東爲澄觀堂。

弘仁寺。在太液池西南岸。本明清馥殿，本朝康熙五年改建，迎供旃檀佛像，有聖祖仁皇帝御製碑文；又六十年御製旃檀佛西來歷代傳祀記勒石。乾隆二十五年修，有御製碑文，並御書額曰「祇林妙相」。嘉慶二十三年重修，有御製碑文。

仁壽寺。在弘仁寺東。乾隆二十五年建，爲孝聖憲皇后祝釐於此，御書額曰「總持壽世」。內田字殿，嘉慶十五年修。

福佑寺。在西華門北街東。雍正元年建，正殿恭奉聖祖仁皇帝「大成功德佛」牌，東案陳設御製文集，西設寶座。殿額曰「慈容儼在」，前殿額曰「慧燈朗照」，皆世宗憲皇帝御書。

柏林寺。在國子監東。元至正中建。本朝康熙五十二年，恭逢聖祖仁皇帝六十萬壽。世宗憲皇帝就藩邸近寺施檀重修，以爲祝釐之地。聖祖仁皇帝賜額曰「萬古柏林」。乾隆二十二年重修，有御製碑文及詩，御書殿額曰「覺行俱圓」。

回寺。在長安右門外西南。乾隆二十八年建，回部各城平定後，其伯克霍集斯、霍什克等入覲，並授封王公，賜居邸舍，餘衆願居京師者，編設佐領，於長安右門西建營房以居之，並因其土俗，敕建回寺，以爲會聚拜禮之所，有御製碑記。

德壽寺。在南苑舊衙門東。順治十五年建，規制崇麗。聖祖仁皇帝行蒐南苑，時常臨幸瞻禮，有御製德壽寺詩，後燬。乾隆二十年重加修葺，高宗純皇帝御題額曰「慧燈圓照」，有御製碑文及詩。寺內金鼎，范冶精緻，高宗純皇帝御製古鼎歌，方之周彝虞敦云。

永慕寺。在南苑舊衙門西。康熙三十年建，爲孝莊文皇后祝釐之所，聖祖仁皇帝御書額曰「香雲法雨」。乾隆二十九年修，有高宗純皇帝御製詩。

海會寺。在左安門外。明嘉靖間建。本朝順治十三年修，十四年世祖章皇帝幸寺，與寺僧憨璞論佛法大意。乾隆二十二年復加繕葺，高宗純皇帝御書額曰「覺海津梁」，又有御製詩。

天寧寺。在廣寧門外。元魏光林舊刹，隋爲弘業，唐爲天王，金爲大萬安，明宣德中更今名。本朝乾隆二十一年修，有高宗純皇帝御製碑文，並御書殿額曰「常清浄法」，曰「覺路慈緣」。寺中浮圖高十餘丈，隋開皇時建，今尚存。

大慈觀音寺。在廣安門外西南。一名海會禪林。寺創於金，明成化中重建，本朝雍正十一年修，有御製碑文。寺樓恭懸聖祖仁皇帝御書額曰「寄興高遠」，殿額曰「慈雲甘露」，爲世宗憲皇帝御書。

廣通寺。在西直門外。本元法王寺，門額爲本朝聖祖仁皇帝御書，又御書殿額二：曰「息心浄行」，曰「慈燈普照」。雍正十一年修，有世宗憲皇帝御製碑文，並御書額曰「福佑升恒」。乾隆七年，有高宗純皇帝御製詩。門外臨流，西挹山翠，郊闢勝蹟也。

萬壽寺。在西直門外。燕都游覽志：「萬壽寺，丹樓紺宇，與大内等。」明萬曆五年建，本朝乾隆十六年修，二十六年重修，俱有御製碑文，爲孝聖憲皇后祝釐於此。殿内恭懸世宗憲皇帝御書額曰「慧日長輝」。寺右爲行殿，寺内假山松柏，皆數百年物，有明永樂時所鑄大鐘一，内外勒華嚴經全部，今移置覺生寺。

正覺寺。在西直門外，亦名真覺寺，俗名五塔寺。燕都游覽志：「寺乃蒙古人所建，夾道垂楊，緑陰如幕。」緱山集：「真覺寺浮圖高五六丈許，上爲塔五，陟其頂，山林城市之勝收焉。」明永樂初年建，本朝乾隆二十六年修，有御製碑文，爲孝聖憲皇后祝釐於此。高宗純皇帝御書額曰「心珠朗瑩」，殿後爲塔院，院東爲行殿。

覺生寺。在西直門外。雍正十一年建，世宗憲皇帝御書額曰「慧照澄心」，高宗純皇帝御書額曰「妙明正覺」。殿前有世宗憲皇帝御製碑文，碑陰恭勒高宗純皇帝御製詩。乾隆八年，命移萬壽寺大鐘於此，鐘樓前恭立御製大鐘歌碑。

恩佑寺。在暢春園東垣。雍正元年建，恭奉聖祖仁皇帝御容以時展謁。乾隆八年，移奉安佑宫，此寺遂專爲佛地。殿内恭懸世宗憲皇帝御書額曰「心源統貫」。又内外門額皆御書，龕額曰「寶地曇飛」，爲高宗純皇帝御書。

恩慕寺。在暢春園東垣。乾隆四十二年建，爲孝聖憲皇后廣資慈福，兼恩佑、永慕二寺名，以誌紹承之意，御書殿額曰「福應天人」，門額皆御書，有御製恩慕寺瞻禮詩。

聖化寺。在暢春園西。聖祖仁皇帝御書殿額曰「香界連雲」，觀音閣額曰「海潮月印」。高宗純皇帝御書簷額曰「能仁妙覺」。

大報恩延壽寺。在清漪園萬壽山北，前臨昆明湖。明時舊有圓静寺，本朝乾隆十六年，恭逢孝聖憲皇后六旬萬壽，特建兹寺於其地，祝釐頌嘏，有高宗純皇帝御製碑文。寺内額曰「度世慈緣」，曰「作大吉祥」，曰「華海慈雲」，曰「真如」，曰「妙覺」，皆高宗純皇帝御書。寺西爲羅漢堂，塑五百羅漢像，有御製記勒石。堂後爲寶雲閣，范銅爲宇，御題額曰「大光明藏」。山陰有多寶塔，塔下有石，恭勒御製多寶佛塔頌，塔東西爲善現、雲會二寺。

聖緣寺。在静明園函雲關之北。康熙中敕建。

香巖寺。在静明園内山上。乾隆二十三年修建。寺後有八方塔一座，高七層，有御書「玉峯塔影」、「初地殊標」、「二力勝果」、「三摩慈蔭」、「四智無遮」、「五藴皆空」、「六度圓成」、「七寶莊嚴」、「偏法界觀」、「同參最上」諸額。

妙喜寺。在静明園西門外。乾隆二十三年修建，御書殿内額曰「香海同源」。

功德寺。在玉泉山東麓。本元大承天護聖寺，規制弘麗，明宣德時改今名，嘉靖時廢。本朝乾隆三十五年重修，爲孝聖憲皇后祝釐。殿内御書額曰「智珠心印」，殿前恭立御製重修功德寺碑亭，碑陰恭勒御製詩。寺前有古臺三，相傳爲元時看花釣魚臺，今廢。按帝京景物略謂「寺僧板庵能役木毬使者出外募金」，説本荒唐。今寺内木毬尚存。御製碑文内爲辨正之，洵足祛萬世之惑矣。

香山寺。在香山静宜園内。依巖架壑，爲殿五層，金碧輝映。徐善泠然志：「寺址爲遼中丞阿勒彌所捨。」又云：「寺即金章宗之會景樓也。」金史：「大定二十六年，香山寺成，賜名大永安寺。」都穆南濠集：「香山永安寺，亦名甘露。」帝京景物略：「寺始金大定，正統中太監范弘拓之。」本朝康熙十六年修，乾隆八年重修，高宗純皇帝御書殿額曰「圓靈應現」。寺門内娑羅樹一，有聖祖仁皇帝御製娑羅樹歌。乾隆十一年有高宗純皇帝御製娑羅樹恭依皇祖元韻詩。寺北爲觀音閣，後爲海棠院，院東爲來青軒，遠眺絶曠，盡挹山川之秀，軒内恭懸聖祖仁皇帝御書額曰「普照乾坤」。山之巔爲静室，即香霧窟，後爲竹罏精舍。北巖間，高宗純皇帝御書「西山晴雪」石刻在焉。

洪光寺。在静宜園内。燕都游覽志：「穿洪光寺柏徑而上，即香山藏經殿。」遊業：「洪光寺古刹，巨璫鄭同重修，寺内圓殿，千佛各座寶蓮，制極精巧。」南濠集：「寺據山頂，短垣遶門，地悉甃以石，寬平可坐，山之勝一覽而盡。」帝京景物略：「洪光寺徑，上指玉華寺，再上指玉皇閣，下指碧雲寺，再下指弘法寺，十有八盤而徑盡，至寺門，香山乃在其下。」本朝康熙中重加修葺，聖祖仁皇帝御書圓殿額曰「光明三昧」，正殿額曰「慈雲常蔭」。乾隆十年修建静宜園，並葺此寺，高宗純皇帝御書額曰「香嵒浄域」。又寺東有碧雲寺，壯麗與香山相埒，乾隆十三年修，有高宗純皇帝御製碑文及詩。按洪光寺東有玉華寺、碧雲寺，北有玉皇閣。弘法寺，今無考。

宗鏡大昭廟。在静宜園外垣北，亦名昭廟。前後凡五殿，肖衛地古式爲之。乾隆四十五年，後藏班禪額爾德尼遠來祝釐，因即静宜園外垣建廟以居之，爲柔遠也，高宗純皇帝御書前殿額曰「清浄法智」。後四殿額皆御書，並有御製昭廟六韻詩。

實勝寺。在静宜園西，舊名表忠寺，乾隆十四年修。先是設石碉於西山之麓，簡佽飛之士以習之，爲征金川計，至是奏績，因葺新之，名曰實勝。又立健鋭雲梯營，並於寺之左右，建屋居之。高宗純皇帝御書殿額曰「顯大雄力」，有御製碑文及詩。二十六年平定回部，有御製實勝寺後記及詩。寺南梵香、寶諦諸寺，皆有高宗純皇帝宸章。又乾隆二十七年，巡幸五臺還，御寫殊像寺文殊像，而係以贊，於寶諦寺旁建寶相寺，肖像其中，御書殿額曰「旭華之閣」，並有御製碑文。

香界寺。在香山迤南。舊名平坡寺，不知其所由始，蓋古刹也。本朝康熙十七年修，聖祖仁皇帝賜名聖感，有御製碑文及賜僧海岫詩。乾隆十三年，高宗純皇帝敕定今名，御書前殿額曰「現清浄身」，正殿額曰「智鏡周圓」，有御製碑文及詩。寺上一里爲寶珠洞，有高宗純皇帝御製詩碑。山右爲龍王堂，其東爲大悲寺，有高宗純皇帝御書額，又御製大悲寺詩及賜僧古梅詩。

十方普覺寺。在香山東北之壽安山。本唐兜率寺，元名昭孝，以窣堵波爲門，泉石清幽，層巖夾峙。殿前有二娑羅樹，相傳來自西域。元至治元年重建，更名壽安。有卧佛二：一旃檀像，唐貞觀中造；一銅像，明憲宗時造。俗名卧佛寺。門前有明胡濙碑。本朝雍正十二年重建，世宗憲皇帝賜今名，有御製碑文。高宗純皇帝御書額曰「得大自在」。寺東爲五華閣、普福庵，今並廢。按卧佛銅像，雖傳成化時造，而碑記未詳，考元史英宗紀：「至治元年十二月，冶銅五十萬斤作壽安山寺佛像。」據此則銅像爲元時所造，今尚存寺内，其旃檀像已無存。又按朱彝尊日下舊聞以壽安山爲即五華山，考陳循寰宇通志，五華山即香山之分支也。

白雲觀。在廣安門外天安寺西北。金太極宫故址，元改建，祀長春真人丘處機。本朝乾隆二十一年重修。殿内恭懸聖祖仁皇帝御書額曰「駐景長生」，又七真殿、玉皇閣俱有聖祖仁皇帝、高宗純皇帝御書額。觀東偏爲斗姥閣，聖祖仁皇帝御書額曰「大智寶光」。丘真人殿内有木鉢一，乃刳木瘿爲之，可容五斗，内塗以金，恭鐫高宗純皇帝御製詩其中。都人正月十九日致酹祠下，謂之「燕九節」。觀西土阜，相傳爲真人弟子潘沖和琴臺。按朱彝尊日下舊聞載王惲清明日遊長春宫詩，朱昆田云：「元之長春宫，在太液池上，非今之白雲觀也。」考李道謙甘水仙源録，元世祖命處機居瓊華島，賜名萬安宫，其賜名長春者，乃天長觀，即金之太極宫，在今白雲觀西，非太液池也。又考仙源録：「長春宗師既逝，嗣其道者尹公，乃易其宫之東甲第爲觀，號曰白雲。」據此則可知改宫爲觀之所由始，而長春宫之爲金太極宫遺址無疑矣。

校勘記

〔一〕鹿頂殿在光天殿西北　「鹿」，元史卷二六仁宗紀、日下舊聞考卷三二宫室同，乾隆志卷二京師下（以下同卷者不再重出）及南村輟耕録卷二一宫闕制度作「盝」。

〔二〕門有二樓　「二」，原作「一」，據乾隆志及金史卷二四地理志上、天府廣記卷五宫殿、光緒順天府志三京師志三改。

〔三〕内有仁政殿　「内」，原作「後」，據乾隆志及金史卷二四地理志上、天府廣記卷五宫殿、光緒順天府志三京師志三改。

〔四〕浮玉　「玉」，日下舊聞考卷二九宫室引禁扁同，乾隆志作「生」，同禁扁卷二。

〔五〕蓬瀛柳莊杏林　乾隆志同。崔文印大金國志校證卷三三燕京制度引三朝北盟會編卷二四四之金虜圖經「莊」上無「柳」字，即作「蓬瀛莊」。「杏林」之「林」作「村」。

〔六〕有圓殿在山前圓頂上　南村輟耕録卷二一宫闕制度：「圓殿在山前，圓頂上置塗金寶珠，重簷。」日下舊聞考卷三二宫室引輟耕録同，此「圓頂上」下蓋有脱誤。

〔七〕大高殿　乾隆志作「大高玄殿」，春明夢餘録卷六宫闕、日下舊聞考卷四一皇城、宸垣識略卷三皇城一、光緒順天府志三京師志三皆同，此蓋因避諱省「玄」字。

大清一統志卷三

京師三

職官

宗人府宗令一員，宗正二員，左、右。宗人二員，左、右。以上並宗室、王公爲之。府丞一員，漢。堂主事四員，宗室二員，漢二員。經歷二員，宗室。理事官四員，左、右二司各二員。副理事官四員，左、右二司各二員。主事四員，左、右二司各二員。委署主事四員，左、右二司各二員。以上並宗室爲之。筆帖式二十四員，宗室。效力筆帖式二十四員，宗室。

内閣大學士四員，滿、漢各二員。協辦大學士二員，滿、漢各一員。學士兼禮部侍郎銜十員，滿洲六員，漢四員。侍讀學士八員，滿洲四員，蒙古、漢各二員。侍讀十六員，滿洲十員，蒙古、漢軍、漢各二員。典籍六員，滿洲、漢軍、漢各二員。中書一百二十四員。滿洲七十員，蒙古十六員，漢軍八員，漢三十員。

中書科稽察科事内閣學士二員，滿、漢各一員。中書六員，滿二員，漢四員。筆帖式十員。滿洲。

翰林院掌院學士二員，滿、漢各一員，於大學士、各部尚書、侍郎内特簡。侍讀學士五員，滿洲二員，漢三員。舊設滿洲三員，乾隆五十年裁一員。侍講學士五員，滿洲二員，漢三員。舊設滿洲三員，乾隆五十年裁一員。侍讀五員，滿洲二員，漢三員。舊設滿洲三員，乾隆五十年裁一員。侍講五員，滿洲二員，漢三員。舊設滿洲三員，乾隆五十年裁一員。修撰，編修，檢討，庶吉士，均無定員。典簿二員，滿、漢各一員。孔目二員，滿、漢各一員。待詔四員，滿、漢各二員。筆帖式四十四員。滿洲四十員，漢軍四員。

詹事府詹事二員，滿、漢各一員。少詹事二員，滿、漢各一員。庶子四員，左、右春坊，滿、漢各一員。洗馬二員，司經局，滿、漢各一員。中允四員，左、右春坊，滿、漢各一員。贊善四員，左、右春坊，滿、漢各一員。主簿二員，滿、漢各一員。筆帖式六員。滿洲。

起居注館主事三員，滿洲二員，漢一員。筆帖式十六員。滿洲十四員，漢軍二員。

吏部尚書二員，滿、漢各一員。侍郎四員，左、右，滿、漢各一員。堂主事五員，滿洲四員，漢軍一員。司務二員，滿、漢各一員。繕本筆帖式十二員，滿洲。郎中十三員，文選司，滿洲三員，蒙古一員，漢一員；考功司，滿洲三員，漢一員；稽勳、驗封二司，均滿、漢各一員。員外郎十四員，文選司，滿、漢各二員；考功司，滿洲二員，蒙古、漢各一員；稽勳司，宗室、滿、漢各一員；驗封司，滿洲二員，漢一員。按：稽勳司，舊設滿洲二員，嘉慶四年改設宗室一員。主事十一員，文選、考功二司，均滿洲一員，漢二員；稽勳司，宗室、漢各一員；驗封司，滿洲、蒙古、漢各一員。按：稽勳司，舊設滿洲一員，嘉慶四年改設宗室一員。筆帖式七十三員。滿洲五十七員，蒙古四員，漢軍十二員。

户部尚書二員，滿、漢各一員。侍郎四員，左、右，滿、漢各一員。總督倉場户部右侍郎二員，滿、漢各一員。堂主事六員，滿洲四員，漢軍二員。司務二員，滿、漢各一員。繕本筆帖式二十員，滿洲。郎中三十七員，江南、浙江二司，均滿、漢各一員；江西司，宗室、漢各一員；福建司，滿洲二員，蒙古、漢各一員；湖廣、山東二司，均滿洲一員，漢一員；山西、河南二司，均滿、漢各一員；陝西司，滿洲，蒙古、漢各一員；四川、廣東、廣西三司，均滿、漢各一員；雲南司，滿洲二員，漢一員；貴州司，滿、漢各一員；銀庫、緞疋庫、顏料庫，滿洲各一員。按：江西司，舊設滿洲一員，嘉慶四年改設宗室。員外郎五十九員，江南司，滿洲三員，漢一員；浙江、江西二司，均滿洲二員，漢一員；福建司，滿洲五員，漢一員；湖廣司，滿洲二員，漢一員；山東司，滿洲三員，漢一員；山西司，滿洲，蒙古、漢各一員；河南司，滿洲二員，漢一員；陝西司，滿洲三員，漢一員；四川司，滿洲二員，漢一員；廣東司，滿洲二員，宗室、漢各一員；廣西司，滿洲三員，宗室、漢各一員；雲南、貴州二司，均滿洲三員，漢一員；銀庫、緞疋庫、顏料庫，滿洲各二員。按：廣東司，舊設滿洲三員，廣西司，舊設滿洲四員，嘉慶四年改設宗室各一員。主事二十九員，江南、浙江、江西、福建、湖廣、山東、山西、河南、陝西、四川、廣東、廣西、雲南、貴州十四司，均滿、漢各一員；三庫檔房，滿洲一員。司庫五員，銀庫，滿洲一員；緞疋庫、顏料庫，滿洲各二員。大使九員，銀庫，滿洲二員；緞疋庫、顏料庫，滿洲各一員；寶泉局，滿洲五員。崇文門稅大使一員，漢。庫使二十六員，滿洲，銀庫六員，緞疋庫九員，顏料庫十一員。三庫筆帖式十五員，滿洲，銀庫六員，緞疋庫三員，顏料庫四員，三庫檔房二員。筆帖式一百二十員，滿洲一百員，蒙古四員，漢軍十六員。倉場筆帖式六員。滿洲。

禮部尚書二員，滿、漢各一員。侍郎四員，左、右，滿、漢各一員。堂主事四員，滿洲三員，漢軍一員。司務二員，滿、漢各一員。郎中十一員，儀制、祠祭二司，均滿洲二員，漢一員；主客司，滿洲、蒙古、漢各一員；精膳司，滿、漢各一員。員外郎十四員，儀制司，滿洲三員，漢一員；祠祭司，滿洲三員，蒙古、漢各一員；主客司，宗室、滿洲各一員；精膳司，滿洲二員；鑄印局，漢一員。按：主客司，舊設滿洲二員，嘉慶四年改設宗室一員。主事九員，儀制、祠祭、主客三司，均滿、漢各一員；精膳司，宗室、蒙古、漢各一員。按：精膳司，舊設滿洲一員，嘉慶四年改設宗室。大使二員，會同四譯館、鑄印局，漢各一員。正教序班二員，漢。朝鮮通事八員，滿洲。筆帖式四十員。滿洲三十四員，蒙古二員，漢軍四員。

兵部尚書二員，滿、漢各一員。侍郎四員，左、右，滿、漢各一員。堂主事五員，滿洲四員，漢軍一員。司務二員，滿、漢各一員。繕本筆帖式十五員，滿洲。郎中十八員，武選司，滿洲三員，蒙古、漢各一員；車駕司，宗室、滿洲、漢各一員；職方司，滿洲五員，漢二員；武庫司，滿洲二員，漢一員。按：車駕司，舊設滿洲二員，嘉慶四年改設宗室一員。員外郎十六員，武選司，滿洲四員，漢二員；車駕司，滿洲二員，宗室、蒙古各一員；職方司，滿洲二員，蒙古、漢各一員；武庫司，滿洲、蒙古各一員。按：車駕司，舊設滿洲三員，嘉慶四年改設宗室一員。主事十員，武選、車駕二司，均滿、漢各一員；職方司，滿洲、蒙古各一員，漢二員；武庫司，滿、漢各一員。筆帖式七十八員。滿洲六十二員，蒙古八員，漢軍八員。

刑部尚書二員，滿、漢各一員。侍郎四員，左、右，滿、漢各一員。堂主事六員，滿洲五員，漢軍一員。司務二員，滿、漢各一員。繕本筆帖式四十員，滿洲。郎中三十八員，直隸司，滿、漢各一員；奉天司，蒙古、漢各一員；江蘇、安徽、江西、福建、浙江五司，均滿、漢各一員；湖廣司，宗室一員，漢二員；河南、山東、山西三司，均滿、漢各一員；陝西司，滿洲一員，漢二員；四川、廣東、廣西、雲南、貴州督捕六司，均滿、漢各一員。按：湖廣司，舊設滿洲一員，嘉慶四年改設宗室。員外郎四十四員，直隸司，滿洲、蒙古各一員，漢二員；奉天司，滿、漢各一員；江蘇司，滿洲二員，漢一員；安徽、江西、福建三司，均滿、漢各一員；浙江司，滿洲一員，漢二員；湖廣、河南、山東三司，均滿洲二員，漢一員；山西司，滿、漢各一員；陝西司，滿洲二員，漢一員；四川司，滿、漢各一員；廣東司，滿洲二員，漢一員；廣西司，宗室、漢各一員；雲南、貴州二司，均滿、漢各一員；督捕司，滿洲一員。按：廣西司，舊設滿洲一員，嘉慶四年改設宗室。主事三十六員，直隸、奉天、江蘇、安徽、江西、福建、浙江、湖廣、河南、山東十司，均滿、漢各一員；山西司，蒙古、漢各一員；陝西、四川、廣東三司，均滿、漢各一員；廣西司，宗室、漢各一員；雲南、貴州督捕三司，均滿、漢各一員。按：廣西司，舊設滿洲一員，嘉慶四年改設宗室。提牢廳主事二員，滿、漢各一員。司庫一員，贓罰庫，滿洲。庫使二員，贓罰庫，滿洲。司獄八員，滿洲四員，漢軍二員，漢二員。筆帖式一百二十四員。滿洲一百五員，蒙古四員，漢軍十五員。

工部尚書二員，滿、漢各一員。侍郎四員，左、右，滿、漢各一員。堂主事四員，滿洲三員，漢軍一員。司務二員，滿、漢各一員。繕本筆帖式十員，滿洲。郎中二十五員，營繕司，滿洲四員，蒙古、漢各一員；虞衡司，滿洲四員，漢一員；都水司，滿洲五員，漢一員；屯田司，滿洲四員，漢一員；製造庫，滿洲二員，漢一員。員外郎二十五員，營繕司，滿洲五員，漢一員；虞衡司，滿洲三員，宗室、蒙古、漢各一員；都水、屯田二司，均滿洲五員，漢一員；節慎庫，滿洲一員。按：虞衡司，舊設滿洲四員，嘉慶四年改設宗室一員。主事二十一員，營繕司，滿、漢各二員，蒙古一員；虞衡司，滿洲三員，漢二員；都水司，滿洲四員，漢二員；屯田司，宗室一員，滿、漢各二員。按：屯田司，舊設滿洲三員，嘉慶四年改設宗室一員。司庫四員，製造、節慎二庫，均滿洲二員。司匠二員，製造庫，滿洲。庫使三十四員，製造庫，滿洲二十二員；節慎庫，滿洲十二員。筆帖式九十七員。滿洲八十五員，蒙古二員，漢軍十員。

理藩院尚書一員，滿洲。侍郎三員，滿洲左、右各一員，額外蒙古一員。堂主事六員，滿洲二員，蒙古三員，漢軍一員。司務二員，滿、蒙各一員。郎中十二員〔二〕，旗籍司，滿洲一員，蒙古一員；王會司，滿洲一員，蒙古二員；柔遠司，宗室一員；典屬司，滿、蒙各一員；理刑司，蒙古二員；徠遠司，蒙古一員。按：舊設滿洲六員，蒙古五員，乾隆四十二年增設蒙古一員，四十九年裁滿洲二員，改設蒙古二員。嘉慶四年裁滿洲一員，改設宗室。員外郎三十六員，旗籍司，宗室、滿洲各一員，蒙古二員；王會司，滿洲二員，蒙古三員；柔遠司，滿洲一員，蒙古五員；典屬司，滿洲一員，蒙古六員；理刑司，滿洲二員，蒙古四員；徠遠司，滿洲二員，蒙古三員；蒙古房，蒙古一員。按：舊設二十七員，又蒙古房一員，康熙二十年增設八員。主事十員，旗籍司，滿洲一員；王會司，蒙古二員；柔遠司，蒙古一員；典屬司，滿、蒙各一員；理刑司，蒙古一員；徠遠司，蒙古二員；蒙古房，蒙古一員。按：舊設滿洲四員，蒙古五員，又蒙古房一員，乾隆四十九年裁滿洲一員，增設蒙古二員。司庫一員，滿洲。庫使二員，滿洲。筆帖式九十九員。滿洲三十八員，蒙古五十五員，漢軍六員。

都察院左都御史二員，滿、漢各一員。左副都御史四員，滿、漢各二員。監察御史五十六員，京畿道，滿、漢各二員；江南道，滿、漢各四員；山東道，滿、漢各三員；浙江、山西、河南、陝西、湖廣、江西、福建七道，均滿、漢各二員；四川、廣東、廣西、雲南、貴州五道，均滿、漢各一員。經歷二員，滿、漢各一員。都事二員，滿、漢各一員。堂筆帖式十員，滿洲。筆帖式三十二員，京畿、江南二道各三員，餘十三道各二員。正指揮五員，中、東、西、南、北五城，各一員，俱漢缺，副指揮、吏目同。副指揮五員，吏目五員。

六科給事中二十四員，吏、户、禮、兵、刑、工六科，均滿、漢各二員。筆帖式八十員。吏、户、兵、刑四科各十五員，禮、工二科各十員。

通政使司通政使二員，滿、漢各一員。副使二員，滿、漢各一員。參議二員，滿、漢各一員。經歷二員，滿、漢各一員。知事二員，滿、漢各一員。筆帖式十員。滿洲七員，漢軍三員。

大理寺卿二員，滿、漢各一員。少卿二員。滿、漢各一員。堂評事一員，滿洲。司務二員，滿、漢各一員。寺丞六員，左、右，滿洲、漢軍、漢各一員。評事二員，左、右，漢各一員。筆帖式六員。滿洲四員，漢軍二員。

太常寺卿二員，滿、漢各一員。少卿二員，滿、漢各一員。寺丞三員，滿洲一員，漢二員。贊禮郎二十四員，滿洲，舊設二十二員，嘉慶四年增二員。讀祝官九員，滿洲，舊設八員，嘉慶四年增一員。博士三員，滿洲、漢軍、漢各一員。典簿二員，滿、漢各一員。署正一員，漢。署丞二員，漢。協律官五員，漢。司樂二十五員，漢。司庫一員，滿洲。庫使二員，滿洲。筆帖式十員。滿洲九員，漢軍一員。

壇廟四品官二員，太廟。五品官十一員，天壇、地壇、社稷壇，均各一員，太廟八員。六品官十八員，天壇、地壇各七員，社稷壇四員，以上俱滿洲。奉祀五員，天壇、地壇、日壇、月壇、先農壇各一員，俱漢缺，祀丞同。祀丞五員。

光禄寺卿二員，滿、漢各一員。少卿二員，滿、漢各一員。典簿二員，滿、漢各一員。署正八員，大官、珍饈、良醖、掌醢四署，均滿、漢各一員。署丞八員，滿洲。司庫二員，滿洲。筆帖式十八員。滿洲。

太僕寺卿二員，滿、漢各一員。少卿二員，滿、漢各一員。員外郎四員，左、右二司，均滿洲、蒙古各一員。主事四員，左、右二司，均滿洲、蒙古各一員。主簿一員，滿洲。筆帖式十六員。滿洲八員，蒙古八員。

鴻臚寺卿二員，滿、漢各一員。少卿二員，滿、漢各一員。鳴贊十六員，滿洲十四員，漢二員。主簿二員，滿、漢各一員。序班四員，漢。筆帖式四員。滿洲。

順天府府尹一員，府丞一員，治中一員，通判一員，以上皆漢缺。府學教授二員，滿、漢各一員。訓導二員，滿、漢各一員。經歷一員，照磨一員，司獄一員，以上皆漢缺。京知縣二員，大興、宛平各一員。京縣丞二員，大興、宛平各一員。管河縣丞三員，宛平。巡檢七員，大興三員，宛平四員。典史二員，大興、宛平各一員。閘官二員。大興、宛平各一員，其所屬四路廳、五州、十七縣各員，均詳直隸志。

國子監祭酒二員，滿、漢各一員。司業三員，滿洲、蒙古、漢各一員。監丞二員，滿、漢各一員。博士二員，滿、漢各一員。典簿二員，滿、漢各一員。典籍一員，漢。助教三十員，八旗，滿洲各二員，蒙古各一員，率性、修道、誠心、正誼、崇志、廣業六堂，漢各一員。學正四員，率性、修道、誠心、正誼四堂，漢各一員。學録二員，崇志、廣業二堂，漢各一員。筆帖式八員。滿洲四員，蒙古二員，漢軍二員。

欽天監監正二員，滿、漢各一員。監副四員，左、右，滿、漢各一員。主簿二員，滿、漢各一員。五官正十員，時憲科，滿洲、蒙古各二員，春、夏、中、冬四官正各漢一員，秋官正，漢軍一員，漢一員。博士三十二員，滿洲四員，蒙古、漢軍各二員，漢二十四員。靈臺郎八員，滿洲二員，蒙古、漢軍各一員，漢四員。挈壺正四員，滿洲、蒙古各一員，漢二員。監候一員，漢。司書一員，漢。司晨一員，漢軍。筆帖式十七員。滿洲十一員，蒙古四員，漢軍二員。

太醫院院使一員，漢。院判二員，左、右，漢各一員。御醫十五員，吏目三十員，醫士三十員。

内務府總管大臣，無定員，於滿洲大臣内特簡。堂郎中一員，堂主事二員，委署主事二員，堂筆帖式六十四員，郎中二十七員，廣儲司四員，内二員由各部保送兼攝，銀、緞二庫各二員，都虞司、掌儀司、會計司、營造司、慶豐司、慎刑司、寧壽宫，均各二員，三旗莊頭處、雍和宫各一員，養心殿造辦處三員。員外郎六十八員，銀、皮、磁、緞、衣、茶六庫均三員，内各庫一員，由六部保送兼攝，都虞司五員，掌儀司、營造司、慶豐司各八員，會計司、三旗莊頭處各六員，慎刑司四員，雍和宫一員，寧壽宫、養心殿造辦處，均各二員。主事九員，廣儲司、都虞司、掌儀司、會計司、營造司、慶豐司、慎刑司、寧壽宫、養心殿造辦處，均各一員。委署主事十一員，廣儲司、都虞司、掌儀司、會計司、三旗莊頭處、營造司、慎刑司、寧壽宫、養心殿造辦處，均各一員，慶豐司二員。司庫二十五員，銀、皮、磁、緞、衣、茶六庫均各四員，織染局一員。

委署司庫一員，織染局。副司庫十二員，銀、皮、磁、緞、衣、茶六庫各二員。庫使九十六員，銀庫十六員，衣庫二十三員，皮、磁、緞、茶四庫各十三員，織染局五員。庫掌二十六員，營造司木、鐵、房、器、薪、炭六庫，各二員，礮作一員，圓明園薪、炭庫二員，官房租庫一員，養心殿造辦處十員。副庫掌十五員，營造司木、鐵、房、器、薪、炭六庫各二員，礮作一員，圓明園薪、炭庫二員。庫守五十九員，營造司木庫、房庫各十一員，鐵庫四員，薪庫七員，器庫、炭庫各八員，礮作三員，圓明園薪、炭庫七員。司匠一員，營造司鐵作。委署司匠二員，營造司鐵、漆二作各一員。掌儀司贊禮郎十七員，司俎官五員，掌果二員，副掌果二員，司果執事十二員，筆帖式二百一十三員。廣儲司、都虞司、會計司、營造司各二十五員，掌儀司二十一員，三旗莊頭處十一員，慶豐司十四員，慎刑司十九員，織染局三員，番役處四員，掌關防處八員，恩豐倉二員，寧壽宮三員，慈寧宮花園二員，雍和宮三員，養心殿造辦處十五員，官房租庫七員，咸安宮一員。

御茶膳房主事一員，委署主事一員，筆帖式十一員。

御藥房主事一員，委署主事一員，庫掌二員，筆帖式十四員。

中正殿員外郎二員，筆帖式四員，滿洲二員，蒙古二員。蘇拉筆帖式二十二員，蒙古蘇拉筆帖式十二員。

武英殿修書處正監造員外郎一員，副監造内管領一員，委署主事一員，庫掌四員，委署庫掌六員，筆帖式四員。

御書處正監造司庫一員，副監造庫掌一員，庫掌二員，委署庫掌六員，筆帖式二員。

御鳥槍處藍翎總承一員，副總承二員，鳥槍長五員，内火藥庫庫掌二員。

上駟院卿二員，堂主事一員，委署主事一員，郎中一員，左司。員外郎四員，左、右司各二員。主事二員，左、右司各一員。委署主事二員，左、右司各一員。阿敦侍衛二十一員，司鞍長三員，副司鞍長二員，醫師長三員，蒙古。副醫師長二員，蒙古。筆帖式二十二員。

武備院卿二員，郎中一員，員外郎八員，北鞍、南鞍、甲、氊四庫各二員。主事二員，委署主事一員，庫掌八員，北鞍、南鞍、甲、氊四庫各二員。委署庫掌四員，北鞍、南鞍、甲、氊四庫各一員。無品級庫掌八員，北鞍、南鞍、甲、氊四庫各二員。庫守五十六員，北鞍、南鞍、甲、氊四庫各十四員。筆帖式二十二員。

奉宸苑卿二員，郎中二員，員外郎四員，主事一員，委署主事一員，苑丞十員，苑副十九員，委署苑副十員，庫掌一員，稻田廠。筆帖式十五員。

天壇齋宫苑丞二員，苑副二員。

南苑郎中一員，員外郎二員，主事一員，委署主事一員，苑丞七員，苑副十三員，委署苑副六員，筆帖式五員。

圓明園郎中一員，員外郎一員，主事一員，委署主事一員，苑丞九員，苑副二十一員，委署苑副十一員，庫掌二員，庫守十八員，筆帖式十四員。

暢春園郎中一員，苑丞三員，苑副五員，委署苑副八員，筆帖式三員。

清漪、静明、静宜三園郎中一員，員外郎三員，三園各一員。苑丞十八員，清漪園、静明園各五員，静宜園八員。苑副二十六員，清漪園十員，静明園、静宜園各八員。委署苑副二十一員，清漪園六員，静明園五員，静宜園十員。筆帖式十四員。清漪園八員，靜明園、靜宜園各三員。

御船處兼管司員一員，以内務府官兼充。筆帖式二員。

侍衛處三旗領侍衛内大臣六員，鑲黄、正黄、正白三旗各二員。内大臣，無定員。散秩大臣，無定員。協理事務侍衛班領十二員，三旗各四員。主事一員，滿洲。署主事三員，滿洲。筆帖式十二員，署筆帖式十五員，侍衛班領十二員，三旗各四員。署侍衛班領二十四員，三旗各八員。侍衛什長六十員，三旗各二十員。宗室侍衛什長九員，三旗各三員。頭等侍衛六十員，三旗各二十員。二等侍衛一百五十員，三旗各五十員。三等侍衛二百七十員，三旗各九十員。藍翎侍衛九十員，三旗各三十員。宗室頭等侍衛九員，三旗各三員。二等侍衛十八員，三旗各六員。三等侍衛六十三員，三旗各二十一員。四等侍衛，無定員。漢侍衛，頭等、二等、三等、藍翎，均無定員。親軍校七十七員，署親軍校七十七員。

鑾儀衛鑾儀使三員，滿洲二員，漢軍一員。堂主事一員，滿洲。經歷一員，漢。筆帖式十員，滿洲七員，漢軍三員。冠軍使十員，滿洲七員，漢軍三員。雲麾使二十八員，滿洲二十員，漢軍八員。治儀正四十二員，滿洲二十員，漢軍二十二員。整儀尉二十九員，滿洲十六員，漢軍十三員。鳴贊六員，滿洲。藍翎侍衛十四員。六所一衛各二員。

驍騎營八旗都統二十四員，滿洲、蒙古、漢軍各八員。副都統四十八員，滿洲、蒙古、漢軍各十六員。協理事務參領四十員，滿洲、漢軍各十六員，蒙古八員。協理事務章京一百四十四員，滿洲六十四員，蒙古三十二員，漢軍四十八員。筆帖式一百四十四員，滿洲六十四員，蒙古三十二員，漢軍四十八員。參領九十六員，滿洲、漢軍各四十員，蒙古十六員。副參領九十六員，滿洲、漢軍各四十員，蒙古十六員。佐領千一百五十一員，滿洲六百八十一員，蒙古二百四員，漢軍二百六十六員。驍騎校千一百五十一員。滿洲六百八十一員，蒙古二百四員，漢軍二百六十六員。

前鋒營選滿洲、蒙古銳兵爲之。統領二員，左、右翼各一員。協理事務前鋒參領二員，前鋒侍衛二員，前鋒校四員，筆帖式四員，前鋒參領十六員，前鋒侍衛十六員，委署前鋒侍衛八員，前鋒校九十六員。

護軍營統領八員，八旗各一員。協理事務護軍參領八員，八旗各一員。副護軍參領八員，八旗各一員。護軍校十六員，八旗各二員。筆帖式十六員，護軍參領一百十二員，滿洲八十員，蒙古三十二員。副護軍參領一百十二員，滿洲八十員，蒙古三十二員。委署護軍參領五十六員，八旗各七員。護軍校八百八十五員。滿洲六百八十一員，蒙古二百四員。

景運門值班大臣一員，以前鋒統領、護軍統領十人輪值。印務章京一員，以前鋒營、護軍營印務參領十人輪值。司鑰章京二員，上三旗一員，下五旗一員。主事一員，上三旗每旗設主事一員，委署主事一員，以一人輪值。門筆帖式五員，上三旗每旗十員，以五人輪值。前鋒、護軍參領五十七員，上三旗二十九員，下五旗二十八員。巴克什護軍三十四員，前鋒、護軍校一百二員。上三旗六十五員，下五旗三十七員。

步軍營統領一員，總兵二員，左、右翼。郎中一員，員外郎二員，主事二員，司務一員，筆帖式十二員，翼尉二員，幫辦翼尉二員，協尉二十四員，滿洲、蒙古、漢軍各八員。副尉二十四員，滿洲、蒙古、漢軍各八員。步軍校三百三十六員，滿洲百九十二員，蒙古、漢軍各七十二員。委署步軍校七十二員，滿洲四十員，蒙古、漢軍各十六員。捕盜步軍校四十員，滿洲二十四員，蒙古、漢軍各八員。城門領二十五員，滿洲十八員，漢軍七員。城門吏二十五員，滿洲十八員，漢軍七員。門千總三十二員，漢軍分守正陽、崇文、宣武、安定、德勝、朝陽、阜成、東直、西直、永定、左安、右安、廣渠、廣安、東便、西便等門汛。副將一員，中營，舊爲參將，乾隆四十六年改設。參將四員，南、北、左、右四營。遊擊五員，都司五員，中營防圓明園汛，南營防西珠市口汛，北營防德勝門汛，左營防左安門汛，右營防永定門汛。守備十八員，中營四員分防暢春園、樹村、靜宜園、樂善園等汛，南營五員分防東珠市、東河沿、西河沿、花兒市、菜市口等汛，北營三員分防安定、東直、朝陽等門汛，左營三員分防河陽、東便、廣渠等汛，右營三員分防阜成、西便、廣安等門汛。千總四十六員，中營十員，南營十二員，北、左、右三營各八員。把總九十二員〔二〕，中營二十員，南營一十四員，北、左、右三營各十六員。外委二百五員。經制外委，中營三十員，南營三十六員，北、左、右三營各二十四員。額外外委，中營十五員，南營十六員，北、左、右三營各十二員。

火器營管理大臣，無定員。協理事務翼長一員，署翼長營總一員，營總三員，鳥槍護軍參領四員，筆帖式八員，翼長二員。內、外營各一員。署翼長營總二員，內、外營各一員。營總六員，內、外營各三員。鳥槍護軍參領八員，內、外營各四員。副鳥槍護軍參領十六員，內、外營各八員。署鳥槍護軍參領三十二員，內、外營各十六員。鳥槍護軍校二百二十四員，內、外營各一百十二員，內各營五品虛職花翎委署參領十員。筆帖式八員。內、外營各四員。

圓明園八旗、內務府三旗護軍營管理大臣，無定員。協理事務營總二員，護軍參領二員，護軍校四員，筆帖式八員，八旗營總八員，旗各一員。護軍參領八員，旗各一員。副護軍參領十六員，旗各二員。委署護軍參領三十二員，旗各四員。護軍校一百二十八員，旗各十六員。副護軍校一百二十八員，旗各十六員。筆帖式三十二員，包衣營總一員，護軍參領三員，旗各一員。副護軍參領三員，旗各一員。委署護軍參領三員，旗各一員。護軍校九員，旗各三員。副護軍校三員，旗各一員。筆帖式四員。

健鋭營管理大臣，無定員。協理事務章京，無定員。筆帖式八員，翼長二員，委署翼長、前鋒參領二員，前鋒參領八員，副前鋒參領十六員，委署前鋒參領三十二員，前鋒校一百員，副前鋒校四十員，藍翎長一百員，番子佐領一員，乾隆四十一年設。防禦一員，乾隆五十三年設。驍騎校二員，乾隆四十一年設一員，五十三年設一員。水師委署千總四員，委署把總四員。

虎槍營管理大臣，無定員。總領六員，上三旗各二員。虎槍校二十一員，三旗各七員。委署虎槍校二十一員，三旗各七員。筆帖式六員。

嚮導處管理大臣，無定員。協理事務章京二員，筆帖式二員，嚮導章京三十二員，八旗各四員。藍翎長四員。

白塔信礮總管一員，滿洲。監守官八員。滿洲四員，漢軍四員。

南苑總尉一員，防禦八員，驍騎校二員，步軍校四員。

内務府三旗驍騎營驍騎參領十五員，鑲黄、正黄、正白三旗各五員。副參領十五員，三旗各五員。佐領十八員，鑲黄旗滿洲五員，正黄旗滿洲五員、朝鮮二員，正白旗滿洲五員、回子一員。旗鼓佐領十八員，三旗漢軍各六員。驍騎校三十六員，三旗滿洲各五員、漢軍各六員，正黄旗朝鮮二員，正白旗回子一員。内管領三十員，三旗各十員。副内管領三十員，三旗各十員。護軍營護軍統領三員，鑲黃、正黃、正白三旗各一員。護軍參領十五員，三旗各五員。副護軍參領十五員，三旗各五員。委署護軍參領十五員，三旗各五員。護軍校九十九員，三旗各三十三員。護軍藍翎長十五員，三旗各五員。委署筆帖式三十員，三旗各十員。護軍前鋒營委署前鋒參領六員，鑲黃、正黃、正白三旗各二員。前鋒校六員，三旗各二員。委署前鋒校六員，三旗各二員。前鋒藍翎長十二員。三旗各四員。

尚虞備用處亦曰黏桿處。管理大臣，無定員。協理事務頭等侍衛一員，筆帖式二員，黏桿長頭等侍衛一員，於本處二等侍衛内揀補。二等侍衛三員，於三等侍衛内揀補。三等侍衛二十一員，於藍翎侍衛内揀補。藍翎侍衛十五員，於拜唐阿内揀補。庫掌一員。

管理養鷹狗處大臣，無定員。統領四員，由管理大臣於侍衛内揀選引見補授，或由特旨派管。藍翎侍衛頭領十員，副頭領十五員，筆帖式六員。

善撲營管理大臣，無定員。協理事務翼長二員，筆帖式六員，翼長六員。左、右翼各三員，由管理大臣於本營侍衛教習及外營侍衛章京揀選引見補授。

稅課

崇文門額徵正稅銀九萬四千四百八十三兩，銅斤水腳銀七千六百九十二兩三錢一分二釐，左翼額徵正稅銀一萬兩，右翼額徵正稅銀一萬兩，盈餘稅銀無定額坐糧廳額徵正稅銀六千三百三十九兩二錢六分，盈餘銀六千兩。

校勘記

〔一〕郎中十二員　按本條載郎中十二員，而注文所載總計十一員，缺一員。據注文云：「舊設滿洲六員，蒙古五員，乾隆四十二年增設蒙古一員，四十九年裁滿洲二員，改設蒙古二員。嘉慶四年裁滿洲一員，改設宗室。」則乾隆四十九年後，滿洲僅存三員，蒙古增至八員，本條注文記載滿洲三員正合，而蒙古爲七員，缺者爲蒙古一員。

〔二〕把總九十二員　按本條載把總九十二員，而注文所載總計八十二員，缺十員。待考。

大清一統志卷四

京師四

苑囿

太液池。在西華門之西爲西苑，入苑門即太液池。池南北亘四里，東西二百餘步。其上源自玉泉山合西北諸水，至地安門水門流入，匯爲大池。元時亦名西華潭，其上爲瓊華島。夾岸多槐柳，池中蒲藻紛敷，禽魚翔泳，望之如仙洲勝地。池上跨長橋，坊楔對峙，東曰玉蝀，西曰金鼇。橋東爲承光殿，圓城周數百步，即元時儀天殿之舊也，俗名團殿。舊有古栝三株，傳爲金時所植，今存其一，有高宗純皇帝御製承光殿古栝行。殿南石亭中有玉甕，黑質白章，大可盛酒三十餘石，爲金、元舊物，鐫高宗純皇帝御製玉甕歌於上。殿北圓城之外，臨大石梁，南北有坊楔，曰積翠，曰堆雲。橋北稱北海，橋南稱中海，瀛臺以南稱南海。其中海之東岸爲蕉園，稍南爲萬善殿。殿之西有亭出水中，高宗純皇帝御書石碣曰「太液秋風」，即燕京八景之一。盛夏芰荷如錦，冬月水澤腹堅，八旗官兵演冰嬉於此，所以肄武習勞，有高宗純皇帝御製冰嬉賦紀其事。

瀛臺。舊有南臺，一名趯臺，在太液池中。由西苑門入，度板橋，有門曰德昌，中建殿五楹，聖祖仁皇帝御書額曰「勤政」。殿之南石隄數十步，過隄歷級而登，爲翔鸞閣、涵元殿、香扆殿、迎薰亭，而統名之曰瀛臺。臺三面臨水，奇石森列，花樹芬鬱，有天然林壑之致。聖祖仁皇帝時常爲夏月聽政之所，錫宴賦詩，聿垂盛典。乾隆年間，重加修葺，珠榜璇題，親揮宸翰，每於此裁決幾務，引見庶官。十一年秋召宗室、王公及公卿、庶僚，載賜曲宴，御製詩以紀其事，並有仿柏梁體聯句，用唐臣李嶠侍宴甘露殿詩分韻賦詩。臺之南對岸爲寶月樓，乾隆二十三年建，御製文記之。樓南臨皇城，俯視可見長安西街朝騎。臺東南爲同豫軒，西南爲茂對齋，並下臨太液池。

淑清院。在瀛臺之東，院建池中。高宗純皇帝御書額曰「水流雲在」。院東北爲葆光室，院左爲韻古堂，舊名蓬瀛在望，乾隆二十四年，江右大吏以臨江所獲古鐘十一枚上於朝，高宗純皇帝親加辨訂，爲周鎛鐘，更補其一，以成律呂之數，因易堂名以貯之，御製有記。韻古堂左側有垣門，門東爲流杯亭，亭北爲素尚齋，齋西有廊曰響雪，東南室曰千尺雪。

豐澤園。在瀛臺西北。門外一水横帶，前有稻畦數畝。聖祖仁皇帝、世宗憲皇帝、高宗純皇帝、仁宗睿皇帝勸課農桑，親御耒耜之地，有高宗純皇帝御製豐澤園記，每歲耕耤，皆先期演耕於此。園内殿舊名崇雅，乾隆十一年宴王公、宗室百有三人於此殿，聯句賦詩，因易名惇敘殿。後曰澄懷堂，榜爲聖祖御筆。康熙初年，詞臣常於此進講，其西爲春耦齋，取重農實穡之意，有高宗純皇帝御製春耦齋記。

紫光閣。在太液池西岸，豐澤園之北。康熙間，聖祖仁皇帝嘗以仲秋校射於此，復於閣前閲試武進士，至今循以爲例。乾隆二十四年平定伊犂回部，大功告成，凱旋京師，高宗純皇帝錫宴閣中，策勳飲至，命圖畫功臣像於閣上。其勳績尤赫，上親製贊者五十人，爲忠勇公傅恒，武毅謀勇公兆惠，誠勇公班第，義烈公納木扎爾，超勇郡王策布登扎布，靖遠成勇侯富德，超勇伯薩拉爾，忠勤伯黄廷桂，額駙色布騰巴爾珠爾，貝子扎拉豐阿，多羅郡王羅卜藏多爾濟，額敏和卓，尚書舒赫德，果毅公阿里衮，襄勤伯鄂容安，承恩毅勇公明瑞，侍郎阿桂、三泰，參贊鄂實，領隊大臣博爾奔察、豆斌、高天喜、端濟布、愛隆阿、瑪瑺、巴圖濟爾噶爾，散秩大臣齊凌扎布、噶布舒，副都統額爾登額，郡王霍集斯，貝子鄂對，内大臣鄂齊爾，散秩大臣阿玉錫、達什策凌，副都統鄂博什、温布、由屯、三格，侍衛奇徹布、老格、達克塔納、薩穆坦、瑺綽爾圖、塔瑪鼐、富錫爾、海蘭察、富紹、扎奇圖、阿爾丹察、五十保。其次命儒臣製贊者五十人，爲誠勇公巴禄，將軍福禄、和起，參贊桑齋多爾濟、車木楚克扎布，領隊大臣滿福、閆相師、玉素富，副都統扎拉豐阿，領隊大臣瑚爾起，阿敏道，總管諾爾本，副都統觀音保，領隊大臣五福，回部公阿什默特、噶岱默特，參領艮音泰、巴岱，協領布爾哈，總管納蘭圖，領隊大臣巴寧阿〔一〕，總管阿爾哈爾沁、薩壘、扎爾善，佐領諾瑺察，侍衛德爾森保、占頗圖、伊薩穆、伍克什爾圖、沙津察、扎敦察、莽喀察、齊里克齊、額納慎、茂漢、寧古禮、奎瑪岱、特通額、莫寧察、那木查爾、塔尼布、瑪格、達爾漢、恩特、伊達木扎布、占音保、西爾庫爾、拜達爾、喀拉、哈木圖庫，並藏得勝靈纛及俘獲軍器，以誌武成。

迨四十一年，兩金川大功告成，復圖功臣像於閣上，上親製贊者五十人，爲定西將軍、誠謀英勇公阿桂，副將軍、果毅繼勇公豐昇額，襄勇伯明亮，大學士舒赫德、于敏中，尚書福隆安，贈親王色布騰巴爾珠爾，超勇侯海蘭察，嫻勇男額森特，參贊舒常，承恩武勇公奎林，果勇侯和隆武，嘉勇男福康安，奮勇男普爾普，輔國公興兆，提督哈國興、馬彪、馬全、書麟，副都統三保、烏什哈達、瑚尼爾圖、珠爾格德、阿爾都、阿爾薩朗、舒亮、科瑪、伊蘭保、佛倫泰，信勇公富興，副都統德赫布、莽喀察，總兵海祿、敖成、官達色、成德、圖欽保、曹順、保寧、特成額、烏爾納、敦柱，侍衛額爾特、托爾托保、泰斐音阿、柏凌、達蘭泰、薩爾吉岱，佐領特爾悖澈，副將興奎。其次儒臣製贊者五十人，爲奉恩將軍都爾嘉、舒景安，副都統五岱、噶塔布、札爾桑、瑪爾占、阿爾素訥、博靈阿，提督常青、牛天畀，侍衛明仁，總兵五福、劉國樑、巴克坦布、斐慎、馬虎、常祿保、梁朝桂、靈山、嵩安、三德、劉輝祖，侍衛彰靄、那木札、進財保、伊立布、岱森保、穆哈納、烏爾圖納遜、富寧、明山、伊史、巴達瑪、庫爾德、阿蘭保、阿滿泰，參領新達蘇、富爾賽、額爾伯克，副參領愛星阿，佐領巴西薩，副將許世亨，參將國興，木坪土司堅木參那木喀，綽斯甲布土司雍中旺爾結，鄂克什土舍雅滿塔爾，綽斯甲布土舍綽爾嘉木燦，土都司阿忠保，侍衛穆塔爾，布拉克底頭人雍中爾結。

五十三年平臺灣圖功臣像，上親製贊者二十人，爲大學士阿桂、和珅、王杰，嘉勇公福康安，超勇公海蘭察，尚書福長安、董誥，總督李侍堯、孫士毅，巡撫徐嗣曾，將軍鄂輝，護軍統領舒亮、普爾普，提督蔡攀龍、梁朝桂、許世亨，總兵穆克登阿、張芝元，普吉保，金川土副將穆塔爾。其次儒臣製贊者三十人，爲副都統烏什哈達、岱森保，總兵袁國璜、張朝龍，總管特爾登徹，侍衛博賓，副將官福，侍衛額爾登保、春寧、阿穆爾塔，參領賽崇阿、碩允保、萬廷，參將吴宗茂，副參領錫津泰、彥津保，佐領五德，侍衛三音庫、屯保、哲克、薩寧阿、克陞額、薩克丹布、博綽諾克、特勒登額、巴彥泰、定錫鼐、阿哈保、丹拜錫拉布，守備阿忠。

五十七年平定廓爾喀，圖功臣像，上親製贊者十五人，爲忠鋭嘉勇公福康安，大學士阿桂、和珅、王杰、孫士毅，超勇公海蘭察，尚書福長安、董誥、慶桂、和琳，總督惠齡，護軍統領台斐英阿、額勒登保、阿滿泰，駐藏大臣成德。其次儒臣製贊者十五人，提督彭承堯，副都統岱森保、烏什哈達、德楞泰、珠爾杭阿、翁果爾海，副都統銜哲森保、阿穆爾塔，四川土守備木塔爾，總兵袁國璜、穆克登阿、張芝元，四川土都司木泰爾，侍衛莫爾根保，副將達音泰。閣中恭刻太宗文皇帝、聖祖仁皇帝、世宗憲皇帝「飭武備、懲宴安」諸寶訓於石，壁間張高宗純皇帝御製平定準噶爾及平定回部、平定兩金川告成太學碑文、十全記，並繪平定伊犂、回部二圖及兩金川全圖。閣後爲武成殿，壁間張高宗純皇帝御製西師詩、開惑論，兩廡石刻高宗純皇帝御製自乙亥軍興訖己卯成功諸詩。

樂善園。在西直門外。舊爲康親王别業，乾隆十二年重加修葺。園門北向，内有含清齋、約花欄、藴真堂、鸞舉軒、蘭祕室、詩畫間、古歡精舍諸勝，園内諸額皆高宗純皇帝御書。園東爲倚虹堂。乾隆十六年，孝聖憲皇后六旬萬壽，自長河至高粱橋，易輦進宫，因建是堂，有高宗純皇帝御製詩。

暢春園。在西直門外十二里，地名海淀。聖祖仁皇帝萬幾之暇，駐蹕於此，酌泉而甘，因明武清侯李偉故園址，少加規度，築宫設籞，賜名暢春園。時奉孝莊文皇后、孝惠章皇后宴憩於此，政事幾務，即奏決其中，且以遍覽田疇，周咨稼穡，御製暢春園記以誌其勝。雍正元年於園之東北隅，敬建恩佑寺，安奉聖祖御容。乾隆初年葺新園亭，敬奉孝聖憲皇后宴憩，以適温凊，每三日躬詣請安。四十二年敬建恩慕寺於恩佑寺側，規制如之。園西南爲西花園，高宗純皇帝問安之便，每詣是園聽政。正殿爲討源書屋，有高宗純皇帝御製記。又西爲西廠，乾隆二十八年愛烏罕部遣使入覲，曾於此設幄次賜宴，並校閲軍容，俾得與觀。又西爲閲武樓，高宗純皇帝御書額曰「詰戎揚烈」。乾隆四十二年有高宗純皇帝御製閲武樓詩。

圓明園。在暢春園北。世宗憲皇帝潛邸時賜園也，御極後，稍加修葺，具朝署之規，門曰出入賢良，中曰正大光明殿，東曰勤政殿，爲常時聽政之所，有御製記文。高宗純皇帝御極後，每歲初春，即駐蹕於此，咨度幾務，引對臣工，日以爲常，有御製圓明園後記。爲景四十：曰「正大光明」、「勤政親賢」、「九州清宴」、「鏤月開雲」、「天然圖畫」、「碧桐書院」、「慈雲普護」、「上下天光」、

「杏花春館」、「坦坦蕩蕩」、「茹古涵今」、「長春仙館」、「萬方安和」、「武陵春色」、「山高水長」、「月地雲居」、「鴻慈永祜」、「彙芳書院」、「日天琳宇」、「澹泊寧静」、「映水蘭香」、「水木明瑟」、「濂溪樂處」、「多稼如雲」、「魚躍鳶飛」、「北遠山村」、「西峯秀色」、「四宜書屋」、「方壺勝境」、「澡身浴德」、「平湖秋月」、「蓬島瑶臺」、「接秀山房」、「别有洞天」、「夾鏡鳴琴」、「涵虚朗鑑」、「廓然大公」、「坐石臨流」、「麴院風荷」、「洞天深處」，並有御製詩。乾隆五年於「月地雲居」之後建安佑宫〔二〕，敬奉列聖御容，歲時朔望，於兹瞻禮，有御製安佑宫碑文。三十九年園中建文源閣，以庋四庫全書，有御製文源閣記。又長春園，在圓明園東垣之外，乾隆三十五年添建殿宇，賜名曰長春園。

綺春園。在圓明、長春二園東南。先名交輝，爲怡賢親王賜邸，又改賜大學士傅恒，及進呈後，高宗純皇帝定名綺春，御書扁額。嘉慶六年後，每歲修理，於正覺寺東建園門，殿額「勤政」，東偏爲心鏡軒，北爲敷春堂，西爲清夏齋，後湖東偏爲涵秋館，西偏爲四宜書屋。園北平湖百頃，殿宇五楹，額曰「鳳麟洲」。有仁宗睿皇帝御製綺春園記。

清漪園。在圓明園西，萬壽山之麓。乾隆十六年開濬西湖，賜名昆明，臨湖建園，名曰清漪。橋亭軒閣，雲布繡錯，正殿曰勤政。乾隆二十五年宴安集延、拔達克山入覲陪臣於此。園之北爲惠山園，内有景凡八，曰載時堂、墨妙軒、就雲樓、澹碧齋、水樂亭、知魚橋、尋詩逕、涵光洞，並有高宗純皇帝御製詩。又墨妙軒中，恭嵌三希堂續摹法帖。

静明園。在圓明園西玉泉山下。康熙十九年建，初名澄心，三十一年改名静明。聖祖仁皇帝、世宗憲皇帝嘗閲武於此，乾隆十八年重加修葺。爲景十六，曰「廓然大公」、「芙蓉晴照」、「玉泉趵突」、「竹鑪山房」、「聖因綜繪」、「繡壁詩態」、「溪田課耕」、「清涼禪窟」、「采香雲徑」、「峽雪琴音」、「玉峯塔影」、「風篁清聽」、「鏡影涵虚」、「裂帛湖光」、「雲外鐘聲」、「翠雲嘉蔭」，並有御製詩。

静宜園。在香山，去圓明園十餘里，即香山寺故址。聖祖仁皇帝於此置行宫，乾隆十年秋重加修葺，既成，賜名静宜，有御製静宜園記。爲景二十有八，曰勤政殿、麗矚樓、緑雲舫、虚朗齋、瓔珞巖、翠微亭、青未了、馴鹿坡、蟾蜍峯、栖雲樓、知樂濠、香山寺、聽法松、來青軒、唳霜皋、香嵓室、霞標磴、玉乳泉、絢秋林、雨香館、晞陽阿、芙蓉坪、香霧窟、栖月崖、重翠崦、玉華岫、森玉笏、隔雲鐘，並有御製詩。

南苑。在永定門外二十里，方一百二十里。元爲下馬飛放泊，明永樂中增廣，亦名南海子。本朝設總尉、防禦等官守之，內有新衙門、舊衙門、南紅門三處行宮，周圍繚以垣牆，九門環列，麋鹿雉兔，蕃育其中，時命禁旅行圍以肄武事。乾隆四年十一月，高宗純皇帝大閱於此，二十三年十一月，右部哈薩克及塔什罕衆歸誠入覲，亦於此大閱，俾得與觀。仁宗睿皇帝有御製南苑記。按苑中有一畝泉，經苑之東紅門，由張家灣入北運河。又有團河，源出團泊，在黃村門內六里許，乾隆四十二年重加疏濬，出南苑牆爲團河，又入鳳河，又東南流與永定河合。

官署

內閣。在午門內東南，門西嚮。按春明夢餘録：明初，閣制甚隘，「入門，一小坊，過坊即閣。嘉靖十六年始以文淵閣中一間奉孔子，四配像旁四間，互爲間隔，開户於南，爲閣臣辦事之所。閣東誥敕房，構小樓以貯書籍。閣西制敕房，南面隙地構房三間，以處官吏，而閣制始備」。其右石臺，宣德中種澹紅芍藥，後爲玉堂賞花之地。本朝初改爲祕書、國史、弘文三院，後大學士俱集昭德門內東南隅直房辦事，惟新授時，內閣一設公案。康熙二十八年復舊制。今閣中堂三楹，爲大學士、內閣學士治事之所。乾隆九年，御書「調和元氣」額。嘉慶二十年御製內閣箴，賜懸堂內。其南爲本房，專譯章奏。東爲滿漢票簽房，又有典籍庫，藏祕書圖籍。閣後門東爲紅本庫，又東爲尊藏實録庫。又皇史宬在東華門外東南，實録、玉牒、起居注藏焉，皆內閣掌管，仁宗睿皇帝有重修皇史宬記。閣後門之北爲國史館，外如四庫、文穎諸館，書成即撤，不備載。

稽察欽奉上諭處。在太和門外東廡之北。南爲內閣誥敕房，西廡北爲繙書房，南爲起居注館，爲日講官恭繕記注之所。

内務府。在武英殿後。司七：廣儲、會計、掌儀、都虞、慎刑、營造、慶豐；庫六，曰：銀、皮、磁、緞、衣、茶；院三，曰：奉宸、武備、上駟；及織染局、藥房，皆各有分署。世宗憲皇帝御書額曰「職司綜理」。

咸安宫官學。在西華門内。雍正七年建，以教八旗及内務府三旗子弟之俊秀者。

六科。在午門外。東西相嚮，吏、户、禮在東，兵、刑、工在西。按：明初六科直房，在掖門内之西〔三〕，與内閣相對，謂之六科廊，後遷今處。又舊制六科無所統，雍正二年，世宗憲皇帝命隸都察院。

中書科。在午門外之西。按：明初遇大朝會，中書舍人與翰林、宫坊、六科官，同爲侍從之臣，上殿東西班對立，東宫朝賀文華殿，導駕侍班。今制統於内閣，止掌書寫誥敕，其直房則仍舊焉。又有尚寶司，亦在午門外西，兵科之上，今裁。

光禄寺。在東安門内，南嚮。署四：大官、珍饈、良醖、掌醢。世宗憲皇帝御書堂額曰「敬慎有節」。按：光禄寺，明初爲宣徽院尚食、尚醴二局，後改光禄寺。

景山官學。在景山北上門兩旁。康熙二十五年設，以教三旗子弟。

翰林院。在長安左門外玉河西岸，北嚮。聖祖仁皇帝御書堂額曰「道德仁藝」。乾隆九年重修落成，御書「稽古論思」、「集賢清秘」二額顔其堂，臨幸賜宴，分韻賦詩，用唐臣張説東壁圖書府詩全首爲韻，復命賦柏梁體詩一篇，上首倡，諸臣依次分韻，又御製詩四章，勒石堂壁。嘉慶九年重修落成，臨幸賜宴，命賦柏梁體聯句，羣臣分韻賦詩，復用張説東壁圖書府詩爲韻，又御書額二，曰「天禄儲材」、「清華勵品」。兩朝臨幸，諭旨並製額恭懸焉。二十年，御製翰林院箴懸堂内。按：翰林院，明洪武時，學士而下，晚朝即宿於署，額曰「詞林」。永樂中，在禁内供奉，不立公署。正統七年詔建院於玉河之西，即元故鴻臚寺也。正堂三間，中設大學士、侍讀、侍講學士公座，左爲史官堂，右爲講讀堂。嘉靖中建五箴碑於敬一亭，並刻宋范浚心箴、程頤視聽言動四箴於右。

左則劉井，明學士劉定之所浚，右則柯亭，明學士柯潛建，亭之前爲土山。後堂有二柏，亦潛所植，號「柯學士柏」，有清風亭，亦潛所建也。後堂之右有池〔四〕，曰瀛洲，舊引劉井水入其中，池中有亭曰瀛洲亭。又有尊道堂、修吉堂、寶善亭、原心亭、成樂軒，皆院中宴休之所。今改史官堂爲講讀廳，講讀堂爲編檢廳。後堂之西爲孔聖祠，正堂西爲狀元讀書堂，今爲修撰廳，東爲土神祠，祀唐韓愈。其餘存者，敬一、瀛洲、寶善、原心四亭及劉井而已。又教習庶常館，在正陽門之東，雍正十一年，世宗憲皇帝特建，以爲新科庶吉士讀書之所，乾隆三十三年重修，高宗純皇帝御書額曰「芸館培英」。

詹事府。在皇城東玉河東岸，西嚮。聖祖仁皇帝御書堂額曰「德業仁義」，仁宗睿皇帝御書額曰「立誠居業」。堂左爲左、右春坊，堂右爲司經局，堂後爲先師祠，有碑，恭鐫聖祖御書「存誠」二字。祠前有古松二株，署中舊有一枝軒，乾隆中葺府，得明王稺登石刻。按：明初，詹事以勳舊大臣兼領，不另置官，後設詹事院，更名府。隆慶後，始以翰林官序補。又明時，坊局最重，春坊之長，間設大學士，雖列署詹事，而官不隸。本朝以翰林升補，附於詹事焉。

宗人府。在皇城東，西嚮。左爲經歷司，迤南爲左司，迤北爲右司。其後爲黄檔庫、玉牒庫、銀庫。世宗憲皇帝御書堂額曰「敦崇孝弟」。仁宗睿皇帝御製宗人府箴懸堂内。

吏部。在皇城東，宗人府之南，西嚮。司四：文選、考功、驗封、稽勳。司務廳一。世宗憲皇帝御書堂額曰「公正持衡」。仁宗睿皇帝御製吏部箴懸堂内。堂後有明侍郎吴寬手植紫藤，今名藤花廳。其南火房爲水鏡堂，又署中許公祠，祀賜謚忠愍、明考功員外郎許直。按：吏、户、兵、工四部，鴻臚寺、欽天監、太醫院等衙門，明永樂時，皆仍舊官舍爲之，散處無序，正統七年始以次營建，本朝因之。

户部。在吏部南，西嚮。司十四：江南、浙江、江西、福建、湖廣、山東、山西、河南、陝西、四川、廣東、廣西、雲南、貴州。而順天、直隸及奉天所屬州縣，則以福建、山東二司分理之。司務廳一。世宗憲皇帝御書堂額曰「九式經邦」。仁宗睿皇帝御製户部箴懸堂内。大庫在署東北，緞疋庫在東安門内，顔料庫在西安門内，爲三庫。又甲乙二庫、火倉在署西。舊設寶泉局，在城東四牌樓街北，今爲公署。别設四廠，建鑪鼓鑄。又總督倉場公署在城東，世宗憲皇帝御書堂額曰「慎儲九穀」。通州亦有倉場公署。京城、通州各設有倉。其在京者：海運、舊太、南新、禄米、北新、興平、富新、太平、萬安。在通州者：大通中、大通西，舊有南倉，今裁併。又有本裕倉，在會清河。

禮部。在户部南，西嚮。司四：儀制、祠祭、主客、精膳。司務廳一，鑄印局、會同四譯館附焉。世宗憲皇帝御書堂額曰「寅清贊化」。高宗純皇帝諭旨一道，仁宗睿皇帝御製禮部箴，俱懸堂内。按：禮部公署，明宣德五年建，時諸署未立，以禮部所典皆國家大禮，故先之，既成，賜什器百六十二，刻「禮部公用」字於上，分南禮部藏書百二十部實之。嘉靖中，御書「視日儀」，刻石於署内寅清堂前。

兵部。在皇城東，宗人府後，西嚮。司四：武選、職方、車駕、武庫。司務廳一。世宗憲皇帝御書堂額曰「整肅中樞」。仁宗睿皇帝御製兵部箴懸堂内。按：兵部，舊有督捕公署，本舊行人司署，在長安右門外，本朝順治十一年特設，康熙三十八年裁。

工部。在皇城東吏部後，西嚮。司四：營繕、虞衡、都水、屯田。司務廳一。世宗憲皇帝御書堂額曰「敬飭百工」。仁宗睿皇帝御製工部箴懸堂内。節慎庫在署之東，舊傳廳前有鐵甎，庫中有玳瑁簾、席，今佚。製造庫在長安右門外，丙、丁、戊三庫在西安門内，皆屬焉。寶源局在朝陽門内西南，新增一廠在崇文門内泡子河。又琉璃廠在宣武門外，皇木廠在通州張家灣，惜薪廠在廣安門大街。

鴻臚寺。在工部南，西嚮。世宗憲皇帝御書堂額曰「肅贊朝儀」。

欽天監。在鴻臚寺南，西嚮。世宗憲皇帝御書堂額曰「奉時敬授」。按：監所司觀象臺，在城東南隅，一名瞻象臺。元至元十六年，建司天臺於大都。先是，儀象之器猶用金舊，而規環不協。至是，太史郭守敬出所製簡儀、仰儀及諸儀表，皆臻精妙。明洪武中取至南京。正統中復造儀器置臺上，有渾天儀、簡儀、銅球、量天尺諸器。本朝康熙十一年以舊儀年久，多不可用，御製新儀凡六，一天體儀，一赤道儀，一黄道儀，一地平經儀，一地平緯儀，一紀限儀，陳於臺上，至今遵用。其舊儀移藏臺下。又時憲書局在宣武門内天主堂東，即明天啓二年都御史鄒元標、副都御史馮從吾所建首善書院，後尚書徐光啓借院修曆，名曰曆局。本朝令西洋人居此，治理時憲書。

太醫院。在欽天監南，西嚮。按：院内有明堂針灸銅人，金時安撫王檝使宋時所進，歲久闕壞，元至元二年，尼博囉國人阿爾尼格修之，關鬲脈絡皆備。又針灸經石刻，其題篆乃宋仁宗御書，至元間自汴移此。

會同四譯館。在玉河橋西。明永樂五年建，名四夷館。本朝改設會同館。按：舊制設會同館以待外國貢使，設四譯館以習各國文字。乾隆十三年以四譯館歸併禮部會同館，更今名。又以原設譯字八館，酌量裁併，因合回回、高昌、西番、西天爲一館，曰西域館，合暹羅、緬甸、百夷、八百並蘇禄、南掌爲一館，曰百夷館。原設譯字生九十六人，酌留八人，以備體制。又宣武門内瞻雲坊，正陽門外南横街，向有官房兩所，爲安南、琉球等國館舍，嘉慶五年奏交内務府收管。

理藩院。在玉河橋之東，長安街之北，南嚮。本朝特設，司六：典屬、王會、旗籍、柔遠、徠遠、理刑。司務廳一，銀庫附焉。世宗憲皇帝御書堂額曰「宣化遐方」。仁宗睿皇帝御製理藩院箴懸堂内。按：院署舊在刑部北，後移今所。

太僕寺。在正陽門内東中心臺。世宗憲皇帝御書堂額曰「勤孚天育」。

貢院。在京城東南隅觀象臺之北。元禮部舊址也，明永樂時改爲貢院。萬曆初因故址拓地重建。本朝屢加增葺，乾隆元年增廣號舍二千餘間，九年十月高宗純皇帝臨幸閲視，御製詩四章，刻石至公堂，並御書扁額曰「旁求俊乂」。

大理寺。在刑部南，東嚮。世宗憲皇帝御書堂額曰「執法持平」。仁宗睿皇帝御製大理寺箴懸堂内。

刑部。在皇城西，東嚮。司十八：直隸、奉天、江蘇、安徽、浙江、江西、福建、湖廣、山東、山西、河南、陝西、四川、廣東、廣西、雲南、貴州、督捕。司務廳一，司獄司附焉。外有贓罰庫、律例館。世宗憲皇帝御書堂額曰「明刑弼教」。仁宗睿皇帝御製慎刑論、慎刑續論、刑部箴懸堂内。按：明刑部在長安街西，内有白雲樓、甘露軒，今無考。又按：今刑部及鑾儀衛署，即明錦衣衛故址也，垣東大榆樹，相傳爲明員外郎楊繼盛手植。

都察院。在刑部北，東嚮。道十五：京畿、河南、江南、浙江、山西、山東、陝西、湖廣、江西、福建、四川、廣東、廣西、雲南、貴州。都事、經歷司附焉。掌河南道别有公署在其西，本京畿道署也。聖祖仁皇帝御書堂額曰「都俞吁咈」，並御製臺省箴勒石。仁宗睿皇帝御製都察院箴懸堂内。署中舊有明徐階題名記，本朝謝濟世題名記。又巡視五城御史公署，俱在正陽門内迤西。

太常寺。在都察院北，東嚮。世宗憲皇帝御書堂額曰「秖肅明禋」。外有神樂署、犧牲所。署中有仙蝶一，色黄，大如茶盌，有高宗純皇帝御製太常仙蝶詩恭懸堂内。

鑾儀衛。在太常寺北，東嚮。所五：左、右、中、前、後。旗手衛一，司十四：鑾輿、馴馬、擎蓋、弓矢、旌節、旛幢、扇手、斧鉞、班劍、戈戟、東、西、左、右〔五〕。世宗憲皇帝御書堂額曰「恪恭輿衛」。鑾駕庫在長安左門外，馴象所在宣武門内。按：明初以鑾儀司改設錦衣衛，職掌鑾儀，其後專理詔獄，任寄日重，掌衛官率皆五府都督，本朝改名鑾儀，始專典儀衛。

通政司。在西長安街南，北嚮。世宗憲皇帝御書堂額曰「慎司喉舌」。仁宗睿皇帝御製通政司箴懸堂内。又舊設登聞鼓廳，在長安右門外。每日滿漢科道輪流監直，康熙六十年停差科道，併於通政司。

宗學。左右翼各一，雍正三年建，以教宗室子弟。左學舊在大市街之東，今在燈市口。右學舊在瞻雲坊之北，今在絨綫衚衕。

步軍統領衙門。在地安門外帽兒衚衕。本禮部會同館，乾隆二十一年改建。世宗憲皇帝御書堂額曰「風清輦轂」。仁宗睿皇帝御製步軍統領衙門箴懸堂内。按：步軍舊制，止設三營，乾隆四十六年詔於京師設南、北、左、右四營，圓明園舊爲南營，是年改爲中營，共五營，各有分署。

順天府。在地安門外鼓樓東，即元大都路總治舊署。堂左有元劉賡碑，明爲順天府，本朝因之。世宗憲皇帝御書堂額曰

「肅清畿甸」。仁宗睿皇帝御製順天府尹箴懸堂內。所屬大興、宛平二京縣，亦各有署。

國子監。在安定門內文廟西，南嚮。堂曰彝倫，聖祖仁皇帝御書賜額，又有世宗憲皇帝御書「文行忠信」額。堂後爲敬一亭，恭勒聖祖訓飭士子文，並御書四碑，又刻宋儒程頤視聽言動四箴、范浚心箴、明敬一箴。最後爲御書樓，尊藏列聖御製集版，十三經、二十二史版皆貯焉。堂左右爲繩愆、博士二廳，率性、修道、誠心、正誼、崇志、廣業六堂，門曰集賢門，街曰成賢街。按：監地本金之樞密院，元至元六年始立國子學，八年命集賢大學士、國子祭酒許衡，教蒙古生，二十四年設國子監。今彝倫堂古槐，相傳衡手植也。明洪武初改北平府學，永樂初改國子監，宣德四年以金吾衞草場二所爲諸生構房舍。正統九年，太學成，幸學行釋奠禮，御彝倫堂，自後累朝有幸學禮。本朝順治九年，世祖章皇帝幸學，御彝倫堂講書，賜賚有加，四氏子孫隨班觀禮者，俱送監讀書，廣監生鄉試，額十五名。康熙八年，聖祖仁皇帝幸學，亦準順治九年例。雍正二年，世宗憲皇帝詣學，御彝倫堂講書，廣監生鄉試額十八名，郡縣學量增入學名數。薄海內外，聞風嚮化。琉球國自康熙二十七年遣子弟入監讀書後，至是復遣就學，而俄羅斯亦遣子弟入監讀書，乃另設助教於會同館以訓課之。尋以六堂助教兼攝其事。後以四方拔貢入監者多，於國子監南構房舍數百間，謂之南學，歲發帑銀六千兩給諸生膏火。乾隆三年正月，高宗純皇帝親詣釋奠，御彝倫堂講書，賜賚有加，特廣中額。五年，御製碑文賜南學。四十八年二月，奉特旨創建辟雍於彝倫堂之前，酌古準今，規制皆由御定。正殿穹崇，飛簷四出，汲井引泉，環以圜河，建石橋四，欄楯周列，前建琉璃坊一，碑亭二，鐘亭、鼓亭各一。正殿懸御書「辟雍」扁額，牌坊鐫御書「學海節觀」、「圜橋教澤」二扁額。東北亭內鐫御製國學新建辟雍圜水工成碑記，西北亭內刻御製三老五更說，並於彝倫堂懸御書「福疇攸敘」扁額。五十年二月仲丁，御新建辟雍講學行禮，自衍聖公、王公、大臣以下暨諸紳士觀禮聽講者三千餘人，各以次恩賚有差。嘉慶三年二月上丁，仁宗睿皇帝臨雍講書，廣是年監生鄉試中額。八年，頒敕諭一道。又乾隆三年以來，釋奠皆有御製詩，又有御製國子監瑞槐詩，繪圖勒石。辟雍左右恭刊高宗純皇帝欽定石經碑一百九十通，彝倫堂左右恭刊御製說經文碑十六通，又置定武蘭亭序石版於壁，恭勒嘉慶三年御製蘭亭石本詩。

八旗都統衙門。 國朝定鼎之初，滿洲、蒙古、漢軍八旗禁旅，分駐京城，分左、右翼，各設都統、副都統、參領、佐領等官領之。其治事之地，未設專署。雍正元年始建，鑲黃旗滿洲都統署在安定門交道口，蒙古都統署在北新橋南，漢軍都統署在安定門大街。正黃旗滿洲都統署在德勝門橋南，蒙古都統署在德勝門石虎衚衕，漢軍都統署在西直門丁家井。正白旗滿洲都統署在朝陽門老君堂衚衕，蒙古、漢軍都統署俱在東四牌樓南報房衚衕。正紅旗滿洲都統署在阜城門錦石坊街，蒙古都統署在水車衚衕，漢軍都統署在宣武門内鷲峯寺街。鑲白旗滿洲都統署在燈市口，蒙古都統署在王府大街甘雨衚衕，漢軍都統署在燈草衚衕。鑲紅旗滿洲、蒙古、漢軍都統署俱在石駙馬大街。正藍旗滿洲、蒙古、漢軍都統署俱在崇文門内本司衚衕。鑲藍旗滿洲都統署在華嘉寺衚衕，蒙古都統署在宣武門内太僕寺街，漢軍都統署在堂子衚衕寬街。各署中恭懸世宗憲皇帝御書堂額曰「公忠勤慎」。仁宗睿皇帝御製八旗箴、八旗都統箴、訓諭八旗簡明語，俱恭繕懸各署堂内。又護軍統領、前鋒統領，及内外火器營、香山健鋭營皆有公署。

覺羅學。 八旗各一，鑲黃旗在安定門大街，正黃旗在西直門内，正白旗在朝陽門南小街，鑲白旗在東四牌樓，正紅旗在阜成門内，鑲紅旗在宣武門内，正藍旗在東安門内，鑲藍旗在阜成門内，均雍正十年建。以教覺羅子弟。

八旗官學。 在八旗分地。雍正五年以就學者衆，即各旗官房容百人誦講者建爲官學，隸國子監。又有義學，亦在八旗分地。雍正三年別建課幼學，屬禮部。

侍衛教場。 鑲黃旗在東安門内之北，正黃旗在西安門内之北，正白旗在東安門内之南，爲上三旗侍衛習藝之所。其八旗分列所居各門外，亦各有教場，以爲官兵操練之所。

崇文門監督署。 在崇文門外街東。又左右翼監督，各有公署，俱在城内。

五城兵馬司。 並在外城。乾隆三十一年以五城所轄道里遼闊，改副指揮駐劄外城各門之外。

教場。在德勝門外。順治十三年置，爲八旗官兵會操之所。每科兵部會試武舉，順天府武鄉試，俱於此分圍校試。

算學。在暢春園蒙養齋。康熙二十五年建。雍正初，世宗憲皇帝御製序文，設教習以教八旗世家之資質明敏者。

校勘記

〔一〕領隊大臣巴寧阿　「寧」，原作「凝」，下列寧古禮、莫寧察、保寧等之「寧」原皆作「凝」，據乾隆志卷一京師苑囿（以下同卷簡稱乾隆志）改。按，此「凝」乃避道光皇帝旻寧之名諱而改。下文此類徑改。

〔二〕乾隆五年於月地雲居之後建安佑宮　「五年」，乾隆志作「九年」。日下舊聞考卷八一國朝苑園：「安佑宮建自乾隆七年。」光緒順天府志四京師志四同。建年與本志異。

〔三〕在掖門内之西　「内」，原脱，據乾隆志卷二京師下官署（以下同卷簡稱乾隆志）及春明夢餘録卷二五、天府廣記卷一〇六科、日下舊聞考卷六三官署補。

〔四〕後堂之右有池　「後堂」，乾隆志作「内堂」。按日下舊聞考卷六四官署：「瀛洲亭在翰林院内堂之右，故有隙地一區。萬曆秋，甃爲方池，構亭中央，額曰瀛洲。」則作「内堂」是。下文「後堂之西爲孔聖祠」之「後堂」，乾隆志亦作「内堂」，當是。

〔五〕「司十四」至「東西左右」　乾隆志：鑾儀衛，「司曰鑾輿、馴馬、擎蓋、弓矢、旌節、旛幢、扇手、斧鉞、戈戟、班劍、東、西，共十二司」。無「左右」。日下舊聞考卷七三官署：鑾儀衛，「分鑾輿、馴馬、擎蓋、弓矢、旌節、旛幢、扇手、斧鉞、戈戟、班劍十司，馴象一所，分東、西二司，旗手一衛，分左、右二司」。則此「東西」應是馴象所之東、西二司，「左右」應是旗手衛之左、右二司，疑有脱誤。

直隶（一）

目録

直隸全圖

木蘭圍場界
科爾沁界
盛京錦州府寧遠州界
山東武定府海豐縣界
山東武定府樂陵縣界
山東濟南府德州界
承德府
熱河
赤峯
朝陽
建昌
金黄山
鳳凰山
灤平
豐寧
灤河
潮河
馬蘭鎮
遵化直隸州
平谷
三河
玉田
香河
寶坻
寧河
灤
樂亭
昌黎
撫寧
臨榆
山海關
天津
静海
青
滄
南皮
東光
吴橋
鹽山
慶雲
海

山西大同府邊界
邊牆
山西大同府廣靈縣界
山西代州五臺縣界
山西平定州盂縣界
山西平定州界
河南彰德府武安縣界
河南彰德府臨漳縣界
河南開封府儀封縣界
山東曹州府觀城縣界
宣化府
宣化
保定府
清苑
正定府
正定
順德府
邢臺
廣平府
永年
大名府
大名
元城
河間府
河間
順天府
大興
宛平
易州
定州
深州
冀州
趙州
運河
衛河
滹沱河
白河

直隸統部表

	直隸統部	順天府
秦	置上谷、漁陽、右北平、遼西、邯鄲、鉅鹿、東郡等郡。	上谷郡地。
兩漢	幽、冀、兗三州地。	廣陽郡 初爲燕國，元鳳元年改郡，本始元年改廣陽國。後漢建武十三年併入上谷郡，永元八年復置。
三國	屬魏。	燕國 魏太和六年改國。
晉	幽、冀、兗、司四州地。	燕國 大興二年陷。
南北朝	魏幽、冀、兗、定、相、平、安、瀛、燕、滄、殷、南營等州及司州地。齊置東北道行臺。周置幽州總管府。	幽州 燕郡 後魏改郡。
隋	涿郡、上谷、漁陽、北平、安樂、河間、博陵、恒山、信都、趙郡、襄國、武安、清河及武陽、渤海等郡地。	涿郡 開皇二年郡廢，大業三年改州爲郡。
唐	屬河北道及河東道。	幽州 范陽郡 武德三年復置州，屬河北道。天寶元年改郡名。
五代遼附	晉天福初割幽、涿、瀛、莫、檀、薊、順、嬀、新、儒、武、蔚等州入遼。周增置雄、霸二州。遼爲南京道。	燕京 析津府 晉天福初入遼，會同元年改南京幽都府，置南京道。開泰九年又改名。
宋金附	宋分河北爲東、西路。金貞元元年改中都路。正隆二年分置大名府路。	中都 大興府 宋宣和五年改曰燕山府廣陽郡，七年入金，貞元元年遷都改省。
元	置中書省。	大都路 太祖十年置燕京路。至元元年建中都，九年改曰大都，二十一年置路，爲中書省治。
明	洪武初置北平布政使司。永樂初建北京。	順天府 洪武元年改北平府，爲北平布政司治。永樂元年建北京，改名。

續表

保定府	永平府
屬上谷郡。	遼西、右北平二郡地。
屬涿郡。	
范陽郡地。	
後魏高陽郡地。	平州遼西郡 後魏移置，治肥如，又分置北平郡。齊省遼西入北平。
河間郡地。	北平郡 開皇初郡廢，大業初復爲郡。
莫州地。	平州北平郡 武德二年復置州。天寶初改郡，乾元初復爲州，屬河北道。
晉初入遼，置泰州。開運二年收復，州廢。	平州 後唐同光初入遼，屬南京道。
保州清苑郡 宋建隆初置保塞軍。太平興國六年升州。政和三年賜郡名，屬河北西路。金天會七年改順天軍。	平州漁陽郡 宋宣和四年改郡名。金天會四年復曰平州，屬中都路。
保定路 太宗十一年升順天路。至元十二年改名，屬中書省。	永平路 太祖十年改興平府。中統元年升平灤路。大德四年又改屬中書省。
保定府 洪武元年改府，直隷京師。	永平府 洪武初曰平灤府，屬山東行省，二年改隷北平行省，四年改名。永樂十八年直隷京師。

續表

河間府	天津府	正定府
鉅鹿、上谷二郡地。	漁陽、上谷二郡地。	鉅鹿郡地。
河間國 文帝置，治樂成。後漢初省。和帝永元二年復置。	漁陽、渤海二郡地。	真定國 武帝元鼎四年置，治真定。後漢建武十三年省入常山。
河間國		
河間國	燕國、章武國及渤海郡地。	常山郡 移治真定。
瀛州 河間郡 後魏太和十一年置州。	後魏浮陽、章武、渤海三郡地。	恒州 常山郡 周宣政元年置州。
河間郡 開皇初郡廢，大業初改州爲郡。	河間、渤海二郡地。	恒山郡 開皇初郡廢，大業初改州爲郡，更名。
瀛州 武德四年復置，屬河北道。	瀛、滄二州地。	鎮州 武德初復置恒州，屬河北道。元和十五年改名。
瀛州 晉天福初屬遼。周顯德元年收復。		真定府 後唐初建北都，尋罷都，改府。晉復曰恒州。漢復曰鎮州，尋復府。周復曰鎮州。
河間府 宋大觀二年升府，屬河北東路。金爲河北東路治。	清、滄二州地。	真定府 宋復府，爲河北西路治。
河間路 至元中二年改路，屬中書省。		真定路 改路，屬中書省。
河間府 洪武元年復府。永樂初直隸京師。	永樂初置天津、左、右三衛。	真定府 洪武初復府，直隸京師。

續表

順德府	廣平府
屬鉅鹿郡。	邯鄲郡地。
趙、廣平二國及鉅鹿、常山二郡地。後漢屬趙國及鉅鹿郡。	廣平國 景帝分置廣平郡。征和二年改曰平干國。五鳳二年復曰廣平國，治廣平縣。後漢建武十三年省入鉅鹿。建安十八年分置魏郡西部都尉。
	廣平郡 魏黄初二年復置郡，仍治廣平。
廣平郡地。	廣平郡 移治曲梁，屬司州。
襄國郡 後魏北廣平、南趙二郡地。周武帝改置。	洺州廣平郡 周宣政元年置州。
襄國郡 開皇初郡廢，十六年置邢州，大業初復爲郡。	武安郡 開皇初郡廢，大業初改州爲郡，更名。
邢州鉅鹿郡 武德初復置州。天寶初改郡，乾元初復爲州，屬河北道。	洺州廣平郡 武德初復置州。天寶初復郡，乾元初復州，屬河北道。
安國軍 梁開平二年改保義軍。後唐同光元年又改。	洺州
信德府 宣和中升府，屬河北西路。金復爲邢州。	洺州廣平郡 屬河北西路。
順德路 中統三年升府，改名。至元二年改路，屬中書省。	廣平路 至元十五年改路，屬中書省。
順德府 洪武初復府，直隸京師。	廣平府 洪武初改府，屬北平布政司。永樂後直隸京師。

續表

大名府	宣化府	承德府
屬東郡。	上谷郡地。	漁陽、右北平、遼西郡地。
分屬魏郡。後漢建安十八年分置東部都尉。		初爲匈奴地。武帝時爲塞地，後入於烏桓。後漢爲鮮卑地。
陽平郡 魏黃初二年置。		魏爲鮮卑軻比能地。
陽平郡	廣寧郡 太康中分置。	鮮卑段氏、宇文氏地，後併入慕容氏爲前燕地。苻堅滅燕，爲秦地。慕容垂復國，爲後燕地。馮跋時爲北燕地。
魏州 周大象二年分置。	燕州 廣寧郡 後魏置州。	後魏安州、營州及庫莫奚、契丹地。
武陽郡 大業初改州爲郡。	涿郡地。	奚及契丹地。
魏州 魏郡 武德四年復置州。	武州 光啓中置，屬河東道。	
大名府 後唐同光元年升東京興唐府，三年改鄴都。晉天福初改廣晉府。	武州 晉初入遼，改名歸化，屬西京道。	遼中京道大定府、興中府諸州及上京道臨潢府諸州地。
大名府 宋慶曆二年建北京。熙寧六年分爲河北東路。金正隆二年置大名府路。	宣德州 宋宣和五年來歸。金大定七年改宣化州，八年又改名，屬西京路。	金北京路大定府、興中府及西京路桓州地。
大名路 屬中書省。	順寧府 初升宣寧府，中統四年改宣德府，後至元三年又改名，屬上都路。	上都路興州、利州、大寧路大定諸縣及全寧路，魯王分地。
大名府 復府，直隸京師。	宣府鎮 洪武四年府廢，永樂七年置鎮。宣德五年置萬全都指揮使司。	大寧、新城、富峪、會州、全寧、營州、興州諸衛地。後俱廢。

遵化直隸州	易州直隸州	冀州直隸州
右北平郡地。	上谷郡地。	屬鉅鹿郡。
		安平國高帝置信都國。景帝二年改廣川國,五年國除爲信都郡,十二年復爲廣川國。甘露四年復曰信都。後漢永平十五年改曰樂成。延光元年又改。
		冀州魏黄初中移來治。
北平郡移置。		長樂國太康五年改國。
後魏太平真君七年廢。		冀州長樂郡後魏改郡。
	上谷郡開皇初移南營州於此,改曰易州,大業初改郡。	信都郡開皇初郡廢,大業初改州爲郡。
玉田縣地。	易州武德四年復置州,屬河北道。	冀州武德四年復置州,屬河北道。
遼重熙中置景州清安軍。	易州晉開運二年入遼。周顯德六年收復。	冀州
景州宋宣和四年賜名灤川郡。金廢。	易州宋端拱二年復入遼。宣和四年復歸宋。金屬中都路。	冀州宋屬河北東路。
	易州太宗十一年改屬順天府。至元十年屬大都路,二十三年屬保定路。	冀州屬真定路。
	易州屬保定府。	冀州屬真定府。

續表

趙州直隸州	深州直隸州	定州直隸州
鉅鹿郡地。	鉅鹿郡地。	鉅鹿郡地。
常山、鉅鹿二郡地。後漢常山國地。		中山國高帝置中山郡。景帝三年改國。
		中山國
趙國地。		中山國
趙郡後魏置。		定州中山郡後魏置安州，天興三年改名。
趙郡開皇初郡廢，改置欒州，大業初復郡。		高陽郡初改名鮮虞郡，尋廢。大業初改置博陵郡。義寧初又改。
趙州武德初改州，屬河北道。	深州先天二年置，治陸澤縣，屬河北道。	定州武德四年復置州，屬河北道。
趙州	深州	定州
慶源府宋宣和元年開府，屬河北西路。金天德三年改沃州。	深州宋屬河北西路。金屬河北東路。	中山府宋政和三年升府，屬河北西路。
趙州復故名，屬真定路。	深州初屬河間府，太宗十年改屬真定路。	中山府屬真定路。
趙州屬真定府。	深州屬真定府。	定州洪武初降州，屬真定府。

大清一統志卷五

直隸統部

東西距一千二百二十八里，南北距一千六百二十八里。東至盛京錦州府寧遠州界六百七十八里，西至山西大同府廣靈縣界五百五十里，南至河南開封府蘭陽縣界一千四百三十里，北至邊城一百九十八里。東南至海岸四百四十里，西南至河南衛輝府濬縣界一千二百九十里，東北至藩部界六百二十里，西北至大同府天鎮縣治五百六十里。自京師至盛京一千四百七十餘里。

分野

天文尾、箕、室、壁、昴、畢、虚、危分野。燕地，尾、箕分野，屬幽州。自尾十度至斗七度，爲析木之次，今順天、永平、宣化當其地。衛地，營室、東壁分野，屬并州，自危十七度至奎四度爲娵訾之次，今大名當其地。趙地，昴、畢分野，屬冀州，自胃七度至畢十一度爲大梁之次，今正定、順德、廣平、保定及易、冀、趙、深、定諸州，河間、天津之北境當其地。滄州、錦州所屬，則在虚、危、玄枵之次，青州之宿，爲齊分也。

建置沿革

禹貢冀、兖二州之域。舜肇十有二州，分冀州爲幽州。晉地道記：「舜以冀州南北廣大，分燕地北爲幽州〔一〕，因幽都以爲名。」夏省幽州，仍爲冀、兖之域。爾雅：「燕曰幽州。」郭璞曰：「此蓋殷制。」周禮職方：「東北曰幽州。」春秋時爲燕、晉、衛、齊諸國地。戰國時爲燕、趙、齊、魏四國地。按正定、順德、廣平、河間，春秋時晉地，後屬趙。大名，春秋時衛地，後屬魏，又戰國時齊地，直至滄州，與燕分界，故通典曰：「滄州爲齊、趙二國之境。」

秦并天下，置上谷、漁陽、右北平、遼西、邯鄲、鉅鹿、東郡等郡〔二〕。漢元封五年置十三部刺史，爲幽、冀、兖三州地。幽州領上谷、漁陽、右北平、遼西、涿郡、勃海六郡，廣陽一國。冀州領魏郡、鉅鹿、常山、清河四郡，趙國、廣平、正定、信都、中山、河間六國，而東郡則屬兖州。後漢因之。幽州刺史治薊，以勃海改屬冀州，冀州刺史治高邑，省廣平國屬鉅鹿，真定國屬常山，改信都曰安平。建安十八年省幽州入冀州。三國屬魏。復置幽州。晉初仍屬三州，幽州治涿，增領廣寧郡，改涿郡曰范陽國。冀州治房子，增領章武、高陽、博陵。三國又改兖州之東郡曰濮陽國。兼屬司州。司州分領廣平郡及陽平、頓丘二郡。永嘉後，爲石勒、慕容儁、苻堅、慕容垂所據。永嘉三年，石勒陷冀州，建興二年又陷幽州，大興二年，僭號於襄國，稱趙。永和六年，慕容儁僭號於薊，稱燕。太和五年，苻堅滅燕，太元九年，堅敗，慕容垂復取之。

後魏幽、冀二州之外，兖州移治滑臺，後罷。增置定、皇始二年置安州，天興三年改名。相、天興四年置，東魏天平初改名司州。平、太平真君中徙置。安、皇興二年置。瀛、太和十一年置。燕、太和中置，天平中徙置東燕州。滄、熙平二年置。殷、孝昌二年置。南營永熙二年置。九州，共領四十二郡。相州治及别領之四郡，入今河南省界。北齊置東北道行臺，仍分置幽、冀、定、瀛、滄、安、趙、本殷州，天保二年改名。東燕、南營、北燕天保八年置。等州。後周置幽州總管府，仍分置冀、定、瀛、滄、平、趙、南營、玄、本安州。燕、本北燕州。安、樂史太平寰宇記：建德六年置。洺、貝、恒、三州俱宣政元年置。魏大象二年置。等州。

隋開皇初仍置幽州總管府，三年罷郡存州，大業初府廢，改諸州爲涿郡、本幽州。上谷、開皇元年置易州。漁陽、開皇六年徙置玄州。北平、本平州。安樂、本玄州，開皇十六年改置檀州〔三〕。河間、本瀛州。博陵、本定州。恒山、本恒州。信都、本冀州。趙郡、開皇十六年置欒州，大業三年復爲趙郡。襄國、開皇十六年置邢州，大業初復爲郡。武安、本洺州。清河、本貝州。已上十三郡屬冀州。武陽、本魏州。勃海本滄州。已上二郡屬兖州。等郡。唐武德初復改諸郡爲州，三年置幽州總管府。時邢、洺、魏、定等州皆置總管府，尋罷。貞觀初分屬河北道。開元中置採訪使，治魏州，領幽、薊、檀、嬀、平、涿、瀛、莫、易、定、滄、景、鎮、冀、深、趙、邢、洺、惠、貝、澶二十一州，後又增祁州、順州，其蔚、武、新等州則屬河東道。開元二年置幽州節度使，天寶以後改爲范陽、盧龍，又分置成德、魏博、義武、横海四節度。唐書方鎮表：「幽州節度使治幽州，天寶元年更爲范陽節度使，寶應元年復爲幽州，及平盧陷，又兼盧龍節度使。是年又置成德軍節度使，治恒州。廣德元年置魏博節度使，治魏州。建中三年置義武軍節度使，治定州。貞元三年置横海軍節度使，治滄州。太和三年，罷横海軍節度，更置齊滄節度使〔四〕，五年賜號義昌軍節度使。天祐元年賜魏博節度號天雄軍節度，二年更成德軍節度號武順軍節度。」五代後唐時，平州入遼。石晉天福初割幽、涿、瀛、莫、檀、薊、順、嬀、新、儒、武、蔚等州入遼。周顯德二年廢景州，六年取瀛、莫等州，克三關，增置雄、霸二州，於是與遼以白溝河爲界。

宋雍熙四年分河北爲東、西兩路，端拱二年併爲一路，熙寧六年復分兩路，東路治大名府，領開德、河間等府，滄、冀、莫、雄、霸、恩、清等州，永静、乾寧、信安、保定等軍；西路治真定府〔五〕，領中山、信德、慶源等府，洺、深、磁、祁、保等州，安肅、永寧、廣信、順安等軍。其幽、順等州入遼。會同元年建爲南京道。治析津府，領順、檀、涿、易、薊、景、平等州，其奉聖、歸化、可汗、儒、弘、蔚等州，則屬西京道。宣和四年歸宋，置燕山府路，按：宋史地理志作「四年」，而本紀作「五年」，蓋改名在未歸之前也。七年屬金。建炎初，河北東、西二路皆入於金。金天會七年仍分河北爲東、西路，貞元元年遷都燕京，改爲中都路。正隆二年又分置大名府路。中都路治大興府，領通、薊、易、涿、順、平、灤、雄、霸、保、安、遂、安肅十三州，河北東路治河間府，領蠡、莫、獻、冀、深、清、滄、景八州，西路治真定府，領中山府及威、沃、邢、洺、磁、祁六州，大名府路領開州，其德興府、宣德、蔚、弘、武等州〔六〕，仍屬西京路。元初改中都爲燕京。至元初仍曰中都，九年改大都，二十一年置大都路，又分爲永平、保定、真定、順德、廣平、大名、河間，共八路，皆屬中書省，謂之腹裏。大都路領涿、霸、通、薊、漷、順、檀、東安、固安、龍慶十州，永平路領灤州，保定路領易、祁、雄、安、遂、安肅、完七州，真定路領中山府，趙、冀、深、晉、蠡五州，廣平路領磁、威二州，大名路領開州，河間路領滄、景、清、獻、莫五州，其順寧府、保安州、蔚州則屬上都路。明洪武初改諸路爲府，九年置北平等處承宣布政使司。洪武元年克元都，改爲北平府，與諸府分屬河南、山東行省，二年置北平行中書省，三年置燕山、大興、永清等六衛，九年革行省，置北平布政使司。永樂元年以北平爲北京，禮部尚書李至剛等，請立爲京都，乃改曰北京，稱行在，以北平府爲順天府。罷布政使司，以所領隸北京行部，十九年改北京爲京師，罷北京行部以各府州直隸京師。領順天、保定、河間、真定、順德、廣平、大名、永平八府，隆慶、保安二州。宣德五年又置萬全都指揮使司，領宣府左右前、萬全左右、懷安、保安、保安右、懷來、蔚州、隆慶左右、永寧、開平、龍門等十五衛。

本朝順治元年世祖章皇帝定鼎建都，順天等八府二州及宣府鎮仍直隸京師。康熙三十二年改宣府鎮爲宣化府。雍正元年改真定府爲正定府，二年升正定府之定、冀、晉、趙、深五州爲直隸州，三年改天津衛爲直隸州，七年升河間府之滄州爲直隸州〔七〕，九年升天津州爲府，以滄州爲屬州，十一年於熱河建承德州，十二年晉州仍屬正定府，升保定府之易州爲直隸州，以山西之廣昌縣來屬。乾隆七年於熱河改設同知，裁承德州，八年升順天府之遵化州爲直隸州，四十三年升熱河廳爲承德府。凡府十一、直隸州六：順天府、保定府、永平府、河間府、天津府、正定府、順德府、廣平府、大名府、宣化府、承德府，遵化直隸州、易州直隸州、冀州直隸州、趙州直隸州、深州直隸州、定州直隸州。

形勢

東濱海，山海關以南與盛京接界，滄州以南與山東接界，皆瀕渤海。元行海運，以直沽海道爲咽喉要地，明初亦嘗通運於此。南控三齊，燕、齊之地，犬牙相錯，東南諸省，職貢京師者，山東實車馬梯航之會。西阻太行，太行中分冀州之界，圍環數千里，唐宋河北、河東，皆以太行爲限蔽。北届沙漠。漠南舊大寧、開平一帶，明代淪於邊外，今並列爲外藩。自漠以北，喀爾喀諸旗亦皆内附，幅員廣遠，振古未有。其名山則有恒山，在正定府曲陽縣，即北岳也。地記：「恒山北臨代，南俯趙，東接河、海之間，天下形勢處。」太行、太行首起河内，北至幽州。今由廣平、順德、正定、保定之西，回環至京師之北，引而東，直抵海岸，延袤二千餘里。從鎮、定、澤、潞諸州而言，則曰山東、西，自燕、雲十六州而言，則曰山前、後。今界内諸山，争奇競險，拱翼畿甸者，皆太行之支峯別阜也。碣石。在永平府昌黎縣，禹貢：「太行、恒山，至於碣石。」爾雅釋名：「碣石者，碣然而立，在海旁也。」其大川則有桑乾河、自山西大同府流逕宣化府，入順天府境。古名㶟水，燕人謂之盧溝河，以其流濁而易淤，亦曰渾河。本朝康熙三十七年，隄濬下流，改名永定河。滹沱河、自山西太原府流入，經正定、保定、河間、天津之境。漢志：滹沱河，「東至文安，過郡六，行千三百七十里」。今下流曰鹽河，亦曰子牙河。衛河、自河南衛輝府流入，經大名及河間之境，即古清淇水，亦謂之白溝，隋大業初引白溝爲永濟渠，謂之御河，自是衛河兼有御河之名。元初漕運由會通入御河，蓋用衛河之全，自明至今，則用衛河之半。易水、在易州。古爲并州之㓕，有中、南、北三水，出易州西者謂之中易，出州西北者曰濡水，謂之北易，出州西南者曰雹水，謂之南易。自宋與唐灤，故道多湮。漳水、自河南彰德府流入，經廣平、順德、冀州、河間之境。禹貢：「覃懷底績，至於衡漳。」周禮職方：冀州「其川漳」。漢志：漳水「東北至阜城入大河〔八〕，過郡五，行千六百八十里」。自大河南徙，漳水遂經河瀆入海，其支流從河南臨漳縣東入大名府魏縣境，分新舊二漳入山東館陶縣界，合於衛河。元以來常資漳河爲轉輸之助，明萬曆初，漳河北徙，入滏陽河，而館陶之流幾絶，近年又全注衛河。白河、源出邊外，自宣化府入順天府境，至天津與衛河合。古名沽河，今亦謂之北運河。漕艘由天津抵通州，皆由此。灤河。在永平府境。源出宣化府獨石口外，屈曲流千餘里入邊，由樂亭入海，即古濡水也。

其重險，則有井陘、在正定府井陘縣，其西屬山西平定州境。四面高平，中窪如井，故名。吕氏春秋：天下九塞，井陘其一。亦曰土門關。山海、在永平府撫寧縣，與盛京寧遠州接界。舊名渝關，宋歐陽修曰：「渝關東臨海，北有兔耳、覆舟山，山皆陡絶，並海，東北有路，狹僅容車，其旁可耕植。唐置東硤石、西硤石、渌疇、米甎、長楊、黄花、黄蒙、白狼城以扼之。」居庸、在順天府昌平州。地記：「太行八陘，其第八陘爲軍都，即居庸也。」紫荆、在易州西廣昌縣東。地記：「太行八陘，其第七陘爲蒲陰。」即此。倒馬諸關，在保定府唐縣，其北屬廣昌縣，即戰國時鴻之塞也。明初以居庸、紫荆、倒馬爲内三關，分列重戍。喜峯、在永平府遷安縣。其北有松亭關，即遼、金時入中京之道。明時以喜峯爲朵顔三衛貢道。本朝爲喜峯路。古北、在順天府密雲縣。兩岸壁立，昔時止通人馬不可行車，稱爲絶險。今於口外設州，於口内設重鎮。獨石、在宣化府赤城縣。元上都故道，明初移開平衛於此，爲陡絶之地。今爲獨石路。張家諸口。在宣化府萬全縣。明季爲互市之所。今曰張家路，與山海、喜峯、獨石皆爲外藩朝貢要道。

文職官

直隸總督。駐保定府。舊設巡撫，雍正二年升爲總督，兼管巡撫事。舊有副總河一員，乾隆元年裁，以總督兼管河務。

提督學政。

巡視長蘆鹽政。駐天津府，督理長蘆鹽課，轄山東、河南開封、歸德、彰德、衛輝、懷慶等處鹽務，兼管天津鈔關税務。

理刑司司官二員。俱駐承德府，辦理本府合屬蒙民事件，隸熱河都統轄，嘉慶十五年設。

理藩院差官四員。一駐平泉州，管理八溝等處税務，乾隆十七年設。一駐赤峯縣，管理烏蘭哈達税務。一駐建昌縣，管理塔子溝税務，嘉慶十五年設。一駐朝陽縣，管理三座塔税務，乾隆十三年設。

布政使，駐保定府。經歷，理問，庫大使。

按察使，駐保定府，統轄全省驛傳事務。經歷，司獄。

欽命監督二員。一駐永平府，專管山海鈔關稅務，一駐宣化府，專管張家口稅務。

分巡霸昌道。駐昌平州，轄大興、宛平、霸州、保定、文安、大城、涿州、房山、良鄉、固安、永清、東安、香河、昌平、順義、懷柔、密雲、平谷十八州縣，兼管屯田驛傳事。

分巡通永道，駐通州，轄通州、三河、武清、寶坻、薊州、寧河六州縣及永平府、遵化州，兼管河務。庫大使。通濟。

分巡清河道。駐保定府，轄保定、正定二府，易、冀、定、趙、深五州，兼管河務。

分巡天津兵備道。駐天津府，轄天津、河間二府，兼管河務。

分巡大順廣兵備道。駐大名府，轄順德、廣平、大名三府，兼管河務。

分守口北兵備道。駐宣化府。

永定河道。駐固安縣，總理永定河工程。

分巡熱河兵備道。駐熱河。

長蘆鹽運司，運同，運判二員，一駐薊州，一駐滄州。經歷，知事，倉大使，庫大使，廣積。批驗所大使二員，一駐小直沽，一駐滄州長蘆。鹽場大使十員，越支、嚴鎮、興國、富國、豐財、蘆臺、石碑、濟民、歸化、海豐。

順天府府尹，府丞，治中，京府通判。糧、馬。府學教授二員，滿一員，漢一員。訓導二員，滿一員，漢一員。經歷，照磨，司獄。京縣知縣二員，大興、宛平。京縣縣丞二員，大興駐本城，宛平駐龐各莊。管河縣丞二員，宛平舊設一員，嘉慶十四年裁主簿，增設一員。巡檢七員，大興屬禮賢、采育、黄村，宛平屬盧溝橋、齊家莊、王平口、石港口。典史二員，閘官二員，大興屬慶豐閘，宛平屬柳村閘。四路同知四員，東路駐通州，南路駐黄村，西路駐盧溝橋，北路駐沙河，各轄千總、把總一員。司獄三員。南路、西路、北路。石景山同知，駐拱極城。永定河南北岸同知二員，駐固安。北運河同知，駐河西務。理事同知，駐古北口，乾隆三十五年設。通判三員。北運河一員駐楊村，糧運一員駐張家灣，理事糧馬一員駐通州。知州五員，通、昌平、涿、霸、薊。州同二員，通、霸。州判八員，通州二員，一駐本城，一駐馬頭店；涿州三員，二駐本城，一駐北岸三工；霸州三員，一駐本城，二駐三角淀北岸六工。按：涿州舊設二員，嘉慶十二年增一員。州學學正五員，訓導五員，吏目五員，巡檢三員，霸州屬淀河，薊州屬中營北岸。閘官，通州屬通流河。驛丞，通州屬和合驛。税大使。昌平州屬居庸關。知縣十七員，良鄉、固安、永清、東安、香河、三河、武清、寶坻、寧河、順義、密雲、懷柔、平谷、房山、保定、文安、大城。縣丞四員，良鄉、房山俱駐縣城，武清駐耍兒渡，密雲駐石匣。管河縣丞十員，良鄉二員，一駐縣城，一駐趙村；固安二員；永清二員；武清三員，駐楊村、淘河、三角淀；大城一員。按：固安舊設一員，嘉慶十三年增一員。主簿二員，武清駐河西務，文安駐蘇家橋。管河主簿八員，東安三員；香河一員；武清二員，一駐永定河，一駐楊村；寶坻一員；保定一員。舊設九員，嘉慶十三年裁固安一員。縣學教諭十四員，良鄉、固安、永清、東安、香河、三河、武清、寶坻、寧河、密雲、平谷、房山、文安、大城。訓導十七員，巡檢四員，武清屬河西務，寧河屬蘆臺，密雲屬古北口，房山屬磁家務北岸。典史十七員，驛丞。武清屬楊村驛。

保定府知府，同知二員，通判二員，理事一員，駐易州；管河一員，駐子牙河。府學教授，訓導，經歷，司獄，乾隆五十七年設。大使。廣盈倉。知州二員，祁、安。州同，祁。州判，安。舊有祁州一員，嘉慶十六年裁。州學學正二員，訓導二員，吏目二員。知縣十五員，清苑、滿城、安肅、定興、新城、唐、博野、望都、容城、完、蠡、雄、束鹿、高陽、新安。縣丞八員，清苑、滿城、新城、蠡、雄、高陽、新安，俱駐縣城，束鹿駐生章村。主簿，唐駐北羅。縣學教諭十五員，訓導十五員，巡檢二員。清苑屬張登店，唐屬倒馬關。

永平府知府，理事同知，山海關通判，府學教授，訓導，經歷。兼管司獄事。知州，灤。州判，駐胡家莊。州學學正，訓導，吏目，巡檢。榛子鎮。知縣六員，盧龍、遷安、撫寧、昌黎、樂亭、臨榆。縣學教諭六員，訓導六員，巡檢四員，遷安屬三屯營，喜峯口、建昌營，臨榆屬石門寨。舊設三員，乾隆三十年增建昌營一員。典史六員，驛丞。撫寧屬榆關驛。舊有七家嶺驛丞，乾隆三十年裁。

河間府知府，同知，通判，駐泊頭鎮。府學教授，訓導，經歷。兼管稅務。知州，景。州判，州學學正，訓導，吏目，巡檢。龍華鎮。知縣十員，河間、獻、阜城、肅寧、任丘、交河、寧津、吳橋、東光、故城。縣丞三員，河間、吳橋、故城。主簿四員，獻、任丘、交河、東光。縣學教諭十員，訓導十員，巡檢四員，河間屬景和鎮、北魏村，交河屬新橋，故城屬鄭家口。典史十員。

天津府知府，同知二員，糧捕鹽漕一員，駐府城，海防一員，駐新城。通判二員，一駐滄州，一駐三角淀。府學教授，訓導，經歷。兼管司獄事。知州，滄。州判，州學學正，訓導，吏目，巡檢三員。風化店、孟村、李村。知縣六員，天津、静海、青、南皮、鹽山、慶雲。縣丞，天津。主簿四員，静海駐縣城，天津駐減河，青駐運河，南皮駐糧河。縣學教諭六員，訓導六員，巡檢六員，天津屬葛沽，青屬興濟鎮，杜林鎮，静海屬獨流鎮，鹽山屬舊縣鎮、羊兒莊。典史六員，驛丞二員，天津屬楊青驛，青屬流河驛。倉大使。天津屬北倉。

正定府知府，同知，府學教授，訓導，經歷。知州，晉。州判，州學學正，訓導，吏目。知縣十三員，正定、獲鹿、井陘、阜平、欒城、行唐、靈壽、平山、元氏、贊皇、無極、藁城、新樂。按：正定舊有縣丞，嘉慶十三年裁。主簿，正定，嘉慶十三年設。縣學教諭十三員，訓導十二員，阜平止設教諭。巡檢二員。行唐屬兩嶺口，平山屬洪子店。

舊有靈壽屬叉頭鎮一員，乾隆三十九年裁。

順德府知府，同知，府學教授，訓導，經歷。知縣九員，邢臺、沙河、南和、平鄉、廣宗、鉅鹿、唐山、内丘、任。縣學教諭九員，訓導九員，巡檢，邢臺屬西黄村。典史九員。

廣平府知府，同知，通判，駐臨洺關。府學教授，訓導，經歷。知州，磁。州判，駐彭城鎮。州學學正，訓導，吏目。知縣九員，永年、曲周、肥鄉、雞澤、廣平、邯鄲、成安、威、清河。縣丞，清河駐油坊鋪。縣學教諭九員，訓導九員，典史九員。

大名府知府，同知，通判，駐東明。府學教授，訓導，經歷。知州，開。州判，駐吕丘店。州學學正，訓導，吏目。知縣六員，大名、元城、南樂、清豐、東明、長垣。縣丞三員，大名二員，一駐縣城，一駐漳河；長垣一員，駐大黄集。主簿，元城駐小灘鎮，嘉慶十二年裁縣丞改設。縣學教諭六員，訓導六員，巡檢，東明屬杜勝集。典史六員。

宣化府知府，同知四員，東路、張家口、獨石口、多倫諾爾。舊有通判一員，嘉慶十八年裁。府學教授，經歷，兼管口北道庫。司獄，巡檢。多倫諾爾。知州三員，蔚、延慶、保安。州判，延慶。州學學正三員，訓導三員，吏目三員，巡檢。延慶屬永寧。知縣七員，宣化、赤城、萬全、龍門、懷來、西寧、懷安。縣丞二員，赤城駐獨石口，萬全駐張家口。縣學教諭七員，巡檢，懷來屬沙城。典史七員，驛丞三員。宣化屬雞鳴驛，懷來屬土木驛，懷安屬萬全驛。

舊設六員，乾隆五十七年裁榆林驛一員，嘉慶十六年裁雲州驛、長安驛各一員。

承德府知府，教授，經歷，司獄，嘉慶十六年設。巡檢。張三營。知州，平泉舊設八溝同知，乾隆四十三年改州，以同知領之。州判，駐大寧城，嘉慶十五年設。吏目。巡檢兼管。知縣五員，灤平、豐寧、建昌、赤峯、朝陽。舊設喀喇河屯、四旗、塔子溝、烏蘭哈達、三座塔五廳通判，乾隆四十三年改縣，以通判領之。縣丞二員，建昌駐四家子，嘉慶十六年設。赤峯駐大廟，嘉慶十七年設。巡檢六員，灤平屬鞍匠屯，豐寧屬郭家屯、大閣兒、黄姑屯，建昌屬㟼牛營，朝陽屬鄂爾土板。按：㟼牛營一員，嘉慶十六年增設。典史五員。皆以巡檢兼管。

遵化直隸州知州，州同。駐石門鎮。州判，州學學正，訓導，吏目，巡檢。西半壁山。知縣二員，玉田、豐潤。主簿二員，玉田駐雅鴻橋，豐潤駐豐台橋。按：玉田一員，嘉慶十二年裁縣丞改設。縣學教諭二員，訓導二員，典史二員。

易州直隸州知州，州同，州判，州學學正，訓導，吏目，驛丞。上陳驛。知縣二員，淶水、廣昌。舊有淶水縣丞，嘉慶十六年裁。縣學教諭二員，訓導二員，巡檢，淶水屬黄莊。典史二員。

冀州直隸州知州，州判，州學學正，訓導，吏目。知縣五員，南宫、新河、棗强、武邑、衡水。縣丞，南宫。舊有棗强一員，嘉慶十六年裁。縣學教諭五員，訓導五員，典史五員。

趙州直隸州知州，州判，州學學正，訓導，吏目。知縣五員，柏鄉、隆平、高邑、臨城、寧晉。縣學教諭五員，訓導五員，典史五員。

深州直隸州知州，州判，州學學正，訓導，吏目。知縣三員，武强、饒陽、安平。縣學教諭三員，訓導三員，典史三員。

定州直隸州知州，州同，州學學正，訓導，吏目。知縣二員，曲陽、深澤。縣學教諭二員，訓導二員，典史二員。

武職官

提督九門步軍統領。管轄巡捕中營，圓明園、暢春園、静宜園、樂善園、樹村等五汛，由滿洲部院大員内特簡。並詳京師志。

左翼總兵官。管轄巡捕南、左二營，西珠市口、東珠市口、東河沿、西河沿、花兒市、菜市口、左安、河陽、東便、廣渠等十汛，由八旗副都統内揀補，嘉慶四年設。官職詳京師志。

右翼總兵官。管轄巡捕北、右二營，德勝、安定、東直、朝陽、永定、阜成、西便、廣安等八汛，由八旗副都統内揀補，嘉慶四年設。官職詳京師志。

熱河都統，駐承德府。舊置副都統，嘉慶十五年改設。協領兼佐領五員，滿洲四員，蒙古一員。佐領十五員，滿洲十二員，蒙古三員。防禦二十員，滿洲十六員，蒙古四員。驍騎校二十員，滿洲十六員，蒙古四員。前鋒校十員，滿洲八員，蒙古二員。前鋒藍翎長十員，滿洲八員，蒙古二員。委驍騎校二十員，滿洲十六員，蒙古四員，嘉慶二十一年設。隨印筆帖式二員。

密雲副都統，駐密雲縣。協領四員，佐領十六員，防禦十六員，驍騎校十六員，委驍騎校十六員，嘉慶十九年設。

山海關副都統，駐永平府。協領兼佐領二員，佐領六員，舊設八員，乾隆三十七年裁正紅、鑲黄各一員。防禦八員，驍騎校八員，委驍騎校二十四員，舊設十六員，嘉慶二十二年增八員。委前鋒校四員，舊設二員，嘉慶二十二年增二員。筆帖式三員。

熱河總管二員，駐承德府南營子。苑丞四員，乾隆三十五年置苑副，五十三年改設。苑副十一員，嘉慶十八年改千總設。千總十五員，副千總五十四員，筆帖式二員。

圍場總管，駐承德府唐三營。嘉慶七年改爲副都統，九年復設。翼長二員，乾隆十八年設。章京八員，驍騎校八員，恩騎尉，委驍騎校十六員，筆帖式四員。

滄州城守尉，防禦四員，驍騎校四員。

寶坻縣防守尉，防禦，舊設二員，嘉慶三年裁一員。驍騎校，委驍騎校二員。

東安縣防守尉，防禦，舊設二員，嘉慶三年裁一員。驍騎校。

采育里防守尉，防禦，舊設二員，嘉慶三年裁一員。驍騎校。

以上滄州等四駐防，均隸左翼總兵管轄。

保定城守尉，防禦四員，驍騎校四員，委驍騎校八員，委筆帖式。

固安縣防守尉，防禦，驍騎校。

雄縣防守尉，防禦，驍騎校。

良鄉縣防守尉，防禦，驍騎校。

霸州防守尉，防禦，驍騎校。

以上保定等五駐防，均隸右翼總兵管轄。

昌平州防守尉，舊隸京城稽查各大臣轄，乾隆四十九年改隸密雲副都統。防禦二員，驍騎校。

古北口防守尉，舊隸京城稽查各大臣轄，乾隆四十五年改隸密雲副都統。防禦二員，驍騎校四員。

玉田縣防守尉，舊隸山海關副都統兼轄，乾隆四十五年改隸密雲副都統。防禦二員，驍騎校二員，筆帖式二員。

三河縣防守尉，舊隸山海關副都統兼轄，乾隆五十八年改隸密雲副都統。防禦二員，驍騎校二員，筆帖式。

順義縣防守尉，舊隸山海關副都統兼轄，乾隆五十八年改隸密雲副都統。防禦二員，驍騎校。

以上昌平等五駐防，均隸密雲副都統管轄。

喜峯口防守尉，駐遷安縣喜峯口城。防禦二員，驍騎校四員，委驍騎校六員，舊設四員，嘉慶二十二年增二員。委署筆帖式二員。

冷口防守尉，駐遷安縣冷口關。防禦二員，驍騎校三員，委驍騎校五員，舊設三員，嘉慶二十二年增二員。委署筆帖式二員。

永平府防守尉，駐永平府。防禦二員，驍騎校二員，委驍騎校六員，舊設四員，嘉慶二十二年增二員。委筆帖式。

委筆帖式二員。

羅文峪防禦，駐遵化州羅文峪關。驍騎校二員，委驍騎校三員，舊設二員，嘉慶二十二年增一員。

以上喜峯口等四駐防，均隸山海關副都統管轄。

督標，駐保定府。左、右、前、後四營。副將，左營。遊擊三員，都司，左營兼中軍。守備三員，千總八員，把總十六員，經制外委十六員，額外外委三十六員。

提標，駐密雲縣古北口。中、左、右、前四營。參將，中營兼中軍。遊擊三員，左、右駐本營，前駐石匣城。守備四員，千總七員，中、左、右各二員，前一員。把總十五員，中、左、右各四員，均駐本營，前三員，二駐本營，一防平峪汛。經制外委二十一員，中、左、右各六員，前三員。額外外委二十六員。中八員，左、右各七員，前四員。

馬蘭鎮總兵官，駐遵化州馬蘭關，左、右兩營。遊擊，中軍兼左、右營。守備二員，千總五員，四駐本營，一防黃崖關汛。把總十五員，十駐本營，五分防老廠溝、鮎魚關、將軍關、大窪所、餘丁各汛。經制外委十七員，十五駐本營，二協防老廠溝、餘丁二汛。額外外委七十員。六十三駐本營，一協防老廠溝，二協防大窪所，四協防黃崖關各汛。舊設六十二員，嘉慶十三年增八員。

泰寧鎮總兵官，駐易州，左、右二營。遊擊，中軍兼左、右營。守備二員，千總七員，左四員，右三員。把總十一員，左五員，右六員。經制外委十二員，額外外委三十七員。左十九員，右十八員。

天津鎮總兵官，駐天津府，左、右二營。遊擊二員，左營兼中軍，右營駐滄州甎河。守備二員，千總五員，一駐本營，四分防青縣、羊兒莊、滄州、鹽山各汛。把總八員，二駐本營，六分防嚴鎮、興濟、南皮、薛家窩、慶雲、寧津各汛。經制外委十一員，四駐本營，七分防高家灣、韓村、陳官屯、馬廠、舊滄州、馮家口、夏口各汛。舊設十三員，嘉慶十八年裁二員。額外外委六員。四駐本營，二分防甎河、南皮二汛。

宣化鎮總兵官，駐宣化府，中、左、右三營。遊擊三員，守備三員，千總六員，把總十二員，經制外委十五員，舊設十七員，嘉慶十九年裁左、右營各一員。額外外委十七員。中五員，左、右各六員。舊設十五員，嘉慶十六年增左、右營各一員。

正定鎮總兵官，駐正定府，左、右二營。遊擊二員，守備二員，千總五員，左三員，一駐本營，一防贊皇汛。右三員，分防深州、冀州、衡水各汛。舊設六員，嘉慶八年裁左營一員。把總七員，左三員，二駐本營，一防獲鹿汛。右四員，一駐本營，三分防新河、晉州、灤城各汛。舊設八員，嘉慶八年裁左營一員。經制外委十八員，左七員，右十一員。舊設二十一員，嘉慶八年裁左營三員。額外外委十四員。舊設十五員，嘉慶六年裁左營一員。

以上馬蘭等五鎮，均隸直隸總督提督節制。

天津水師營總兵官，駐天津府新城。嘉慶二十二年設左、右二營。遊擊，左營兼中軍。都司，右營。守備，左營。千總三員，左二員，右一員。把總三員，經制外委三員，額外外委六員。左四員，右二員。

保定城守營參將，駐保定府。守備，中軍。千總二員，分防安肅、深澤二汛。把總六員，一駐本營，五分防定興、祁州、完縣、蠡縣、大激店各汛。經制外委六員，分防唐縣、安州、滿城、博野、束鹿、固城各汛。舊設七員，嘉慶十九年裁一員。額外外委九員。七駐本營，二分防方順橋、高陽二汛。

涿州營參將，駐涿州。舊隸天津鎮轄，嘉慶六年改隸督標。守備，中軍。千總二員，一駐本營，一防三家店汛。

把總三員，分防松林店、琉璃河、竇店各汛。經制外委三員，一駐本營，一防辛莊汛。額外外委二員。一駐本營，一防柳河營汛。

拱極營遊擊，駐宛平縣拱極城。舊隸天津鎮轄，嘉慶六年改隸督標。千總，把總二員，一駐本營，一防黃村汛。經制外委二員，一駐本營，一防長新店汛。額外外委二員。

新雄營都司，駐新城縣。把總，防雄縣汛。經制外委二員，分防容城、方官二汛。額外外委五員。二駐本營，三分防新安、白溝、新橋各汛。

良鄉營守備，駐良鄉縣。舊隸天津鎮轄，嘉慶六年改隸督標。把總，經制外委二員，一駐本營，一防黃新莊汛。額外外委。

張理廳屬捕盜營千總，駐洗馬林口外烏里雅蘇臺。把總，駐張家口外太平莊。經制外委，額外外委。

東路捕盜營千總，駐通州。把總，經制外委，額外外委。

西路捕盜營千總，駐宛平縣盧溝橋。把總，經制外委，額外外委。

南路捕盜營千總，駐大興縣黃村。把總，經制外委，額外外委。

北路捕盜營千總，駐沙河縣。把總，經制外委，額外外委。

獨石口外千總，防喜峯砦汛。把總，防丁莊汛。經制外委，防卯正汛〔九〕。

熱河捕盜營千總二員，分防喀爾沁、烏蘭哈達、塔子溝各汛。把總三員，分駐熱河、卧佛寺、三座塔各汛。經制外委三員，分駐黃土梁、塔子溝、鄂爾土板各汛。額外外委三員。

以上保定城守等十二營，均隸直隸總督管轄。

河屯協副將，駐熱河，中、右二營，乾隆二年改參將設。都司，中軍兼左營。守備，右營。千總四員，一駐本營，三分防喀喇河屯、土城子、森吉圖各汛。把總十二員，左七員，二駐本營，五分防馬圈子、中關、下板城、六溝、茅溝各汛。右五員，一駐本營，四分防郭家屯、上黃旗、大閣、虎什哈各汛。經制外委五員，左四員，協防七間房、新嶂子、三道梁、二溝各汛，右一員協防鄧家柵子汛。額外外委十七員。左七員，右十員。

三屯協副將，駐永平府遷安縣三屯營，左、右二營。都司，左營兼中軍。守備，右營舊有千總，嘉慶十七年裁。把總二員，經制外委，舊設二員，嘉慶十六年裁左營一員。額外外委二員。

山永協副將，駐永平府，左、右二營。都司，左營兼中軍。守備，右營。千總，把總二員，舊設三員，嘉慶十七年裁右營一員。經制外委二員，分防范家莊、茨榆坨二汛。額外外委三員。左一員，右二員。

八溝營參將，駐平泉州八溝。嘉慶十六年改都司設。守備，駐赤峯縣杜栗子溝，嘉慶十六年設。千總二員，一駐本營，一防波羅窪汛。把總四員，二駐本營，二分防龍鬚門、雅圖溝二汛。經制外委三員，協防七溝、暖泉、博羅樹各汛。額外外委三員。一駐本營，二防他拉波羅窪汛。

昌平營參將，駐昌平州。守備，中軍。千總，把總，防貫市汛。經制外委三員，一駐本營，二分防高麗營、奋奄屯二汛。額外外委二員。

喜峯路遊擊，駐遷安縣喜峯口城。千總二員，分防潘家口、太平寨二汛。把總四員，一駐本營，三分防白羊峪、擦崖子、榆木嶺各汛。經制外委三員，額外外委三員。

古北城守營都司，千總，把總二員，分防司馬臺、潮河川二汛。經制外委，額外外委二員。

密雲營都司，駐密雲縣。千總，把總，經制外委，額外外委。

順義營都司，把總三員，一駐本營，二分防楊各莊、漕河二汛。經制外委，額外外委。

赤峯營都司，駐赤峯縣。嘉慶十六年設。千總四員，一駐本營，三分防哈拉木頭、四道溝梁、昔只嘎梁各汛。把總，經制外委，額外外委八員。

建昌營都司，駐建昌縣。嘉慶十六年設。千總四員，一駐本營，三分防櫻桃溝、波羅索他拉、敖漢胡吉爾圖各汛。把總，經制外委，額外外委八員。二駐本營，六協防櫻桃溝、波羅索他拉、敖漢胡吉爾圖各汛。

居庸路都司，駐昌平州居庸關城。把總三員，分防鎮邊城、八達嶺、南口各汛。經制外委，舊設二員，嘉慶十六年裁一員。額外外委二員。分防白羊城、横嶺二汛。

鞏華城都司，駐昌平州鞏華城。千總，把總，一駐本營，一防北旺汛。經制外委。舊有額外外委，嘉慶十七年裁。

懷柔城都司，駐懷柔縣。把總，經制外委二員，額外外委。

山海路都司，駐臨榆縣山海關。千總，把總，額外外委。防海洋汛，嘉慶十七年裁經制外委設。

石門路都司，駐臨榆縣石門寨。千總，把總四員，一駐本營，三分防義院、大毛山、黄土嶺各汛。經制外委，防深河堡汛。額外外委。

蒲河營都司，駐撫寧縣蒲河海口。舊隸天津鎮轄，嘉慶十五年改隸提標。千總，把總二員，一防清河口汛，一防昌黎縣汛。經制外委，防湖林口汛。額外外委。防蛤蚆汛。嘉慶十五年增設。

樂亭營都司，駐樂亭縣。舊隸天津鎮轄，嘉慶十五年改隸提標。千總，把總二員，一駐本營，一防劉家墩汛。經制外委。防倴城汛。

建昌路都司，駐遷安縣建昌營城。千總，把總四員，分防桃林口、冷口、遷安縣、榛子鎮各汛。經制外委。

燕河路都司，駐盧龍縣燕河營城。把總三員。一駐本營，二分防界嶺口、臺頭營二汛。舊有額外外委一員，嘉慶十五年裁。

唐三營守備，駐熱河唐三營。千總二員，一駐本營，一防黃姑屯汛。把總三員，分防白虎溝、大店子、喇嘛洞各汛。經制外委，分防荒地、紅旗二汛。額外外委三員。

朝陽營守備，駐朝陽縣。嘉慶十六年設。千總四員，一駐本營，三分防波羅赤、三道梁、青溝梁各汛。把總，經制外委，額外外委八員。

石塘路守備，駐密雲縣石塘嶺。舊有千總，嘉慶十六年裁。把總二員，分防大水峪、白馬關二汛。經制外委，額外外委。

湯泉營守備，駐昌平州湯泉。把總三員，一駐本營，二分防牛房、黃花路二汛。經制外委三員。一駐本營，二分防南石槽、蘭溝二汛。

以上河屯、三屯、山永等三協，八溝等二十一營，均隸直隸提督管轄，其河屯一協，赤峯、建昌、唐三、朝陽等四營，兼隸熱河都統管轄。

遵化營遊擊，駐遵化州。舊屬三屯協，嘉慶六年改隸馬蘭鎮。千總，把總四員，二駐本營，二分防羅文峪、石門二汛。經制外委，額外外委二員。一駐本營，一協防石門汛。

薊州營都司，駐薊州。千總二員，一駐本營，一防盤山汛。把總二員，經制外委五員，額外外委二員。

曹家路都司，駐密雲縣曹家砦。千總，把總四員，分防黑峪關、吉家營、板谷嶺、窄道子各汛。經制外委，額外外委六員。舊設五員，嘉慶十四年增一員。

牆子路都司，駐密雲縣牆子嶺。千總，把總二員，分防鎮羅關、楊家堡二汛。經制外委二員，額外外委九員。舊設七員，嘉慶十四年增二員。

黃花山營守備，駐昌平州黃花路城。千總，防朱華山汛。舊設二員，嘉慶十三年裁一員。經制外委二員，額外外委二員。

以上遵化等五營，均隸馬蘭鎮管轄。

紫荆關參將，駐易州紫荆關城。舊隸督標轄，嘉慶六年改隸泰寧鎮。守備，中軍。千總，把總四員，二駐本營，二分防浮圖峪、烏龍溝二汛。經制外委三員，分防五虎嶺、奇峯口、静安各汛。額外外委五員。分防盤石口、沙峪口、添橋兒、虎張石、忙兒溝各汛。

易州營遊擊，駐易州。舊隸提標轄，嘉慶六年改隸泰寧鎮。守備，中軍。千總，把總二員，經制外委二員，額外外委三員。一駐本營，二防南路唐湖汛。

馬水口都司，駐淶水縣馬水口。舊隸提標轄，嘉慶六年改隸泰寧鎮。千總，把總三員，一駐本營，二防大龍門口汛。經制外委三員，一駐本營，二分防黃莊、金水口二汛。額外外委四員。一駐本營，三分防黑兒口、柏連澗口、北將軍石口各汛。

沿河口都司，駐宛平縣沿河口。舊隸督標轄，嘉慶六年改隸泰寧鎮。把總二員，一駐本營，一防平羅營汛。經制外委，防王平口汛。額外外委二員。分防天津關、洪水口二汛。

白石口都司，駐廣昌縣白石口。舊隸督標轄，嘉慶六年改隸泰寧鎮。把總，經制外委，額外外委二員。分防葫蔴口、黃土嶺二汛。

廣昌營都司，駐廣昌縣。舊隸督標轄，嘉慶六年改隸泰寧鎮。經制外委，額外外委二員。

水東村守備，駐水東村。千總二員，把總二員。

插箭嶺營守備，駐廣昌縣插箭嶺。舊隸督標轄，嘉慶六年改隸泰寧鎮。把總，經制外委，額外外委二員。分防獨山城口、白道安口二汛。

礬山堡守備，駐懷來縣礬山堡。舊隸督標轄，嘉慶六年改隸泰寧鎮。經制外委，額外外委。

淶水營守備，駐淶水縣。舊隸提標轄，嘉慶六年改隸泰寧鎮。把總，經制外委，額外外委。

房山營守備，駐房山縣。舊隸督標轄，嘉慶六年改隸泰寧鎮。把總，經制外委，額外外委。防吉陽汛。

以上紫荆關等十一營，均隸泰寧鎮管轄。

河間協副將，駐河間府。左、右二營。都司，左營兼中軍。守備，右營。千總二員，左營防任丘汛，右營防阜城汛。把總十員，二駐本營，八分防鄭家口、交河、高川、二十里鋪、肅寧、龍華橋、商家林、獻縣。舊設十一員，嘉慶十九年裁一員。經制外委八員，左五員，右三員，二駐本營，六分防鄭州、卧佛堂、富莊驛、閆家村、崇仙鎮、新村各汛。額外外委五員。二駐本營，三分防趙北口、思賢村、太平莊各汛。

通州協副將，駐通州。左、右二營。都司，左營兼中軍。守備，右營。千總，左營。把總四員，經制外委四員，額外外委三員。左二員，右一員。

務關路營參將，駐武清縣河西務。守備，中軍。千總二員，一駐本營，一防楊村汛。把總六員，分防蔡村、安平、蒲溝、西儀、馬頭、香河各汛。經制外委三員，一駐本營，二分防馬頭、楊村二汛。額外外委。

霸州營遊擊，駐霸州。千總二員，一駐本營，一防文安汛。把總四員，分防信安、固安、永清、保定各汛。經制外委，防牛駝汛。額外外委二員。分防左各莊、泰堡莊二汛。

天津城守營都司，駐天津府。千總，把總二員，分防北馬頭、楊柳青二汛。經制外委五員，二駐本營，三分防西沽、河東、北馬頭各汛。額外外委三員。

静海營都司，駐静海縣。千總，防王慶坨汛。把總，防獨流汛。經制外委，額外外委。

武清營都司，駐武清縣。千總，把總二員，分防鳳河、永樂店二汛。經制外委，防王侯店汛。額外外委。防桐柏村汛。

豐潤營都司，駐豐潤縣。把總三員，一駐本營，二分防開平、黑羊二汛。經制外委，額外外委。

玉田營都司，駐玉田縣。把總三員，一駐本營，二分防豐臺、澗河二汛。經制外委二員，一駐本營，一防稻地汛。額外外委。

張灣營都司，駐通州張家灣。把總二員，經制外委，額外外委。

采育營都司，駐大興縣采育。千總，防馬駒汛。把總，額外外委。

三河營都司，駐三河縣。把總二員，一駐本營，一防馬房汛。經制外委二員，分防煙郊、火新莊二汛。額外外委。

寶坻營都司，駐寶坻縣。把總三員，一駐本營，二分防寧河、崔黃二汛。經制外委二員。一駐本營，一防崔黃汛。舊有額外外委一員，嘉慶二十二年裁。

大沽營都司，駐天津縣葛沽。嘉慶十六年設。千總二員，一駐本營，一防北塘汛。舊設一員，嘉慶二十二年增一員。把總二員，一駐本營，一防大沽汛。舊設一員，嘉慶十七年增一員。經制外委四員，分防新城、雙港、海口、祁口各汛。舊設三員，嘉慶十九年增一員。額外外委四員。舊設一員，嘉慶十九年增二員，二十二年又增一員。

舊州營守備，駐東安縣舊州城。嘉慶十九年設。千總，防東安汛。把總三員，分防榆垡、龐各莊、青雲各汛。經制外委二員，一駐本營，一防白塔汛。額外外委。

景州營守備，駐景州。千總三員，分防安陵、連鎮、故城各汛。按：故城舊設把總，嘉慶十七年改設。把總，經制外委五員，分防龍華鎮、吳橋、東光、故城、燈明寺各汛。額外外委。防絳河汛。

大城營守備，駐大城縣。把總，經制外委，防王家口汛。額外外委。

四黨口營守備，駐靜海縣四黨口。把總，防唐官屯汛。經制外委，防陣官屯汛。額外外委。

海口營守備，駐天津縣。嘉慶十六年設。經制外委二員。

以上河間、通州二協，務關等十七營，均隸天津鎮管轄。

大名協副將，駐大名府。左、右二營。都司二員，千總五員，左二員，右三員。舊設四員，嘉慶六年增左營一員。把總五員，經制外委四員，二駐本營，二分防成安、雞澤二汛。額外外委三員。

固關營參將，駐井陘縣固關城。守備，中軍。千總，把總二員，分防井陘、娘子關二汛。經制外委二員，一駐本營，一防桃園汛。額外外委二員。

廣平營遊擊，駐廣平府。千總三員，一駐本營，二分防邯鄲、臨洺關二汛。把總二員，分防曲周、清河二汛。經制外委七員，三駐本營，四分防威縣、廣平、肥鄉〔一〇〕、油坊各汛。額外外委。

順德營遊擊，駐順德府。千總二員，分防邢臺、沙河二汛。把總二員，分防鉅鹿、内丘二汛。經制外委八員，四駐本營，四分防邢臺、西黄村、金提店、廣宗各汛。額外外委。

龍固城守營都司，把總二員，經制外委，防新城鋪汛。額外外委三員。

王家坪營都司，駐贊皇縣王家坪。千總，把總，防馬峪汛。經制外委。

龍泉關都司，駐阜平縣龍泉關城。千總，防茨溝汛。嘉慶八年設。把總二員，經制外委二員，一駐本營，一防長城嶺汛。額外外委。

倒馬關營都司，駐唐縣倒馬關。把總二員，舊有千總，嘉慶六年裁。經制外委，防鐵嶺口汛。額外外委。

忠順營都司，把總二員，分防望都、定州二汛。經制外委二員，分防清風店、新樂二汛。額外外委二員。

杜勝營都司，駐東明縣杜勝集。千總，把總二員，經制外委三員，二駐本營，一防東明汛。舊設二員，嘉慶十九年增一員。額外外委四員。二駐本營，二分防東明、長垣二汛。舊設一員，嘉慶十九年增三員。

開州營都司，駐開州。把總，經制外委三員，舊設一員，嘉慶十九年增二員。額外外委二員。舊設一員，嘉慶十九年增一員。

趙州營守備，駐趙州。嘉慶八年改千總設。把總，經制外委三員。分防柏鄉、臨城、隆平各汛。

以上大名一協，固關等十一營，均隸正定鎮管轄。

張家口協副將，駐萬全縣張家口堡。中、左、右三營。都司，中營。守備三員，千總三員，把總五員，中、左各二員，右一員。經制外委七員，中三員，左、右各二員。舊設八員，嘉慶十九年裁右營一員。額外外委四員。舊設三員，嘉慶十九年增右營一員。

獨石口協副將，駐赤城縣獨石口城。左、右二營。都司，左營兼中軍。守備，右營。千總，左營。把總三員，左一員，右二員。經制外委五員，舊設六員，嘉慶十六年裁左營一員。額外外委二員。舊設右營一員，嘉慶十九年增左營一員。

宣化城守營都司，駐宣化府。千總，把總四員，二駐本營，二分防深井堡、雞鳴堡二汛。經制外委二員，額外外委五員。

柴溝營都司，駐懷安縣柴溝口堡。把總，經制外委，防水關臺汛。額外外委。

多倫營都司，駐多倫諾爾。千總，把總二員，經制外委二員，一駐本營，一駐二道泉。額外外委。

蔚州路都司，駐蔚州。舊置參將，嘉慶十六年改設。把總二員，一駐本營，一防黑石嶺汛。經制外委二員，額外外委。

懷來路都司，駐新保安城。守備，駐懷來縣。把總四員，分防新保安、舊保安、懷來城、土木堡各汛。經制外委二員，額外外委。

龍門路都司，駐龍門縣。千總，防趙川堡汛。把總三員，一駐本營，二分防長安嶺、鵰鶚堡二汛。經制外委四員，額外外委。

永寧路都司，駐延慶州永寧城。守備，千總，經制外委二員。

懷安路都司，駐懷安縣。守備，駐左衛城。把總二員，經制外委，額外外委。

萬全營守備，駐萬全縣。千總，經制外委，額外外委。

膳房堡守備，駐萬全縣膳房堡。把總，經制外委。

新河口堡守備，駐萬全縣新河口堡。經制外委二員。一駐本營，一防鎮水臺汛。

洗馬林堡守備，駐萬全縣洗馬林堡。把總，經制外委。防鎮河臺汛。

西陽河堡守備，駐懷安縣西陽河堡。經制外委，防鎮口臺汛。額外外委。

東城堡守備，駐蔚州東城堡。把總，防西城汛。經制外委。防桃花堡汛。

雲州堡守備，駐赤城縣雲州堡。千總，防松樹堡汛。把總，防君子堡汛。經制外委二員。

鎮安堡守備，駐赤城縣鎮安堡。千總二員，一防滴水崖汛，一防馬營堡汛。把總，防赤城堡汛。經制外委五員。分防鎮嶺口、清泉堡（二）、盤道口、四望、甎墩口、小水口各汛。

龍門所守備，駐赤城縣龍門所。把總，防鎮平堡汛。經制外委四員。分防富貴山、青平樓、塘子口、野雞山各汛。

岔道營守備，駐延慶州岔道城。把總三員，一駐本營，二分防延慶州、四海冶堡二汛。經制外委，額外外委。

葛峪堡守備，駐龍門縣葛峪堡。把總，防榆林堡汛。經制外委二員。分防鳳凰臺、鎮宜臺二汛。

以上張家口、獨石口二協，宣化城守等十九營，均隸宣化鎮管轄。其萬全等六營，兼隸張家口協管轄，雲州堡等五營，兼隸獨石口協管轄。

大沽營水師參將，駐天津縣大沽。守備，千總，把總，經制外委，額外外委二員。

以上大沽營，隸天津水師鎮管轄。

永定河營都司，駐固安縣。嘉慶十六年設。守備，協辦守備，千總二員，分防南岸、北岸二汛。把總三員，分防南岸、北岸南八工下汛各汛。經制外委十二員，額外外委十一員。分防南、北兩岸十五汛，嘉慶十五年增設。

南運河營守備，駐天津縣。千總。駐靜海縣唐官屯。把總六員，分防趙家場、良王莊、捷地、連鎮、薛家窩、安陵西岸各汛。經制外委四員，額外外委三員。

北運河千總五員，一王家務，一筐兒港，一旱溝，二漕運督率遊巡。把總六員，一三里淺，一王甫，一楊村南，一張灣，一楊村北，一通州上各汛。外委九員，河標外委十一員。

子牙河把總。駐靜海縣獨流。

以上永定河等四營，均隸總督管轄。

户口

康熙五十二年原額人丁三百二十六萬六千一十五。乾隆三十七年停編丁。今滋生男婦大小共一千九百一十六萬三千七百三十三名口，計三百九十五萬一千四百七十七户。又通州、天津、青縣、静海屯丁七百四十名口，計二百九十三户。又長蘆、天津、薊永分司竈丁一十九萬一千二百六名口，計五千一百八十户。

田賦

田地六十九萬八千六百九頃八十畝五分有奇，額徵地丁正雜銀二百四十四萬七千五百六十兩，米一萬五千四百八十二石四斗六升四合一勺，豆七千七百一十石九升六合四勺。又順天府高粱四十七石四斗五升，榛栗三十六石，保定府屯穀二十三石六斗三升八合八勺，永平府草九萬一千一百九十八束，大名府小麥四十二石一斗二升七合，宣化府糧六萬一千五百一十九石六斗七升四勺，改折銀一萬五千五百五十五兩七錢七分一釐。易州穀折米五石二斗二升四合五勺。

税課

天津關額徵銀四萬四百六十四兩，銅觔水脚銀七千六百九十二兩三錢一分二釐。又海税銀二萬六千兩，山海關額徵銀三萬二千二百兩，鮑家馬頭等七口岸額徵銀一千三百九兩一錢四分一釐。又黄豆豆餅銀一萬八千一百三十三兩二錢三分八釐，張家口額徵銀二萬兩，長蘆鹽引九十六萬三百六十六道，額徵正課加課銀四十九萬四千五百二十五兩九分三釐，雜課銀七萬三千八百三十六兩五錢七分二釐。又易州、廣昌兩處額徵户口食鹽銀九十二兩六錢六分一釐。

名宦

漢

張敞。平陽人。宣帝時，拜冀州刺史。居部歲餘，盜賊禁止。

朱博。杜陵人。成帝時，遷冀州刺史。博本武吏，不更文法，及爲刺史，行部，吏民數百人遮道自言，官寺盡滿。從事請留此縣，録見諸自言者，欲以試博。博心知之，出就車，見自言者，使從事明敕告吏民：「欲言縣丞尉者，刺史不察黄綬，各自詣郡。欲言二千石墨綬長吏者，使者行部還，詣治所。其爲吏所冤及盜賊詞訟事，各使屬其部從事。」博駐車決遣，四五百人皆罷去。吏民大驚，不意博應事變，乃至於此。後博徐問，果老從事教民聚會。博殺此吏，州郡畏博威嚴。

郅壽。西平人。肅宗時，遷冀州刺史。時冀部屬郡多封諸王，賓客放縱，類不檢節，壽案察之，無所容貸。視事三年，冀土肅清。

李恂。臨涇人。肅宗時，以侍御史持節使幽州，宣布恩澤，慰撫北狄，所過皆圖寫山川、屯田、聚落，彙成百餘卷，悉封奏上。

左雄。涅陽人。安帝時，遷冀州刺史。州部多豪族，好請託，雄閉門不與通。奏案貪猾二千石，無所回忌。

樊準。陽湖人。永初中〔一二〕，連年水旱，以準守光禄大夫使冀州，開倉廩食，慰安生業，流人咸得蘇息。

蘇章。平陵人。順帝時，遷冀州刺史。故人爲清河太守，章行部案其姦贓。乃請太守，爲設酒殽，陳平生之好甚歡。太守喜曰：「人皆有一天，我獨有二天。」章曰：「今夕蘇孺文與故人飲者，私恩也；明日冀州刺史案事者，公法也。」遂舉正其罪，州郡望風畏肅。

朱穆。宛人。永興元年，河溢，漂害人庶數十萬户，冀州盜賊尤多，擢穆爲冀州刺史。州人有宦者三人爲中常侍，並以檄謁，穆疾之，辭不與相見。及到，奏劾諸部，以威略權宜盡誅賊渠帥。舉劾權貴，或乃死獄中。所辟用皆清德長者，多至公卿、州郡。

第五種。長陵人。永壽中，以司徒掾清詔使冀州，廉察災害，舉奏刺史、二千石以下，所刑免甚衆，棄官奔走者數十人。還，以奉使稱職，拜高密侯相。

范滂。汝南征羌人。桓帝時，冀州饑荒，盜賊羣起，以滂爲清詔使案察之。滂登車攬轡，慨然有澄清天下之志。及至境，守令自知贓污，望風解印綬去。其所舉奏，莫不厭塞衆議。

蔡衍。汝南項人。桓帝時，遷冀州刺史。中常侍具瑗託其弟恭舉茂才，衍收齎書者案之。又劾奏河間相曹鼎贓罪千萬。鼎兄騰使大將軍梁冀爲書請之，衍不答，鼎竟坐輸作左校。

羊陟。梁父人。桓帝時，遷冀州刺史。奏案貪濁，所在肅然。

賈琮。聊城人。靈帝時，爲冀州刺史。舊典，傳車驂駕，垂赤帷裳，迎於州界。及琮之郡，升車言曰：「刺史當遠視廣聽，糾察善惡，何有反垂帷裳以自掩塞乎！」乃命御者褰之，百城聞風竦震。諸贓過者，望風解印綬去。

皇甫嵩。朝那人。靈帝時，領冀州牧。時黄巾甫平，嵩奏請冀州一年田租，以贍饑民，百姓歌之。

劉虞。郯人。靈帝時，遷幽州刺史，民夷感其德化，鮮卑、烏桓、夫餘、穢貊，隨時朝貢，無敢擾邊者。公事去官。中平四年，張純、張舉與烏桓連盟，攻薊下，燔燒城郭。明年，復拜虞幽州牧。虞到薊，罷省屯兵，務廣恩信。遣使告烏桓峭王等，以朝恩寬宏，開許善路。又設賞購舉、純，舉、純走出塞，餘皆降散。純爲其客所殺，送首詣虞。虞務存寬政，勸督農植，開上谷胡市之利，通漁陽鹽鐵之饒，民悦年登，穀石三十。青、徐士庶歸者百餘萬口，皆收視温恤，爲立生業，流民皆忘其遷徙。

三國　魏

崔林。東武城人。文帝時，爲幽州刺史，在官一期，寇竊寢息。

劉靖。沛國相人。嘉平中，遷鎮北將軍，假節都督河北諸軍事。靖以爲經常之大法，莫善於守防，使民夷有別。遂開拓邊守，屯據險要，又修廣戾陵渠，大堨水，溉灌薊南北田稻，邊民利之。

晉

山濤。河内懷人。泰始初，爲冀州刺史。冀州俗薄，無相推轂。濤甄拔隱屈，搜訪賢才，旌命三十餘人，皆顯名當時。人懷慕尚，風俗頗革。

衛瓘。安邑人。泰始初，都督幽州諸軍事、幽州刺史、護烏桓校尉。至鎮，表立平州。於時幽并東有務桓，西有力微，並爲邊害。瓘離間二部，遂致嫌隙，於是務桓降，而力微以憂死。朝廷嘉其功，賜一子亭侯。

張華。方城人。武帝時，都督幽州諸軍事、領護烏桓校尉、安北將軍。撫納新舊，戎夏懷之。馬韓、新彌諸國，並遣使朝獻。於是遠夷賓服，四境無虞，頻歲豐稔，士馬强盛。

唐彬。鄒人。武帝時，持節監幽州諸軍事，領護烏桓校尉。至鎮，訓卒利兵，廣農重稼，兼修學校，誨誘無倦。遂開拓舊境，卻地千里。復秦長城塞，自温城至於碣石，分兵屯守，烽堠相望，邊境無犬吠之警，自漢魏征鎮，莫之比焉。後檻車征還，百姓追慕功德，生爲立碑作頌。

劉弘。相人。武帝時，爲寧朔將軍、假節、監幽州諸軍事、領烏桓校尉，甚有威惠，盜寇屏迹，爲幽朔所稱。

丁紹。譙國人。懷帝時，假節監冀州諸軍事。境内羯賊爲患，紹捕而誅之，號爲嚴肅，河北人畏而懷之。

南北朝　周

陰壽。武威人〔一三〕。周時拜幽州總管。高寶寧反，引突厥攻圍北平，壽率騎數萬，出盧龍塞討之，諸縣悉平。寶寧走契丹，爲麾下所殺，北邊遂安。

于翼。洛陽人。大象初，詔巡長城，立亭鄣，西自雁門，東至碣石，創新改舊，咸得其要害。仍除幽定七州六鎮諸軍事、幽州總管。先是，突厥屢爲寇抄，居民失業，翼素有威武，兼明斥堠，自是不敢犯塞，百姓安之。

隋

李崇。成紀人。開皇三年，除幽州總管。突厥犯塞，崇輒破之。奚、霫、契丹等懾其威畧，争來内附。後突厥大爲寇掠，崇率步騎拒之，轉戰十餘日，死亡畧盡，乃挺刀突賊，卒於陣。

周摇。洛陽人。開皇初，突厥寇邊，上思所以鎮之，臨朝曰：「無以加周摇者。」拜爲幽州總管六州五十鎮諸軍事。修鄣塞，謹斥堠，邊民以安。

柳彧。解人。高祖時，持節巡省河北五十二州，奏免長吏贓污不稱職者二百餘人，州縣肅然，莫不震懼。

竇抗。平陸人〔一四〕。高祖時，爲幽州總管，以寬惠聞。

唐

狄仁傑。太原人。聖曆初，突厥侵掠趙、定等州，詔仁傑爲河北道行軍元帥，便宜從事，更拜安撫大使。時民多脅從於賊，賊去，懼誅逃匿，仁傑上疏請曲赦諸州，一不問罪。制從之。

薛季昶。龍門人。武后時，爲河北道按察使。初，夏官郎中侯味虚將兵討契丹，不利，妄言賊行有蛇虎導軍。季昶至，斬味虚，威鎮北方。藁城尉吴澤射殺驛使，髡民女髮爲髢，州不能劾，季昶杖殺之。然後布恩信，甄表善良。

韓琬。南陽人。監河北軍兼按察使。先天中，賦絹非時，於是穀賤縑貴，人多徙亡。琬曰：「御史乃耳目官，知而不言，尚何賴？」又上言：「須報則弊已甚，移檄罷督乃聞。」詔可。

裴懷古。壽春人。爲幽州都督，綏懷兩蕃，將舉部落内屬。監軍韓琬稱其「取士信，臨財廉，爲國名將」云。

張守珪。陜州河北人。開元中，爲幽州長史、河北節度副大使，加採訪處置等使。契丹、奚連年梗邊，前長史不能制。守珪至，每戰輒勝，帝喜，詔有司告九廟。契丹酋屈剌及突于遣使詐降，守珪得其情，遣右衛騎曹王悔詣部計事，屈剌密引突厥衆將殺悔以叛。契丹別帥與突于不協，悔因閒誘之，斬屈剌及突于，盡降其黨。守珪次紫蒙川，大閱軍實，賞將士，傳屈剌、突于首於東都。詔立碑紀功。

裴寬。聞喜人。天寶初，拜范陽節度使。時北平軍使烏承恩與中人通，數冒賄，寬以法繩治。檀州刺史何僧獻生口數十，寬悉歸之，夷夏感附。

李光弼。柳城人。天寶末，爲河北採訪使，以朔方兵東救常山，次真定，史思明來攻，擊敗之，遂收藁城等十縣。

張仲武。范陽人。武宗時，爲幽州節度副大使。回鶻特勒那頡啜擁赤心部七千帳逼漁陽，仲武率鋭兵三萬破之，獲馬、牛、橐駝、旃罽不勝計，回鶻由是不敢犯塞。詔李德裕爲銘，揭碑盧龍，以告後世。

宋

潘美。大名人。太平興國中，知幽州行府事，兼三交都部署，留屯以捍北邊。三交西北三百里，地名固軍，爲北邊咽喉。美潛師襲之，遂據有其地，因積粟屯兵以守之，北邊以安。

田錫。洪雅人。太平興國中，爲河北轉運副使。驛書言邊事，帝嘉之。

索湘。鹽山人。太宗時，爲河北轉運副使。經度供餽，以能幹聞。遼兵入寇，將趨鎮州。湘爲田重進畫謀，乘其無備，破走之。真宗時，爲河北轉運使，德州舊賦民馬以給驛，又役民爲步遞，湘代以官馬兵卒，人皆便之。時議於静戎、威虜兩軍置場鬻茶，以資軍用。湘言非便，遂止。有詔修復定州新樂、蒲陰兩縣，湘以其地迫窄，非屯兵之所，奏罷之。

何承矩。河南人。太宗時，遼人擾邊，承矩上疏，請於順安砦西開易河蒲口，導水東注於海，資其陂澤，築隄貯水爲屯田，可以遏敵騎之奔軼。俟期歲間，關内諸泊悉壅閴，即播爲稻田。其緣邊諸軍臨塘水者，止留城守軍士，不煩發兵廣戍。太宗嘉納之，乃以承矩爲制置河北緣邊屯田使，俾董其役。由是自順安以東瀕海，廣袤數百里，悉爲稻田，有莞蒲蜃蛤之饒，民賴其利。

向敏中。開封人。咸平初，爲河北、河東安撫大使，以陳堯叟、馮拯爲副，發禁兵萬人翼從，所至訪民疾苦，宴犒官吏，莫不感悦。

宋準。雍丘人。太宗時，爲河北轉運使，有治聲。

張士遜。陰城人。真宗時，爲河北轉運使。河侵棣州，詔徙州陽信，議者患糧多不可遷，士遜視瀕河數州方艱食，即計餘以貸貧者，期來歲輸陽信，公私利之。

盧琰〔一五〕。淄川人。真宗時，爲河北轉運副使。時北鄙未靖，調發軍儲，糧道不絶。以職務修舉，遷秩刑部，賜金紫。會城祁州，命專董其役。

寇瑊。臨汝人。真宗時，爲河北轉運使。天禧中，河決澶淵，瑊視役河上，隄埽數里，衆皆奔潰，而瑊獨留自若。須臾，水爲折去，衆異之。

李仕衡。京兆人。真宗時，爲河北轉運使。建言「河北歲給諸軍帛七千萬，而民艱於得錢，悉預假於里豪，出倍償之息，以是工機之利愈薄。方春民不足，請户給錢，至夏輸帛，則民獲利，而官用足矣。」詔優其直，仍推其法於天下。進都轉運使。棣州汙下苦水患，仕衡徙州西北七十里，既而大水没故城丈餘。明年旱蝗，發積粟賑民，又移五萬斛濟京師〔一六〕。

陳貫。河陽人。真宗時，爲河北轉運使，請疏徐、鮑、曹、易四水，興屯田。

劉元瑜。河南人。提舉河北便糴。會永寧雲翼軍士謀爲變，吏窮捕，黨與謀劫囚以反，百姓竊知，多逃避。元瑜馳至，斬爲首者，其餘皆釋不問，民感其德。

王彬。固始人。爲河北轉運使。部吏馬崇正倚章獻太后姻家，豪横不法，彬發其姦贓，下吏。忤太后意，徙京東。

楊偕。中部人。仁宗時，爲河北轉運使。按知定州夏守恩贓數萬，守恩流嶺南。

王沿。館陶人。天聖中，體量河朔饑民，所至不俟詔，發官廩濟之。就除轉運副使。上言請教河北强壯，以代就糧禁卒之闕，罷招廂軍，以其冗者隸作屯田。後又爲河北轉運使，奏罷二牧監，以地賦民。導相、衛、邢、趙之水，下天平、景祐諸渠，溉田數萬頃。

杜衍。山陰人。仁宗時，河北乏軍費，選爲都轉運使，不增賦於民而用足。

包拯。合肥人。仁宗時，遼兵近塞，邊郡稍警，命拯往河北調發軍食，拯曰：「漳河沃壤，人不得耕，邢、洺、趙三州民田萬五千頃，率用牧馬，請悉以賦民。」從之。後爲河北都轉運使，請罷河北屯兵，分之河南兖、鄆、齊、濮、曹、濟諸郡，設有警，無後期之憂。不報。

歐陽修。廬陵人。仁宗時，保州兵亂，以修爲龍圖閣直學士、河北都轉運使。賊平，大將李昭亮、通判馮博文私納婦女，修捕博文繫獄，昭亮懼，立出所納婦。兵之始亂也，招以不死，既而皆殺之，脅從二千人，分隸諸郡。富弼爲宣撫使，恐後生變，將使同日誅之。夜半屏人告修，修曰：「禍莫大於殺已降，况脅從乎？」弼悟而止。

田京。鹿邑人。仁宗時，提點河北路刑獄事。上言請擇要官守滄、衛，鑿西山石臼廢道以限戎馬，用奇正法訓兵，徙戰馬内地，以息邊費，凡十餘事〔一七〕。帝嘉納之。

姚仲孫。商水人。爲河北都轉運使。大修城壘兵備，仁宗詔褒之。

鄭驤。河南人。爲河北轉運使。王則反，討平之，除天章閣待制。先是，皇甫泌、夏安期皆爲轉運使，泌先謫去，安期後至，不及賞，驤固辭不受，願推功與二人。

韓絳。雍丘人。仁宗時，河決商胡，用李仲昌議，開六塔河，而患滋甚，命絳宣撫河北〔一八〕。時宰執多主仲昌，人莫敢異。絳劾其蠹國害民，罪不可貸，仲昌遂竄嶺表。

吴公弼。壽州人。仁宗時，爲河北轉運使。自寶元、慶曆以來，宿師備邊，既西北撤警，而屯如故，民疲餽餉。公弼始通御河漕粟實塞下，冶鐵以助經費，移近邊屯兵，就食京東，增城卒，給版築，蠲冗賦及民逋數百萬。

趙抃。西安人。爲河北都轉運使。初，有詔募義勇，過期不能辦，官吏當坐者八百餘人。抃被旨督之，奏言：「河北頻歲豐，故應募者少，請寬其罪，以俟農隙。」從之。坐者獲免，而募亦隨足。

張問。襄陽人。仁宗時，提點河北刑獄。大河決，議築小吴，問言：「築小吴則南岸且決，水並京畿爲害。」詔付水官議，久不決，小吴卒潰。後爲河北轉運使。所部地震，河再決，議者欲調京東民二十萬〔一九〕，自澶築隄抵乾寧。問言：「隄未能爲益，災害之餘，力役勞民，非計也。」神宗從之。

王鼎。館陶人。仁宗時，提點河北刑獄，所劾舉不避貴勢。

張希一。開封人。仁宗時，爲河北緣邊安撫副使。請徙邊兵内地，以寬糴費，每州歲爲市平以糴邊穀，使人不能高下其價；戍卒之孥給糧，先軍士一月，使其家爲伍保，坐以逃亡之累，皆著爲法。

王臨。成安人。治平中，爲河北沿邊安撫都監。上備禦數十策，遼刺人爲義軍，來歸者數萬。或請遣還，臨曰：「彼歸我而遣之，必爲亂，不如周而撫之。」詔從其請，自是來者益多。

劉庠。彭城人。神宗時，爲河北都轉運使。遼侵霸州土場，或言河北不可不備。庠上五策，料其必不動，已而果然。大河東流，議者欲徙而北。内侍程昉希功，請益兵濟役。庠請遲以歲月，徐觀其勢而順導之。朝廷是其議。

吕大忠。藍田人。元豐中，爲河北轉運判官。上言生財養民十二事。

沈括。錢塘人。神宗時，爲河北西路察訪使。先是，銀冶，轉運司置官收其利，又賦近畿户出馬備邊，括皆言其非便，如是者三十一事，詔皆可之。

韓贄。長山人。神宗時，爲河北都轉運使。河決商胡，贄言：「開魏金隄，使分注故道，支爲兩河，可紓水患。」詔遣使相視，如其策，才役三千人，幾月而畢。

滕元發。東陽人。神宗時，河北地大震，命元發爲安撫使。時城舍多圮，吏民懼壓，皆幄寢茇舍，元發獨處屋下，曰：「屋摧民死，吾當以身同之。」瘞死食饑，除田租，修隄障，察貪殘，督盜賊，北道遂安。

杜純。鄄城人。元祐初，除河北轉運判官。初更役書，司馬光稱其議論詳盡，予之書曰：「足下在彼，朝廷無河北憂。」

唐義問。江陵人。元祐中，爲河北轉運副使。屬邑尉因捕盜悞遺火，盜逸去，民家被焚，訟尉故縱火。郡守執尉，抑使服，義問辨出之，方旱而雨。

虞奕。錢塘人。崇寧中，提舉河北西路常平，洺、相饑，徙之東路。入對，徽宗問行期，對曰：「臣退即行，流民不以時還，則來歲耕桑皆廢矣。」既而西部盜起，復使奕提點刑獄。時朝廷將遣兵逐捕，奕條上方畧，請罷勿用，而自計討賊，不閲月可定。轉運使張摶以爲不可，宰相主摶策，數月不效，卒用奕議，悉降之。

任諒。汝陽人。徽宗時，爲河北轉運判官。著河北根本籍，凡户口升降，官吏增損，與一歲出納之數，披籍可見，上之朝。

張商英見其書，謂爲天下部使之最。

遼

室昉。南京人。保寧間，爲南京副留守，決獄平允，人皆便之。

耶律休哥。迭剌部人。統和初，總南面軍務，以便宜從事。均戍兵，立更休法，勸農桑，修武備。後宋人來侵，休哥再敗之於沙河。及南北和好，休哥以燕民疲弊，省賦役，恤孤寡，戒戍兵無犯宋境，雖牛馬逸於北者悉還之。遠近向化，邊鄙以安。

耶律仁先。迭剌部人。咸雍中爲南京留守，恤孤惸，禁姦慝，宋人聞風震服。議者以爲自耶律休哥之後，惟仁先一人而已。

金

梁肅。奉聖州人。大定初，除河北東路轉運副使。時初經寇亂，兵食不足，詔肅措置沿邊兵食。移牒肇州、北京、廣寧鹽場〔二〇〕，許民以米易鹽，兵民皆得其利。通檢東平、大名兩路户籍物力，稱其平允。

伊拉道。伊什部人。世宗以其清廉有幹局，自翰林直學士改同知中都路轉運使。是歲以廉升者，及治狀不善下遷者，廉察悉當。「伊拉道」舊作「伊剌道」「伊什」舊作「乙室」，今改正。

劉仲洙。宛平人。明昌初，除中都、西京路提刑副使。先是田瑴等以黨罪廢錮者三十餘家，仲洙知其寃，上書力辨，帝從之，乃復瑴官爵，黨禁遂解。

張大節。五臺人。章帝時，擢中都路轉運使，言河東賦重宜減，議者或不同，大節以他路田賦質之，遂命減焉。

裴莫亨。臨潢府人。承安中，爲中都、西京等路按察使。時世襲家豪奪民田，亨檢其實，悉還正之。「裴莫亨」舊作「裴滿亨」，今改正。

孟奎。遼陽人。泰和中，同知中都轉運使事。時旱，詔録中都路冤獄，多所平反。

任天寵。定陶人。貞祐初，爲中都路轉運使。時京師戒嚴，糧道艱阻，天寵悉力營辦，曲盡勞瘁，出家資以濟饑者，全活甚衆。

高霖。東平人。宣宗時爲中都留守，兼本路兵馬都總管。平章政事莫呢盡忠棄中都南奔，霖與子義傑率其徒追之，不及，謂義傑曰：「汝可求生，吾死於此矣。」霖死，義傑伏羣屍中以免。贈翰林學士承旨。「莫呢盡忠」舊作「抹然盡忠」，今改正。

元

鄂敦碩永。女真人。太祖時，以元帥領真定、保定、順德諸道農事，凡闢田二十餘萬頃。「鄂敦碩永」舊作「奥敦世英」，今改正。

賽音達齊扎斯丁。回人。憲宗時，爲燕京路總管，多惠政。「賽音達齊扎斯丁」舊作「賽典赤贍思丁」，今改正。

高天錫。遼陽人。授燕京諸路鄂魯總管，語丞相博洛、左丞張文謙曰：「農桑者，衣食之本，不務本，則民衣食不足，教化不可興。古之王政，莫先於此。」丞相以聞，帝爲立司農司。「鄂魯」舊作「奥魯」，「博洛」舊作「孛羅」，今改正。

張惠。新繁人。世祖即位，授燕京宣慰副使。爲政寬簡，奏免分數錢，罷硝碱局。

李德輝。通州人。中統元年，爲燕京宣撫使。燕多劇賊，造僞鈔，結死黨殺人。德輝捕誅之，令行禁止。

徐世隆。陳州人。中統元年，擢燕京等路宣撫使，以新民善俗爲務。中書省檄諸路養禁衛之羸馬，數以萬計，芻秣什器，前期戒備。世隆曰：「國馬牧於北方，往年無飼於南者。上新臨天下，京畿根本地，煩擾之事必不爲之，馬將不來。」吏白：「此軍需也，其責勿輕。」世隆曰：「責當我坐。」遂弗爲備，果不至。清滄鹽課，前政虧不及額，世隆綜核之，得增羨若干。

圖朗哈雅。威烏人。世祖時，僉燕南道肅政廉訪司事，務存大體，不事苛察。在任六年，黜汙吏百四十有奇。「圖朗哈雅」舊作「脱烈海牙」，「威烏」舊作「畏吾」，今改正。

達爾瑪。高昌人。至治二年，爲燕南道廉訪副使。行唐縣民斫桑道側，有人借斧削其杖，其人夜持杖刼民財，事覺，并逮斧主與盜同下獄。達爾瑪原其未嘗知情，即縱之。「達爾瑪」舊作「答里麻」，今改正。

張起巖。濟南人。順帝時，轉燕南廉訪使。搏擊豪强，不少容貸，貧民賴以吐氣。滹沱河水爲真定害，起巖論封河神爲侯爵，而移文責之，復修其隄防，瀹其湮鬱，水患遂息。

蘇天爵。真定人。至正五年，充京畿奉使宣撫，究民所疾苦，察吏之姦貪，其興除者七百八十有三事，其糾劾者九百四十有九人，都人有包、韓之譽。

成遵。南陽人。至正十一年出爲大都河間等處都轉鹽運使。初，汝、汴二郡多富商，運司賴之，是時汝寧盜起〔二二〕，侵汴境，朝廷調兵往討，括船運糧，以故舟楫不通，商販遂絶。遵隨事處宜，國課皆集。

崔敬。惠州人。至正十一年，遷同知大都路總管府事。直沽河淤數年，中書省委敬浚治之，給鈔數萬錠，募工萬人，不三月告成，咸服其能。

明

劉崧。泰和人。洪武中，爲北平按察副使，以廉慎爲先，輕刑省事，招集流亡，民咸復業。創立文天祥祠於學宫之側，勒石學門，榜示府縣，勿以徭役溷諸生。嘗請減僻地驛馬以益宛平。帝可其奏，顧謂侍臣曰：「驛傳勞逸不均久矣，崧能言之，牧民不當如是耶？」初之任，止攜一僕，後并遣還，官舍蕭然。吏退，明燈讀書而已。

張昺。澤州人。建文初，爲北平布政使，受密令伺察燕事。至則王稱疾久不出，謀甚祕，昺知必爲變，乃部署在城七衛及屯田軍士，列九門防守。會朝廷遣人逮燕府官校。燕王僞縛官校置庭中，將付使者。紿昺入，至端禮門，爲伏兵所執，不屈死。

楊繼宗。陽城人。成化中，以僉都御史巡撫順天。畿内多權貴莊田，有侵民業者，即奪還之。按行關塞，武備大飭。

屠勳。平湖人。弘治中，以右副都御史巡撫順天〔二二〕。整飭薊州邊備，分兵屯險，築城增戍，塞垣加固。以京邑役重民貧，奏減舊設庫夫、壇户、膳夫數千人。昌平奉諸陵供億浩穰，請免計丁養馬，民深德之。

洪鍾。錢塘人。弘治十一年，以右副都御史巡撫順天〔二三〕。整飭薊州邊備，建議增築塞垣。自山海抵居庸，延亘千餘里，繕復城堡凡二百七十所，悉城緣邊州縣，因奏減防秋兵六千人，歲省輓輸犒賚費數萬計。

徐問。武進人。正德時，爲長蘆鹽運使。運司故利藪，自好者咸不樂居。問曰：「官能汚人耶！吾請身試之。」終任不取一錢。

劉麟。南京廣洋衛人。嘉靖初，以右副都御史巡撫保定六府〔二四〕。中官耿忠守備紫荆多縱，麟劾奏之。后父陳萬言乞武清、東安二縣地〔二五〕，詔給七百五十頃，復争之。天津三衛屯田，舊止千餘頃，後增至五倍，田多斥鹵，不能輸課，麟請盡蠲除，軍民德之。

吴嶽。汶上人。嘉靖中，以僉都御史巡撫保定六府。畿輔徵發四出，嶽素知其凋敝，爲奏請裁減十六七，民力以寬。

楊博。蒲州人。嘉靖中，總督薊、遼、保定軍務。把都兒及打來孫十萬騎犯薊鎮，百道攻墻。博擐甲登陴，督總兵官周益昌等力禦卻之。論功進右都御史。後再莅鎮，畫地爲十區，令諸將監司分守，自居庸距山海，旌旗千里，礮聲相屬，諸酋震懼，終歲不能近塞。

譚綸。宜黄人。隆慶初，以兵部侍郎總督薊、遼、保定軍務。疏請設薊鎮、真定、大名、井陘及督撫標兵三萬爲三營，分駐密雲、遵化、三屯，而以戚繼光總理之。遂與繼光圖上方畧，築敵臺三千，自居庸東至山海，斥堠相望，邊備大飭。

戚繼光。登州人。隆慶初，爲總兵官，鎮守薊州、永平、山海諸處。初至，見將卒不足用，請兼用浙兵，建烽臺千二百座。乃立車營，制拒馬器，設輜重營，以南兵爲選鋒，衛兵主策應，本鎮兵專戍守。節制精嚴，軍容爲諸邊冠。自嘉靖庚戌，諳達犯京師，至隆慶丙寅，邊將易置者十人，卒不獲善去。繼光在鎮十六年，薊門晏然，居民得安耕牧。「諳達」舊作「俺答」，今改正。

李繼貞。太倉州人。崇禎十二年，以兵部右侍郎巡撫天津〔二六〕。時畿輔被兵，薊、遼軍餉，六月猶未開運，繼貞至，悉心籌畫，八月而運畢。城中無井，率取水城外，繼貞特穿水門，引流入之，軍民稱便。鋭意興屯，躬巡相視，白塘、葛沽數十里間，禾黍彌望。及罷歸，以所節省及俸金七千金貯之官庫，民留之不得，羣爲建祠。

徐標。濟寧人。崇禎十六年，擢右僉都御史〔二七〕，巡撫保定。陛見，請重邊防，擇守令，用車戰禦敵，招流民墾荒。帝深嘉之。李自成陷山西，警日逼，加標總督畿南、山東、河北軍務，仍兼巡撫，移駐真定以遏賊。賊遣使諭降，標毁檄，戮其使。中軍謝加福伺標登城畫守禦策，鼓衆殺之。

本朝

張存仁。奉天正黄旗人。順治七年，總督直隸、山東、河南三省，駐節大名。榆園賊擾畿南，發卒討平之。嘗奉詔考試屬員文藝，有不能者降調之，存仁曰：「我武臣不諳文事，且諸君不皆由科目授官，徒論一日長，恐沮能吏心。」乃并考其居官能否第之。時以爲識大體云。

甚衆。

李蔭祖。奉天正黄旗人。順治十一年，總督三省。初，畿北歲饑，民多流亡，至是來歸，强半道殣。蔭祖疏請安集，全活甚衆。

朱昌祚。奉天鑲白旗人。康熙四年，總督三省。遇事執法，無所偏徇。輔臣鼇拜，以鑲黄、正白二旗分地瘠薄，遣部臣會同督撫重易善地，他旗多不樂從，民地被圈者，咸泣訴失業，昌祚上疏極陳其弊。鼇拜怒，坐以撓法罪，立絞死，旗民哀之。八年追復原官，謚勤愍。

王登聯。奉天鑲紅旗人。康熙初，擢保定巡撫。時海宇初定，伏莽尚多，官吏艱於捕緝，共相容隱。登聯請嚴縱盗之法，重窩主之律，厚捕首之賞，由是盗賊漸息。以撥换旗地事擾民，密疏請令各安舊業，忤鼇拜意，與總督朱昌祚同論死。八年復原官，謚恪愍。

甘文焜。奉天正藍旗人。康熙初，爲順天府尹。以法繩下，貴幸家皆斂迹。崇文門税苛，露章奏之。遷直隸巡撫，禁暴卹民，緝姦除盗，知無不爲。單騎巡所部，以保定四部水災，奏免本年賦。

金世德。奉天正黄旗人。康熙八年，巡撫直隸。畿内自明以來，不置兩司，世德請設守道理錢穀，巡道理刑名，如外省藩臬之職。由是二者始有專司。以畿北諸郡旗、民雜處，易於容姦，請立屯長以治之。漳水、滹沱、桑乾諸流漲溢，淹没民田八萬餘畝，田主猶困徵輸，世德再疏請免。吴三桂叛，四方用兵，禁卒援勦，供億繁急，世德單騎行營中，躬料芻糗，軍無横索，吏無侵漁，市肆晏然。己未庚申，連歲旱饑，力請賑救，又截留漕米以濟，四十邑賴以全活。以疾卒於官。

熊伯龍。漢陽人。康熙初，督學畿輔，崇尚實學，鑑别精審。

丁思孔。奉天鑲黄旗人。康熙八年，爲直隸守道，出納平允，吏胥不能爲姦。大兵南征，供億填委，思孔措辦有方，毫不擾民。

于成龍。永寧州人。康熙十九年，巡撫直隸，奏免宣化水衝田糧，禁屬員告訐上官，賑卹饑民，核定驛站兵餉，清保甲，嚴偵緝，四境無盜賊之患。良法善政，多爲後來遵守。

魏象樞。蔚州人。康熙二十一年，以刑部尚書巡察直隸，所至咨訪民瘼，糾貪吏，鋤姦惡，畿内肅然。

于成龍。奉天鑲紅旗人。康熙二十五年，巡撫直隸，政嚴明，貴近有犯，必繩以法，事有不便於民者，悉除之。任縣水荒，地數千頃，產去尚徵其糧，至是奏請豁免。遷河道總督去。三十七年，復以總督管直隸巡撫事。民聞其來，無不歡躍。尋又遷河道總督去。成龍所至有聲，與前永寧于成龍並著，人稱大、小于公以別之。

郭世隆。奉天鑲紅旗人。康熙二十九年，擢直隸巡撫。大兵將征噶爾丹，部檄預備軍需，刻期止四日。世隆以便宜發帑五十萬，用飛車裝載，三日即達宣府，不以擾民。京城巡捕三營，向供各衙門驅使，世隆陳其弊，始隸九門提督。歲饑即發穀平糶。渾河隄壞，水漸北徙，霸州上下時受其害，詔令修築。世隆言舊隄地勢北高南下，修隄則北水愈泛，不若濬永清東北舊河，使順流歸海。霸州等處被淹，宜修子牙河隄至五官淀之東隄以禦之。皆見施行。贊皇縣西有大峪，名子午套，爲盜藪五十餘年，世隆招其渠魁二人，使自效，餘皆釋歸農。

李光地。安溪人。康熙中，督學畿輔，以經術造士，文體一軌於正。三十七年，巡撫直隸，正身率下，獎進賢能。畿内桑乾、滹沱、滱、易諸水悉會直沽達海，下流填淤，多潰決爲民害。光地次第經理，引渾河別從柳岔口出，築子牙河隄，使滹沱不得横溢，棄土盡爲沃壤。馬廠經界與民地相錯，詔遣八旗都統會勘。光地以方田少廣法籌之，一夕而定，疏請以其地與民耕種，田賦以清。

邵嗣堯。猗氏人。康熙三十年，爲直隸守道。清介絶俗，僚吏憚之。

李成龍。奉天正藍旗人。由涿州知州洊升直隸巡道。勤於吏事，案無留牘。鳩工治河，勻派里甲，民無怨而事集。乾隆七年，入祀名宦祠。

那蘇圖。滿洲鑲黄旗人。乾隆十年，任直隸總督。居官清勤，嚴察吏治，卒謚恪勤，入祀賢良祠。

方觀承。桐城人。由中書歷吏部郎中，出爲直隸清河道，擢布政司，洊歷總督，兼管河務。在任二十年，整飭吏治，設留養局，建立義倉，政務畢舉；籌辦河工，深得機要。乾隆三十三年卒，謚恪敏，入祀賢良祠。

鄭大進。揭陽人。乾隆初進士。由直隸肥鄉縣洊升巡撫。四十六年，授直隸總督。命赴永定河查勘，以六工以下，水勢靡常，請遷移居民以清河流，禁築壖修房，以杜佔居之弊。又奏保定九龍河年久積淤，請建石閘，并疏濬各州縣淺阻處，均如所請。蒙恩賞戴花翎及黄馬褂，加太子少傅。四十七年卒，賜祭葬，謚勤恪。

袁守侗。長山人。由刑部尚書，乾隆四十六年總督直隸。持己廉潔，整飭吏治，畿甸肅清。四十八年卒，謚清慤，入祀賢良祠。

校勘記

〔一〕分燕地北爲幽州　「燕地北」，乾隆志卷三直隸統部建置沿革（以下同卷簡稱乾隆志）同。太平御覽卷一六二州郡部八引晉地道記作「燕北地」，當是。

〔二〕置上谷漁陽右北平遼西邯鄲鉅鹿東郡等郡　乾隆志同。按，秦於清直隸境内除設此七郡外，並設廣陽、代二郡，詳見本志卷六順天府一、卷三八宣化府一建置沿革校勘記。

〔三〕開皇十六年改置檀州　「十六年」，乾隆志同。隋書卷三〇地理志中：安樂郡，「開皇十六年玄州徙，尋置檀州」。則檀州置於開皇十六年之後。太平寰宇記卷七一河北道二〇：檀州，「開皇十八年又割幽州燕樂、密雲二縣于舊玄州置檀州，取漢白檀縣爲名」。此「十六年」蓋爲「十八年」之誤。

〔四〕更置齊滄節度使　乾隆志同。新唐書卷六六方鎮表三：大和三年，「罷横海節度，更置齊德節度使，治德州，尋廢，復置，更號齊滄德節度使。五年，齊德滄節度使賜號義昌軍節度」。此「齊滄節度使」蓋脱「德」。

〔五〕西路治真定府　「真」，原作「正」，乾隆志同。宋會要方域五之三〇、元豐九域志卷二、輿地廣記卷一一、宋史卷八六地理志二皆作「真」。本書卷二七正定府建置沿革：「宋曰真定府，元曰真定路，明復曰真定府，本朝初因之，雍正元年改名正定府」。則應作「真」爲是。按，此避雍正諱改字。

〔六〕其德興府宣德蔚弘武等州　乾隆志同。金史卷二四地理志上載：西京路武州治寧遠縣。據中國歷史地圖集第六册，其治所在今山西五寨縣北，即在清山西五寨縣北，不屬清直隸，此衍「武州」。

〔七〕七年升河間府之滄州爲直隸州　「七年」，原脱，據乾隆志、本志卷二四天津府一建置沿革一補。

〔八〕漳水東北至阜城入大河　「阜城」，原作「阜成」。尚書禹貢孔穎達疏、史記卷二夏本紀索隱引漢書地理志並作「阜城」，阜城，漢勃海郡屬縣也，此「成」爲「城」字之誤，據改。

〔九〕防卯正汛　乾隆口北三廳志卷四職官：「獨石口同知所屬分汛千總，統轄東卯鎮外委把總一員。」又載：「東卯鎮汛外委把總署，在黑河喜峰砦東南。」清史稿卷五四地理志一載獨石口廳有丁莊灣、東卯鎮。此「卯正」疑爲「東卯」之誤。

〔一〇〕肥鄉　「鄉」，原作「縣」。肥鄉，廣平府屬縣也，據乾隆志卷二一廣平府一、本志卷三一廣平府一建置沿革及清史稿卷五四地理志一改。

〔一一〕清泉堡　「清」，原作「青」。乾隆志卷二五宣化府二關隘：「清泉堡，在赤城縣東北，獨石城邊外。山下有清泉涌出，遶堡東，因名。」本志卷四〇宣化府三關隘同，據改。

〔一二〕永初中　乾隆志卷三名宦（以下同卷簡稱乾隆志）同。後漢書卷三二樊準列傳：「永初之初，連年水旱災異。」資治通鑑卷四九漢紀四一記其事於永初二年正月，此「中」爲「初」字之誤。

〔一三〕武威人　「威」，原作「城」，乾隆志同，據北史卷七三、隋書卷三九陰壽傳改。

〔一四〕平陸人　乾隆志及新唐書卷九五竇威傳同(抗爲威從兄子)。北史卷四九竇熾傳、隋書卷三九竇榮定傳皆載「平陵人」。
〔一五〕盧琰　「琰」，原作「炎」，乃避嘉慶諱改，據乾隆志及宋史卷三〇七盧琰傳改回。
〔一六〕又移五萬斛濟京師　「京師」，乾隆志同。宋史卷二九九李仕衡傳作「京西」，此「師」蓋爲「西」字之誤。
〔一七〕凡十餘事　「凡」，原作「九」，乾隆志同，據宋史卷三〇三田京傳改。
〔十八〕命絳宣撫河北　「宣撫」，乾隆志同。宋會要職官四一之九一：仁宗嘉祐元年六月，「以知制誥韓絳爲河北體量安撫使」。東都事略卷五八韓絳傳亦作「以絳安撫河北」。此「宣撫」蓋爲「安撫」之誤。
〔一九〕議者欲調京東民二十萬　「二十」，乾隆志同。宋史卷三三一張問傳作「三十」。
〔二〇〕廣寧鹽場　「寧」，原作「安」，據乾隆志及金史卷八九梁肅傳改。按，此避道光帝諱改字。
〔二一〕是時汝寧盜起　「汝寧」，原作「汝」，據乾隆志及元史卷一八六成遵傳補。
〔二二〕以右副都御史巡撫順天　「右」，原脱，據乾隆志補。
〔二三〕以右副都御史巡撫順天　「右」，原脱，據乾隆志及明史卷一八七洪鍾傳改。
〔二四〕以右副都御史巡撫保定六府　「副」，原脱，乾隆志同，據明史稿列傳七三劉麟傳補。
〔二五〕后父陳萬言乞武清東安二縣地　「言」，原作「年」，據乾隆志及明史稿劉麟傳改。
〔二六〕以兵部右侍郎巡撫天津　「右」，原脱，據乾隆志及明史卷二四八李繼貞傳補。
〔二七〕擢右僉都御史　「右」，原脱，據乾隆志及明史卷二六六徐標傳補。

順天府圖

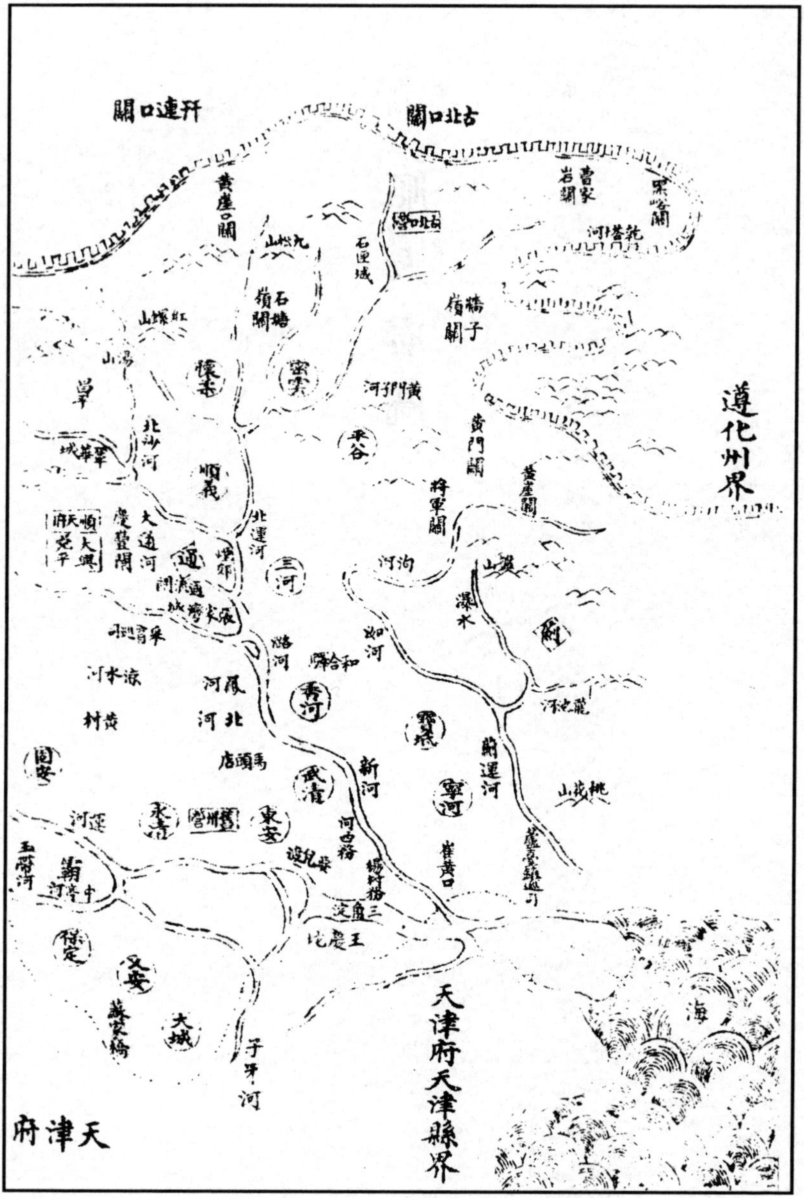
古北口關
遵化州界
天津府天津縣界
天津府
密雲
懷柔
順義
平谷
三河
通州
香河
寶坻
武清
寧河
東安
永清
霸州
保定
文安
大城
固安
黃門關
將軍關
北運河
新河
子牙河
蘇家橋
海

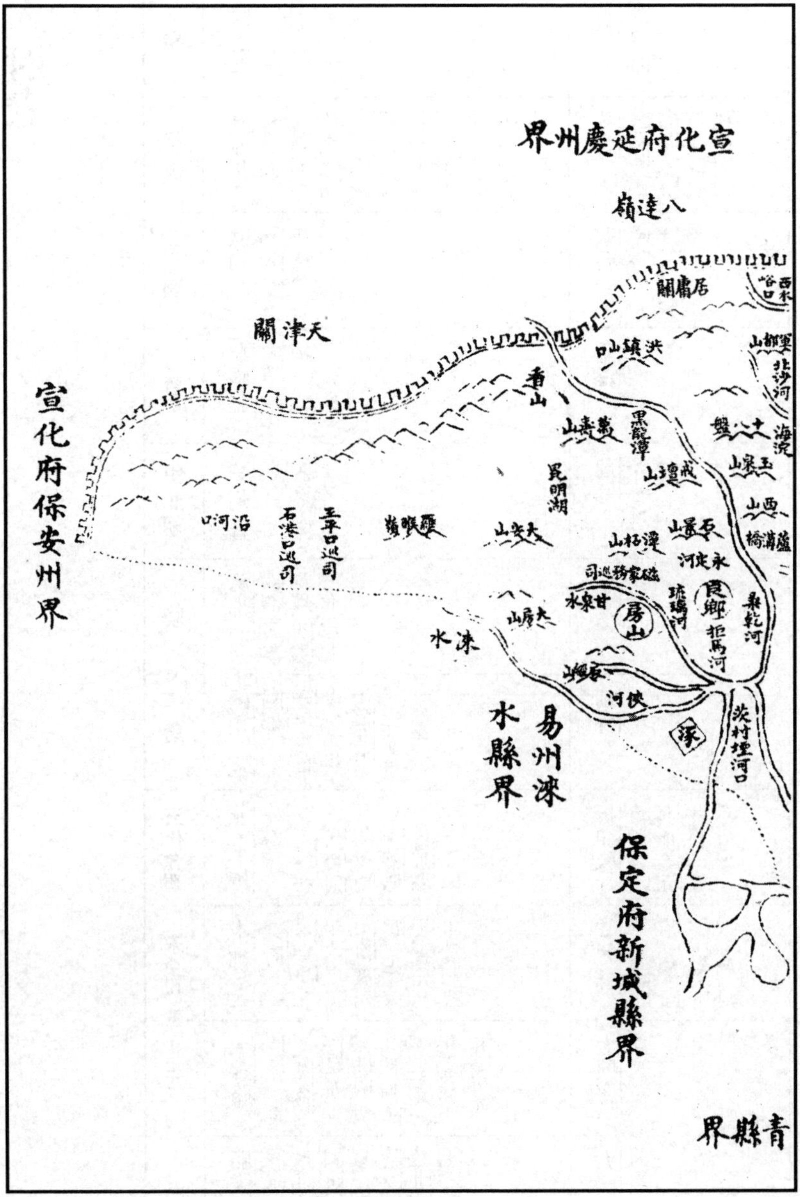
宣化府延慶州界
八達嶺
居庸關
天津關
宣化府保安州界
香山
萬壽山
黑龍潭
昆明湖
十八盤
海淀
玉泉山
西山
盧溝橋
戒壇山
石景山
永定河
潭柘山
大安山
沿河口
石港口巡司
王平口巡司
磁家務巡司
甘泉水
良鄉
房山
琉璃河
拒馬河
桑乾河
大房山
淶水
挾河
涿
易州淶水縣界
保定府新城縣界
青縣界

順天府表

	順天府	大興縣
秦	上谷郡地。	薊縣屬上谷郡。
兩漢	廣陽郡初爲燕國，元鳳元年改郡，本始元年改廣陽國。後漢建武十三年併入上谷郡，永元八年復置。	薊縣廣陽國治。後漢永元八年改爲郡治。
三國	燕國魏太和六年改國。	薊縣燕國治。
晉	燕國太興二年陷。	薊縣
南北朝	幽州燕郡後魏改郡。	薊縣州、郡治。
隋	涿郡開皇三年郡廢，大業三年改州爲郡。	薊縣郡治。
唐	幽州范陽郡武德三年復置州。屬河北道。天寶元年改郡名。	薊縣州治。
五代遼附	燕京析津府晉天福初入遼，會同元年改南京幽都府，置南京道。開泰元年又改名。	析津縣遼初曰薊北，開泰元年改名，爲京府治。
宋金附	中都大興府宋宣和五年改曰燕山府廣陽郡，七年入金，貞元元年遷都改名。	大興縣宋爲燕山府治。金貞元二年改名，府治。
元	大都路太祖十年置燕京路。至元元年建中都，九年改曰大都，二十一年置路，爲中書省治。	大興縣路治。
明	順天府洪武元年改北平府，爲北平布政司治。永樂元年建北京，改名。	大興縣府治。

續表

宛平縣	良鄉縣	固安縣
薊縣地。 陰鄉縣 屬廣陽國。後漢省。	廣陽縣 屬廣陽國。	方城縣 屬廣陽國。後漢屬涿郡。
	廣陽縣	方城縣
	廣陽縣 屬范陽國。	方城縣 屬范陽國。
	廣陽縣 後魏屬燕郡。齊省入薊縣。	方城縣 後魏屬范陽郡。齊省。
		固安縣 開皇六年置，屬涿郡。
幽都縣 建中二年析置。 廣平縣 天寶元年析置，屬幽州，尋省。至德後復置，後又省。	良鄉縣地。	固安縣 武德五年屬北義州。貞觀元年屬幽州，大曆四年改屬涿州。
宛平縣 遼開泰元年改名，爲析津府治。 玉河縣 五代置，屬幽州。	良鄉縣 後唐移來治，屬幽州。遼屬析津府。	固安縣
宛平縣 宋爲燕山府治。金爲大興府治。 金省。	良鄉縣 宋屬燕山府。金屬大興府。	固安縣 宋宣和四年屬涿郡。金屬涿州。
宛平縣 路治。	良鄉縣 屬大都路。	固安州 憲宗九年改屬大興府，中統四年升州，屬大都路。
宛平縣 府治。	良鄉縣 屬順天府。	固安縣 洪武元年降縣，屬順天府。

	永清縣
陽鄉侯國，屬涿郡。後漢省。臨鄉侯國，屬涿郡。後漢省。	益昌縣地。
長鄉縣初置，屬范陽國。	安次、方城二縣地。
萇鄉縣後魏改「長」爲「萇」。齊省。	
	通澤縣大業七年置，後省。
	永清縣如意元年置武隆縣，屬幽州，景雲元年改曰會昌，天寶初又改。
	霸州永清縣晉天福初入遼，屬析津府。後周收復，置霸州。
	永清縣宋屬燕山府。金屬大興府。
	永清縣屬大都路。
	永清縣屬順天府。

續表

東安縣	香河縣	通州
安次縣 屬勃海郡。後漢屬廣陽郡。		路縣 屬漁陽郡。後漢改「路」爲「潞」。
安次縣		潞縣
安次縣 屬燕國。		潞縣 屬燕國。
安城縣 後魏改名，屬燕郡。		漁陽郡 後魏移置。 潞縣 後魏仍屬漁陽郡，後爲郡治。 後魏太平真君七年省入潞縣。
安次縣 復故名，屬涿郡。		開皇初廢。 潞縣 屬涿郡。
安次縣 屬幽州。	武清縣地。	武德二年置玄州，貞觀初廢。 潞縣 初爲玄州治，後屬幽州。
安次縣 遼屬析津府。	香河縣 遼置，屬析津府。	潞縣 遼屬析津府。
安次縣 宋屬燕山府。金屬大興府。	香河縣 宋宣和四年改清化。金復故，屬大興府。	通州 金天德三年置州，屬大興府。 潞縣 宋屬燕山府。
東安州 太宗七年屬霸州，中統四年升州，屬大都路。	香河縣 至元十三年分屬漷州。	通州 屬大都路。 潞縣 州治。
東安縣 洪武元年降縣，屬順天府。	香河縣 屬順天府。	通州 屬順天府。 洪武初省入州。

續表

	三河縣	武清縣
安樂縣屬漁陽郡。	路縣地。	雍奴縣屬漁陽郡。
安樂縣。		雍奴縣
安樂縣屬燕國。		雍奴縣改屬燕國。
		雍奴縣後魏初爲漁陽郡治。
		雍奴縣屬涿郡。
	三河縣武德二年置臨河縣，屬玄州，貞觀初省。開元四年復置改名，屬幽州，十八年改屬薊州。	武清縣天寶初改名，屬幽州。
漷陰縣遼太平中置，屬析津府。	三河縣初省，唐長興三年復置，移今治。屬薊州。	武清縣遼屬析津府。
漷陰縣屬大興府。	三河縣宋宣和中屬燕山府。金屬通州。	武清縣宋宣和中屬燕山府。金屬大興府。
漷州至元十三年升州，屬大都路。	三河縣	武清縣屬漷州。
漷縣洪武五年降縣，屬順天府。	三河縣	武清縣洪武初移今治。屬通州。

續表

	寶坻縣	寧河縣	昌平州
泉州縣屬漁陽郡。	泉州、雍奴二縣地。	雍奴縣地。	軍都縣屬上谷郡。後漢屬廣陽郡。
泉州縣			軍都縣
泉州縣改屬燕國。			軍都縣屬燕國。
後魏太平真君七年省入雍奴。			東燕州平昌郡後魏天平中置。周俱廢，尋復置郡。昌平縣後魏天平中改置，爲州、郡治。後魏省入軍都。
			開皇初郡廢。昌平縣屬涿郡。
	武清縣地。	玉田、武清二縣地。	昌平縣屬幽州。
	遼香河縣地。		昌平縣後唐移治。晉初入遼，屬析津府。
	寶坻縣金大定十二年置。承安三年升爲盈州，尋復爲縣，屬大興府。	金寶坻縣地。	昌平縣宋宣和中屬燕山府。金屬大興府。
	寶坻縣屬大都路。		昌平縣屬大都路。
	寶坻縣屬通州。	永樂初置梁城千户所。	昌平州屬順天府。景泰初移今治。正德元年升州。

順義縣	
狐奴縣 屬漁陽郡。	昌平縣 屬上谷郡。後漢屬廣陽郡。
魏景初二年省。	昌平縣
狐奴縣 復置，屬燕國。	昌平縣 屬燕國。
後魏省。	廣武縣 後魏武定元年僑置，屬東燕州。齊省。 萬年縣 後魏置，屬昌平郡。
	開皇初省。
順州 開元二十五年移置燕州。天寶初改歸德郡，乾元初復曰燕州。建中二年省，後復置，改名，屬河北道。	
順州 晉天福初入遼，屬南京道。	
順州 宋宣和四年賜名順興郡。金仍曰順州，屬大興府。	
順州 屬大都路。	
順義縣 洪武初廢州改置，屬順天府。正德初屬昌平州。	

續表

密雲縣				
漁陽郡				
漁陽郡	漁陽縣 郡治。	獷平縣 屬漁陽郡。		
魏廢。	魏省。	獷平縣		
	漁陽縣 復置，屬漁陽郡。	省。		
	漁陽縣 齊省。		密雲郡 後魏皇始二年置，治提攜城。屬安州。齊廢。周改置玄州。	密雲縣 後魏皇始二年分置，屬密雲郡。
			安樂郡 開皇十六年州徙廢，大業初改郡。	密雲縣 屬安樂郡。
			檀州 武德元年置，屬河北道。	密雲縣 州治。
			檀州 晉天福初入遼，屬南京道。	密雲縣
			宋宣和四年改名橫山郡，七年入金，廢。	密雲縣 屬順州。
			檀州 復置，屬大都路。	省入州。
			洪武初省。	密雲縣 洪武初復置，屬順天府。正德初屬昌平州。

	懷柔縣
厗奚縣屬漁陽郡。後漢曰傂奚。	漁陽縣地。
傂奚縣	
省。	
要陽縣後魏僑置，屬密雲郡。齊省。 白檀縣後魏改置，爲郡治。齊省，移燕樂縣來治。 安樂郡延和元年置交州。太平真君二年罷州，置郡。	
燕樂縣郡治。 開皇初廢。	
燕樂縣屬檀州，長壽二年徙治新興城。	歸順州貞觀二十二年置彈汗州，開元四年改名。
省。 行唐縣遼置。	遼廢。
金省。	

續表

續表

	涿州		
	上谷郡地。		
	涿郡 高帝置。屬幽州。	涿縣	西鄉侯國 屬涿郡。後漢省。
	范陽郡 魏黃初中改名。	涿縣	
	范陽國 改國。	涿縣	
	范陽郡 後魏復郡。	涿縣	
	開皇初郡廢。	涿縣 屬涿郡。	
懷柔縣 初置，州治。	涿州 大曆四年析置，屬河北道。	范陽縣 武德七年改名，大曆四年爲州治。	
懷柔縣 屬順州。	涿州 晉天福初入遼，屬南京道。	范陽縣	
温陽縣 金明昌六年改名。	涿州 宋宣和四年賜名涿水郡。金屬中都路。	范陽縣	
省。	涿州 太宗八年升涿州路。中統四年復爲州，屬大都路。	范陽縣	
懷柔縣 洪武十三年復置，屬順天府。正德元年屬昌平州。	涿州 屬順天府。	洪武初省入州。	

續表

房山縣	霸州
良鄉縣屬涿郡。	益昌縣屬涿郡。後漢省。
良鄉縣屬范陽郡。	
良鄉縣屬范陽國。	
良鄉縣後魏改屬燕郡。齊省入薊縣，尋復置。	
良鄉縣屬涿郡。	
良鄉縣屬幽州。聖曆元年改名固節，神龍初復故。	永清縣地。
後唐徙廢。	霸州晉天福初入遼。周顯德六年收復置。 永清縣周置，州治。
奉先縣金大定二十九年改置萬寧縣。明昌二年改名，屬涿州。	霸州宋屬河北東路，政和三年賜名永清郡。金屬中都路。 益津縣宋景祐元年省入文安。金大定二十九年改置爲州治。
房山縣至元二十七年改名。	霸州 益津縣中統四年省入州，至元二年復置。
房山縣	霸州 洪武初省入州。

	文安縣
	文安縣屬勃海郡。後漢屬河間國。
	文安縣
	文安縣屬章武國。
	文安縣後魏屬章武郡。
	文安縣屬河間郡。 豐利縣大業七年置，屬河間郡。
	文安縣初屬瀛州，貞觀初移今治。景雲二年改屬莫州。 貞觀初省。
	文安縣周顯德六年割屬霸州。
信安軍宋太平興國六年置破虜軍，景德二年改名。金大定七年降縣，屬霸州。元光初升爲鎮安府。	文安縣宋景祐元年移入州郭，皇祐初復故，仍屬霸州。
廢。	文安縣
	文安縣

續表

大城縣	保定縣
東平舒縣 屬勃海郡。後漢屬河間國。	易縣地。
東平舒縣	
章武國 泰始元年置。 東平舒縣 國治。	
章武郡 平舒縣 後魏去「東」字，郡治。 西章武縣 後魏正光中分置，屬章武郡。齊省。	
開皇初郡廢。 平舒縣 屬河間郡。	
平舒縣 武德四年屬景州，貞觀元年屬瀛州。	歸義縣地。
大城縣 晉天福初入遼。周顯德六年改名，屬霸州。	
大城縣	保定縣 宋太平興國六年置平戎軍，景德元年改保定軍，屬河北東路。宣和七年改縣，屬莫州，尋復改。金復爲縣，屬雄州。
大城縣	保定縣 至元二年省入益津，四年復置，屬霸州。
大城縣	保定縣 洪武七年省入霸州，十三年復置。

續表

薊州		平谷縣
	無終縣屬右北平郡。	
	無終縣	平谷縣屬漁陽郡。
	無終縣	平谷縣
	無終縣屬北平郡。	平谷縣初省，後復置。
	無終縣後魏改屬漁陽郡。	後魏太平真君七年併入潞縣，後省入漁陽。
漁陽郡開皇十六年移置玄州，大業初改爲郡。	無終縣州、郡治。大業末改名漁陽。	
薊州武德初郡廢，開元十八年置州，屬河北道。	漁陽縣州治。	漁陽縣地。
薊州會天福初入遼。	漁陽縣	
薊州宋宣和四年改名廣川郡。金復改屬中都路。	漁陽縣	平谷縣金大定二十七年復置，屬薊州。
薊州	漁陽縣	平谷縣至元二年省入漁陽，十三年復置。
薊州	洪武初省入州。	平谷縣

大清一統志卷六

順天府一

東西距四百七十六里，南北距四百八十八里。東至遵化州界二百四十六里，西至宣化府保安州界二百三十里，南至天津府青縣界三百一十三里，北至邊牆一百七十五里。東南至天津府天津縣界二百里，西南至保定府新城縣界一百七十里，東北至遵化州馬蘭峪邊牆三百四十里，西北至宣化府延慶州界一百三十里。

分野

天文尾、箕、析木之次。春秋元命苞：「尾、箕散爲幽州，分爲燕國。」晉書天文志班固言「自尾十度至南斗十一度爲析木，于辰在寅，燕之分野，屬幽州」。費直周易分野：「析木起尾九度。」蔡邕月令章句：「析木起尾四度。」魏太史令陳卓云：「上谷入尾一度，漁陽入尾三度，涿郡入尾十六度，廣陽入箕九度。」

建置沿革

禹貢冀州之域。周爲幽州之域。春秋戰國時爲燕國。秦爲上谷郡地〔一〕。漢初復爲燕國。史記：「二世元年九月，韓廣爲趙畧地至薊，自立爲燕王。漢元年，項羽立臧荼爲燕王，都薊，五年更立盧綰爲燕王。十二年又立子建爲王。文帝元年徙琅邪王澤爲燕王。元朔二年，國除。」〔二〕漢書：「元狩六年封子旦爲燕王。元鳳元年，國除爲郡。至本始初，復以旦子建爲廣陽王。」元鳳元年改爲廣陽郡。本始元年又改廣陽國，屬幽州。後漢建武十三年省入上谷郡。永元八年復置廣陽郡。按此見和帝紀，郡國志劉昭補注作永平八年，蓋訛「元」爲「平」也。爲幽州刺史治。三國魏太和六年復爲燕國。晉初因之。時幽州治范陽。建興後，没於石勒。永和六年，前燕慕容儁嘗都此。儁七年徙都鄴。其後，前秦苻堅、後燕慕容垂相繼有其地。樂史太平寰宇記：「石勒於薊置幽州燕郡，歷慕容儁、苻堅、慕容垂，州郡之名如故。」後魏爲幽州燕郡。北齊置東北道行臺。後周建德六年置幽州總管府。

隋開皇三年郡廢，大業初府廢，三年改幽州爲涿郡。按：漢涿郡，晉魏范陽郡，皆治今涿州。隋、唐時始移其名於薊。唐武德三年復曰幽州，置總管府。按：隋大業中，羅藝自稱幽州總管。至武德二年歸唐，舊唐志、寰宇記皆云武德元年改，仍羅氏之舊也。六年改大總管府，七年改大都督府。貞觀初屬河北道，開元二年置幽州節度使，天寶元年改幽州爲范陽郡，幽州節度使爲范陽節度使。乾元元年復改郡曰幽州。寶應元年改范陽節度使爲幽州節度使，後又兼盧龍節度使。乾寧中爲劉仁恭所據，及子守光僭號稱燕，梁乾化三年入晉。五代後唐仍置幽州及盧龍節度使。石晉天福初割入遼。

遼會同元年改南京幽都府，置南京道。開泰元年改燕京析津府。保大二年入金。金天輔七年入宋。宋宣和五年改爲燕山府廣陽郡，置永清軍節度，七年復入金。天會三年仍爲燕京析津府，七年屬河北東路。貞元元年改燕京爲中都，府曰大興〔三〕，自會寧遷都於此。元太祖十年置燕京路，總管大興府。至元元年改建中都，四年徙都之，九年改曰大都，二十一年置大都路總管府，爲中書省治。明洪武元年改曰北平府，隸山東行中書省，二年置北平行中書省，九年爲北平承宣布政使司治。永樂元年建爲北京，改北平府爲順天府，十九年始稱京師。
本朝初因之，領州六，縣二十二。順治十六年省漷縣入通州；乾隆八年升遵化州爲直隸州，以玉田、豐潤二縣改屬。今領州五、縣十九，統於順天府尹，亦兼屬直隸總督。

大興縣。附郭，治府東偏。東西距二十四里，南北距一百七里。東至通州界二十一里，西至宛平縣界三里，南至東安縣界七十二里，北至昌平州界三十五里。東南至通州界四十五里，西南至固安縣界一百十里，東北至順義縣界六十里〔四〕，西北至宛平縣界六十里。本周初薊國。春秋時爲燕國都。秦置薊縣，屬上谷郡〔五〕。漢初爲燕國都，元鳳中爲廣陽郡治〔六〕。本始後爲廣陽國治。後漢初屬上谷郡，永元八年復爲廣陽郡治。三國魏爲燕國治。晉因之。後魏爲幽州燕郡治。齊、周因之。隋爲涿郡治。唐爲幽州治。遼初改曰薊北縣，開泰元年又改曰析津縣，爲燕京析津府治。宋宣和中爲燕山府治。金貞元二年始改曰大興，爲中都大興府治。元爲大都路治。明洪武初爲北平府治，永樂中爲順天府治〔七〕。本朝因之。

宛平縣。附郭。治府西偏。東西距一百九十三里，南北距一百十里。東至大興縣界三里，西至良鄉縣界一百九十里，南至固安縣界九十里，北至昌平州界二十里。東南至東安縣治一百二十里，西南至良鄉縣治七十里，東北至順義縣治六十里，西北至昌平州治七十五里。本漢薊縣地，唐建中二年析置幽都縣，與薊縣並治幽州郭下。遼開泰元年改曰宛平，爲析津府治。宋宣和中爲燕山府治。金爲大興府治。元爲大都路治。明爲順天府治。本朝因之。

良鄉縣。在府西南七十里。東西距三十二里，南北距六十里。東至宛平縣界二十里，西至房山縣界十二里，南至涿州界四十五里，北至房山縣界十五里。東南至固安縣治七十里，西南至涿州治七十里，東北至宛平縣治七十里，西北至房山縣界二十里。漢置廣陽縣，屬廣陽國。後漢屬郡。晉屬范陽國。後魏屬燕郡。北齊省入薊縣。唐爲良鄉縣地。五代唐長興三年始移良鄉於閻溝，屬幽州。遼屬析津府。宋宣和中屬燕山府。金屬大興府。元屬大都路。明屬順天府。本朝因之。

固安縣。在府南一百二十里。東西距五十五里，南北距一百十里。東至永清縣界二十五里，西至涿州界三十里，南至保定府雄縣界九十二里，北至宛平縣界十八里。東南至霸州界五十五里，西南至保定府新城縣界七十里。東北至宛平縣治一百十里，西北至良鄉縣治七十里。漢置方城縣，屬廣陽國。後漢屬涿郡。晉屬范陽國。後魏屬范陽郡。齊省。隋開皇九年移置固安縣，屬幽州，大業初屬涿郡。唐武德五年屬北義州，貞觀元年屬幽州，大曆四年改屬涿州。五代、遼因之。宋宣和四年屬涿郡。金屬涿州。元憲宗九年改屬霸州，又改屬大興府，中統四年升爲州，屬大都路。明洪武元年復降州爲縣，屬順天府。本朝因之。

永清縣。在府南一百四十里。東西距五十里，南北距五十七里。東至東安縣界三十里，西至固安縣界二十里，南至霸州界三十里，北至東安縣界二十七里。東南至大城縣治一百里，西南至霸州界五十里，東北至東安縣治四十里，西北至良鄉縣治一百一十里。本漢益昌縣地，晉以後爲安次、方城二縣地。唐如意元年分安次置武隆縣，屬幽州，景雲元年改曰會昌，天寶初又改曰永清。遼屬析津府。周霸州治。宋屬燕山府。金屬大興府。元屬大都路。明屬順天府。本朝因之。

東安縣。在府東南一百四十里。東西距三十里〔八〕，南北距百五十里。東至武清縣界十八里〔九〕，西至永清縣界十二里，南至天津府靜海縣界六十里，北至大興縣界九十里。東南至天津縣海口一百十里〔一〇〕，西南至霸州治一百里，東北至通州治一百里，西北至固安縣治八十里。漢置安次縣，屬勃海郡。後漢屬廣陽郡。晉屬燕國。後魏曰安城縣〔一一〕，屬燕郡。隋復曰安次縣〔一二〕，屬涿郡。唐屬幽州。遼屬析津府。宋宣和中屬燕山府。金屬大興府。元太宗七年改屬霸州，中統四年升爲東安州，屬大都路。明洪武元年降爲東安縣，屬順天府。本朝因之。

香河縣。在府東南一百二十里。東西距四十五里，南北距五十五里。東至寶坻縣界三十里，西至通州界十五里，南至武清縣界二十五里，北至三河縣界三十里。東南至武清縣界七十里，西南至武清縣治六十里，東北至薊州界九十里，西北至通州治七十里。唐武清縣地，遼析置香河縣，屬析津府。宋宣和四年改曰清化。金仍曰香河，屬大興府。元至元十三年分屬漷州。明洪武十年省入漷縣，十三年復置，屬順天府。本朝因之。

通州。在府東四十里。東西距四十六里，南北距八十里。東至三河縣界二十五里，西至大興縣界二十一里，南至武清縣界六十里，北至順義縣界二十里。東南至香河縣界五十里，西南至永清縣界四十五里，東北至平谷縣界五十里，西北至昌平州界三十五里。漢置路縣，屬漁陽郡。後漢曰潞〔一三〕。晉屬燕國。後魏仍屬漁陽郡。齊爲郡治〔一四〕。隋開皇初郡廢，屬涿郡。唐武德二年於縣置玄州，貞觀元年州廢，仍屬幽州。遼屬析津府。宋宣和中屬燕山府。金天德三年於縣置通州，屬大興府〔一五〕。元屬大都路。明洪武初省潞縣入州，屬順天府。本朝因之，順治十六年省漷縣入州。

三河縣。在府東一百十里。東西距七十里，南北距九十里。東至薊州界二十里，西至通州界五十里，南至香河縣界三十五里，北至密雲縣界五十五里。東南至寶坻縣治九十里，西南至通州界七十里，東北至平谷縣界十五里，西北至順義縣治九十里。漢路縣地，唐武德二年析置臨泃縣，屬玄州；貞觀初廢，開元四年改置三河縣，屬幽州，十八年改屬薊州。五代初廢，後唐長興三年復置。遼屬薊州。宋宣和中屬廣川郡。金改屬通州。元、明因之。本朝屬順天府。

武清縣。在府東南一百二十里。東西距八十里，南北距一百八十五里。東至寶坻縣界五十五里，西至東安縣界二十五里，南至天津府静海縣界一百五十里，北至通州界三十五里。東南至天津府天津縣治一百二十里，西南至東安縣治三十五里，東北至香河縣治六十里，西北至通州治九十里。漢置雍奴、泉州二縣，屬漁陽郡。後漢因之。晉改屬燕國。後魏太平真君七年省泉州入雍奴，爲漁陽郡治。隋屬涿郡。唐屬幽州，天寶初改曰武清。遼屬析津府。宋宣和中屬燕山府。金屬大興府。元屬漷州。明初改屬通州。本朝屬順天府。

寶坻縣。在府東少南一百八十里。東西距九十里，南北距一百三十里。東至遵化州玉田縣界六十五里，西至香河縣界二十五里，南至天津府天津縣界一百十三里，北至薊州界十七里。東南至寧河縣界九十里，西南至武清縣界四十里，東北至薊州界二十里，西北至三河縣治四十里。漢泉州、雍奴二縣地，唐爲武清縣地，遼爲香河縣地，金大定十二年析置寶坻縣，承安三年升爲盈州，尋復爲寶坻縣，屬大興府。元屬大都路。明初改屬通州。本朝屬順天府。

寧河縣。在府東南三百里。東西距一百三十五里，南北距一百三十二里。東至遵化州豐潤縣界四十五里，西至武清縣界九十里，南至天津府天津縣界一百二十里，北至豐潤縣界十二里。東南至豐潤縣界五十里，西南至天津縣界一百五十里，東北至豐潤縣界二十五里，西北至寶坻縣界二十里。本漢雍奴縣地，唐爲玉田、武清二縣地，金爲寶坻縣地，明永樂初置梁城千户所。本朝雍正九年分置寧河縣，屬順天府。

昌平州。在府北少西七十五里。東西距一百五十里，南北距一百三十三里。東至順義縣界五十里，西至鎮邊城一百里，南至宛平縣界三十三里，北至邊牆一百里。東南至大興縣界五十里，西南至宛平縣界四十五里，東北至密雲縣界一百里，西北至宣化府延慶州界四十里。漢置昌平、軍都二縣，皆屬上谷郡。後漢改屬廣陽郡。晉屬燕國。後魏初省昌平入軍都，屬燕郡；天平中於軍都城置東燕州及昌平郡昌平縣。北齊因之。後周州郡俱廢，尋又置昌平郡〔一六〕。隋初郡廢，縣屬幽州，大業初屬涿郡。唐亦屬幽州。遼屬析津府。宋宣和中屬燕山府。金屬大興府。元屬大都路。明正德元年升爲昌平州，仍屬順天府。本朝因之。

順義縣。在府東北六十里。東西距八十里，南北距五十里。東至三河縣界四十里，西至昌平州界四十里，南至通州界二十五里，北至懷柔縣界二十五里。東南至三河縣治九十里，西南至大興縣治六十里，東北至密雲縣治七十里，西北至居庸關一百二十里。漢置狐奴縣，屬漁陽郡。後漢因之。三國魏景初二年省。晉復置，屬燕國。後魏廢。唐開元二十五年移置燕州於此，天寶初曰歸德郡，乾元初復曰燕州〔一七〕；建中二年州省，屬河北道。唐末、五代亦稱順州。晉天福初入遼，仍曰順州，屬南京道。宋宣和四年賜名順興郡。金亦曰順州，屬大興府〔一八〕。元屬大都路。明洪武元年廢州，改置順義縣，屬順天府，正德中又屬昌平州〔一九〕。本朝仍改屬順天府。

密雲縣。在府東北一百三十里。東西距一百十里，南北距一百三十五里。東至牆子嶺關界九十里，西至懷柔縣界二十里，南至三河縣界三十五里，北至白馬關一百里。東南至平谷縣治九十里，西南至順義縣治七十里，東北至古北口一百二十里，西北至懷柔縣界三十里。秦漁陽郡地，漢爲厗奚縣治，錯滑鹽、獷平、要陽等縣地。後漢仍置厗奚縣〔二〇〕。三國魏郡縣俱廢〔二一〕。燕復漁陽〔二二〕。後魏皇始二年分置密雲縣，治提攜城，爲密雲郡治。北齊廢郡，以密雲屬安州。隋以縣屬安樂郡。唐武德元年於縣置檀州，天寶初曰密雲郡，乾元初復曰檀州，屬河北道。五代晉天福初入遼，曰檀州武威軍，屬南京道。宋宣和四年賜名横山郡，升鎮遠軍節度。金廢州，以縣屬順州，後復置檀州。元初以密雲縣併入，隸大都路。明洪武元年改州爲密雲縣，屬順天府，正德初又屬昌平州。本朝屬順天府。

懷柔縣。在府東北一百里。東西距二十五里，南北距三十八里。東至密雲縣界二十里，西至昌平州界五里，南至順義縣界十里，北至密雲縣界二十八里。東南至平谷縣界九十里，西南至昌平州界五十里，東北至密雲縣治四十里，西北至昌平州界三十里。漢漁陽縣地，唐初爲密雲、昌平二縣地。舊縣，貞觀六年置，治五柳城，後置松漠府彈汗州〔二三〕，開元中隸歸順州，天寶初屬歸化郡。石晉時歸遼。遼時復以縣屬順州。宋宣和中因之。金明昌六年改曰温陽。元廢。明洪武十三年移置懷柔縣，屬北平府，後屬順天府，正德初又屬昌平州。本朝屬順天府。

涿州。在府西南一百四十里。東西距六十五里，南北距五十五里。東至固安縣界三十里，西至易州淶水縣界三十五里，南至保定府新城縣界三十里，北至良鄉縣界二十五里。東南至霸州治一百十里，西南至保定府定興縣界七十里，東北至良鄉縣界七十里，西北至房山縣界三十里。秦上谷郡地〔二四〕，漢高帝置涿縣，并置涿郡，屬幽州。後漢因之。三國魏黄初中改曰范陽郡。晉爲范陽國。後魏仍爲范陽郡。齊、周因之。隋開皇初郡廢，大業初以縣屬涿郡。唐武德初屬幽州，七年改縣曰范陽，大曆四年析置涿州，屬河北道。五代晉天福初入遼，仍曰涿州，置永泰軍，屬析津府。宋宣和四年賜名涿水郡，升威行軍節度。金仍曰涿州，屬中都路。元太宗八年升涿州路，中統四年復爲涿州，屬大都路。明洪武初以州治范陽縣省入，屬順天府。本朝因之。

房山縣。在府西南九十里。東西距二百五十二里，南北距八十二里。東至良鄉縣界十二里，西至易州淶水縣界二百四十里，南至涿州界三十二里，北至宛平縣界五十里。東南至固安縣治九十里，西南至淶水縣治一百里，東北至宛平縣治九十里，西北至宣化府保安州治二百里。漢置良鄉縣，屬涿郡。後漢因之。三國魏屬范陽郡。晉屬范陽國。後魏屬燕郡。北齊省入薊縣，尋復置。隋屬涿郡。唐屬幽州，聖曆元年改爲固節縣，神龍元年復曰良鄉。五代唐時徙廢。金大定二十九年改置萬寧縣，明昌二年更名奉先，屬涿州。元至元二十七年又改曰房山，仍屬涿州。明因之。本朝屬順天府。

霸州。在府南一百八十里。東西距一百十八里，南北距四十里。東至天津府静海縣界一百里，西至保定府新城縣界十八里，南至保定縣界十五里，北至固安縣界二十五里。東南至文安縣治六十里，西南至保定府雄縣治九十里，東北至永清縣治五十里，西北至涿州治一百二十里。漢置益昌縣，屬涿郡。後漢廢爲安次縣地。唐爲會昌縣，改永清〔二五〕。五代晉初入遼。周顯德六年收復益津關，置霸州，仍置永清縣爲州治。宋亦曰霸州，景祐元年廢永清縣入文安，政和三年賜名永清郡，屬河北東路。金貞元二年改屬中都路，大定二十九年改置益津縣爲州治。元亦曰霸州，中統四年省益津縣入州，至元二年復置。明洪武初仍省縣入州，屬順天府。本朝因之。

文安縣。在府南二百四十里。東西距五十八里，南北距七十里。東至大城縣界四十里，西至保定縣界十八里，南至河間府任丘縣界三十里，北至霸州界四十里。東南至大城縣治五十里，西南至任丘縣治七十里，東北至東安縣治一百二十里，西北至保定縣治四十里。漢置文安縣，屬勃海郡。後漢屬河間國。晉屬章武國。後魏統隸瀛州。隋屬河間郡。唐初移今治，景雲二年改屬莫州。五代周顯德六年割屬霸州。宋景祐元年移入州郭，皇祐元年復還故地，仍屬霸州。金、元、明俱因之。本朝屬順天府。

大城縣。在府南少東二百九十里。東西距四十八里，南北距六十五里。東至天津府青縣界二十三里，西至河間府任丘縣界二十五里，南至河間府河間縣界二十五里，北至天津府静海縣界四十里。東南至青縣治二十里，西南至河間縣治一百二十里，東北至静海縣治九十里，西北至文安縣治五十里。漢置東平舒縣，屬勃海郡。後漢屬河間國。晉泰始元年於縣置章武國。後魏曰平舒，爲章武郡治。隋屬漳河郡〔二六〕，後屬河間郡。唐武德四年屬景州，貞觀元年屬瀛州。五代晉天福初入遼。周顯德六年收復，改曰大城，屬霸州。宋、金、元、明俱因之。本朝屬順天府。

保定縣。在府南二百里。東西距三十三里，南北距二十八里。東至文安縣界二十二里，西至保定府雄縣界十一里，南至文安縣界二十三里，北至霸州界五里。東南至文安縣治四十里，西南至河間府任丘縣治九十里，東北至永清縣治七十里，西北至保定府新城縣治九十里。漢涿郡易縣地，唐爲涿州歸義縣地，宋初爲歸信縣地，太平興國六年置平戎軍，景德元年改爲保定軍，宣和七年廢軍爲保定縣，隸莫州，尋復故。金復爲縣，屬雄州。元至元二年省入益津縣，四年復置，屬霸州。明洪武七年省入霸州，十三年復置，仍屬霸州。本朝屬順天府。

薊州。在府東一百八十里。東西距一百十里，南北距一百十五里。東至遵化州界六十里，西至三河縣界五十里，南至寶坻縣界六十五里，北至密雲縣黄崖關五十里。東南至遵化州玉田縣治八十里，西南至三河縣治一百二十里，東北至遵化州治一百二十里，西北至平谷縣治七十里。春秋山戎無終子國。秦置無終縣，屬右北平郡。漢因之〔二七〕。晉屬北平郡。後魏改屬漁陽郡，置安州於城之北〔二八〕。隋開皇十六年移置玄州於此〔二九〕，兼置總管府；大業初府罷，尋改置漁陽郡，後又改縣曰漁陽。唐武德初郡廢，縣屬幽州，二年改屬玄州；貞觀元年還屬幽州，神龍九年又屬營州，開元四年復還幽州，十八年始於縣置薊州；天寶初曰漁陽郡，乾元初復曰薊州，屬河北道。五代晉天福初入遼，置尚武軍，屬析津府。宋宣和四年賜名廣川郡。金仍曰薊州漁陽縣，屬中都路。元屬大都路。明洪武初以漁陽縣省入，屬順天府。本朝因之。

平谷縣。在府東北一百五十里。東西距四十五里，南北距五十里。東至薊州界三十里，西至三河縣界十五里，南至三河縣界二十五里，北至密雲縣界二十五里。東南至薊州界六十里，西南至香河縣治九十里，東北至薊州界四十里，西北至密雲縣治九十里。漢置平谷縣，屬漁陽郡。後漢因之。晉初省，後復置。後魏太平真君七年併入潞縣，後改入漁陽縣。金大定二十七年移置平谷於大王鎮。元至元二年省入漁陽，十三年復置，仍屬薊州。明因之。本朝屬順天府。

形勢

燕東有朝鮮、遼東，北有林胡、樓煩，西有雲中、九原，南有滹沱、易水。民雖不田作，而足於栗棗，此所謂天府者也。國策。南通齊、趙、勃、碣之間一都會。漢書地理志。卻背沙漠，進臨易水，西至軍都，東至於遼，長蛇帶塞，險陸相乘。張華博物志。地博大以爽塏，亘繩直而砥平。范鎮幽都賦。形勢有金湯之固，膏腴號陸海之饒。徐夢莘三朝北盟會編。右擁太行，左注滄海，撫中原，正南面，枕居庸，奠朔方。紫畿帶甸，負山引河，壯哉帝居，擇此天府。陶宗儀輟耕録。形勝甲天下，扆山帶海，有金湯之固。桂萼輿地指掌圖。居庸障其背，河、濟襟其前，山海扼其左，紫荊控其右。雄山高峙，流河如帶。謝肇淛五雜俎。太行自西來，演迤而北，綿亘魏、晉、燕、趙之境，東極於醫無閭。重岡疊阜，擁護萬里，形勢全，風氣密。其東則汪洋大海，浴日月而浸乾坤。其對面之案，則泰岱萬山之宗，正當其前。自古建都之地，未有過此者也。丘濬大學衍義補。

風俗

自古言勇俠者，皆推幽、并。然前代以來，多文雅之士，隋書地理志。多感慨悲歌之士。韓愈送董邵南序。其人沈鷙，多材力，重許可。杜牧集。風俗樸茂，蹈禮義而服聲名，范鎮幽都賦。勁勇而多沈静。蘇轍燕論。

城池

順天府城。詳見京師。

良鄉縣城。周三里二百二十步，門四。明隆慶中因舊土城甃甎。本朝乾隆元年修。城南五里有郊勞臺，乾隆二十五年大將軍兆惠等平定回部班師，高宗純皇帝特命舉行郊勞盛典，築臺徑五丈，周圍十六丈五尺，高五尺三寸，層級石欄。至郊勞時，陳得勝纛，行禮於此。四十一年大將軍阿桂等平定兩金川，行禮如初。並有御製郊勞詩，勒碑臺之北。

固安縣城。周五里二百六十九步，門四。明正德十四年築，嘉靖六年鑿濠，二十九年甃甎。本朝乾隆十四年改建。

永清縣城。周五里有奇，門四。明正德五年拓築，隆慶二年甃甎。本朝康熙十五年修，乾隆十四年重修。

東安縣城。周七里有奇，門四，外有濠。明弘治後相繼增築。本朝康熙十五年修，乾隆十四年改建，十八年重修。

香河縣城。周七里二百步，門四。舊土築，明正德二年甃甎。本朝屢經修葺。

通州城。周九里有奇，門五。明洪武初因舊址修築，正統間置西南二倉，建新城護之，周八里，連接舊城西面，爲門二。萬曆二十二年又引通惠河繞城爲濠，建閘一，橋四。本朝康熙九年，新舊兩城並修，乾隆三十年改建，合新舊爲一城。

三河縣城。周六里，門四。五代時築。本朝雍正五年修，乾隆十年、十七年重修。

武清縣城。周八里有奇，門三。明正德、嘉靖中築，隆慶三年甃甎。本朝乾隆三十一年修。

寶坻縣城。周六里，門四，濠廣四丈。舊土築，明弘治中甃甎。本朝乾隆三十一年修。

寧河縣城。未建。

昌平州城。周六里，門三。明景泰初築，萬曆元年又於城南築增新城，周四里，門一。本朝康熙十四年改建甎城，周十里，門四，外有濠，廣三丈。乾隆十年修。

順義縣城。周六里，門四，濠廣四丈。明萬曆中建。本朝康熙十七年修，乾隆九年、十七年重修。

密雲縣城。有新舊二城：舊城，明洪武中建，周九里有奇，門三；新城，在舊城東五十步，明萬曆四年建，周六里有奇，門三；外皆有濠。本朝康熙五十六年四月，聖祖仁皇帝駐蹕密雲，以山水驟發，衝溢及縣城，特命修葺，於城西開河四百六十餘丈，引水歸入白河，又築護城石隄八百餘丈。雍正八年修，乾隆十年、二十一年、二十六年重修。

懷柔縣城。周四里有奇，門三。明洪武十四年築，成化三年甃甎，弘治十五年改建。本朝乾隆十六年修，二十三年、二十六年、二十九年重修。

涿州城。周九里有奇，門四，濠廣二丈。舊土築，明景泰初甃甎。本朝乾隆四年修，十五年、二十五年、二十九年重修。

房山縣城。周四里有奇，門四，外有濠。明隆慶五年因土城石築。本朝屢經修葺。

霸州城。周六里有奇，門三，池周八里。明弘治、正德中建。本朝乾隆三年修，二十一年重修。

文安縣城。周八里有奇，門五，濠廣三丈，外有隄。明正德九年修土城。本朝康熙年間修，乾隆三十三年甃甎。

大城縣城。周四里有奇，門四，濠廣六丈。明正德七年因舊址修築。本朝順治九年修，乾隆八年改建。

保定縣城。舊城周六里六十九步，導玉帶水環城爲池。明嘉靖二十九年因舊址之西北隅，改築東南二面，周八百八十九步，門四。本朝乾隆十八年修。

薊州城。周九里有奇，門三。明洪武四年建。本朝康熙四十一年修，乾隆三年、十六年重修。

平谷縣城。周三里，門四，濠廣二丈。明嘉靖中因舊址築。本朝乾隆四十五年修。

學校

順天府學。在府治東南。明洪武初建，爲大興縣學，永樂初以爲府學。大興、宛平二縣學皆附焉。本朝康熙年間修，乾隆四十二年、嘉慶九年重修。入學額數：府學二十五名，大興、宛平各二十五名。並設滿洲教授、訓導，專司八旗訓課。康熙三十三年定滿洲、蒙古學額六十名，漢軍三十名。

良鄉縣學。在縣治東南。明洪武五年建。入學額數：十二名。

固安縣學。在縣治東。明洪武三年建。本朝康熙年間修，乾隆三十九年、嘉慶二十一年重修。入學額數：十五名。

永清縣學。在縣治西南。金明昌初建。本朝屢加修葺，嘉慶十七年重修。入學額數：十二名。

東安縣學。在縣治西。明洪武五年建。本朝康熙年間修。入學額數：十二名。

香河縣學。在縣治東。明洪武十四年建。本朝乾隆四十七年修。入學額數：十五名。

通州學。在州治西。元大德中建。本朝康熙年間修，乾隆四十六年重修。入學額數：十五名。

三河縣學。在縣治西。金泰和中建。本朝康熙二十九年修。入學額數：十五名。

武清縣學。在縣治南。舊在白河西，明洪武初改建縣治東，嘉靖十六年又遷今所。入學額數：十五名。

寶坻縣學。在縣治東北。元大德中建。本朝乾隆十九年修，嘉慶二十一年重修。入學額數：十二名。

寧河縣學。在縣治西南隅。本朝雍正十二年建，乾隆二十四年修。入學額數：十二名。

昌平州學。在州治東。舊在舊治西，明景泰三年與治俱徙。入學額數：八名。

順義縣學。在縣治西。明洪武八年建。入學額數：十五名。

密雲縣學。在縣治東。元至元中建。本朝康熙五十一年修，乾隆六十年、嘉慶十七年重修。入學額數：十二名。

懷柔縣學。在縣治東。明洪武十五年建。本朝康熙六十年修，乾隆三十二年重修。入學額數：八名。

涿州學。在州城東南隅，舊在治西南。遼統和中建。本朝屢加修葺，嘉慶五年重修。入學額數：十五名。

房山縣學。在縣治東南。元延祐中建。本朝康熙二年修，乾隆四十九年重修。入學額數：八名。

霸州學。在州治東。明洪武三年建。本朝康熙二十二年修，乾隆二十六年、四十二年重修。入學額數：十五名。

文安縣學。在縣治西。宋大觀八年建。元皇慶初重建。入學額數：二十三名。

大城縣學。在縣治西。元至元中建。本朝乾隆年間修，嘉慶十一年重修。入學額數：十五名。

保定縣學。在縣治東。明洪武十五年建。本朝嘉慶十四年修。入學額數：八名。

薊州學。在州治西北。明洪武初建。本朝康熙三十一年修，嘉慶八年重修。入學額數：十八名。

平谷縣學。在縣治南。元至元中建。本朝嘉慶十六年修。入學額數：八名。

金臺書院。在大興縣東崇文門外。本義學舊址，康熙四十一年，聖祖仁皇帝御書「廣育羣才」扁以賜。乾隆十五年改書院，有府丞梅㲉成碑記，四十七年修，嘉慶五年、二十年屢修。

潞河書院。在通州舊城東南。本朝乾隆二年建，四十六年修。

泉州書院。在寶坻縣。本朝嘉慶元年建。

渠梁書院。在寧河縣城内。本朝乾隆二十三年建。

燕平書院。在昌平州城内。本朝乾隆二十三年建，四十五年修。

白檀書院。在密雲縣東南。明王見賓建。

雲峯書院。在房山縣。本朝嘉慶八年建。

益津書院。舊在霸州南十里宫家莊。元宫君祺建，黄溍爲記〔三〇〕。明萬曆初改建城内。

漁陽書院。在薊州。本朝乾隆五十八年建。按舊志載：京師舊有太極書院，元中書行省楊惟中建，久廢。首善書院，在宣武門内，明都御史鄒元標、副都御史馮從吾講學之所，右壁有葉向高記，董其昌書，今爲時憲書局。諫議書院，在昌平州西南五里，元泰定間建，今爲劉諫議祠。文靖書院，在房山縣西南七十里，元趙密、賈讓建，以祀其師劉因，今爲劉静修祠。謹附記。

户口

原額人丁十三萬六千二百五十四，今滋生男婦大小共二百九十三萬四千四百四十九名口，計五十三萬三百三十六户。

田賦

田地六萬二千一百二十一頃四十七畝四分有奇。額徵地丁正、雜銀一十五萬八百兩五錢七分六釐，粟米一百九十六石四斗五升四合二勺，豆二千九百五十五石三升四合五勺，高粱四十七石四斗五升，榛栗三十六石。

校勘記

〔一〕秦爲上谷郡地　乾隆志卷四順天府一建置沿革（以下同卷簡稱乾隆志）同。按，秦始皇滅燕後，設有廣陽郡，郡治薊縣（清順天府附郭大興縣西南），轄境約當清順天府南部地區。本志下文記述漢初之燕國，後改置廣陽郡國，即沿襲之源，此説乃誤。詳見本卷校勘記〔五〕。

〔二〕元朔二年國除　史記卷一七漢興以來諸侯王年表：元朔元年，燕王定國「坐禽獸行自殺，國除爲郡」。漢書卷六武帝紀：元朔二年，「燕王定國有罪，自殺」。同書卷三五荆燕吴傳：元朔中，「定國自殺，國除」。據此，記燕國除於元朔二年乃漢書，非史記也。

〔三〕貞元元年改燕京爲中都府曰大興　乾隆志同。中華書局一九七五年整理本金史卷二四地理志上校勘記：「按元好問續夷堅志卷三永安錢條，『海陵天德初（按當作貞元初），卜宅於燕，建號中都，易析津府爲大興。始營造時，得古錢地中，文曰永安一千，朝議以爲瑞，乃取長安例，地名永安。改東平中都縣曰汶陽，河南永安縣曰芝田，中都永安坊曰長寧』。本書卷七世宗紀，大定十三年三月乙卯，有世宗謂宰臣『自海陵遷都永安』句，考卷二五地理志，南京路河南府『芝田，宋名永安，貞元元年更』。又山東西路東平府『汶上，本名中都，貞元元年更爲汶陽』。皆與續夷堅志記載相合，知析津府貞元元年曾名永安府。又下文『大興，倚，遼名析津，貞元二年更今名』。知析津之改大興在貞元二年。」按此説是也，則此「貞元元年改燕京爲中都」下當作「貞元元年改曰永安府，二年又改府曰大興」爲是。

〔四〕東北至順義縣界六十里　「界」，乾隆志作「治」。本志後文載：順義縣，「在府東北六十里。……西南至大興縣治六十里」。日下舊聞考卷一三八京畿順義縣載同。按，大興縣爲順天府附郭，與順義縣二縣治所里距正合上引記載，則乾隆志作「治」是也。又光緒順天府志卷一九疆域：大興縣，「東北除城屬十里外，至順義縣界三十五里」。又：順義縣，「南至大興縣界二十五里」。以縣界而言，此記里數亦誤。

〔五〕秦置薊縣屬上谷郡　乾隆志同。水經濕水注：濕水東北逕薊縣故城南，「秦始皇二十一年滅燕，以爲廣陽郡」。全祖望漢書地理志稽疑：「燕之五郡皆燕所舊置，以防邊也，漁陽四郡在東，上谷在西，而其國都不與焉。自薊至涿三十餘城，始皇無不置郡之理，亦無反併内地於邊郡之理。且始皇之併六王也，其國如趙之邯鄲，魏之碭，楚之江陵、陳、九江，齊之臨淄，無不置郡者，何以燕獨無之。酈道元之言，當必有據。」據此，秦置廣陽郡（郡境約當清順天府南部地區），治薊縣（清順天府附郭大興縣西南），不屬上谷郡。

〔六〕元鳳中爲廣陽郡治　乾隆志同。本志上文記：「元鳳元年爲廣陽郡。」漢書卷二八地理志下：廣陽國，「高帝燕國，昭帝元鳳元年爲廣陽郡，宣帝本始元年更爲國」。則此「元鳳中」作「元鳳初」更合。

〔七〕永樂中爲順天府治　乾隆志同。本志上文記：「永樂元年建爲北京，改北平府爲順天府。」明史卷四〇地理志一：順天府，洪武元年爲北平府，「永樂元年正月升爲北京，改府爲順天府」。「大興，倚」。則此「永樂中」作「永樂初」更合。

〔八〕東西距三十里　「三十」，乾隆志作「二十」。順天府志卷一四東安縣境：「東西二十七里。」光緒順天府志一九地理志一疆域引采訪册：東安縣「東西廣二十里」，同乾隆志。

〔九〕東至武清縣界十八里　「十八」，乾隆志作「八」。光緒順天府志卷一九地理志一疆域引采訪册：「東至武清縣界十二里。」

〔一〇〕東南至天津縣海口一百十里　乾隆志「海口」上有「小直沽」三字，順天府志卷一四東安縣同。

〔一一〕後魏曰安城縣　乾隆志同。魏書卷一〇六地形志上燕郡領有安城縣，即本志所本。按，水經巨馬水注：「八丈溝水出安次縣東北平地，東南逕安次城東，……又南，右合虖池河枯溝，溝自安次西北，東逕常道城東、安次縣故城西。」楊守敬隋書地理志考證云：「水經巨馬水注有安次城，又有安次故城，而不稱安城。」王仲犖北周地理志卷一〇河北下：「周書閻慶傳：魏大統中封安次縣子，蓋遥封。然則當西魏時亦作安次。疑地形志之安城，即安次之誤。」

〔一二〕隋復曰安次縣　乾隆志同。如上校勘記〔一一〕引證，北魏未曾改安次爲安城，至北周、隋仍因舊名，故隋書卷三〇地理志中涿郡安次縣無改名復名之記録，舊唐書卷三九地理志二：幽州安次縣，「漢縣，屬渤海郡，至隋不改」。是也。

〔一三〕後漢曰潞　「潞」，原作「路」，據乾隆志及續漢書郡國志五改。日下舊聞考卷一〇八京畿通州一：「後漢書郡國志，漁陽郡下始列潞縣，爲潞河之文承用始也。」

〔一四〕後魏仍屬漁陽郡齊爲郡治　乾隆志同。隋書卷三〇地理志中：潞縣，「舊置漁陽郡，開皇初廢」。王仲犖北周地理志卷一〇：「後魏漁陽郡據隋志蓋治潞縣。」施和金北齊地理志卷一：據隋志，「北魏至後齊之漁陽郡治於潞縣」。按：王施二氏之説是也。

〔一五〕屬大興府　乾隆志同。金史卷二四地理志上：中都路，「府一，領節鎮三，刺郡九」。又大興府，「縣十」。通州爲刺史州，屬中都路，不屬大興府。

〔一六〕天平中於軍都城置東燕州及昌平郡昌平縣至尋又置昌平郡　二「昌平郡」，原作「平昌郡」，乾隆志作「昌平郡」。魏書卷一

○六地形志上：「東燕州，太和中分恒州東部置燕州，孝昌中陷，天平中領流民置。寄治幽州宣（軍字之訛）都城。平昌郡，孝昌中陷，天平中置。領縣二，萬言（年字之訛）、昌平。」王仲犖北周地理志北魏延昌地形志北邊州鎮考證：「按『平昌郡』當從水經灅水注作『昌平郡』。水經灅水注：祁夷水又北逕一故城西。又逕昌平郡東。魏太和中置。西南去故城六十里。魏書京兆王黎傳：孫羅侯，遷洛之際，以墳陵在北，遂家於燕州之昌平郡。魏書宋弁傳：子維，靈太后黜爲燕州昌平太守。」此證水經注昌平郡是，而作「平昌郡」誤。昌平郡原在祁夷水（今壺流河）流域，孝昌中陷，隨東燕州東遷寄治於幽州軍都城。據改「平昌郡」爲「昌平郡」。

〔一七〕唐開元二十五年移置燕州於此天寶初曰歸德郡乾元初復曰燕州　乾隆志同。考新唐書卷三九地理志三：幽州幽都縣，「隋於營州之境汝羅故城置遼西郡，以處粟末靺鞨降人。武德元年曰燕州，六年自營州遷於幽州城中。開元二十五年徙治幽州北桃谷山。天寶元年曰歸德郡。建中二年爲朱滔所滅，因廢爲縣」。太平寰宇記卷七一燕州同，但不載建中二年事。唐幽州城在清順天府城西南，武德六年徙燕州於此，開元二十五年又徙治於幽州北桃谷山，其地在清順義縣（即今縣）西北。再考舊唐書卷三九地理志二：「歸順州，開元四年置，爲契丹松漠府彈汗州部落。天寶元年改爲歸化郡，乾元元年復爲歸順州。懷柔，州所理也。」太平寰宇記卷七一歸順州記載同。又遼史卷四〇地理志四：「順州，隋開皇中置，「唐武德初改燕州，會昌中改歸順州，唐末仍爲順州」。按遼順州治即清順義縣治，所云「隋開皇中置順州，唐武德初改燕州，會昌中改歸順州」之說並無史證，又與上文引新唐志記「唐武德六年遷於幽州城中」之燕州混淆，不可信焉，但後云唐末仍爲順州，新五代史卷六〇職方考，後唐列有順州，係沿承唐末之制，則可信據。唐末至遼順州治即清順義縣（即今縣），則唐歸順州治懷柔縣於清爲順義縣也，故日下舊聞考卷一三八京畿順義縣記敘建置沿革，以唐歸順州爲主，朱彝尊按：今考寰宇記，歸順州歸化郡四至八到，「西南至幽州七（八字之誤）十五里。今順義縣境正在府（順天府）東北六十里，地界相符，彝尊以縣爲唐之歸順州歸化郡。」言之確實。唐開元中所徙之燕州，雖在清順義縣西北境，繼爲朱滔所滅，因廢爲幽都縣。終唐之世，清順義縣建置沿革應以歸順州記敘，本志唯敘燕州，而不及歸順州，則非也。

〔一八〕屬大興府　乾隆志無此四字。金史卷二四地理志上：中都路，「府一，領節鎮三，刺郡九」。又大興府，「縣十」。順州爲刺史州，屬中都路，不屬大興府，此誤。

〔一九〕正德中又屬昌平州　「中」，乾隆志作「初」。明史卷四〇地理志一：昌平州，「正德元年七月升爲州，旋罷，八年復升爲州」。順義縣，「正德元年七月來屬」。明武宗實録卷一五：正德元年七月，「改昌平縣爲州，以密雲、順義、懷柔三縣隸之」。同書卷四四：正德三年十二月，「復昌平州爲縣」。同書卷一一一：正德九年四月，「復以昌平縣爲昌平州，領密雲、順義、懷柔三縣」。則謂「正德初」、「正德中」皆是。

〔二〇〕漢爲厗奚縣至後漢仍置厗奚縣　王先謙漢書補注：王念孫曰：「厗」皆當爲「虒」，韻書「虒」、「厗」二字並有「題」音，易於相亂。又隸書，「虒」字或作「厗」，形與「厗」亦相亂，故「虒」誤作「厗」。郡國志、鮑丘水注並作「傂奚」，「傂」字以「虒」爲聲，則漢志之本作「虒奚」，甚明。御覽州郡部八引十道志云：檀州，本漢虒奚縣，又引漢志虒奚屬漁陽，「虒」音題，則宋初本尚不誤。

〔二一〕三國魏郡縣俱廢　「三國魏」，乾隆志作「晉時」。晉書卷一四地理志上總序：魏武省七郡，其一漁陽。晉志無此郡。本志所云，據此謂也。吴增僅三國郡縣表附考證：「魏志明帝紀：景初二年省漁陽之狐奴縣，復置安樂縣。晉書張華傳：父平，魏漁陽郡守。據此諸文，郡非魏武所省也。」孔祥軍三國政區地理研究上：水經㶟水篇：「㶟水又東至漁陽雍奴縣西。」水經爲三國人撰，則魏時確有漁陽郡。又水經鮑丘水注：「景元三年，詔書以民食轉廣，陸廢不贍，遣謁者更制水門，……水流乘車箱渠，自薊西北逕昌平，東盡漁陽潞縣，凡所潤含，四五百里，所灌田萬有餘頃。……元康五年十月十一日刊石立表，以紀勳烈。」景元已近魏末，其時尚有漁陽郡。又晉書宣五王清惠京侯京傳：司馬機，「咸寧初徵爲步兵校尉，以漁陽郡益其國」。則咸寧時漁陽郡未廢，明矣。據吴孔二氏引證，三國魏、晉漁陽郡仍存。本志卷八順天府三古蹟漁陽故城所記同，不復重述。

〔二二〕燕復漁陽　洪亮吉十六國疆域志：前燕漁陽郡，「北史循吏傳：竇瑗，曾祖堪，慕容氏漁陽太守。」是前燕沿襲三國魏、晉漁陽郡之舊，非復置也。

〔二三〕舊縣貞觀六年置治五柳城後置松漠府彈汗州　考舊唐書卷三九地理志二：順州，「貞觀六年置，寄治營州南五柳城。天寶元年改爲順義郡，乾元元年復爲順州。賓義，郡所理，在幽州城内」。新唐書卷四三地理志七：順州順義郡，貞觀四年平突厥，置順、祐、化、長四州，六年順州僑治營州南之五柳戍，後「順州僑治幽州城中。縣一，賓義」。據此，貞觀六年所置乃順州，治賓義縣，非彈汗州懷柔縣，初治於營州南五柳城，後僑治於幽州城内，即清順天府城西南，非清懷柔縣，名異，地亦異。又新唐志：「歸順州歸化郡，本彈汗州，貞觀二十二年以内屬契丹别帥析紇便部置。開元四年更名。縣一，懷柔。」太平寰宇記卷七一載同，又云：「西南至幽州八十五里。」本志校勘記〔一七〕已詳述歸順州懷柔縣治爲清順義縣，非清懷柔縣，名同懷柔而地異。日下舊聞考卷一三九京畿懷柔縣：「歸順州理懷柔縣，即元順州之北境。開元四年置爲松漠府彈汗州」，「爲今順義縣地。朱彝尊所云今之順義本歸順州歸化郡，非順州順義郡是也。至今懷柔，乃明初析昌平、密雲地所立，雖取古名，實非舊地。」「昔之懷柔爲今順義而非懷柔矣。」此混淆唐貞觀六年所置順州及貞觀二十二年所置彈汗州爲一，又誤彈汗州於清順義縣地爲懷柔縣地，舛錯固甚。

〔二四〕秦上谷郡地　乾隆志同。按清涿州（即今涿縣）於秦屬廣陽郡地。譚其驤長水集上册秦郡界址考：「舊不知秦有廣陽郡，故舉薊南之地亦以屬上谷地。」

〔二五〕唐爲會昌縣改永清　乾隆志作「唐爲永清縣地」。考太平寰宇記卷六七：霸州，「本幽州會昌縣地，唐天寶中改爲永清縣」。宋史卷八六地理志二：霸州，「本唐幽州永清縣地」。則此應作「唐爲會昌縣地，後改永清縣地」才合。

〔二六〕隋屬漳河郡　乾隆志作「隋開皇初（章武）郡廢，屬河間郡」。考太平寰宇記卷六五：滄州清池縣，廢長蘆縣，州西北四十四里，周宣帝大象二年置長蘆縣，「屬章武郡，隋初于今縣西北三里置漳河郡，以縣屬焉；三年罷郡，仍移縣于郡界，屬瀛州」。不載「隋平舒縣屬漳河郡」。又隋書卷三〇地理志中：河間郡河間縣，「舊置河間郡，開皇初郡廢，大業初復置」。河間郡屬縣平舒，「舊置章武郡，開皇初廢」。可證平舒縣舊曾爲章武郡治，至隋開皇初郡廢，未曾改屬漳河郡。大業初平舒縣屬河間郡。本志誤，乾隆志是也。

〔二七〕秦置無終縣屬右北平郡漢因之　乾隆志同。按，秦置右北平郡，治無終縣，水經鮑丘水注：藍水「逕無終縣故城東，故城，無終子國也。秦始皇二十一年滅燕，置右北平郡，治此」。西漢郡治平剛，無終爲郡屬縣，漢書卷二八地理志下：右北平郡首縣平剛，爲郡治也，無終爲屬縣。此云「秦無終縣屬右北平郡」，誤。

〔二八〕後魏改屬漁陽郡置安州於城之北　乾隆志同。考魏書卷一〇六地形志上：「安州，皇興二年置，治方城，天平中陷，元象中寄治幽州北界。」又載：安州廣陽郡燕樂縣，「州郡治」。王仲犖北周地理志北魏延昌地形志北邊州鎮考證：「按地形志安州下既云『治方城』，又安州廣陽郡燕樂縣下云『州郡治』。蓋後魏之安州治本在方城，及東魏元象中以安州及廣陽郡寄治幽州北界，其州郡治並治於當時僑置於幽州北界之燕樂縣也。據水經濡水注：『索頭水南流逕廣陽僑郡西，今安州治』之説證之，則廣陽郡與安州同治方城。索頭水即今伊遜河，此後魏安州及廣陽郡治所方城當在今隆化縣隆化鎮附近。」據此，北魏世，安州廣陽郡治方城縣，同治今隆化縣（清嘉慶時承德府豐寧縣東北黄姑屯），與薊州（今薊縣）無涉，舛誤甚矣。

〔二九〕隋開皇十六年移置玄州於此　「十六年」，乾隆志同。隋書卷三〇地理志中漁陽郡下作「六年」，讀史方輿紀要卷一一薊州載同，此「十」字衍。

〔三〇〕黄潛爲記　「潛」，原作「灊」，據乾隆志卷四順天府一學校及長安客話卷六畿輔雜記、天府廣記卷三書院、日下舊聞考卷一一九京畿霸州改。

大清一統志卷七

順天府二

山川

西山。在宛平縣西三十里，太行山別阜也。巍峩秀拔，爲京師右臂。衆山連接，山名甚多，其總名曰西山。

翠微山。在宛平縣西三十里。脈自香山分兩支而東，其上平原百里，烟雲樹石，皆稱奇勝。上頂有平坡寺，下有寶珠洞。舊名平坡山，明宣德中更名。

覺山。在宛平縣西三十里。懸崖之上，與盧師、平坡鼎峙。西有三泉，曰清泠，曰清旨，曰洊至。

盧師山。在宛平縣西三十里。相傳隋末有神僧盧師居此，能馴服二龍子，曰大青、小青。山有潭，覆以巨石，其下深不可測，二龍潛焉，歲旱禱雨輒應。按顧炎武北平古今記云：「唐書韋挺傳〔一〕：挺遣燕州司馬王安德行渠，作漕艫轉糧，自桑乾水抵盧思臺，行八百里，渠塞不可通。以唐書考之，今盧師山當即盧思臺，『師』乃『思』之誤也。」

韓家山。在宛平縣西三十六里。有漢韓延壽墓，因名。或譌作罕山，俗呼黑山匯。

石徑山。在宛平縣西三十七里。元史河渠志〔二〕：「大德六年，修盧溝上流石徑山河隄。」明人燕山紀游：「石徑山孤峯特立，洞皆鑿石而成。最上爲金閣寺，有浮圖，宜遠眺。」亦名石景山。本朝聖祖仁皇帝有駐蹕石景山詩，又有石景山東望詩、望渾河詩。高宗純皇帝每次臨幸，皆有御製詩。

五峯山。在宛平縣西四十里。五峯秀峙，宛如列屏。土人每望此山之雲氣，以驗晴雨。

仰山。在宛平縣西七十里。峯巒拱秀，中有平頂如蓮花心，旁有五峯，曰獨秀、翠微、紫蓋、妙高、紫微。中有禪刹。金章宗嘗遊此，有詩刻石。

潭柘山。在宛平縣西八十里。山勢磅礴，連擁九峯。旁有二潭，潭上有古柘因名。自西山諸峯連緜而西，潭柘爲尤勝。

龍鱗山。在宛平縣西八十里。又西有大駝山、九渠山及管山、龜石等山，俱高聳。

鳳凰山。在宛平縣西少南七十里。其形迴翔如鳳。

畫眉山。在宛平縣西北二十里。産石黑色，浮質而膩理，曰畫眉石。山麓有黑龍潭，旱禱輒應。

金山。在宛平縣西北二十里，萬壽山之北。蔣一葵長安客話：「明景帝葬金山口，距西山不十里〔三〕。」又柏山，亦在縣西北二十里，旁多産柏。

百望山。在宛平縣西北四十里。長安客話：「青龍斜界百望山，背而去者百里猶見其峯，故名。」

雅思山。在宛平縣西北七十餘里。舊志：京西北諸山連綴一百八十里，半隸昌平，其宛平境與昌平接壤者，出百望山北四十里入南谷，有聚名漆園，園之南即雅思山，有池曰露池。又自西出漆園十里許有高崖，崖下有泉繞之，又西北十里爲清水澗，兩山如門，行可二十里，山皆奇峭巃嵸，飛泉漉灑，決地分流，聲激巖穴。有嶺曰鼇魚。

十八盤山。在宛平縣西北八十里。其山縈曲，十有八盤。舊志：出百望山西北六十里有陘曰十八盤，山有湯泉。

白鐵山。在宛平縣西北一百八十里。山多白石，其堅如鐵。

龍泉山。在良鄉縣西十五里。下有石龍口，出泉不竭，東流入鹽溝河。

黄土山。在香河縣北二里。又縣北四里有沙陀嶺。

孤山。在通州東二十里。四面平曠，一峯獨秀，高二十餘尋。

聖水山。在三河縣西北三十五里。上有聖水泉，俗傳可愈眼疾。

靈山。在三河縣北十五里。山足三面有泉，清冽可愛，隆冬不冰。

華山。在三河縣北三十里，一名兔耳山。有水，即香河縣駱駝港之源，水繞駝山而出，故名。又西北十里有鳳凰山。

石城山。在三河縣北五十里。上有石城，故名。相近有青梁山。

亢家山。在昌平州東二里。一作亢山亭，亭孤立，上平如掌。

平臺山。在昌平州東七里東山口内水中。明成祖嘗駐蹕於此。嘉靖中作亭於上，名曰聖蹟。當口一小山曰影山。

白石山。在昌平州東二十里。石多潔白。

湯山。在昌平州東三十里。下有温泉。聖祖仁皇帝於其地建行宫，爲臨憩之所。高宗純皇帝鑾輿駐此，屢有御製詩。

龍泉山。在昌平州東南五里。山腰有洞，可梯石而下，初狹漸敞，行里許，有水聲洶湧。山之北麓有龍潭，深不可測。潭東有數泉出石間，清冽可濯，旱禱輒應。

白浮山。在昌平州東南十里。上有二龍潭，流經白浮村。

駐蹕山。在昌平州西二十五里。綿亘而北，凡二十里，石皆壁立，高十餘丈，其頂皆白。山之南有棲雲獻臺，高二丈許，北有石梯可登陟。金章宗嘗建亭於此。

軍都山。在昌平州西北。司馬彪續漢書：「盧植隱居上谷軍都山。」寰宇記：「山在昌平縣西北十里，又名居庸山。」舊志：在今州西北二十里。層巒疊嶂，奇險天開，太行第八陘也，爲燕京八景之一，曰「居庸疊翠」。按：吕覽九塞，齊居庸於殽、函、井陘，則是居庸本爲山名，而關以山得名也。通鑑注「漢志有軍都、居庸兩縣，各有關」，而新唐書地理志以爲「軍都即居庸」，昌平山水記從其説，謂漢立軍都縣關於山之南。今州東四十里有軍都村，但既有兩縣兩關之名，不應同爲一山，當是就山之險要，建置區分，及軍都關縣俱裁後，人遂混爲一耳。

積粟山。在昌平州西北十五里。相傳元時積粟於此。

翠屏山。在昌平州西北十九里。山色蒼翠如屏，下出泉九穴，瀦爲九龍池。

湯峪山。在昌平州西北三十里。下有温泉。

幽都山。在昌平州西北三十里。相傳古幽州以此名。

天壽山。在昌平州北十八里。本名黄土山，即軍都諸山之岡阜。葉盛水東日記：「舊名東榨子山，明永樂七年卜建山陵，因改今名，諸帝陵寢皆在焉。」

黑山。在昌平州北六十里。爲黄花通衢。山如列屏，下有泉。

玉帶山。在昌平州東北十五里。山腰有白石一路如帶。

神嶺山。在昌平州東北三十二里。山高百餘丈，上有白石，下有龍潭，流入白浮堰，即神山泉也。

銀山。在昌平州東北七十里。峯巒高峻，冰雪層積，色白如銀，因名。山半有石崖，皆黑色，謂之「銀山鐵壁」。舊志：銀山度嶺數折，峯漸分爲三，左一峯石卓立如錐，峯下爲法華寺，寺後爲古佛巖，再上爲鄧隱峯説法堂。復躡危磴五六里爲中峯頂，峯脊如刀背，兩傍如削，下臨萬仞，不可凝視。

桃山。在順義縣西北三十五里。山有五峯如桃花瓣，巨石錯落，横亘數畝。唐書謂之桃谷山。元致和初，上都兵入古北口，留重兵屯燕樂城，以輕騎進抵桃山。燕特穆爾掩擊之於白狼河，追至桃山，降其衆，即此。燕特穆爾，舊名燕帖木兒，今改正。

牛欄山。在順義縣北二十里。遼史百官志：「置牛欄都統領司。」明統志：「牛欄山，明改爲順義山。」昌平山水記：「牛欄山上有洞，俗傳金牛出焉，洞前石壁有小槽形，曰飲牛池。山北里許有小山，名靈蹟山。宋王曾上契丹事：順州至檀州漸入山，牛欄當其要路也。山之東麓，潮、白二河合焉。」

呼奴山。在順義縣東北二十五里，即古狐奴山也。其北麓鳥道而上，約里許，漸闊漸平。山有小石城，其西南百步有漢狐奴縣址。

鐵鑛山。在密雲縣東三十里。産鐵，漢書地理志「漁陽有鐵官」，蓋置於此。又元史：「至元十三年，霧靈山伐木官言檀州大谷錐山出鐵鑛，有司覆視之，尋立四冶。」

龍門山。在密雲縣東七十里。有黄崖洞，懸泉如瀑布。相近有錐山，一峯矗立如錐。

孤山。在密雲縣南八里。獨立平原，傍無附麗。

聖水山。在密雲縣南十里。山下出泉，環抱而流，爲縣之勝。

銀冶山。在密雲縣南十里〔四〕，一名銀冶嶺。舊産銀鑛。宋王曾上契丹事：「順州東北過白嶼河，望銀冶山。」〔五〕即此。

密雲山。在密雲縣南二十里，一名横山。名勝志：「山藏雲霧，縣名取焉。」方輿紀要「唐置横山城於山下」，因城置横山郡。昌平山水記云：「石虎攻段遼〔六〕，遼棄令支奔密雲山。」即此。舊志謂在東北。又縣南二十里有白檀山。

黍谷山。在密雲縣西南十五里。劉向别録：「燕有黍谷，地美而寒，不生五穀，鄒子居之，吹律而温氣生。」舊有鄒衍祠在山上。舊志：「黍谷山在懷柔縣東四十里，跨密雲縣界，亦名燕谷山，亦謂之寒谷。」吴越春秋「北過寒谷」，左思賦「寒谷豐黍，吹律暖之」是也。山有風洞，洞口風氣凜冽，盛夏人不敢入。

九松山。在密雲縣北二十七里。本朝康熙四十五年，聖祖仁皇帝巡幸經此，見山有松九株，遂賜名九松山，建庵曰朝天。高宗純皇帝臨幸，屢有御製詩。

柏山。在密雲縣北三十里。上多松柏。按柏山距九松山僅三里，似當與九松爲一山，舊惟柏山，今始並載焉。

香陘山。在密雲境。產藁本香。

冶山。在密雲縣東北八里。上有塔，有石洞深邃，水出四時不竭。東有丱洞，昔人淘金址尚存。

火突山。在密雲縣東北二十五里。巖谷崚嶒，色如火焰。

清洞山。在密雲縣東北五十里。中有仙洞，下有三教寺，亦名三教山。

霧靈山。在密雲縣東北一百八十里，南距邊四十里。本名伏凌山，後訛爲霧靈。水經注：「伏凌山甚高峻，巖嶂寒深，陰崖積雪，凝冰夏結，故世人因以名山也。」舊志：一名萬花臺。高峻爲諸山之冠，山上嘗有雲霧蒙之，四時不絕。山之左右峯巒攢立，深松茂柏，內地之民，多取材焉。元有霧靈山伐木官，其絕頂可瞰塞內。明正德中，撫臣王大用以山錯在朶顏界，議築城守之，以拒其險，不果。

陳宮山。在密雲縣東北一百八十里。山下有土垠縣故址，又相近有觀鷄山。按漢土垠縣在今豐潤縣，陳宮、觀鷄等山亦在其境，密雲之土垠乃後魏時僑置，後人誤以爲即漢縣，因指無名之山而謂之陳宮、觀鷄，非故蹟也。

丫髻山。在懷柔縣東南七十五里。兩峯高聳，形如丫髻，上有碧霞元君祠。本朝增建玉皇閣，山前建行宮。高宗純皇帝時奉孝聖憲皇后安輿詣山拈香，即此。

龍王山。在懷柔縣西半里。舊城環其上，下有龍潭，深不可測。

石塘山。在懷柔縣西三里。石供欄柱階砌之用。明永樂後，有大工採石於此，設工部廠，今廢。

紅石山。在懷柔縣西北三里。山頂有泉出石窟中，瑩潔如玉，一名玉泉山。

紅螺山。在懷柔縣北二十里，高二百餘仞，山下有潭，潭中嘗有二螺，色殷紅，下流爲紅螺山水。按：遼史地理志檀州有螺山，金史地理志順州有螺山，王曾上契丹事順州東北有螺盤山，即此。

金鐙山。在懷柔縣東北七十里。相傳山頂有光焰射入，因名。

龍安山。在涿州西五十里。時有雲氣騰繞如龍，蓋大房諸山之支隴也。

石虎山。在涿州西五十里。有二石，形如虎。

一堵牆山。在房山縣西南四十里。石壁巉峭，高三百餘尋，長五百餘步，儼若版築，上下平廣，可容數百家。

石經山。在房山縣西南五十里。本名白帶山，亦名㮄題山，以上生㮄題草也。峰巒秀拔，儼若天竺，又名小西天。其東有石經洞，下有雲居寺。高宗純皇帝有望石經山及雲居寺諸詩。寰宇記：「白帶山在范陽縣西北四十里。」圖經：「智泉寺僧静琬見白帶山有石室，遂發心書經十二部，刻石爲碑。」明統志：「隋大業間，法師静琬募緣鑿石爲板，刻經一藏，以傳於後。迄唐貞觀初，僅成大涅槃經一部而卒，後釋徒相繼，歷遼金始完。」孫承澤春明夢餘録：「經前後納洞中者，通千餘卷，有石幢記其目甚悉。洞皆以石爲窗櫺，用鐵固之。石本之近窗者，可以窺見字畫。」

黄龍山。在房山縣西稍南四十里。山下有大石嵎，前産青白石，後産白玉石，可供階礎之用，碣下即白石塘也。

留臺尖山。在房山縣西三里。有泉石之勝。

平峪山。在房山縣西二百里。峪中平坦，有水環流石田百餘畝。

大房山。在房山縣西北，亦作大防山。水經注：「防水出大防山南。」魏書地形志良鄉縣有大房山。寰宇記：「大防山在良鄉縣西北三十五里。山下有石穴，又有小防山，亦與大防相近。隋圖經云〔七〕：防山上有仙人玉堂。」金史：貞元三年「以大防山雲峯寺爲山陵」；大定二十一年「封大房山神爲保陵公」。明統志：「大房山在房山縣西十五里。境内諸山，惟此山最爲雄秀，古碑云乃幽燕奥室。山下有聖水泉，山西南有伏龍穴，一名龍城峪。」畿輔通志：「本朝雍正八年正月二十日，鳳凰集於房山之溝山峯。」高宗純皇帝有望大房山作歌諸什。

六聘山。在房山縣西北三十里。遼史地理志涿州有六聘山。日下舊聞：「六聘之義，地志不詳，疑即霍原教授之地。」霍原詳後人物。

穀積山。在房山縣西北五十里。峯巒突起，形如積穀。下有洞皆石壁，可容四五十人。

黄山。在房山縣西北七十里。上有玉室洞天，相傳漢張良微時隱此。

大安山。在房山縣西北八十里。上有龍湫山，甚高險，唐末，劉仁恭築館於此。

臺山。在霸州東二十里。舊爲九河所經，臺基有三，形如鼎峙。

南山。在霸州東七十里。喬木修竹，周帀十數里，爲州之勝。

鴈頭山。在霸州東南二十五里。宋時有鴈頭砦。

莫金山。在霸州南十二里。宋設莫金砦於此。按：州志舊有南山、臺山、莫金、鴈頭諸勝，後爲河水所衝，皆成平陸，兹特存其舊名耳。

神山。在薊州東南八里餘。山半有大道，東西轉折而上，相傳金章宗嘗獵於此。其後峯有浮圖。

别山。在薊州東南三十里。山形圓秀，逶迤數十里。自此至京師，雖有山而無高阜，因名。

燕山。在薊州東南五十五里。高千仞，陡絶不可攀，與遵化州及玉田縣接界。隋書地理志無終縣有燕山。

桃花山。在薊州西南六十里。山多桃花，有清泉繞流其側。又州東十八里亦有桃花山，山有寺，寺旁爲行宫，高宗純皇帝有御製八景詩。

甘泉山。在薊州西五十里，有泉極甘。一名石獒山，山巔有大石如犬，故名。

崮嵐山。在薊州西六十里。山勢險峻，周圍壁立，間有小徑可通，亦名窠羅山。

漁山。在薊州西北三里許。形如圓丘，景色蒼翠。山多泉，冬夏歕湧成湖，居民因之開爲稻田，菰蒲荇藻，宛似江南。

盤山。在薊州西北二十五里。圖經：「盤山南距滄溟，西盡泃水，東放碣石。自遠望之，層巒疊嶂，崒嵂排空，真爲雄勝。」李仲宣佑唐寺碑：「盤山，箕尾之巨鎮也，深維地軸，高逼天門，暖碧凝霄，寒青壓海。」舊志：山勢磅礴而盤桓，因名。姬志真雲山集：「漁陽西北之山本名四正，古有田盤先生自齊而來，棲遲此山，因名爲盤山焉。」名勝志：「一名盤龍山，高二千仞，周百餘里。」釋智樸四正山居志：「盤山一名東五臺。自來峯，北臺也；先師臺，南臺也；紫蓋峯，中臺也；九華峯，東臺也；舞劍臺，西臺也。晾甲石爲下盤，古中盤爲中盤，雲罩寺爲上盤。上盤之勝以松，中盤以石，下盤以水。」本朝聖祖仁皇帝屢經臨幸。乾隆九年，高宗純皇帝以兹山爲謁陵經過之道，臣工扈從勞勩，創建行宫，以爲憩息之所，樸素不雕，名曰静寄山莊，御製有記及十六景詩。按：晾甲石在行宫西偏，千尺雪上，石勢排連，瑩潔如砥，相傳唐太宗東征，晾甲於此。摩厓篆書「唐文皇晾甲石」六字，高宗純皇帝有御製詩。

翁同山。在薊州北，即古無終山。搜神記：「陽雍伯，雒陽人，至性篤孝，父母殁，葬於無終山，遂家焉。山高八十里，上無水，雍伯作義漿於坂頭，行者皆飲之。三年，有一人就飲，與石子一斗〔八〕，使種之，云玉當生其中。後得白璧五雙，娶北平徐氏女。」水經注：「無終山，即帛仲理所合神丹處也。山有陽翁伯玉田，在縣西北〔九〕，有陽公壇社，即陽公之故居也。陽氏譜敘言，翁伯，春秋之末，爰宅無終，愛人博施，天祚玉田。其碑文云：居於縣北六十里翁同之山，後潞徙於西山之下〔一〇〕，陽公又還焉，而受玉田之賜。」隋書地理志無終縣有無終山。寰宇記：「無終山，一名翁同山，又名陰山，在漁陽縣西北四里。」按：州志有空同山，在州北五里，即「翁同」之訛也。諸志皆以無終山入玉田縣，據寰宇記，無終即翁同，去州近而去玉田稍遠，今仍兩存焉。

黄花山。在薊州東北四十五里。雄踞平原，路徑屈曲，多松林葱翠。

泉水山。在平谷縣南八里。山下有泉逆流，河發源處也，灌田數十頃。

瑞屏山。在平谷縣北二十里。連峯聳拔，羅列若屏，上有石臺，下有興隆寺。

漁子山。在平谷縣東北十五里。上有大冢，俗傳爲黄帝陵。

分水嶺。在宛平縣西四十里。形勢廣闊，山澗諸水至此爲二，一入盧溝河，一入房山縣界。

羅睺嶺。在宛平縣西六十里。徑道極險，行可二十里，望見潭柘寺。高宗純皇帝有御製羅睺嶺詩，刻石。

青山嶺。在宛平縣西一百五十里。中平坦，四面高聳，下臨清泉，多産三七及諸藥。

長城嶺。在昌平州西少南。王嘉謨薊丘集：「北山上平衍，西五里有嶺曰長城，嶺上有方堞遺址，相傳爲秦皇所築，有泉曰馬跑。又西三里有了思臺〔一一〕，下臺而西又十里，皆峻嶺也。灰嶺險倍於長城，石如蛤粉。下山有城，是鎮邊之廢邑。又西八里有城，是曰鎮邊。兩旁皆山圍之。南曰碧霧，曰通明，北曰鷹揚，曰岑落〔一二〕，碧霧之巖有小湖，曰合抱河。鎮邊西十里有堠曰唐耳，背踞大山，斜界居庸，鎮邊廢邑，其南皆山，中爲衢路。東曰六華巖，西曰小神山、青利山。其第四巖有洞深黝，是爲鳴臯。洞南十里有聚曰長峪，又西五里有巖曰德勝，亦曰鳳凰，山下出泉，流二十里，達於渾河。山西有觀音洞，一名孤松巖。山南嶺曰西峪，出山而北曰白鶴峯，又折而東曰青華山，高可萬仞。」

北屋嶺。在懷柔縣東五十里。有風臺，相傳鄒衍祭風之所。上有風洞，風出其中。

氣鼓嶺。在平谷縣南十五里。山形如鼓，上常有雲氣。

祕魔崖。在宛平縣西三十里，一名避魔崖。春明夢餘録：「盧師山，山半爲祕魔崖，大石嵌空幾二丈。」從石崖中出，東行百餘步有池，蓋大小青龍所蟄處。

滴水巖。在宛平縣西四十里。舊志：出磨石口，至三家村，渾河倒影，崖壁峭絶。十餘里入軍莊，一峯側出，而腹藏洞者，爲建陽洞。越仰山嶺，循山趾行，夾壁中有村臨谷口，爲桃源村。復沿澗過仰山村，折而西上黄牛岡口，徑愈仄，轉十八疊爲滴水巖。懸崖千仞，巖洞皆削成無縫。泉布石面，旁有穴，然炬以入，廣三十餘丈，洞中石乳爲蓮花垂、爲象鼻。右一石牀，幕以石龍，再入則潭深莫測。從巖側曲徑而上，二十里至北頂，可望居庸諸塞。

峋峋崖。即溝溝崖，在昌平州西北德勝口西三里。深山疊嶂，秀石緣空，三十餘里，悉履石攀葛，始達其巔。清流繚繞，奇樹揚芬，旁有蘭若數區，爲州之勝。

紅螺嶮。在房山縣西北上方山東三十里。循九龍峪，度八嶺寨，入桃葉口，爲下嶮。過龍潭水有洞曰紅螺，爲中嶮。復上半里許，爲上嶮。舊名幽嵐，一名寶金山。

卧龍岡。在宛平縣西北四十五里。岡石堅白，蜿蜒二十餘丈，狀如卧龍。五代梁乾化二年，晉將周德威攻燕，擒劉守光將單廷珪於龍頭岡，即此。

料石岡。在良鄉縣東北里許。當南北孔道。金史：「貞元元年，獵於良鄉，封料石岡神爲靈應王。」舊志：亦名燎石岡，岡石赤色如燎，可以取火。又有古城五座，方圓棊布，岡頂有多寶佛塔〔一三〕，隋建。

彈琴峽。在昌平州西北居庸關内。水流石罅，聲若彈琴。相近有仙人枕，道旁大石也。高宗純皇帝鑾輿經此，有御製彈琴峽詩。

賈島峪。在房山縣西。内有石室，相傳賈島所居。

中和峪。在房山縣北十八里。山腰有湧泉，常流不竭。

川方峪。在薊州東二十五里，一名禪房峪。明正統中設柴廠於此，景泰中廢。峪中龍泉屈曲，南流入沽河。

仙人洞。在昌平州北中山口北一里。洞在山麓，可容二百許人。洞口向東，從石梯而下，石皆倒垂，下爲平地。洞内西北有一門，門外一大石鐘下懸，長數尺。門内有石罅如夾道，深黑不可入。

金洞。在密雲縣東八里。元時嘗採金於此。

冶仙洞。在密雲縣東北二十里，地名驚破羅山。巖間有石門二扇，不可開，内有潺湲之聲。

漿水洞。在懷柔縣東北百餘里深山中。洞有水，色白如漿，汲之不絶，不汲亦不溢。

孔水洞。在房山縣大房山東北。水經注：「聖水逕大防嶺東首，山下有石穴，東北洞開，廣四五丈〔一四〕，入穴轉更崇深，穴中有水，夏冷冬温，春秋有白魚出穴，美踰常味。是水東北流入聖水。」寰宇記：「孔水出大房山。」明統志：「大房山東北，上有懸巖千尺〔一五〕，下有石窟闊二丈許，泉水從中湧出，深不可測。」唐胡詹記：嘗有人篝火浮舟探之，行五六日，莫究其源，但見仙鼠晝飛，赬鱗時見。開元時，每旱必遣使投金龍玉璧。金泰和中忽有桃花流出，其瓣如五錢許。」

百花陀。在宛平縣西一百二十里王平口外，大漢嶺沿河口之西。四圍皆山，中有平川，約數十畝。産杉漆藥草，春夏之交，百花爛然。有金章宗石牀尚存。又鐵石陀在縣西百里。按：舊志宛平山川下有百花山，云上多花卉，絶頂有龍潭，相近有鶴子山，其西北有東西二靈山，又西北有小五臺。而春明夢餘録衹載百花陀，云頂上有千佛山、觀音山，其頂爲百花山頂，山中多花卉，奇異不可名狀。「坐頂上俯諸山〔一六〕，揞如圭，是東西兩靈山」，「其迎前壁立者爲鶴子山」，與志所載百花山同。宋啓明長安可遊記則云：「過鶴子山三里餘，始躡百花山腰。西北兩山秀甚，東西二靈山也。又西北爲小五臺山，花多目所未覩，紅黄紫翠，不可名狀。一色者跗萼各殊。」帝京景物畧亦云：「行百花中一里，登菩薩頂。」由衆説考之，百花山即百花陀，而小五臺即陀之別岫。日下舊聞亦祇載百花陀。舊志前既列山，後又載陀，似爲複誤。且王平口去京師一百二十里，度大漢嶺至沿河口，距京師二百里，已非宛平之境，記載家特以王平口爲入山初徑，故於宛平山川之下牽連及之，今特删去百花山，附説於此，以正其譌。

牛心陀。在平谷縣北十五里。

渤海。在寧河縣東南，西南接天津府天津縣，東接遵化州豐潤縣界。

七里海。在寧河縣西北四十里〔一七〕。舊屬寶坻縣。通志：「七里海即北運河青龍灣藉以蓄洩者也，地形窪下，聚潦歸焉。其西北爲後海，後海之西爲鯽魚淘，又北爲香油淀，其東南爲曲里海。雨水盛則極目無涯，歲旱，諸淀皆涸，惟七里海尚有寧車沽一道，下通北塘，潮汐往來，水常不竭。然水淺道狹，舟楫不至，居民苦之。」本朝雍正五年開濬寧車沽河，起淮魚淘〔一八〕，達北塘口，長百四十里，估帆遂通。

大通河。舊名通惠河。自玉泉導流，經高梁橋分爲二：一由西直門外繞而南，東會玉河，又東北抵大通橋；一由德勝門外繞而東南，又東行亦會於大通橋，河由是得名。其下流達於通州。元史河渠志：「至元二十八年，都水監郭守敬建言：『導清河，上自昌平縣白浮村，引神山泉，西折南轉，過雙塔、榆河、一畝、玉泉諸水，至西水門入都城〔一九〕，南匯爲積水潭，東南出文明門，東至高麗莊入白河，長一百六十四里一百四步。壩牐十一處，共二十座，節水以通漕運，誠爲便益。』從之。首事於二十九年春，告成於三十年秋，賜名曰通惠。」又郭守敬傳：「大都運糧河，每十里置一牐，皆至通州〔二〇〕，凡爲牐七，距牐里許，上重置斗門，互爲提閼，以過舟止水。」明實録：成化七年，户部尚書楊鼎、工部侍郎喬毅請開通惠河，上命鼎、毅相度，奏云：「閘河原有舊閘二十四座〔二一〕，以通水道。但元時水在宫牆外，船得進入城内海子灣泊〔二二〕。今水從皇城中金水河流出，難循故道。其白浮、一畝、三里河、草橋、金口諸水皆不可引導，今玉泉、龍泉、月兒、柳沙等泉，皆出於西北山麓，堪引匯於西湖。若從西湖源頭將分水青龍閘閉住，引玉泉諸水從高梁河，量其分數一半從金水河流出，其餘從都城外濠流轉，會於正陽門東城濠，再將洩入三里河水閘住，併流入大通橋閘河，隨時瀦洩，工程甚省。」十二年「乃命平江伯陳鋭興卒七千人，自都城東大通橋至張家灣渾河口六十里〔一三〕，浚泉三，增閘四，凡十月而畢。漕舟稍通。其河源在元時引昌平縣之三泉，時三泉俱捍隔難引，獨西湖一泉，又僅分其半，河制窄狹，不踰二載，淺塞如故」。嘉靖六年，「巡倉御史吳仲請修通惠河，大學士楊一清、張璁皆言其便，世宗然之。七年河成，糧運至者，省費十一萬三千餘兩」。河漕考：「元通惠河築堰起白浮村，至青龍橋，長五十餘里，以障諸水入都城。又自大通橋起至通州地勢高四丈，中間設慶豐等五閘以蓄水。」本朝康熙三十五年濬大通河，加築隄岸，建滚水壩以洩水，三十六年濬護城河，引大通橋運艘，達朝陽、東直等門。今東直門、齊化門皆有水關，通惠河水所由入也。乾隆二十三、二十五兩年再加疏濬，漕艘之分運京倉者，實利賴焉。

會清河。在大通河北。本朝康熙四十六年開，起水磨閘，歷砂子營，至通州石隄止。運通州米由通流河至德勝門外本裕倉。

三里河。在大興縣東南。元時名文明河，接通惠河〔一四〕，爲糧儲運道，置鐵閘，明時堙廢。成化中，楊茂言京城南舊有三里河，直通張家灣烟墩橋以西，濬之可通漕運。户部尚書楊鼎等云：此河舊無河源，正統中因修城濠作壩蓄水，又恐雨溢，故於正陽橋東南開通濠口，以洩其水，始有三里河之名。自濠口三里至八里莊，始接渾河，舊渠兩岸多廬舍〔一五〕，深處只二三尺，闊僅丈餘，難以行舟，事乃止。嘉靖初，桂蕚復請修之，亦不從。今故道已成平陸。

鳳河。源出南苑團河，東南流經廢漷縣西南爲新莊河，至東安縣東北四十里鳳窩村爲鳳河，至武清縣西北二十里爲漷水鋪河，又遶武清之北，折而東，隨地異名，至縣南八十里，爲安沽港河〔一六〕，南入三角淀。舊時水甚深廣，隆冬不冰，後淤塞，僅存河形，每遇積雨，瀰漫爲害。本朝雍正四年於高閣莊開渠，分涼水河至武清縣之堠上村，濬鳳河故道，由雙口抵青沽港入淀，長一百三十里，河流遂通。乾隆五年、二十一年屢經接築東隄，以防永定河尾閭東漫。三十二年，高宗純皇帝聖駕自天津回蹕，巡視鳳河，特命開濬團河，俾源頭無壅，其下游有斷流處，亦一律疏通，永資利導。按元史河渠志，渾河本盧溝水，從大興縣流至東安州、武清縣，入漷縣界，此河即元時渾河故道也。明時渾河南注，奪琉璃河經流，下達霸州，其東流一道不復相通，土人遂以琉璃河爲渾河，而以元時渾河爲鳳河，或以上接大興縣東南三里河、下至張家灣者爲渾河舊渠。

涼水河。在宛平縣南。由水頭莊泉發源，東南流入南苑，會一畝泉，經馬駒橋，又東逕通州南，曰南新河，至張家灣城南入白河。本朝乾隆三十八年重加疏濬。按良鄉縣南三里亦有涼水河，即古樂水，水經注：「樂水出良鄉縣西北大防山南，東南流入縣西，又東南流注聖水。」

高梁河。在宛平縣西。水經注：「高梁水出薊城西北平地，泉東注，逕燕王陵北，又東逕薊城北，又東南流。魏土地記曰：薊東十里有高梁之水。其水又東南入㶟水。」〔二七〕俗諺云高梁無上源，蓋以高梁微涓淺薄，纔足通津，憑藉涓流，方成川甽故也。舊志：高梁河在西直門外半里，自昌平州沙澗東，東南流經高梁店，又東南流入都城積水潭，水急而清，魚沉水底，鱗鬣皆見，緑樹紺宇，蔭爽交帀。遼將耶律沙與宋兵戰於高梁河，即此。金時亦謂之皂河，上有高梁橋。按：高梁河，今爲玉河上流，即玉泉山水所經，別曰高梁者，存古名也。本朝屢加修濬。

永定河。即桑乾河。自宣化府保安州流入，東南流逕宛平縣西南，又東南逕良鄉縣東，又南逕固安縣北，又東南逕永清縣東北、東安縣西，又東南逕霸州東北，合玉帶河。古名㶟水，又名清泉河，亦名盧溝河，俗名渾河。水經注：「㶟水南注馬徑山，謂之落馬洪〔二八〕。又南出山，謂之清泉河。又東南逕良鄉縣之北界，歷梁山南。又東逕廣陽縣故城北，又東北逕薊縣故城南。魏土地記曰：薊城南七里有清泉河也。又東與洗馬溝水合，又東逕燕王陵南，又東南高梁之水注焉。又東至漁陽雍奴縣〔二九〕，東流與潞河合。」周煇北轅録：「盧溝河亦謂之黑水河，色最濁，其急如箭。」范成大集：「盧溝去燕山三十五里，宋敏求謂之蘆菰河，即桑乾河也。」元史河渠志：「盧溝河其源出於代地，名曰小黄河，以流濁故也。自奉聖州界流入宛平縣境，至都城四十里東麻谷，分爲二派。」吴訥集：「盧溝河過懷來，行兩山間，至京城西四十里石徑山之東，地平土疏，衝激遷徙不常。至看丹口分爲二：一東流至通州高麗莊入白河，是爲運河；一南流至霸州合易水，又南至丁字沽入運河。」王瓊漕河圖志：「桑乾河至盧溝橋，東南流至固安縣楊先務，又經霸州苑家口，合灰河、渾源川、㴔川、胡良河、琉璃河、廣陽河、鹽河，至武清縣丁字沽，凡四百餘里入白河。」按：渾河，舊自宛平縣東流經大興縣南，至東安、武清入白河，即桑乾故道也。元時自宛平分流爲二，後舊渠堙塞，其南出者，明永樂後改西南流，經固安、新城、雄縣，至霸州。嘉靖初徙於固安縣北十餘里，東流入永清縣界經霸州東北境，達信安入海。萬曆中又徙固安縣西十餘里，尋徙城南，泛溢固安、永清之境，後又徙固安之北。本朝順治十一年復改流縣西，與清水合流，南入新城縣境，至霸州城南，溢爲巨浸。我聖祖仁皇帝軫念郊圻，周覽河道，以河流無定，皆由上流淤塞，南趨保定，與諸水會合，勢不能容，自致泛溢。康熙三十七年特命撫臣于成龍等疏濬，起良鄉之張家莊，至東安之郎城河，重開一道，遷流於東，由固安、永清之北引流直出柳岔口、三角淀，達於西沽，築長隄捍之，賜名永定河，設分司管理。嗣是二十餘年，河無遷徙，而下流之入淀者，積漸填淤。雍正四年於郭家務開渠七十里，改河東行，又開下流長洵河三十餘里，引渾河之水遶王慶坨東北，入三角淀。自柳岔口至韓家村三十餘里，築隄以防其衝，改永定分司爲永定河道專司修濬。由是渾河下流不復南注清河，沿河州縣頗受其利。乾隆十六年移河之下口，自永清南岸上七工耒教村，經朱家莊，歷霸州、東安、武清，至天津縣之安光村，入葉淀歸海。嗣因地勢狹窄，不能匀沙蓄水。二十年春，高宗純皇帝親臨閱視，指授方畧，於北岸六工二十號開隄放溜，歷東安，至武清之沙家淀，會鳳河，入大清河，達天津歸海。二十八年以埝根漸淤，復改於北埝十七號出口，並於上游宛平縣之求賢村，開減水河一道，歷固安、永清、東安至武清，入鳳河，以洩永定河北岸渾流，於是水益流暢，無旁溢之患。

廣陽河。在良鄉縣東。水經注：「廣陽水出小廣陽西山，東流逕廣陽縣故城北；又東，福禄水注焉。亂流東南至陽鄉〔三〇〕，右注聖水。」舊志：廣陽河，一名義河，源出房山縣東北公村，東南流入良鄉境，舊入聖水；自盧溝南決，遂東注桑乾河。通志：「今牤牛河，即廣陽、鹽溝二水之會流也，二水至良鄉縣城東南合流爲三叉口，南流至任村，西南入大清河。一遇水漲，奔騰衝突，故土人謂之牤牛河，良、涿、固、霸之間，屢被其害。」本朝雍正四年於任村南開濬新河，東南逕涿州界東、固安縣西北〔三一〕，循盧溝故道，南逕霸州之南孟等村，抵栲栳圈，入中亭河，長二百餘里。自是潦水有歸。乾隆九年復行開濬之。

鹽溝河。在良鄉縣南，即古福禄水也。水經注：「福禄水出西山，東南流逕廣陽故城南，東入廣陽水。」舊志：鹽溝河源出宛平縣龍門口，東南流逕良鄉縣東南四里陶村，會廣陽河。五代史：涿州運糧入幽州，契丹輒伏兵於閻溝取之。唐長興三年，趙德鈞鎮盧龍，「城閻溝而戍之」。閻溝，即鹽溝也。

琉璃河。源出房山縣西北，東南逕良鄉縣西南，又東南逕涿州東，又南入保定府新城縣界，即古聖水也。水經注：「聖水出上谷郡西南聖水谷，東南流，逕大防嶺之東首山，又東逕玉石山，謂之玉石口。伏流里餘，潛源東出。又東，頽波瀉澗，一丈有餘，屈而流。又南逕良鄉縣故城西，有防水注之。又南與樂水合，又東過其縣故城南，又東逕聖聚南，又東與俠河合，又東過涿縣東，與桃水合。又東，廣陽之水注之。又東南逕陽鄉城西，又東逕方城縣故城，又東左會白祀溝。又東南逕韓城東，又東南右會清淀水。又東逕安次縣故城南，又東南注巨馬河。」寰宇記：「聖水俗名迴城水，源出良鄉縣西北玉石山，東流經縣北四里，又南流入范陽縣界。」范成大集：「琉璃河，又名劉李河，在涿州北三十里，水極清泚，茂林環之。此河，大中祥符間，路振乘軺録亦謂琉璃河。惟嘉祐中，宋敏求入蕃録乃謂之六里河。」明統志：「琉璃河在良鄉縣南四十里。」金史作劉李河。舊志謂即古聖水，自房山龍泉峪流至霸州入拒馬河。」按：今琉璃河源發房山縣西北黑龍潭及孔水洞，俗名蘆村河，東流逕縣東南二十里，入良鄉界，始名琉璃河。經縣西南四十里，又南入涿州界，亦名清河。自琉璃河東行可四五里，折而東南可二三里，得俠河口，又東南可二十里，得拒馬河口，又東南可七八里爲茨村，正西去涿州三十里，東岸有渾河決入之口。土人云：舊時渾河從固安之故城村決而西，南至茨村，東北合琉璃河，遂直南衝茨村，分爲二，後渾河漸徙而東。至本朝康熙二十七年，始盡淹塞，不復相通，而琉璃河遂南入新城縣界。近年屢加修濬，其故道由涿州東逕固安、永清、東安、霸州界，今皆爲渾河所奪。高宗純皇帝巡幸經此，屢有御題琉璃河詩，勒碑。

香河。在香河縣東里許，俗名長溝。種芰荷，多香氣，縣以此名。

牛濟河。在香河縣東南三十里。縣志：「城東南十五里有高沱子河〔三二〕，上通蕭后運糧河及葉家屯、董家屯兩隄口，流至縣東南三十里爲牛濟河，又東南入七里莊河。」

葉清店河。在香河縣西南十里。水泛則上通狼兒窩、張家莊、運糧河口，下通甄家店、葉家屯、三路隄口。

蒼頭河。在香河縣西北二十里。舊志：相傳即蕭后運糧河。水泛則上通牛欄山水、窩頭莊水，下通三路隄口。一由李家園坑隄口入北吴村，一由明星堂隄口入廿十八隄口，一由東淩莊尹家河、沙務莊、張家灰店、南吴村、牛家屯入板罾口河。通志：「今名窩頭河。本無源，伏秋水發，衆流會於窩頭，逕香河縣百家灣，東與渠水合。」

蒲池河。在香河縣東北十五里，亦名渠河，又曰蒲石河〔三三〕。自百家灣東流經縣北至縣東三十里，匯爲七里莊河，入寶坻縣界。

白河。源出宣化府赤城縣，自古北口西流入，逕密雲縣西，又南與潮河合，又南逕順義縣東，又南至通州東爲北運河，下流逕香河、武清諸縣入天津之直沽歸海。漢書地理志：漁陽縣，「沽水出塞外，東南至泉州入海，行七百五十里」。水經注：「沽水逕赤城東，又東南右合高峯水。又西南流出山，逕漁陽縣故城西，而南合七度水。又南，漁水注之。又南與螺山之水合〔三四〕。又南逕安樂縣故城東，俗謂之西潞水。西南流逕狐奴山西，又南逕狐奴縣故城西。又南，陽重溝水注之。又南，濕餘水注之。又南，左會鮑丘水，世所謂東潞也。又南逕潞縣爲潞河。魏土地記：城西三十里有潞河。又東南至雍奴縣西，爲笥溝〔三五〕。灅水入焉，俗謂之合口。又東南逕泉州縣故城東，又東南合清河。」周夢暘水部備考：「密雲河，本白河上流，自牛欄山下，與潮河會。初，薊遼總督駐密雲，從通州至牛欄山，以車轉餉，勞費特甚。明嘉靖中，總督劉濤發卒於密雲城西楊家莊，築塞新口，開通舊道，令白河與潮河合流，至牛欄山，水勢甚大，故通州漕糧直抵密雲城下。」舊志：白河自宣府鎮赤城堡東流出邊，又東南入密雲縣西北邊城，東南經黄崖口堡及高家莊堡之南，又東至石塘城東北，會白馬關河、馮家峪河，稍南流會水峪河，經石塘城東而南，至縣舊城北折而西，復南屈，經城西至縣南十八里會潮河，乃西南流入懷柔縣界〔三六〕，至牛欄山，東會大水峪河。又南經縣城東，凡六十里入通州界，南流至州城北，温餘河、通會河皆流入焉。又東南至張家灣，會凉水河。屈東流復折而南，過廢漷縣東，凡一百二十五里，入香河縣界，轉東經香河縣西十里，復轉而南，入武清縣界，經縣東三十里，又東南至三角淀，會諸水南通御河，是爲直沽。按：白河下流，即今之北運河，元明時，運道皆由此。考元史河渠志，自通州以下皆呼爲白河，故舊志北運河祇并見於白河，今以漕運所關，減河隄堰，工築周詳，故特分載北運河，而昔人所敘白河源流，有牽涉運河者，姑仍其舊。至潮、白二河合流之處，今昔不同，詳見潮河條下。

北運河。在通州東。受潮白二河之水、温餘河及西山諸泉之流爲大通河者，亦自西北來注之，逕州南至張家灣，會涼水河。又南逕故漷縣北〔三七〕，又折而東逕香河縣西，又南逕武清縣東，又南至天津縣界，合大清河入直沽，達於海。按：運河，源高水激，盈減無常，易致衝決。本朝康熙三十八年，決武清縣筐兒港。明年，聖祖仁皇帝親詣閲視，令於決處建減水石壩二十丈，開引河，夾以長隄，注之塌河淀，由賈家沽洩入海。五十年開河西務引河。五十四年復以河西務城東有舊河形，對新河下口至三里屯，長四百餘丈，特命開直河一道。於是新河之溜移流於西，而東岸大隄無虞。雍正六年拓築筐兒港舊壩六十丈，重濬引河，改築長隄。七年疏賈家沽道。已而山水暴至，河西務又決，遣官於河西務上流青龍灣建壩四十丈，開引河注之七里海，運道乃安。乾隆二年移青龍灣石壩於王家務。十八年將兩引河大加疏濬，又歷年建築月隄草壩、護壩板工凡十餘處，以資防禦。三十二年，高宗純皇帝聖駕自天津迴蹕，巡視運河，以筐兒港壩身陡下，夏秋盛漲，減水過猛，易致成坑，特命於石工之外，貼築灰工坦坡一十五丈，使漸流勢緩，壩身永固；其減水引河，亦命與王家務一律疏通，俾無淤滯。又按王家務引河南至七里海，計長一百十五里，筐兒港引河南至塌河淀，計長六十四里，其下流並至北塘口入薊運河歸海。

漷河。在通州故漷縣。舊志：自盧溝流至縣西，析而爲三：正流爲漷河，東入白河；其一爲新莊河，在漷城南二十五里，南流入武清縣界，即鳳河也；其一爲黄漚河，東注馬家莊飛放泊。

富沱河。在通州東三十二里，周五里。經年不竭，多魚蝦之利。

泃河。俗謂之錯河。自口外流入，西南流經薊州北界，又西南經平谷縣南，又折東南經三河縣東，又東南至寶坻縣界，合薊運河。水經注：「泃水出右北平無終縣西山白楊谷，西北流經平谷縣，屈西南流，獨樂水入焉。又左合盤山水，又東南逕平谷縣故城，東南與洳河會。又南逕紻城東，而南合五百溝水。又東南逕臨泃城北，屈而歷其東，側城南出。竹書紀年梁惠成王十六年，齊師反燕戰於泃水，齊師遁，即是水也。又南入鮑丘水。」舊志：泃河，一名廣漢川，發源薊州北黄崖口，西南流經盤山之陰，入平谷縣界，經縣東門外〔三八〕。又西南經縣城西南，又南入三河縣界，經縣北折而東，繞縣城東北二面，又東南至寶坻縣東北界，入鮑丘河。按：唐書地理志「三河縣北十二里有渠河塘」〔三九〕，蓋即泃河之譌。俗亦名洳河，又名草橋河，至寶坻縣又名龍港，皆即泃河之異名也。

洳河。在平谷縣西南，流至三河縣界入泃河。水經注：「洳河水出北山，山在傂奚縣故城東南，東南流經博陸故城北，又屈逕其城東。又東南流逕平谷縣故城西，又東南流注於泃河。」明統志：「洳河源自密雲縣石峨山，經三河縣東南平谷故城，入泃河。」舊志：今有周村河，在平谷縣西十里，源出口外，南流入泃，其入泃之處曰洳口，在三河縣北五十里。

薊運河。在寶坻縣東三十里。其上流爲梨河，發源遷安縣之三屯營盧兒嶺，一自薊州之沽河，一自三河縣之泃河，至縣東北三岔口合流，俗名潮河，亦名運糧河，又名白龍港。東南流至縣東南九十里名豐臺河，又南入寧河縣界，經蘆臺抵北塘口入海。漕運南來者，由此達薊州，故名。河水洶涌，寶坻地最窪下，本朝雍正四年修築長隄一百八十里，始免水患。按此即古鮑丘水入海故道也。

八門城河。在寶坻縣東南七十里，薊運河支流也。潮水逆注，受其灌溉者有七十二沽，居民賴之。

新河。在寶坻縣東南一百四十里，亦名漕渠。明初漕運由直沽入海，復折入運糧河，達於薊州，每有風濤之患。天順二年始開此渠，以通運艘，自直沽河口起，北至北塘河口止，相距約四十里，謂之新河。按今新河屬寧河縣。

高麗河。在昌平州東五十里。源出州東龍泉寺，泉分二流：一入順義縣，名白浪河；一南流，名高麗河。又南流，復合入温餘河。

温餘河。自居庸關南流經昌平州西，又東南經順義縣西南，又東南至通州北入白河。一名濕餘河，亦曰榆河，俗名富河。

漢書地理志：軍都縣，「温餘水東至潞，南入沽」。桑欽水經：「濕餘水出居庸關東，又東流過軍都縣南，又東流過薊縣北，又北屈東南至狐奴縣西，入於沽河。」注：「其水導源關山，南流歷故關下，逕軍都縣界，南流出關，謂之下口，水流潛伏十里許。故瀆東逕軍都縣故城南，又東，重源潛發，積而爲潭，謂之濕餘潭。又東流，易荆水注之。又東南流，左合芹城水。又東南流逕安樂故城西。於狐奴縣西南，東入沽河。」遼史地理志：順州有「温餘河」。昌平州志：「榆河在州南二十里。源出軍都山，至舊縣西而伏，又南復出，謂之榆河。其發處爲月兒灣，今上流已涸，其下流爲沙河，南接宛平縣界，至沙河店東南，合南沙河入通州界。」册説：「北沙河，在昌平州南十八里。由居庸關南流，遶州西，會翠屏山泉而東南流，又東至州東南三岔口，會南沙河、高麗河，經順義縣西南三十里，又東南至通州東北八里，入於白河。俗又名爲富河。」

南沙河。在昌平州南二十五里，即古易荆水也。水經注：「易荆水導源西北千蓼泉〔四〇〕，亦曰丁蓼水，東南流逕郁山西，謂之易荆水。又東，左合虎眼泉，又東南與孤山水合，水發川左，導源孤山，東南入易荆水，謂之塔界水。又東逕薊城，又東逕昌平縣故城南，謂之昌平水。又東流注濕餘水。」〔四一〕昌平山水記：「有水出州西南五十里龍泉寺，合西山諸泉，東南流逕沙河店南爲南沙河。」

雙塔河。在昌平州西北三十里。元史河渠志：「雙塔河，源出昌平縣孟村一畝泉，逕雙塔店而東，至豐善村入榆河。至元三年修治。」

七渡河。在昌平州北一百里。源出口外，自二道關入口，東南流經黄花鎮東，名黄花鎮川河。又南經懷柔縣西南二里，至縣東南合大水峪河〔四二〕。又南至順義縣北牛欄山東麓，入白河。按水經注：「七渡河出北山黄頒谷，亦謂之黄頒水，東南流注沽河。」疑即此。

潮河。源出口外，自古北口流入密雲縣界，西南流，至縣東南合白河。其故道舊自密雲流經懷柔縣東至順義縣北，與白河合，復自白河分流，經通州東、三河縣西南、寶坻縣東，合泃河入海，即古鮑丘水也。水經注：「鮑丘水出禦夷北塞中，南流逕九莊嶺東，俗謂大榆河。又南經鎮東南九十里西密雲戍西，又南，左合道人溪水，又歷密雲戍東，左合孟廣𡺸水。又東南流，白楊泉水注之。又東南，龍芻谿水自坎注之〔四三〕。又東南出峽，逕安州舊漁陽郡之滑鹽縣南，左合縣之北溪水，又南逕傂奚縣故城東。又西南逕獷平縣故城東，又南合三城水。又東南逕漁陽郡治，又西南歷狐奴城東，又西南流注於沽河，亂流而入潞，通得潞河之稱矣〔四四〕。高梁水注之。又南逕潞縣故城西，屈而東南流，逕潞城南，又東南入夏澤。鮑丘水自雍奴縣故城西北，舊分笥溝水東出，逕其縣北，又東與泃河合。又東合泉州渠口。又東，庚水注之。又東逕右北平郡故城南，又東，巨梁水注之。至雍奴藪歸海。」邊防考：「潮河寬處可三里，狹處可一二丈。昔人每以木石縱橫布列，以限戎馬。」密雲縣志：「潮河源出古北口外，自古北口流入，至石匣城東，會湯河及乾塔、清水諸河。折而西南，會黃門子河，當縣西南與白河交會，水流湍悍時作，響如潮聲。」順義縣志：「潮河，舊自密雲縣東入縣界，歷榆林村，至牛欄山，與白河合，今自密雲徑入白河，不至縣界矣。」三河縣志：「鮑丘河，在縣西南二十五里。」通志：「鮑丘河自密雲縣來，逕三河縣夏店，東南流入寶坻縣界，東逕縣北至王補莊，與窩頭河會。過林亭口，又東由八門城入薊運河。其河舊無恒流，上受通州、三河雨潦之水，泛溢而下，下流淤塞，香河、寶坻二縣輒受其浸。」本朝雍正四年疏通窩頭河，自百家灣起，鮑丘河自漁椿起，分道挑濬，或循舊流，或取直徑，皆會於王補莊，以八門城口淺窄，自林亭口別開直河，入薊運河。由是故瀆通流，二縣始免泛溢之虞。按潮河入口，密雲首當其衝。明嘉靖時，雨潦爲患，築隄以衛城，歲久頹廢。本朝乾隆十年以南山碎石傾墮，故道填淤，河流改衝北岸，於是築荆囤壩，以護古北口提督營署。十六年，壩復爲夏漲沖刷，乃疏濬舊河，又於菜園高灘築石壩一道。總督高斌恭奉高宗純皇帝聖訓，於就近徑直處，別濬一河，長一百三十三丈，以導水勢，由是上流通順，逕達懷柔，隄固河安，民賴其利。

白馬關河。在密雲縣北一百里。源出口外，自白馬關口東流入界，南折入白河。

乾塔河。在密雲縣東北一百四十里。源出口外，自黑峪關流入，西流逕古北城內，會清水河，又西南入潮河。

大水峪河。源出口外，自开連口入懷柔縣界，南流逕大水峪，爲大水峪河，亦名雁溪河。經縣東八里，至縣東南，合七渡河。

俠河。源出房山縣東，流逕涿州界，入琉璃河。水經注：「俠河水出良鄉縣西甘泉源東谷，東逕西鄉縣故城北，又東逕良鄉城南，又東北注聖水，世謂之挾活河。」〔四五〕舊志：俠河源出房山縣東南中浣，一名韓村河。東流逕涿州北二十五里，又東入琉璃河。

拒馬河。在涿州西北。自淶水縣流入，與琉璃河合，即古桃水也。水經注：「桃水受淶水於徐城，自遒縣又東逕涿縣故城下與涿水合，又東逕涿縣故城北，又東北與垣水會〔四六〕，又東入陽鄉縣，東注聖水。」舊志：拒馬河自涿州西南屈流，經房山縣西南界，又經州北二里，東合琉璃河，即古桃水也。河流曲折旋繞，自十度村至碣石店，歷經十度，亦名十度河。本朝乾隆九年，自河之鎮子營以下，因民力疏濬，灌溉房涿二屬惠南等村，咸獲其利。按漢志：「桃水首受淶水，東至安次入河。」安次在今東安縣界。水經注於下流已但言聖水，今更爲渾河所奪，今東安縣南五十里有桃河泊，當猶以桃水得名也。又按古拒馬水至淶水縣北折而南，其東分者爲桃水，今拒馬河直至州北淶水之故瀆，絶而不續，亦與古不同矣。

胡良河。在涿州北十里。源出房山縣大安山，流入州北，又東南合拒馬河，入琉璃河，即古垣水也。漢書地理志：良鄉，「垣水出，東南至陽鄉入桃。」〔四七〕水經注：「垣水上承淶水，於良鄉縣分桃水〔四八〕，世謂之北沙溝。東逕垣縣故城北。又東逕頃，世名頃前河。又東，洛水注之。又東逕涿縣北，東流注於桃。」按：金史地理志作湖梁河。

漫水河。在房山縣北，亦名龍泉河，即古防水也。水經注：「防水出良鄉西北大防山南，而東南流逕羊頭阜下，俗謂之羊頭溪。又東南流，至縣東入聖水。」金史地理志：奉先縣「有龍泉河」。明統志：「龍泉河源自大安山下，西南流，與琉璃河合。」縣志：「漫水河源出縣西龍門峪，流逕磁家務、大口頭、羊頭岡，爲大石河，又東入蘆村河。」

通濟河。在霸州東。由苑家口逆流，達栲栳圈，經關王堂、山川壇，轉北入護城河。每秋霖河泛，舟楫直抵城下，商賈輻輳。

會同河。即滱、易諸水下流。自保定府雄縣流入，名玉帶河。東流保定縣北，又東逕霸州南爲會通河。又東北經東安縣南，又東入天津府天津縣界，注於西沽。本古拒馬河故道也。水經注：「拒馬水自容城縣，又東南逕益昌縣，滱澱水右注之〔四九〕。又東逕益昌縣故城南，又東，八丈溝水注之。亂流東注。過平舒縣北，南入滹沱，同歸於海。」舊志：玉帶河上源有二派：一西北自新城縣來，曰北九河；一西南自任丘縣五官淀來，曰南六河。俱會於雄縣之貓兒灣，流入保定縣界，爲玉帶河。又東入霸州界，經州南十三里，至州東南二十里，與渾河合，名會通河，亦名苑口河。又東分二流入文安縣界，其正流至州東四十里田家口南，名邊家河。又東至東安縣爲呂公河。東經縣南五十里，又東入武清縣界爲王慶坨河。分爲二，俱經王慶坨鎮而入三角淀。冊說：玉帶河自貓兒灣東流三里許，至保定縣界張家口〔五〇〕，又六七里經縣北，又東北十餘里，經十王堂，入霸州界。又東北流十里許爲善來營，其旁爲渾河口。又東五里爲苑家口，又東五里爲蘇家橋河，流至此分爲三道：正流東行至直沽；一東北行五十餘里，從信安出；一東南行通運鹽河，流淺易涸。其正流東北行不及三十里爲王家莊，自蘇家橋而下，俱謂之淀泊。水發則漫無涯涘，水退則蘆荻彌望。又東北可十二里，與信安鎮之支河會，又東可十餘里，得新開河口，即鹽河也。又東可二十餘里，爲褚河港，南岸有河口，名長子河。分流三十里，合於王慶坨河。又東北曲折可八里爲東沽港。又東可十餘里爲王慶坨，有河口，亦鹽河分派也。自王慶坨又東迤南二十里，即三角淀也。按今諸河俱已改流，上流惟中亭一支，與玉帶河南北相望。其下自霸州東三岔口，分爲三派：一東北流逕臺山，會中亭河，又東出紀家淀，逕勝芳鎮，曰勝芳河，爲北派；一東流由趙家房逕托裏淀，出郭家窪，會勝芳河，爲中派；一東流由下馬頭逕崔家房、張家嘴，抵左家莊泊，曰石溝河，爲南派。其支流從石溝南出，緣大隄而東，至左家莊，仍入石溝河。三派並至臺頭會流，曰臺頭河。又東逕楊家河，入淀河。由三岔口至楊家河一百四十里，自永定河下流入淀，三派皆淤。本朝雍正五年興修水利，先於上流開中亭河〔五一〕，以分玉帶河之水；又於下流開勝芳河十七里，其張家嘴、石溝河淤淺之處，概行開濬。又按南股河，乾隆二十九年另開新河，從長村經任家莊抵左家莊，仍與舊河合。

中亭河。在霸州南。一名新挑河，又名栲栳圈河。舊有古河，上自蓮花臺，下達臺山，綿亘數十里，歲久淤塞。明嘉靖二十四年，副使陸坤循故道修濬，後復淤。本朝康熙三十八年，聖祖仁皇帝命河臣王新命重濬，上接十王堂，下入臺山，分減玉帶河水勢，築上下六工隄以衛州治及田廬，增設州判領之。其後又淤，雍正五年疏濬深廣，自保定縣北之王各莊〔五二〕，引流至岔河口入州境，由魚津村至東臺山，而入文安縣會同河，復開支河以廣灌溉，修築下六工隄，長四十里。乾隆九年復行挑濬，自岔河口至魚津村止；二十八年自魚津村以下復濬深，於中亭河北岸設涵洞四座。按中亭分洩永定河金門閘引河之水，而消納無多。乾隆五年，總督孫嘉淦議復渾河故道，開永定南岸，使全河皆從霸州之蜈蚣河，南注中亭。中亭狹不能容，致爲田廬之患。六年，大學士鄂爾泰奉命堵塞決口。十七年，總督方觀承以七分注黄家河，三分分洩中亭河。三十二年，高宗純皇帝巡幸天津，經臨中亭河，有御製詩紀事。

子牙河。在大城縣東。即滹沱河及滏陽諸水之下流，因經大城縣之子牙村，故得是名。其上游自河間府獻縣之臧家橋，流入大城境，至張家莊，分爲正支二河，達莊兒頭，經天津府静海縣境，仍入大城合流至天津府，會南北二運河及大清河，入海河歸海〔五三〕。一名鹽河，又名沿河。大城縣志：「沿河自河間縣之龍華橋入縣界，東北流至縣東南二十五里四呈口，合黑龍港河，亦名交河，從而北折繞縣東十二里趙扶村〔五四〕，又北經子牙村分流，由王慶坨入三角淀。」册説：「鹽河在縣南十里。自河間流入，分二支，一西北流入文安縣石城淀，一北流又分三支：西支入文安黑母淀；東支入大小窩口；中支入霸州文爾淀；總匯於三角淀，入白河。」通志：「子牙河總會南北二泊、滏滹諸水，而滹沱實爲經流，其性湍悍，伏秋水發，河間以北，静海以南，皆被其害。本朝康熙三十九年，聖祖仁皇帝親閲河工，特授方畧，於獻縣、河間東西兩岸築長隄，西接大城，東接静海，各二百餘里。又於東隄廣福樓之焦家口，開新河一道，東北至賈口入淀，特設分司董其事。自是瀕河之民，始無水患。其王家口入淀之處，舊分二派：一派西流至文安趙家莊，又分二支，西支抵文安大隄而北，至龍塘灣，北支逕三灘里，抵石溝河，往往横截清流，爲隄防害。一派東北流逕瓦子頭，抵臺頭會清河而東。雍正三年，怡賢親王奏請障其西流，東之歸一。後西支自淤，正流俱由新河會臺頭河。」按：子牙河故道，其上流從獻縣西之完固口出單家橋，經杜林鎮，至青縣鮑家嘴，入南運河。嗣以濁流淤運，且運河當盛漲時，水不能下。

於雍正四年塞完固口，使由獻縣之臧家橋循張家莊，至王家口入淀，淀又被淤。於乾隆十年築格淀隄，隔別清渾，使子牙別由一道，循隄東下，至天津紅橋匯運河及大清河入海。其張家莊以下分爲正支二河：支河繞蔡家窪，至西子牙橋，歸入正河，既而支河流暢，其歸入正河處，形勢稍有未順。二十九年興修水利，高宗純皇帝命改支爲正，並於東子牙村别濬新河二十里，至窪子頭，匯入舊河，合流至莊兒頭而東。三十二年，聖駕巡幸天津，臨視河工，復命接築格淀隄至莊兒頭，西至三灘里，屬於千里長隄，俾清淀濁河，永無浸溢之患，並有御製各詩紀事。至子牙河俗謂以太公釣臺名，聖製詳據史記注、水經注諸書，以證太公垂釣處當去岐不遠，必不在數千里外，志乘之傳訛附會，於是曠若發蒙矣。

黑龍港河。在大城縣南。源出滹沱河，上流有三：一自縣之西南逕南頭村入境，迤邐至四呈口，與鹽河會；一自縣之南曹家市，北流至四呈口；一自青縣扈家店流至四呈口〔五五〕，與鹽河會。本朝乾隆五年疏濬。

沽河。在薊州南。源出遵化州東界曰梨河，西南流經州南，又西經薊州南爲沽河，折而南與泃河會，曰潮河，即古庚水也。漢書地理志：無終縣「浭水西至雍奴入海，過郡二〔五六〕，行六百五十里。」註：「師古曰：『浭音庚，即下所云入庚者同一水也。』」水經注：「庚水出右北平徐無縣北塞中，南流歷徐無山得黑牛谷水，又得沙谷水，並西出山，東流注庚水。又逕徐無縣故城，又南與周盧溪水合，又西南流，灅水注之。世亦謂庚水爲柘水，南逕燕山〔五七〕，又南逕北平城西，南入鮑丘水，謂之柘口。」薊州志：「沽河在州南五里，東接遵化、玉田界，至州南李家窩，折南行，至下倉店，轉西南行至觜頭莊，與泃河合，爲白龍港，入寶坻縣界。漕運南來者，自新開河泝流而上，至李家窩以迄永濟橋，亦名永濟河。」按：舊志以遵化州玉田縣之還鄉河爲庚水，沽河爲灅水，今以水經注考之，沽河即庚水，還鄉河乃巨梁水，遵化州西之沙河，蓋灅水也。

龍池河。在薊州南半里，一名漁河。源出州北之鴦臺，下瀦爲鴦湖，南流經州城西，又東南入沽河。

獨樂河。在平谷縣東北二十里。或伏或見，斷續無常，西流入泃河。水經注：「獨樂水出北抱犢固南，逕平谷縣故城東，又南流入泃。」即此。

逆流河。在平谷縣南八里。源出泉水山，西流九千九曲，入洵河。一名小碾河。

幢幢水。在昌平州西北虎峪山下。飛瀑如布，流二三里至鵓鴿巖，隱流不見，或云今州治西舊縣西北城下虎眼泉，是其復出處，流入榆河。後魏時，常景遣别將破杜雒周於虎眼泉，即此。

芹城水。在昌平州東北四十里。水經注：「芹城水出北山，南逕芹城，又東南流注濕餘水。」

漁水。在密雲縣南。水經注：「漁水出漁陽縣東南平地泉流，西逕漁陽縣故城南，城在斯水之陽，故名。又西南入沽水。」

三城水。在密雲縣東北。自口外流入，又東南入潮河。水經注：「三城水出臼里山，西逕三城〔五八〕，謂之三城水。又逕香陘山，又西逕石窟南，又西北逕伏凌山南，與石門水合。又西南逕獷平城東南，而右注鮑丘水。」

要水。在密雲縣東北八十里。源出古北口外，自墻子峪流入，西流會乾塔河，入潮河。蓋因後魏僑置要陽縣而名，俗謂之清水河。

涿水。在涿州西。水經注：「涿水世亦謂之桃水，出涿縣故城西南奇溝東八里大坎下，數泉同出，東逕桃仁墟北。又東北與樂堆泉合，又東北逕涿縣故城西，注於桃。」〔五九〕寰宇記：「涿水源出范陽縣西土山下，東北流經縣北五里，又東注聖水。」按：舊志以俠水爲涿水，且謂源出保安州涿鹿山，以求合應劭「涿水出涿鹿縣」之説，疑皆無據。水經注、寰宇記又似即今之拒馬河，今不可考，姑録之以存古名。

甘泉水。在房山縣西北。水經注：「甘泉水出良鄉縣西山，東南流逕西鄉城西，而南注鳴澤渚。」〔六〇〕縣志：「大房山南孤山口東八里有東西南北四甘池村，亦謂之長溝峪。西村之北，水從石壁出，凡七竇，羅注爲池，池中生魚止一目，而味極美，疑即古泉池也〔六一〕。又東北數里爲黑龍潭。」

霸水。在霸州南三里。上流自白溝河分流逕州界，合拒馬河。今淤。

清池水。在薊州東十五里。周頃餘，四山圍繞，嵐光野色，瀲灩可觀。

盤山水。在薊州東盤山。水出山上〔六二〕，其山峻險，人迹罕到。去山三十里許，望山上水，可高二十餘里，素湍浩然，頹波歷溪沿流而下，自西北轉注於泃水。舊志：今有沙河在州西二十五里，源出盤山，流經沙嶺之麓，東南會五里河，入沽河，蓋明成化間，盤山水發，始潰流而東南入沽河也。

瀑水。在薊州西二十五里。源出石山之麓，有泉自石罅噴出，極清冷，流經塔山之陰〔六三〕。又白澗在州西四十里。發源盤山西峪，經羅家峪，中皆白沙，而水極清淺。其地有行宫，高宗純皇帝經臨駐蹕，屢有御製詩。

百泉溪。在宛平縣西南十里麗澤關。平地有泉十餘穴，匯而成溪，東南流爲柳村河〔六四〕，下流注於盧溝河。

道人溪。在密雲縣東北石盤峪。發源龍門，流逕縣西入潮河。按：水經注所謂道人溪在禦夷鎮東，此蓋縣境之小水，冠以舊名也。

黑城川。在密雲縣北四十里平頂山後，流入潮河。相傳唐鎮遠軍置此。

車箱渠。在宛平縣西北。水經注：「高梁水首受灅水於戾陵堰，水北有梁山，山有燕剌王旦之陵，故以戾陵名堰。水自堰支分，東逕梁山南，又東北逕劉靖碑北。其詞云：魏使持節都督河北道諸軍事、沛國劉靖，登梁山以觀源流，相灅水以度形勢，以嘉平二年，道高梁河，造戾陵堨，開車箱渠。依北岸立水門，門廣四丈，堨長十丈。山水暴發，則乘堨東下，平流守常，則自門北入，灌田歲二千頃。至景元三年，詔遣謁者樊晨更制水門〔六五〕，水流乘車箱渠，自薊西北逕昌平，東盡漁陽潞縣，凡所潤合〔六六〕，四五百里，所灌田萬有餘頃。晉元康五年，靖子弘監幽州諸軍事，復修治之。又東南逕薊縣北，又東至潞縣，注於鮑丘水。」魏書裴延儁傳〔六七〕：「肅宗時，遷幽州刺史。漁陽、燕郡有故戾陵堰，廣袤三十里。廢毁多時，延儁表求營造，未幾而就。爲利十倍，百姓賴之。」

泉州渠。在寶坻縣東南，一名新河。水經注：「泉州渠口故瀆上承滹沱於泉州縣，故以泉州爲名。北逕泉州縣東，又北逕雍奴縣東，西去雍奴故城一百二十里，其下歷水澤一百八十里〔六八〕，入鮑丘河，謂之泉州口。」魏志曰：魏太祖以蹋頓擾邊，將征之，「從泃口鑿渠，逕雍奴、泉州，以通河海者也」。今無水。

寶帶渠。在懷柔縣城外。縣志：「白河直流南下。本朝初，縣人鍾其濼鑿渠引水繞城，盤旋如帶。縣境鹹土，自後遂成水田。」

永濟渠。在霸州東。宋史河渠志：「塘濼，緣邊諸水，東起乾寧軍，西至信安軍，永濟渠合鵞巢淀、陳人淀、燕丹淀〔六九〕、大光淀、孟宗淀爲一水，衡廣一百二十里，縱三十里或五十里。」

珠浦港。在通州東北二十五里。中産蓮、藕、蘋、芰，大爲民利。

清沽港。在武清縣南八十里。西接安沽港，東合丁字沽，由直沽入於海。

岐溝。在涿州西南三十里。即水經注所謂奇溝也，亦曰祁溝。唐末設關於此。

夏澤。在三河縣西。水經注：「鮑丘水又東南入夏澤，南紆曲渚一十餘里〔七〇〕，北佩謙澤，一望無垠。」日知録：「今三河縣西夏店疑用古夏澤爲名。」按通鑑：晉隆安初，「魏將石河頭自漁陽追慕容寶，及於夏謙澤。」通鑑注：「澤去薊州北二百里。」方輿紀要謂平谷縣東北百餘里有海子〔七一〕，或謂即故澤。與水經注不同。

鳴澤。在涿州西。漢書武帝紀：元封四年，「北出蕭關，歷獨鹿、鳴澤」。注：「服虔曰：獨鹿，山名。鳴澤，澤名。皆在涿郡遒縣北界。」水經注：「洛水上承鳴澤渚，渚方一十五里，西則獨樹水注之。又東逕西鄉城〔七二〕，又東逕垣縣而南入垣水。」括地志：「鳴澤在范陽縣西十五里。」故遒縣東〔七三〕。

督亢陂。在涿州東南。即燕太子丹使荊軻以獻秦者。劉向別録：「督亢，膏腴之地。」水經注：「督亢溝上承淶水於淶谷，引之則長津委注，遏之則微川輟流，水德含和，變通在我。東南流逕迺縣北，又東逕涿縣酈亭樓桑里南，又東逕督亢澤，澤苞方城縣〔七四〕。風俗通曰：『沆，漭也。言乎淫淫漭漭，無涯際也。』其水自澤枝分，東逕涿縣故城南，又東逕盧植墓南，又東散爲澤渚。北屈注於桃水。」括地志〔七五〕：「督亢陂，在范陽縣東南十里。」逕五十餘里。舊志：陂池廣衍，跨連新城、固安二境。

琅川淀。在東安縣南七十里。即白溝河諸水下流，東入磨汊港。

延芳淀。在通州西南。遼史地理志：漷陰縣有延芳淀，「方數百里，春時鵞鶩所聚，夏秋多菱芡。」遼時，每季春，弋獵於此。舊志：今南海子側有延芳村，或謂延芳淀即南海子之舊名云。

三角淀。在武清縣南八十里，即古雍奴水也。水經注：雍奴者，藪澤之名，四面有水曰雍，不流曰奴。「南極滹沱，西至泉州雍奴，東極於海，謂之雍奴藪。其澤野有九十九澱，枝流條分，往往逕通」。明通志：「三角淀周圍二百餘里，即古之雍奴水也。范甕口〔七六〕、王家陀河、掘河、越河、深河、劉道口河、魚兒里河諸水所聚，東會汊沽港入於海。」按：古時惟三角淀最大，又當西沽之上，故諸水皆會入於此，今漸淤而小。新志合相近諸淀泊，總謂之東淀云，延袤霸州、文安、大成、武清、東安、靜海之境，東西亘百六十餘里，南北二三十里或六七十里，爲七十二清河之所匯瀦。永定河自西北來，子牙河自西南來，咸入之，蓋其地本皆古雍奴藪也。

塌河淀。在寧河縣。發源天津，東流至西隄頭，入寧河縣境，又東至七里海，達南澗沽，入薊運河。

糧料淀。在保定縣西北。宋史河渠志：緣邊塘濼「東北起霸州莫金口，西南至保定縣父母寨，合糧料淀、回淀爲一水，橫廣二十七里，縱八里」。

水紋淀。在霸州東。宋史河渠志緣邊塘濼，「東起信安軍永濟渠，西至霸州莫金口，合水紋淀〔七七〕、李子淀、大蘭淀爲一水，横廣七十里，縱十五里或六里。」

文爾淀。在霸州東七十三里，舊名堂二淀。又東分二流，行如八字，亦名八字河，下流俱入吕公河。

大浪淀。在霸州東南七十四里。舊名高橋淀，周圍百里，其西爲栲栳圈，衆流所聚也。東南流爲汊河，東入文爾淀。

火燒淀。在文安縣東二十五里，廣四十餘畝。縣東北有石溝河、柳河、急河三水，皆聚於此，東入衛河，達於直沽。

三家淀。在大城縣東北五十里，與文安、静海爲三縣之交，文安、大城之水，從此北下。明萬曆四十二年，静海民築隄設口障水，使不得下，文大兩縣俱受水患，縣令梁綱請於撫按復開之。

七里泊。在宛平縣西北三十五里。地名礙莊，亦名七濼。源出西山一畝、馬眼諸泉，遶出萬壽山後，匯爲七里濼，紆迴向南行數十里入高梁河。

桃花泊。在東安縣南五十里。渾河水所匯也，流入三角淀。

南新莊飛放泊。在通州南舊漷縣南二十五里，周八里。又縣西南二十五里有栲栳垡飛放泊，北八里有馬家莊飛放泊。

金水窪。在霸州東五十里。舊本汙池，今爲沃壤，民多耕植其中。

文安大窪。在文安縣東南，白龍、牛臺諸淀所瀦也。受河間任丘瀝水，舊有廣安横隄障之，以防其北漫。但横隄東屬於大城之千里長隄，水無所洩，汎濫可虞。本朝乾隆二十九年於王蕃村穿千里長隄，建石閘二座，外濬引河，使水洩入於榆錢窪，東注子牙河，其廣安横隄益加培築，於是文安之水有所歸，而大城亦免潰流之患。

麒麟窪。在大城縣北十里。徐昌祚燕山叢録云：「昔時民家耕牛嘗産麟於此。」今淤。

飛魚口。在霸州南。寰宇記：「文安縣有五渠水，今名長鳴溝。邢子勵三郡記云〔七八〕：後魏延興初，文安縣人孫願捕魚於五渠水，有羣魚從西來，共以柴塞之，忽有人謂願曰：『須臾當得大魚，若欲求多，宜勿殺也。』願下網，果得大魚，狀如鯉而大，遂殺食之。俄風雨晝昏，聞鳥飛聲，比風息雨霽，有人乘船至者云前見羣魚無數飛入於海，因呼入海之處曰飛魚口。」長安客話：「霸城南沙河與唐河合流處〔七九〕，俗呼飛魚口，即魚津窪也。」

玳瑁口。在文安縣東南。元志云：河間路有「黄龍港，自鏁井口開鑿，至文安縣玳瑁口，通滦水，經火燒淀，轉流入海。」今湮。

黑龍潭。在宛平縣西北畫眉山下，上建龍王廟。本朝康熙十年四月，聖祖仁皇帝禱雨於此，甘霖立沛，賜御書「喜雨」二字，後重建廟，有御製碑記。雍正三年重修，亦有御製碑文。高宗純皇帝每當望雨之候，親詣誠禱，應時立沛，御賜扁曰「恩敷廣潤」，屢有御製詩紀事。又有黑龍潭，在大興縣南黑窑廠。

玉淵潭。在宛平縣西十里。元人丁氏故池，柳隄環抱，沙禽水鳥多翔集其間。池上有亭，亦以玉淵名，爲當時遊宴之所。

積水潭。在宛平縣西北三里。東西亘二里餘，南北半之。西山諸泉從高梁橋流入北水關，匯此，折而東南，直環地安門宫牆，流入禁城爲太液池。燕都遊覽志：「積水潭内多植蓮，亦名蓮花池。或因水陽有浄業寺，名浄業湖，俗又呼爲海子套。」按：元時既開通會河，運糧直至積水潭。自明初改築京城，與運河截而爲二。積土日高，舟楫不至，是潭之寛廣，已非舊觀。故今指近德勝橋者爲積水潭，稍東南者爲十剎海，又東南者爲蓮花泡子，其始實皆從積水潭引導成池也。本朝乾隆二十三年重濬積水潭；二十六年即潭中舊龍王廟改建匯通祠，並於夾岸築牆，以爲限界。

七里龍潭。在通州東二十里。其池廣袤頃許，深處不可測，旱禱多應。

洗馬潭。在房山西五里。俗傳張飛洗馬於此。

九龍池。在昌平州西南翠屏山下。泉出九穴，穴鑿石爲龍，泉出其吻，瀦而爲池，繚以重垣，覆以黄甓。明時爲車駕謁陵事畢臨幸之所。

月池。在涿州西南十八里。盈三百畝，泓渟澄澈，其形如月。

乾池。在涿州西十五里。其池窪下〔八〇〕，爲衆流所歸，然未嘗盈溢爲患，一名百尺乾。

龍灣。在香河縣。有二，大龍灣在縣南四十里，又南爲小龍灣。夏秋時合流經寶坻縣界，入七里海。

新湯泉。在昌平州東南三十二里。有海子，水熯如沸。本朝康熙五年鑿大池二，砌以雕欄，復疏細渠，旁流四注，皆甃以白石，瀅潔如玉。

百泉。在昌平州西南四里許。平地涌出，不可勝數，大者有三：一曰原泉，清深澈底；一曰黄泉，流沙渾漫；一曰響泉，其聲似鬧。然廣寬俱不過丈許。

温泉。在昌平州。有二：一在湯山下，四時常温，浴之可愈瘡痍；一在州西南三十二里湯峪山下。

蒙泉。在昌平州東北七十里銀山下。清冽甘美。

白玉石塘泉。在房山縣西南五十里。塘下突起一泉，清潔如玉，有灌溉之利。其泉東流入涿州，爲胡良河之上源。

義井。在宛平縣西十里。或曰蜜井。

趙惠井。在懷柔縣東南八十里邵渠莊。地高丘艱於汲引，里人趙濚鑿以惠民，深五十丈，鄉人德之，因名。

校勘記

〔一〕唐書韋挺傳「韋」，原作「盧」，乾隆志卷四順天府一山川同（以下同卷者不再重出），據舊唐書卷七七、新唐書卷九八韋挺傳改。

〔二〕元史河渠志　乾隆志同。按下文「大德六年，修盧溝上流石徑山河隄」不載於元史河渠志，而見載於元史卷二〇成宗紀三，此誤。

〔三〕距西山不十里　「不」，原脱，乾隆志同，據長安客話卷四郊坰雜記及日下舊聞考卷一〇〇郊坰補。

〔四〕在密雲縣南十里　「十里」，乾隆志作「十五里」。光緒順天府志卷二〇山川：密雲縣城「東南五里曰孤山，又十里曰銀冶山，山亦呼嶺。按畿輔唐志云，山在縣南十五里」。蓋此脱「五」字。

〔五〕望銀冶山　乾隆志同。續資治通鑑長編卷七九：大中祥符五年，王曾使契丹還，言順州「東北過白嶼河，北望銀冶山」。宋會要輯稿第一九六册蕃夷二之六載王曾上契丹書同。此「望」上蓋脱「北」字。

〔六〕石虎攻段遼　「段」，原脱，據乾隆志及晉書卷一〇六石季龍載記上、昌平山水記卷下補。

〔七〕隋圖經云　「隋」，原脱，據乾隆志及太平寰宇記卷六九良鄉縣補。

〔八〕與石子一斗　「斗」，乾隆志及水經鮑丘水注引搜神記同，太平御覽卷四五地部一〇、太平寰宇記卷七〇引搜神記皆作「升」。

〔九〕在縣西北　「西」，原脱，據乾隆志及水經鮑丘水注補。

〔一〇〕後潞徙於西山之下　「潞」，原作「路」，乾隆志同，據水經鮑丘水注改。按西漢置路縣，東漢改爲潞縣，後代因襲，參見本志卷六校勘記〔一三〕。

〔一一〕又西三里有了思臺　「三里」，乾隆志同。日下舊聞考卷一三四京畿、光緒順天府志卷二〇山川引薊丘集皆作「二里」。

〔一二〕岑落　「岑」，乾隆志同，日下舊聞考卷一三四京畿、光緒順天府卷二〇山川引薊丘集皆作「涔」。

〔一三〕岡頂有多寶佛塔　「寶」，原脱，乾隆志同，據讀史方輿紀要卷一一順天府良鄉縣及日下舊聞考卷一三三京畿補。

〔一四〕廣四五丈　乾隆志同。考水經聖水注作「高廣四五丈」，此蓋脱「高」字。

〔一五〕上有懸巖千尺　「千尺」，乾隆志同。考大明一統志卷一順天府山川作「千尺餘」，日下舊聞考卷一三〇京畿引圖書編同，此蓋脱「餘」字。

〔一六〕坐頂上俯諸山　乾隆志同。考春明夢餘録卷六八巖麓作「坐立頂上俯諸山」，此蓋脱「立」字。

〔一七〕在寧河縣西北四十里　按光緒順天府志卷三八水道三：「七里海，在寧河縣治西南五十里。」引寧河關志同。此「西北」爲「西南」之誤。

〔一八〕起淮魚淘　「淘」，原作「洵」，據直隸河渠志七里海改。

〔一九〕至西水門入都城　「西水門」，原作「西門」，乾隆志卷五順天府二山川（以下同卷者不再重出）同，據元史卷一六四郭守敬傳改補。

〔二〇〕皆至通州　「皆」，乾隆志卷五順天府二山川作「北」。考元史卷一六四郭守敬傳作「比」，此「皆」爲「比」字之誤，乾隆志之「北」爲「比」字形訛。

〔二一〕閘河原有舊閘二十四座　「二」，原作「三」，乾隆志同，據明憲宗實録卷九七「成化七年」、明史卷八六河渠志四運河下改。

〔二二〕船得進入城内海子灣泊　「城内」，原作「内城」，乾隆志同，據明憲宗實録卷九七「成化七年」、明史卷八六河渠志四運河下乙正。

〔二三〕自都城東大通橋至張家灣渾河口六十里　「渾河」，原作「漕河」，乾隆志同，據明憲宗實録卷一五四成化十二年，明史卷八六河渠志四運河下改。

〔二四〕接通惠河　「通惠」，原作「惠通」，據乾隆志及天府廣記卷三六川渠、明史卷八六河渠志四乙正。

〔二五〕舊渠兩岸多廬舍　原作「舊渠岸多廬舍」，乾隆志同。明憲宗實録卷九七「成化七年」作「舊渠兩岸多人家廬舍墳墓」，明史卷八六河渠志四運河下作「舊渠兩岸多廬墓」，此脱「兩」字，據補。

〔二六〕爲安沽港河　「安」，原作「東」，據乾隆志及齊召南水道提綱卷三京畿諸水直沽所滙、光緒順天府志卷三六水道一改。

〔二七〕魏土地記至灅水　「魏」，原脱，據乾隆志及水經灅水注補。下列永定河、白河條引水經注之「土地記」，亦脱「魏」字，同補。

「濕水」，原作「漯水」，乾隆志及朱謀㙔水經注箋同，據王先謙合校水經注改。下列永定河條所敘之「濕水」，並改爲「濕水」。

〔二八〕謂之落馬洪　「洪」，原作「河」，乾隆志同，據水經濕水注改。

〔二九〕又東至漁陽雍奴縣　乾隆志同。按水經濕水篇：「又東至漁陽雍奴縣西，入笥溝。」注云：「笥溝，潞水之別名也。」此「雍奴縣」下蓋脱「西」字。

〔三〇〕亂流東南至陽鄉　乾隆志同。按水經聖水注：「亂流東南至陽鄉縣，右注聖水。」此「陽鄉」下蓋脱「縣」字。

〔三一〕東南逕涿州界東固安縣西北　乾隆志同。光緒順天府志卷三九水道四據畿輔安瀾志、霸州周志云：「任村南有牤牛新河，雍正四年開，東南逕涿州東、固安縣西北。」涿州下無「界」字。

〔三二〕城東南十五里有高沱子河　「沱」，乾隆志作「駝」，光緒順天府志卷三八水道三同。

〔三三〕又曰蒲石河　「蒲石河」，乾隆志作「渠口河」。光緒順天府志卷三八水道三：「渠口河，即蒲池河也，亦曰蒲石河。」則兩志書皆是。

〔三四〕又南與螺山之水合　「螺」，原作「蠃」，據乾隆志及水經沽河注改。

〔三五〕爲笥溝　「爲」，原脱，乾隆志及朱謀㙔水經注箋同，據王先謙合校水經注沽河注補。

〔三六〕乃西南流入懷柔縣界　乾隆志此文下有「經縣東七里，又南入順義縣界」十二字。按昌平山水記卷下：「懷柔縣東七里爲白河。」光緒順天府志卷三七水道二：「白河從密雲南入順義縣境，在治東北二十五里，『又逕牛欄山東』。」則乾隆志是也。

〔三七〕又南逕故潞縣北　「北」，乾隆志作「東」。光緒順天府志卷三七水道二：「北運河受凉水河，又『逕潞縣故城東』。」按潞縣故城即今北京市通州區東南潞縣，北運河流逕其東北，又逕其東，以北運河逕流而言，以東爲是。

〔三八〕經縣東門外　「東」，原作「北」，乾隆志作「東」。考讀史方輿紀要卷一一平谷縣：「泃河在縣東南，自薊州流入界。」光緒順天府志卷三八水道三：「泃河西過平谷縣，『西南出楊各莊橋，又西三里逕寺渠莊南，在城西南三里』。」按今泃河逕平谷縣東南楊各莊，又逕縣南寺渠莊，不逕縣北，乾隆志作「東」是，據改。

〔三九〕唐書地理志三河縣十二里有渠河塘　「二」，原作「三」，據乾隆志及新唐書卷三九地理志三改。

〔四〇〕易荆水導源西北千蓼泉　「千蓼泉」上原衍「逕」字，乾隆志及朱謀㙔水經注箋同，據王先謙合校水經注濕餘水注删。又「千」原作「丁」，乾隆志同，據水經濕餘水注改。

〔四一〕又東流注濕餘水　「流」，原作「北」，乾隆志及朱謀㙔水經注箋同，據王先謙合校水經注濕餘水注改。

〔四二〕至縣東南合大水峪河　「水」，原作「小」，據乾隆志、本志下列「大水峪河」條及光緒順天府志卷三七水道二改。按即今北京市懷柔區東北大水峪河。

〔四三〕龍芻谿水自坎注之　「坎」，原作「決」，乾隆志同，據王先謙合校水經注鮑丘水注改。

〔四四〕通得潞河之稱矣　「潞河」，原作「鮑丘」，乾隆志及朱謀㙔水經注箋同，據王先謙合校水經注鮑丘水注改。

〔四五〕俠河水出良鄉縣西甘泉源東谷至世謂之挾活河　「源」、「挾」，乾隆志同，水經聖水注分别作「原」、「俠」。考明史卷四〇地理志一，名挾河，讀史方輿紀要卷一一、日下舊聞考卷一三〇房山縣同，清史稿卷五四地理志一稱挾活河，光緒順天府志卷三九水道同，是明清時皆作「挾」。「挾」、「俠」音同義通。

〔四六〕又東北與垣水會　「垣水」，原作「洹水」，乾隆志同，據水經聖水注改。

〔四七〕良鄉垣水出東南至陽鄉入桃　乾隆志同。按漢書卷二八地理志上：良鄉縣，「垣水南東至陽鄉入桃」。應劭曰：「垣水出良鄉，東入桃。」則良鄉「垣水出」，乃應劭説，非班固漢志文。

〔四八〕垣水上承涞水於良鄉縣分桃水　「承」，原作「分」，「分」，原作「之」，乾隆志及朱謀㙔水經注箋注同，據王先謙合校水經注聖水注改。

〔四九〕濩澱水右注之　「濩澱」，乾隆志同，水經巨馬水注作「護淀」。

〔五〇〕至保定縣界張家口　「張家口」，乾隆志同。按本志順天府四關隘：「張青口，在保定縣。凸峙衆流之中，舟船往來必經。」

光緒順天府志卷三九水道四：「清河過保定縣曰玉帶河，「東北流八里逕張青口南，分支東北出霸州，周志謂之張青口引河」。此「張家口」疑爲「張青口」之誤。

〔五一〕先於上流開中亭河　乾隆志「中亭河」下有「四十里」三字，與下列中亭河條記雍正五年開河「長四十里」相合，則乾隆志是也。

〔五二〕自保定縣北之王各莊　「王各莊」，原作「王家莊」，乾隆志作「王各莊」。按日下舊聞考卷一二二京畿保定縣：「王各莊引河舊名十望河，爲玉帶河分流。」光緒順天府志卷三九水道四：「中亭河故道，「從雄縣吴家臺逕保定縣北入玉帶河，康熙三十年開之，上接十望河，即王各莊河，下接臺山河，以減玉帶河之水」。此「王家莊」之「家」爲「各」字之誤，據改。

〔五三〕入海河歸海　「海河」，原作「洵河」，乾隆志作「海河」。按本志卷二四天津府一山川：「子牙河，「流入天津府城北，與南、北二運河會爲三岔河，入海河歸海」。此「洵河」之「洵」爲「海」字之誤，據改。

〔五四〕從而北折繞縣東十二里趙扶村　「而」，原作「西」，乾隆志作「而」。按日下舊聞考卷一二三京畿引大城縣志：「沿河合黑龍港河，「北折繞縣東十二里趙扶村」。光緒順天府志卷三九水道四載：「子牙河東北流過大城縣西南，又東北流逕臧家莊西，出趙扶橋，「又逕城東十里許」。非「西北折繞縣東」，此「西」爲「而」字之形訛，據改。

〔五五〕一自青縣扈家店流至四呈口　「青縣」，原作「清縣」，據乾隆志及日下舊聞考卷一二三京畿、光緒順天府志卷三九水道四改。按青縣爲天津府屬縣，載本志卷二四天津府一建置沿革、清史稿卷五四地理志一。

〔五六〕過郡二　「二」，原作「一」，乾隆志同，據漢書卷二八地理志下改。王先謙漢書補注：「右北平、漁陽。」即右北平、漁陽二郡。

〔五七〕又逕徐無縣故城至南逕燕山　乾隆志同。按水經鮑丘水注，徐無縣故城下有「東」字，燕山下有「下」字，此蓋並脱。

〔五八〕三城水出臼里山西逕三城　「山」，原脱，據乾隆志及水經鮑丘水注補。又「三城」，原作「獱平城」，乾隆志及朱謀㙔水經注箋同，據王先謙合校水經注鮑丘水注改。

〔五九〕又東北逕涿縣故城西注於桃　「涿」，原脱，據乾隆志及水經聖水注補。又「注」上原有「流」字，乾隆志及朱謀㙔水經注箋同，據王先謙合校水經注聖水注删。

〔六〇〕甘泉山出良鄉縣西山至而南注鳴澤渚　「西山」下原衍「北」字，「鳴澤」下原脱「渚」字，乾隆志同，據水經聖水注删補。

〔六一〕疑即古泉池也　「泉池」，乾隆志作「甘泉」。日下舊聞考卷一三〇京畿房山縣：甘池生魚，味皆絶美，按水經注有甘泉水，「疑即是水也。」則作「甘泉」爲是。

〔六二〕水出山上　乾隆志「水」上有「水經注」三字。按本志「水出山上」下至「轉注於泃水」止，乃載之於水經鮑丘水注文，則乾隆志是也，此或脱「水經注」三字。

〔六三〕流經塔山之陰　「塔山」，原作「塔水」，乾隆志同，據日下舊聞考卷一一四京畿改。

〔六四〕東南流爲柳村河　「村」，原作「林」，乾隆志同，據大明一統志卷一、日下舊聞考卷九〇郊坰、光緒順天府志卷二〇山川改。

〔六五〕相㶟水以度形勢至詔遣謁者樊晨更制水門　「㶟水」原作「原隰」，「暴發」原作「暴戾」，「樊晨」原作「樊良」，乾隆志並同，據楊守敬水經注疏鮑丘水注改。

〔六六〕凡所潤合　乾隆志同。楊守敬水經注疏：「朱謀㙔作『舍』，水經注箋曰：『宋本作「合」』，趙一清以『合』爲非，仍作『舍』，謂潤舍溉潤廬舍，與下灌田之文對待。戴震改『含』。守敬按：溉潤廬舍之説，於理未安，戴改是也。明抄本作『含』。」則此「合」爲「含」字之誤。

〔六七〕魏書裴延儁傳　「儁」，原作「雋」，據魏書卷六九、北史卷三八裴延儁傳改。下「雋」字同改。

〔六八〕其下歷水澤一百八十里　乾隆志同。按水經鮑丘水注，「其下」之上有「自滹沱北入」五字，蓋本志脱。

〔六九〕燕丹淀　「丹」，原作「州」，乾隆志同，據宋史卷九五河渠志五改。

〔七〇〕南紆曲渚一十餘里　乾隆志同。按水經鮑丘水注，「南」上有「澤」字，此蓋脱。

〔七一〕方輿紀要謂平谷縣東北百餘里有海子　乾隆志同。按讀史方輿紀要卷一一：今平谷縣「東北有海子，或以爲即故澤也」。無「百餘里」三字，乃作者誤入。

〔七二〕又東逕西鄉城　乾隆志同。按水經聖水注：「鳴澤「渚水東出爲洛水，又東逕西鄉城南，又東逕垣縣而南入垣水」。據此，逕西鄉城南者爲洛水（鳴澤渚水東出之水），此「東逕西鄉城」上脱「渚水東出爲洛」六字，「西鄉城」下脱「南」字。

〔七三〕故迺縣東　乾隆志同。按史記卷二八封禪書正義引括地志：「鳴澤在幽州范陽縣十五里。」又云：「澤在迺南。」此「東」蓋爲「南」字之誤。

〔七四〕引之則長津委注至澤苞方城縣　「津」原作「潭」，「涿縣酈亭」原脱，「澤」原脱，乾隆志同，並據水經巨馬水注改補。

〔七五〕括地志　乾隆志同。按下文所引之「督亢陂在范陽縣東南十里」見載於史記卷八六刺客列傳正義，非括地志之文。

〔七六〕范甕口　「甕」，原作「壅」，乾隆志同，據大明一統志卷一順天府山川、天府廣記卷三六川渠、日下舊聞考卷一一二京畿改。

〔七七〕合水紋淀　乾隆志同。按宋史卷九五河渠志五：「合水汶淀、得勝淀、下光淀、小蘭淀、李子淀、大蘭淀爲一水。」此蓋脱「得勝淀下光淀小蘭淀」九字。

〔七八〕邢子勵三郡記云　「勵」，原作「厲」，乾隆志作「顒」，據太平寰宇記卷六七文安縣改。

〔七九〕霸城南沙河與唐河合流處　「唐河」，原作「庚」，乾隆志同，據長安客話卷六畿輔雜記改。日下舊聞考卷一一九京畿引名勝志：「瓦河與霸州城南之沙、唐二河合，即五渠水也。」可證。

〔八〇〕其池窪下　「池」，乾隆志作「地」，日下舊聞考卷一二八京畿引同。

大清一統志卷八

順天府三

古蹟

薊縣故城。在大興縣西南。史記：「周武王克商，封召公奭於北燕。」即此。春秋時爲北燕伯國。秦始皇二十一年取燕薊城。二世元年，武臣將韓廣至薊，自立爲燕王。漢元年，項羽更立其將臧荼爲燕王，仍都薊；五年入漢，仍爲國治。後漢建武二年，漁陽太守彭寵反，攻幽州牧朱浮於薊；三年，寵陷薊城，自立爲燕王；五年，寵平。初平二年封公孫瓚爲薊侯，瓚與幽州牧劉虞不相能，於大城東南更築小城以居。晉建興二年陷於石勒。永和六年，燕慕容儁攻拔薊城，因都之。寰宇記：郡國志云：「薊城南北九里，東西七里，開十門。慕容儁鑄銅爲馬，因名銅馬門也。」歷後魏、隋、唐皆曰薊縣，爲州郡治。遼始改名析津。金改曰大興。元至元四年於中都之東北置城遷都，即今治也。按禮記樂記：「武王封黄帝之後於薊。」陸德明釋文：「今薊縣，即燕國都。」孔安國、司馬遷及鄭康成皆以薊燕爲一，而召公即黄帝之後。班固漢志亦謂召公封此。或又謂成王時，黄帝後封薊者已絶，故更封召公於薊爲燕，其説與史記封帝堯之後及封功臣召公之文皆不合。張守節史記正義：「召公始封，蓋在北平無終縣，以燕山爲名。後漸强盛，乃併薊徙居之。」其説是也。又按明統志：「舊燕城，在府西南。遼金故都也。」日下舊聞謂今之西安門，去唐幽州城東北五里，則唐時薊縣、幽都，皆當在大、宛二縣西南。

廣陽故城。在良鄉縣東北十里。漢置縣，以其屬廣陽國，亦謂之小廣陽。後漢初，耿弇追賊至小廣陽，即此。北齊省。括地志：「廣陽故城，在良鄉東北三十七里。」舊唐書地理志：歸義州歸義縣，「總章中置，處海外新羅，在良鄉縣之古廣陽城」；又夷賓州領來蘇縣，瑞州領來遠縣，神龍初皆「寄治故廣陽城」。方輿紀要：「唐上元三年，史朝義自歸義東奔廣陽，此廣陽謂密雲郡之廢燕樂縣，所謂歸義，即此城也。」

方城故城。在固安縣南。本燕方城邑，漢置縣。水經注：「聖水東逕方城縣故城〔一〕，李牧伐燕取方城是也。魏封劉放爲侯國。」括地志：「方城故城，在固安縣東南十七里。」寰宇記：「固安縣，在涿州東六十里。隋開皇九年自今易州淶水縣移固安縣於此，取漢故安縣爲名〔二〕。唐武德四年移理歸義縣界章信堡。貞觀元年又移今理。故方城，在今縣南十五里。高齊天保七年省。」縣志：「方城，即今縣西南方城邨。」

臨鄉故城。在固安縣南。漢初元五年封廣陽頃王子雲爲侯國，屬涿郡。後漢省入方城縣。水經注：「地理風俗記曰：方城南十里有臨鄉城，故縣也。」括地志：「臨鄉故城，在固安縣南五十七里。」

陽鄉故城。在固安縣西北。漢初元五年封廣陽王子發爲侯國，屬涿郡。後漢省。晉復置長鄉縣，屬范陽國。後魏曰萇鄉。北齊省。魏書地形志：「范陽郡萇鄉縣有長鄉城〔三〕。」水經注：「地理風俗記曰涿縣東五十里有陽鄉亭，即長鄉縣也。」按太康地記云涿有長鄉而無陽鄉。寰宇記：「陽鄉故城，在今縣西北二十七里，亦謂之長鄉城。」

安次故城。在東安縣西北。漢置，後魏改名安城縣。魏書地形志：「安城縣有安次城。」蓋已非故治也。後漢書注：「安次故城在今縣東。」寰宇記：「縣在幽州東南一百里。本漢舊縣，東枕永濟渠。唐武德四年移於城東南五十里石梁城。貞觀八年又移理今縣西五里魏常道城。開元二十三年又自常道城移耿就橋行市南。」元升爲東安州。明洪武初降州爲縣；三年避渾河水患，又移置常伯鄉張李店，即今治也。縣志：「漢安次故城，在今縣西北四十里，基址尚存，俗呼古縣。」又東安舊州，在古縣西五里，俗名舊州頭，今皆有集。石梁城，在今縣東南舊州東南五十里。

潞縣故城。在通州東。漢置縣〔四〕，以潞水爲名。水經注：「鮑丘水逕潞縣故城西，漢光武遣吴漢、耿弇等破銅馬、五幡於潞東，謂是縣也。世祖拜彭寵爲漁陽太守，治此。」舊唐書地理志：崇州昌黎縣、鮮州賓從縣，神龍初皆寄治潞縣之古潞城」。寰宇記：「潞縣在幽州東六十里。本漢舊縣。」通鑑：「契丹既强，寇抄諸州皆徧，幽州東十里之外，人不敢樵牧，趙德鈞爲節度使，於州東五十里城潞縣而戍之，民始得耕稼。」州志：「今州東八里甘棠鄉有古城，周四里許，如縣故墟，蓋隋唐時潞縣治。」按水經注引魏土地記〔五〕：「潞水在潞縣城西三十里。」寰宇記亦據其説，是潞縣自唐以前，雖嘗遷改，而水在城西則不異。今潞水在州東，遼金至明，不聞遷改，惟通鑑載五代時趙德鈞城潞縣，其去州道里，較寰宇記少十里，遷治蓋在是時也。

漷縣故城。在通州南四十五里。本遼所置漷陰縣也。遼史地理志：析津府統漷陰縣，「本漢泉州之霍邨鎮。遼每季春，弋獵於延芳淀，居民成邑，就城故漷陰鎮，後改爲縣。在京東南九十里。」金史地理志：大興府漷陰縣，「遼太平中以漷陰邨置。」元史地理志：「元初，漷陰縣爲大興府屬邑，至元十三年升漷州，屬大都路。」舊志：縣舊治在城南隅，元升爲州，遷於河西務。至正間復移舊治。明洪武五年降州爲漷縣，屬通州，仍舊治。正德初始築土城，周二里，門四。萬曆四年甃甎。本朝順治十六年省入通州。

安樂縣故城。在通州境。漢置縣，屬漁陽郡。晉屬燕國。北魏太平真君七年廢入潞縣。按：安樂故城遺址雖不存，然方輿紀要既云北魏廢入潞縣，則在今通州境内可知也。太子賢後漢書注云：「安樂故城，在今幽州潞縣西北。」寰宇記：「安樂故城，在今潞縣西北。」文獻通考亦載安樂故城於潞縣下。日下舊聞獨載於順義卷内，則因昌平山水記後魏安樂郡故城一條，牽連書之，以致誤耳。考安樂本非因縣爲郡，郡自在今順義縣境，縣自在今通州境〔六〕，不得以名之相同，而混郡縣爲一也。

臨泃故城。在三河縣東南。石趙置，以臨泃水爲名，亦曰臨渠城。晉永和六年，燕慕容霸伐趙，收樂安、北平兵糧，與其主儁會於臨渠。水經注：「泃水逕臨泃城北，屈而歷其東。」即此城也。唐置臨泃縣，開元中改置三河縣〔七〕，以地近泃、洳、鮑丘三水而名。寰宇記：「縣在薊州西六十里。」通鑑：後唐長興三年，趙德鈞爲節度使，「於幽州東北百餘里城三河縣，以通薊州運路，邊人賴之」。城邑考：舊城在今縣三里泃河南，被水衝廢，今城即趙德鈞所改置也。又新唐志薊州有臨渠府〔八〕，府兵所居，蓋亦置於臨泃故城内。

雍奴故城。在武清縣東。漢置縣。後漢建武二年封寇恂爲侯邑。晉以後皆仍舊名，唐始改曰武清。寰宇記：「縣在幽州東南一百五十里。」縣志：「故城在今縣東丘家莊南，東距白河七十里。明洪武初因水患遷於縣西八里元衛帥府鎮撫衙，即今治也。」

泉州故城。在武清縣東南。漢置。北魏廢。縣志：「泉州故城，在今縣東南四十里。」

昌平故城。在今昌平州東南。漢置縣。三國魏文帝拜牽招使持節護鮮卑校尉，屯昌平，即此。後魏初省。水經注：「魏土地記曰：薊城東北一百四十里有昌平城。」魏書地形志：「軍都縣有昌平城。」括地志：「昌平故城，在今州東南六十里。」

萬年故城。在昌平州西南。後魏置萬年縣，屬平昌郡。隋開皇初省入昌平。

軍都故城。在昌平州西十七里。漢置縣。後魏置東燕州及昌平縣於此。魏書地形志：東燕州，「天平中置，寄治幽州軍都城」。寰宇記：「昌平縣，在幽州西北九十五里。本漢軍都縣。後魏移軍都於今縣東北二十里，更於故縣置東燕州及平昌郡昌平縣，後州郡廢而縣隸幽州〔九〕。」方輿紀要：「五代唐改曰燕平縣，徙治曹邨，又徙於白浮圖城，在今州西八里。」昌平山水記：「明景泰元年於昌平縣東八里築城，移長、獻、景三陵衛於内，名曰永安城。三年并昌平縣移焉。正德元年改爲州治。」州志：「今州東四十里有軍都邨，亦曰縣址，又有大口故城在州東南五十里〔一〇〕，雙塔故城在州西南十八里。」按：今州在舊縣東八里，以寰宇記道里計之，唐時昌平縣在今縣西，即軍都城也。今州東軍都邨，即順義縣志所謂軍都城在縣西三十里者，乃魏齊時僑置，非故縣也。

順州故城。今順義縣治。唐開元中移燕州於此，後改順州。舊唐書地理志：「燕州，隋遼西郡。武德元年改燕州，六年自營州南遷，寄治幽州城内。開元二十五年移於幽州北桃谷山。天寶元年改歸德郡。乾元元年復爲燕州。治遼西縣。」寰宇記：

「燕州，東至檀州八十里，西南至幽州九十里，西至昌平縣五十里。」遼史地理志：順州，「唐初改燕州，會昌中改歸順州，唐末仍爲順州。」按：順州之本燕州，止見於遼、元二史，舊唐志：「順州，貞觀六年寄治營州南五柳城。天寶元年改順義郡〔一一〕。乾元初復爲順州。治賓義縣，在幽州城内。」寰宇記亦云四至八到與幽州同，不云移治燕州改爲順州，然通典、寰宇記皆言歸順州爲順州北境，是順州又即燕州之地。舊志以爲唐建中二年燕州廢後，始自幽州移順來治，似爲得之。蓋順州本治幽州城内，因燕州改置之幽都縣亦入幽州城，遂移順州於故燕州耳。

狐奴故城。有順義縣東北三十里。漢置縣。後漢書：「張堪爲漁陽太守，於狐奴開稻田八千餘頃。」三國魏景初二年省。晉仍置。後魏廢。

密雲故城。即今密雲縣治。隋書地理志：安樂郡領密雲縣，「後魏置密雲郡，領白檀、要陽、密雲三縣。後齊廢郡及二縣入密雲」。寰宇記：「檀州西至昌平縣一百三十里〔一二〕，南至潞縣界五十五里，北至長城四十五里，東南至薊州、西南至幽州皆百九十里，東北至長城障塞一百十里〔一三〕。」按：漢白檀縣在今古北口外，後魏密雲郡白檀縣治漢傂奚城，已非故治，北齊廢白檀入密雲，而隋治密雲縣有漁水、螺山，則在故漁陽縣界，又非傂奚故治矣。唐置檀州，雖取古白檀爲名，實非古縣也，舊唐志謂檀州「後漢傂奚縣」，亦非。

漁陽故城。在密雲縣西南三十里。史記：「燕築長城，自造陽至襄平，置上谷、漁陽、右北平、遼西、遼東郡」；「秦二世發閭左戍漁陽」即此。漢置漁陽縣爲郡治。三國魏郡縣俱廢。晉復置。晉書燕王機傳〔一四〕：咸寧初，「以漁陽郡益其國」。趙録「石虎建武四年，有段遼漁陽太守馬鮑降」，而晉志不載，蓋殘闕也。後魏移郡治雍奴〔一五〕，以縣屬焉。北齊廢。括地志：「漁陽故城，在密雲縣南十八里，漁水之陽。」

獷平故城。在密雲縣東北。漢置縣，屬漁陽郡。後漢建安十年，烏丸攻鮮于輔於獷平，曹操渡潞河救之。水經注：「鮑丘水西南逕獷平縣故城東。」是也。晉省。蓋在潮河西，近古北口地。

傂奚故城。在密雲縣東北口外，獷平城東北。漢置傂奚縣，屬漁陽郡。後漢曰傂奚。孟康曰：「傂音題，字或作蹏。」晉省〔一六〕。魏書地形志：「密雲郡，皇始二年置，治提攜城。」即傂奚之譌也。又置白檀縣爲郡治。北齊郡縣俱廢入密雲。按舊志據舊唐志「燕樂縣舊治白檀城」，謂即古傂奚，後魏之白檀也；齊省縣，因移燕樂治之。考隋志，燕樂縣爲安樂郡治，不言即後魏白檀，舊志疑無據。

燕樂故城。在密雲縣東北。東魏時僑置。魏書地形志：安州廣陽郡領燕樂縣，「州郡治」，「天平中陷，元象中寄治幽州北界」。隋書地理志：安樂郡，「舊置安州，後周改爲玄州。開皇十六年徙州無終〔一七〕，尋置檀州」。統燕樂縣，「後魏置廣陽郡，後齊廢，大業中置安樂郡」。舊唐書地理志：檀州燕樂縣，「舊治白檀故城，長壽二年移治新城〔一八〕，即今治也」。寰宇記：「縣在檀州東北七十里〔一九〕。本漢傂奚縣地。」宋白續通典：燕樂縣，「五代時廢爲燕莊，其地平曠可屯」。

安樂郡故城。在密雲縣東北五十里。後魏置。魏書地形志：安州領安樂郡，「延和元年置交州，太平真君二年罷州置郡。領縣二：土垠、安市」。隋書地理志〔二〇〕：密雲縣「有舊安樂郡，領土垠、安市二縣，後齊廢土垠入安市，後周廢安市入密雲。開皇初郡廢」。

涿縣故城。今涿州治。漢置縣，爲涿郡治。魏晉以後皆爲范陽郡治。隋廢郡，以縣屬涿郡。唐武德七年改涿縣曰范陽。大曆四年，幽州節度使朱希彩奏置涿州於此。杜佑通典：「縣在范水之陽。漢涿郡故城亦在此。」寰宇記：「涿州東北至幽州一百三十里〔二一〕，南至莫州一百六十里。」宋王曾上契丹事：「自新城七十里至涿州，又六十里至良鄉。」

西鄉故城。在涿州西北。漢初元五年封廣陽頃王子容爲侯國，屬涿郡。後漢省。水經注：「俠河東逕西鄉縣故城北，世謂之都鄉城。」按地理志，涿郡有西鄉縣而無都鄉城，蓋世傳之非也。舊唐書地理志：慎州逢龍縣、黎州新黎縣，神龍初，皆「寄治良鄉之故都鄉城」。寰宇記：「西鄉故城，在范陽縣西北二十五里〔二二〕。」按寰宇記又云：「廣陽故城，在縣西南。」州志：「在縣西南十五里。」皆誤。

良鄉故城。在房山縣東。漢置縣，六朝因之，唐改固節，五代唐改置今良鄉縣，故城遂廢，爲良鄉、宛平、范陽三縣地。金大定末以山陵所在，因置萬寧縣於今治。元改曰房山。清類天文分野之書：「房山縣，本良鄉之昌黎里。」

信安故城。在霸州東五十里。寰宇記：「本古淤口關，周顯德六年收復關南，於此置砦，宋太平興國六年置破虜軍。」王存九域志：「景德二年改信安軍。初以永清、文安隸軍，後以二縣復隸霸州。」金史：「大定七年降爲信安縣，隸霸州。」「元光元年，伊拉仲夾努移屯信安。高陽公張甫因奏，信安本臣北境，地當衝要，乞權改爲府以重之。詔改信安爲鎮安府。」元史張禧傳：「金末，張仁義徙家益都。元太宗下山東，仁義走信安。時燕薊已下，獨信安猶爲金守。其主將知仁義勇而有謀，用之左右。守信安踰十年，度不支，乃舉城內附。」舊志：元時府縣俱廢，今爲信安鎮。「伊拉仲夾努」舊作「移剌衆家奴」，今改正。

益昌故城。在霸州東北。漢永光中封廣陽頃王子嬰爲侯國，屬涿郡。後漢廢。水經注：「拒馬水東逕益昌縣故城南，地理風俗記曰：方城縣東八十里有益昌城，故縣也。」

文安故城。在今文安縣東。漢置，唐徙今治。後漢書注：「文安故城，在今縣東北。」寰宇記：「古文安城，在今縣東三十里。」縣志：「今縣東北柳河鎮有古城，上有漢縣令趙夔祠，即文安故城也。」

豐利故城。今文安縣治。隋末置，屬河間郡。唐貞觀初省入文安。寰宇記：「文安縣西北去霸州五十五里。隋大業七年征遼，途經於河口，當三河合流之處，割文安、平舒二邑户於河口置豐利縣。隋末亂，百姓南移就是城。唐貞觀元年以豐利、文安二縣相逼，遂廢文安城，仍移文安名就豐利城置縣，即今理也。」

東平舒故城。今大城縣治。漢置縣。水經注：「漳水枝瀆逕東平舒縣故城南，代郡有平舒城，故加『東』。魏土地記曰章武郡治。世以爲章武故城，非也。」括地志：「平舒縣在瀛州東北一百二十五里，衡漳水在其界。」寰宇記：「大城縣西北去霸州九十五里。本漢東平舒縣。北齊爲平舒縣。周顯德六年割隸霸州，改名大城。」九域志：「縣在益津關東南一百五里〔二三〕。」五代時所置也。縣志：「故城基址在今縣北，土壟迴折，又名越州城，今城仍舊址築，止得其半。」

西章武故城。在大城縣南四十七里。漢章武縣在今滄州界，後魏正光中分置西章武縣，屬章武郡。北齊省。舊志：以在章武之西，故加『西』也。

無終故城。今薊州治。左傳襄公四年：「無終子嘉父使孟樂如晉，因魏莊子納虎豹之皮，以請和諸戎。」漢書異姓諸侯王表：「漢元年，項籍立燕王韓廣爲遼東王，都無終。」漢書地理志：右北平郡無終縣，「故無終子國」。水經注：藍水逕無終縣故城東，秦滅燕，「置右北平郡，治此。魏土地記曰：右北平城西北一百三十里有無終城」。隋書地理志：漁陽郡無終縣，「開皇十六年移置玄州於此，大業初置漁陽郡」。後漢書注：「無終山名，因爲國號，故城在今漁陽縣。」按舊唐志無無終而有漁陽縣，云「秦右北平郡治，隋爲漁陽」，當是大業初移漁陽郡名於故無終，遂改縣亦曰漁陽，隋志未及改耳。舊志皆以今玉田縣爲古無終，今考玉田，乃唐初析置之無終，非漢縣也。

平谷故城。在今平谷縣東北。漢置縣。後漢書光武紀：建武元年，「尤來、大槍、五幡入漁陽，遣吳漢等追戰，及平谷，大破滅之」。注：「平谷故城，在今潞縣北。」魏書地形志：「太平真君七年併平谷屬潞。」金史地理志：薊州平峪縣，「大定二十七年以漁陽縣大王鎮升」。縣志：「古縣城在今縣東北十二里，名城子莊。」

歸順廢州。今懷柔縣治〔二四〕。唐書地理志：歸順州歸化郡，「本彈汗州，貞觀二十二年以内屬契丹別帥析紇便部置。開元四年更名。縣一：懷柔。」寰宇記：歸順州，「即順州之北境，東至薊州二百十五里，北至檀州七十五里，西南至幽州七十五里〔二五〕。領懷柔縣，州所治」。舊志：金改懷柔曰温陽，以在温餘河之北爲名。元廢。明復分密雲蒼頭里迤西之地置縣，復唐故名曰懷柔。按遼史，順州領縣一，懷柔，有温餘河，金改爲温陽、密雲，是昔之懷柔爲今順義地，非今懷柔。

廢威州。在房山縣界。舊唐書地理志：威州威化縣，「寄治良鄉縣石窟堡」，又師州陽師縣，「神龍中，寄治良鄉縣故東閭城」。房山縣志：「石堡邨，在縣西北六十里。」

幽都廢縣。在今宛平縣西南。舊唐書地理志：幽州領幽都縣，「管郭下西界，建中二年取羅城内廢燕州廨置」。唐書地理志：「隋於營州之境汝羅故城置遼西郡。武德元年改曰燕州，六年自營州遷於幽州城中，貞觀二十五年徙治幽州北桃谷山。天寶元年曰歸德郡。建中二年爲朱滔所滅，因廢爲縣。」遼史地理志：「宛平縣，本幽都縣，開泰元年改今縣。」

陰鄉廢縣。在宛平縣西南。漢置，屬廣陽國。後漢省。寰宇記：「在今薊縣南界、良鄉東界、固安北界三縣交入之地。」方輿紀要：「在府西南二十五里，其遺址俗謂之籠火城。唐武德三年，竇建德遣將高士興擊羅藝於幽州，不克，退軍籠火城，是也。」

廣平廢縣。在宛平縣西。唐天寶元年析薊縣置，屬幽州，尋省，至德後復置，後又省。劉芳喆國門近遊録：「盧溝河南過長岡店西，有縣邨。」疑是。

玉河廢縣。在宛平縣西。五代時置。遼史地理志：「劉仁恭於大安山創宫觀，師煉丹羽化之術於方士王若訥，因薊縣分置玉河縣，以供給之。在京西四十里。」金廢〔二六〕。

通澤廢縣。在永清縣西。寰宇記：「永清縣在幽州東南一百五十里。本漢益昌縣地，隋大業七年於今縣西五里置通澤縣，隋末廢。唐如意元年於今理置武隆縣。景雲元年改會昌。天寶初爲永清縣，以邊境永清爲名。」縣志：「今有北通澤邨〔二七〕，在縣西。」

廣武廢縣。在昌平州西。後魏武定元年僑置偏城郡〔二八〕，領廣武、沃野二縣，屬東燕州。北齊廢。

行唐廢縣。在密雲縣東。本定州屬縣，遼太祖破行唐，盡驅其民，北至檀州，擇曠土居之，凡置十砦，仍名行唐縣。金廢。

要陽廢縣。在密雲縣東南六十里。漢縣在今古北口内，後魏時僑置於此，屬密雲郡。北齊省。

益津廢縣。在霸州治東。本漢益昌縣地，唐爲永昌縣地，置益津關於此，後入遼。五代周顯德六年，世宗自乾寧軍至獨流口，泝流而西，至益津關，遼守將終廷輝以城降，遂以益津關爲霸州，仍置永清縣爲治。金大定二十九年改置益津縣〔二九〕。明初省。舊志：霸州城，宋將楊延朗修葺以控遼人，當時號爲北方重鎮。沿城有七十餘井，亦延朗所鑿，謂之護城井。

征北小城。在大興縣境。舊志：即後漢末公孫瓚所築，晉置征北將軍嘗治此，因名。建興三年，劉琨自太原奔段匹磾，時匹磾、琨別屯征北小城〔三〇〕，是也。今堙。

迴城。在大興縣東南五十里，有圍城。舊唐書地理志：沃州濱海縣，「本寄治營州城內，州陷契丹，乃遷於薊縣東南迴城」〔三一〕。

牙城。在宛平縣西南五里。相傳唐藩鎮牙城也，或云遼、金别都亦在此。元遷都稍東，舊城半入於朝市，無迹可見，西半尚存，俗呼蕭太后城。

納降城。在宛平縣西南。唐書地理志：「幽州城内有經略軍，又有納降軍，本納降守捉城，故丁零川也。西南又有安塞軍、赫連城。」舊志：又有閻城，在宛平縣西南三十五里。亦曰關城，故城址在焉。

君子城。在宛平縣西。寰宇記：司馬彪郡國志云：「石勒每破一州，必簡別衣冠，號君子城。洎平幽州，擢荀綽、裴憲等還襄國，經此，俗譌爲箕子城〔三二〕。」舊志：今西山有君子口，疑即君子城也。

土城。在宛平縣西北德勝門外八里。即元大都故城也，或謂之土城關。

韓城。在固安縣東南。水經注：「聖水東南逕乾城東，詩韓奕章曰：『溥彼韓城，燕師所完。』王肅曰：今涿郡方城縣有韓侯城，世謂之寒號城〔三三〕，非也。」固安縣志：「今名韓砦營，在縣東南十八里。」按舊説皆以韓國在同州韓城縣，顧炎武日知録辨之曰：「水經注引王肅言方城縣有韓侯城，今固安縣有方城村〔三四〕，即漢之方城。水經注又云『濕水逕良鄉縣之北界，歷梁山南，高梁水出焉』。是所謂『奕奕梁山』者矣。曹氏曰：『武王子初封於韓，其時召襄公封於北燕，實爲司空，王命以燕衆城之。』同州去燕二千餘里〔三五〕，即令召公爲司空，掌邦土，亦當發民於近甸而已，豈有役二千里外之人而爲之築城者哉！況『其追其貊』，乃東北之夷，而蹶父之『靡國不到』，亦似爲韓土在北陲之遠也。又考王符潛夫論曰：昔周宣王時，有韓侯，其國近燕，故詩曰『溥彼韓城，燕師所完』。漢時去古未遠，當有傳授，今以水經注爲定。」

武陽城。在固安縣西北。相傳燕昭王所築。

葛城。在東安縣南三十五里。相近有小河，源自永清縣界流來入小溝河。宋建屯守於此。

狼城。在東安縣南四十五里。接霸州界，即宋信安軍之狼城寨也〔三六〕。有裏外二狼城，相距五里。舊有河流經其間，自渾河來者經北岸，其流濁，自邊家河來者行南岸，其流清。

常道城。在東安縣西北五十里。三國魏甘露三年封燕王宇之子璜爲常道鄉公。北魏主宏又封宇文英爲常道鄉公。魏書地形志：「安次縣有故萇道城。」皆此城也。

崧州城。在東安縣西北七十里。相傳遼古喇王所置。

古城。在香河縣北五里。相傳唐太宗東征，築以屯兵者，今遺址尚存，高五尺許。

紻城。在三河縣西北。水經注：「泃河南經紻城東〔三七〕。」舊志：今有英城，在縣西北三十里，即紻城之譌也。

長城。在武清縣西南三十里，延袤數百里。相傳戰國時燕築。縣志：始皇隄在縣西三里，舊傳長城遺址也。隋書地理志：「昌平縣有長城。」在今昌平州長城嶺。又有長城在文安縣東南，接大城縣界，延袤幾百里，相傳燕、趙分界處。

秦城。在寶坻縣東南十里。相傳秦始皇築，唐太宗征高麗，嘗駐蹕焉。

梁城。今寧河縣治，在寶坻縣東南百二十里，亦曰軍糧城。相傳五代時劉仁恭築，明永樂初置梁城守禦千户所。本朝初設千總駐守，今改爲縣。

芹城。在昌平州東三十里。隋圖經：「昌平縣有芹城。」

孤竹城。在昌平州界。舊唐書地理志：帶州孤竹縣，「神龍初，寄治昌平縣清水店」。

古疑城。在昌平州東南三十五里南小口之西。相傳遼蕭后屯兵於此。

沮陽城。在昌平州東南四十里。建置未詳，或以爲即漢縣，誤。

南河城。在順義縣東南三十五里。相傳舊嘗置縣。

博陸城。在密雲縣東南。水經注：「洳水出傂奚縣東南，逕博陸故城北，世謂之平陸城，非也。漢武帝封霍光爲博陸侯國。文穎曰：『博大陸平，取其嘉名而無此縣也，食邑北海、河東。』薛瓚曰：『漁陽有博陸城，謂此也。』今城在且居山之陽，處平陸之上，帀帶川流，面據四水，文氏所謂無縣目，嘉美名也〔三八〕。」

共城。在密雲縣東北五十里。括地志：「在檀州燕樂縣界，即舜流共工之地。」一作龔城。

貍陽城。在密雲縣界。史記趙世家：「悼襄王九年取燕貍陽。」正義：「故城在密雲縣南。」

廟城。在懷柔縣南五里。俗傳遼蕭太后家廟。

欒城。在涿州東二十里。其相近有田城，相傳皆遼人所築。

垣城。在涿州北。水經注：「垣水逕垣縣故城北。史記音義曰：河間有武垣縣，涿郡有垣縣。漢景帝中元三年封匈奴降王賜爲侯國。屬涿郡，世謂之頃城，非也。」按：漢志只有武垣縣，無垣縣。

平曲城。在霸州東二十五里。魏書地形志：「文安縣有平曲城〔三九〕。」括地志：「平曲縣故城，在文安縣北七十里。」寰宇記：「在永清縣東三十二里。漢景帝封公孫渾邪爲平曲侯，即此也。」

拆城。在霸州東八十里。宋楊延朗屯兵於此，今爲拆城里。

古南關城。在霸州南。九域志：「州有南關城，趙武靈王所築，以朝鮮有關城，故此云南關。」

南北盧蒲城。寰宇記：「在文安縣西二十七里。左傳齊侯放盧蒲嫳於北燕，權置城於此〔四〇〕。」

廣陵城。在文安縣西北十二里，與保定縣接界。宋時聚糧於此，以守益津關。

三角城。在文安縣西北二十里。石勒築以備燕。

平陵城。寰宇記：「在大城縣東北一百十里。漢書『蘇建封平陵侯』，即此地也。」

二里城。在保定縣北〔四一〕。宋時積糧於此。

安遠城。在薊州西北。唐末置安遠軍。五代梁時，晉周德威攻燕劉守光，拔安遠軍。

雄武城。在薊州東北。唐天寶六載，安祿山築，其後置軍使於此，爲州境要地。唐書地理志：「薊州有雄武軍，故廣漢川也。」

洪水城。唐書地理志：「薊州東北九十里有洪水守捉，又東北三十五里有鹽城守捉〔四二〕。」

蘆臺軍。在寧河縣東南，去寶坻縣一百六十里。五代時劉守光置，俗名將臺。

平戎軍。今保定縣治。寰宇記：「本莫州新鎮之地，太平興國六年升爲平戎軍，以扼邊陲之喉。東至霸州三十里，西至莫州七十里。」九域志：本雄州歸信縣之地〔四三〕，「景德元年改爲保定軍。景祐元年析霸州文安、大城二縣五百户隸軍」。

新倉鎮。今寶坻縣治。五代時置鹽倉於此，遼爲新倉鎮，金始置縣。金劉晞顏新建寶坻縣記：「唐末劉仁恭帥燕，其子守光置蘆臺軍於海口鎮。後唐同光中，趙德鈞鎮其地，因蘆臺鹵地置鹽場，相其地高阜平闊，因置榷鹽院，謂之新倉，以貯鹽。遼時置新倉鎮，後分隸香河縣。大定十一年，鑾輿東巡幸此，謂新倉鎮人烟繁庶，可改爲縣。明年，析香河東偏四鄉置縣，謂鹽乃國之寶，取如坻如京之義，命之曰寶坻。」

故興州中屯衛。在良鄉縣治東。明永樂四年建。本朝順治九年裁。

故通州衛。在通州治南。明建文四年建。又有通州左衛，在通州衛東南；通州右衛，在州治東南，俱明永樂中建。又神武中衛，在州治南，建文二年燕王建。定邊衛，在州治西南，建文四年建。今俱裁。

故營州後屯衛。在三河縣治東。明永樂二年建。又興州後屯衛，在縣治西，永樂三年建（四四）。本朝順治中俱裁。

故密雲中衛。在密雲縣治東。明洪武四年建，本朝康熙三年裁。又密雲右衛，在古北口。明洪武末建，本朝順治九年裁。

故涿鹿衛。在涿州治西南（四五）；又涿鹿左衛，在州治西；涿鹿中衛，在左衛西，俱明永樂中建。本朝順治九年裁中、左二衛，康熙二十七年裁涿鹿衛。

故薊州衛。在薊州東北。明洪武十年建（四六）。又鎮朔衛，在薊州衛西，明永樂中建。營州右屯衛，在州治北，本舊大寧衛，永樂二年移此。今俱裁。

故營州中屯衛。在平谷縣治東。明永樂二年自大寧移此。本朝順治九年裁。

安墟。在東安縣界。舊志：東安縣，古安墟，黄帝制天下以立萬國，始經安墟，合符釜山，即此。縣志：「安墟在常道城。」

棗林。在通州南，故漷縣西北。元時爲畿甸東南要路。

柳林。在通州南漷縣西。元至元十八年如漷州，又如柳林，自後皆以柳林爲遊畋之地，建行宫於此。

御馬苑。在通州西二十里鄭邨壩。明時牧養御馬處，大小二十所，相距各三四里，皆繚以周垣。垣中有厩，垣外地甚平曠。羣馬畜牧其間。實録：「景泰三年造駝房於鄭邨壩。天順四年駕幸鄭邨壩閲仗馬。」皆此地也。

蕃育署。在大興縣東南七十里，東安縣東北六十里。古安次縣采魏里也。明初爲上林苑，改名蕃育署，土人合新舊而名之，呼爲采育。

臨朔宫。在大興縣界。隋書煬帝紀：「大業七年四月至涿郡之臨朔宫。」唐書地理志：「薊縣有故隋臨朔宫。」

碣石宫。在宛平縣西。史記：「鄒衍如燕，昭王築碣石宫，親往師之。」正義：「碣石宫在幽州薊縣西三十里（四七）。」

長慶宫。在東安縣西南。縣志：「宫舊在廣平淀，金天會三年移安次南五十里，有大石橋，以受諸國之禮，今次平屯乃其舊址。」

神潛宫。在通州故漷縣西南二十里。遼后妃從獵行宫也，遺址尚存。

玄福宫（四八）。在昌平州南二十里。明弘治十七年建。俗呼迴龍觀。

瑞雲宫。在房山縣西北二十餘里金太祖陵側。

聚燕臺。在大興縣東九十里。春明夢餘録：「臺高一丈，廣三四十尺。歲秋社燕辭巢日，必各將其雛數千百羣聚此臺，呢喃一二日（四九），然後分翔而去。」

謊糧臺。在大興縣東南六里。相傳唐太宗征高麗時，嘗虚設囷倉於此，以疑敵人。

黄金臺。在大興縣東南。任昉述異記：「燕昭王爲郭隗築臺，今在幽州燕王故城中，土人呼爲賢士臺，亦謂之招賢臺。」酒賢集：「黄金臺在大悲閣東南隗臺坊內。」明統志：「臺在府東南十六里。又一曰小金臺，在府東南十五里。按燕昭王於易水東南築黃金臺延天下士，後人慕其好賢之名，亦築臺於此。爲燕京八景之一，曰『金臺夕照』。」本朝高宗純皇帝有御製金臺夕照詩。按史記「昭王爲郭隗改築宮而師事之」，不言築臺。後漢孔融論盛憲書始云「昭王築臺以事郭隗」，然亦無所謂黃金臺也。至水經注及文選李善注引王隱晉書、隋上谷圖經始有黃金臺之名，然皆在今易州，惟述異記謂臺在幽州，後人據此以築耳。

豐臺。在宛平縣西南草橋南。爲京師種花之所，芍藥之盛，連畦接畛，彌野絢爛，相傳元人園亭皆在於此。按日下舊聞：「金時郊臺在南城外，豐宜門者，金之南門也。豐臺疑即拜郊臺，因門曰豐宜，故目爲豐臺云耳。」

拜郊臺。在宛平縣西南七里。金大定間拜天於此。金史禮志〔五〇〕：「金因遼舊俗，以重午、中元、重九日行拜天禮，重午於鞠場，中元於内殿，重九於都門外。」

寧臺。在宛平縣西。史記樂毅傳：「齊器設於寧臺，大呂陳於元英，故鼎反乎磨室。」括地志：「元英、磨室二宮，皆燕宮，在幽州薊縣西四十里寧臺之下。」

看花臺。在宛平縣西玉泉山隆教寺西長嶺之半。爲金章宗故蹟。又有看花臺，在密雲縣西北三十里大水峪，相傳遼蕭后嘗登此。

釣魚臺。在宛平縣西花園邨。臺下有泉湧出，匯爲池，其水至冬不竭，相傳金人王鬱隱此。

駐蹕臺。在宛平縣西。元史文宗紀：「至順二年發軍士築駐蹕臺於大承天護聖寺東〔五一〕。」

雀臺。在固安縣西南十八里。相傳趙李牧所築。舊志謂當作將臺，音譌耳。

武毅漢軍臺。在永清縣南二十五里。又有武毅番軍臺。相傳皆宋初所築。

奕臺。在東安縣西八里左奕邨。宋爲左奕衛，臺高一丈六尺，周一百二十步，制如土樓，元時點軍於此。

虛糧臺。在通州城東。有臺十餘，相傳趙德鈞屯兵於此，因軍中乏糧，築臺以誑敵。

呼鷹臺。在通州故漷縣西南二十五里。元至大初所築，亦名晾鷹臺，高數丈，周一頃，元時遊獵多駐於此。

將臺。在通州西二十五里。名勝志：「將臺有三：其二在州城西，徐達建，或曰唐薛仁貴征遼所築，用蓆疊土爲之；其一在州城北，通京師東直門中路，舊傳慕容氏拜將臺也。」又保定縣志：「縣西南有將臺，相傳宋楊延朗演武於此。」

駐馬臺。在寶坻縣南五里。相傳金章宗嘗駐此，一名歇馬臺。

龍虎臺。在昌平州西舊縣西十里居庸關南口〔五二〕。地勢高平如臺，廣二里，袤三里。元時車駕歲幸上都，往來皆駐蹕其上。

仙臺。在懷柔縣東十里。高十丈，下有深洞，可容百人。

孤臺。在懷柔縣北三里。高十餘丈。

華陽臺。在涿州城西北隅。相傳燕丹與樊於期置酒華陽館，即此。

展臺。在涿州西南二十里。燕昭王展禮賢士所築。

燕昭王臺。在涿州西南五十里。亦稱仙臺。水經注：「濡水出燕王仙臺東〔五三〕。臺有三峯，甚崇峻，騰雲冠峯，高霞翼嶺，岫壑沖深，含煙罩霧，耆舊言燕昭王求仙處〔五四〕。」

金章宗歇涼臺。在房山縣西二十里茶樓山頂。遺址猶在。

龍門臺。在房山縣西南二百里。四面皆山，其下深澗莫測，南有一竅，上有龍神祠。

霸臺。在霸州州治後。相傳宋時將臺，今圮，改題於州治左譙樓之臺。

孟母臺。在文安縣東北柳河。臺下有洞，爲孟良藏母處。

不没。

釣臺。在大城縣東北子牙鎮鹽河中。相傳太公嘗居此，所謂北海之濱也。其臺浮出水面，土人云常隨水高下，雖大浸不没。

鳳凰臺。寰宇記：「在大城縣東北十五里。晉石勒四年，鳳凰見於此，因築臺。」

舞劒臺。在薊州。李靖遺蹟，有石甚堅。

三臺。明統志：「在平谷縣北十五里。中曰發箭，東曰擂鼓，西曰望馬。相傳金章宗出獵登此。」縣志：「望馬臺、摩鼓臺，在縣東二十里，發箭臺，在縣北二十里。」

齊政樓。明統志：「在府西海子東岸。元建，蓋取齊七政之義。」

燕角樓。在大興縣東南。遼時建。

披雲樓。在大興縣南。舊有題額，金章宗手書。樓上有遠樹影，即風雨晦明皆見。元耶律楚材詩「間上披雲第一重」，即此。

卷幔樓。燕都遊覽志：「宛平縣玉泉山有吕公巖，下臨一潭，廣丈餘，山上有看花臺、卷幔樓。」

雁月樓。在永清縣信安鎮。

土樓。在東安縣東六里。宋時爲土兒衛，臺高一丈二尺，周一百六十步，舊建樓其上，以爲四時歌樂之所。

酒樓。在霸州治東澄清街。元華亭管訥爲州學正，有「東城酒樓花滿煙」之句。今廢。

中心閣。在府治西。元建，以其當都城中故名。閣東十餘步有臺，繚以垣，上有碑，刻「中心臺」三字。又有天堂，在府治後。

萬柳堂。在大興縣南花園邨。元廉希憲别墅。陶宗儀輟耕録「堂臨池數畝」（五五）。池中多蓮，繞池植柳數百株，每夏柳蔭蓮香，風景可愛。

遂初堂。在大興縣南。元詹事張九思别業。明統志：「花竹水石之勝，甲於都城，九思常以休沐，與公卿、賢大夫觴咏於此，從容論説古今，以達於政理，非直爲遊樂也。」

雙清亭。在大興縣東南通惠河上。元都水張經歷園也，宋褧有詩。

東郭草亭。在大興縣東南。明興濟伯楊善别業。朝士休暇宴遊，餞迎賓友，咸憩於此。

南野亭。在大興縣南。前臨潤水。元宋褧、虞集皆有詩。

玩芳亭。在大興縣南。元粟院使别墅。馬祖常、王士熙、薛元卿皆有玩芳亭詩。

匏瓜亭。在大興縣南十里。明統志：「亭多野趣，元趙參謀别墅。」按參謀趙禹卿嘗種匏瓜以製飲具，當時目曰「趙匏瓜」，王惲詩所謂「君家匏瓜盡尊彝」也。

垂綸亭。在大興縣西南。元學士宋本故居。

雅集亭。在宛平縣西南盧溝河畔。相傳元符氏建。

望湖亭。畿輔通志：「在宛平縣玉泉山裂帛湖上。睨瞰西湖，明如半月。明李夢陽、何景明皆有詩。」

飛泉亭。在宛平縣五華山西北。有泉自山畔湧出，建亭於上以翼之，泉水東南流逾尋丈許，伏而不見，至玉泉山趾湧出，蓋玉泉之源也。

督亢亭。在固安縣南。後漢書郡國志：「方城縣有督亢亭。」按：明統志謂在涿州東南十五里，高丈餘，周七十步（五六）。又見新城縣。

崔氏園亭。在通州故漷縣内。陳循寰宇通志：「邑人崔禮仕金爲四鄉學諭，後隱居於此，作園亭，植花卉以自娱。元人時往遊觀焉。」

通潞亭。在通州東南。水經注以爲王莽所建。

初月亭。在密雲山南。山麓有二泉，相踰僅數尺，匯爲一流，故稱聖水泉，泉上有初月亭。

酈亭。在涿州樓桑郵南三里。後魏酈道元故居。

武平亭。在文安縣北。史記趙世家：「惠文王二十一年徙漳水武平西。二十七年徙漳水武平南〔五七〕。」括地志：「武平亭今名渭城，在文安縣北七十二里。」縣志：「今勝芳鎮在縣東北七十里，濁漳、滹沱會流於此，疑即武平也。」

避暑亭。在薊州西北五里。相傳金章宗避暑於此。

于越王廨。在大興縣界。宋王曾上契丹事：「燕京子城南門外有于越王廨〔五八〕，爲宴集之所。」

永平館。在大興縣南十一里。遼時朝士宴集之所。王曾上契丹事：「燕京南門外永平館，舊名碣石館。」

望京館。在大興縣東北五十里。遼建，爲南北使臣宿息餞飲之所〔五九〕。王曾上契丹事：「出燕京北門至望京館。」沈括夢谿筆談：「幽州東北三十里有望京館。」

金溝館。在密雲縣東北四十里。王曾上契丹事：「檀州五十里至金溝館，將至館，川原平曠，謂之金溝淀。」夢谿筆談：「金溝館東北三十餘里至中頓，過頓屈折北行峽中，濟灤水，道三十餘里，鈎折投山隙以度，所謂古北口也。」

大安館。在房山縣西北大安山。劉仁恭師事方士王若訥於此。

曲水園。在大興縣東。明駙馬萬煒園也。園石牆，一徑皆竹，竹盡而西，迢迢皆水。曲廊亭臺，皆東西濱水。其中有松花石，其半尚存木質。又冉駙馬宜園石假山名「萬年聚」，亦在東城。

李戚畹新園。在大興縣三里河東。明武清侯李偉別業。有金魚池、梅花亭，又有鷗臺、崑樓、船橋、魚龍諸亭。歷二水關，長廊數百間，水岸設邨落，宛如江浦漁市。

梁家園。在宛平縣西南宣武門東南舊城邊。明時都人梁氏建，引涼水河入其中，亭榭花木，極一時之盛。今廢。

萬春園。在宛平縣西積水潭。元時進士登第恩榮宴後，會同年於此。宋褧詩「臨水亭臺似曲江」，是也。

張園。在宛平縣西嘉興觀西二里。明惠安伯張元善別墅。牡丹芍藥，各數百畝。

栗園。在宛平縣西。遼史百官志：「南京栗園司，典栗園。」即此。又在固安縣界。括地志：「固安之栗，天下稱之，爲御栗，因有栗園。」

米家園。在宛平縣西北海淀。明米萬鍾築，曰勺園，又曰風煙里，都人稱曰米家園，當時爲郊外勝地。

獨秀園。在通州南故漷縣北二里。遼司徒郭世珍別業。

桑園。在寶坻縣西十五里。明嘉靖中知縣張元相置。後廢，知縣唐鍊重築垣牆，植桑課蠶。

張華邨。在固安縣東北八里。有八角井，相傳即華故宅。按宛平縣西亦有張華邨，在西直門外八里莊，晉書：「華，方城人。」當以在固安者爲是。

北臺邨。在涿州東三里。宋太祖故里，今爲清涼寺。

樓桑邨。在涿州西南十五里。蜀志：「先主少孤，與母販履織蓆爲業。舍東南角籬上有桑樹高五丈餘，遥望見幢幢如小車蓋，往來者皆怪此樹非凡，或謂當出貴人。先主少時，常與宗中諸兒於樹下戲，言吾必當乘此羽葆蓋車。」水經注：「督亢溝水東逕涿縣酈亭樓桑里南，即劉先主舊里。」

桃莊。在涿州西北一里。相傳即張飛舊里。

相公莊。在文安縣治西北三里。唐工部尚書張仁憲故里。

竇氏莊。在薊州東三里。竇禹鈞故里。又有燕山竇氏莊，在昌平州東山口内二里。相傳有古槐，大數十圍，中可容十人坐，今無。

盧植故宅。在涿州東十五里，地名盧家灤。

劉越石壇。在永清縣東南拒馬河之陰。相傳晉劉琨與段匹磾同盟處，遺址猶存。

盧王屯。在東安縣常道城東南二十五里。相傳漢盧綰屯兵於此，與劉賈夾攻取燕，今名盧邨。

燈市。在大興縣東崇文街西，亘二里許。燕都遊覽志：「燈市南北兩廛，珠玉寶器，日用微物，靡不畢具。相對俱高樓，樓設氍毹簾幙，爲宴飲地。夜則燃燈於上，望如星衢。市自正月八日始，十八日罷。鬻燈在市西南，今名燈市口。」

柴市。在大興縣教忠坊西北隅。元至元十九年，宋丞相文天祥殉節於此。

校勘記

〔一〕聖水東逕方城縣故城　乾隆志卷六順天府三古蹟（以下同卷簡稱乾隆志）及朱謀㙔水經注箋同。王先謙合校水經注聖水注作「東逕方城縣故城北」，云：「近刻脱北字。」

〔二〕取漢故安縣爲名　「故」，原作「固」，乾隆志同。太平寰宇記卷七〇涿州固安縣載：「取漢故安縣以爲名。」按漢書卷二八地理志上涿郡領有故安縣，即寰宇記所謂也。漢置故安縣，在唐易州易縣境地，隋開皇中，始移置於故方城縣界，改「故」爲「固」，隋書卷三〇地理志中：涿郡固安縣，「舊曰故安，開皇六年改焉」。此「固」爲「故」字之誤，據改。

〔三〕范陽郡萇鄉縣有長鄉城　「長」，乾隆志同。魏書卷一〇六地形志上：萇鄉縣「有萇鄉城」。「長」作「萇」。太平寰宇記卷七〇作「長」。

〔四〕漢置縣　乾隆志作「漢縣」。按：漢置路縣，漢書卷二八地理志下：「漁陽郡路，莽曰通路亭。」東漢改爲「潞」，續漢書郡國志五：漁陽郡潞縣。日下舊聞考卷一〇八京畿通州：「後漢書郡國志漁陽郡下始列潞縣，爲潞河之文承用始也。」

〔五〕按水經注引魏土地記　「魏」，原脱，據水經沽河注補。乾隆志作「魏氏土地記」。後昌平故城、東平舒故城、無終故城下引水經注之「土地記」皆脱「魏」字，同補。

〔六〕郡自在今順義縣境縣自在今通州境　後漢書卷一二彭寵傳：謁者韓鴻至薊，「拜寵偏將軍，行漁陽太守事，吴漢安樂令。」同書卷一八吴漢傳：韓鴻徇河北，召見漢，「拜爲安樂令」。此即兩漢漁陽郡屬安樂縣。縣址見載於水經濕餘水注：「濕餘水又東南流逕安樂故城西，更始使謁者韓鴻北徇，承制拜吴漢爲安樂令，即此城也。」按濕餘水，清名北沙河，流逕昌平縣（今北京市昌平區）南、順義縣（今順義區）西，今名温榆河。乾隆志安樂故城下引順義縣志云：「縣西北六里有安樂故城，有安樂莊，即故安樂郡城也。按安樂郡城在今密雲縣界，此曰漢縣，非後魏僑郡也。」兩漢安樂縣在清順義縣（今順義區）西北六里，正與水經濕餘水注「濕餘水東南流逕安樂故城西」記載相合，故址在此，確實無疑。或云北魏安樂郡城亦此，乾隆志辯説是也，「在今密雲縣（今密雲區）界」，可信。本志云漢安樂縣「在通州（今通州區）境」，當誤。

〔七〕唐置臨泃縣開元中改置三河縣　乾隆志同。舊唐書卷三九地理志二：幽州潞縣，武德二年於縣置玄州，仍置臨泃縣，貞觀元年廢玄州，省臨泃縣。新唐書卷三九地理志三同。又舊唐志、新唐志並載：薊州三河縣，「開元四年分潞縣置」。太平寰宇記卷七〇薊州三河縣載同。據此，三河縣仍分潞縣置，與已廢臨泃縣無涉，本志誤。

〔八〕又新唐志薊州有臨渠府　「渠」，原作「洵」，乾隆志同，據新唐書卷三九地理志三、讀史方輿紀要卷一一三河縣載改。

〔九〕更於故縣置東燕州及平昌郡昌平縣後州郡廢而縣隸幽州　「故縣」，乾隆志同，太平寰宇記卷六九幽州昌平縣作「今縣郭城」；「平昌郡」，寰宇記同，乾隆志作「昌平郡」；「後州郡廢」，乾隆志同，寰宇記無「州」字。隋書卷三〇地理志中：涿郡昌平縣，「舊置東燕州及平昌郡，後周州郡並廢。」作「平昌郡」。王仲犖北周地理志卷九：昌平郡，「地形志及隋志並誤作『平昌郡』，據水經灤水注：『祁夷水又東北流，逕代城西。祁夷水又北，逕一故城西。又逕昌平郡東，魏太和中置，西南去故城六十里。』蓋昌平郡舊治在今壺流河流域，河北蔚縣東北。及孝昌中，燕州荒廢，東魏天平中，郡亦隨東燕州寄治軍都城矣。按魏書京兆王黎傳：孫繼，繼弟羅侯，『家於燕州之昌平郡，以兄子叉執權，就拜昌平太守。』魏書宋弁傳：子維，『靈太后黜爲燕州昌平郡守』。」據此，「故縣」爲「今縣」之誤，「平昌郡」爲「昌平郡」之誤。

〔一〇〕又有大口故城在州東南五十里　乾隆志「又有」之上載：「又有故城在州西十七里」十字，同日下舊聞考卷一三五京畿昌平縣引昌平州志。

〔一一〕天寶元年改順義郡　「順」下原衍「漢」字，據乾隆志及新唐書卷四三地理志七下、通典卷一七八州郡八、太平寰宇記卷七一刪。

〔一二〕檀州西至昌平縣一百三十里　乾隆志及太平寰宇記卷七一同，通典卷一七八州郡八：密雲郡檀州，「西至范陽郡昌平縣界一百三十里」。疑此「縣」下脱「界」字。

〔一三〕東北至長城障塞一百十里　「城」，原作「安」，乾隆志及太平寰宇記同，據通典卷一七八州郡八改。又「障塞」下原衍「軍」字，據乾隆志及通典、太平寰宇記刪。

〔一四〕晉書燕王機傳　乾隆志同。按本志下文云：機「咸寧初，以漁陽郡益其(燕)國」，附載於晉書卷三八宣五王傳清惠亭侯京(京死，以晉文帝子機爲嗣)下，不列其傳。

〔一五〕後魏移郡治雍奴　乾隆志同。魏書卷一〇六地形志上：漁陽郡領縣六，首雍奴，以下爲潞、無終、漁陽等，不言郡治。隋書卷三〇地理志中：「潞，舊置漁陽郡，開皇初廢。」蓋北魏漁陽郡移治潞縣，至北周因襲。王仲犖北周地理志卷一〇亦持此說。

〔一六〕晉省　乾隆志同。輿地廣記卷一二：密雲縣，二漢厗奚縣，「屬漁陽郡，後省」。志書所云疑誤。

〔一七〕開皇十六年徙州無終　乾隆志同。隋書卷三〇地理志中安樂郡載同，而漁陽郡（治無終縣）云：「開皇六年徙玄州於此。」考太平寰宇記卷七一檀州引隋圖經云：「開皇初徙玄州于漁陽，今漁陽郡是也。」同書卷七〇薊州漁陽郡：「隋開皇初徙玄州於此。」則開皇初徙玄州於無終縣，唐漁陽縣，亦即隋志所云在開皇六年，「十六年」之「十」字乃衍文。後無終故城引隋志作「十六年」之「十」字同爲衍文。

〔一八〕長壽二年移治新城　「新城」，原作「新興城」，乾隆志同。舊唐書卷三九地理志二、太平寰宇記卷七一檀州燕樂縣皆作「新城」，此「興」字衍，據删。

〔一九〕縣在檀州東北七十里　「七十」，乾隆志同。太平寰宇記卷七一作「七十五」，疑此脱「五」字。

〔二〇〕隋書地理志　「理」，原作「形」，據乾隆志及隋書卷三〇地理志中改。

〔二一〕涿州東北至幽州一百三十里　「三十」，乾隆志同。太平寰宇記卷七〇涿州作「二十」，此「三十」蓋爲「二十」之誤。

〔二二〕在范陽縣西北二十五里　「二十五」，乾隆志同。太平寰宇記卷七〇涿州范陽縣作「二十」，讀史方輿紀要卷一一涿州：「西鄉廢縣，州西北二十里。」日下舊聞考卷一二八京畿涿州：「西鄉廢縣，在州西二十里長溝村北，有土城遺址。」此「五」爲衍字。

〔二三〕縣在益津關東南一百五里　乾隆志同。元豐九域志卷二：霸州大城縣，「州東南一百五里」。按原是益津關，五代周於此置霸州，以大城縣屬焉，此「益津關」應作「霸州」爲是。

〔二四〕今懷柔縣治　乾隆志同。通典卷一七八州郡八：順義郡順州，「在范陽郡城。」即在幽州城（清順天府城，今北京城西南隅）治賓義縣。又載：歸化郡，「西南到范陽郡八十里。順州之北境」。治懷柔縣。太平寰宇記卷七一：思順州（順州之誤)賓義縣，「郡所治，在幽州城內」。歸順州，「今理懷柔縣。即元順州之北境。西南至幽州八十五里」。日下舊聞考卷一三八京畿順義縣：「今考寰宇記，順州順義郡領縣一，賓義，四至八到與范陽同。范陽爲故幽州，即今順天府境。歸順州歸化郡領縣一，懷柔，另有四至八到，西南至幽州七(八字之誤)十五里。今順義縣境正在府東北六十里，地界相符。彝尊以縣爲唐之歸順州歸化郡，非順州順義郡，是矣。」同書卷一三九京畿懷柔縣亦云「今之順義本(唐)歸順州歸化郡」，「至今懷柔，乃明初析昌平、密雲地所立，雖取古名，實非舊地。考遼史：順州歸化軍領縣一，懷柔，有温餘河。金史：領縣二，温陽、密雲。温陽，温餘水之陽也，即懷柔所改。今温餘水入順義北界，不經懷柔界，是可證昔之懷柔爲今順義而非懷柔矣」。所説是也，此云唐歸順州懷柔縣爲「今懷柔縣治(今北京市懷柔區)」，誤也。

〔二五〕西南至幽州七十五里　「五」，乾隆志作「三」。太平寰宇記卷七一：歸順州，「南至幽州八十五里」，又載「西南至幽州同上。」則此「七」爲「八」字之誤。

〔二六〕金廢　乾隆志同。張修桂、賴青壽遼史地理志匯釋：「京畿金石考卷上有遼駐蹕寺沙門奉航幢記，內正書『乾統八年四月立在玉河鄉池水村善會寺』，知遼末縣已廢爲鄉。」此云「金廢」，誤。

〔二七〕今有北通澤邨　乾隆志同。日下舊聞考卷一二五京畿永清縣引縣志：「今城西五里有通澤村。」此「北」蓋衍字。

〔二八〕後魏武定元年僑置偏城郡　「元」，原作「九」，據乾隆志及魏書卷一〇六地形志上改。

〔二九〕金大定二十九年改置益津縣　「二」，原作「三」，乾隆志同，據金史卷二四地理志上改。按金大定止於二十九年。

〔三〇〕時匹磾琨別屯征北小城　乾隆志同。讀史方輿紀要卷一一：征北小城，「時匹磾治薊，琨別屯征北小城」。按晉書卷六二劉琨傳：建興三年，幽州刺史段匹磾數遣信要劉琨，琨從飛狐入薊，「時琨別屯征北府小城」。同書卷六三段匹磾傳：「匹磾領幽州刺史，劉琨自并州依之。」幽州即治薊，建武初，「疾陸眷病死，匹磾自薊奔喪」。可證方輿紀要所述是也，此「時匹磾」下蓋脱「治薊」二字。

〔三一〕乃遷於薊縣東南迴城　「縣」，原作「州」，乾隆志同，據舊唐書卷三九地理志二、太平寰宇記卷七一改。

〔三二〕石勒每破一州至俗謂爲箕子城　「州」，乾隆志同，太平寰宇記卷六九別本作「城」。「俗」，乾隆志同，寰宇記「俗」上有「後」字，此蓋脱。

〔三三〕世謂之寒號城　「之」、「城」，原脱，乾隆志及朱謀㙔水經注箋同，據王先謙合校水經注聖水注補。

〔三四〕今固安縣有方城村　「有方城村」，原脱，乾隆志同。顧炎武全集第一八册日知録卷三：韓城，「今順天府固安縣有方城村，即漢之方城縣也」。據補。

〔三五〕同州去燕二千餘里　「燕」原作「韓」，「餘」原脱，乾隆志同，據日知録卷三韓城改補。

〔三六〕即宋信安軍之狼城寨也　「軍」原作「君」，「寨」原作「塞」，並據乾隆志及宋史卷八六地理志二、日下舊聞考卷一二六京畿東安縣、光緒順天府志卷二七村鎮一引一統志改。

〔三七〕洵河南經紻城東　「洵」，原作「洵」，據乾隆志及水經鮑丘水注改。

〔三八〕今城在且居山之陽至文氏所謂無縣目嘉美名也　「今」，原脱，據乾隆志及水經鮑丘水注補。「目」，原作「有」，乾隆志及朱謀㙔水經注箋同；「美」，原脱，乾隆志同。並據王先謙合校水經注改補。

〔三九〕文安縣有平曲城　「平」，原脱，據乾隆志及魏書卷一〇六地形志上補。

〔四〇〕權置城於此　乾隆志同。太平寰宇記卷六七作「權置二城」，此「城」上疑脱「二」字。

〔四一〕在保定縣北　乾隆志同。日下舊聞考卷一二一京畿引保定縣志：「二里城，在縣東北。」光緒順天府志卷二九郵鎮三引一統志同，此「北」上疑脱「東」字。

〔四二〕又東北三十五里有鹽城守捉　「三十五」，乾隆志同，新唐書卷三九地理志三作「三十」，此「五」蓋爲衍字。

〔四三〕本雄州歸信縣之地　乾隆志同。元豐九域志卷二：保定軍，「太平興國六年以涿州歸信縣新鎮建平戎軍，景德元年改保定」。本志改九域志「涿州」爲「雄州」，未説明原因。太平寰宇記卷六七：雄州，本涿州歸義縣之瓦子濟橋，周顯德六年「建爲雄州，仍移歸義并易州之容城二縣于城中」。輿地廣記卷一〇：雄州歸信縣，「周顯德六年，世宗克瓦橋關，置雄州，治歸義縣。皇朝太平興國元年改爲歸信」。可見此地原屬涿州歸義縣，太平興國初屬雄州歸信縣，本書所改亦是，但非九域志文。

〔四四〕永樂三年建　「三年」，乾隆志同。大明一統志卷一公署、讀史方輿紀要卷一一皆作「二年」。

〔四五〕在涿州治西南　「西南」，乾隆志同。讀史方輿紀要卷一一：「涿鹿衛，在涿州治西北。」日下舊聞考卷一二七京畿同。

〔四六〕明洪武十年建　「十年」，乾隆志同。大明一統志卷一公署、讀史方輿紀要卷一一皆作「八年」。又明太祖實録卷六七：洪武四年七月，「置薊州衛指揮使司」。諸書紀年皆不同。

〔四七〕碣石宫在幽州薊縣西三十里　乾隆志「三十里」下有「寧臺之東」四字，同史記卷七四孟子列傳正義，此蓋脱。

〔四八〕玄福宫　「玄」，原作「永」，乾隆志同。昌平山水記卷上：「玄福宫，弘治十七年建，俗呼爲回龍觀。」日下舊聞考卷一三五京畿、光緒順天府志卷二五寺觀同，此「永」爲「玄」字之誤，據改。

〔四九〕必各將其雛數千百羣聚此臺呢喃一二日　「必各將其雛」，乾隆志同。春明夢餘録卷六四名蹟作「京畿城村必各將其成雛」，帝京景物略卷三城南内外同。「一二」，乾隆志同，春明夢餘録及帝京景物略作「竟」。

〔五〇〕金史禮志　「禮」，原作「地理」，乾隆志同。金史卷三五禮志八：拜天，「金因遼俗，以重五、中元、重九日行拜天之禮」。此「地理」爲「禮」字之誤，據改。

〔五一〕至順二年發軍士築駐蹕臺於大承天護聖寺東　「大」，原脱，乾隆志同。元史卷三三文宗紀二：天曆二年五月，「建大承天護聖寺」。同書卷三五文宗紀四：至順二年九月，「命留守司發軍士築駐蹕臺於大承天護聖寺東」。日下舊聞考卷一〇〇郊坰：「大承天護聖寺創自元時，規製鉅麗，至正初燬而復修。」據補「大」字。

〔五二〕在昌平州西舊縣西十里居庸關南口　後「西」，原作「四」，乾隆志同。昌平山水記卷上：「昌平州西八里爲昌平舊縣，又西十里爲龍虎臺」。日下舊聞考卷一三五京畿引同。此「四」爲「西」字形訛，據改。

〔五三〕濡水出燕王仙臺東　「濡水」，乾隆志同。按水經易水注：「是水出代郡廣昌縣東南郎山東北燕王仙臺東。」戴震云：「按此南易水。」則此「濡水」爲「易水」之誤。

〔五四〕耆舊言燕昭王求仙處　「耆」，原脱，據乾隆志及水經易水注補。

〔五五〕陶宗儀輟耕録堂臨池數畝　乾隆志同。按南村輟耕録卷九：「萬柳堂，趙公賦詩曰『萬柳堂前數畝池』云云，此文不確。

〔五六〕明統志謂在涿州東南十五里高丈餘周七十步　乾隆志同。按大明一統志卷一順天府山川：「督亢陂，在涿州東南。其地沃美。秦求之燕，燕太子丹使荆軻賫督亢地圖以進，即此。又爲督亢亭。」與此文互異，又别無他載，此蓋引誤。

〔五七〕二十七年徙漳水武平南　「七」，原作「六」；「南」，原作「東」。史記卷四三趙世家：「惠文王二十七年，徙漳水武平南。」此「六」爲「七」字之誤，「東」爲「南」字之誤，據改。

〔五八〕于越王廨至燕京子城南門外有于越王廨　二「于」字，原作「干」，乾隆志同，據宋會要蕃夷二之七、續資治通鑑長編卷七九、遼史卷四〇、契丹國志卷二四引王曾上契丹事改。又「外」，宋會要蕃夷、遼史地理志、契丹國志同，續資治通鑑長編作「内」。

〔五九〕爲南北使臣宿息餞飲之所　「息」，原作「昔」，乾隆志同，據大明一統志卷一宫室、天府廣記卷三七名蹟、日下舊聞考卷八八郊坰改。

大清一統志卷九

順天府四

關隘

天津關。在宛平縣西二百十五里。一名天門口，一名大口。外通保安州一百里，内至宛平縣沿河口三十里。又西南有天橋關口、黎園嶺口、洪水口、西龍門口、支鍋口。南接淶水縣馬水口。

大通關。在通州南張家灣之長店。百貨彙集處。明永樂中置巡司，後裁。

居庸關。在昌平州西北，去延慶州五十里。關門南北相距四十里，兩山夾峙，巨澗中流，懸崖峭壁，稱爲絶險，即吕氏春秋九塞之一也。漢書地理志：「上谷郡居庸縣有關。」後漢書光武紀：「建武十五年徙鴈門、代郡、上谷三郡民，置常山居庸關以東。」水經注：「居庸關，在沮陽城東南六十里居庸界。濕餘水導源關山，南流歷故關下，谿之東岸有石室三層，其户牖扇扉，悉石也，蓋故關之候臺矣。南則絶谷，累石爲關垣〔一〕，崇墉峻壁，山岫層深，側道褊狹，林鄣邃險，路才容軌。其水歷山南逕軍都縣界，又謂之軍都關。又南流出關，謂之下口。」隋書地理志：「昌平有關官。」唐梁載言十道志：「居庸關，亦名薊門關。」通典：「居庸關，北齊改爲納款。」唐書地理志：「昌平縣西北三十五里有納款關，即居庸故關，亦謂之軍都關。」程大昌北邊備對：「居庸關，太行山最北之第八徑也，東西横亘五十里，而中間通行之地，才闊五步。」元史：睿宗於居庸關立南北口屯軍，徼巡盜賊，各設千户所。至大四年，樞密院奏居庸關古道四十有三，軍吏防守之處僅十有三，舊置千户，位輕責重，於是改千户所爲萬户府，分諸軍屯駐東西四十三處，置隆鎮上萬户以統之。「皇慶元年始改爲隆鎮衛親軍都指揮使司。延祐二年又以哈魯勒軍千户所隸焉〔二〕。」方輿紀要：居庸關，「明洪武二年，大將軍徐達壘石爲城。三年置守禦千户所。永樂二年置隆慶衛，領千户所五，以爲京師北面之固。」本朝初設參將駐守，後改都司，千、把總屬焉。關城之南有南口城，去州二十五里，亦南北二門。自南口而上，兩山之間，一水流焉，道出其上，十五里爲關城。又八里爲上關，有小城，亦南、北二門。又七里爲彈琴峽。又七里爲青龍橋，道東有小堡。又三里至八達嶺，嶺上有城，亦南、北二門，元人以此爲居庸北口，今有把總戍守。「哈魯勒軍」舊作「哈兒魯軍」，今改正。

慕田峪關。在昌平州北一百二十里渤海所北。有堡，今設把總。其北又有田仙峪砦、賈兒嶺口，又東即密雲扞連口也。

鎮羅關。在密雲縣東六十里。有二城：東爲新城，西爲舊城。北去牆子嶺三十里，有把總戍守。其北爲北水峪口，又北爲黄門口。其南爲南水峪口、魚子山口，皆有堡，接薊州之將軍關。

黄門口關。在密雲縣東八十五里鎮羅關北。

磨刀峪關。在密雲縣東九十三里牆子嶺東。又東南爲南峪砦口，皆有堡。

扞連口關。在密雲縣西北三十里。其南有扞連口堡，黄花鎮東第十一關口也。西北接昌平之擦石口，東北爲神堂峪口、河防口。又東爲大水峪，又東爲小水峪、白道峪、牛盆峪、東水峪、西石城、驃騎諸堡。又東接石塘嶺諸關口。皆屬密雲所轄，而近懷柔縣北。

黄崖口關。在密雲縣西北八十里石塘路西北。有堡。其東有高家莊、石佛、馮家峪三堡。又北即白馬關也。

白馬關。在密雲縣西北八十里，東去潮河川九十里。有城，設把總戍守。其東有陳家峪堡，其西有高家堡，其北爲白馬正關。東接響溪口、西駝骨口，西爲白崖峪、馮家峪口〔三〕，接黄崖口。

石塘嶺關。在密雲縣北五十里大水峪東北。有城，周二里有奇，舊設參將。本朝改設石塘路都司，今改守備。縣志：「石塘嶺關，東自陳家峪，西抵扞連口，延袤二百四十七里，轄關寨二十二。」冊説：「石塘路兼領營堡二十三。」

西駝骨關。在密雲縣北一百二十五里白馬關東北。其東有陳家峪外口，又東爲河七寨口，皆有堡。又東即潮河川也。

小黄崖關。在密雲縣東北九十里牆子嶺北。又北一里爲大黄崖關，皆有堡。又北即黑峪關也。

牆子嶺關。在密雲縣東北九十里。有城，周一里有奇，有水關，舊設參將。本朝改設牆子路都司。縣志：「牆子嶺關，東自魚子山，西抵大黄崖口，延袤二百三十一里，轄堡寨十一。」冊説：「牆子嶺路兼領營堡十五。」

古北口關。在密雲縣東北一百二十里。亦曰虎北口。唐書地理志：「燕樂縣東北八十五里有東軍、北口二守捉。古北口，長城口也。」金史地理志：「密雲縣古北口，國言曰留斡嶺。」元史：「古北口千户所於檀州北面東口置。」明實録：永樂八年，「塞古北口小關及大關外門，僅容一人一馬。」昌平山水記：「唐莊宗取幽州，遼太祖取山南，金之破遼兵，敗宋取燕京，皆由古北口。故中居庸、山海而制其扼塞者，古北、喜峯二口焉。」縣志：「古北路東自盧家安寨，西抵鵞房谷寨，延袤一百四十七里，轄關寨十六。」冊説：「古北路兼領營堡八。」通志：「古北口有營城，周四里有奇，雄踞山巔，至爲險峻。」明洪武十一年置守禦千户所，三十年改爲密雲後衛。嘉靖以後設參將駐守。本朝順治初改爲都司，康熙三十二年設提督爲重鎮，兼置巡司。

曹家寨關。在密雲縣東北一百四十里司馬臺城東，西去潮河川營六十里。有城，周六里有奇，爲古北口東第十三關口。明設參將。本朝改設都司。縣志：「曹家寨關，東自小臺兒寨，西至將軍臺寨，延袤一百三十五里，轄關寨二十二。」冊説：「曹家寨路兼領寨堡十。」

黑峪關。在密雲縣東北一百六十里。有城，有水關，設把總戍守。其西有漢兒嶺口、倒扳嶺口、土牆柏嶺安口。又西接古北口。其東轉而南，有燒香峪口、南峪溝口、走馬安口、大蟲峪口。又南接大黄崖口。

岐溝關。在涿州西南三十五里，即今岐溝店市。

益津關。在霸州。文獻通考：永清縣，「唐置益津關，後入契丹」。寰宇記：「周顯德六年收復三關，遂於益津置霸州。」

將軍關。在薊州西北七十里，接密雲縣界。有把總。

黄崖關。在薊州北四十里將軍關東南。有上下二營，設把總戍守。其北三十五里曰尋思峪，又北十五里爲柞兒峪，皆有堡。又車道峪堡，在黄崖峪東，又東爲青山嶺口、古强峪口。

黄松峪關。在平谷縣東。又東與密雲縣將軍石關相接。關北爲熊兒峪關，又西爲熊兒峪營。今邊界分屬密雲，而其地則逼近縣境。

黄村巡司。在大興縣東南三十里。

禮賢莊巡司。在大興縣東南六十里。

采育巡司。在大興縣東南七十里。居民數千家，爲畿輔首鎮。本朝設巡司駐此，乾隆二十六年有御製采育里詩。

盧溝橋巡司。在宛平縣西南三十里。元置巡司，本朝因之。

王平口巡司。在宛平縣西一百二十里，西去沿河口九十里。即金章宗遊處。明初，華雲龍言：「自王平口西至易州西北五十里之官坐嶺，關隘有九，相去約五百餘里，俱衝要地，宜設兵屯守。」弘治中嘗築城於此，今有巡司。

石港口巡司。在宛平縣西一百九十里，東去沿河口二里。又西十里有東龍門口，又西即天津關也。

蘆臺鎮巡司。在寧河縣東南，去寶坻縣一百四十里。即古蘆臺軍。元至元十九年立蘆臺鹽使司。明亦設蘆臺場，置巡司。本朝初裁巡司，後復設。

磁家務巡司。在房山縣北二十里。

淀河巡司。在霸州。

中營北岸巡司。在薊州。

沿河口。在宛平縣西二百里。其東里許有沿河城，舊設守禦千户所。本朝改設守備，今設都司駐此。又東即昌平州洪鎮山城也。

錐石口。在昌平州西北三十二里。西接居庸關，北接黄瓜峪，爲州境第二道邊城。

陳友諒口。在昌平州西北四十里錐石口南。其西亦接居庸關，其東爲雁門口，又東爲石城谷水口，有堡，爲州境第三道邊城。

石峽峪口。在昌平州西北八十里糜子口東。口内有石峽峪堡。舊設守備，後改把總。又東北爲花家窑口，又東爲黑豆峪，又東即八達嶺，南臨居庸。

黄瓜峪口。在昌平州北少西六十五里八達嶺東。又東爲青龍橋口，又東爲石佛寺口。

洪鎮山口。在昌平州西少北一百六十里。有城，亦曰洪鎮山圓城。其西接宛平縣沿河口，稍東爲唐虞庵水口，又東有唐虞庵小口，又東爲直巷嶺，有城。又東爲火口嶺，稍折而北爲分水嶺，又東爲牛臘渚口、糜子峪口，再東即石峽峪也。

灰嶺口。在昌平州北，西去雁門口十八里。自居庸關東至黄花鎮凡九十一口，而灰嶺爲衝要。

德勝口。在昌平州北二十里，又名翠屏口。北去雁門口五里。又東爲賢莊口。

龍嶺口。在昌平州北四十里。有把總駐守。其西接賢莊口，其北有門家口。又北接黄花鎮。

頭道關口。在昌平州北六十里撞道口東。又北五里爲二道關口，其西爲雞子口，内有雞子峪堡〔四〕。

小長峪口。在昌平州北六十里。其北有萬澗口，南接小長峪，北接二道關牆，有犄角之勢。

大長峪口。在昌平州北六十里小長峪東。内有堡。其東北爲南冶口〔五〕、大榛峪口、驢鞍嶺口、磨石水口、擦石口，内俱有堡。又東接密雲縣界。以上洪鎮山、石峽峪、黄瓜峪、頭道關、小長峪、大長峪及下西水峪諸口，皆州境第一道邊城也。

西水峪口。在昌平州北六十里石佛口東。又東爲撞道口。内皆有堡。

孤山口。在房山縣南五十六里。涿、易二州分路處也。

苑家口。在霸州東南十八里。明景泰中置口頭村巡司，今裁。

張青口。在保定縣。凸峙衆流之中，舟船往來所必經，商賈湊集，最爲繁盛。

拱極城。在宛平縣西四十里盧溝橋東。明崇禎間築，名曰北拱。門二：南曰永昌，北曰順治。特設參將控制之。本朝更名拱極城，屢有修葺，改永昌門曰威嚴，設西路捕盜同知、巡司及遊擊駐守，乾隆二十九年修。

張家灣城。在通州南十五里，以元時萬户張瑄督海運至此而名。東南漕運至此，乃運入通州，爲南北水陸要會。又自潞河南至長店四十里，水勢環曲，官船客舫駢集於此，舊設倉以儲糧。明嘉靖三十一年築城，周九百五文有奇，門四，又爲便門一，水關三。今設都司駐防。

鞏華城。在昌平州東南二十里。其地本名沙河店，明永樂中建行宫於此，嘉靖十九年築城環之，周四里，門四，設守備駐防。本朝設北路捕盜同知及都司駐此。

白楊城。在昌平州西四十里長峪城南，亦曰白楊口。元置白楊千户所於此。明正德中建城，跨南北兩山，下當兩山之衝，周三里有奇，門二，後又建新城於其西南。嘉靖後設守備駐此。本朝撥把總戍守。其東爲蘇林口、湯峪口，又東即居庸關南口也。

鎮邊路城。在昌平州西一百里，接宛平縣界。明正德十五年築，東西跨山，周三里，門二，設守禦千户所，後又增築一城於其西，曰鎮邊新城，門三。本朝順治初設參將駐守，後改都司。今舊城已廢。

横嶺城。在昌平州西北八十里鎮邊城東北。明弘治十八年築，東西跨山，南北當兩山之衝，周一里有奇，門三。舊設守備，今改把總。

長峪城。在昌平州西北八十里横嶺城南。明正德十五年築城，上跨兩山，下據西山之衝，周一里，門二，後又築小城於其西，亦曰長峪新城。舊設守備駐守，今改把總。

黄花路城。在昌平州東北一百里，舊名勃海所。明弘治中置千户所於此。萬曆初移置於慕田峪，四年復還舊治。本朝順治初改設黄花路參將駐守，後改都司，今又改守備。

石匣城。在密雲縣東北六十里，亦名石匣營。營西有石如匣，因名。明弘治十七年築城，周四里有奇。本朝特設副將駐守，後改爲遊擊。乾隆十年、二十六年城俱重修。東北十里爲瑶亭子，建有行宫。又一里爲新開嶺，又十里爲稻黄店，又十二里即古北口。高宗純皇帝鑾輿所經，皆屢有御製詩。

潮河川營城。在密雲縣東北一百里，南去石匣城四十里。西有小城曰潮河川堡。舊設潮河川守禦千户所，今改把總。

司馬臺營城。在密雲縣東北一百二十里潮河川城東。又東有吉家營城，皆有把總戍守。其東爲龍王峪，亦有堡。

信安鎮。在永清縣東南五十里，與霸州接界。即宋信安軍。詳見古蹟。

馬頭鎮。在東安縣西。又桃河頭鎮，在縣南四十里。

王慶坨鎮。在武清縣南八十五里。其地川藪錯綜，東通大海。有千總駐此，隸静海營都司。

黄花鎮。在昌平州北八十里。有城，元置千户所於此。當居庸、古北二關之中，北連四海冶，爲京師北門。明置參將、守備駐此。本朝初裁，今有把總戍守。

宋城鎮。在順義縣東北二十里。唐時置戍守處。

紅螺鎮。在懷柔縣北十里。

狼虎廟鎮。在文安縣西北二十里。爲南北通衢。

蘇橋鎮。在文安縣北四十里，接霸州界。當水陸之衝，貨物雲集。明建文初，燕王自固安渡拒馬河駐師蘇家橋，即此。

柳河鎮。在文安縣東北。有集。

勝芳鎮。在文安縣東北七十里。居民萬餘家，貿易時舳艫千計。

李壇鎮。在大城縣南四十里。又廣安鎮，在縣西南十八里，皆有堡有集。

子牙鎮。在大城縣東北四十里，與静海縣接界，東北去静海縣四十五里。有東西二村，東屬静海，西屬大城，以鹽河中流爲界。

馬伸橋鎮。在薊州東三十五里。又别山店鎮，在州東南三十里。

上倉店鎮。在薊州南三十里。又南三十里，有下倉店鎮，又邦均店鎮，在州西三十里。

采育營。在大興縣東南七十里。即故蕃育署，今設都司於此。

舊州營。在東安縣西舊州城。本朝順治六年設都司駐守。

馬駒營。在通州西南三十里。舊設守備，今改千總。

胡家營。在三河縣北五十里，與密雲縣接界。

王甫營。在寶坻縣北三十里。有把總戍守。

湯泉營。在昌平州湯泉。本朝康熙五十四年設守備駐守。

漕河營。在順義縣東北牛欄山東南。有把總戍守。

楊村務。在武清縣東南五十里。明置巡司，萬曆十五年改設管河通判。本朝初設守備駐防，今武清縣丞、主簿皆駐於此。輿程記：「由楊村而東南二十里爲桃花口，又二十里爲丁字沽；由楊村而西北四十里爲黄家務，又三十里爲河西務，皆運道所經也。」

河西務。在武清縣東北三十里。自元以來，皆爲漕運要途。元史世祖紀：「至元二十四年浚河西務漕渠。」又食貨志：「至元二十五年於河西務置漕運司，領接海運事。」舊志：今爲商民攢聚，舟舫輻輳之地。明設户部分司，又置巡司。隆慶四年築城，周二里許，門四，外環以池。本朝裁户部分司，設遊擊、管河主簿及巡司於此。

石槽寨。在順義縣西北三十里。其地有三石槽，以東、南、北爲名，南石槽有行宫，高宗純皇帝、仁宗睿皇帝巡幸往還，均駐蹕於此。

峩眉山寨。在密雲縣東北一百十里。東接黄松峪關，西接魚子山寨。

周河寨。在霸州東。九域志：信安軍有周河寨「在軍西五里」，刀魚寨「在軍北三里」，田家寨「在軍東十里」，狼城寨「在軍東三十里」，佛聖渦寨「在軍東五十里」，李詳寨「在軍東六十里」。舊志：今惟有狼城村，在州東北。

鹿角寨。在霸州東南六十里。九域志：文安縣「有劉家渦、刀魚〔六〕、莫金口、阿翁、雁頭、黎陽、喜渦、鹿角八寨」。宋史地理志：「政和三年改劉家渦曰安平，阿翁曰仁孝，雁頭曰和寧，喜渦曰喜安。」

莫金口寨。在霸州南十五里，去桃花寨五里。九域志：「莫金口城，漢封公孫渾邪爲平曲侯，即其地。」

桃花寨。在保定縣北。九域志：保定軍有桃花寨，「在軍北七里」，又父母寨，「在軍西北十一里」。宋史地理志：「政和三年改父母曰安寧〔七〕。」而桃花仍舊，今皆廢。縣志：「桃花寨，今稱旋馬，一名結達，相傳楊延朗所築父没寨，在縣西八里，延朗守平戎時，感父業死敵，祭父於此，今稱寨上，蓋即父母寨也。」

牛堝堡。在固安縣南四十里，與霸州接界。堡周八百丈，久廢，今有集，往來者以此爲中頓，爲縣南巨鎮。

禮讓堡。在固安縣西南四十五里。明嘉靖中築，久廢，今有集。

牛欄山堡。在順義縣北二十里。

龐各莊。在宛平縣南。本朝嘉慶二十年移縣丞駐此。

齊家莊。在宛平縣西北。今有巡司。

門頭村。在宛平縣西八里。往西山者，以村爲門徑，因名。

趙村。在良鄉縣。有管河縣丞駐此。

長楊店。在良鄉縣東北十里。爲南北要道。

煙郊店。在通州東十里，亦曰燕郊店。有煙郊行宫。

馬頭店。在通州東南。明永樂中設巡司，萬曆八年裁。本朝移州判駐此。

南店。在三河縣南門外。東西約三里。

夏店。在三河縣西三十里。明初置巡司於泥窪鋪，後移此，今裁。有集。

琉璃河集。在良鄉縣西南四十五里。元延祐四年置琉璃河巡司於此，今裁。
渠口集。在香河縣東二十五里。舊有土堡，今圮。
劉宋屯集。在香河縣東南三十里。舊有土堡，今圮。
崔黄口集。在武清縣東南六十里。今有守備駐防。
蘇家橋。在文安縣。有主簿駐此。
耍兒渡。在武清縣。有縣丞駐此。
灰廠。在宛平縣西南盧溝橋西北三十里。
巡河廠。在宛平縣西高梁橋稍西。門外臨流，内環諸水。
會同館。在大興縣東王府街。明永樂六年改順天府燕臺驛爲之，今爲在京牧養驛馬之所，有館大使。
固節驛。在良鄉縣南門内。
潞河驛。在通州舊城東關外潞河西岸。明永樂中置。又驛西舊有遞運所，今裁。
和合驛。在通州東南三十五里。舊名合河驛，以白、榆、渾三河合流而名。明永樂中置，萬曆間移置張家灣，改今名，今有驛丞。
三河驛。在三河縣南門外。縣舊有驛二，東曰公樂，西曰夏店，去縣各二十里，明正德七年廢二驛，改建三河驛於此，今裁。
河西驛。在武清縣河西務。今以巡檢攝縣丞事。又楊村驛，在楊村務，有驛丞。

榆河驛。在昌平州城内。舊在州南三十五里榆河店，明嘉靖三十六年移置於此。本朝順治十六年裁，後復置。
順義驛。在順義縣城内。
密雲驛。在密雲縣南門外。明洪武十二年建。本朝因之。又石匣城中舊有石匣驛，亦洪武中建〔八〕。本朝康熙二十九年置站。又古北口有古北口站，康熙三十九年置。
涿鹿驛。在涿州治西南。明嘉靖中建。
大良驛。在霸州東八十里。明置。又州東二十五里，舊有河泊所，今皆裁。
漁陽驛。在薊州城東南。舊在州南三里，明天啓二年移置於此。又州南舊有南關遞運所，今裁。

津梁

萬寧橋。在府西積水潭東岸，跨玉河上流。
大通橋。在大興縣東便門外。
草橋。在大興縣右安門外南十里。帝京景物畧：「橋去豐臺十里，中多亭館。」燕都游覽志：「草橋衆水所歸，種水田者資以爲利。十里居民皆蒔花爲業。」
三里河橋。在大興縣東南三里河上。明天順中建，長七丈有奇。
盧溝橋。在宛平縣西南三十里盧溝河上。金史河渠志：「大定二十九年以盧溝河流湍急，命建石橋。明昌三年成，名曰廣利。」元史百官志：「延祐四年，盧溝橋置巡檢司。」明統志：盧溝橋，「正統九年重修。其長二百餘步，石欄刻爲獅形。每早波光曉月，上下蕩漾，爲燕京八景之一，名曰『盧溝曉月』」。府志：「橋當往來孔道。」本朝康熙八年發帑修築，聖祖仁皇帝御製碑文以記。

廣濟橋。在宛平縣北三十里清河上。明永樂中建。

青龍橋。在宛平縣北三十五里〔九〕。高宗純皇帝屢有過青龍橋詩。

朝宗橋。在宛平縣北六十里，跨沙河。

琉璃河橋。在良鄉縣南四十里。明嘉靖二十五年重建。本朝時加修葺。

長楊橋。在良鄉縣東北十里廣陽水上。

八里橋。在東安縣東罩馬河上。渾河支流自六道口經此，北入鳳河。縣志：「大石橋之流爲東川，西浮橋之流爲西川，八里橋迤西之流爲南川，是爲三川。晉劉琨守此以拒石勒。」

大通橋。在東安縣南渾河上，一名大石橋。北通長慶宫，南通信安寨。

通濟橋。在東安縣西左奕隄之東，亦跨渾河上，一名西浮橋。南通益津關，北通耿就橋。

濟公橋。在東安縣北七十里。明嘉靖初建。又永年橋，在東沽港中流〔一〇〕，明嘉靖三年建。

虹橋。在通州東三十里。

南薰橋。在通州東關外稍南通惠河上。爲寶坻、香河大路，俗名哈叭橋。

運糧橋。在通州舊城南關，跨城河。明萬曆中建。本朝順治十二年修。

南浦橋。在通州城南，跨大通河。舊有閘，後廢，今復建。

土橋。在通州南張家灣北二里許。下通北運，明改建石橋。

宏仁橋。在通州西南三十里渾河上。舊名馬駒橋，明天順七年改建賜名。長二十五丈，爲洞九以釃水。

永通橋。在通州西普濟閘東。明正統十一年建，長二十丈，爲陸運京儲通道，以去州治八里，亦名八里橋。

浮橋。舊在通州城東門外白河上。明洪武二十四年建，設把總駐守。本朝改移北門水淺處，額設橋船五十隻。

錯橋。在三河縣東五里泃河上，一名草橋。明宣德三年，車駕駐蹕於此。今圮。

小河橋。在三河縣南門外泃河支流上。東通錯橋，西達金雞塘，境接通、薊，爲往來要道。舊爲浮橋以渡，明正德十二年改建石橋。本朝順治七年修。

漫漫橋。在武清縣東十里。又南宮橋〔一二〕，在縣東南三十里，俱通運河。

頓邱橋。在武清縣東南四十里。有東西二橋，亦通運河。

海濱橋。在寶坻縣東門外。又南門外有廣川橋，西門外有望都橋。

安濟橋。在昌平州鞏華城南二里南沙河上。又朝宗橋，在鞏華城北，俱明正統間建。

紅橋。在昌平州西南十五里。元文宗爲燕特穆爾建祠立碑處，久廢。「燕特穆爾」，改見前「山川」門。

永福橋。在昌平州西南三十五里榆河北。

北采橋。在順義縣東十八里。

高郎橋。在順義縣東二十五里。

疊翠橋。在順義縣北門外。

大石橋。在密雲縣城北三十五里。舊名羅家橋，其地建有行宫。

范水橋。在涿州西郭外。架木以通行人，每年冬設秋撤，隨水勢曲折，無定所。

永濟橋。在涿州北郭外，舊名拒馬河橋。又胡良橋，在州北十里，俱明萬曆初建，各長三十餘丈。本朝乾隆二十五年，高宗純皇帝以胡良、拒馬二河河身稍徙，而橋尚存，舟楫往來，了不關涉，特命改葺舊橋，爲涵洞十有八，而於舊橋之南，移建九空新橋，仍築石隄，下爲涵洞二十有二，屬之城北門，通新舊橋，長二百丈有奇，改賜今名，有御製重修涿州石橋記勒石。

俠河橋。在涿州北二十五里。

長溝橋。在房山縣西南三十五里。

甘池橋。在房山縣西南三十里。

獨樹橋。在房山縣西南四十八里。

蘇家橋。在霸州東二十里，文安縣北四十里。當往來孔道，相傳宋蘇洵爲文安主簿時建，對河長村有蘇簿祠。本朝乾隆三十二年，高宗純皇帝巡幸天津經此，以洵由修禮書食主簿俸，身實未至文安，御製四詩，以正舊志之誤焉。

永濟橋。在霸州東南苑家口。本朝康熙三十三年敕建賜額。

南趙扶橋。在大城縣東二十里。又普濟橋，在縣王家口。

馬伸橋。在薊州東三十五里。

龍池河橋。在薊州南門外。

永濟橋。在薊州南沽河上。爲往來要道。明天順四年建，萬曆年間修。

通濟河橋。在薊州西五里，跨沙河，亦名五里橋。明宣宗嘗駐蹕於此。

垂楊渡。在東安縣東沽港之北。下通静海縣，夾岸垂楊數里。

白龍港渡。在寶坻縣東二十八里。又八門城渡，在縣東八十里。三岔口渡，在縣北十里。

梁城渡。在寧河縣南一里。又蘆臺渡，在縣東南二十里。

蕭各莊渡。在薊州南十二里。

隄堰

千里長隄。起保定府蠡縣，繚繞縈迴於順天、保定、河間三府之境，綿亘七百餘里。本朝康熙三十七年創築，雍正四年修，乾隆二十八年、三十七年、嘉慶十三年重修。

格淀隄。在大城縣東北。本朝乾隆十年建，以隔絶子牙河之水，以免入淀淤閡，起自莊兒頭，東歷静海抵天津西沽，長八十四里有奇。三十二年，高宗純皇帝巡視河淀，以莊兒頭西至三灘里，隄不相屬者十六里，特令接築，直抵千里長隄，以資捍禦，俾附近田廬永無漂溢之患。

永定河隄。在府境永定河南北兩岸，緜延二百餘里。本朝康熙三十七年築，乾隆元年以來，相河之形勢，屢加修築。

遥隄。在永定河北隄外。本朝乾隆三年築，自永清縣屬趙百户村營起，歷東安至武清屬北鳳河西岸止。二十一年修，二十八年重修。又文安縣西北遥隄，自白家道口至上五哥莊，長八里，明萬曆四十二年築。

渾河隄。在固安縣西南。元築，明天順、萬曆間重修。

黄堝隄。在東安縣南四十里桃河鎮之南，俗呼黄家隄。又馬家隄，亦在桃河鎮，相近又有青楊隄。

鳳河隄。在東安縣鳳河南。沿流延亘數十里。

左奕隄。在東安縣西十里。遼時謂之西隄。又七里隄，在縣東八里，遼時謂之東隄。

縣北長隄。在通州東，起自州東北境，南至張家灣，直抵故漷縣北門，緜亘三十餘里。又楊景芳隄、馬頭店隄、白浮店隄、曹家莊隄，皆在州南漷縣東南界。

運河隄。在武清縣運河兩岸，自北而南，歷河西務、楊村，下達直沽，長百餘里。有縣丞、主簿、把總等員，分駐其地，隨時防禦。

潮河隄。在寶坻縣東，自縣西北金陵口抵縣東南江湟口二百餘里。外禦潮汐泛溢，最爲衝要。

紅心隄。在寶坻縣東南二百里。相傳秦始皇所築，潮汐雖涌，而隄不没。

永渡隄。在昌平州西鎮邊城内及北門外一帶。明嘉靖二十年築，以遏山水暴溢之患。

漁廠隄。在霸州東十五里。

横隄。在霸州東十八里，南抵苑家口，北抵栲栳圈。西來諸水至此斂入會同河。本朝乾隆二十九年培築。

趙哥莊隄。在霸州東三十里，自圈里村抵蔡園村。明知州劉珩築。

馬務隄。在霸州東四十里，自田家口至信安鎮。宋楊延朗築。

臨津隄。在霸州東七十里高橋淀側，自涿州東境接固安縣至州之苑家口，緜延四十里。明弘治十一年築。

花達墓隄。在霸州東，上接臺山，下至信安鎮，緜延四十里。又南隄自堡家莊起，至邢家務口，長三十五里，俱明萬曆初副使錢藻築。

白墳隄。在霸州東南，自煎茶鋪，北抵白墳。明萬曆二年築。

高哥莊隄。在霸州南，自南關抵平曲村。明弘治九年築，以障渾河。

巹田隄。在霸州，南隄長三里八分，東隄長三里九分。巹田圍隄并下六工埝一道，圍内蓄水隄一，水溝一。本朝乾隆二十七年修。

清河北隄。在霸州南十里，自保定縣燕子口抵文安縣潘平，緜亘九十里。金刺史伊拉里所修。伊拉里，舊名移拉益，今改正。

長屯漕河隄。在霸州南一百二十里，長三里，口岸六處。

沙城隄。在霸州北南孟店北一里，西自固安縣、東抵信安，緜亘八十里。明洪武十六年築，以障渾河。

煎茶鋪隄。在霸州東北，自劉花巹經州城北抵信安鎮，延袤百里。

六郎隄。自霸州老隄頭起至新城縣交界齊家埝止，長十四里四分。本朝乾隆二十七年培修。

沿河隄。在大城縣西，自河間府接縣西界，至縣北三岔口，接文安縣界，迤邐幾百餘里。又有古隄，自縣南接文安縣境，約長五十里，或謂之長城隄，又謂之護城隄。

白浮堰。在昌平州東南。元郭守敬興水利，上自白浮村築堰，引水由神山泉會馬眼等泉，過雙塔、榆河、一畝、玉泉諸水，經甕山泊，至西水門入都城〔一二〕。

澄清閘。在府西萬寧橋西。元至元二十九年建，名海子閘。

慶豐閘。在大興縣東王家店，至大通橋八里。元至元二十九年建，上下二木閘，名藉東。至順初易以石，改名慶豐〔一三〕。明嘉靖七年并二閘爲一。又裁主事，於通州置郎中兼領。今有閘官。本朝康熙中於上流增建一閘曰新建。

平津閘。在大興縣東。有上下二閘，上閘西至慶豐閘十五里，下閘距上閘七里，俱元至元二十九年建。初爲木閘，名郊亭。延祐後易以石，改名平津〔一四〕。明宣德七年重修。

大通橋閘。在大興縣東便門外大通橋下。又朝陽、東直二門外橋下俱有閘，其下又有迴龍閘，皆本朝康熙年間建。

青龍閘。在宛平縣青龍橋下。

白石閘。在青龍閘東二十里。元至元二十九年建。

長源閘。在宛平縣西北會清河上流。自下有長清、安豐、順成、雲津、天興、翔帆，凡七閘，俱本朝康熙四十六年建。

柳村閘。在宛平縣。有閘官。

通流閘。在通州治西。舊有上下二閘，下閘在州南門外西北，至上閘五里；上閘在州西門外，西至普濟下閘十二里，皆元至元二十九年建。今在州城中，并爲一閘，有閘官。又舊有廣利閘，在張家灣城東，上至通流下閘十一里，下至閘口三里〔一五〕，亦元至正中建，今廢。

普濟閘。在通州西十二里。舊有上下二閘，相距五里，又西去平津下閘十三里，元至元二十九年建木閘，名楊尹閘，延祐中易以石，改今名〔一六〕。今并爲一閘。

石壩。在通州城北。明嘉靖七年建，京糧從此盤入大通河。又土壩，在州城東，通糧從此起車，運入西倉、南倉、中倉。明萬曆二十二年建新閘以濟漕。

陵墓

金

太祖陵。在房山縣西北二十里雲峯山下，名曰睿陵。相近有太宗恭陵。按金史：「貞元三年遷太祖、太宗梓宫，葬大房山。正隆元年又葬始祖以下十帝於大房山。大定二十八年改葬熙宗於峩眉谷，曰思陵。」蓋海陵以前諸帝皆葬此。

世宗陵。在房山縣西北大房山東北，名曰興陵。相近有章帝道陵、宣帝德陵。本朝順治初於金諸帝陵，特設守陵五十户，每歲春秋致祭。聖祖仁皇帝御製碑文以記。乾隆十六年，高宗純皇帝特降諭旨，命即金太祖、太宗二陵，修葺享殿繚垣。工竣，高宗純皇帝親詣展奠，并有御製詩。

明

成祖長陵。在昌平州北二十里天壽山南。

仁宗獻陵。在天壽山西峯下東南，距長陵一里。

宣宗景陵。在天壽山東峯下，亦名黑山，南距長陵一里半。

英宗裕陵。在昌平州石門山東，東距獻陵三里。

景帝陵。在宛平縣西金山口，距西山不十里。凡諸王、公主夭殤者，俱葬金山口，與陵相聯屬。

憲宗茂陵。在昌平州聚寶山東少南，距裕陵里許。

孝宗泰陵。在昌平州筆架山東南，距茂陵二里。

武宗康陵。在昌平州金嶺山東北，距泰陵二里。

世宗永陵。在昌平州十八道嶺。嘉靖十五年改名陽翠嶺，西距長陵二里。

穆宗昭陵。在昌平州大峪山東北，距長陵四里。

神宗定陵。在昌平州小峪山東，距昭陵一里〔一七〕。

光宗慶陵〔一八〕。在天壽山西峯之右，東距獻陵一里。

熹宗德陵。在昌平州雙鎖山之檀子峪，西南距永陵一里。

莊烈帝思陵。在昌平州錦屏山，昭陵西。已上在昌平者共十三陵。本朝定鼎以來，於明代諸陵，隆禮備至，特設司香太監及守陵人户，有司以時修葺。順治十六年，世祖章皇帝巡幸畿輔，親詣諸陵及思陵前爲文以祭，復命繕修思陵，申禁樵採。聖祖仁皇帝屢飭所司，加意防護。世宗憲皇帝又求其後裔，封以侯爵，俾守宗祀。高宗純皇帝御極，特錫嘉名爲延恩侯，每歲春秋給假往祭。乾隆五十年親詣明陵祭奠，特降諭旨，修葺諸陵，享殿繚垣，一切規制，務臻堅久，優崇之典，古罕有也。

周

樂毅墓。皇甫鑒城冢記：「在良鄉縣南三里。」

漢

蒯徹墓。在大興縣東廣渠門八里莊古埠。墓前有井。按于欽齊乘：「蒯徹墓在臨淄東二里。」漢書：「徹，范陽人。高祖曰：徹，齊辯士。」未知孰是。

盧植墓。在涿州東河村里，土人呼爲南臺。

公孫渾邪墓。在霸州東。長安客話：「公孫渾邪卒，葬於平曲城，俗名花達墓。」在霸州東二十里。

周堪墓。九域志：「霸州有周堪墓。」舊志：在州南二里。

韓延壽墓。在文安縣東南韓村。又明統志：「在宛平縣西韓家山。」

樂巨叔墓。寰宇記：「在文安縣東南二十五里。樂毅生間，間生巨叔，漢高祖求毅後，封巨叔爲華城君〔一九〕，卒葬於此。」

張堪墓。在保定縣西南二里。

馬成墓。在平谷縣東二里。

晉

張華墓。在大興縣東南六十里。

劉琨墓。在東安縣東二十里樓桑村。

唐

哀忠墓。在宛平縣西十里。相傳唐太宗葬征遼將士處。

羅士信墓。在寶坻縣北三十里羅莊村。

袁天綱墓。在涿州東北浮落岡。

賈島墓。在房山縣南十里。

張仁憲墓。在文安縣西相公莊，即仁憲故里。有廟。

遼

韓澤墓。在東安縣西北五十里更生村。

金

劉樞墓。在三河縣西五十里。

巨構墓。在平谷縣南八里。

元

劉秉忠墓。在宛平縣西盧溝橋北。

李孟墓。在宛平縣西北香山石井村。

歐陽原功墓。在宛平縣石井村。

宋本墓。在宛平縣西三十里撅山村。

耶律楚材墓。畿輔通志：「在宛平縣西北三十里甕山下。墓東有祠，今石像猶存。」本朝乾隆十五年建清漪園，楚材墓相近園門。高宗純皇帝念其清忠亮節，特命保護修葺，並建新祠，爲奠饋申酎之地，命侍郎汪由敦爲碑記，又御製詩勒石。

星吉墓。在宛平縣西北玉河鄉。吉以江西行省平章死難，宋濂撰碑。

史天澤墓。在永清縣西南二十里黑岱村〔二〇〕。

王伯勝墓。在文安縣東南二十五里岳村。

明

楊善墓。在大興縣東南十五里。

金鉉墓〔二一〕。在東直門外六里屯。

鞏永固墓。在永定門外。

張輔墓。在宛平縣盧溝橋南長新店。

李東陽墓。在宛平縣西畏吾村。

傅好禮墓。在固安縣東知子營。

劉體乾墓。在東安縣北門外一里許。

李侃墓。在東安縣北五十里鳳河之陽。

楊中行墓。在通州東召里莊。

岳正墓。在通州南故漷縣西南二十里堅村。

劉中敷墓。在通州北安德鄉。

周能墓。在昌平州西柳林村畔。

王承恩墓。在昌平州思陵西。承恩，明太監，從莊烈帝殉難。

徐亨墓。在昌平州東北五十里。

陳賢墓。在昌平州東北九十里。

李濬墓。在昌平州東北七十里。

王真墓。在昌平州東北八十里。

朱能墓。在昌平州東北一百二十里。

李慶墓。在順義縣西三十里。

成德墓。在懷柔縣寅洞里。

李敷墓。在涿州南永豐店。

姚廣孝墓。在房山縣東北四十里。

王遴墓。在霸州東。

王儀墓。在文安縣北十八里張哥莊。

孝子王原墓。在文安縣相公莊之南。

歐信墓。在薊州東三里。

燕忠墓。在薊州東三里。

本朝

朱珪墓。在宛平縣西三十里吕村。

祠廟

名宦祠、鄉賢祠。俱在府學文廟戟門左右。每歲春秋仲月丁日祭。各省府州縣制同。

忠孝祠、節義祠。忠孝祠在府學内，合祀古今忠義孝弟之人；節義祠在府學外，合祀前後節孝婦女。俱本朝雍正二年敕建，並令直隸各省府州縣衛俱建，每年春秋兩祭。

劉猛將軍祠。在府治内。畿輔通志：「神名承忠，吴川人，元末官指揮有功，適江淮飛蝗千里，揮劍逐之，蝗盡死，後殉節投河，民祀之。」本朝雍正二年敕建。各州縣多有祠。

文丞相祠。在府學西。明永樂六年建。祠西有懷忠會館。唐李邕雲麾將軍碑二礎在祠中，府丞吴涵有記。

于少保祠。在大興縣崇文門内東半里。額曰「忠節」，祀明兵部尚書于謙，即謙賜第也。

吴越王祠。在大興縣東南蘆草園。本朝雍正三年敕封誠應吴越武肅王，裔孫世章建。

三忠祠。在大興縣東南大通橋東。祀漢諸葛亮、宋岳飛、文天祥。祠後有濯纓亭。

霍原祠。在良鄉縣。魏盧道將爲燕郡太守，下車表樂毅及原墓，爲之立祠。

岳文肅公祠。在通州治西文廟東。明嘉靖中建，祀岳正。

靈應龍祠。在武清縣東北河西務。

劉諫議祠。在昌平州學宫内。明景泰三年改建，祀唐劉蕡。按祠舊爲諫議書院，在昌平州西南五里舊縣東，詳見學校。

狄梁公祠。在昌平州西舊縣北門外。元大德中重建。

楊令公祠。在密雲縣東北古北口。祀宋楊業。

劉文靖祠。在房山縣西南七十里。祀元劉因。

趙君祠。在文安縣東北。魏書地形志：「文安縣有趙君祠。」縣志：「今名仙公堂，在近郭莊北，祀漢縣令趙夔。」

永定河神廟。在宛平縣盧溝橋南。本朝康熙三十七年，桑乾河工告成，賜名永定河，并建河神廟，御製碑文記之。又惠濟廟，在京西石景山。雍正十年敕建，世宗憲皇帝御書扁曰「安流澤潤」，有碑文。高宗純皇帝御製碑文以記。又乾隆十六年，奉特旨固安縣東舊河神廟爲東惠濟廟，城西河神廟爲西惠濟廟。

蘆臺聖母廟。在寧河縣蘆臺鎮。相傳五代時南北分界，幽燕絶鹽歲餘，百姓病，忽有老母語人曰：「此地可煮土成鹽。」

遂教以煮法。不數日，失母所在，居人因祀之，號爲聖母。

東嶽廟。在涿州北關。明萬曆二年修，規制敞麗。本朝高宗純皇帝御賜扁曰「震亨育物」。又碧霞元君廟亦在北關。御書扁曰「碧虚雲馭」。

張桓侯廟。有二：一在涿州城内，一在城外。廟外有石碑曰「桓侯故里」。

漢昭烈廟。在涿州西南樓桑村，昭烈故里也。唐乾寧四年建，廟碑尚存，金承安初修，王庭筠有記。明弘治二年重修，以關、張配享。本朝高宗純皇帝有御題昭烈帝廟詩。

龍神廟。在涿州拒馬河。乾隆二十六年，高宗純皇帝御書額曰「澤流畿甸」。

淀神廟。在霸州泰堡莊。乾隆三十四年，高宗純皇帝御書額曰「甸流承佑」。

河神廟。在霸州泰堡莊。乾隆三十二年敕建。

張太守廟。在薊州治西北隅。祀漢張堪。

尚父廟。在大城縣東北四十里子牙鎮。明萬曆二年建。

黄帝廟。在平谷縣東北十五里漁子山上。

寺觀

隆福寺。在大興縣東大市街之西北。明景泰四年建。本朝雍正元年修。每月之九、十日有廟市，百貨駢闐，爲諸市之冠。有世宗憲皇帝御製碑文。又御書真如殿扁曰「慈天廣覆」。乾隆十一年，高宗純皇帝御書扁二：曰「法浄心宗」、「長樂我境」。

護國寺。在宛平縣西南。舊名崇國寺，元至元中建，有趙孟頫所書寺碑。明宣德中重建，賜額「大隆善護國寺」。本朝康熙六十一年，奉敕重修，有聖祖仁皇帝御製碑文。每月七、八日廟市最盛。

隆長寺。在宛平縣西南。本朝乾隆二十一年修，高宗純皇帝御書扁二：大殿曰「般若觀宗」。後殿曰「蓮花浄界」，又有御製詩碑。

長椿寺。在宛平縣西南。明萬曆四十年，孝定太后爲僧明陽建，所謂水齋禪師者也。本朝乾隆年間，高宗純皇帝御書扁曰「大覺真源」。

法源寺。在宛平縣西南。舊爲憫忠寺，唐貞觀十九年，太宗爲東征陣亡將士建。寺中有高閣，諺云「憫忠高閣，去天一握」是也。東西有甎塔，高可十丈，云是安禄山、史思明所建。又有唐重藏舍利記二及蘇靈芝行書寶塔頌。本朝康熙年間，聖祖仁皇帝御書扁曰「覺路津梁」，曰「不二法門」。雍正十一年奉敕重修，改今名。高宗純皇帝御書扁曰「法海真源」。

岫雲寺。在宛平縣西潭柘山。舊名潭柘寺，相傳本青龍潭，開山時，青龍避去，潭平爲寺，諺曰：「先有潭柘，後有幽州。」此寺之最古者。舊志：「爲有柘千章，故名。」晉爲嘉福寺，唐爲龍泉寺，後更潭柘。本朝康熙二十七年修，賜今額。又有聖祖仁皇帝御書「清浄莊嚴」、「香林浄土」諸扁。高宗純皇帝屢經臨幸，御製詩勒石，御書大殿扁曰「福海珠輪」。三聖殿等處，並有御書扁。

顯應寺。在宛平縣西黄村，俗呼黄姑寺。相傳明正統十四年北征，有陝西吕尼苦諫不聽。及復辟，爲建寺名曰保明。本朝康熙年間敕修，賜今額。聖祖仁皇帝御製碑記。

戒壇寺。在宛平縣西馬鞍山。唐武德中建，寺名慧聚。明正統間易名萬壽寺。以白石爲之，凡三級，周遭皆列戒神。本朝康熙十七年賜御書「清戒」二字。高宗純皇帝御書大殿扁曰「般若無照」，戒壇曰「樹精進幢」。

法海寺。在宛平縣西四十里。舊名龍泉寺，明正統四年改建。

大覺寺。在宛平縣北徐家莊，黑龍潭西〔一三〕。舊名佛泉寺。本朝雍正二年重建，改今名。高宗純皇帝屢經臨幸，於此建行宮，御書扁曰「圓證妙果」，屢有御製詩勒碑。

弘恩寺。在良鄉縣。明萬曆中建。本朝康熙五十六年御書「大願慈航」扁，并勒御製詩。又縣有壽因寺，御書「大悲慈航」及「花臺止水」二扁。高宗純皇帝臨幸，並有御製詩勒石。

三塔寺。在永清縣城外東南百步。唐建，則天時石幢猶存。

佑聖教寺。在通州舊城内西北隅。浮圖十三層，高三百五十尺〔一二〕，下作蓮花臺座，高百二十尺，周圍四百尺。創於唐貞觀七年，歷五代、遼、金、元凡八代而始成。塔頂有鐵矢一，相傳金將楊彦升射鏃其上，今猶存，爲州之巨觀。

香巖寺。在昌平州永豐屯。舊名彌勒院，本朝康熙五十九年改今名。有聖祖仁皇帝御製碑記。

昭聖寺。在昌平州治西北。唐乾符中建。有「大悲陀羅尼」幢一，開元間立。

龍興寺。在密雲縣北。唐建，俗名鎚塔寺，本朝康熙四十一年賜今額。

資福寺。在懷柔縣紅螺山麓，距縣十五里。即真明寺〔一四〕，建於金皇統初年，明正統中修。松栝幽邃，寺前有珍珠泉，瀉出兩峯之間。

雲巖寺。在懷柔縣栲栳山，據山之中巔。金乾統中建。

砥堂寺。在懷柔縣東八十里。舊名曇泉寺，明正德中改今名。

祇園寺。在懷柔縣城南門外。本朝康熙四十九年修建，聖祖仁皇帝御書扁曰「示真實相」。乾隆二十七年重修。

普壽寺。在涿州東三里。浮圖高十丈，石臺高二丈。州境山川，一覽在目。

福聚寺。在涿州北俠河村。本朝康熙五十四年賜額。

雲居寺。即西域寺，在房山縣石經山。唐初沙門知苑所居，有唐開元十年石浮圖銘，開元二十八年山頂浮圖後記。其東一里即石經洞。本朝高宗純皇帝鑾輿臨幸，御賜毘盧殿扁曰「慧海智珠」，釋迦諸殿皆有扁。

上方寺。在房山縣南五十里，即兜率寺。兩崖之間，鑿石爲磴，攀絙而上，絶頂有泉如斗，汩汩不窮。

天成寺。在薊州盤山翠屏峯之陽。舊名福善寺，俯瞰林壑，圖畫天成。本朝乾隆十年敕改今名。寺門樓扁曰「江山一覽」，大殿扁曰「清浄妙因」，皆宸翰也。御製遊盤山記，勒碑於此。

獨樂寺。在薊州城西門内。有唐李白書「觀音之閣」扁。本朝高宗純皇帝經臨停蹕，屢有御製詩。

香林寺。在薊州北四里。翁同、鵓泉，流峙左右，爲薊州之最勝處。

清都觀。在密雲縣西北十里。金大定二年建〔二五〕，元至元中改洞真宫。明洪武中置道籙司。

棲雲觀。在薊州盤山紫峯之下。塏爽明秀，爲中盤勝境。

延祥觀。在平谷縣東二十五里〔二六〕。元至元中建，丘長春過此。觀中有枯柏，捫之復榮。

慈育院。在宛平縣西十里莊〔二七〕。本朝康熙四十一年修，聖祖仁皇帝御書扁曰「慈育羣生」。

觀音庵。在密雲縣北九十五里之南天門。山勢聳秀，下臨潮河。本朝康熙四十二年，聖祖仁皇帝巡幸經此，御製坊扁曰「洛迦仙境」，命詞臣作庵記。高宗純皇帝臨幸，賜名攬勝軒，屢有御製詩，又御書庵扁曰「慈光普照」。

名宦

漢

欒布。梁人。爲燕相，燕、齊之間，皆爲布立社，號曰欒公社。

李廣。成紀人。爲右北平太守，匈奴聞之，號曰「漢之飛將軍」，避之，數歲不敢入右北平。

鄭昌。太山剛人。明經，通法律。宣帝時爲涿郡太守，著治迹，條教法度，爲後所述。

王尊。高陽人。爲涿郡决曹吏，以令舉幽州刺史從事。太守察尊廉，補遼西鹽官長，數上書言便宜事。

范遷。沛國人。爲漁陽太守，以智畧安邊，匈奴不敢入界。

彭宏。宛人。建平中爲漁陽太守，有威於邊。

吴漢。宛人。更始使韓鴻徇河北，鴻召漢，甚悦之，承制拜爲安樂令。會王郎起，漢欲歸心光武，乃説太守彭寵，遣漢將兵與上谷諸將并軍而南。

郭伋。茂陵人。建武中爲漁陽太守。時郡以彭寵之敗，民多猾惡，寇盜充斥。伋示以信賞，糾戮渠帥，盜賊消散。匈奴數抄掠郡界，伋整勒士馬，設攻守之畧，自是畏憚遠跡，不敢復入塞，民得安業。在職五歲，户口倍增。

張堪。宛人。光武時爲漁陽太守，捕擊奸猾，賞罰必信，吏皆樂爲之用。匈奴嘗以萬騎入漁陽，堪率數千騎擊破之，乃於狐奴開稻田八千餘頃，勸民耕種，以致殷富。百姓歌曰：「桑無附枝，麥穗兩岐。張君爲政，樂不可支。」視事八年，匈奴不敢犯塞。

廉范。杜陵人。永平十六年爲漁陽太守〔二八〕，北匈奴入雲中，遂至漁陽，范擊却之。

楊震。華陰人。安帝時爲涿郡太守。性公廉不受私謁，子孫常蔬食步行，或欲令開産業，震不肯曰：「使後世稱爲清白吏子孫，以此遺之，不亦厚乎！」

滕撫。劇人。順帝時爲涿縣令，有文武才用。太守以其能，委任郡職，兼領六縣，風政修明，流愛於人，在事七年，道不拾遺。

王暢。高平人。爲漁陽太守，以嚴明稱。

度尚。湖陸人〔二九〕。桓帝時爲文安令，遇時疾疫，穀貴人饑，尚開倉賑給，營救病者，百姓蒙其濟。

三國　魏

牽招。觀津人。文帝時持節護鮮卑校尉，屯昌平。時邊民流散山澤，多叛亡。招廣布恩信，誘納降附，咸各歸命。

王觀。廪丘人。文帝時爲涿郡太守。郡北接鮮卑，數有盜寇，觀令邊民十家以上屯居，築京候。守禦有備，寇抄以息。明帝初，詔書使郡縣條爲劇、中、平者。主者欲言郡爲中、平，觀教曰：「此郡數有寇害，云何不爲外劇耶？」主者曰：「若郡爲外劇，恐於明府有任子。」觀曰：「郡爲外劇，則於役條當有降差，豈可爲太守之私而負一郡之民乎？」遂言爲外劇郡，送任子詣鄴。時觀但有一子而又幼弱，其公心如此。

晋

孫拯。富春人。吴平後，爲涿令，有稱績。

南北朝　魏

盧道將。涿人。燕郡太守，下車，表樂毅、霍原之墓，爲之立祠。優禮儒生，勵勸學業，敦課農桑，墾田歲倍。

裴延儁。聞喜人。孝明帝時爲幽州刺史。范陽郡有舊督亢渠，漁陽燕郡有故戾陵諸堰，皆廢毁多時。延儁躬自履行，相度形勢，隨力分督，未幾而就，爲利十倍，百姓賴之。又命主簿酈惲修起學校，禮教大行。

盧文偉。涿人。除本州平北府長流參軍〔三〇〕，説刺史裴延儁按舊跡修督亢陂，溉田萬餘頃。又積稻穀於范陽城，時經荒儉，多所賑贍，彌爲鄉里所歸。後以功封大夏縣男，除范陽太守。

江文遥。考城人。明帝時爲安州刺史，善於綏納，甚得物情。時杜洛周、葛榮等相繼叛逆，幽燕以南悉没，文遥孤城獨守，鳩集荒餘，且耕且戰，百姓皆樂爲用。

北齊

稽曄。皇建中爲平州刺史，建議開幽州督亢陂，置屯田，歲收稻粟數十萬石，北境得以周贍。

斛律羡。敕勒部人。河清三年爲都督幽州刺史。羡以突厥屢犯邊，自庫推戍東距海二千餘里，其間凡有險要，或斬山築城，斷谷起障，并置立戍邏五十餘所。又導高梁水北合易京，東會於潞，因以灌田，公私獲利。

周

于翼。洛陽人。建德二年爲幽州總管〔三一〕。時大旱，涓水絶流。舊俗每逢亢旱，禱白兆山祈雨。帝先禁羣祀，山廟已除。翼遣主簿祭之，即日澍雨，歲遂有年。百姓感之，聚會歌舞，頌翼之德。

隋

郭絢。安邑人。大業中爲涿郡丞，吏人悦服。數歲遷通守，兼領留守。及山東盜起，絢逐捕之，多所剋獲。時諸郡無復完者，惟涿郡獨全。後將兵擊竇建德於河間，戰死，人吏哭之，數月不息。

唐

李桐客。衡水人。貞觀初爲通州刺史〔三二〕，治尚清平，民呼爲慈父。

韋弘機。萬年人。顯慶中爲檀州刺史，以邊人陋僻，不知文儒，乃修學宫，畫孔子七十二子、漢晉名儒像，自爲贊，敦勸生徒，由是大化。

宋慶禮。永平人。爲河北度支營田使，兼營州都督，開屯田八十餘所，追拔漁陽、淄青没户，還舊田宅。又集胡商，立邸肆，不數年，倉廥充，居人蕃集。遂罷海運，收歲儲，邊亭晏然。

賈循。華原人。累官雁門副使。安禄山使守幽州，顔杲卿招之，以傾賊巢穴，循許之。向潤客發其謀，賊縊殺之。

宋

石曦。太原人。雍熙中知霸州兼部署。會陳廷山謀以平戎軍叛入北邊，曦察知之，與侯延濟定計，擒廷山以獻。

丁罕。潁川人。淳化中知霸州。河溢城圮，罕以私錢修築，民咸德之。

楊應詢。益州郫人。徽宗時知保定軍、霸州，塘濼之間，地沮洳，水潦易集，居人浮板以濟。應詢增隄防爲長衢，濬其旁以泄流，民利賴之。

遼

耶律合住。保寧中拜涿州刺史。曉暢戎政，久任邊防，務鎮静，不妄生事以邀近功，屬部乂安，鄰壤敬畏。

耶律儼。析津人。大安初爲景州刺史。繩胥徒，禁豪猾，撫老恤貧，未數月，善政流播，郡人刻石頌德。

大公鼎。渤海人。咸雍中爲良鄉令。省徭役，務農桑，建孔子廟學，部民服化。

金

劉焕。中山人。由任城尉調中都市令。樞密使璞薩瑚圖家有條結工，牟利於市，不肯從市籍役，焕繫之。瑚圖召焕，焕不往，暴工罪而笞之。焕初除市令，過謝其鄉人吏部侍郎石琚，琚不説曰：「京師浩穰，不與外郡同，棄簡就煩，吾所不曉也。」至是始重之。「璞薩瑚圖」舊作「僕散忽土」，今改正。

唐古里。大定初爲大興尹。帝謂之曰：「京師好訛言，府中奸吏爲民患。卿雖年少，有治才，去其宿弊，無爲因循。」廉察入第一等，進階榮禄大夫。七年五月，大興府獄爲之空，詔賜宴勞之。「唐古里」舊作「唐括安禮」，今改正。

烏古倫元忠。上京人。大定中知大興府事。有僧犯法，吏捕得置獄，貴主屬使釋之，元忠不聽，主奏其事。帝召謂曰：「卿不狥情，正可嘉也。治京如此，朕復何憂。」「烏古倫元忠」舊作「烏古論元忠」，今改正。

伊拉素。玉魯部人。爲大興尹。大定中，帝幸上京，顯宗守國，使人謂之曰：「自大駕東巡，京尹所治甚善。我將有春水之行，當益勤乃事。」還，以所獲鵞鴨賜之。「伊拉素」舊作「移剌慥」，「玉魯部」舊作「虞呂部」，今改正。

完顏守道。完顏部人。歷獻、祁、濱、薊四州刺史。大定中幸都過薊，父老遮道，請留再任。

焦旭。柏鄉人。大定時爲大興令，以杖親軍百人，有司議罪。帝曰：「旭親民吏也，免之。」改良鄉令。平章政事石琚薦其能，召爲右警巡使〔三三〕。

完顏永功。大定末爲大興尹。有老嫗與男婦憩道旁，婦從所私亡去，嫗告伍長踪迹之。有男子私殺牛，手持血刃，望見伍長，意其捕己，即走避。嫗與伍長疑殺其婦，捕送縣，不勝楚毒，遂誣服。問尸安在？詭曰：「棄之水中矣。」求之水中，果得一尸，已半腐。縣吏具獄，永功疑之曰：「婦死幾日，而尸遽半腐哉？」頃之，嫗得其婦於所私家。永功曰：「是男子以殺人就獄，其拷掠足以稱殺牛之科矣。」釋之去。武清黄氏、望雲王氏，豪猾不逞，永功發其罪，畿内肅然。

完顏伯嘉。翁鄂羅必拉明安人。明昌初調中都巡警判官。孝懿皇后妹晉國夫人家奴買漆不酬直，伯嘉鈎致晉國用事奴數人繫獄。晉國白章宗，章宗曰：「姨酬其價，則奴釋矣。」由是豪右屏迹。「翁鄂羅必拉明安」舊作「訛古魯必剌猛安」，今改正。

王脩。涿州人。明昌二年知大興府事。時僧徒多遊貴戚門，脩惡之，乃禁僧午後不得出寺。嘗一僧犯禁，皇姑大長公主爲請。脩曰：「奉上命即出之。」立召僧，杖一百死，京師肅然。承安間知大興府事闕，詔諭宰臣曰：「可選極有風力如王脩輩者。」

伊拉里。瑚魯圖明安人。明昌三年，畿内饑，擢授霸州刺史。既至，首出俸粟食饑者，於是倅以下及郡人遞出粟以佐之，且命屬縣視爲法。多所全活。郡東南有隄久圮，水屢爲害，益增修之，民以爲便，爲立祠。「伊拉里」，譯見前「隄堰」門清河隄注。「瑚魯圖明安」舊作「胡魯土猛安」，今改正。

承暉。本名福興。章宗時知大興府。宦者李新喜有寵用事，借大興府妓樂，承暉拒不與。豪民與人争種稻水利不直，厚賂元妃兄左宣徽使李仁惠。仁惠使人屬承暉右之，承暉即杖豪民而遣之，謂其人曰：「可以此報宣徽也。」宣宗遷汴，承暉與太子留守中都，元兵攻之，仰藥死。

李遹。欒城人。泰和中爲大興幕官。時瑚芬知府事，賈權恃勢，奴視同列，遹獨抗之，不少假借，摘瑚芬陰事數十條，欲發之。瑚以非罪陷遹，幾不測，卒獲免。「瑚芬」舊作「虎賦」，今改正。

徒單公弼。孫卓貨明安人。大安初知大興府事。讞武清盜，疑其有冤，已而果獲真盜。「孫卓貨明安」舊作「算主海猛安」，今改正。

舒佳佛申。薊州明安人。貞祐二年爲提控，與同知順州軍州事温德亨岳查拉守密雲縣。佛申家屬在薊州，元兵得之〔三四〕，以示佛申曰：「若速降，當以付汝，否則殺之。」佛申曰：「吾受國厚恩，豈以家人生死爲計耶？」城破，死於陣，岳查拉被執，亦不屈死。「舒佳佛申」舊作「术甲法心」，「明安」改見前。「温德亨岳查拉」，舊作「温迪罕咬查剌」，今並改正。

錫登。繁時人〔三五〕。貞祐初知大興府。登以在京貧民闕食者衆，宜立法賑救，乃奏曰：「京師官民有能贍給貧民者，宜計所贍，升職遷官，以奬勵之。」遂定權宜鬻例格，全活甚衆。「錫登」舊作「胥鼎」，今改正。

富察糺舍。盤安軍節度判官，與雞澤縣令温德亨錫佛訥同守薊州，衆潰而出，糺舍、錫佛訥死之。「富察糺舍」舊作「蒲察糺舍」，「温德亨錫佛訥」舊作「温迪罕十方奴」，今並改正。

元

齊努。至元七年授大都路總管，兼大興府尹。馭吏治民有方，以暇日正街衢，表里巷，國學興工，尤盡其力。「齊努」舊作「千奴」，今改正。

耶律有尚。至元中知薊州。以清簡得民心。

劉德温。大興人。大德中同知大都路總管府事。輦轂之下，供億浩繁，德温措置有法，民用不擾。

廉瑚遜哈雅。至治間同知順州事。有弓匠提舉莫都拉者，恃勢奪州民田，同列畏之，瑚遜哈雅至，即治其罪。「廉瑚遜哈雅」舊作「廉惠山海牙」，「莫都拉」舊作「馬都剌」，今並改正。

明

葛誠。建文時爲燕王府長史。王佯病，誠密告張昺、謝貴宜爲備，又與護衛指揮盧振約内應，謀泄俱死。

謝貴。建文初爲北平都指揮使，與張昺並受密命，伺察燕事。燕王舉兵，不屈而死。

彭二。建文初爲都指揮。燕師起，夜攻九門，克其八，獨西直門未下。二躍馬市中曰：「燕王反，從我殺賊者賞。」集兵千餘人，將攻端禮門，燕王遣健卒格殺之。

馬宣。建文時爲都指揮，守薊州。燕兵攻大寧，宣發兵將攻北平，與燕兵戰於公樂驛而敗〔三六〕，退保薊州。燕將張玉等急攻之，宣出戰被擒，駡不絶口死。

曾濬。建文時爲薊州鎮撫，與馬宣同守薊城。被擒，不屈死。

李驥。郯城人。永樂中知東安縣事。有病民輒奏於朝，罷免之。有嫠婦子死於狼〔三七〕，婦奔訴驥。驥禱城隍神，深自咎責。明旦，狼死於其所。

張需。天順中知霸州。患民多遊食，里置一籍，識人户大小多寡之數，限以恒業，所種粟麥桑棗及紡績之具，雞豚之畜，皆有定數。暇則入鄉驗其籍，缺則有罰。於是民無游惰。

何瑛。杞縣人。成化初東安縣主簿。邑南窪下，歲有水患。瑛相度地勢，東自南壇旁開創河渠，經楊官屯，直達甄家莊之河口；西自縣西之北隱旁，開創河渠，經馬子莊，直達挑河頭之河口。水得通行，害去八九。今遺址尚存。

張憲。德興人。成化中順天府尹。時高貲富人，率營充將軍校尉，輒得優復，致下户重困。憲疏陳其弊，并及均馬政、恤民難、省冗費三事，悉允行。在職四年，權豪畏懾。

楊廉。豐城人。正德初爲府尹。時京軍數出，車費動數千金，廉以頻歲水旱，請以大興遞運所餘銀供之。奏免夏税萬五千石，慮州縣巧取民財，爲置歲辦簿，具載其數，吏無能爲姦。革和買借辦之擾，釐各官夫馬銀於徭役，吏不能多取。定陵户貧富撥補之法，以絶影射，皆著爲例。

張汝舟。渾源州人。正德中知大城縣。流賊臨城，與主簿李銓俱戰死，汝舟贈光禄寺丞，銓贈知縣。

馬永。遷安人。正德時以都督僉事充總兵官，鎮守薊州。盡汰諸營老弱，聽其農賈，取傭直以給健卒，由是永軍獨雄於諸鎮。武宗至喜峯口，欲出塞，永叩馬諫，帝笑而止。中路擦崖當邊衝，永築城堡，遷軍守之。嘉靖初，累立戰功，進右都督。永善用兵，且廉潔，及卒，州人爲立祠。

馬芳。蔚州人。嘉靖時以薊州副總兵分守建昌。土蠻十萬騎薄界嶺口，芳與總兵官歐陽安力戰，擒其驍騎猛克兔等。賊初不知芳，至是免胄示之，賊驚曰：「馬太師也！」遂却。

張守中。聞喜人。嘉靖末知通州。巡撫某敗績於邊，馳入州，守中不納。巡撫怒，將治五衛軍弁，守中不從，乃止。

王四維。河曲人。天啓間知涿州。有旨建魏忠賢祠，四維堅不奉詔，被謫。

葉廷秀。濮州人。天啓中授順天府推官。英國公張維賢謀奪民産，廷秀斷歸於民。維賢怒，愬於朝，廷秀亦愬於朝，迄還民。

劉宗周。山陰人。崇禎初官府尹。所陳奏皆極剴切。都城戒嚴，傳旨辦布囊八百，中官競獻騾馬，宗周曰：「是必有以還幸動上者。」詣午門叩首諫，自晨至暮，中官傳旨乃退。京尹爲卿貳遷轉之階，無舉其職者。宗周政令一新，挫豪家尤力。閹人請託輒不應，或相詬誶，宗周治事自如。武清侯蒼頭毆諸生〔三八〕，宗周捶之，枷武清門外。出遇籠篋纍纍，詢爲司禮監奏樂器，焚之通衢。賙恤單丁下户備至。居一載，謝病歸，都人爲罷市。

党還醇。三原人。崇禎中爲良鄉知縣。城破死之，贈光禄丞。

任光裕。崇禎初知香河縣。城破死之，贈光禄丞。

武起潛。進賢人。崇禎初知武清縣。有諸生爲人所訐，納金酒甕以獻。起潛召學官及諸生貧者數人，置甕庭中，謂之曰：「美酒不可獨享，與諸君共之。」酒盡，金見，其人惶恐請罪，即以金分畀貧者。治縣一年，有聲，調繁遵化。坐事被劾，解官候代，城破死之。

高承埏。秀水人。崇禎時知遷安縣，調寶坻。縣多中貴，豪猾倚之爲奸，承埏以法繩之，不少貸。其他剔除蠹弊，民賴其利。會大兵入，所過城邑皆克，獨寶坻圍九日，堅守不下。師旋復來環攻二十四日，終不下。事聞，莊烈帝嘉其功，命優敘。

王禹佐。崇禎九年以保定通判攝昌平州事。大兵至，與守陵太監王希忠等固守，城陷俱死之，禹佐子亦從死。同時殉節者，判官胡維忠、吏目郭永、學正解懷亮、訓導常時光、守備咸貞吉，贈恤有差。

上官藎。曲沃人。崇禎初知順義縣。廉執有聲，在官三年，薦章十餘上。大兵至，率衆固守，城破自經死。同殉節者，遊擊治國器、都指揮蘇時雨、訓導陳所藴。

趙國鼎。樂平人。崇禎中知寶坻縣。有政聲。大兵破城，死之。同死者，主簿樊樞、典史張六師、訓導趙士秀〔三九〕。

王鑰。武功人。崇禎中知文安縣。大兵至，率紳士堅守七晝夜，城破，與主簿安衡、典史湯國紀、訓導郭養性皆死之，贈太僕寺少卿。

趙煇。河津人。崇禎中爲霸州兵備副使，勤於其職。大兵至，與知州楚雄丁師羲督士民固守，及城破，煇自盡，師羲亦死之。贈煇光禄寺卿，師羲布政司參議。

高維岱。昌邑人。崇禎中知永清縣，視事甫旬日，大兵至，一門死之，贈按察使僉事。

鄒養性。崇禎中永清教諭。大兵至，與典史李時卿、鄉官劉維蕙同盡節。

本朝

蔣三捷。奉天人。順治初任通州兵備道。廉明有威，政教甚舉。

陳維新。奉天人。順治四年任昌平兵備道。時渤海盜起，官兵勦捕，株連及州。維新請兵無入境，身保無賊，州人獲全。

陶宏才。會稽人。爲東安縣典史。順治五年，妖賊劉東坡寇東安，時知縣以事赴保定，宏才即率兵三百餘出城奮擊，斬獲甚衆。再戰爲賊所執，奪刀殺數賊，自剄死。

陸光旭。平湖人。順治九年知保定縣。大水決隄，繼以大疫，光旭請免被災田賦，仍罄己貲，煮粥以賑。擢御史去，復請免霸州及文安、保定荒地逋糧。後轉冀南道，聞保定復罹水澇，遣人持金分給貧民。民立祠祀之。

韓文。富平人。順治十年知文安縣。時畿南大水，縣當最下，湮没尤甚。文捐貲易粟以賑。賊發，親率鄉兵捕誅渠魁。縣境旗民雜處，爭訟日多，文常單騎遍歷莊屯，多方開諭，民情大安。

宋文運。南宫人。康熙間爲順天府尹。杜絶請謁，事有不便於民者，立爲革除，輦下肅清。

成王臣。河南人。康熙二年知三河縣。在職三年，不遣一吏，訟者令其自拘，至即訊決，民大悦服。

祖延泰。奉天人。知霸州。舊時凡興大役，給兵米及解部耗費，概徵之民，其數多於正賦，延泰盡爲禁革。大兵北征，州當供車馬，延泰盡出己貲辦具，不以煩民，民至今德之。

張大有。郃陽人。康熙中任順天府丞。多惠政，入祀名宦祠。

劉德宏。開源人。康熙中知涿州。寬仁敏練，案無留牘，獄鮮滯囚。

潘永圖。金壇人。康熙間知薊州。有犯罪者，賄當事請寬之，永圖焚其書，立置於法。

何訥。崑山人。康熙中知保定縣。水澇大至，訥晝夜築隄捍禦，嘗中夜視工，馬驚墮水，溺幾死。縣多逋税，以羨餘代之。

彭鵬。莆田人。康熙二十三年知三河縣。邑當畿輔之衝，素稱繁劇，豪猾譸張，往往持令短長，俾得咎去。鵬下車以拊循釐剔爲事。有奸民冒宗親名，詣縣關説公事，立燭其奸，寘之法。又嘗親乘馬佩刀，手擒羣賊。在任六年，不名一錢，以廉幹稱。聖祖仁皇帝雅知鵬在官循績，二十七年巡幸畿輔，駐蹕三河，召見論對良久，特賜三百金，以奬其廉。

陳兆崙。錢塘人。乾隆十九年爲順天府尹。先是，順天所治，置官車以供役，其户求退，輒别簽他户。又時以軍役旁午，議民私畜車注官籍以備急需。兆崙奏罷官車，而力寢籍者之議，民以不擾，官用亦給。在任三年，吏怵其威，民懷其德。

校勘記

〔一〕累石爲關垣　「垣」，原作「址」，乾隆志卷七順天府四關隘（以下同卷簡稱乾隆志）及朱謀㙔水經注箋同，據王先謙合校水經注濕餘水注改。

〔二〕延祐二年又以哈魯勒軍千户所隸焉　「二」，原作「元」，據乾隆志及元史卷八六百官志二、昌平山水記卷上改。

〔三〕西爲白崖峪馮家峪口　乾隆志同。昌平山水記卷下：「白馬關，其東有陳家谷堡，「南有馮家谷堡」。讀史方輿紀要卷一一同。按今北京市密雲區白馬關南爲馮家峪，此「西」蓋爲「南」字之誤，或「馮家峪口」上脱「南有」二字。

〔四〕其西爲雞子口内有雞子峪堡　二「雞」字，乾隆志同，讀史方輿紀要卷一一作「鵶」，光緒順天府志卷三〇邊關同，此「雞」蓋爲「鵶」字之誤。

〔五〕其東北爲南冶口　「冶」，原作「治」，乾隆志同，據昌平山水記卷上、光緒順天府志卷三〇邊關、同治畿輔通志卷六七關隘一改。

〔六〕刀魚　「刀」，乾隆志及元豐九域志卷二同，宋史卷八六地理志二作「刁」。

〔七〕政和三年改父母曰安寧　「寧」，原作「謐」，據乾隆志及宋史卷八六地理志二改。

〔八〕又石匣城中舊有石匣驛亦洪武中建　乾隆志同。光緒順天府志卷四三驛傳：「石匣驛在石匣城，明洪武十有一年置于石匣城東，宣德四年徙此。」則驛址有遷徙，此載不確。

〔九〕在宛平縣北三十五里　「北」，乾隆志作「西北」。日下舊聞考卷八四國朝苑囿：「甕山在都城西三十里。」同書卷一〇〇郊坰：「甕山北五里爲青龍橋。」宸垣識略卷一四郊坰同。則乾隆志是也，此「北」上蓋脱「西」字。

〔一〇〕在東沽港中流　「沽」，原作「古」，據乾隆志及本志下文垂楊渡、讀史方輿紀要卷一一、日下舊聞考卷一二六京畿、光緒順天府志四七津梁改。

〔一一〕又南宫橋　「宫」，原作「官」，據乾隆志及光緒順天府志卷四七津梁改。

〔一二〕至西水門入都城　「西」，原作「四」，據乾隆志及元史卷六四河渠志一、同書卷一六四郭守敬傳改。

〔一三〕至順初易以石改名慶豐　乾隆志及日下舊聞考卷八九郊坰二同。元史卷六四河渠志一：「元貞元年，中書省言：「籍東牐改名慶豐，郊亭牐改名平津，……楊尹牐改名溥濟。」至大四年，省臣言：「通州至大都運糧河牐，故皆用木，宜用磚石，」從之。後至泰定四年，始修完焉」。閘之改名、易石，當從元史紀年爲正。下文平津閘、普濟閘同。

〔一四〕延祐後易以石改名平津　乾隆志及日下舊聞考卷八九郊坰二同。據元史河渠志載，改名于元貞元年，詳見本志校勘記〔一三〕。

〔一五〕下至閘口三里　乾隆志作「閘河口」，日下舊聞考卷一〇九京畿引漕河圖志同，此「閘」下疑脱「河」字。

〔一六〕延祐中易以石改今名　乾隆志及日下舊聞考卷一〇九京畿同。據元史河渠志載，改名於元貞元年，詳見本志校勘記〔一三〕。

〔一七〕在昌平州小峪山東距昭陵一里　乾隆志同。昌平山水記卷上：「定陵在大峪山，距昭陵北一里。」日下舊聞考卷一三七京畿同，與此載異。

〔一八〕光宗慶陵　「慶」，原作「廣」，乾隆志同，據昌平山水記卷上、日下舊聞考卷一三七京畿、光緒順天府志卷二六冢墓改。

〔一九〕封巨叔爲華城君　「城」，原作「成」，乾隆志同，據太平寰宇記卷六七、日下舊聞考卷一三三京畿改。

〔二〇〕在永清縣西南二十里黑岱村　「黑岱」，乾隆志同。日下舊聞考卷一二五京畿作「黑垈」，光緒順天府志卷二六冢墓引永清周志作「焦垡」，同治畿辅通志卷一六六陵墓同。

〔二一〕金鉉墓　「鉉」，原作「鈜」，據乾隆志及日下舊聞考卷八八郊坰、光緒順天府志卷二六冢墓改。

〔二二〕黑龍潭西　乾隆志同。日下舊聞考卷一〇六郊坰：「黑龍潭北十五里曰大覺寺。」與此有别。

〔二三〕高三百五十尺　「五」，乾隆志同。日下舊聞考卷一〇九京畿、光緒順天府志卷二五寺觀皆作「八」。

〔二四〕即真明寺　乾隆志同。日下舊聞考卷一三九京畿：「紅螺山麓有資福寺，古之大明寺也，創於金皇統初年。」又載：紅螺山大明寺碑，元昭文館大學士樊從義撰文。光緒順天府志卷二五寺觀：「資福寺，在懷柔縣北紅螺山，原稱大明寺。」則不稱「真明寺」。

〔二五〕金大定二年建　乾隆志同。日下舊聞考卷一四一京畿：清都觀，「大安二年，羽士杜宗道建」。光緒順天府志卷二五寺觀同，則此「大定」蓋爲「大安」之誤。

〔二六〕在平谷縣東二十五里　乾隆志同。日下舊聞考卷一四二京畿：「延祥觀在平谷縣東北二十里北獨樂河莊。」光緒順天府志卷二五寺觀：「延祥觀在平谷縣東北獨樂河莊。」民國平谷縣志卷一市鄉：南北獨樂河莊，「在縣東北境」，「二十里」。則此「東」下脱「北」字。

〔二七〕在宛平縣西十里莊　「十里莊」，原作「四十里」，乾隆志作「十里莊」。日下舊聞考卷九七郊坰：「十里莊有慈育院。」宸垣識略卷一三郊坰二：「慈育院在十里莊。」此「十」上衍「四」字，「里」下脱「莊」字，據以删補。

〔二八〕永平十六年爲漁陽太守　乾隆志卷八順天府五名宦（以下同卷簡稱乾隆志）同。按後漢書卷三一廉范傳：「遷爲雲中太守，會匈奴大入塞，烽火日通」，范擊卻之，匈奴「不敢復向雲中」。此「漁陽」爲「雲中」之誤。下文「漁陽」同誤。

〔二九〕湖陸人　「湖」，原作「河」，乾隆志同，據後漢書卷三八度尚傳改。

〔三〇〕除本州平北府長流參軍　「平北」，原作「北平」，乾隆志同，據北史卷三〇盧文偉傳乙正。

〔三一〕建德二年爲幽州總管　乾隆志同。按周書卷三〇于翼傳：「建德二年，出爲安隨等六州五防諸軍事、安州總管。」北史卷二三于翼傳：「建德二年，出爲安州總管。」爲安州，非幽州。據王仲犖北周地理志卷五，其時安州治安陸，即清湖北德安府治安陸縣（今安陸市），志書擅改爲「幽州」，誤入於此。

〔三二〕貞觀初爲通州刺史　乾隆志同。按舊唐書卷一八五上李桐客傳：「貞觀初累遷通、巴二州。」新唐書卷一九七李桐客傳同。據舊唐書卷三九地理志二、新唐書卷四〇地理志四載，通州治通川縣，清屬四川綏定府治達縣（今達州市），與清順天府通州（今北京市通州區）名同地異，志書誤混爲一，竄入於此。

〔三三〕召爲右警巡使　「右」，原作「左」，乾隆志同，據金史卷九七焦旭傳改。

〔三四〕元兵得之　「兵」，原作「岳」，乾隆志同，據金史卷一二一术甲法心傳改。

〔三五〕繁時人　「時」，原作「峙」，據乾隆志改。按漢置繁時縣，至金因之，金史卷二六地理志下代州領繁時縣：「貞祐三年九月升爲堅州。」至明初改置繁峙縣，明史卷四一地理志二：「代州繁峙縣，『元堅州，洪武二年改爲繁峙縣。』」

〔三六〕與燕兵戰於公樂驛而敗　「兵」，原作「王」，據乾隆志及明史卷一四二馬宣傳改。

〔三七〕有嫠婦子死於狼　「嫠」，原作「嫠」，據乾隆志及明史卷二八一李驥傳改。

〔三八〕武清侯蒼頭毆諸生　「武清侯」，原作「武清伯」，乾隆志同，據明史卷一〇八外戚恩澤侯表改。

〔三九〕訓導趙士秀　「士」，原脱，乾隆志同，據明史卷二九一忠義傳三王肇坤傳補。

大清一統志卷十

順天府五

人物

漢

韓嬰。燕人。孝文時爲博士，景帝時至常山太傅。推詩人之意作内外傳數萬言。燕、趙間言詩者由嬰。武帝時，嬰嘗與董仲舒論於帝前，其人精悍，處事分明，仲舒不能難也。孫商亦爲博士。

韓延壽。燕人。父義，爲燕刺王郎中，以諫死，燕人憫之。昭帝時，魏相言宜賞其子，遂擢延壽爲諫大夫，遷淮陽太守，徙潁州，又徙東郡。爲吏上禮義，好古教化，所至必聘其賢士，以禮待用，廣謀議，納諫諍。在東郡三歲，治行爲天下最，入守左馮翊，爲蕭望之所劾，坐棄市，吏民莫不流涕。

韓福。涿郡人。行義著聞，元鳳元年賜帛旌之。

寇恂。昌平人。初爲郡功曹。王郎兵起，恂説太守耿況附光武，至昌平，襲殺邯鄲使者，奪其軍，與況子弇等俱南，光武拜爲偏將軍。河内初定，難其守，鄧禹曰：「昔高祖任蕭何於關中，無西顧憂，終成大業。恂文武備足，有牧人御衆之才。」遂拜太守，行大將軍事。時軍急乏，恂講兵肄射，伐竹爲矢，養馬收租以給軍，轉輸前後不絶。朱鮪遣將攻温，恂馳赴擊破之，光武大喜曰：「吾知寇子翼足任也！」歷守潁川、汝南，擒討賊盜，鎮撫吏民，治績稱最，封邕奴侯，入爲執金吾。恂經明行修，名重朝廷，所得秩禄，厚施朋友、故人及吏士。時人歸其長者，以爲有宰相器。卒謚威侯。

嚴授。漁陽人。爲郡兵馬掾。元初中〔一〕，鮮卑寇漁陽，太守張顯率吏士追出塞，伏兵發，授身被十創，殁於陣。虜射中顯，顯墜馬，主簿衛福、功曹徐咸以身擁蔽，虜並殺之。朝廷愍授等節，各除子一人爲郎中。

陽球。泉州人。舉孝廉，補尚書侍郎，嫻達政事，章奏處議，爲臺閣所崇信，拜九江太守。討平山賊，歷遷司隸校尉。奏收中常侍王甫等杖殺之，徙爲衛尉。與司徒劉郃議收按張讓、曹節等，爲節所誣奏，誅死。

盧植。涿郡人。性剛毅有大節，嘗懷濟世志，通古今學，好研精，不守章句。建寧中徵爲博士。九江蠻反，四府選植才兼文武，拜太守，蠻寇賓服。又守廬江，前後俱著恩信。黄巾賊起，拜北中郎將，連戰破斬萬餘人，爲中官所譖，檻車徵，復爲尚書。何進謀誅中官，召董卓，植知卓必爲後患，固止之。不從。及卓議廢立，植獨抗議。卓怒，將誅植。議郎彭伯諫卓曰：「盧尚書海内大儒，人之望也。」卓乃止，免植官，遂遁隱上谷。

三國　漢

張飛。涿郡人。少與關忠義俱事昭烈。曹操追昭烈，及於當陽之長坂，飛將二十騎拒後，據水斷橋，瞋目横矛曰：「身是張翼德也，可來共決死！」敵皆無敢近者。從諸葛亮上益州，生獲嚴顔，壯而釋之。所過戰克，益州平，領巴西太守。擊破張郃，拜車騎將軍，封西鄉侯。飛雄壯威猛，亞於關忠義，俱稱萬人敵。卒謚桓侯。

簡雍。涿郡人。性跌宕，優游風議。少與昭烈善，從至荆州，爲從事中郎，往來使命。昭烈圍成都，雍入城説劉璋歸命，拜昭德將軍。

魏

徐邈。薊人。文帝時歷官涼州刺史。羌胡服其威信。正始初，遷司隸校尉，百僚敬憚。後拜司空，固辭不受。卒謚穆侯。

韓觀。薊人〔二〕。有鑒識器幹，與徐邈齊名。

盧毓。植子。幼孤，遇本州亂，二兄死難。毓養寡嫂，撫兄子，以學行見稱。文帝時爲睢陽典農校尉，遷安平、廣平太守，所在有惠化，入爲侍中。多所駁争，擢吏部尚書。作考課法，選舉先性行而後言才，封容城侯。謚曰成侯〔三〕。

田豫。漁陽人。爲弋陽、南陽太守，所在有治績。文帝初遣使持節護烏桓校尉。正始初爲護匈奴中郎將，領并州刺史，徵爲衛尉。屢乞遜位，司馬宣王不聽，豫曰：「年過七十而居位，譬猶鐘鳴漏盡而夜行不休，是罪人也。」遂固稱疾篤。

晉

張華。方城人。學業優博，於書無所不覽。武帝受禪，拜黄門侍郎。帝與羊祜潛謀伐吳，惟華贊成其計。晉史及儀禮憲章，並屬於華，多所損益，詔誥皆所草定。惠帝即位，累拜侍中、中書監，盡忠匡輔，封壯武郡公。爲趙王倫所害。華雅好書籍，嘗徙居，載書三十乘，天下奇秘，世所罕有，悉在華所。所著有博物志十篇，及文章並行於世。

盧欽。毓子。清澹有遠識，官至吏部尚書，封大梁侯。武帝受禪，以爲都督沔北諸軍事、平南將軍。在鎮寬猛得中，入爲尚書僕射，領吏部。舉必以才，稱廉平，清忠高潔，不營産業，動循典禮，所著詩賦論難數十篇。

盧志。欽從子。初爲鄴令〔四〕。成都王穎鎮鄴，愛其才，以爲諮議參軍。後表爲中書監，留鄴，參署相府事。蕩陰之敗，志督兵迎帝。及王浚攻鄴，勸穎奉惠帝還洛陽。帝幸張方壘，惟志不離左右，從至長安。及穎薨，官屬奔散，志親自殯送，時人嘉之。子諶〔五〕，字子諒，善屬文，爲司空從事中郎。撰祭法，注莊子，及文集，皆行於世。

劉沈。薊人。博學好古。衛瓘辟爲掾，領本邑大中正。敦儒愛賢。後以侍中假節討李流，河間王顒請留爲軍司，尋領雍州刺史。及顒遣張方入京師，詔沈入衛，沈馳檄四境，聚衆萬餘，與顒督護虞夔戰於好畤，敗之。顒急呼張方還救，沈軍潰，爲陳倉令所執，謂顒曰：「知己之顧輕，在三之節重。投袂之日，期以必死。」辭義慷慨，遂遇害。

霍原。廣陽人。少有志力，叔父坐法當死，原入獄訟之，楚毒備加，終免叔父。年十八遊太學，貴遊子弟皆欲與見，後歸鄉里。山居積年，門徒百數，燕王月致羊酒。元康末，與王褒等以賢良徵，不至。王浚謀僭，使人問原，不答，遂爲所害。

南北朝　梁

張弘策。方城人。幼以孝聞，居母憂，三年不食鹽菜，兄弟友愛甚篤。從武帝起兵，參帷幄，封洮陽侯，盡忠事上，知無不爲，交友故舊，隨才薦拔。不以貴勢自高，禄賜皆散之親友。後爲賊所害。子緬嗣爵，緬弟纘、綰皆知名。

成景儁。范陽人。父安樂，魏淮陽太守〔六〕，爲常邕和所殺。景儁購人刺邕和，並鴆殺其子弟。後除北豫州刺史，侵魏，所向推智勇，有政績。卒謚忠烈。

魏

盧玄。涿人。太武辟召天下儒儁，以玄爲首，授中書博士，遷侍中，使馮弘，稱臣請附。外兄崔浩每與言，輒嘆曰：「對子真，使我懷古之情更深。」後賜爵固安侯，謚曰宣。子度世，學行爲時流所重，歷官濟州刺史，能安輯邊境。

高閭。雍奴人。博綜經史，下筆成章。少爲車子，送租至平城，修刺詣崔浩。浩與語，奇之，使爲謝中書監表。明日，浩歷租車過，駐馬呼閭，諸車子皆驚，由是知名。和平末，爲中書侍郎，與中書令高允入參大政。承明初爲中書令、給事中，詔令書檄碑銘贊頌，皆其文也。歷相州、幽州刺史。宣武踐阼，累表遜位，授光禄大夫，賜安車、几杖，百僚餞送，如二疏故事。卒謚文貞。閭强果敢直諫，好爲文章，集四十卷。其文亦高允之流，後稱二高，爲當時所服。

平恒。燕郡人。躭勤誦讀，多通博聞。自周暨魏，帝王傳代之由，貴臣升降之緒，皆撰品第，號曰略註，合百餘篇。徵爲中書博士，出爲幽州别駕。廉貞寡欲，不營資産，妻子不免饑寒。遷秘書丞。卒謚曰康。

盧淵。度世子。温雅寡欲，有祖父風，敦尚學業，閨門和睦。襲爵，累加秘書監、本州大中正。孝文將立馮后，淵固請更卜。及議伐齊，又表諫。後爲徐州長史，以誠信得人和。初，盧志法鍾繇書，子孫傳業，世有能名。淵習家法，代京宫殿多其所題。

寇祖訓。上谷人。爲順陽太守。與弟祖禮並孝友敦睦，白首同居。父亡雖久，猶於平生所處堂宇，備設帷帳几杖，以時節開堂列拜，垂涕陳薦。吉凶之事，必先啓告，遠出行反亦如之。祖禮後爲都督，討蠻陣殁，贈衛大將軍。

盧道將。淵子。涉獵經史，風氣謇諤。應襲父爵，固請讓弟道舒，詔許之。累官遷燕郡太守〔七〕。卒于司徒司馬。弟道虔，好禮學，難齊尚書令王儉喪服集記七十餘條。次子懷仁，涉學有詞，性恬静閒雅，歷弘農郡守，不之任，卜居陳留，時高其風尚。

酈道元。范陽人。父範，官至平東將軍。景明中，道元爲冀州鎮東府長史，行州事。後除御史中尉，執法清刻，爲時所忌，遣爲關右大使。蕭寶夤反，力屈被執，瞋目叱賊而死。道元好學，歷覽奇書，撰水經注四十卷行世。

盧同。度世族孫。熙平初累遷尚書左丞。明帝時，人多竊冒軍功，同閲吏部勳書，得竊階者三百餘人，表乞刊定。從之。以功封章武縣伯。永熙初卒，贈尚書右僕射。

盧義僖。淵弟子。早有學尚，識度沈雅。九歲喪父，有至性。起家秘書郎，歷太中大夫。散秩多年，澹然自得。靈太后臨朝〔八〕，黄門侍郎李神軌勢傾朝野〔九〕，求結婚姻。義僖拒不許〔一〇〕。普泰中，官尚書、驃騎大將軍、左光禄大夫。寬和惠慎，不妄交款。性清儉，雖居顯位，每至用乏，麥飯蔬食，怡然甘之。

盧元明。亦淵弟子。涉獵羣書，兼有文義。天平中拜尚書右丞〔一一〕，兼黄門郎、本州大中正。善自標置，不妄交遊。性好玄理，作子史雜論數十篇，諸文別有集録。

盧景裕。同兄子。少敏，專經爲學，避居，不營世事，貞素自得。齊神武聞景裕經明行修，特徵使教諸子。先是景裕注周易、尚書、孝經、論語、禮記、老子。齊文襄令解所注易。景裕理義精微，吐發閒雅，從容往復，無際可尋。興和中卒於晉陽。所注易行於世。弟辯，少好學，博通經籍。正光初舉秀才，爲太學博士。以大戴禮未有解詁，乃注之。齊神武起兵，節閔遣辯持節勞之。神武令辯見其所奉中興主，辯抗節不從。神武怒，辯抗言酬答，守節不撓。孝武入關，事起倉卒，辯不及至家，單馬從至長安，封范陽郡公。時朝儀湮墜，凡朝廷憲章、乘輿法服、金石律呂、晷刻渾儀，辯因時制宜，皆合軌度。累遷尚書令。

北齊

平鑒。燕郡人。少聰敏，學詩、禮，通大義，不爲章句。以軍功，累遷襄州刺史。齊神武起兵信都，鑒棄州自歸，即授本官。文襄輔政，遷懷州刺史。時西魏將楊擲來攻〔一二〕，井竭乏水，鑒具衣冠而祝，至旦泉涌。進開府儀同三司，終都官尚書令〔一三〕。

李廣。范陽人。博涉羣書，有才思。少與趙郡李謇齊名，爲邢、魏之亞。以才學兼侍御史，修國史。南臺文奏，多其詞也。天保初，欲以爲中書郎，遇病篤而止。廣雅有識度，坦率無私，爲士流所愛，有文章七卷。

鮮于文宗。漁陽人。年七歲喪父。父以種芋時亡，對芋嗚咽，如此終身。

鮮于世榮。漁陽人。少沈敏，有器幹。封義陽郡王，領軍大將軍、太子太傅。周武帝入代，送瑪瑙酒鍾與之，得便撞破。

周兵入鄴，諸將皆降，世榮獨鳴鼓不輟，被執不屈死。

張曜。昌平人。天保初累官尚書右丞。歷事數世，奉職恪勤，未嘗有過。每得禄賜，散之宗族。性節儉，車服飲食，取給而已。好讀春秋，月一遍，時人比之賈梁伯。

周

寇儁。上谷人。寬雅有識量，好學强記，不以財利爲心。累官梁州刺史。入關，拜秘書監。時軍國草創，墳典散佚，儁選置令史，抄集經籍，四部羣書稍備。加驃騎大將軍、開府儀同三司。儁教授子弟，動循典禮。明帝尚儒重德，特欽賞之。卒謚曰元。

周惠達。文安人。父信，歷樂鄉、平舒、成平令，皆以廉能稱。惠達幼有節操，好讀書。魏大統中爲尚書右僕射。自關右草創，禮樂缺然，惠達與禮官損益舊章，儀軌稍備。雖居顯職，而謙退下人，盡心勤公，愛拔良士，人皆敬之。

盧誕。本名恭祖。范陽人。度世族弟，博學有詞采，文帝以誕儒宗，爲當世所推，拜國子祭酒。恭帝初除秘書監。

隋

盧愷。范陽人。父柔，魏中書監。愷性孝友，穎悟解屬文，有當世幹能。開皇初除尚書吏部侍郎，攝尚書左丞。每有敷奏，侃然正色，雖逢喜怒，不改其常。帝親考百僚，以愷爲上。

盧昌衡。范陽人。博涉經史，工行草書。開皇初拜尚書祠部侍郎〔一四〕，文帝嘗大集羣下，令自陳功，人皆競進，昌衡獨無所言。高熲目而異之，出爲徐州總管〔一五〕，有能名。吏部尚書蘇威考之曰：「德爲世表，行爲士則。」論者以爲美談。終太子左庶子。

盧思道。昌衡從弟。聰爽俊辯，師事河間邢子才，就魏收借異書，才學兼著。有集二十卷。

盧楚。范陽人。少有才學。大業中爲尚書右侍郎，當朝正色，甚爲公卿所憚。帝幸江都，官僚多不奉法，楚糾舉，無所迴避。越王侗稱尊號，以楚爲内史令，與元文都等同心戮力。及王世充作亂，皇甫無逸呼楚同去。楚曰：「僕與元公有約，若社稷有難，誓以俱死，今捨去不義。」及兵入，賊黨執送世充所，鋒刃交下，支體糜碎。

唐

盧承慶。涿人。思道孫。父赤松，與高祖雅故，終率更令、范陽郡公。承慶美儀矩，博學而才。少襲爵，累官民部侍郎。貞觀中，帝問歷代户版，承慶敘夏、商至周、隋增損曲折，引據該詳，帝嗟賞。後拜刑部尚書，以金紫光禄大夫致仕，卒謚曰定。弟承業，尚書左丞，有能名。

張知謇。方城人。兄弟五人，知玄、知晦、知泰、知默皆明經高第，曉吏治，清介有守。調露時，知謇爲監察御史裏行，後歷十一州刺史，所莅有威嚴。中宗時以大理卿致仕。知謇性敏亮，惡請謁求進士〔一六〕。每敕子孫，經不明，不得舉，家法可稱云。

盧照隣。范陽人。十歲從曹憲、王義方授蒼、雅，調鄧王府典籤，王愛重之。調新都尉，以病去官。其文章與王勃、楊炯、駱賓王齊名，天下稱爲四傑。

盧粲。范陽人。擢進士第。神龍中累遷給事中。節愍太子立，韋后疾之，諷中宗以衛府物給東宫，粲駁奏「太子不可與諸王等夷」。武崇訓死，詔墓視陵制，粲固執争之，得罷。安樂公主怒，出爲陳州刺史。終邠王傅。

魯炅。幽州人。從哥舒翰破吐番，以功除右領軍大將軍。安禄山反，炅保南陽，賊使田承嗣攻之。炅被圍一年，晝夜戰，人相食，卒無救，乃率衆突圍走襄陽。承嗣尾擊，炅殊死戰二日，斬獲甚衆，賊引去。初，賊欲剽亂江湖，賴炅扼其衝，故南夏以完。策勳封岐國公。

陳利貞。范陽人。爲平盧將，從李光弼，自行間累遷太子賓客，封静戎郡王。李希烈攻哥舒曜於襄城，利貞登陴捍守，七十日未嘗櫛沐。朱泚反，利貞麾下從亂，夜半難作，利貞拔劍當軍門，大呼曰：「欲過門者先殺我！」衆畏其勇，乃止。德宗嘉之，擢汝州防禦使。

盧羣。范陽人。曹王皋節度江西，奏爲判官。以勁直聞，入爲侍御史。郭子儀家與嬖人訟，德宗促案，羣奏子儀有大勳德，今所訟皆其家事，請勿問。人謂其識大體。累遷兵部尚書〔一七〕。淮西吴少誠擅決洧水溉田，使者止之，不奉詔。命羣臨詰，既聽命，又爲陳古今逆順禍福以感動之，少誠竦然，不敢桀。以奉使稱旨，遷檢校秘書監。後代姚南仲，爲鄭滑節度使。

李景略。良鄉人。李懷光爲朔方節度，辟署巡官，遷大理司直。懷光屯咸陽，將襲東渭橋，召幕府計議。景略曰：「殺朱泚，還軍諸道，仗策詣行在，此轉禍爲福也。」不聽。既出軍門，慟哭曰：「豈意此軍乃陷不義乎！」遂遁歸。靈武節度使杜希全表置於府，累轉豐州刺史。州當回紇通道，回紇使梅録入朝，景略折之，梅録不敢抗，以父行呼景略。自此回紇使至者，皆拜於庭，威名顯聞。遷左羽林將軍，對德宗延英殿，奏論侃侃，有大臣風。爲河東行軍司馬，復拜豐州刺史、天德軍西受降城都防禦使。窮塞苦寒，地瘠鹵，邊户勞悴。景略至，與士同甘苦，鑿咸應、永清二渠，溉田數百頃，聲雄北疆，回紇畏之。卒贈工部尚書。

蔡廷玉。昌平人。朱泚爲幽州節度使，奏署幕府。廷玉有沈略，善與人交，内外愛附。時幽州兵强，不知上下禮法。廷玉勸泚歸貢賦助天子，又勸入朝。泚將校縛廷玉辱之，囚歲餘，不能屈，待之如初。後從泚入朝，德宗聞其言，詔以大理少卿爲泚司馬。泚弟滔傲肆，數有請於泚，廷玉屢折之。滔表請殺廷玉，不從。會滔以幽州叛，帝乃貶廷玉柳州司户參軍以慰滔。滔將縛致麾下支解之，廷玉告其子曰：「我爲天子不血刃下幽州十一城，欲裂其壤，而敗於將成，吾不可以辱國。」比至靈寶，自投於河而死。

李惟簡。范陽人。兄惟岳叛，惟簡奉母鄭奔京師。及德宗如奉天，惟簡將赴難，謀於母，母督其行，乃斬關出，道更七戰，得及行在。討賊有功。帝徙山南，惟簡以三十騎從，帝曰：「爾有母，乃能從朕耶？」對曰：「臣誓以死！」趨興元，惟簡前導。及帝還，封武安郡王，圖形凌煙閣。

盧景亮。范陽人。學無不覽，第進士、宏辭。德宗時官右補闕。與穆質同在諫争地〔一八〕，書數上，鯁毅無所回。貶朗州司馬，廢抑二十年。憲宗時召還，再遷中書舍人。景亮有經國志，嘗謂：「人君足食足兵而又得士，天下可爲也。」乃掇治道之要，著書上下篇，號三足記。又作答問，言輓運大較及陳西戎利害。公卿服其達古今云。

高崇文。其先自勃海徙幽州，七世同居，開元中再表其閭。崇文樸重寡言。貞元中從韓全義鎮長武城，治軍有聲，累官金吾將軍。敗吐蕃於寧州，封勃海郡王。全義入朝，留知節度後務。劉闢反，杜黄裳薦崇文統兵討之，自閬中出，卻劒門兵，解梓潼之圍，與闢戰于鹿頭山，八戰皆捷，擒闢送京師。成都珍貨如山，無秋毫之犯。衣冠脅汙者，爲條上全活之。進檢校司空、西川節度副大使、南平郡王，刻石紀功。卒謚威武，配享憲宗廟庭。

高霞寓。范陽人。其先五代不異居，孝聞里閭。霞寓從高崇文擊劉闢有功，拜彭州刺史。元和中以左威衛將軍隨吐突承璀及諸將討王承宗，獨霞寓有功，詔藏所獲鎧仗於神策庫以旌之。

賈島。范陽人。初爲浮屠，名無本。韓愈教之爲文章，舉進士不第。當其苦吟，雖逢值公卿貴人，皆不覺。文宗時坐飛謗，貶長江主簿。卒普州司倉參軍。

劉蕡。昌平人。明春秋，沈健於謀，浩然有救世意。擢進士第。時宦人横甚，蕡常痛疾。太和二年舉賢良方正能直言極諫，引諸儒百人於庭策之，考官見蕡對嗟伏，以爲過古晁、董，而畏中官不敢取。士人讀其詞，至感激流涕。諫官御史交章論其直。時被選者二十三人，所言皆冗齪常務，類得優調。河南府參軍李郃上疏云〔一九〕：「臣所對不及蕡遠甚，乞回臣所授，以旌蕡直。」

不納。令狐楚、牛僧孺皆表蕡幕府，授秘書郎，以師禮禮之。而宦人深嫉蕡，誣以罪，貶柳州司户參軍，卒。昭宗時贈左諫議大夫〔二〇〕。

五代　唐

趙鳳。幽州人。少以儒學知名。明宗時爲端明殿學士。好直言，安重誨用事，殺任圜，明宗不能詰，鳳獨號哭呼重誨責之，重誨慙不能對。術士周玄豹以相法言人事多中，明宗以爲神，將召至京師，鳳力諫止。有僧將佛牙以獻，鳳請驗其真僞，因以斧碎之。天成中拜門下侍郎、同中書門下平章事。重誨得罪，羣臣無敢言，獨鳳數言其忠，罷爲安國軍節度使。

王思同。幽州人。敢勇善騎射，好學，頗喜爲詩，輕財重義。唐明宗時爲匡國軍節度使，鎮雄武，列栅以禦吐蕃。五年來朝，明宗問以邊事，思同指畫山川，陳其利害。明宗始知其才，後爲京兆尹、西京留守。潞王從珂反鳳翔，馳檄諸鎮，思同執其使送京，愍帝嘉其忠，以爲西面行營都督署。討從珂，諸鎮兵潰，思同走潼關。從珂追執之，責曰：「罪可逃乎？」思同曰：「非不知從王而生，恐終死不能見先帝於地下。」從珂怒其言，乃殺之。

趙玉。安次人。爲滄州節度判官吕兖客。劉守光破滄州，兖舉族被害。兖子琦年十五，見執將就刑，玉紿監者曰：「吾弟也。」監者信之，縱琦去。琦足弱不能行，玉負之，逾百里，變姓名，乞食於道以免。後琦官至兵部侍郎，玉仕至職方員外郎，琦事之如父。

周

扈載。北燕人。少好學，善屬文。廣順初舉進士高第，爲監察御史。嘗遊相國寺，見庭竹，作碧鮮賦，題其壁。顯德中，帝聞之，遣小黄門就壁録之，覽而稱善，擢知制誥，遷翰林院學士。尋病卒。

張藏英。涿州人。唐末，舉族爲賊孫居道所害，藏英年十七，僅以身免。後居道避地關南，藏英乃求爲關南都巡檢使。至則微服攜鐵檛，伺其出擊之，遂擒歸，刳其心以祭父母。詣官首服，官爲上請而釋之。燕、薊間目爲「報讐張孝子」。顯德時授緣邊招討都指揮使，從征瓦橋關，爲先鋒都指揮使，敗遼兵於關北。

宋

趙普。薊人。父迥，徙洛陽，初掌書記。乾德二年拜門下侍郎、平章事。普既相，帝視如左右手，事無大小，悉咨決焉。歷相二朝，累拜太師，封魏國公。卒謚忠獻。帝爲撰神道碑銘，親製八分書賜之。普初寡學術，帝勸以讀書，晚年手不釋卷。既卒，家人發篋視之，乃論語二十篇也。性深沉，能以天下事爲己任。宋初在相位者，未有其比。帝疑曹彬不軌，普爲辯雪保證，遂遇彬如舊。咸平初追封韓王，配饗廟庭。

高彦暉。漁陽人。練習邊事。乾德時，王師伐蜀，爲歸州路先鋒。全師雄之亂，崔彦進遣彦暉討之，戰不利，獨與部下十餘騎力戰，皆死。上聞痛惜，命優卹之。

董遵誨。范陽人。屢立戰功。乾德六年以西夏近邊，授通遠軍使。遵誨不知書，豁達無崖岸，多方畧，武藝絶人。在通遠軍凡十四年，安撫一面，夏人悦服。

劉廷讓。其先范陽人。滄州節度守文之孫。初領寧江軍節度〔二二〕。乾德二年伐蜀，爲副都部署，率兵由歸州進討，連破松木諸砦，峽中郡縣悉下。蜀平，王全斌等皆坐縱部下掠奪左降，惟廷讓秋毫無犯。全師雄等作亂，廷讓與曹彬討平之。太平興國中知雄州。卒贈太師。

張暉。大城人。累遷華州團練使。朝廷方議征蜀，遷鳳州團練使兼緣邊巡檢濠砦橋道使。暉盡得山川險易，密疏陳之，帝大悦，以暉充西川行營先鋒都指揮使。督兵開大散關路，躬撫士卒，且役且戰，人忘其勞。至青泥嶺卒。天禧中，暉妻年百五歲，家貧，詣闕自陳。詔賜束帛，録其孫。

趙贊。薊人〔二二〕。德鈞之孫，延壽子。年七歲誦書二十七卷，特賜童子及第。初鎮延州。太宗時以功封衛國公。卒贈侍中。贊頗知書，喜爲詩，接士大夫以禮，馭衆有方略，吏民畏服，爲時賢帥云。

竇儀。漁陽人。父禹鈞，以詞學名。仕周累官諫議大夫。高義篤行，家法爲一時表式。儀學問優博，風度峻整。建隆初遷工部尚書，兼判大理寺。奉詔定刑統爲三十卷。再入翰林爲學士。帝屢稱其有執守，欲相之，爲趙普所忌，不果。及卒，帝憫然曰：「天何奪我竇儀之速耶！」弟儼、侃、偁、僖，皆相繼登科，當時號爲竇氏五龍。儼性夷曠，好賢樂善，優游策府凡十餘年，所撰周正樂成一百二十卷，詔藏史閣，有文集七十卷。尤善推步星曆。偁初拜右補闕。太宗領開封府，選偁判官。推官賈琰言矯誕〔二三〕，偁叱之。太平興國中參知政事，帝曰：「卿能以公直責賈琰，朕旌直臣耳。」

劇可久。范陽人。沈毅方正，明律令。初授光禄卿。與竇儀等共定刑統。致仕，卒。凡爲廷尉四十年，用法平允，以仁恕稱。

扈蒙。安次人。少能文，初爲翰林學士。受詔同修五代史，詳定古今本草。累官工部尚書。自張昭、竇儀卒，典章儀注，多蒙所刊定。有鼇山集二十卷。

宋琪。幽州人。太平興國中自員外郎累遷尚書，拜同平章事。琪素有文學，尤通吏術。究知蕃部兵馬山川形勢，數言邊事，多見采用。在相位，百執事有所求請，咸面折之。又有宋雄者，亦幽州人。涉獵經史，善談論，有氣節。初與琪齊名燕、薊間，謂之「二宋」。雍熙中知均、唐二州，遷將作監。所至職務修舉。

田重進。幽州人。形貌奇偉，積功至靖難軍節度使。雍熙中出師北征，擒遼驍將大鵬翼，逐北四十里，連下飛狐、靈丘等城〔二四〕。重進不事學，乾德時，晉王愛其忠勇，遺以酒炙，不受，謂使者曰：「爲我辭晉王，我知有天子耳。」及帝即位，知其忠樸，始終委遇焉。

呂餘慶。幽州人。父琦，晉兵部侍郎。初，藝祖領同州，聞餘慶有才，奏爲從事，累官吏部侍郎。開寶六年與宰相更知政事印，拜尚書左丞。卒。餘慶厚重簡易，自藝祖領藩鎮，即爲元僚。受禪，趙普等先用，恬不爲意。會普忤旨，左右争傾普，餘慶獨辯明之，時稱其長者。

呂端。餘慶弟。初爲太常丞，歷中外四十年，持重識大體，以清簡爲務。至道末，帝疾大漸，内侍王繼恩等謀立楚王元佐。李后命繼恩召端，端知有變，鎖繼恩於閤内，使人守之而入。后曰：「立嗣以長，如何？」端曰：「先帝立太子，正爲今日。」乃奉太子之殿中。真宗既立，端平立殿下不拜，請捲簾，升殿審視，然後率羣臣拜呼萬歲。真宗每見輔臣入對，惟於端肅然拱揖，不以名呼。卒，贈司空，謚正惠。端有器量，寬厚多恕，意豁如也。雖屢經擯退，未嘗以得喪介懷。輕財好施，不問家事。嘗兩使絶域，其國歎重之，後有使往，每問端爲宰相否，其名顯如此。

張鑑。范陽人。藏英孫。幼嗜學，入衛州霖落山肄業十餘年〔二五〕。太平興國初，第進士，累拜監察御史。决獄江左，頗雪寃滯。遷江南轉運使，去大姓爲民害者，江左震肅。淳化中，盗起西蜀，命鑑安撫之，拜諫議大夫。歷知廣州、朗州、相州〔二六〕。卒。

馬知節。薊人。父全義，仕周，以戰功歷播州刺史。宋初領果州團練使。從征李筠，筠退澤州，全義攻拔之。知節以蔭補官。景德中擢簽書樞密院事。時遼已盟，中國無事，大臣方言符瑞，而知節每不然之，嘗言「天下雖安，不可忘戰去兵」。進兼樞密副使。時王欽若爲樞密使，知節薄其爲人，每廷議，輒面詆之。遇事敢言，未嘗少屈。聞其風者，皆欽其正直焉。終彰德軍留後，知貝州。卒贈侍中，謚正惠。

孫浦。保定軍人。十世同居。真宗時旌表，仍蠲其課調。

張玉。保定人。以六班散秩隸狄青麾下，號張鐵簡。從征儂智高，率突騎横貫賊壘，賊大潰。帝召見，使作鋭陣於殿廷下，觀破賊之勢。累遷宣州觀察使，爲副都總管。河北三十七將，以玉爲第一。

張世傑。范陽人。少從張柔戍杞，有罪，遂奔宋，隸淮兵中。吕文德召爲小校，累功加環衛官，命守鄂州。元兵降鄂州，世傑提所部兵入衛，道復饒州〔二七〕，入朝，累加保康軍承宣使。遣將取浙西諸郡，復平江、安吉、廣德、溧陽諸城，進沿江制置副使。元兵迫臨安，從二王入福州，拜簽書樞密院事。北兵攻之，乃奉益王入海。益王殂，衛王昺立，拜少傅、樞密副使。從崖山，封越國公。張弘範攻崖山，世傑以十餘艦奪港去。後還收兵崖山，復欲求趙氏後立之，俄颶風壞舟，溺死。

遼

韓延徽。安次人。累官崇文館大學士，中外事悉令參決。以功拜左僕射。世宗朝，遷南府宰相。卒贈尚書令。遼初，庶事草創，凡營建制作，法度井然，延徽力也，爲佐命功臣之一。子德樞，未冠，守左羽林大將軍，授遼興軍節度使，封趙國公。

韓紹勳。延徽孫。仕至東京户部使。會大延琳叛，被執不屈，賊以鋸解之，憤駡至死。弟紹芳〔二八〕，重熙間參知政事。廷議征李元昊，力諫不聽，聞敗，嘔血死。

康默記。本名照。少爲薊州衙校，帝侵薊州得之，愛其材，隸麾下。一切蕃、漢相涉事，屬默記折衷之，悉合帝意。時文法未備，默記推析律意，論決輕重，不差毫釐。罹禁網者，人人自以爲不冤，拜左尚書。佐命功臣其一也。

室昉。南京人。幼謹厚篤學，不出户外者二十年。會同初登進士第，累遷翰林學士，出入禁闥十餘年。數延問古今治亂得失，奏對稱旨。後拜門下平章事。整析蠹弊，知無不言，務在息民薄賦，以故法度修明，朝無異議。

楊佶。南京人。統和中舉進士第一，累遷翰林學士，文章號得體。同知南京留守，發倉廩，振乏絶，貧民鬻子者，計傭出之。除吏部尚書，同中書門下平章事。以進賢爲己任，總大綱，責成百司，人人樂爲之用。有登瀛集行於世。

馬得臣。南京人。好學博古，善屬文，尤長於詩。累官翰林學士，以正直稱。聖祖閱唐高宗、太宗、明皇三紀，得臣録其行事可法者進之。帝擊鞠無度，得臣上書言有不宜者三，帝嘉歎。卒，贈太子太保。

張儉。宛平人。性端慤，不事外飾。統和中舉進士，調雲州幕官。故事，車駕經行，長吏當有所獻。聖宗獵雲中，節度使進曰：「臣境無他産，惟幕僚張儉，一代之寶，願以爲獻。」召見，訪及世務，條奏三十餘事。由此顧遇特異。太平中拜左丞相〔二九〕，封韓王。受詔輔立興宗，拜太師、中書令，加尚父。在相位二十餘年，裨益爲多。

牛温舒。范陽人。剛正，尚節義，有遠器。咸雍中舉進士〔三〇〕，累遷户部使，轉給事中、知三司使事。國、民兼足，上以爲能，拜參知政事，知南院樞密使事。夏爲宋所攻，來請和解。温舒使宋，遂許夏和。還，加中書令。

劉伸。宛平人。少以詞翰聞。重熙中登進士第，累遷大理卿。伸明法而恕，按冤獄，全活者衆。道宗嘗曰：「今之忠直，耶律玦、劉伸而已！」拜參知政事。上曰：「卿勿憚宰相！」時北院樞密使耶律乙辛勢焰方熾，伸奏曰：「臣於乙辛尚不畏，何畏宰相！」乙辛排之，出爲保静軍節度使。

王鼎。涿州人。博通經史。清寧中成進士，累官翰林學士。當代典章，多出其手。

金

韓企先。燕京人。乾統進士。天會十二年爲尚書右丞相，召至上京。入見，帝驚異曰：「朕疇昔嘗夢見此人，今果見之。」於是方議制度，企先博通經史，知前代故事因革，咸取折衷。企先爲相，每欲爲官擇人，專以培植奬勵後進爲己任。推轂士類，甄別人物，一時臺省多君子。彌縫闕漏，密謨顯諫。宗翰、宗幹雅敬重之，世稱賢相焉。大定八年，配享廟庭。

程寀。析津人。祖冀，凡六男，父子皆擢科第，士族號其家「程一舉」。寀入金，歷翰林待制、右諫議大夫。上疏言宜追崇祖宗，釐正風俗，立紀綱，嚴宮禁。熙宗嘉納之。仕至彰德軍節度使〔三一〕。寀剛直耿介，不諂奉權貴，以希苟進，有古君子之風。

韓昉。燕京人。天慶二年進士第一。天會四年，高麗國表稱藩而不肯進誓表。昉充使至高麗，移督再三。高麗徵國中讀書知古今者，商榷辭旨，使專對，皆爲昉所屈，乃進誓表如約。昉還，宗幹大悅曰：「非卿誰能辦此？」累遷禮部尚書，翰林學士，兼太常卿，加開府儀同三司，封鄆國公。昉性仁厚，善屬文，尤長於詔册，撰太祖睿德神功碑，當世稱之。

高昌福。宛平人。天會進士，辟元帥府令史。皇統初，宗弼復治河南元帥府，汴人有疑似被獲，皆目爲宋諜者，即殺之。昌福讞得其實，釋去甚衆。世宗時官至河中尹，致仕。

翟永固。良鄉人。海陵時爲禮部侍郎，分護燕京宫室役事，請寫無逸圖於殿壁，不納。正隆二年爲翰林學士承旨，詔至内殿，問以將親伐宋事，對曰：「宋人事本朝無釁隙，伐之無名。縱可伐，亦無煩親征。」大忤海陵意，即請致仕。大定二年起拜尚書左丞，請依舊制廉察官吏，革正隆守令之污，從之。五年，致仕。

劉徽柔。安次人。天眷進士，由欒城簿遷洪洞令。明敏善聽斷，人伏其神明。大定中同知河東南路轉運使事，以廉第一，累遷中都路轉運使〔三二〕，卒於官。

賈少沖。通州人。勤學，日誦數千百言。家貧甚，道中獲遺金，訪其主歸之。天會中伐宋，調及民兵。少沖代其叔行，罹行伍間，未嘗釋卷。中天眷二年進士。劉筈欲以妹妻之，辭不就。爲河中府判官〔三三〕。海陵失道，少沖謂所親曰：「不可仕也。」秩滿，不復出。大定初累遷刑部侍郎。往北京決獄，全活凡千人。爲左補闕。每從容進諫，世宗稱美之。嘗使宋，上以意喻少沖，對曰：「臣有死無辱。」宋人别致珍異，不受。遷右諫議大夫。後爲太常卿，終順天軍節度使。

劉仲誨。宛平人。其先六世仕遼，相繼爲宰相。祖彦宗，仕金爲中書門下平章事，知樞密院事。天會中圍汴京，彦宗謂宗翰、宗望曰：「蕭何入關，秋毫無犯，惟收圖籍。遼太宗入汴，載路車、法服、石經以歸，皆令則也。」二帥嘉納之。父筈，嘗從事元帥府，凡約束廢置及四方號令多筈畫。使江南，宋人賂以金珠三十餘萬，筈不之顧。累拜尚書左丞相兼中書令〔三四〕。仲誨，皇統中賜進士，累官至太子少師，兼御史中丞。前後爲東宫官十五年，多所規戒，立朝峻整。世宗嘗曰：「朕見劉仲誨嘗若將切諫者。」其以剛嚴見知如此。

馬諷。潞陰人。皇統中登進士，爲雄州歸信令、寧州刺史，皆有聲，歷官忠順軍節度。

王蔚。香河人。皇統進士。性通敏，曉晰吏事，以才幹歷知河中府。明昌初召拜尚書右丞，致仕。

丁暐仁。宛平人。父筠，以吏補州縣，後致仕，鄉里有鬬訟者，不之官而就筠質焉。暐仁沖淡寡欲，讀書之外無他好，遼季間關避難，未嘗釋卷。皇統二年登進士第，調武清縣丞。縣經兵革後，無學校，暐仁召邑中俊秀子弟教之學，百姓欣然從之。歷遷陝西西路轉運使〔三五〕，所在有治績。

張亨。潞陰人。皇統進士。由樊山丞累遷南京路轉運使，轉知歸德府。才識强敏，明達吏事，終始有可稱云。

馬惠迪。潞陰人。天德進士。大定中累遷左司郎中。帝嘗謂宰相曰：「惠迪聰明而樸實，五品以下朝官少有如者。」超拜參知政事。時烏達海叛亡，已遣將討之，又欲益以甲士，毁其船栰。惠迪奏曰：「得其人不可用，有其地不可居，恐不足勞聖慮。」明昌初仕至南京留守。「烏達海」舊作「烏底改」，今改正。

馬琪。寶坻人。正隆進士。調清源簿，遷永清令，以治聞。章宗時，户部闕官，命宰臣選可任者，或舉琪，帝然之，曰：「琪不肯欺官，亦不肯害民，是可用也。」琪性明敏，習吏事，治錢穀尤長。以安武軍節鎮致仕〔三六〕。

富察通。本名富勒渾。中都路華尚阿格們明安人。熙宗選護衛，以筆識通名。通以父老，懇乞就養。衆訝之曰：「得充侍衛，終身榮貴，今乃辭，過人遠矣。」海陵時，以御院通進。從侵宋，使總隆州諸軍，聞海陵遇弑，哀悶仆地，衆掖而起，徑入營哭之。世宗時屢進平章政事，封任國公。在政府，舉太子率府完顔守貞、監察御史裔俱可大用，後皆爲名臣，世多其知人云。「富察通」舊作「蒲察通」，「富勒渾」舊作「蒲魯渾」，「華尚阿格們明安」舊作「胡土愛割蠻猛安」〔三七〕，今並改正。

馬百禄。三河人。幼志學，事繼母以孝聞。大定中，詞賦進士。累遷同知北京路轉運使事。委録南北路刑獄，所至無冤。明昌初歷南京路提刑使。御史臺以剛直能幹聞，轉知河中府。卒謚貞忠。

閻公貞。宛平人。大定進士。明昌中累進大理卿。居法寺幾十年，詳慎周密，未嘗有過舉。被命校定律令，多所是正，人以爲法家之祖云。

劉仲洙。宛平人。大定進士，累官定海軍節度使。性剛直，果於從政，所在皆有功績。

韓玉。漁陽人。以經義、詞賦兩科進士入翰林〔三八〕，爲應奉，應制一日百篇，文不加點。又作元勳傳，稱旨，章宗歎曰：「勳臣何幸，得此家作傳耶！」後以鳳翔判官，敗夏人於北原。當事者忌其功，誣以與夏寇有謀，朝廷使人覘之。玉方傳檄勤王，使者實其罪，被囚死，士論冤之。

杜時昇。信安人。博學知天文，不肯仕進。承安、泰和間，宰相數薦時昇可大用。時風俗侈靡，紀綱大壞，乃南渡河，隱居嵩、洛山中，以「伊洛之學」教人。正大末，卒。

完顔仲元。中都人。本姓郭氏，貞祐中累功至節度使，賜姓完顔氏。仲元在當時兵最强，號「花帽軍」，所在立功。正大間爲兵部尚書。沉毅有謀，南渡後稱名將云。

馬肩龍。宛平人。在太學有賦聲。宣宗初，有誣宗室從坦殺人，將致之死。人不敢言，肩龍上書願代從坦死。宣宗感悟，赦從坦，授肩龍東平録事。正大中，客鳳翔，與德順節度愛申同拒元兵，死難。

劉德基。大興人。貞祐元年進士。守官邊邑，夏人攻邊城，德基坐廳事，積薪其旁，謂家人曰：「城破即焚我。」及城破，家人不忍縱火，遂被執。脅使跪，不屈。同僚紿夏人曰〔三九〕：「此人素病狂，故敢如此。」德基曰：「爲臣子當如此耳，吾豈狂耶！」夏壯其義，繫諸獄。已而召問，大駡終不從，遂害之。贈朝列大夫、同知通遠軍節度使事。

王鬱。大興人。爲文法柳宗元，閎肆奇古，歌詩俊逸，效李白。天興初元，汴京被圍，上書言事，不報。圍稍解，挺身突出，爲兵士所得。其將遇之甚厚，爲其下所忌，見殺。

左光慶。薊人。好古，讀書識大義，喜爲詩，善篆隸，尤工大字。凡宫廟榜署經光慶書者，人稱其有法。平時爲善言，蓄善藥，號「善善道人」。

李伯淵。寶坻人。爲金都帥，與崔立守汴。立劫衆降元，軍心憤怨。伯淵結義士誅立，梟於承天門，祭哀宗。

張天綱。益津人。性寬厚端直，論議醇正。累官御史中丞，權參知政事。從哀宗遷蔡，蔡城破，爲宋將孟珙所得，械至臨安，備禮告廟。既而命薛瓊問曰：「有何面目到此！」天綱曰：「國之興亡，何代無之。我金之亡，比汝二帝何如？」瓊叱曳去。明日，宋主召問曰：「天綱真不畏死耶？」對曰：「大丈夫患死不中節耳，何畏之有。」因祈死不已。初，有司令供狀，天綱曰：「殺即殺，焉用狀爲？」有司不能屈，後不知所終。

張潛。武清人。幼有志節，慕荆軻、聶政爲人，年三十始折節讀書。時人高其行義，目曰張古人。年五十，始娶魯山孫氏，亦有賢行，夫婦相敬如賓。里有兄弟分財者，其弟曰：「獨不畏張先生知耶！」遂如初。天興間，潛挈家避兵少室，不食七日死，孫氏亦投絶澗。

元

瞻巴圖爾。昌平人。元初率衆歸附，遂留備宿衛。從近臣哈都琥西征回紇、河西諸蕃，道隴、蜀入洛，屢戰，流矢中頰不少却。帝聞而壯之，賜名瞻巴圖爾。後代哈都琥爲都元帥，守真定〔四〇〕。及哈都琥子少長，瞻巴圖爾請於朝，歸其政而終老焉。「瞻巴圖爾」舊作「張拔都」，「哈都琥」舊作「漢都虎」，今並改正。

錫塔爾海。燕人。剛勇有志。元初率所部三百餘人來歸，帝命佩金符，爲礮水手元帥，屢有功。後從征回回、河西、肯哲、威烏爾諸國，俱以礮立功。「錫塔爾海」舊作「薛塔剌海」，「肯哲」舊作「欽察」，「威烏爾」舊作「畏吾兒」，今並改正。

楊葛濟格。寶坻人。少有勇畧，元初率族屬歸附。從攻遼左，及從元帥阿舒魯定西夏諸部有功，帝厚賜以金幣。阿舒魯知其才畧出諸將右，命裁決軍務。後攻拔歸德，率舟師進擊宋師，溺死。「楊葛濟格」舊作「楊傑只哥」，「阿舒魯」舊作「阿木魯」，今並改正。

史天倪。永清人。父秉直，讀書尚氣。穆瑚黎南伐，所向殘破，秉直率老穉數千人，詣軍門降。穆瑚黎命秉直領降人屯霸州，拊循有方，遠近附者十餘萬家。天倪始生之夕，白氣貫庭。成童，姿貌魁傑。及長好學，日誦千言。大安末〔四一〕，舉進士不第，穆瑚黎見而奇之，以爲萬户，從畧地三關以南，至於東海，所過城邑皆不戰而下。累官河西兵馬都元帥，鎮真定〔四二〕，爲降將武善所害。子楫，爲真定兵馬總都管，有善政。楫弟權，爲河南等路宣撫使，亦有戰功。「穆瑚黎」舊作「木華黎」，「武善」舊作「武仙」，今並改正。

史天祥。天倪從兄。長身駢脇，膂力絶人。從穆瑚黎征伐，所至先登，累功授兵部都元帥。每攻城，不嗜殺人。憂國愛民之心，老而不忘。

史天澤。秉直季子。善騎射，勇力絶人。從其兄天倪帥真定。天倪爲武善所害，天澤擊敗之，善乃遁去。帝命爲真定等五路萬户，滅金伐宋，所向克捷。中統二年拜中書右丞相。既秉政，凡治國安民之術，次第舉行。定省規十條，以正庶物。至元十一年詔與巴顔總大軍南伐，遇疾還，至真定，卒。累贈太師，謚忠武，進封鎮陽王。天澤平居未嘗自矜其功，及臨大事，毅然以天下自任。年四十，始折節讀書，尤熟於資治通鑑，立論出人意表。出入將相五十餘年，上不疑而下無怨，人以比郭子儀、曹彬。「武善」，譯改見前。「巴顏」舊作「伯顏」，今改正。

石天麟。順州人[四三]。年十四入見帝，因留宿衛。憲宗六年遣天麟使海都，拘留久之，既而邊將劫皇子北安王以往，寓天麟所。天麟稍與其用事臣相親狎，因語以宗親恩義，及臣子逆順禍福之理，海都聞之悔悟，遂遣天麟與北安王同歸。凡拘留二十八年，至元中始得還。帝大悅，拜中書左丞，兼斷事官。時權臣用事，人莫敢言，天麟獨言其奸，人服其忠直。武宗時進平章政事。卒，謚忠宣。

杜瑛。信安人。時昇子。金末，避地河南緱氏山中，盡讀諸書，究其旨趣。間關轉徙，教授汾、晉間。至元中，帝南伐，召見問計，納其言。中統初詔徵瑛，不就。左丞張文謙宣撫河北，奏爲懷孟、彰德、大名等路提舉學校官，遺書執政力辭，杜門著書，不以窮通得喪動其志。年七十，遺命其子曰：「吾即死，當表吾墓曰緱山杜處士。」所著春秋地理原委、語孟旁通、皇極引用及律曆禮樂雜志諸書[四四]，多先儒所未發。

李德輝。潞縣人。天性孝弟，操履清慎，嗜讀書。世祖在潛邸，用劉秉忠薦，侍裕宗講讀。至元中爲右三部尚書，改西安王相。撫降川蜀，遷安西行省左丞[四五]。又招降羅施鬼國。及卒，蠻夷哭之如私親，立廟祀之。

郝彬。信安人。至元初，年十六，充太子宿衛，擢揚州路治中。歷官户部尚書，拜參知政事。同列務生事要功，殺無罪之人，彬積誠開引，横不可制，遂稱疾堅卧一榻至數月，尚書省臣皆得罪，彬不與焉。家居七年，足迹未嘗出門外。

王利用。潞縣人。弱冠與魏初同學，遂齊名。事世祖於潛邸，累官安西、興元兩路總管[四六]。成宗朝爲太子賓客，疏上時政十七事，帝嘉納之。以老病卒。廉希憲常語人曰：「方今文章政事兼備者，王國賓其人也。」武宗即位，追封潞國公，謚文貞。

王伯勝。文安人。兄伯順，至元中，給事内廷，爲帝所親幸，因以伯勝入見，帝顧謂伯順曰：「此子當勝卿，可名伯勝。」以功授朝列大夫、拱衛直都指揮使。扈從上都，久雨，夜聞有聲，率衛士出視，乃大水暴至，立具畚鍤，集土石、甓甓以塞門，分決濠隍以洩其勢，至旦始定，而民不知。帝甚嘉之，爲遼陽行省平章政事。有善政，召爲大都留守。追封薊國公，謚忠敏。

張九思。宛平人。至元中以工部尚書兼東宫都總管府事。十九年，帝巡幸上都，太子從，丞相阿哈瑪留守。妖僧夜聚數百人爲儀衛，稱太子，入建德門，傳令啓關甚遽。九思適宿直宫中，命主者不得擅啓關。賊知不可紿，遂至南門外，擊殺丞相阿哈瑪，變起倉卒，衆莫知所爲，九思叱宿衛併力擊賊，盡獲之。尋遷詹事丞，舉名儒宋道、劉因、佳古之奇、李謙，分任東宫官屬。累官至平章政事、光禄大夫。「阿哈瑪」舊作「阿合馬」，「佳古之奇」舊作「夾谷之奇」，今並改正。

梁曾。燕人。少好學，日記書數千言。中統中以王鶚薦(四七)，辟中書令使。至元中授吏部尚書。再使安南，責安南世子陳日熇親出迎詔，且講新朝尚右之禮。以書往復者三，宣布威德，諷其君入朝。日熇感服，命相國從曾詣闕請罪，并獻方物。皇慶時爲集賢侍講學士。國有大政，必命曾與諸老議之。

梁德珪。良鄉人。至元中爲中書左司郎中，六遷至參議尚書省事。執政奏事，帝詢其曲折，不能對，德珪從旁辯析，明白通暢，帝大悦，拜參知政事。在省日久，凡錢穀出納，銓選進退，諸藩賜予，命有驟至，不暇閲簡牘，同列莫知措辭，德珪數語即定。成宗初，廟堂以安静爲治，求進者不得逞其志，摭事中傷德珪，安置湖廣。帝召使復位，乞骸骨歸。

王倚。東萊人，徙宛平。爲人孝友樂易，重然諾，與人交，不苟合。讀書務躬行，不專事章句。世祖選良家子入侍東宫，倚年弱冠，太保劉秉忠器之，即以充選。服勤守恪，遂見信任。有詔皇太子裁決天下事，凡時政所急，民瘼所係，倚知無不言。累拜工部尚書、太子家丞。皇孫出鎮懷孟，屬倚護之。帝目之曰：「倚修潔人也，左右皇孫得人矣。」終禮部尚書，謚忠肅。

郭貫。保定人。以才行見推擇，爲樞密中書掾。大德間爲河東廉訪副使。仁宗至五臺山，問：「廉訪使默勒格特何以有善政？」左右對曰：「皆副使郭貫之教也。」後除禮部尚書，帝書其官階曰嘉議大夫，以授有司。至治中以集賢大學士致仕。貫博學，工篆籀，當世册寶碑額，多出其手。「默勒格特」舊作「滅里吉歹」，今改正。

劉德温。大興人。起家中書省宣使。遷内宰司丞，奉旨徵河南民逋糧，德温輒平其價，令出鈔以償，民甚使之。歷大都、永平二路總管，皆有治績。卒，謚清惠〔四八〕。

宋本。大都人。至治元年，進士第一，授翰林修撰，歷官集賢學士，國子祭酒。性高亢，持論堅正，制行純白，不可干以私，而篤朋友之義，以植立斯文自任。居官清慎，歷任通顯，猶僦屋以居。及卒，執紼者近二千人，未嘗有一雜賓，時人榮之。謚正獻。所著至治集四十卷行世。弟褧〔四九〕，累官翰林直學士，謚文清。褧嘗爲監察御史，多所建明。其文章與本齊名，人稱二宋云。

趙師魯。文安人。延祐中，補中書省掾，於朝廷典章故實、律令文法，無不練習。臨事明敏果斷，及典銓選，平允無私，人無不服。泰定中拜監察御史。勸帝修舉郊廟大禮。元夕命有司張燈山爲樂，師魯力諫止之。累官河間路運鹽使。卒，謚文清。

曾德。漁陽人，宗聖裔。母早亡，父仲祥，再娶左氏。仲祥遊襄陽，攜左氏家焉。亂兵陷襄陽，遂失左氏。德徧求之，五年乃得，奉迎以歸，孝養甚至。

宗杞。大都人。年十九，父內宰卒，擗踊號泣，絶而復甦，水漿不入口者三日。以哀毀成病，伏卧牀榻，猶哭不止，淚盡繼之以血。既葬，疾轉甚。杞有繼母，無他兄弟，囑其妻楊氏曰：「汝善守志，以事吾母。」遂卒。楊氏遺腹生一男，人以爲孝感，天不絶其嗣云。

劉居敬。大都人。年十歲，繼母郝氏病，居敬憂之，懇天以求代，狀聞褒表。

明

李慶。順義人。洪武中以國子生署右僉都御史，歷紹興知府。永樂初召爲刑部侍郎。性剛果，有幹局，馭下甚嚴。帝以爲才，數命治他事，不得時至部。然屬吏交通饋餉，慶輒知之，繩以法。改右副都御史〔五〇〕。彈劾勛貴，中外凜其風采。洪熙初拜兵部尚書，加太子太保〔五一〕。辦山陵事，中官有求，執不與，至相詆訐，不爲動，號爲「生李」。宣德二年，安遠侯柳升討黎利，慶參贊軍事。時慶有病，會升敗歿，遂死。

顧仲禮。保定人。幼孤，事母孝。洪武中，蝗起，仲禮行田間，泣曰：「食我苗，吾何以養母？」俄疾風吹，蝗去。母歿，仲禮年已六十，廬墓三年。

黄綬。平谷人。洪武末以奇童召見，送國學肄業。宣德中，成進士，擢山東道御史。英宗北征，綬上言：「奈何以祖宗付托之身，親犯危機？」不聽，扈從至土木，死之。

儲福。燕山衛戍卒。本無錫人，以好義稱。燕兵起，挈母妻逃去。永樂初，簿録亡卒入伍，福在録中。調曲靖衛〔五二〕，仰天哭曰：「吾雖一介賤卒，義不爲從賊之臣。」日夜號泣，竟不食死。

張法保。大興人。永樂中爲金吾衛總旗。祖母病，刲肝煮汁進之，獲痊；後復病，刲臂肉療之，亦愈。擢尚寶司丞。

李敷。涿州人。永樂中由衛經歷，歷官四川右布政使，臨事剛決，號令必行，蜀人呼爲「鐵面李」。正統中召爲吏部侍郎。

施聚。其先沙漠人，居順天通州。父忠爲金吾右衛指揮使。從成祖北征，陣歿，聚嗣職。從北征，至得勝口，擒穆克特穆爾，以功累官右都督，充右副總兵，守義州。額森逼京師，詔入衛，聞命慟哭，即日引兵西。部下進牛酒，聚却之，曰：「天子安在？吾何心享此。」賊退，還鎮。英宗復辟，封懷柔伯。卒，贈侯，謚威靖。「穆克特穆爾」舊作「可可帖木兒」，「額森」舊作「也先」，今並改正。

薛綬。蒙古人，家昌平。父斌，從成祖起兵，封永順伯。斌弟貴，永樂中從征有功，封安順伯〔五三〕，卒，謚忠勇。綬五歲嗣父爵，驍勇善戰。正統中與成國公朱勇等遇寇於鷂兒嶺。軍敗矢盡，猶持空弮擊賊。賊支解之。謚曰武毅。

李儀。涿州人。永樂中以薦舉授户部主事，出知九江府，有惠愛。正統初以右僉都御史巡撫大同，盛有建置，號令一新。後被誣下吏瘐死。儀居官廉謹，邊人素德之，爲建昭德祠以祀。

劉中敷。大興人。永樂中授陳留縣丞。擢工部員外郎，累官至山東左布政使。質直廉静，吏民畏懷。正統初召拜户部尚書。王振嗾言官劾之，得罪。景泰初起户部侍郎兼太子賓客。性淡泊，仕宦五十年，家無餘貲。

王復。固安人。正統進士。累官通政參議。額森犯京師，邀大臣出迎上皇。衆憚行，復慷慨請往。敵露刃夾之，復不爲懾。成化初爲兵部尚書，巡視陝西邊務。凡所建制，多合機宜。還朝，改工部。謹守法制，聲名逾著。卒，贈太子太保，謚莊簡。

李侃。東安人。正統進士。授户科給事中。景泰中，上皇將還，侃言禮宜從厚。忤旨，被詰。户部尚書金濂違詔徵租，侃論濂，下之吏。石亨從子彪侵民業，侃請置重典。廷議易儲，諸大臣唯唯，侃泣言東宫無失德，時議壯之。以右僉都御史巡撫山西，力振風紀，貪墨屏迹。母喪歸，遂不出。侃事親孝，好學安貧，殁幾不能殮。二子：德恢、德仁，皆進士。

岳正。漷縣人。正統進士。授編修。天順初以修撰入直内閣。正素豪邁敢言，既受拔擢，益感激思自效。時石亨、曹吉祥怙寵擅權，正以計間之。又勸吉祥辭兵柄，諷亨斂戢。會承天門災，敕諭廷臣，命正視草。歷數弊政無所避，二人遂搆蜚語，謂正賣直訕上。帝怒，謫欽州同知。時入閣才二十八日耳。尋繫獄，予杖，戍肅州。亨等誅，得釋爲民。憲宗即位，以原官直經筵。又忤李賢，出知興化府，遂致仕。正博學能文，剛鯁負才氣，望重一時，惜未竟其用。嘉靖中贈太常卿，謚文肅。

侯顯。昌平人。爲諸生。母喪廬墓，虎狼遠避。正統中旌。

劉器之。良鄉人。五世同居。英宗臨其家，詔旌之。

邢表。文安人。天順進士。知獲嘉縣。治行最，擢彰德知府。坐與宗藩争事，調衛輝，並有政績。歷四川左布政使。歲災，大發廪賑貸，全活數萬人。茶課逋者三百餘萬斤，表言宿逋難追，請斤徵銀一分，充松潘餉，從之。弘治二年，就拜右副都御史，巡撫其地。卒，家無餘貲。

曾鑑。其先桂陽人。以戍籍居京師。天順進士。授刑部主事。通州民十餘人被誣爲盜，鑑辨其冤。弘治時累遷工部尚書。時内府供奉漸廣，多所營造，鑑因事諫諍，遂得罷省。正德初，與韓文等伏闕請誅宦官不勝，諸大臣留者率巽順避禍，鑑獨守故操，多所論執。卒，贈太子太保。

龔然勝。宛平人。初爲沙門，後歸養母。母殁，廬墓三年，羣烏來集。天順年間旌。

歐信。薊州人。成化進士。弘治時以户部督餉大同，增置倉舍，粟賤糴之。不數歲，贏五十萬石。劉大夏巡視，嘆曰：「典邊儲者盡如歐郎中，吾無此行矣。」正德初累擢右副都御史，巡撫大同，訓兵練武，綜覈屯政，諸廢漸舉。

段正。京衛人。七歲能詩。成化進士。由知縣授御史，歷官江西左參政。精吏事，敏聽斷，嚴於律身，自奉簡淡。未仕時僦屋以居，入仕三十載，猶不能成室。

燕忠。薊州衛人。成化進士。弘治中歷御史，因災異上言：「冗官日衆，土木日興，莊田賜撥日廣，奔競無恥之徒，充列庶位。」帝不能從。出按陝西，風采甚著，除陝西副使。會都御史楊一清修舉馬政，以忠爲苑馬卿。正德初就遷陝西按察使，發奸擿伏，吏民皆讋。擢副都御史，巡撫宣府，召爲大理卿。卒，所司奏忠剛正得大臣體，贈刑部尚書。

周尚文。東安人。父目瞽，以舌舐之，復明。後爲昌樂訓導。母喪歸葬，廬於墓，盜不敢犯。成化中旌。

柳芳。武清人。母殁，自營冢壙，廬其旁，有白鳩來巢，所藝麥一莖兩穗。服除，復留三載。成化中旌。

萬盛。大興人。舉於鄉。父母殁，並廬墓三年，有靈芝、馴鹿之異。成化中旌。

方榮。大興人。神機營都指揮僉事。母喪廬墓，每旦詣營閱操畢，即負土培冢，有羣烏翔集其樹。成化中旌。

秦貴。霸州人。自貴以上，同居七世。成化中旌。又韓鵬，定邊衛人；李琚，密雲人。俱六世同居，弘治中旌。

王獻臣。其先吳人，隸籍錦衣衛。弘治六年進士。擢御史。請罷不急科徭，嚴杜請乞，治奸人以小民恒産投獻勳戚者罪，並懲漕事要索。尋按遼東，劾中官劉恭貪縱，爲東廠緝事者所訐，下獄予杖，謫上杭知縣。復以事被逮，謫廣東驛丞。武宗立，移永嘉知縣。

邢昭。三河人。弘治進士。由知縣擢御史。按浙鹽，因忤劉瑾，廷杖不死，人稱「鐵鑄邢昭」。謫高平知縣，瑾誅，復官御史。

張禬。平谷人。弘治進士。正德初任兵科左給事中。時劉瑾擅政，欲置劉大夏於死。禬抗疏申救，得謫戍。太監段聰藉瑾力乞官其姪，禬又力争，改御史。查盤山東墨吏，望風解綬。遷大理少卿。知縣劉儒受贓，爲僉事吕和所按，儒賂中官，欲反罪和，禬執不可，卒正儒罪。巡撫山西，鎮守太監吴經貪横虐民，禬置其黨於法，勢始戢。武宗西巡，禬極諫。帝怒，執禬左右考訊，竟無所得，乃止。

錢福。大興人。父喪廬墓，有烏鵲、白鳩之瑞。弘治中旌。

張欽。通州人。正德進士。爲御史，巡視居庸諸關。武宗將出關幸宣府，欽上疏力諫，不報。帝遂微行至昌平，傳報出關甚急。欽命指揮孫璽閉關，自負敕印，手劍坐關門下，曰：「敢言開關者斬。」夜中復草疏諫，使者再至，拔劍叱之。帝不得已，乃自昌平還。後二十餘日，欽巡白羊口。帝竟微服疾馳出關，欽追之不及，西望痛哭。嘉靖中歷官工部侍郎。

許復禮。東安人。正德進士。選庶吉士，授給事中。時方治河採木，復禮以四方屢告災祲，極言不可。武宗數出遊幸，屢偕同官疏諫，皆不省。嘉靖初，錢寧、江彬、宸濠黨詿誤繫獄者甚衆，復禮以爲言，多所省釋。逆黨第宅、莊田，率踰制奪之民，請盡撤毁，以其地還民。中官黄錦愬、高唐州判金坡，連逮者五百人，以復禮言，得勿窮治。終河南參政。

劉濟。騰驤衛人。正德進士。由庶吉士授給事中。帝幸宣府、榆林，濟皆疏請迴鑾。詔封許泰、江彬伯爵，又與同官力争。嘉靖初，每因事争執，多與權貴相枝柱，直聲大振。「大禮」議起，廷臣争者多得罪。濟前後疏救，皆不聽。既遮朝臣哭伏左順門受杖，以倡衆爲首，再杖之，謫戍遼東。更赦不宥。隆慶初復官，贈太常少卿。

楊秦。良鄉人。正德進士。除行人，與司副徐廷瓚等諫武宗南巡，廷杖，謫國子監學正。嘉靖初詔復爲行人，擢御史。議「大禮」不合，出爲四川按察僉事。平寇有功，賜金綺。分賑川北、川西。以勞瘁卒官，蜀人惜之。

王原。文安人。襁褓中，父珣以家貧役重逃去，不知所之。原稍長，問父所在，母告以故，原大悲痛。及娶妻月餘，告母將尋父，母曰：「汝父辭家二十餘年〔五四〕，不通音問，汝將安之？」原號哭與母别，遍歷山東，數年轉至輝縣，夜宿野寺門外，旦遇寺中執爨者，與敘鄉里姓名，則其父也，相持大哭，遂迎以歸。後原之子孫多仕宦者。

楊行中。通州人。嘉靖進士。由知縣擢御史，出按遼東。輯寧兵變。歷南京吏部尚書。嚴嵩惡其不附己，以考察罷歸。敝廬蕭然，耄不廢學。

王儀。文安人。嘉靖進士。由知縣擢御史，巡按陝西、河南，以法繩藩封之害民者。出知蘇州府，均徭役，釐奸弊，累擢僉都御史。巡撫甘肅，會諳達犯京師，詔儀馳鎮通州。仇鸞部卒掠民間，捕而笞之，荷校市門外。鸞訴于帝，逮訊，斥爲民。儀警敏有大略，遇事飈發無所避，以廉明峭直見嫉，然亦以見重於時。隆慶初復官賜卹。

高敏學。寶坻人。嘉靖進士。任給事中。劾嚴嵩黨趙文華，廷杖卒。文華敗，追贈光禄少卿。

王遴。霸州人。嘉靖進士。歷兵部員外郎。峭直矜節槩，不妄交，惟與同官楊繼盛善。繼盛劾嚴嵩論死，遴力争之，不得，爲資饘粥，且以女字其子應箕。嵩父子大怒，摭他事下之詔獄。事白復官。及繼盛死，收葬之。再遷岢嵐兵備副使。有盛名，擢僉都御史，巡撫延綏。大興屯田，邊儲賴之。神宗立，與張居正不相能，移疾歸。居正殁，起南京兵部尚書。奏行計安留都十二事，軍政大肅。召拜户部尚書。數有執奏，力贊開京東水田議。又請僧道年四十以下及無度牒者，悉令歸農。及改兵部，屏絶請托，忤執政，乞休去。遴雖退，聲望愈重。卒，贈太子太保。天啓中追謚恭肅。

劉體乾。東安人。嘉靖進士。授行人，改給事中。司禮太監鮑忠卒〔五五〕，其黨李慶爲其姪鮑恩等八人乞遷級。帝已許之，體乾抗疏力争，乃止録三人。時國用絀，廷議請追宿逋，增賦額。體乾獨言冗吏、冗費之弊，因汰各監局人匠。隆慶初累遷南京户部尚書。時内供日侈，數下部取太倉銀，又趨市珍珠黄緑玉諸物。體乾慎惜浮費，每疏争之，積忤帝意，奪官。神宗立，起南京兵部尚書。致仕。體乾清勁有執，議論務存大體，有古大臣風。卒，贈太子少保。

王鈇。順天人。嘉靖進士。知常熟縣。倭至，率士卒擊敗之。後再擊倭，陷淖中爲所害。贈太僕少卿，廕錦衣百户，建廟以祀。

傅好禮。固安人。萬曆進士。爲御史。請節游宴，停内操，罷外戚世封，止山陵行幸。又上崇實、杜漸諸疏，語皆剴直。巡按浙江。歲大祲，發粟賑饑，多惠政。累遷太常少卿。時税使四出，海内騷然。奸民張禮等横行近京，好禮上疏極論其害。奏入，四日不報，復具疏請。神宗震怒，謫廣昌典史。既而帝思好禮言，下其疏，逮張禮等二十八人下獄，害乃除。天啓中贈太常卿。

李三才。通州人。萬曆進士。授户部主事，歷郎中、御史。魏允貞言事忤執政，三才抗疏直之，謫東昌推官。累遷僉都御史總督漕運，巡撫鳳陽諸府。連疏陳礦税之害，詞極剴切。力抑税使陳增，翦其爪牙程守訓，遠近大快。時朝士方分朋黨，而三才屬東林所推，遂爲黨人攻去。天啓中起南京户部尚書，未赴，卒。

何選。宛平人。萬曆進士。官御史。時廷臣争國本多獲譴，選語鄭貴妃弟國泰，令以朝野公論，鄭氏禍福，懇言於妃，俾自請。國泰猶豫，選危語動之。國泰因疏請早定儲以釋危疑。帝意不懌。已，知出選指，謫湖廣布政司照磨，尋斥爲民。天啓中，贈光禄少卿。

馬經綸。通州人。萬曆進士。由知縣擢御史。帝以兵部考選事，盡譴南北諸言官，大臣疏争不聽。經綸抗疏極論言官箝口之罪：「不在考選一事，而在不諫上之不敬天、不尊祖、不勤政、不任賢去邪、不修德賤貨。」疏入，斥爲民，杜門却掃凡十年。卒，門人私謚聞道先生。天啓初，贈太僕卿。

米萬鍾。宛平人。萬曆進士。歷官江南按察使。天啓五年，魏忠賢、倪文焕劾爲黨人，削籍歸。崇禎初起太僕少卿，卒。

萬鍾善書，與董其昌齊名，時稱南董北米。

孫祖壽。昌平人。萬曆中武舉。歷官薊鎮總兵。崇禎時，都城被兵，祖壽已罷官家居，乃散家財，招部曲數百人赴援，歿於陣。初爲把總時，遘危疾，妻張氏割臂以療，絶飲食者七日，祖壽生而張氏旋死，遂終身不近婦人。及爲大帥，部將以五百金遺其子，子却不受，他日來省，祖壽賜之酒曰：「却金一事，善體吾心，否則將盡法於汝。」其秉義執節如此。本朝乾隆四十一年，賜謚忠愍。

朱之馮。大興人。天啓進士。授户部主事，榷税河西務。羡金一無所私。崇禎時歷青州參議。擒治土豪，權貴爲請，不聽。遷河東副使。大猾朱全宇潛通流寇，之馮執而殺之，部内以寧。擢僉都御史，巡撫宣府。李自成陷大同，之馮集將吏於城樓，歃血誓死守。時人心已散，莫爲盡力。中官杜勛請以城降，之馮大罵。賊至，衆争迎降。之馮南向叩頭，草遺表，勸帝收人心，培氣節，遂自縊死。本朝乾隆四十一年賜謚烈愍。

史可法。大興人。母尹氏，夢文天祥入其舍而生。少以孝聞，舉崇禎元年進士。授西安推官，遷户部郎中，督太倉及遼餉，所至砥節奉公。遷右參議，分守池州、太平，又改副使。分巡安慶，禦賊有功，擢僉都御史。巡撫安慶、廬州、太平、池州，時流寇充斥，可法持身廉，接士信，雜處行伍間，與下同勞苦，故能得死力，連敗賊於英山、六合。以丁艱去。十四年起兵部侍郎，總督漕運，旋拜南京兵部尚書，參贊機務。聞北都陷，大慟，頭觸柱流血，誓死報國。福王時拜東閣大學士，爲馬士英所擠，自請督師淮揚。大兵定揚州，死之。本朝乾隆四十一年賜謚忠正。

金鉉。大興人。崇禎初成進士。官工部主事。中官張彝憲總部務，檄諸曹郎以屬禮見，鉉疏争之。彝憲愠甚，乃摭事劾鉉奪職。杜門謝客，究心理學，躬爨以養父母。十七年起兵部主事，巡視皇城。都城陷，鉉痛哭，趨入朝，解牙牌北向拜，投金水河死。母章氏、妻王氏、弟錝並同日死。本朝乾隆四十一年賜謚忠潔。

鞏永固。宛平人。尚樂安公主。好文雅，被服如儒生。崇禎末上疏請肄業太學，帝褒答之。又請復建文帝廟謚，事雖未行，時人韙之。都城陷，自書八字佩於胷前曰：「世受國恩，身不可辱。」遂自刎死。本朝乾隆四十一年賜謚節愍。

劉文炳。宛平人。劉太后姪也。嗣封新樂侯。謹厚不妄交，獨與宛平太學生申湛然、布衣黄尼麓、駙馬鞏永固善。流賊犯京師，文炳知事不支，與永固誓以死報國。外城陷，馳至崇文門，殺賊數十人。及歸第，母妻闔門自焚，火烈不得入，至後園，與叔繼祖俱投井死。弟文耀守外城，突出至渾河，聞城破，復還，覓炳死所，大書版井旁曰「左都督劉文耀同兄文炳畢命報國處」，亦投井死。本朝乾隆四十一年並賜謚節愍。

成德。懷柔人。少倜儻有大志。爲諸生，聞魏忠賢肆虐，常懷忿恨。及讀楊漣二十四大罪疏，焚香下拜曰：「大丈夫當如此。」崇禎四年成進士，授山東滋陽知縣。以抗直忤上官，被誣逮問，道中具疏，極論温體仁罪，廷杖戍邊。用薦擢兵部主事。都城陷，聞帝殉社稷，持雞酒奠梓宫前，賊露刃脅之，不顧。及歸，妻霍氏及妹請先死，德拜母自縊，母亦縊死。本朝乾隆四十一年賜謚忠愍。

王孕懋。霸州人。崇禎進士。由太原知府，遷寧武兵備副使。李自成既陷太原，遣使説降，孕懋斬之，與總兵官周遇吉固守，城陷自刎死。妻楊氏投井殉之。本朝乾隆四十一年賜謚烈愍。

高文彩。宛平人。官錦衣千户。流寇陷都城，文彩與妻及子孫十七人俱縊死。本朝乾隆四十一年賜謚烈愍。

李時茪。霸州人。崇禎進士。官吏部郎中，分守常鎮右參議，罷歸。十五年殉難，贈太僕卿。本朝乾隆四十一年賜謚節愍。

王世琇。保定人〔五六〕。崇禎進士。授歸德推官，遷工部主事。李自成陷陳州，乘勢犯歸德。世琇將行，僚屬邀共守，慨然曰：「久官其地，臨難而去之，非誼也。」遂與同知顔則孔等誓衆堅守。賊攻圍七日，城陷遇害。本朝乾隆四十一年賜謚節愍。

甯承烈。大興人。由教諭歷户部員外郎，管太倉銀庫。城陷，自經於官廨。本朝乾隆四十一年賜謚節愍。

米壽圖。宛平人。崇禎舉人，知新鄉縣。有破賊功，擢南京御史。極論監軍張若騏罪，並及謝陞爲内援，若騏論死，陞亦除名。時楊嗣昌倡練兵之議，擾民特甚。壽圖疏陳十害，罷之。又劾偏沅巡撫陳睿謨、廣西巡撫林贄貪劣罪〔五七〕。帝皆納其言。福王時馬士英薦用阮大鋮，抗疏論劾。後至湖南，唐王命爲貴州巡撫。孫可望破沅州，壽圖死之。本朝乾隆四十一年賜謚節愍。

于騰雲。大興人。崇禎中爲光禄署丞。值賊至，夫婦俱投繯死。本朝乾隆四十一年予入忠義祠。

宋一鶴。宛平人。爲諸生，即究心兵事。崇禎初舉人，爲丘縣知縣，以薦授兵部員外郎，擢汝南兵備僉事。勦劇賊，撫定李萬慶數萬衆，進副使，調鄖陽。代方孔炤爲湖廣巡撫，破羅汝才於豐邑坪，爲荆楚第一功，移駐蘄州。斷横江以遏賊渡。承天城陷，自縊死。本朝乾隆四十一年賜謚烈愍。

范箴聽。大興人。以布衣從高攀龍講學，魏國公徐允禎延爲館賓，數有規諫。賊至，置一棺卧其上，絶食七日死。本朝乾隆四十一年予入忠義祠。

韓東明。保定人。嘗爲邠州知州。崇禎末家居，流寇至，與故平涼通判張維綱，舉人張爾翬、孫從範共佐有司守城，城陷俱死之。本朝乾隆四十一年賜謚節愍。

李夢禧。順天人。慷慨負志節。崇禎末，都城陷，與妻杜氏、二子、二女、一婢俱縊死。又布衣楊鉉，善畫，攜二子赴井死。又儒士張士禧與二子懋賞、懋官俱縊死。本朝乾隆四十一年並予入忠義祠。

本朝

袁生芝。良鄉人。順治初官陝西商雒道。三年，山寇賀珍遣其黨劉體純率衆數萬攻商州，生芝誓死守，城破自經。其父亦戰死，闔門盡節者凡三十二人。詔贈光禄寺卿。

袁捷。大興人。官湖廣都司。順治四年，襄陽總兵王光恩有罪被逮，其弟光泰舉兵叛，令逆黨王昌説捷降，捷大罵不屈，昌怒，縛殺之。事聞，贈參將。

童士勤。宛平舉人。知竹山縣。順治三年，襄陽總兵王光恩結流寇叛，士勤以事至襄，被執，不屈死。事聞，贈按察司僉事。

薛溥。大城人。恩貢生，知保康縣。順治四年死王光泰之亂。事聞，贈按察司僉事。

杜立德。寶坻人。以薦授中書舍人，考選户科給事中，累遷刑部尚書。每讞重辟，周詳審慎。世祖章皇帝稱之曰：「不取一錢，不妄殺一人。」康熙初爲保和殿大學士。聖祖仁皇帝嘗言：「閣臣如杜立德，不愧古大臣。」歷相十餘年，眷遇優渥，以疾乞休。卒，謚文端。

王崇簡。宛平人。順治初選庶吉士，歷侍讀學士。奉詔議卹明季殉難諸臣，疏列大學士范景文等二十八人，皆得旌典。累遷國史院學士。時子熙亦官學士。世祖章皇帝以崇簡父子同官，肩隨朝列，擢禮部侍郎，尋進尚書，加太子太保。曾請增祀殷中宗高宗、周成康、漢文帝、宋仁宗、明孝宗於帝王廟，而黜宋臣潘美、張浚從祀，時論韙之。卒謚文貞。所著有青箱堂詩文集及雜著數十卷。

郝維訥。霸州人。父傑，從其父鴻猷之官延長。時左右皆賊壘，傑戎服衛父行，叩賊壘，請假道，賊壯而許之。由進士歷大理卿。以重囚久淹，請復熱審秋決舊例。歷户部侍郎，乞歸。卒。維訥，順治初進士，累官吏部尚書。性謹慎，持清操，歷官三十餘年，家無餘貲。卒，謚恭定。從弟維訓，亦順治進士。巡鹽河東，有惠政。

劉楗。大城人。順治丙戌進士，授給事中，罷歸家居十餘載，臺省交章薦復原官，出爲平陽分巡道。屬吏有貪殘者聞楗至，率解綬去。累遷湖廣布政使。會三省兵合勦山寇，芻糧數十萬取辦旦夕，楗輸送無缺。再調江西。值吴耿變作，賊犯吉安、南昌，兵民譟巡撫門，勢且叵測，楗單騎諭解之。仕至刑部尚書。謚端敏。

紀汝彝。文安人。貢生，歷官江寧同知。性至孝，母病篤，適汝彝亦病，猶手掬溲惡嘗之。七十喪父，哀泣如嬰兒，撫從叔遺孤終其身。同時以孝稱者保定岳毓粹、涿州陳鉉、趙植，而大興李中倫以救父與賊格鬬死。

楊三知。良鄉人。順治丙戌進士，知榆次縣，累遷神木道。提督王輔臣反，三知亟爲守禦計，而守將孫崇雅開門納賊，執三知令降，不從。衆拔刃脅取敕印，不與。紿賊出，急呼妻孥投井中，三知别赴一井，賊負出之，右臂折而不死，罵不絶口，閉之一室，排墻壓死。事聞，贈光禄卿，廕一子。

袁懋功。香河人。順治丙戌進士，授禮科給事中。疏革江浙織造局機户，民免胥吏誅求之苦。累擢户部侍郎，授雲南巡撫。時雲南新闢，詔令降兵歸農，其久横鄉里者，懼讐不敢歸。懋功以不安置，且復爲盜，乃使隨所在入籍，任墾無主之田。編保甲，以時稽察。雲南在明初駐軍屯田，計畝抵餉，其後兵不耕而鬻諸民，輸糧衛所，畝四斗有奇，至是改隸州縣，仍名屯田，按舊額徵之，視民田賦特重。懋功奏請量減糧額，其山阻路遠者，仍設衛徵糧，增州縣夫役，供輸運，民皆稱便。復任山東巡撫。卒，謚清獻。

林起龍。大興人。順治丙戌進士，授吏科給事中。首疏嚴禁邪教，務絶根株。又請以十五事課守令，遣廉能大臣巡行直省，皆報可。累擢户部侍郎。康熙初出爲漕運總督，時江南穀賤，白糧折徵，舊額浮於市價，疏請改徵本色，百姓便之。

方國棟。宛平人。順治丙戌舉人。除蠡縣教諭，累擢廣東按察司僉事，分巡海北道〔五八〕。值巨寇鄧耀踞海島，時出没剽掠。國棟集兵進勦，耀遂受擒。遷蘇松常道，躬率吏民修築湖隄及沿海墩臺、吴淞劉河兩閘，區畫經費，事集而民不擾。以勞遘疾，卒於任，民謳思不置，立祠虎丘山麓祀之。

王熙。尚書崇簡子。順治丁亥進士，改庶吉士，授檢討，屢遷翰林院學士，加禮部尚書。世祖章皇帝大漸，召草遺詔與受顧命。康熙五年擢左都御史。請裁藩下糜餉，禁王公以下貿易之害，停官員捐助之例。吴三桂反，其子以尚主不即誅，熙請即正法。拜保和殿大學士。歷二十年，夙夜祗勤，眷遇始終不替。加少傅，致仕。卒，謚文靖。

趙之符。武清人。父完璧，由薦舉任榆次知縣，有惠政。之符登順治己亥進士，選庶吉士，授給事中。在諫垣十有三年，前後建白不下數萬言，聖祖仁皇帝每嘉納焉，遷左僉都御史。卒，入祀賢良祠。

蔣弘道。大興人。順治己亥進士，累官左都御史，以廉飭稱。

蔚之焕。大興人。爲湖北安陸府經歷。康熙二年，四川流賊郝摇旗等嘯聚鄖陽山中，都統圖海會楚蜀之師討之。時之焕督餉鄖陽，賊突犯大營，官軍失利。之焕從人備騎促之去，不從。賊使降，之焕駡不絶口，賊怒支解之。事聞，賜祭葬，贈知縣。

張烈。大興人。性至孝，事繼母委曲承順，人無間言。生平潛心理學。康熙九年成進士，授内閣中書。試博學鴻詞科，遷編修，擢贊善。修明史典訓及四書講義諸書。恪勤厥職，編輯精當。年六十四卒。入祀鄉賢祠。

張國彦。大興人。由武進士任陝西波羅營副將〔五九〕。康熙十三年，陝西提督王輔臣叛應吴三桂，國彦嬰城固守。明年賊黨數千至魚河，本營兵變，逼國彦獻印，不屈。妻許氏自縊，國彦手刃婢妾五人，發火自刎死。事聞，贈太子太保、左都督，妻許氏，一品夫人，廕騎都尉。

王文雄。大興人。康熙二十二年由行伍從征臺灣，以功加左都督。後隨裕親王征厄魯特，賊結爲連，火攻不入，文雄躍馬入陣，斬首數十人。擢授張家口遊擊。隨大將軍費揚古征噶爾丹，每征矢無虚發，軍中號爲「飛將」。累遷至廣東提督。入覲時，策妄阿喇布坦侵哈密，文雄請自效。聖祖仁皇帝命其子侍衛廷梅隨行。會大兵進藏，凡三遇賊，父子皆力戰敗之。雍正元年卒，入祀名宦祠。

王源。大興人。隨父寓高郵，從魏禧治古文，好春秋左傳。年四十餘始遊京師，遂以古文名，館閣纂修文史，必就質焉。生平未嘗爲時文，獨好桐城方舟文，倣之。舉京兆。著或菴文集及評訂孟子並春秋三傳，行於世。

陳儀。文安人。康熙乙未進士，改庶吉士，授編修，爲大學士朱軾所知。雍正三年，畿輔大水，諸河泛溢。世宗憲皇帝命怡賢親王偕朱軾相度濬治。王欲得善治河者，軾以儀對。王訪以治河所宜先，儀曰：「治河當從低處起。天津上應析木，古渤海逆河之會，百川之尾閭也。今南、北二運並漲，東、西兩淀争奔，駢趨於三岔一口，而强潮復來拒之，牴牾洄漩而不時下，下隘則上溢，其勢宜然。故欲治河，莫如先擴達海之口，欲擴海口，莫如先減入口之水。入口之水減，則達海之口寬。而北之永定，南之子牙，中之七十二清河，乃得沛然入三岔口而東往矣。」因隨王行視水利。以侍講攝天津同知，尋擢庶子，領天津水師營田局，兼屬以文安、大城隄工。二邑形如釜底，積潦不消，夾隄内外皆巨浸。儀購菰蔣十餘萬束，立表下楗，以禦險要。並請發帑興修，即以代賑，隄遂完固。後擢侍講學士。時設營田觀察使，儀以僉都御史銜領豐潤諸路營田。及罷觀察使，還領史職如故。所著有毛詩臆評、鄉黨私記、學庸私記、直隸河渠志、蘭雪齋集行世。

鄧曰橒。大城人。拔貢生。早喪母，事父極謹。父患腹疾，日夜不解帶者三年，父便污下衣，妻李氏手澣，不假於人。父嘗顧而言曰：「願汝子婦，亦如是孝汝也。」父卒，喪葬盡禮。

王札。平谷人。由拔貢生，任甘肅静寧知州〔六〇〕。康熙十三年，總兵王輔臣叛，札單騎往，諭以禍福，賊黨脅之，不屈，旋遇害。事聞，贈按察司副使。

沈敳慜。大興人。居母憂，家不戒於火，延及柩前，敳慜撲救，奮不顧身，母柩獲全，敳慜竟焚死。

黄叔琳。大興人。康熙辛未進士。授編修。累擢浙江巡撫。罷歸。高宗純皇帝御極，起用爲山東按察使，旋還布政，内擢詹事，致仕。及年近大耋，重豫鹿鳴、恩榮宴，與六十年後進爲同年之會，咸稱盛事。又恭遇皇太后六十萬壽，高宗純皇帝特加侍郎銜。所著有硯北易鈔、詩統説、春秋四傳合纂等書行世。弟叔璥，康熙己丑進士，累官御史，江南常鎮揚道。著近思録集註〔六一〕、慎終約編諸書。

劉順。宛平人。雍正五年武進士，由侍衛洊升金塔協副將。十三年從征金川，攻囊得，擊斬賊衆，燬其碉。時各碉以次克，惟普贍雙單二碉固甚，順潛率所部逼單碉，以火攻，賊潰，並奪雙碉，遂克色底。擢貴州總兵，旋調甘肅，署西安提督。辦理戈壁水泉，實心經理。擢甘肅提督。卒，贈太子少保，謚壯靖。

王淦。大興人。任湖南寨頭司巡檢〔六二〕。乾隆五年，城步縣横嶺寨苗糾粤猺滋事，淦奉檄往諭，苗猺數千圍之，被戕身亡。事聞，贈縣主簿。

黄炎。宛平人。署四川夔州守備。乾隆十年，打箭鑪上下瞻對土司作亂，炎與遊擊陳文華隨總兵袁士弼進勦，擊賊於木魯工山，力竭死之。事聞，贈守備，廕衛千總。

羅載堂。宛平人。任四川合州吏目。乾隆三十六年隨征金川木果木，師潰死之。其沿途被害者，同縣候補知縣孫維龍。事聞，議卹如例。

查禮。宛平人。由捐納主事揀發雲南以同知用。尋改發廣西，補慶遠府同知，洊升至湖南巡撫。才具明敏，辦事詳慎。在四川松茂道時，值小金川滋擾，以辦理糧餉遲延，革職，留營效力。乾隆三十八年，官兵攻克美諾，總督劉秉恬檄委接辦降番事宜，尋復原官。嗣督修揪砥新道，又赴郭羅克查拏賊番〔六三〕。敘功，賞戴花翎。

朱珪。大興人。乾隆戊辰進士。由編修累擢侍讀學士，歷任福建糧驛道、山西按察使、安徽廣東巡撫、兩廣總督，内歷吏户兩部尚書，入直南書房，拜體仁閣大學士。嘉慶十一年卒，贈太傅，謚文正，入祀賢良祠。珪，持躬正直，砥節清廉，經術淹通，器宇醇厚。初，仁宗睿皇帝在藩邸，珪以史職侍學，進五箴：曰養心、敬身、勤業、虚己、致誠。内外服官五十餘年，未嘗稍蹈愆尤，身躋崇班，依然寒素。家庭敦睦，動循矩法，洵不愧爲端人正士。仁宗睿皇帝展謁西陵，回鑾時，道經珪墓，兩次蒙恩賜奠，其眷遇優隆，始終不渝如此。所著有知足齋詩文集行世。

翁方綱。大興人。乾隆壬申進士。由編修累擢内閣學士，降補侍讀學士，遷鴻臚寺卿，致仕。嘉慶十二年重豫鹿鳴宴，賜三品銜。十九年，重豫恩榮宴，賜二品銜。方綱少貧，力學，工書善詩，好金石文字，所著有兩漢金石記、粤東金石記、石鼓考、廟堂碑考、焦山鼎銘考、蘭亭考、蘇詩補注、復初齋詩集行世。

朱筠。大興人。大學士珪兄。乾隆甲戌進士。由編修累擢侍讀學士。詔求遺書，筠以前明永樂大典一書，奏請擇其中若干部，分别繕寫，以備著録。後奉命纂輯四庫全書，得之大典中者五百餘部，皆世所不傳，次第刊布海内，實筠發之。筠少與弟珪同讀書，博聞宏覽，以經學六書倡，刊許氏説文解字，敘説之以教士。所著有笥河集行世。

史謙。宛平人。乾隆五十一年任福建鳳山縣典史。值臺匪林爽文滋事，攻鳳山，遇害。事聞，賜卹。

高黑子。大興人。乾隆五十三年任廣西左江鎮都司。隨征安南，於黎城擊賊陣亡。事聞，賜卹。

王太和。大興人。乾隆六十年以守備銜效力軍營，隨征黔楚逆苗有功。嘉慶元年擊賊於貴魚坡，太和争先撲寨，連刃數賊，被傷陣亡。事聞，賜卹。

高舉。大興人。任宜昌府通判。嘉慶元年，教匪肆掠，委防陝西鎮安縣之黄龍鋪。賊劫王家坪大營，舉與子垚率兵勇前往策應，同時被害。事聞，賜卹。

王懋德。大興人。任鎮遠知縣。嘉慶二年以協理興義仲苗軍需紀功。旋赴川陝交界，防禦教匪，於寧羌州擊賊陣亡。同縣陸維基任醴泉知縣，四年守城禦賊陣亡；施鳴皋，廣東候補典史，十四年隨勦洋匪於磨刀洋，擊賊陣亡。事聞，均賜卹如例。

傅成明。大興人。武進士，任江西參將。嘉慶元年隨征湖北，於胡家巖擊賊陣亡；同縣張鼎，由武進士任湖北常德守備，於秀峯橋擊賊陣亡。事聞，均賜卹如例。

李紹祖。大興人。武進士。嘉慶四年以臨清協副將隨勦四川教匪有功，遷高廉鎮總兵。旋調征湖北教匪，於兩河口擊賊陣亡。事聞，賜謚果壯，予騎都尉兼雲騎尉世職。

金克俊。大興人。由大挑知縣分發湖北。嘉慶四年署房縣事。時李淑股匪由羊家河竄入，攻撲縣城。克俊督率兵役，竭力抵禦。五年辦理糧臺事務，隨勦徐添德股匪，奮勇争先，衝入賊隊，受矛傷陣亡。事聞，照知州例賜卹，廕雲騎尉。

李炯。宛平人。以布政司理問銜投效軍營，隨征湖北。嘉慶四年攻克黄柏山，擊賊陣亡；同縣楊文炳，任江津縣典史，堵禦教匪，遇賊力戰死之；外委索明、陳得富於湖北，馬得於陝西，擊賊陣亡。事聞，均賜卹如例。

黄定一。宛平人。官陝西留壩廳司獄。嘉慶四年，張漢潮股匪竄入留壩廳之通天觀，定一隨同知齊默慎併力抵禦，力竭死之。事聞，議卹，廕雲騎尉。

賈慶檀。永清人。官河南守備。嘉慶四年隨勦湖北邪匪，賊恃衆抗拒，慶檀衝入賊隊，受傷陣亡。事聞，議卹。

李錫命。東安人。由一等侍衛授廣東遊擊，隨將軍明亮平定苗匪有功。嘉慶四年以功擢羅定協副將，時官軍追勦賊匪冉添元等於蒼溪之隆山界，錫命督兵進攻，賊由山後突出，前後受敵，力竭死之。事聞，議卹。

楊開第。涿州人。武進士。嘉慶四年以山西平垣營守備隨征陝西，於木瓜橋擊賊陣亡。事聞，賜卹。

李廷彪。密雲人。任忠順營都司。嘉慶七年於陝西畧陽縣大竹壩擊賊陣亡；同縣千總劉鎧於湖北漢王壩，趙復興於陝西西鄉，朱成龍於四川營山縣，趙益元於湖北張家集，把總郭俊於湖北槐岡，外委鄭永祥、馬祺於陝西郭鎮，蔡永昌、榮英烈於湖北，擊賊陣亡。事聞，均賜卹如例。

陳寶勳。宛平人。官河南滑縣典史。嘉慶十八年，教匪李文成倡亂，寶勳勵節捐軀，合家被害。事聞，賜祭葬，廕雲騎尉，入祀昭忠祠。

校勘記

〔一〕元初中　乾隆志卷八順天府五名宦（以下同卷簡稱乾隆志）同。按後漢書卷四孝殤帝紀：延平元年，「鮮卑寇漁陽，漁陽太守張顯追擊，戰没」。資治通鑑卷四九漢紀四一記其事於同年，則此「元初中」爲「延平初」之誤。中華書局一九六四年點校本後漢書卷八一獨行列傳已作了改正。

〔二〕薊人　原作「薊州人」，乾隆志無「州」字。按三國志卷二七魏書徐邈傳：「燕國薊人」，「邈同郡韓觀曼游，有鑒識器幹，與邈齊名」。所謂「同郡」，乃同爲燕國人。秦置薊縣，爲廣陽郡治，二漢因之，三國魏爲燕國治。而薊州置于唐，新唐書卷三九地理志三：薊州，「開元十八年析幽州置」。三國魏尚無薊州，此「州」字衍，據删。

〔三〕謚曰成侯　「侯」，原脱，乾隆志同，據三國志卷二二魏書盧毓傳補。

〔四〕初爲鄴令　「鄴」下原衍「城」字，乾隆志同，據晉書卷四四盧志傳删。

〔五〕子諶　「諶」，原作「湛」，乾隆志同，據晉書卷四四盧諶傳改。

〔六〕魏淮陽太守　「淮」，原作「睢」，乾隆志同，據南史卷七四孝義傳下成景儁及天府廣記卷三三人物一改。

〔七〕累官遷燕郡太守　「郡」，原作「京」，乾隆志同。魏書卷四七、北史卷三〇盧玄傳皆載：道將「爲燕郡太守」。魏書卷一一〇六地形志上載：燕郡，治薊縣。此「京」爲「郡」字之誤，據改。

〔八〕靈太后臨朝　「靈」，原作「霍」，乾隆志同，據魏書卷四七、北史卷三〇盧玄傳改。

〔九〕黄門侍郎李神軌勢傾朝野　「神」，原脱，乾隆志同，據魏書卷四七、北史卷三〇盧玄傳補。

〔一〇〕義僖拒不許　「拒」，原作「俱」，據乾隆志及魏書、北史盧玄傳改。

〔一一〕天平中拜尚書右丞　「中」，原作「初」；「右丞」下原有「相」字，乾隆志同，並據魏書盧玄傳改删。北史盧玄傳亦作「天平中」、「右丞相」，中華書局一九七四年點校本據魏書盧玄傳删「相」字，校云：「按當東魏天平時，高歡爲大丞相專政，無右丞相。且盧元明亦不得居此高位，『相』字衍文，今據魏書删。」

〔一二〕時西魏將楊㩻來攻　「西」原脱，「㩻」原作「標」，乾隆志同。北齊書卷二六平鑒傳：「懷州刺史，『尋而西魏來攻』。通志卷一五四平鑒傳：「尋西魏將楊㩻來攻。」北史卷五五平鑒傳亦作「楊㩻」。並據補改。

〔一三〕終都官尚書令　乾隆志同。北史平鑒傳作「卒於都官尚書，贈司空，謚曰文」。中華書局點校本北齊書平鑒傳校勘記：「按『都官尚書令』無此官。北史卷五五云『卒於都官尚書』，下敘贈官和其子事跡。此『令』字疑衍。但下有缺文，也可能『令』字屬下讀。」

〔一四〕開皇初拜尚書祠部侍郎　「祠」，原作「禮」，據乾隆志及隋書卷五七、北史卷三〇盧昌衡傳改。

〔一五〕出爲徐州總管　乾隆志同。隋書、北史盧昌衡傳皆載「出爲徐州總管長史」，此蓋脱「長史」二字。

〔一六〕士　乾隆志同。「士」下當有脱誤。新唐書卷一〇〇張知謇傳：「惡請謁求進，士或不才冒位，視之若仇。」則「士」下脱「或不才冒位，視之若仇」之文。

〔一七〕累遷兵部尚書　乾隆志同。新唐書卷一四七盧羣傳：「累遷兵部郎中。」舊唐書卷一四〇盧羣傳：「累遷左司、職方、兵部三員外郎中。」非「兵部尚書」。

〔一八〕與穆質同在諫争地　「穆」，原作「楊」，乾隆志同，據新唐書卷一六四盧景亮傳改。

〔一九〕河南府參軍李郃上疏云　「郃」，原作「郤」，乾隆志同，據舊唐書卷一九〇文苑傳下、新唐書卷一七八劉蕡傳改。

〔二〇〕昭宗時贈左諫議大夫　「左」，原作「右」，乾隆志同，據新唐書劉蕡傳改。
〔二一〕初領寧江軍節度　「寧江」，原倒爲「江寧」，乾隆志同，據宋史卷二五九劉廷讓傳乙正。
〔二二〕薊人　「薊」下原衍「州」字，據乾隆志及宋史卷二五四趙贊傳删。
〔二三〕推官賈琰言矯誕　「琰」，原作「炎」，據乾隆志及宋史卷二六三竇儀傳改。下同。
〔二四〕連下飛狐靈丘等城　「靈丘」，原作「靈州」，乾隆志同。續資治通鑑長編卷二七：雍熙三年四月，「田重進又取飛狐、靈丘、蔚州，多得山後要害之地」。宋史卷五太宗紀二記事同。按靈州屬西北河南之地，後入西夏，於地理不合，而靈丘北屬契丹，即是，此「靈州」之「州」爲「丘」字之誤，據改。
〔二五〕入衛州霖落山肄業十餘年　「霖」，原作「零」，據乾隆志及宋史卷二七七張鑑傳改。本書卷一九九衛輝府一山川：「霖落山，在汲縣西北二十五。衛郡諸山，獨此最稱幽勝。」按汲縣於唐宋時爲衛州治，可證應是霖落山。
〔二六〕歷知廣州朗州相州　「朗」，原作「郎」，乾隆志同。宋史張鑑傳：咸平初知廣州，「三年移知朗州」。按宋史卷八八地理志四：鼎州，「本朗州，大中祥符五年改今名」。即此也，此「郎」爲「朗」字之誤，據改。
〔二七〕道復饒州　「道」，原作「遂」，據乾隆志及宋史卷四五一張世傑傳改。
〔二八〕弟紹芳　「紹」，原作「紀」，乾隆志同，據遼史卷七四韓紹芳傳改。
〔二九〕太平中拜左丞相　「太平」，原作「大同」，乾隆志同。遼史卷一七聖宗紀八：太平六年三月，「以大同軍節度使張儉入爲南院樞密使、左丞相兼政事令」。同書卷八〇張儉傳：太平六年，入爲南院樞密使，「拜儉左丞相，封韓王」。時在太平中，則此「大同」爲「太平」之誤，據改。
〔三〇〕咸雍中舉進士　「咸雍」，原作「重熙」，乾隆志同。遼史卷八六牛温舒傳：「咸雍中擢進士第，滯小官。」此「重熙」爲「咸雍」之誤，據改。
〔三一〕仕至彰德軍節度使　「軍」，原脱，乾隆志同，據金史卷一〇五程寀傳補。金史卷二五地理志中：彰德府，宋相州鄴郡彰德軍節度，「天會七年仍置彰德軍節度，明昌三年升爲府，以軍爲名」。可爲佐證。

〔三二〕累遷中都路轉運使　「中都路」，原倒誤爲「中路都」，乾隆志同，據金史卷九〇劉徽柔傳乙正。金史卷二四地理志上：「中都路，遼爲南京，號燕京，「貞元元年定都，以燕不當爲京師號，遂改爲中都」。可爲佐證。

〔三三〕爲河中府判官　「判官」，原脱，乾隆志同，據金史卷九〇賈少沖傳補。

〔三四〕累拜尚書左丞相兼中書令　「左丞相」，乾隆志同。金史卷七八劉筈傳：「天德二年拜尚書右丞相兼中書令。」此「左」爲「右」字之誤。

〔三五〕歷遷陝西西路轉運使　「使」，原脱，乾隆志同，據金史卷九〇丁暐仁傳補。

〔三六〕以安武軍節鎮致仕　「安武」，原倒誤爲「武安」，乾隆志同，據金史卷九五馬琪傳乙正。金史卷二五地理志中：「冀州，「天會七年仍舊置安武軍節度」。可資佐證。

〔三七〕華尚阿格們明安舊作胡土愛割蠻猛安　「土」，原作「上」，乾隆志同，據金史卷九五蒲察通傳改。

〔三八〕以經義詞賦兩科進士入翰林　「進士」，原脱，據乾隆志及金史卷一一〇韓玉傳、天府廣記卷三三人物一補。

〔三九〕同僚紿夏人曰　「同僚」下乾隆志有「故人」二字，金史卷一二一忠義傳一劉德基同。

〔四〇〕守真定　「真」，原作「正」，乾隆志同，據元史卷一五一張拔都傳改。本書卷二七正定府一建置沿革：「五代唐爲真定府，宋、金因之，元曰真定路，明洪武初復曰真定府，「本朝初因之，雍正元年改名正定府」。附郭真定縣同時改爲正定縣。

〔四一〕大安末　「大安」，原作「天興」，據元史卷一四七史天倪傳改。乾隆志作「天安末」，「天」乃「大」字之誤。

〔四二〕累官河西兵馬都元帥鎮真定　「河西」，乾隆志同。元史史天倪傳：「木華黎以天倪爲「河北西路兵馬都元帥，行〔真定〕府事」。同書卷一一九木華黎傳「權知河北西路兵馬事史天倪」云云。此「河西」蓋爲「河北西路」之誤。「真」，原作「正」，乾隆志同，據元史史天倪傳、木華黎傳改。下改同。參見本卷校勘記〔四〇〕。

〔四三〕順州人　「州」，原作「天」，乾隆志同，據元史卷一五三石天麟傳改。

〔四四〕所著春秋地理原委語孟旁通皇極引用及律曆禮樂雜志諸書　「律曆禮樂雜志」，乾隆志同。元史卷一九九隱逸傳杜瑛作「律吕律曆禮樂雜志」，此蓋脱「律吕」二字。

〔四五〕遷安西行省左丞　「安西」，原作「西安」，乾隆志同。元史卷一六三李德輝傳：至元十七年，「置行中書省，以德輝爲安西行省左丞」。此「西安」爲「安西」之倒誤，據以乙正。又元史卷一一世祖紀八：至元十七年七月，「立行省于京兆，以前安西相爲參知政事」。十月，詔立陝西四川等處行中書省，以李德輝爲左丞，「時德輝已卒」。則李德輝爲安西行省參知政事，其爲左丞則在陝西四川行省，且已卒，元史本傳及此俱誤。

〔四六〕累官安西興元兩路總管　「安西」，原作「西安」，據乾隆志及元史卷一七〇王利用傳乙正。元史卷六〇地理志三：奉元路，至元十六年改京兆爲安西路總管府，「皇慶元年改安西爲奉元路」。可資佐證。

〔四七〕中統中以王鶚薦　「鶚」，原作「鄂」，乾隆志同，據元史卷一七八梁曾傳改。

〔四八〕謚清惠　「惠」，原作「忠」，乾隆志同，據元史卷一七六劉德温傳改。

〔四九〕弟䫄　原作「聚」，乾隆志同，據元史卷一八二宋本傳改。

〔五〇〕改右副都御史　乾隆志卷九順天府六人物（以下同卷者不再重出）作「五年改右副都御史」。明史卷一五〇李慶傳：「五年改左副都御史。」此脱「五年」二字，「右」爲「左」字之誤。

〔五一〕加太子太保　「太保」，乾隆志同。明史李慶傳作「少保」，天府廣記卷三四人物二同，此「太」爲「少」字之誤。

〔五二〕調曲靖衛　「曲」，原作「典」，乾隆志同。同治畿輔通志卷二二六儲福傳引雍正志作「曲」，按明史卷九〇兵志二：雲南都司統領曲靖衛。此「典」爲「曲」字形譌，據改。

〔五三〕封安順伯　「伯」，原作「侯」，乾隆志同，據明史卷七成祖紀三、卷一五六薛斌傳改。

〔五四〕汝父辭家二十餘年　「二」，原脱，據乾隆志及明史卷二九七孝義傳二王原補。

〔五五〕司禮太監鮑忠卒　「卒」，原作「率」，乾隆志同。明史卷二一四劉體乾傳及光緒順天府志卷九七先賢七引一統志皆作「卒」，是也，據改。

〔五六〕保定人　乾隆志同。明史卷二九三忠義傳五：王世琇，「清苑人」。明史卷四〇地理志一：保定府「清苑縣，倚」。則王世琇爲保定府治清苑縣人，明也。明史地理志載順天府領霸州，州屬保定縣，據上所引，王世琇非順天府保定縣，本書誤入。

〔五七〕又劾偏沅巡撫陳睿謨廣西巡撫林贄貪劣罪　「廣西」，原作「廣東」，據明史卷二九五忠義傳七米壽圖及光緒順天府志卷九八先賢八引一統志改。

〔五八〕分巡海北道　「海」，原作「河」。清史稿卷二四七方國棟傳：順治十六年，「出爲廣東海北道僉事」。此「河」爲「海」字之誤，據改。

〔五九〕由武進士任陜西波羅營副將　「波」，原作「淡」。同治畿輔通志卷二二六列傳三四：張國彦，「歷官陜西延綏中路副將波羅城」。本書卷二二六陜西統部武職官：「波羅營參將，駐懷遠縣波羅堡。舊設副將，乾隆五十九年改。」此「淡」爲「波」字之誤，據改。

〔六〇〕任甘肅静寧知州　「静寧」，原作「任寧」，按甘肅無「任寧州」之設。同治畿輔通志卷二二九列傳三七王札作「静寧」。本書卷二五八甘肅平涼府領静寧州，即是。此「任」爲「静」字之誤，據改。

〔六一〕著近思録集註　「註」，原作「朱」，乾隆志同，據光緒順天府志卷一〇一先賢一一黄叔琳改。

〔六二〕任湖南寨頭司巡檢　「寨」，原作「塞」。同治畿輔通志卷二二六列傳三四：王淦，「官寨頭司巡檢」。本書卷三六一寶慶府二關隘：横嶺巡司，「在城步縣西南長安營城内。乾隆二年設寨頭巡司，六年更名移駐」。清史稿卷六八地理志一五：寶慶府城步縣，「有横嶺峝巡司，本寨頭司，乾隆元年置，後遷横嶺更名」。此「塞」爲「寨」字之誤，據改。

〔六三〕又赴郭羅克查拏賊番　光緒順天府志一〇〇先賢一〇查禮：「果羅克生番獷悍，土地遼廓。」同治畿輔通志卷二二七列傳三五查禮同。此「郭羅克」當即「果羅克」。

大清一統志卷十一

順天府六

流寓

宋

張邵。烏江人。建炎三年以直龍圖閣假禮部尚書，充通問使，使金，不拜達賚，且移書與相詰難，達賚怒，執送密州，囚於祚山砦。明年送於劉豫，使豫用之。邵見豫，長揖而已，且責以君臣大義，詞氣俱厲。豫怒，械置於獄，知邵不屈，久之，復送於金，拘之燕山僧寺。後又作書爲金人言劉豫之姦，金人益北徙之會寧府。和議成，始偕洪皓、朱弁南歸。「達賚」舊作「撻懶」，今改正。

元

趙復。德安人。皇子庫楚伐宋，俘得之。姚樞勸之北行，至燕，學人從者百餘。楊惟中建太極書院，請復講授其中，由是許衡、郝經、劉因皆得其書而尊信之。北方知程、朱之學自復始。「庫楚」舊作「闊出」，今改正。

明

湯文瓊。石埭人。崇禎中授徒京師，見國事日非，數獻策闕下，不報。京師陷，書其衣衿曰：「位非文丞相之位，心存文丞相之心。」遂投繯死。贈中書舍人。

列女

南北朝　魏

盧道虔妻元氏。涿人。甚聰悟，嘗升座講老子。道虔從弟元明隔紗帷以聽焉。

齊

鮮于氏。文宗姊。適荀氏，七日而夫亡，執節不嫁。及母卒，哭泣喪明。

隋

李士謙妻盧氏。范陽人。有婦德。士謙終，賻贈一無所受，謂州里父老曰：「參軍平生好施，今雖殞歿，安可奪其志！」

於是散粟五百石以賑窮乏。

元務光母盧氏。范陽人。好讀書，造次以禮。盛年寡居，諸子幼弱，家貧不能就學，盧氏親自教授，勖以義方。漢王諒反，遣綦良往山東畧地，以務光爲記室。諒敗，慈州刺史簿籍務光家，見盧氏，逼之，以燭燒其身，竟不屈節。

唐

鄭義宗妻盧氏。范陽人。涉書文，事舅姑恭順。夜有盜持兵劫其家，人皆竄匿，惟姑不能去，盧冒刃立姑側，爲賊捽捶幾死。賊去，人問何爲不懼，答曰：「人所以異於禽獸者，仁義也。若委姑而去，倘百有一危，我不得獨生。」姑曰：「歲寒然後知松柏，吾乃今見婦之心。」

崔繪妻盧氏。范陽盧獻之女。繪喪，盧年少，家欲嫁之，盧稱疾不許。女兄適李思沖，早亡。思沖方顯重，表求繼室，詔許，家内外姻皆然可。思沖歸幣百轝〔二〕，盧不可，曰：「吾豈可再辱於人乎？」是夕，出自竇，糞穢蟣面，還崔舍，斷髮自誓。思沖以聞，武后不奪也，詔爲尼以終。

韋雍妻蕭氏。張弘靖鎮幽州，表雍在幕府。朱克融亂，雍被劫。蕭聞難，與雍俱出，左右卻之不退。雍臨刃，蕭呼曰：「我苟生無益，願死君前。」刑者斷其臂，乃殺雍，蕭是夕死。

李惟簡母鄭氏。李惟岳叛，鄭與惟簡奔京師，德宗拘於客省。及出奉天，惟簡將赴難，請於鄭。鄭曰：「爾父立功河朔，位宰相，身未嘗至京師，爾入朝，未識天子，不能效忠，我不子爾矣！」督其行曰：「爾能死王事，我不朽矣！」

金

許古妻劉氏。定海軍節度使仲洙女。貞祐初，古仕於朝，留氏僑居蒲城，既而兵圍蒲，劉與二女相繼自盡。事聞，追封劉氏爲郡君，謚貞潔，長女謚定姜，次女肅姜。

元

史天倪妻程氏。永清人。天倪帥真定〔二〕，降將武仙謀逆〔三〕，天倪死之。程聞變，恐辱於賊，先自殺。事平收葬，顔色如生，刃猶在手。

扎穆納妻王氏。燕人。年十六，扎穆納官錢塘，病歿，葬城西十里外。王氏每旦被髮往奠，伏墓大慟欲絶，久而致疾。舅姑力止乃已。服闋，舅姑令改適，王氏泣曰：「妾既委身扎氏，夫今早夭，天也。此足可復履他人門乎！」不從。煢居三十年，貞白無玷〔四〕。「扎穆納」舊作「張買奴」，今改正。

惠士玄妻王氏。大都人。士玄疾革，囑曰：「我必不起，前妾所生子，汝善保護之。待其稍長，從爾自嫁。」士玄卒，氏蓬首垢面，居墓側，以妾子置左右，撫養之。歲餘，妾子亦死，乃號泣曰：「無復望矣。」引刀自刺，救免。至終喪，自經於樹。

費隱妻王氏。良鄉人。隱有疾，王氏數嘗其糞。及隱卒，王氏撫妾所生子女如己出。既而子又死。服除乃執女手，相抱痛哭，是夜自縊死。

柳氏。薊郡人。適户部主事趙野，未婚而野卒，柳哭之盡哀，誓不再嫁。其兄將奪其志，柳曰：「業已歸趙氏，雖未成婚，而夫婦之禮已定，雖死無他志也。」後寢疾，不肯服藥，遂死。

魏成妻周氏。良鄉人。成年五十，娶周氏，生一子。後成得疾，氏事之甚勤。及成歿，氏年二十。除服，或勸改適，氏拒之堅。服勤耕織，奉姑盡孝，守節三十餘年卒。事聞，詔旌。

李仲義妻劉氏。房山人。至正間〔五〕，縣大饑，平章劉哈拉布哈兵乏食〔六〕，執仲義欲烹之。劉氏涕泣伏地乞免，兵不從。劉氏請烹己以貸夫死，兵遂釋其夫，而烹劉氏。聞者莫不哀之。「哈拉布哈」舊作「哈剌不花」，今改正。

王士明妻李氏。房山人。至正間珠贍軍至縣，李氏及其女李家奴皆被執。李氏謂其女曰：「與其受辱，不若死。」女曰：「母先殺我。」李氏即以軍所遺刀殺女，尋自殺。珠贍聞之，爲祭葬，仍牓其門曰「貞烈」。有司上其事，爲樹碑焉。「珠贍」舊作「竹真」，今改正。

安志道妻劉氏。順州人。志道及劉氏之弟明理，並登進士第。劉氏避兵匿巖穴中，軍至，欲污之，劉氏曰：「我弟與夫皆進士也，我豈可汝辱乎！」軍士以兵磨其體，劉大罵不輟聲，軍怒，鉤斷其舌而死。

徐猱頭妻岳氏。大都人。元末兵入城，告其夫曰：「我等恐被辱，奈何？」夫曰：「事急惟死耳。」遂火其居，夫婦赴火以死。徐母王氏及二女一子，皆抱持赴火死。

宋謙妻趙氏。大都人。兵破大都，趙氏子婦温氏、高氏，孫婦高氏、徐氏合謀曰：「兵且至矣，我等豈可辱身以苟全哉！」趙即自縊死，諸婦四人，諸孫男女六人，妾三人，皆投井死。

明

李彦賓妻劉氏。薊州人。年二十四而彦賓死，家貧子幼，氏誓死守節。子既長，娶婦楊氏，未幾子亦死。姑婦相依，守節終其身。洪武中旌。

謝黑兒妻梅氏。東安人。年十八，適黑兒，黑兒疾卒，氏即欲自盡。姑覺，止之曰：「汝志固如此，但吾夫婦年老，無他人侍養，况汝有娠，倘生一子，以續吾宗，不愈於死乎！」氏悟，後果生一子，夙夜操作，以奉舅姑。及卒，脱簪珥葬。其子俊，亦撫育成立。守節四十餘年。宣德中旌。

陳連妻孔氏。東安人。連以歲貢入太學，氏謹奉姑。連客死，姑憐其無子，欲嫁之，氏曰：「姑老且疾，婦若他適，姑將何依！」哭而不從。時遇兵燹，人多奔竄，氏事姑甚謹。姑卒，盡鬻衣飾葬之。守節五十八年卒。正統中旌。

劉氏。京師人。有松江人戍邊者，詐稱無妻，娶劉。遇赦，紿劉歸省，遂往不復。劉抵松訪之，壻故不認。劉乃翦髮爲尼，行乞市上，自置一棺，夜卧棺中五十餘年。隣火起，劉入棺呼曰「乞闔棺以畢吾事」，遂焚死。

尹之路妻梁氏。大城人。嫁歲餘，夫乏食，負販山海關。少有資聚，又娶馬氏，生子二，十餘年不通音問。梁氏事翁姑，艱苦無怨言。夫客死，悲痛欲絶，徒步行乞迎夫喪，往返二千里，扶柩攜其後妻二子以歸，里人歎異。

高山妻朱氏。霸州人。生四子。正德六年，流賊入其家，朱被執不屈，殺其二子以脅之，罵不絶口，遂被害。

李氏、劉氏三女。俱寶坻人。一李堂女，一李鑾女，一劉聰女。正德八年，流賊陷城，持刃逐三女逼之，俱不從，厲聲罵賊。賊怒，支解之。嘉靖中，知縣吴輿之爲立三烈祠。

竇妙善。京師人。年十五，爲餘姚姜榮妾。正德中，榮以瑞州通判攝府事。華林賊寇瑞，榮出走。賊入，執其妻及婢數人，問榮所在。時妙善居别室，急取府印，開後窗投河池，衣鮮衣前曰：「太守統兵數千，出東城捕爾等，旦夕授首，安得執吾婢？」賊意其夫人也，解前所執，獨與妙善出城。適所驅隷中有盛豹者父子被掠，其子叩首乞縱父，賊許之。妙善曰：「是有力當以舁我。」賊從之。行數里，乘間語豹曰：「我所以留汝者，以太守不知印處，欲藉汝言之。今當令汝歸，幸語太守，自此前行遇井，即畢命矣。」遂呼賊令仍縱豹去。行至花塢遇井，遂跳入，賊驚救不得而去。豹入城，告榮取印，引至花塢覓井，果得其屍。郡縣上其事，詔建特祠，賜額「貞烈」。

沈鳳妻仇氏。密雲人。鳳官興州右屯衛百户。嘉靖中守邊寨，兵破寨逼之，仇大罵而死。

李三才妾馬氏。通州人。三才卒，氏不食十二日，死於喪所。

張大經妻于氏。大城人。大經殁，于年方十九，誓以身從地下，舅姑勸之，氏佯許不死，乘隙自縊於桑林。

王守時妻丁氏。三河人。隣人安文登夜至守時家，强逼之，丁堅拒，遂被殺。

劉蘭女。順天人。父卒，矢志不嫁以養其母。崇禎元年，年四十六矣，母病殁，女遂絶粒殉之。

王錫田繼妻崔氏。香河人。崇禎二年，城破，氏與衆訣曰：「我義不受辱。但幼女呱呱，未免遺恨耳。」乃涕泣乳其女，將自縊，家人力持不得遂。兵及門，衆俱奔，崔乘間縊於户後。

丁大志妻趙氏。通州人。崇禎二年，城陷，氏女被掠，趙奪之，十指盡落，遂被殺。

朱之馮妻馮氏。大興人。之馮爲山東副使，齎表入都，寄家屬濟南。已而濟南破，馮氏匿姑及其子於他所，而已投井死。姑李氏聞之，亦絶粒而死。之馮義不再娶，亦不置妾。

梁以樟妻張氏。大興人。以樟爲商丘知縣。崇禎中，流賊圍商丘急，婦積薪樓下，集婢女其上，俱令就縊。謂子燮曰：「汝父守城，命不可知，宗祀惟汝是賴。」屬乳媪往匿民家，自縊死。家人舉火，諸屍俱燼。

杜氏。宛平人。新樂侯劉文炳母。聞流賊攻城急，簡絲繩作七八繯於樓上，命家人積薪樓下，迎李氏、吴氏二女歸，曰：「吾母女同死於此。」念姑瀛國太夫人年老，匿之太學生申湛然家。及莊烈帝密詔文炳，母撫其背曰：「太夫人既得所，吾與若妻妹死耳。」城陷，同二女俱縊，文炳妻王氏亦登樓懸劉太后像，率衆拜哭，家人共焚樓。叔繼祖妻左氏見火起，亦登樓同妾董氏、王氏俱焚死。闔門死者四十二人。

金鉉母章氏。鉉爲兵部主事。賊陷都城，鉉著朝服拜母，趨闕下，章即赴水死，妻王氏亦隨死。

成氏女。兵部主事成德妹，年二十，未嫁。流賊之變，德顧之曰：「我死，汝何依，妹請先死。」德哭而視其縊，繼室霍繼之。德入別其母，哭盡哀，出而自縊，母亦自縊。

邢嘉遇妻韓氏。昌平人。嘉遇官泰陵衛指揮。甲申城陷，嘉遇守西門，同長子協中力戰死之，韓與次子時中俱赴井死。

劉應龍妻王氏。宛平人。家貧以女紅養舅姑。應龍父子相繼亡，王氏事姑撫子。閱二十年，賊陷都城，泣拜其姑曰：「留長孫奉事祖母，婦死已決。」遂攜幼子投井，有先入者，屍横其下，水僅至腰不得死，幼子呼救，氏以掌擊之，遂抵淵而死。

劉氏女。保定人。諸生劉永祚女。崇禎末，城破，年十六，爲亂兵所獲，不屈被殺。又諸生馮文珪妻王氏〔七〕、劉星毓妻柴氏、宋允成妻王氏俱以不屈死於賊。

本朝

王季銓妻張氏。順天人。與婦胡氏同居，兵變被掠，俱觸石死。同郡李星耀妻王氏爲兵所掠，不從見殺。

康虎妻李氏。順天人。虎弟頑暴無行，每欲調其嫂，李堅拒之。一日虎出，乃持刀强逼，不從見殺。

華生國妻黄氏。順天人。家貧，或終日不舉火，氏安之。生國嗜酒，嘗飲酣，謂人曰：「吾妻雖女子，有丈夫氣，吾死必殉我，諸君他日當見。」後生國歿，黄不食十四日而死，時年十九。同郡王明元妻張氏、蔡樹瓊妻張氏、蕭重熾妻姜氏、丁本培妻劉氏、王所錫妻張氏、李尚信妻王氏，俱夫亡殉節。

馬瑞妻張氏。順天人。歸瑞三年，生二子。夫遠遊，姑歿，張竭力營葬。越二年傳聞瑞死，或勸之改適，怒叱之，囑族人攜二子尋其父，與子泣别，即自縊。

張貞女。順天人。許字通州康京〔八〕。女父素不知書，以婿家貧欲奪之婚，女峻拒之。後數年京死，女哀泣請奔喪，父兄不可，晝使人守之，夜妹與同卧，女夜半自縊死，妹寐未覺也。與京合葬。

史可模妻李氏。順天人。夫亡絶粒，姑勸之乃食。有欲娶之者，李毁容截耳以誓事姑，以孝養聞。

陶門三節婦。順天人。覺氏，陶鸞妻，年十八，夫亡，子瓚方襁褓，覺氏截左耳誓不嫁，紡績撫孤成立。李氏，陶瓚妻，年二十五，夫亡，撫子守義，翦髮矢志。守義又早亡。婦王氏年甚少，事姑至孝，撫子承榮成立。一門三節，均順治年間旌。

高位妻段氏。宛平人。年十七，夫亡，二子俱襁褓，兄勸之嫁，不從。賃市中板棚，爲人縫綻二十年。二子娶婦生孫。長子又殁，次子爲小吏，以罪謫遼左。復撫諸孫十餘年，孫裔讀書成進士，官至大理卿。苦節七十九年，年九十有六。

朱暐妻趙氏。香河人。夫疾，氏禱天願以身代，及病急，先自縊死。

李時遇妻馬氏。通州人。夫亡，兄弟之子利其産，逼之嫁，遂自縊。同州周六哥妻陶氏，夫亡哀毁，既葬，縊死墓側。

童嶽妻李氏。通州人。姑病割股和藥以進，後夫病篤，剖腹取肝作湯啖其夫，遂致身殞。

劉堉妻何氏。涿州人。堉殁，育遺腹子天錫，守節三十五年。天錫復殁，遂痛哭自縊死。

宫偕輝妻何氏。文安人。夫亡，遺孤之球，何奉姑孝，教子入學。順治七年，静海寇起，駡賊被殺。

井允妻紀氏。文安人。年十七適井，甫三月，夫死守節，養舅姑，及舅姑殁，哀毁成病，屏醫藥而死。同縣孫允貴妻劉氏，少寡家貧，奉翁姑，鞠遺孤，守節至八十九歲。霍維英妻劉氏，夫亡，翁姑老，子幼。值大饑，或勸之改嫁，不從。晝拾遺稗，夜勤績紡，奉親育子，里人重之。

陳義民妻劉氏。大興人。夫亡守節。康熙年間旌。

鍾宣妻劉氏。宛平人。爲豪强所逼，不從被殺。同縣張彪妻許氏，亦以守正被戕。均康熙年間旌。

傅華祝妻劉氏。固安人。夫亡，慟哭自縊死。長姑適張氏，次姑適馬氏，亦早寡守節。建坊於獨流村，曰三貞里。同縣張自友妻李氏、王萬榮妻程氏，俱以强暴逼污不從被殺。均康熙年間旌。

馬文瑞妻劉氏。永清人。隣人張守富强逼之，不從被殺。同縣王之文妻李氏，亦以守正被戕。均康熙年間旌。

陶子明妻張氏。東安人。爲豪强所逼，不從被殺。同縣駱氏長女，亦以守正被戕。均康熙年間旌。

王福海妻陳氏。通州人。以强暴逼污不從被殺。康熙年間旌。

高維岱妻劉氏。三河人。夫亡，人聞其賢，争欲娶之。劉斷髮毁容，誓死不嫁。康熙年間旌。

殷承憲妻張氏。武清人。爲豪强所逼，不從被殺。康熙年間旌。

王氏女三姐。文安人。爲豪强所逼，不從被殺。康熙年間旌。

王楫妻李氏。平谷人。夫亡，翦髮毁容，事祖姑白氏、繼姑陳氏甚孝。康熙年間旌。

周之德妻劉氏。大興人。夫亡殉節，自縊柩前。同縣李逢陽妻姜氏，夫以縣丞赴任，中途死，姜毁容守節，事姑盡孝，坐卧一樓，閲三十年。劉應鳳妻李氏，守節年至百有十歲。耿國翰母張氏，守節至百歲。均雍正年間旌。

王順宇妻王氏。固安人。爲强暴所逼，不從死之。雍正年間旌。

劉三妻趙氏。東安人。爲强暴楊盛章所逼，不從死之。雍正年間旌。

趙廷璧妻王氏。三河人。夫亡，奉姑教子，守節六十五年，卒，年九十。雍正年間旌。

張錫昌妻杜氏。武清人。家貧，夫客死，杜迎柩歸，手自築墳，十指血出。撫二孤，苦節四十年。雍正年間旌。

何淳女。昌平人。名百順，年少未字，親老，兄早卒，誓不嫁養親，立從弟爲父後。家貧，紡績以供甘旨，鄉里稱爲孝女。雍正年間旌。

張五妻姚氏。密雲人。爲强暴逼污，不從死之。雍正年間旌。

王啓功妻李氏。涿州人。爲强暴所逼，不從死之。同州趙遜妻熊氏，夫以兵隨征歿，熊慟哭三晝夜，自縊死。范文明妻劉氏，夫亡痛哭，投井中，家人救免，明日闔户自縊死。均雍正年間旌。

宫朝棟妻高氏。文安人。夫亡守節，撫孤歷七十一年。卒，年九十五。雍正年間旌。

舒勳妻劉氏。大興人。夫亡守節，備嘗辛苦，教子大成，成進士。又同縣節婦：鮑宗燦妻周氏，翁譽標妻高氏，章維心妻張氏，王民興妻周氏，李照妻紀氏，徐三益妻孔氏，尹拱宸妻荀氏，趙繼隆妻孫氏，張鑚妻韓氏，于鳳翔妻李氏，章俊妻張氏，徐志節妻趙氏，沈賡麟妻馬氏，邵運奇妻周氏，吴世傑妻郝氏，劉應龍妻金氏，方煛妻孟氏，杜維城妻甄氏，潘承畢妻劉氏，許汝告妻李氏，王孫棐妻張氏，李克敬妻陸氏，劉廣業妻袁氏，杜繼翰妻王氏，楊所藴妻杜氏，鍾鼎孳妻吴氏，張鳳岐妻楊氏，孫麟超妻吴氏，張給妻趙氏，田資宸妻劉氏，于宗禹妻蘇氏，章匡義妻徐氏，司天禄妻王氏，尤翔妻張氏，袁之機妻沈氏，王嘉棟妻張氏，李世貞妻孫氏，朱永源妻查氏，胡樹勛妻沈氏，高國秀妻陳氏，陳所得妻何氏，田兆挺妻李氏，李坦妻張氏，俞書山妻姜氏，錢樂嘉妻馬氏，何國寧妻高氏，沈元標妻胡氏，馬逢源妻王氏，陳安仁妻王氏，蔡成樑妻孫氏，朱耀光繼妻王氏，張壽福妻劉氏，胡成之妻徐氏、妾李氏，吴毓貴妾李氏，邵大文妻徐氏，郭永磐妻張氏，王匡妻吴氏，温廷璽妻劉氏，茅克昌妻王氏，馬璘妻陳氏，穆子蘭妻吴氏，韓棟妻張氏，吕元龍妻朱氏，史積慶妻王氏。均乾隆年間旌。

孫時忠女。宛平人。許字張崇鼎，未嫁而崇鼎殁，女聞訃即投繯死。同縣高衮女，許配秦文照，文照殁，女過門行喪，守節九載以病終。節婦：馬大倫妻劉氏，吴炳妻李氏，安守貴妻魏氏，邵煒妻錢氏，秦邦佐妻司氏，馮兆元妻李氏，王燕妾陸氏，米泰妻高氏，顧璉妻郝氏，鄧紹樹妻朱氏，改肇新妻陳氏，徐輔世妻戴氏，金國用妻强氏，馮延年妻辛氏，徐三晉妻陳氏，李文明妻倪氏，楊琴妻谷氏，陳碧妻劉氏，劉秉鈞妻郎氏、陸楊氏、劉王氏、顧郝氏，段鋭妻李氏，崔文煜妻俞氏，封雲彪妻曹氏，劉昌言妻苑氏，韓瀚妻馮氏，王德洪妻丁氏，楊起龍妻鄧氏，褚丞妻宋氏，張廷文妻徐氏，查泳妻李氏。烈婦李廷文妻張氏，烈女王氏，貞女韓鴻聘妻張氏。均乾隆年間旌。

楊大有妻李氏。固安人。夫亡自縊柩前，家人覺之，救甦。事翁姑盡孝，翁患病，氏奉湯藥弗倦。後撫遺孤得成立。同縣節婦：李元麓繼妻曹氏，劉福銀妻李氏，傅玥妻劉氏，陳朝麟妻賀氏，韓繼宗妻齊氏，吴好正妻鄭氏，楊起龙妻鄧氏，張廷文妻徐氏，孫光前妻趙氏，杜錫起妻王氏，高維謙妻張氏，鄧崑妻孔氏，朱廷佐妻張氏，邵宗洙妻王氏，劉毓俊妻楊氏，馬泳妻祁氏，范文奇妻滕氏，申之屏妻范氏，勾善緒妻李氏。均乾隆年間旌。

張雲妻杜氏。永清人。遇强不從，被傷身死。同縣烈婦：高體榮妻甯氏，王起妻姚氏。節婦：李昌緒妻粱氏，黄爾玢妻王氏，司得祥妻李氏，高起鵬妻張氏，仇致廣妻任氏，葉可興妻燕氏，榮彰妻張氏，李名賢妻楊氏，賈澐繼妻董氏。均乾隆年間旌。

王天泰妻武氏。東安人。夫亡守節。同縣節婦：解萬通妻曹氏，李潔妻解氏，許自永妻景氏，郭九會妻李氏，郭九鼎妻孟氏，孟文舉妻李氏，于騰潮妻劉氏，李懷英妻姚氏，胡國永妻于氏，王瑞妻楊氏，王宗臺妻張氏，安福妻李氏，李果植妻郭氏，李益妻曹氏，王弘猷妻趙氏，紀溶妻張氏，李坦妻胡氏，胡希仲妻張氏。烈婦孟黑子妻苑氏。均乾隆年間旌。

李英妻季氏。香河人。夫亡守節。同縣節婦：馬希援妻曹氏，李洪倫妻王氏。均乾隆年間旌。

趙傑女。通州人。許配丁鼐，未嫁而鼐殁，女聞訃奔喪，終身不更字。同州吴弘基女，許配王元紳，元紳殁，女奔喪盡禮，守貞終身。節婦：何湛妻李氏，袁府妻張氏，張元鑑妻王氏，王巽妻劉氏，戚世位妻潘氏，錢澍妻柳氏〔九〕，白烺妻李氏，王允祚妻蘇氏〔一〇〕，趙璞妻楊氏，周璜妻王氏，倪基聖妻劉氏，張光祺妻蘇氏，孫士俊妻胡氏，陳漢超妻王氏，湯文輝妻石氏，金撰玉妻李氏，沈奇成妻孫氏，馬瓏妻費氏，張世基妻顧氏，俞國潮妻袁氏，王殿芝妻俞氏。貞女王氏。均乾隆年間旌。

王如林妻金氏。三河人。强暴欲污之，氏堅拒致死。同縣節婦：張瑞毓妻劉氏〔一一〕，劉永祚妻傅氏，俞從政妻朱氏，左爾煓妻王氏，郝爾位妻左氏，劉守安妻王氏，李永鶴妻楊氏，李永祺妻楊氏，喬仲觀妻王氏，胡丕基妻王氏，李應善妻于氏，李永吉妻康氏，周鼒新妻郝氏，楊永寧妻丁氏，胡德基妻馬氏，侯令德妻馬氏，雷時順妻張氏，丁有名妻宛氏，王琦妻侯氏，周鎧妻陳氏，朱元陛妻張氏。烈女劉姐兒。均乾隆年間旌。

納查哩妻李氏。三河駐防馬甲，滿洲人。夫亡守節。又舒克阿妻趙氏，巴哈布妻王氏，又蒙古馬甲永柱妻張氏。均乾隆年間旌。

胡良玉女。武清人。鄰惡少欲强污之，女詈駡得脱，忿恨而死。同縣節婦：田君美妻史氏，龔輝祖妻楊氏，趙墱妻張氏，李君培妻馬氏，榮彰妻張氏，高沛妻陳氏，張輝文妻孫氏，李鈺妻趙氏，葉懷章妻李氏，郭國棟妻侯氏，魯涌妻李氏，楊有位妻王氏，李蔭妻楊氏，張輝簡妻劉氏，李守弼妻李氏。烈女楊進忠女。均乾隆年間旌。

劉維藩妻王氏。寶坻人。夫亡守節。同縣節婦：陸克清妻張氏，陸克昇繼妻詹氏，徐爾偉妻楊氏，孫兆翰妻陳氏，楊均妻閻氏，于堪妻王氏，王廷對妻李氏，芮復份妻單氏，郭有棟妻周氏，郝作梅妻杜氏，方兆吉妻王氏，劉繼祖妻徐氏，趙桂妻楊氏，鄭國直妻尹氏，徐承烈妻卞氏，朱銓妻傅氏，蔣文炤妻王氏，鄒自禄妻李氏。貞女王氏。均乾隆年間旌。

德奎妻徐佳氏。寶坻駐防馬甲，滿洲人。夫亡守節。乾隆年間旌。

藺從學繼女苗氏。寧河人。爲强暴所逼，堅拒不從，自縊死。同縣節婦：張培基妻杜氏，李纘緒妻張氏，李定國妻陳氏〔一二〕，廉義黨妻張氏，廉德孚妻王氏，崔鈺妻楊氏，岳從政妻王氏，廉德民妻安氏，談經妻景氏，岳屹然妻朱氏，朱良儁妻杜氏，鄭桂妻杜氏，劉廷恩妻朱氏，杜履怡妻劉氏，邵聯瀛妻張氏，崔翔鳳妻廉氏，張纘妻谷氏，廉鈞妻黄氏，杜育泓妻張氏〔一三〕。均乾隆年間旌。

張八妻楊氏。昌平人。隣人屢欲污之，氏守正不移，投繯而死。同州節婦：李國相妻周氏，毛吉人妻周氏，許朝相妻孟氏，胡本義妻潘氏，黎秉忠妻郭氏〔一四〕。均乾隆年間旌。

德楞額妻鄭氏。昌平駐防馬甲，滿洲人。夫亡守節。乾隆年間旌。

段元思妻劉氏。順義人。夫亡守節，備嘗辛苦，撫養遺孤得成年。同縣節婦：董三諒妻米氏，趙國柱妻劉氏，郭文相妻張氏，郭振先妻趙氏，唐士麒妻趙氏，崔忠讓妻單氏，李繼民妻路氏，言國元妻姜氏，趙伯達妻馬氏，徐應亨妻馬氏。均乾隆年間旌。

張傑妻田氏。密雲人。夫歿家貧如洗，生遺腹子，復夭，氏守志益堅，以苦節終身。同縣節婦：金殿勳妻陳氏，吴弼超妻甯氏，吴宗和妻張氏，孔文域妻周氏，李文鍈妻陳氏。烈婦：劉昌賢妻王氏，朱永昌妻賀氏。均乾隆年間旌。

薩哈連妻索氏。密雲駐防護軍，滿洲人。夫亡守節。又巴達妻金佳氏，七十五妻李氏，德明妻柳氏，劉住妻劉氏，德清妻于氏，明智妻瓜爾佳氏，黑格妻胡氏，增福妻郗氏，富增阿繼妻瓜勒佳氏，武泰妻趙氏，領催穆通阿妻唐佳氏，德保妻卞氏，常祥妻黄氏，八十三妻吴氏，常阿妻孫氏，馬甲明舒妻張氏，柏雲阿妻徐氏，安福妻姚氏，巴特瑪妻郎佳氏，德順妻陳氏，趕嘴妻王氏，雅圖妻魏氏，普薩保妻王氏，安古器妻林氏，巴杭阿妻席氏，前鋒四達色妻吕氏，興泰妻瓜爾佳氏，四十九妻張佳氏，烏隆阿妻富察氏，驍騎校額勒登額妻王氏，筆帖式常福妻杭吉爾氏，閑散景貴妻托豁羅氏，弓匠達爾瑪妻嚴氏，又蒙古護軍柏晶妻高氏，老格妻王氏，領催永明繼妻希氏，馬甲道泰妻趙氏，青龍保妻白氏，明保妻韓氏，保昌妻于氏，玉輅妻張氏，色勤妻張氏。均乾隆年間旌。

窩興額妻馬氏。古北口駐防馬甲，滿洲人。夫亡守節。又七十八妻鄭氏，永常妻左氏。均乾隆年間旌。

馬顯妻董氏。懷柔人。夫亡，孝事翁姑，撫育幼孤，得成立。同縣節婦：徐應熛繼妻方氏，韓朝用妻卞氏，張明妻李氏，劉灤妻王氏，杜傅妻朱氏，王成爵妻杜氏。均乾隆年間旌。

雷氏女。涿州人。遇惡少欲逼之，女堅拒不從，遂被害。同州楊氏女，許字宋雲龍，未嫁而雲龍卒，女過門行喪，誓不更嫁，翁姑貧老，奉養終身。節婦：吴啓祉妻吕氏，吴端化繼妻朱氏，吴日仁妻駱氏，史桂榮妻王氏，彭英妻張氏，王光祖妻金氏，王紹舜妻李氏，王仲義妻陳氏，張秉美妻劉氏，范景玉妻郭氏，劉永錫妻曾氏，白良柱妻張氏，劉紳妻范氏，陳安公妻柴氏〔一五〕，劉光秀妻陳氏，劉秉鐸妻王氏，賞鐸妻王氏，王瑛妻楊氏，張建業妻王氏〔一六〕，張仁洪妻姚氏，王祥槐妻紀氏。烈女雷氏女。均乾隆年間旌。

王朝選妻杜氏。房山人。夫亡守節，翁私受他聘，欲擇吉改嫁，婦聞之即縊死。同縣王函妻焦氏，夫亡，翁姑勸之更嫁，亦投繯死。節婦：鄭於九妻劉氏，王樂善妻于氏，胡行謙妻劉氏，丁大有妻王氏，王廷玉妻白氏，陳立相妻王氏，王明爽妻袁氏，吴佳裕妻蔡氏，蘇士英妻盧氏，李彦儒妻劉氏。均乾隆年間旌。

武起妻杜氏。霸州人。强暴欲污之，氏堅拒不從，忿恚自縊。同州節婦：王自端妻傅氏，王琬妻李氏，王璉妻張氏，張謙吉妻蔡氏，崔寀妻李氏，姜元桂妻王氏，趙能容妻楊氏，宋炳妻張氏，趙弘勳妻李氏，丘廷瑜妻樊氏，張元鋭妻王氏，王恕妻蔡氏，蔡琮妻劉氏，趙云辯妻徐氏，郝雍秀妻王氏，楊懷璠妻王氏，宋林妻劉氏。均乾隆年間旌。

姚法舜妻李氏。文安人。夫殁無子，翁姑令其改嫁，氏潛即自縊，家人救之，得不死，後翁殁於涿州，氏變産歸葬，苦節終身。同縣節婦：何昶妻和氏，陳協妻程氏，何永澤妻張氏，胡雲妻馬氏，劉琛妻何氏，鄒福生妻萬氏，姚廷璽妻王氏，蔡炇妻王氏，吴克灼妻張氏，鄒秉正妻張氏，邢景輝妻朱氏，葉介臣妻韓氏，紀鳴珂妻高氏，紀鳴韶妻李氏，劉養德妻馬氏，胡炊妻戴氏，張學先妻姚氏，陳汝模妻徐氏，何永淳妻劉氏，紀從時妻王氏，何永滉妻徐氏，何元品繼妻王氏，紀世淳妻劉氏，劉晫繼妻趙氏，黄士凱妻王氏，張桐妻劉氏，張文甲妻宫氏，張閲妻齊氏，王澤長妻徐氏，劉士鶴妻郭氏，劉炳妻鄒氏，張元瑛妻高氏，紀光業妻趙氏，何汰妻陳氏，劉兆德妻葛氏，趙棟妻董氏，劉兆福妻邊氏，萬樹棟妻梁氏，商珩妻林氏。均乾隆年間旌。

劉衍禰妻魏氏。大城人。衍禰少孤，依兄爲命，後失愛於兄，氏具酒肴，延兄謝過，兄感氏賢，遂相好如初。及衍禰殁，氏撫孤成立，苦節終身。同縣節婦：劉源崑妻王氏，劉愘繼妻趙氏，李崑妻井氏，鄧鳳峙妻劉氏，蔡士端妻邵氏，李朴妻邢氏，徐捷妻吴氏，薛元瑛妻湯氏，劉恕妻紀氏，王應科妻于氏，劉五福妻李氏，劉仁妻宋氏，李茂妻劉氏，薛九齡妻李氏，蔡致妻程氏，劉經妻王氏。均乾隆年間旌。

王琈妻樊氏。保定人。夫亡守節。同縣節婦：王進璽妻趙氏，宋允成妻王氏，閆宗元妻吴氏，王廷芝妻吴氏，于增妻張氏，蔡升妻吴氏，李鑑妻劉氏，吴章燦妻馬氏，馮文炷妻王氏，柴之琦妻王氏，甯良謨妻高氏。烈婦劉星毓妻柴氏，烈女劉永祚女。均乾隆年間旌。

邊國鏡妻楊氏。薊州人。夫亡守節。同州節婦：仇連名妻李氏，王之弼妻劉氏，張德弘妻劉氏，陳天性妻于氏，宗坤妻劉氏，陳嘉謨妻張氏，崔元工妻王氏，金弘基妻沈氏，白克遜妻崔氏，石思聰妻吕氏。均乾隆年間旌。

王李妻倪氏。平谷人。夫亡守節。同縣節婦：馬馭雯妻顧氏，陳夢忠妻羅氏。均乾隆年間旌。

魯總盛妻李氏。大興人。夫亡守節。同縣節婦：朱錫緯妻張氏，任羽吉妻馮氏，田志安妻陳氏，毛玉培聘妻陳氏。烈婦：孫顯祖妻阮氏，王三妻邵氏，崔老妻耿氏，孫茂灉妻李氏，董二妻鄭氏，李三妻張氏。均嘉慶年間旌。

達色妻陳氏。采育駐防馬甲，滿洲人。夫亡守節。又德昌妻唐氏，穆克登布妻瓜爾佳氏。均嘉慶年間旌。

方劭妻夏氏。宛平人。夫亡守節。同縣烈婦尚進忠妻趙氏、謝喬氏，節婦王瑶妻褚氏，烈女李大姐。均嘉慶年間旌。

亮保妻劉氏。良鄉駐防馬甲，蒙古人。夫亡守節。又福林布妻方氏。均嘉慶年間旌。

陳銓妻康氏。固安人。夫亡守節。同縣節婦許天柱妻李氏。均嘉慶年間旌。

葉有德妻魯氏。永清人。夫亡守節。同縣烈婦：任連妻周氏，王五妻王氏，劉永泰妻孫氏，賈文庫妻趙氏。烈女劉銀姐、徐二姐。均嘉慶年間旌。

李田保妻王氏。東安人。守正捐軀。同縣于德兒聘妻劉氏。均嘉慶年間旌。

王玉妻蘇氏。香河人。守正捐軀。同縣烈婦：田紹錫妻張氏，李大妻馬氏。節婦：董霖繼妻趙氏，李凌雲妻李氏。均嘉慶年間旌。

王澤妻皮氏。通州人。夫亡守節。同州節婦：崔焯繼妻王氏，劉文琪妻鮑氏，李文銓妻雷氏。烈婦王成功妻張氏。均嘉慶年間旌。

朱隆阿妻王氏。三河駐防馬甲，滿洲人。夫亡守節。又經文妻唐氏，閑散海禄妻洪氏。均嘉慶年間旌。

梁潤繼妻高氏。武清人。夫亡守節。同縣節婦楊文舉妻李氏。均嘉慶年間旌。

張寬妻鄭氏。寶坻人。夫亡守節。同縣節婦：王譙妾張氏，王德恒妻于氏，王鈺妻江氏，王長佑妻劉氏，楊文昭聘妻鄂氏，沈恒妻王氏，張鴻名妻馬氏。均嘉慶年間旌。

六得妻梁佳氏。寶坻駐防馬甲，滿洲人。夫亡守節。又那清阿妻曹佳氏，克陞額妻張佳氏，閑散巴克坦布妻祥佳氏。均嘉慶年間旌。

董氏女三姐。寧河人。守正捐軀。同縣節婦：王淑妻呂氏，許成文妻鄭氏。均嘉慶年間旌。

王玉書妻袁氏。昌平人。夫亡守節。同州節婦朱作楨妻楊氏。均嘉慶年間旌。

白狗妻趙氏。昌平駐防馬甲，滿洲人。夫亡守節。嘉慶年間旌。

吴錦珖妻甯氏。密雲人。夫亡守節。同縣節婦錢萬福妻吴氏。均嘉慶年間旌。

菩薩保妻王佳氏。密雲駐防領催，滿洲人。夫亡守節。又前鋒柯興額妻扎拉里氏，六格妻覺羅氏，德貴妻穆衣氏，馬甲西昌妻張佳氏，德林繼妻伊拉里氏，富旺妻蘇氏，禄兆妻富察氏，富海繼妻西林覺羅氏，伊唐阿妻伊爾根覺羅氏，舒惠妻多爾祁特氏，石棟妻崔氏，姜阿妻巴雅爾氏，務能義妻劉氏，彭蘇克妻巴雅爾氏，四格妻孫氏，三金保繼妻呂氏，佟索住妻李氏，雅朗阿妻曹氏，雙頂妻元佳氏，七十五妻伊爾根覺羅氏，拴住妻烏魯特氏，海青妻趙氏，興福繼妻和余爾氏，特克什布妻張氏，烏淩阿妻姜氏，巴通阿妻張氏，四十一妻張氏，達色妻蒲氏，又蒙古馬甲福保妻于氏，羅卜藏林臣妻那拉氏，常慶妻邵氏，海林妻瓜爾佳氏。均嘉慶年間旌。

永奎妻趙氏。古北口駐防馬甲，滿洲人。又舒明阿妻趙氏，雙保妻孫氏，業布肯妻何氏，七十四妻余氏。均嘉慶年間旌。

孫傑妻王氏。涿州人。守正捐軀。同州烈女林興華女，劉氏女。均嘉慶年間旌。

李之英妻張氏。房山人。夫亡守節。同縣節婦高天明妻焦氏，貞女羅維常聘妻張氏。均嘉慶年間旌。

崔雲毅妻李氏。霸州人。夫亡守節。同州：王國旗妻樊氏，高吉義妻曹氏，蔡專成妻王氏。烈婦楊成妻馬氏，烈女酆伏妞。均嘉慶年間旌。

阿克墩布妻管氏。霸州駐防披甲，滿洲人。夫亡守節，嘉慶年間旌。

何滬妻靳氏。文安人。夫亡守節。同縣節婦：陳鳳友妻王氏，馬永年妻劉氏，盧雲嶺妻王氏，盧萬芳妻劉氏，井之棟妻郝氏，井時炡妻高氏，馬永年妻劉氏。烈婦于朱氏、姚白氏。均嘉慶年間旌。

張氏女。大城人。張梅之女名焕兒，守正捐軀。同縣烈婦：梅士起妻魏氏，王致成妻李氏。節婦：段藻繼妻吳氏，段大川妻胡氏，宋學直妻李氏，劉堪妻尹氏。均嘉慶年間旌。

王發妻蘇氏。保定人。夫亡守節。同縣節婦張陳氏。均嘉慶年間旌。

王振逵妻湯氏。薊州人。夫亡守節。同州烈婦趙佳氏。均嘉慶年間旌。

劉暄妻楊氏。平谷人。夫亡守節。嘉慶年間旌。

仙釋

南北朝　魏

寇謙之。昌平人。遇仙人成功興，與之遊嵩、華，服仙藥，遂隱嵩陽。魏始光中〔一七〕，召至闕。一日謂弟子曰：「功興召我於中岳仙宫。」遂死。有青氣如烟從口中出，其體漸縮，後東郡沈猷見謙之在嵩山，身作銀色，光明如日。

唐

曇無竭。姓李氏，幽州人。幼爲沙彌，修苦行。嘗聞法顯等躬踐佛國，慨然有志，乃入流沙，經龜兹、疏勒諸國，進至罽賓禮佛鉢，學梵書、梵語，求得觀世音受記經梵文，後西入月氐國、天竺界，惟賫石蜜爲糧，隨舶泛海，達廣州而歸。後不知所終。

薛昌。幽薊人。爲進士。唐天寶中棲止於蜀之青城洞天觀，忽得「商陸酒」飲之，耳鼻流血死，經三日，厴然而甦，身輕目明，勢欲飛舉，洞見遠近。節度使延致，欲送京師，忽失所在。

遼

常在。重熙間於寶坻南城隅渠水之陰，建彌陀佛舍，結廬其旁，精修禪行，後趺坐而化，火身不灰。其徒以其身立於佛側，已而髮再生焉，踰月削之復生。

元

丘處機。登州棲霞人，自號長春子。年十九，爲全真學，師重陽王真人。宋、金之季，俱遣使召，不赴。元太祖召之，乃往見於雪山。時方日事攻戰，處機每言欲一天下者，必在乎不嗜殺人。及問爲治之方，則對以敬天勤民。問長生久視之道，則告以清心寡欲。太祖深契其言，曰：「天錫仙翁，以寤朕志。」命左右書諸策。歲甲申還燕，居太極宫，有旨改宫名曰長春。卒年八十。至元六年詔贈長春演道主教真人。

岳真人。涿州人。自幼不嗜酒肉，長即辭家學道，師事大元真人，卒得其祕。至元中封崇玄廣化真人。大德中仙去。

本朝

通琇。江陰楊氏子。初禮磬山修得度，居武康報恩寺。順治十六年召見説法，稱旨，賜號大覺禪師。尋乞還山。明年再召，加封普濟能仁國師。復請還。康熙十四年，示寂於清江浦慈雲寺。雍正十一年特詔賜祭，於都城西北建拈花寺以居其法嗣。

行森。博羅黎氏子。受法於琇，居杭州龍溪庵。順治中隨師至京，召對稱旨，留京數年。世祖章皇帝欲封爲禪師，行森以師弟不敢並受封號，力辭。後還龍溪，所著語録，識見超卓。雍正十一年追封明道正覺禪師。

土產

穀。周禮職方氏：幽州，「其穀宜三種」。鄭康成注：「三種，黍、稷、稻也。」畿輔通志：「豐澤園中有御稻米，色微紅而粒長，氣香而味腴。」聖祖仁皇帝御製御稻米文。今玉泉、香山一帶亦多有此種。

鹽。周禮：幽州，「其利魚、鹽」。舊志：「寶坻有鹽場，今屬寧河縣。」

棗。陸啓浤客燕雜記：京師嘉果，「棗六：纓絡棗、賽梨棗、合兒棗、無核棗、西王母棗、密雲棗」。

栗。史記：「燕、秦千樹栗」。左思魏都賦：「故安之栗。」注：「故安屬范陽，出御栗」。唐書地理志：幽州「土貢栗」。括地志：「固安之栗，天下皆稱之爲御栗，有栗園。」詩草木鳥獸蟲魚疏：「五方之栗，惟漁陽、范陽栗美甜味長，他方悉不及。」周篔析津日記：「遼於南京置栗園司。元昌平縣亦有栗園。今燕市及秋，則以餳拌雜石子爆之，栗比南中差小，而味頗甘。」客燕雜記：京師佳果，栗三：霜前栗、盤古栗、鷹爪栗。

梨。客燕雜記：京師佳果，「梨五：紫梨、青梨、白梨、大谷梨、沙梨」。

桃、杏、李、柰。明志：「金桃、玉桃皆上林苑出。」客燕雜記：京師佳果，有紅桃、白銀桃、小桃、蟠桃、合桃、酒紅桃、霜下桃。紫杏、黄杏。紫李、黄李、緑李、麝香李、盤山李。紫柰、緑柰。

榛。昌平志：榛出北山黄花鎮者良。

白櫻桃。周亮工因樹屋書影：白櫻桃生京師西山中。

葡萄。通志：出苑籞中，形如馬乳者佳。

蘋婆果。采蘭雜記：「燕地蘋婆果，味雖平淡，夜置枕邊，微有香氣。佛書所謂蘋婆〔一八〕，華言相思也。」日下舊聞：「按詩『蔽芾甘棠』。毛公傳：『甘棠，杜也。』鄭康成注：『北人謂之杜梨，南人謂之棠梨。』爾雅：『杜，赤棠。』郭璞曰：『今之杜梨也。』樊光曰：『赤者爲杜，白者爲棠。』陸璣曰：『赤棠與白杜同，但子有赤白美惡，子白色爲白棠，甘棠也，少酢滑美，赤棠子澁而酢，無味。』」通志：「甘棠謂之棠梨，又有沙棠。」廣志云：「沙如棠，味如李，無核。竊疑今之蘋婆果，即詩所謂甘棠，而俗呼沙果即沙棠，呼檳子者乃赤棠也。其曰棠梨者，以花似棠，實似梨，合而稱之爾。」十六國春秋：「慕容儁觀兵近郊，見甘棠於道周，從者不識，儁曰：此詩所謂甘棠。」

文官果。謝肇淛五雜俎：「北方有文官果，形如螺，味甚甘，類滇之馬金囊，或云即是也。金囊又譌爲榠樝，遂以文官果爲馬檳榔，不知文官果樹生，馬金囊蔓生也。」

松蕈。盤山志：「産盤山，土人目爲紫蘑菇。」

山藥。析津日記：「産采育者，甘美，特異他處。」

菜。五雜俎云：「京師隆冬有黄芽菜，韭黄，蓋富室地窖炕中所成。」按今京師九月間，壓擔連車，皆黄芽菜，直至正月乃漸稀，非難得也。又析津日記：「天壇生龍鬚菜。」

瓜子。寰宇記：「幽州土産。」

白膠。唐書地理志：「漁陽郡土貢。」寰宇記：「薊州土産鹿角膠。」

芍藥。通志：「出京師豐臺。」

煤。宛平、房山二縣産。

石。山海經注：「燕山多嬰石。似玉，有符采嬰帶，所謂燕石也〔一九〕。」杜綰石譜：「燕山石出水中，名奪玉，瑩白而温潤。」燕山叢録：「宛平西齋堂村産石〔二〇〕，黑色而性不堅，磨之如墨，可以畫眉，名曰畫眉石，亦曰黛石。」舊志：「三河縣出花斑石。」

藁本香。明統志：「出密雲。」

琉璃。宛平縣出。

角弓。爾雅：「北方之美者，有幽都之筋角焉。」考工記：「燕之角，材之美者也。」陳琳武庫賦：「弩則幽都筋角。」唐書地理志：幽都土貢角弓〔二一〕。

鷹。段成式酉陽雜俎：鷹有房山白者，生房山白楊、椵樹上。漁陽諸處皆産鷹。

鵽鳩。李因篤芹城小志：「鵽鳩，褐色，昌平北山有之。」爾雅釋鳥云『鵽鳩，寇雉』是也。今土人呼曰沙雞，亦呼半翅，或曰即突厥雀。」薊丘集：「京師北山，鳥有紅雅、沙雞、文雉、半翅，獸有虎、豹、奇狸、狼、野干、白駮、豪猪、兔、麅。」

黄鼠。劉績霏雪録：「北方黄鼠穴處，各有配匹，人掘其穴者，見其中作小土窖，若牀榻之狀，則牝牡所居之處也。秋時蓄黍菽及草木之實以禦冬，各爲小窖，别而貯之。天氣晴和，時出坐穴口，見人則拱前腋如揖狀，即竄入穴。韓孟聯句所謂『禮鼠拱而立』者也。」

魚。詩草木鳥獸蟲魚疏：「魴魚廣而薄，肥甜而少力，細鱗。魚之美者。漁陽、泉州，鱮似魴，厚而頭大，幽州人謂之鴞鷗，或謂之胡鳙。」燕山叢録：「寶坻銀魚，都下所珍。北人稱爲麪條魚，形似東吴鱠殘而倍大，出海中蛤山下。秋深霜降，上温泉産子，映日望之，波浪皆成銀色，人每候其至網之。」按舊志載：後漢書郡國志漁陽有鐵，唐六典幽州范陽郡貢綾，檀州貢人參；唐書地理志范陽郡土貢綾、綿、人參，幽州貢豹尾〔二二〕，密雲郡貢人參、麝香，薊州土産遠志、白朮〔二三〕；寰宇記幽州土産緜、絹、人參，霸州土産絲、綿、絹，檀州土貢人參，昌平縣産水晶；九域志霸州、信安軍、保定軍貢土絹各一十匹〔二四〕；金史地理志大興縣産金銀銅鐵、滑石、半夏、蒼朮、代赭石、白龍骨、薄荷、五味子、白牽牛；元史地理志檀州大峪、錐山有鐵鑛〔二五〕。謹附記。

校勘記

〔一〕思沖歸幣百轝　「百」，乾隆志卷九順天府六列女（以下同卷簡稱乾隆志）同。新唐書卷二〇五列女傳崔繪妻盧：「思沖歸幣三百轝。」此「百」上脱「三」字。

〔二〕天倪帥真定　「真」，原作「正」，乾隆志同，據元史卷一四七史天倪傳改。參見本書卷十順天府五校勘記〔四〇〕。

〔三〕降將武仙謀逆　「仙」，原作「善」，乾隆志同。金史卷一一八武仙傳：歸順于大元，與史天倪俱治真定，「正大二年，仙賊殺史天倪」。元史卷一四七史天倪傳載：軍真定，爲武仙所害。此「善」爲「仙」字之誤，據改。

〔四〕貞白無玷　「貞」，原作「負」，據乾隆志及元史卷二〇〇列女傳一王氏改。

〔五〕至正間　「正」，原作「德」，乾隆志作「至德二十年」。元史卷二〇一列女傳二李仲義妻劉氏作「至正二十年」。元無「至德」年號，此「德」爲「正」字之誤，據改。

〔六〕平章劉哈拉布哈兵乏食　「劉」，原脱，據乾隆志及元史列女傳二李仲義妻劉氏補。

〔七〕又諸生馮文珪妻王氏　「珪」，乾隆志同。光緒順天府志卷一〇九列女一作「烓」。

〔八〕張貞女順天人許字通州康京　乾隆志同。同治畿輔通志卷二五二列女八：「康武寧女流著，幼許字張京（一作經）。謹案列女及其夫名，各書紀載互異，一統志以爲張貞女，京師人，許字通州康京，康熙志及方苞文集均張京，而州志既載其父名并女字，考證較確，謹從州志著之。」

〔九〕錢澍妻柳氏　「澍」，原作「樹」，據乾隆志及光緒順天府志卷一一二列女四、同治畿輔通志卷二五二列女八改。

〔一〇〕王允祚妻蘇氏　「允」，原作「永」，據乾隆志及光緒順天府志卷一一二列女四、同治畿輔通志卷二五二列女八改。

〔一一〕張瑞毓妻劉氏　「毓」，原作「玉」，據乾隆志及光緒順天府志卷一一二列女四、同治畿輔通志卷二五二列女八改。

〔一二〕李定國妻陳氏　「定」，原作「廷」，據乾隆志及光緒順天府志卷一一二列女四、同治畿輔通志卷二五三列女九改。

〔一三〕杜育泓妻張氏　「泓」，原作「弘」，據乾隆志及光緒順天府志卷一一二列女四、同治畿輔通志卷二五三列女九改。

〔一四〕黎秉忠妻郭氏　「黎」，原作「李」，據乾隆志及光緒順天府志卷一一二列女四、同治畿輔通志卷二五三列女九改。

〔一五〕陳安公妻柴氏　「安」，原作「宋」，據乾隆志及民國涿縣志第六編第三卷列女改。

〔一六〕張建業妻王氏　「建」，原作「廷」，據乾隆志及光緒順天府志卷一一二列女四、同治畿輔通志卷二五三列女九改。

〔一七〕魏始光中　「始光」，原作「貞元」，乾隆志仙釋同。按北魏無「貞元」年號，大明一統志卷一順天府仙釋、康熙順天府志卷七人物皆作「始光」，是，據改。

〔一八〕佛書所謂蘋婆　「蘋」，原作「平」，據乾隆志土産及日下舊聞考卷一四九物産引采蘭雜志改。

〔一九〕山海經注至所謂燕石也　乾隆志同。按山海經：「燕山多嬰石。」郭璞云：「言石似玉有符彩嬰帶，所謂嬰石者。」此經文與注文相混爲一。

〔二〇〕宛平西齋堂村産石　「西」，乾隆志同。大明一統志卷一順天府土産、日下舊聞考卷一四九物産皆作「西北」，此脱「北」字。

〔二一〕幽都土貢角弓　乾隆志同。新唐書卷三九地理志三：幽州，「土貢角弓」。此「幽都」應作「幽州」爲是。

〔二二〕唐書地理志范陽郡土貢綾綿人參幽州貢豹尾　乾隆志同。按新唐書卷三九地理志三：幽州范陽郡土貢：「綾、綿、絹、角弓、人葠、栗。」可知州名幽州，郡名范陽，此析而爲二，非也。又幽州范陽郡土貢無「豹尾」，此誤。

〔二三〕薊州土産遠志白术　乾隆志同。按新唐書地理志：薊州「土貢：白膠」，不載「遠志、白术」。

〔二四〕九域志霸州信安軍保定軍貢土絹各一十匹　乾隆志同。按元豐九域志卷二：霸州土貢絹一十匹，信安軍土貢絹一十匹，「保定軍土貢絁一十匹」，則保定軍土貢絁，非「絹」，此誤。

〔二五〕元史地理志檀州大峪錐山有鐵鑛　乾隆志同。按元史卷九四食貨志二歲課：「産鐵之所，在腹裏曰河東、順德、檀、景、濟南。」又載：「所隸之冶，曰大峪、曰錐山。」不載於元史地理志，此誤。

保定府圖

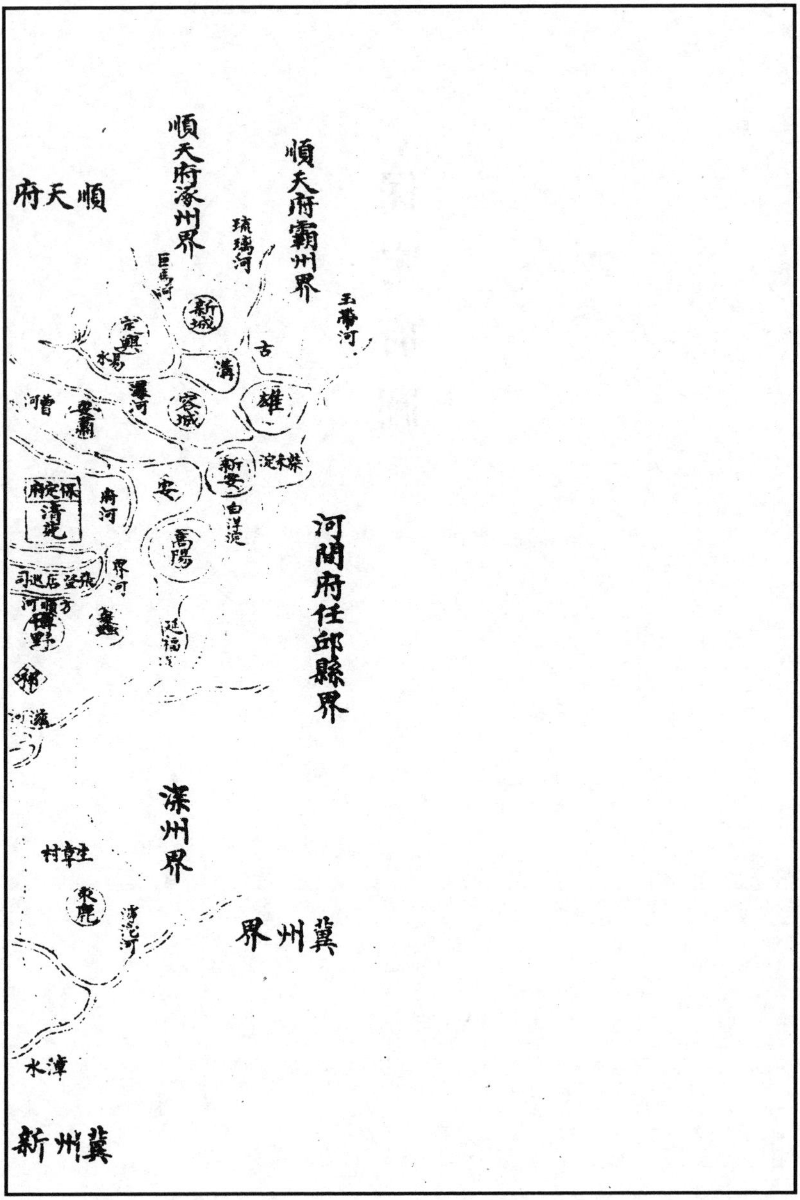
順天府
順天府涿州界
順天府霸州界
琉璃河
玉帶河
新城
容城
雄
新安
安
高陽
河間府任邱縣界
保定府清苑
深州界
冀州界
冀州新
水漳

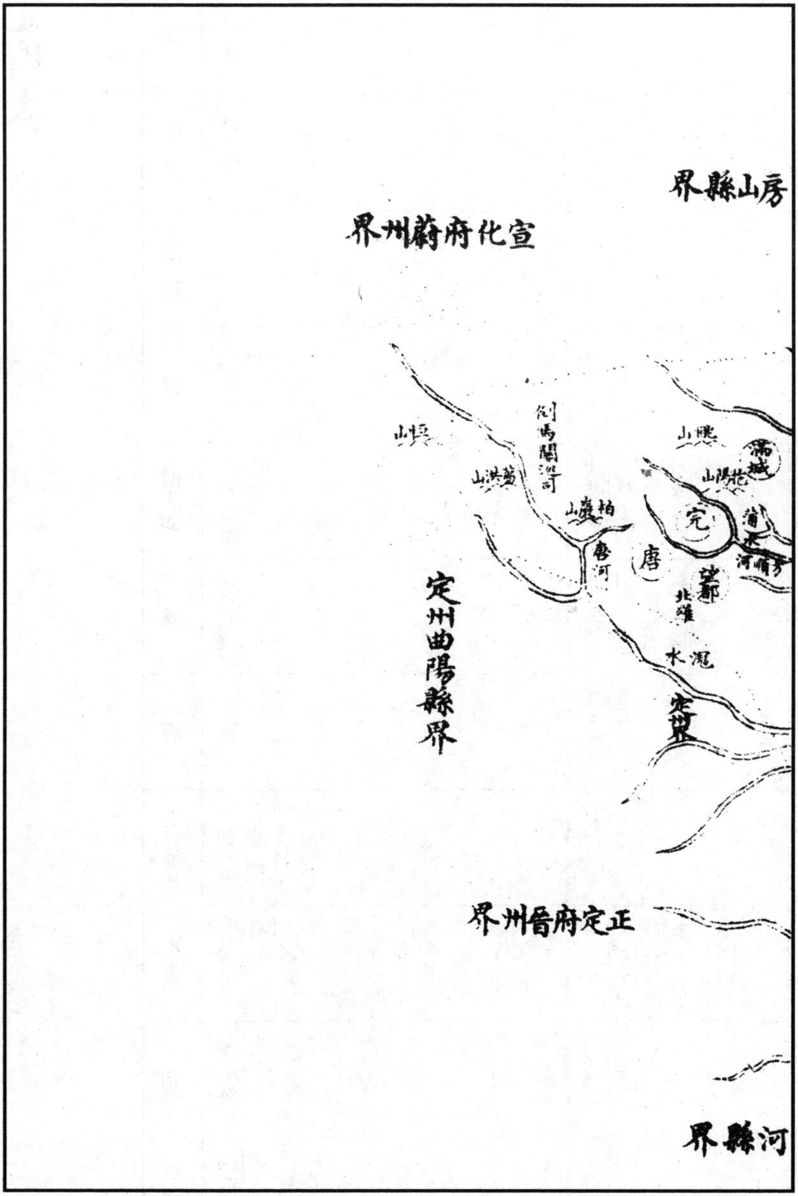
房山縣界
宣化府蔚州界
定州曲陽縣界
正定府晉州界
河縣界
唐
完
唐河

保定府表

	保定府	清苑縣
秦	屬上谷郡。	
兩漢	屬涿郡。	
三國		
晉	范陽郡地。	
南北朝	後魏高陽郡地。	清苑縣 後魏太和元年分置。齊改名樂鄉。
隋	河間郡地。	清苑縣 開皇十八年復故名，屬河間郡。
唐	莫州地。	清苑縣 屬莫州。
五代遼附	晉初入遼，置泰州；開運二年收復，州廢。	清苑縣
宋金附	保州 清苑郡 宋建隆初置保塞軍，太平興國六年升州，政和三年賜郡名，屬河北西路。金天會七年改順天軍。	保塞縣 宋太平興國六年改名，州治。金大定十六年復故名。
元	保定路 太宗十一年升順天路，至元十二年改名，屬中書省。	清苑縣 保定路治。
明	保定府 洪武元年改府，直隸京師。	清苑縣 保定府治。

續表

	滿城縣
樊輿侯國，屬涿郡。後漢省。 廣望侯國，屬涿郡。後漢省。	北平縣，屬中山國。
	北平縣
樊輿縣，置，尋省，改置樂鄉縣。	北平縣
樂鄉縣，後魏置，屬高陽郡。北齊省。 扶輿縣，後魏改置，屬高陽郡。齊省。	北平縣，後魏孝昌中屬北平郡。周改名永樂。 永樂縣，後魏興和二年分置，屬樂浪郡。齊屬昌黎郡。周省。
	永樂縣，屬上谷郡。
	滿城縣，屬易州。天寶元年改名。
	滿城縣，晉移泰州治此，尋廢。
	滿城縣，宋景德中省。金大定二十八年復置，屬保州。
	滿城縣，屬保定路。
	滿城縣，屬保定府。

續表

安肅縣		
北新城縣 屬中山國。後漢屬涿郡。		
北新城縣		
北新城縣 屬高陽國。		
新城縣 後魏去「北」字，屬高陽郡。齊復故名，尋省入清苑。	南營州 昌黎郡 後魏永熙二年僑置，治英雄城。	
	開皇初州郡俱從廢。	
安肅軍 宋太平興國六年置靜戎軍，景德元年改名。金改徐州，天德三年又改安肅州，徐郡。	安肅縣 宋置靜戎縣，宣和七年改名，軍治。金爲州治。	廣信軍 宋太平興國六年置威虜軍，景德元年改名。金改遂州，屬中都路。
安肅州 屬保定路。	省入州。	遂州 至元二年省入安肅，後復置，屬保定路。
安肅縣 洪武六年降縣，屬保定府。		洪武初省入安肅。

續表

	定興縣	新城縣	唐縣
	范陽縣		
	范陽縣 屬涿郡。	新昌侯國 屬涿郡。後漢省。	唐縣 屬中山國。
	范陽縣		唐縣
	范陽縣 屬范陽國。		唐縣
新昌縣 後魏屬遼東郡。齊爲州郡治。	范陽縣 後魏屬范陽郡。		唐縣 後魏屬中山郡。齊省入安喜。
遂城縣 開皇十八年改名，屬上谷郡。	遒縣 開皇初改名，屬上谷郡。	固安縣地。	唐縣 開皇十六年復置，屬博陵郡。
遂城縣 屬易州。	省入易縣。	新城縣 太和六年新置，屬涿州。新昌縣 大曆四年復置，屬涿州。	唐縣 屬定州。
遂城縣		新城縣 晉入遼。新昌縣	唐縣 梁改中山，後唐復故。晉改博陵，漢初復故。唐縣 屬中山府。
遂城縣 宋軍治。金州治。	定興縣 金大定六年改置，屬涿州。	威城縣 宋宣和四年改名。金復故。宋省。	唐縣 屬中山府。
省入州。	定興縣 屬易州。	新城縣 太宗二年升新泰州，尋復縣，至元二年屬雄州。	唐縣 屬保定路。
	定興縣 屬保定府。	新城縣 屬保定府。	唐縣 屬保定府。

續表

	博野縣	望都縣	容城縣
	蠡吾縣屬涿郡。後漢爲侯國，屬中山國。	望都縣屬中山國。	容城縣屬涿郡。後漢省。
	蠡吾縣	望都縣	容城縣
	蠡吾縣屬高陽國。	望都縣	容城縣復置，屬范陽國，後罷。
	蠡吾縣後魏屬高陽郡。北齊省入博野。	望都縣後魏孝昌中屬北平郡。齊省入北平縣。	容城縣後魏太和中復置，屬范陽郡。北齊省。
		開皇六年復置，大業初省。	遒縣開皇元年改。
	博野縣地。	望都縣武德四年復置，屬定州。	容城縣武德五年復名，并置北義州。貞觀元年州廢，屬易州。聖曆二年改曰全忠。天寶元年復故。
		望都縣	容城縣晉初入遼。周又僑置於雄州，尋廢。
		望都縣宋屬中山府。金改名慶都。	容城縣宋建隆四年復置，屬雄州。金泰和八年屬安州，貞祐二年屬安肅州。
		慶都縣屬保定路。	容城縣屬雄州。
	博野縣洪武元年移來治，屬保定府。	慶都縣屬保定府。	容城縣洪武初省入雄縣，十四年復置，屬保定府。

續表

完縣	蠡縣
曲逆縣 屬中山國。後漢章和二年改名蒲陰。	陸成縣 屬中山國。後漢省，本初元年改置博陵，兼置郡，尋罷。
蒲陰縣	博陵縣
蒲陰縣	高陽國 泰始元年置。 博陸縣 泰始元年改名，國治。
北平郡 後魏孝昌中分置。齊廢。 北平縣 後魏屬北平郡。齊改置，屬中山郡。	博野縣 後魏景明元年又改名，屬高陽郡。
北平縣 屬博陵郡。	博野縣 屬河間郡。
北平縣 屬定州，萬歲通天二年改曰徇忠，神龍元年復故。	武德五年置蠡州，八年廢，九年復置，貞觀初又廢。 博野郡 初爲州治，州廢，屬瀛州，永泰中改屬深州。
燕平縣 後唐長興三年改名。	博野縣 周改屬定州。
北平軍 宋慶曆二年置，屬定州，金貞祐二年升爲完州。 北平縣 宋初復故名，爲軍治。金改名永平，屬中山府。	永寧軍 雍熙四年置寧邊軍，天聖七年改名。金天德三年改蠡州。 博野縣 宋軍治。金州治。
完州 至元二年降州爲永平縣，尋復故，屬保定路。 省。	蠡州 屬真定路。 至元三年省入州。
完縣 洪武二年降縣，屬保定府。	蠡縣 洪武二年改屬保定府，八年降縣。

雄縣	祁州
易縣 屬涿郡。後漢屬河間國。	安國縣 屬中山國。
易縣	安國縣
易城縣 改名。	安國縣 屬博陵郡。
易縣 後魏復故名，屬高陽郡。齊省入鄚。	安國縣 後魏太平真君七年省，景明二年復置。齊省。
	義豐縣 開皇六年復置，改名。
歸義縣 武德五年後置，初屬幽州，後屬涿州。	義豐縣 屬定州，萬歲通天二年改曰立節，神龍元年復故。
雄州 周顯德六年置。 歸義縣 周分置，爲州治。 歸義縣 晉初入遼。	義豐縣
雄州 易陽郡 宋政和三年賜名，屬河北東路。金仍曰雄州。 歸信縣 宋太平興國初改名。 歸義縣 金併入歸信。	祁州 景德元年移來治，屬河北西路。 蒲陰縣 宋太平興國初改名，爲州治。
雄州 至元二十三年屬保定路。 歸信縣	祁州 屬保定路。 蒲陰縣
雄縣 洪武七年降縣，屬保定府。 洪武初省入州。	祁州 屬保定。 省入州。

束鹿縣
鄡縣 屬鉅鹿郡。後漢曰鄡。 安定縣 屬鉅鹿郡。後漢省入鄡。 貰縣 屬鉅鹿郡。後漢省入鄡。 樂信侯國 屬鉅鹿郡。後漢省。
鄡縣
鄡縣 屬趙國。
安國縣 後魏曰鄡，屬鉅鹿郡。齊又改。
鹿城縣 開皇六年改名安定，十八年又改，屬信都郡。 宴城縣 開皇十六年分置，大業初廢。
鹿城縣 武德四年屬廉州，貞觀元年改屬深州，十七年改屬冀州，先天二年又屬深州，至德二載改名束鹿。
束鹿縣
束鹿縣 宋初屬鎮州，淳化九年屬深州。
束鹿縣 至元三年屬祁州。
束鹿縣

續表

安州	高陽縣
高陽縣地。	
	高陽郡後魏移置。
河間縣地。	開皇初郡廢，十六年置滿州，大業初廢。
唐興縣如意元年置武興縣，屬瀛州，神龍元年改名，景雲二年屬鄚州。	武德初復置滿州，貞觀元年廢。
唐興縣晉改曰宜川，後復故。周顯德六年省入鄚。	
宋太平興國七年置唐興砦，淳化三年置順安軍，至道三年徙廢。金大定二十八年移安州來治，泰和八年又徙。 葛城縣金置，爲安州治，泰和八年州徙，縣屬。	順安軍宋至道三年移來治。金天會七年升安州，大定二十八年徙廢。
安州初復置州，屬保定路。 葛城縣至元二年省入高陽，後復置。	
安州洪武七年改縣，十四年復州，屬保定府。 省入州。	

續表

	新安縣
高陽縣 屬涿郡。後漢屬河間國。	容城縣地。
高陽縣	
高陽縣 屬高陽國。	
高陽縣 後魏郡治。	
高陽縣 屬河間郡。	
高陽縣 初爲州治，後屬瀛州。	
高陽縣	
高陽縣 宋熙寧六年省，八年復置。金屬安州。	安州 金泰和八年移來治。 渥城縣 金泰和四年置，八年爲州治。
高陽縣	至元二年廢。 新安縣 至元二年省入歸信，九年復置，改名，屬保定路。
高陽縣 洪武八年併入蠡縣，十二年復置，屬保定府。	新安縣 洪武七年省入安州，尋復置，屬安州。

大清一統志卷十二

保定府一

直隸省治。東西距二百七十里，南北距四百九十里。東至河間府任丘縣界一百十里，西至定州曲陽縣界一百六十里，南至冀州新河縣界三百里，北至順天府房山縣界一百九十里。東南至冀州治三百四十里，西南至正定府晉州治二百二十五里，東北至順天府霸州治二百十里，西北至宣化府蔚州治四百里。自府治至京師三百五十里。

分野

天文尾、箕、析木津及昴、畢、大梁之次。府東北清苑、滿城、安肅、定興、新城、容城、雄縣，皆古燕地，當析木之次，爲尾、箕分野。府西南唐縣、博野、望都、完縣、蠡縣、祁州、束鹿、安州、高陽、新安，皆古趙地，當大梁之次，爲昴、畢分野。

建置沿革

禹貢冀州之域。周屬幽州。春秋、戰國屬燕。戰國時，南境分屬趙。

秦屬上谷郡〔一〕。南境屬鉅鹿郡。漢屬涿郡。分屬中山國及鉅鹿郡。後漢因之。分屬中山、河間二國及鉅鹿郡。晉爲范陽國地。兼爲高陽、中山、河間、博陵、趙國地〔二〕。後魏爲高陽郡地。兼爲范陽、中山、博陵、北平、鉅鹿諸郡地，分屬瀛、幽、定三州。

隋爲河間郡地。兼爲上谷、博陵、信都三郡地。唐爲莫州地。兼爲涿、易、瀛、定、深諸州地，屬河北道。五代晉天福初割屬遼，始分置泰州，開運二年收復，州尋廢〔三〕，仍爲莫州地。周分置雄州。

宋建隆元年始復分莫州地置保塞軍。府之基址始此。太平興國六年升爲保州，政和三年賜名清苑郡，屬河北西路。又分置廣信、安肅、永寧、順安、北平五軍，與祁、雄二州及中山府，分屬河北東西路。其涿州地則入遼，屬南京道。金天會七年升保州爲順天軍節度，屬中都路。又增置遂、安肅、蠡、安、完五州與涿、雄、祁三州及中山府，分屬中都、河北東西路。

元太宗十一年始升順天軍爲順天路，置總管府，至元十二年改爲保定路。領易、祁、雄、安、遂、安肅、完七州。府之疆域自此始大。屬中書省。明洪武元年改保定府，隸北平行中書省，七年隸北平布政使司〔四〕。永樂後直隸京師。

本朝爲直隸省治，領州三，縣十七。雍正十二年以深澤縣改屬定州〔五〕；十一年升易州爲直隸州〔六〕，又以淶水縣及山西之廣昌縣改屬。今領州二，縣十五。

清苑縣。附郭。東西距六十里，南北距八十里。東至安州界四十七里，西至滿城縣界十三里，南至博野縣界七十里，北至安肅縣界十里。東南至高陽縣界三十五里，西南至滿城縣界二十五里，東北至安肅縣界三十里，西北至滿城縣界三十里。漢置樊興、廣望二國，俱屬涿郡。後漢皆省入北新城。晉復置樊輿縣，尋省，改置樂鄉縣。後魏太和元年分新城置清苑縣，改樊輿置扶輿縣，與樂鄉縣俱屬高陽郡。北齊俱省，改清苑曰樂鄉〔七〕。隋開皇十八年又改曰清苑，屬河間郡。唐武德四年改屬滿州，貞觀七年屬瀛州〔八〕，景雲二年改屬莫州。五代晉初入遼，置泰州，開運二年克復，仍廢爲清苑縣。宋建隆元年於縣置保塞軍，太平興國六年改軍置保州，仍改縣曰保塞，爲州治。金大定十六年復曰清苑。元爲保定路治。明爲保定府治。本朝因之。

滿城縣。在府西北四十里。東西距五十里，南北距九十里。東至安肅縣界三十里，西至完縣界二十里，南至望都縣界六十里，北至安肅縣界三十里。東南至清苑縣治四十里，西南至完縣治四十五里，東北至安肅縣治六十里，西北至易州紫荆關一百二十里。漢置北平縣，屬中山國。後漢、晉因之。後魏孝昌中屬北平郡；興和二年分置永樂縣，屬南營州樂浪郡。北齊屬昌黎郡。後周省永樂縣，改北平縣曰永樂。隋屬上谷郡。唐屬易州，天寶元年改曰滿城。五代晉天福初入遼，屬泰州；開運初還屬晉，徙泰州治此，州尋廢，縣仍屬易州。宋景德中省入保塞縣。金大定二十八年復置滿城縣，屬保州。元屬保定路。明屬保定府。本朝因之。

安肅縣。在府北少東五十里。東西距五十五里，南北距六十四里。東至容城縣界二十里，西至滿城縣界三十五里，南至清苑縣界四十里，北至定興縣界二十四里。東南至安州治四十里，西南至滿城縣治六十里，東北至新城縣治九十里，西北至易州治九十里。戰國時，燕武遂邑。漢置北新城縣，屬中山國。後漢屬涿郡。晉屬高陽國。後魏曰新城，屬高陽郡；永熙二年僑置南營州五郡十一縣。北齊惟留昌黎郡，領新昌縣。隋開皇元年州移，三年郡廢，十八年改新昌曰遂城，屬上谷郡。唐屬易州。五代周分置梁門口砦。宋太平興國六年以遂城縣置威虜軍，又以梁門口砦置静戎軍，並置静戎縣爲治；景德元年改威虜爲廣信，静戎爲安肅；宣和七年廢安肅軍爲安肅縣，尋復爲軍，仍治安肅縣。金天會七年改廣信軍爲遂州，安肅軍爲徐州，俱屬河北東路；天德三年改徐州爲安肅州徐郡軍；貞元二年號遂州爲龍山郡，俱改屬中都路；泰和四年廢遂州爲遂城縣，屬保州；貞祐二年復置遂州。元至元二年省遂州入安肅州，後復置遂州，俱屬保定路。明初省遂州入安肅州，洪武六年降安肅州爲縣〔九〕，屬保定府。本朝因之。

定興縣。在府北少東一百二十里。東西距四十五里，南北距五十八里。東至新城縣界二十里，西至易州界二十五里，南至安肅縣界四十六里，北至易州淶水縣界十二里。東南至容城縣界三十五里，西南至安肅縣界五十里，東北至新城縣界十里，西北至淶水縣治三十里。秦置范陽縣。漢屬涿郡。後漢因之。晉屬范陽國。後魏屬范陽郡。隋開皇初改曰遒縣，屬上谷郡。唐初廢入易縣〔一〇〕。金大定六年始改置定興縣，屬涿州。元屬易州。明洪武六年屬保定府。本朝因之。

新城縣。在府東少北一百五十里。東西距九十里，南北距六十里。東至順天府霸州界八十里，西至定興縣界十里，南至雄縣界三十里，北至順天府涿州界三十里。東南至順天府保定縣治九十里，西南至容城縣界三十里，東北至順天府固安縣界四十里，西北至易州淶水縣界四十里。戰國時，燕督亢地。漢置新昌侯國，屬涿郡。後漢省。唐大曆四年分固安縣地復置新昌縣，太和六年又析置新城縣，皆屬涿州。五代晉入遼。宋時，與遼分界於此。宣和四年歸宋，改名威城，尋入金，復曰新城。元太宗二年升新泰州，七年復爲新城縣，屬大都路，十一年屬順天路；至元七年屬雄州〔一一〕。明洪武六年屬保定府。本朝因之。

唐縣。在府西少南一百二十里。東西距五十八里，南北距一百十里。東至望都縣界八里，西至定州曲陽縣界五十里，南至定州界三十五里，北至完縣界七十五里。東南至定州界三十里，西南至曲陽縣界四十里，東北至完縣界十八里，西北至易州廣昌縣界一百八十里。春秋燕唐邑。戰國屬中山。漢置唐縣，屬中山國。後漢及晉因之。後魏屬中山郡。北齊省入安喜縣。隋開皇十六年復置，屬博陵郡。唐屬定州。五代梁開平三年改曰中山，後唐同光初復故，晉改曰博陵，漢初復故。宋屬中山府。金因之。元屬保定路。明屬保定府。本朝因之。

博野縣。在府南九十里。東西距四十一里，南北距六十里。東至蠡縣界六里，西至望都縣界三十五里，南至祁州界三十里，北至清苑縣界三十里。東南至深州饒陽縣治七十里，西南至祁州治三十里，東北至高陽縣治八十里，西北至完縣治一百二十里。漢置蠡吾縣，屬涿郡。後漢爲侯國，屬中山國。晉屬高陽國。後魏屬高陽郡。北齊廢蠡吾縣入博野。唐、宋皆爲博野縣地。明洪武元年移博野於故蠡吾縣界，屬祁州；六年改屬保定府。本朝因之。

望都縣。在府西南九十里。東西距七十五里，南北距四十五里。東至博野縣界五十五里，西至唐縣界二十里，南至定州界三十里，北至完縣界十五里。東南至祁州界五十里，西南至定州界三十里，東北至滿城縣界十五里，西北至唐縣界二十里。戰國趙慶都邑。漢置望都縣，屬中山國。後漢及晉因之。後魏初屬中山郡，孝昌中屬北平郡。北齊省入北平縣。隋開皇六年復置望都縣，大業初省。唐武德四年復置，屬定州。五代因之。宋屬中山府。金改曰慶都。元屬真定路，太宗十一年改屬保定路。明屬保定府。本朝初因之，乾隆十一年，高宗純皇帝巡幸五臺，鑾輿經此，以縣與堯母同名，仍改爲望都縣。

容城縣。在府東北九十里。東西距四十里，南北距二十七里。東至雄縣界二十里，西至安肅縣界二十里，南至新安縣界十里，北至定興縣界十七里。東南至新安縣界十里，西南至安州治四十里〔一二〕，東北至新城縣治五十里，西北至定興縣治五十里。漢置容城縣，屬涿郡。後漢省入遒縣。晉復置〔一三〕，屬范陽國，後罷。後魏太和中復置，屬范陽郡。北齊天保七年省入范陽縣。唐武德五年復置〔一四〕，又於縣置北義州；貞觀元年州廢，縣屬易州；聖曆二年改曰全忠，神龍二年改曰遒縣，天寶元年復曰容城。五代晉天福初入遼，仍屬易州；周顯德六年僑置容城縣於雄州，尋廢。宋建隆四年復置，屬雄州。金初始合二縣爲一，泰和八年割屬安州，貞祐二年改屬安肅州。元仍屬雄州。明初省入雄縣，洪武十四年復置，屬保定府。本朝因之。

完縣。在府西七十里。東西距三十八里，南北距六十里。東至滿城縣界二十里，西至唐縣界十八里，南至望都縣界十五里，北至易州界四十五里。東南至望都縣界二十里，西南至唐縣界一十五里，東北至滿城縣界二十五里，西北至易州界一百里。戰國燕曲逆邑。漢置曲逆縣〔一五〕，屬中山國。後漢章和二年改曰蒲陰。晉因之。後魏初屬中山郡，孝昌中分置北平郡。北齊郡廢，改置北平縣〔一六〕，仍屬中山郡。隋屬博陵郡。唐屬定州，萬歲通天二年改曰徇忠，神龍元年復曰北平。五代唐長興三年改曰燕平。宋初復故，慶曆二年置北平軍〔一七〕。金改曰永平，屬中山府，貞祐二年升爲完州。元至元二年降爲永平縣，尋復爲完州，屬保定路。明洪武二年降州爲完縣，屬保定府。本朝因之。

蠡縣。在府南少東九十里。東西距三十二里，南北距三十二里。東至河間府肅寧縣界二十里，西至博野縣界十二里，南至深州安平縣界十二里，北至清苑縣界二十里。東南至深州饒陽縣治七十里，西南至博野縣治十八里，東北至高陽縣治六十里，西北至望都縣治九十里。漢置陸成縣，屬中山國。後漢省入蠡吾，本初元年改置博陵縣，並置郡〔一八〕。漢末，郡廢，以縣屬安平國〔一九〕。晉泰始元年改縣曰博陸〔二〇〕，並置高陽國治焉。後魏景明元年改縣曰博野，屬高陽郡。隋屬河間郡。唐武德四年屬瀛州，五年以縣置蠡州，八年州廢，九年復置；貞觀元年又廢，縣屬瀛州，永泰中改屬深州，元和十年復隸瀛州，後又屬深州。五代周顯德二年改屬定州〔二一〕。宋雍熙四年以縣置寧邊軍，景德元年改永定軍，天聖七年又改永寧軍，宣和七年軍廢，尋復故，屬河北西路。金天會七年升爲寧州博野郡；天德三年改曰蠡州，屬河北東路。元屬真定路，至元三年省博野縣入州。明洪武二年改屬保定府，八年改州爲縣。本朝因之。

雄縣。在府東北一百二十里。東西距六十五里，南北距四十二里。東至順天府保定縣界四十里，西至容城縣界二十五里，南至河間府任丘縣界十二里，北至新城縣界三十里。東南至順天府文安縣界八十里，西南至新安縣治四十里，東北至順天府霸州治九十里，西北至新城縣治七十里。戰國時，燕易邑。漢置易縣〔二二〕，屬涿郡。後漢屬河間國。晉曰易城縣〔二三〕。後魏復爲易縣，改屬高陽郡。高齊天保七年省入鄚縣。唐武德五年改置歸義縣，屬幽州，尋置北義州於容城，以縣屬焉。貞觀元年省，八年復置歸義縣，屬幽州。大曆四年改屬涿州。五代晉初入遼。周顯德六年收復，於縣置雄州。宋太平興國中改縣曰歸信〔二四〕，政和三年賜郡名曰易陽，置廣德軍〔二五〕，屬河北東路。金仍曰雄州，天會七年置永定軍節度，貞元二年改屬中都路。元初軍廢，至元二十三年屬保定路。明洪武初省縣入州，七年改州爲縣，屬保定府。本朝因之。

祁州。在府南少西一百二十里。東西距四十七里，南北距七十五里。東至博野縣界十七里，西至定州界三十里，南至定州深澤縣界三十五里，北至清苑縣界四十里。東南至深州安平縣治六十里，西南至深澤縣治六十里，東北至博野縣治三十里，西北至望都縣治九十里。漢置安國縣，屬中山國。後漢因之。晉屬博陵郡。後魏真君七年並入深澤，景明二年復置，屬博陵郡。北齊廢。隋開皇六年復置，改名義豐縣，屬博陵郡。唐屬定州，萬歲通天二年改曰立節，神龍元年復曰義豐。五代因之。宋太平興國初改曰蒲陰縣，景德元年移祁州來治，亦曰蒲陰郡，屬河北西路。金仍爲祁州。元屬保定路。明初省蒲陰縣入州，屬保定府。本朝因之。

束鹿縣。在府南少西二百五十五里。東西距五十八里，南北距九十五里。東至深州界八里，西至正定府晉州界五十里，南至冀州新河縣界四十五里，北至定州深澤縣界五十里。東南至冀州界四十五里，西南至趙州寧晉縣界三十里，東北至深州安平縣界六十里，西北至深澤縣界七十里。漢置安定、鄡、貰三縣，皆屬鉅鹿郡。後漢改鄡縣曰鄡，省安定、貰縣入之。晉屬趙國〔二六〕。後魏曰鄡〔二七〕，仍屬鉅鹿郡。北齊改曰安國。隋開皇六年改爲安定，十八年改曰鹿城，屬信都郡。唐武德四年屬廉州，貞觀元年改屬深州，十七年州廢，屬冀州，先天二年又屬深州，至德二載改曰束鹿〔二八〕。五代因之。宋初改屬鎮州，淳化元年還屬深州〔二九〕。金因之。元至元三年改屬祁州。明因之。本朝屬保定府。

安州。在府東少北六十里。東西距二十五里，南北距六十里。東至新安縣界十二里，西至清苑縣界十三里，南至高陽縣界三十五里，北至容城縣界二十五里。東南至河間府任丘縣界三十里，西南至蠡縣界五十里，東北至新城縣界二十五里，西北至安肅縣界二十里。戰國時，燕葛邑。漢爲涿郡高陽縣地。隋爲河間縣地。唐如意元年析河間置武興縣〔三〇〕，屬瀛州；長安四年屬易州，尋復屬瀛州；神龍元年改名唐興縣，景雲二年改屬鄚州。五代晉改曰宜川，尋復故。周顯德六年省入鄚縣。宋太平興國七年改置唐興砦，淳化三年建爲順安軍，屬河北西路；至道三年徙軍治高陽縣。金大定二十八年升葛城爲縣，移安州來治，屬中都路；泰和八年徙州治渥城，以葛城爲屬縣。元初，州還治葛城，至元二年省入高陽，後復置安州，仍治葛城，隸保定路。明洪武七年省葛城縣入州，改安州爲縣〔三一〕，十四年復置安州，屬保定府。本朝因之。

高陽縣。在府東南六十里。東西距七十里，南北距五十五里。東至河間府任丘縣界五十里，西至清苑縣界二十里，南至河間府肅寧縣界五十里，北至安州界五里。東南至肅寧縣治六十里，西南至蠡縣界十五里，東北至新安縣治六十里，西北至安肅縣治一百里。戰國時，燕高陽邑。漢初置高陽縣〔三二〕，屬涿郡。後漢屬河間國。晉屬高陽國。後魏爲高陽郡治。隋開皇初郡廢，十六年於縣置滿州〔三三〕，大業初州廢，屬河間郡。唐武德四年復置滿州，貞觀元年廢屬瀛州。五代因之。宋至道三年自唐興砦移順安軍來治，熙寧六年省爲鎮，八年復爲縣〔三四〕，仍爲順安軍治。金天會七年升爲安州，大定二十八年州徙葛城，以高陽爲屬縣，泰和八年改屬莫州，尋復故。元屬安州。明洪武八年並入蠡縣，十二年復置〔三五〕，永樂後屬保定府〔三六〕。本朝因之。

新安縣。在府東少北八十二里。東西距三十五里，南北距三十五里。東至雄縣界二十里，西至安州界十五里，南至河間府任丘縣界十五里，北至容城縣界二十里。東南至任丘縣界二十里，西南至高陽縣治六十里，東北至雄縣治五十里，西北至容城縣治三十里。漢容城縣地。曰渾渥城，金泰和四年析置渥城縣，八年移安州來治。元至元二年州縣俱省，改爲新安鎮，入歸信縣，四年割入容城，九年復置新安縣，屬保定路。明洪武七年省入安州，尋復置，屬安州。本朝屬保定府。

形勢

城臨四野，地址坦平。圖經。二水交流，夾繞州治。元志。北控三關，南通九省。地連四部，雄冠中州。控雁門之紫塞，引雞距之清流。元劉因賦。前有瀰瀦大陸之利，北有重關天險之固。廣志。羣山西峙，衆水東瀠。舊志。

風俗

古號多豪傑，勁勇而沈静。宋蘇軾集。性緩尚儒，仗氣任俠。文獻通考。稍事詩書之業，畧無囂競之風。不以浮華爲習，而以耕織爲生。元志。地勢廣闊，民物蕃庶。方輿志。士無奇貨，民務農桑。舊志。

城池

保定府城。周十二里有奇，門四，濠廣五丈。明建文四年築，隆慶初甃甎。本朝雍正七年修，乾隆十八年、嘉慶十三年重修。清苑縣附郭。

滿城縣城。周四里有奇，門二，濠廣一丈五尺。遼時舊址，明成化十一年甃甎。本朝康熙十八年修，乾隆三十四年重修。

安肅縣城。舊有南北二土城，相傳五代時築，後南城毁，明景泰中增修北城，周四里，門二，甃以甎，濠廣二丈。本朝順治年間修，乾隆九年、三十一年重修。

定興縣城。周五里有奇，門四，濠廣一丈五尺。金大定七年築，明隆慶五年甃甎。本朝順治十年修，乾隆七年、三十一年重修。

新城縣城。周三里有奇，門二，濠廣三丈。明時因舊址增築。本朝康熙十四年修，乾隆十九年重修。

唐縣城。周四里有奇，門三。明因舊址增築。本朝屢加修葺。

博野縣城。周四里有奇，門三，濠廣二丈，有護城隄。明洪武二年築，崇禎中甃甎。

望都縣城。周四里有奇，門二，濠廣四丈。相傳唐武德四年築，明時修葺。本朝順治五年修，康熙四年甃甎，乾隆七年、三十一年、嘉慶十五年重修。

容城縣城。周三里有奇，門三，濠廣三丈五尺。明景泰後相繼修葺。本朝康熙元年甃甎，乾隆六年修。

完縣城。周九里有奇，門三。隋時舊址，明成化後屢修，崇禎中甃甎，引堯城河水爲濠。本朝康熙十一年修，乾隆二十九年、嘉慶十五年重修。

蠡縣城。周八里，門二，濠廣三丈。明天順中因舊址築，崇禎中甃甎，又築護城隄。本朝順治五年修，並引唐河水繞隍，乾隆四十二年重修。

雄縣城。周七里有奇，門三，環以濠。明洪武初因舊址建。本朝康熙年間修。

祁州城。周六里有奇，門三，濠廣二丈〔三七〕。明成化中因舊址建，隆慶初增築外城。

束鹿縣城。周六里有奇，門四，濠廣二丈餘。明天啓四年建。本朝康熙八年修葺。

安州城。舊土城，周五里有奇，門四，濠廣丈餘。宋楊延朗築，明時增修。本朝乾隆四十四年改建甎城。

高陽縣城。周五里，門四，濠廣四丈。明天順中建。本朝乾隆二十四年修，二十九年重修。

新安縣城。舊土城，周七里有奇，門五，外有濠。明洪武間因舊址建，崇禎十一年修。本朝乾隆十七年重修，四十四年改建甎城。

學校

保定府學。在府治東南。元中統二年建。本朝屢經修葺。入學額數二十名。

清苑縣學。在縣治東北。明洪武八年建。本朝順治以來相繼增修，嘉慶十五年重修。入學額數二十三名。

滿城縣學。在縣治東南。元至大二年建。入學額數十二名。

安肅縣學。在縣治東南。明洪武三年建。本朝順治十七年修。入學額數十五名。

定興縣學。在縣治南。元至元三年建。本朝康熙十一年修。入學額數十二名。

新城縣學。在縣治西。元建。本朝順治、康熙中屢經修葺。入學額數十五名。

唐縣學。在縣治西。唐開元中建，金泰和中重建。本朝順治以來相繼增修。入學額數十二名。

博野縣學。在縣治東。明洪武二年建。本朝康熙二年修。入學額數十一名。

望都縣學。在縣治西北。明洪武中因元舊址重建。本朝康熙年間再建。入學額數八名。

容城縣學。在縣治東北。舊在東南，明洪武中遷建。入學額數十二名。

完縣學。在縣治東。元至正中建，明洪武初重建。本朝康熙八年修。入學額數十二名。

蠡縣學。在縣治東南。元天曆三年建。本朝順治十七年修。入學額數二十二名。

雄縣學。在縣治北。舊在東北，明洪武八年遷建。入學額數十五名。

祁州學。在縣治東。元大德初建。入學額數十八名。

束鹿縣學。在縣治南。明天啓中建。本朝順治六年修。入學額數十八名。

安州學。在州治西。元時舊址在東，明洪武八年遷建。本朝康熙四年修。入學額數十八名。

高陽縣學。在縣治東。明洪武中建。本朝康熙二年修。入學額數二十三名。

新安縣學。在縣治東南。元至元初建。入學額數十八名。

蓮池書院。在府治南。本朝雍正十一年，世宗憲皇帝命各省督撫於會城建立書院，各賜銀千兩，以爲肄業諸生膏火。直隸總督李衛即元張柔蓮花池故址修建講堂，延師課誦，名蓮池書院。乾隆十五年，總督方觀承復加修葺。高宗純皇帝巡幸嵩嶽、五臺，屢經臨憩，御賜萬卷樓蕊幢書院榜額，並御製蓮池書院詩及蓮池十二景詩。按蓮池上有臨漪亭，臨雞泊水。名勝志「雞泊泉亭館臨漪」，即此。又有君子亭，亦張柔所建。又有柳塘、西溪、北潭皆引導雞水，幽景特勝。

玉川書院。在滿城縣治。本朝乾隆三十八年建〔三八〕。

古遂書院。在安肅縣城東。本朝乾隆二十四年建。

康衢書院。在望都縣治。

燕平書院。在完縣城東。本朝乾隆二十二年建。

静修書院。在新安縣西二十里。元邑人劉英、李蒙輩嘗從劉因學，因殁，英等於此建祠祀之。皇慶間賜額静修書院。按舊志載：上谷書院，在清苑縣西北，明萬曆中建。忠孝書院，在完縣北，元至元中建。正學書院，在安州東北，明嘉靖中建。今俱廢，謹附記。

户口

原額人丁四十一萬八千四百九十九，今滋生男婦大小共一百七十萬五千一百六十三名口，計三十九萬九千六百二十七户。

田賦

田地四萬五千二百二十七頃九十九畝七分有奇，額徵地丁正、雜銀二十一萬八千六十九兩三錢三分七釐，豆一百五十七石九斗七升三合二勺，屯穀二十三石六斗三升八合八勺。

校勘記

〔一〕秦屬上谷郡　乾隆志卷一〇保定府一建置沿革（以下同卷簡稱乾隆志）同。譚其驤秦郡界址考（載長水集上册）：「舊不知秦有廣陽郡（郡治薊縣，今北京城西南隅），故舉薊南之地亦以屬上谷也。」據中國歷史地圖集第二册，秦上谷郡治沮陽縣（今河北懷來縣東南大古城），轄境約當清宣化府東、北部地，不在保定府境。清保定府約當秦廣陽郡西南部及恒山郡東北部。此誤。

〔二〕趙國地　乾隆志同。據中國歷史地圖第三册西晉趙國治房子縣（今河北高邑縣西南古城），領元氏、平棘、高邑、中丘、柏人六縣，屬清趙州兼及正定、順德二府地，不在保定府境。

〔三〕五代晉天福初割屬遼至州尋廢　乾隆志同。太平寰宇記卷六八：保州，「本莫州清苑縣地，石晉初割屬契丹，番戎立爲泰州，二年以滿城縣路當衝要，宜立郡庭，用威戎虜，其泰州宜移理于滿城，其舊泰州復爲清苑縣。滿城所置泰州尋廢」。即本志所據。但考舊五代史卷一五〇郡縣志：「泰州，後唐天成三年三月升奉化軍爲泰州，以清苑縣爲理所，至晉開運二年九月移就滿城縣。至周廣順二年二月廢州，其滿城割隸易州。」五代會要卷二〇州縣分道改置同。與太平寰宇記及本志記遼置泰州、五代晉廢泰州異。下文清苑縣沿革同，不再復述。

〔四〕明洪武元年至隸北平布政使司　乾隆志同。明史卷四〇地理志一：京師，「元直隸中書省，「洪武元年四月分屬河南、山東兩行中書省。二年置北平等處行中書省，治北平府。先屬山東、河南者皆復舊。……九年六月改行中書省爲承宣布政使司」。同書卷又載：保定府，洪武元年「屬河南分省。二年三月來屬」。同書卷二太祖紀二：洪武九年六月「改行中書省爲承宣布政使司」。據此，保定府改屬北平行中書省是在洪武二年，改隸北平布政使司是在洪武九年，此紀年誤。

〔五〕雍正十二年以深澤縣改屬定州　「十」，原脱。本志卷五五定州建置沿革：雍正二年升爲直隸州，「十二年以保定之深澤來屬」。乾隆志卷三四定州建置沿革及清史稿卷五四地理志一同，據補。清世宗實録卷一四一載於雍正十二年三月甲辰。

〔六〕十一年升易州爲直隸州　「二」，原作「二」，據本志卷四七易州、乾隆志卷三〇易州建置沿革及清史稿卷五四地理志一改。清世宗實録卷一三七載改制於雍正十一年十一月甲辰。

〔七〕北齊俱省改清苑曰樂鄉　乾隆志作「北齊省樊輿、北新城、清苑、樂鄉四縣入永寧，仍改曰樂鄉」。考隋書卷三〇地理志中：河間郡清苑縣，「舊曰樂鄉。後齊省樊輿、北新城、清苑、樂鄉入永寧，改名焉。開皇十八年改爲清苑」。太平寰宇記卷六八：保州清苑縣：本樂鄉縣，後漢省，「後魏復置，屬高陽郡。高齊天保七年，仍自易州滿城界移永寧縣理此城。隋開皇十六年改爲清苑縣」。綜合兩書言之，北齊廢樊輿（漢晉曰樊輿，北魏改爲扶輿）、北新城（漢晉曰北新城，北魏改爲新城）、清苑、樂鄉入永寧縣，並移永寧縣治於舊樂鄉縣城，改名永寧縣，隋開皇十六（一作「八」）年改永寧縣爲清苑縣。本志疏失。

〔八〕貞觀七年屬瀛州　乾隆志同。新唐書卷三九地理志三：瀛州，「武德五年以博野、清苑隸蠡州」。舊唐書卷三九地理志二：瀛州，「貞觀元年，割故景州之平舒，故蠡州之博野、清苑五縣來屬」。此「貞觀」之前脱「武德五年隸蠡州」，又誤「貞觀元年」爲

「貞觀七年」。

〔九〕明初省遂州入安肅州洪武六年降安肅州爲縣　乾隆志同。明史卷四〇地理志一：保定府安肅縣，「元安肅州，洪武二年七月降爲縣」。又載：「遂州，洪武初降爲縣，八年二月省。」明太祖實録卷四三：洪武二年七月己亥，「改完、安肅二州爲縣」。同書卷九七：洪武八年二月己亥，「罷保定府遂縣，併其地入安肅縣」。本志記述誤。

〔一〇〕唐初廢入易縣　乾隆志同。舊唐書卷三九地理志二：易州，唐武德四年，易州領五縣，其一遒縣。又容城縣載：本遒縣，「武德五年置北義州，領遒，又割幽州之固安、歸義屬之。貞觀元年廢北義州，三縣各還本屬」。新唐書卷三九地理志三同。元和郡縣圖志卷一八：易州容城縣，「隋開皇元年改置遒縣，天寶元年改爲容城縣」。可證遒縣於唐初屬易州，至天寶初改置容城縣，未嘗廢入易州治易縣，本志誤。

〔一一〕至元七年屬雄州　「七年」，乾隆志作「二年」，元史卷五八地理志一、新元史卷四六地理志一同。

〔一二〕西南至安州治四十里　「安」，原作「定」，乾隆志作「安」。按清容城縣即今河北容城縣，定州即今定州市，二地距離遥遠，而安州治今安新縣西南安州，正在容城縣西南，里距亦相合，此「定」爲「安」字之誤，據改。

〔一三〕晉復置　乾隆志同。按三國志卷二四魏書孫禮傳：「涿郡容城人。」則三國魏復置，仍屬涿郡。

〔一四〕唐武德五年復置　乾隆志同。舊唐書卷三九地理志二：易州容城縣，「漢縣，屬涿郡。改爲遒縣。武德五年置北義州，領遒」。太平寰宇記卷六七：容城縣，唐武德四年（或云五年）「置北義州，仍改爲遒縣以屬焉」。則唐武德五年置遒縣，非「容城縣」。

〔一五〕漢置曲逆縣　乾隆志同。史記卷五六陳丞相世家：「高帝南過曲逆，上其城，望見其屋室甚大，曰：『壯哉縣！吾行天下，獨見洛陽與是耳。』顧問御史曰：『曲逆户口幾何？』對曰：『始秦時三萬餘户，間者兵數起，多亡匿，今見五千户。』」則秦代已置縣，據中國歷史地圖集第一册，秦曲逆縣屬恒山郡。

〔一六〕北齊郡廢改置北平縣　乾隆志作「北齊郡廢，省蒲陰，置北平縣」。按元和郡縣圖志卷一八：北平縣，後漢改曲逆縣名蒲陰縣，「後魏孝明帝改名北平縣，於今縣東北二十里置北平郡，割中山國之蒲陰、望都、北平三縣屬之。高齊省北平郡及蒲陰縣，以北平縣屬中山郡」。又據魏書卷一〇六地形志上載，北魏孝明帝孝昌中置北平郡，治北平縣，即上引元和志所載於隋唐北平縣東北二十里之北平郡，北齊廢郡，以北平縣改屬中山郡。此云「改置北平縣」，誤也。

〔一七〕慶曆二年置北平軍　乾隆志同。宋會要方域五之三一：北平軍，「慶曆二年以定州北平寨置軍，四年即北平縣治置軍使，隸定州」。宋史卷八六地理志二同。則慶曆四年移北平軍自北平寨置於北平縣，此云「二年」，誤。

〔一八〕本初元年改置博陵縣並置郡　乾隆志同。後漢書卷五五河間孝王開傳：桓帝即位後，梁太后詔追尊桓帝父「蠡吾先侯曰孝崇皇，廟曰烈廟，陵曰博陵。皆置令、丞，使司徒持節奉策書、璽綬，祠以太牢」。則博陵縣置於桓帝時，不在此前的質帝本初元年。又水經滱水注引地理風俗記及太平寰宇記卷六八博野縣引十三州志皆載：漢質帝本初元年於博陵縣置博陵郡，考後漢書卷七孝桓帝紀：延熹元年，「分中山置博陵郡，以奉孝崇皇園陵」。博陵郡縣爲桓帝延熹元年同時置，本志沿襲水經注及寰宇記誤以爲本初元年。

〔一九〕漢末郡廢以縣屬安平國　乾隆志同。水經滱水注：博陵郡，「漢末，罷還安平」。即本志所據。三國志卷二三魏書常林傳：「刺史梁習薦州界名士林及楊俊、王淩、王象、荀緯，太祖皆以爲縣長。林宰南和，治化有成，超遷博陵太守、幽州刺史。」則東漢末建安時有博陵郡。太平寰宇記卷六三：深州，「後漢桓帝以後爲博陵郡。晉爲博陵郡，北齊亦同」。隋書卷三〇地理志中：博陵郡安平縣，「後齊置博陵郡，開皇初廢」。則自東漢桓帝置博陵郡，直至北周仍存，水經注所謂「漢末罷」，本志沿襲，實誤。

〔二〇〕晉泰始元年改縣曰博陸　乾隆志同。吴增僅三國郡縣表附考證：「按輿地廣記云：晉改博陵爲博陸。今考京兆高陵縣，魏文帝改曰高陸，意謂劉氏諸陵夷爲平陸也，與改漢昌曰魏昌，同一厭勝之意。晉去漢遠，無緣諱此，此博陵之改博陸，亦在魏初，諸書于沿革略魏言晉耳。」據吴氏考證，三國魏初改名博陸。

〔二一〕周顯德二年改屬定州　「二年」，乾隆志及太平寰宇記卷六八同，舊五代史卷一五〇郡縣志及五代會要卷二〇州縣分道改置皆作「四年」。

〔二二〕漢置易縣　乾隆志同。史記卷五七絳侯周勃世家：「以將軍從高帝擊反者燕王臧荼，破之易下。」正義引括地志云：「易縣故城在幽州歸義縣東南十五里，燕桓侯所徙都臨易是也。」后曉榮秦代政區地理第六章山東北部諸郡置縣：廣陽郡易縣，一九八一年河北容城縣城東晾馬臺鄉南陽遺址出土秦代陶罐肩部有陶文「易市」，「易縣市亭之省文」。可證秦代已置易縣，屬廣陽郡，並參考中國歷史地圖集第二册。

〔二三〕晉曰易城縣　乾隆志同。晉書卷一四地理志上河間國領易城縣，即本志所據。按魏書卷一〇六地形志上：高陽郡易縣，「前漢屬涿，後漢、晉屬河間，後屬」。又水經易水注有易縣，無「易城縣」，晉書地理志作「易城」，疑誤。

〔二四〕宋太平興國中改縣曰歸信　乾隆志同。輿地廣記卷一〇：雄州歸信縣，「皇朝太平興國元年改（歸義）爲歸信」。此「中」爲「初」字之誤。

〔二五〕置廣德軍　乾隆志同。按太平寰宇記卷六七、輿地廣記卷一〇、宋史卷八六地理志二皆不載雄州置軍，此不知何據。

〔二六〕晉屬趙國　乾隆志同。晉書卷一四地理志上：趙國領鄡縣，即本志所據。方愷新校晉書地理志：「魏書地形志『鄡』作『鄡』，云二漢、晉屬鉅鹿（郡）。案説文邑部，鄡在鉅鹿，從邑梟聲，蓋『鄡』爲正體，惟不屬趙國耳。」據此，西晉鄡縣仍屬鉅鹿郡，不屬趙國。

〔二七〕後魏曰鄡　「鄡」，原作「鄵」，乾隆志同。中華書局一九七四年魏書點校本卷一〇六地形志上改「鄵」爲「鄡」，校勘記：「百衲本作『鄵』，南本以下諸本作『鄵』。錢大昕廿二史考異卷二九云：『「鄵」不成字，當作「鄡」。説文：「鄡，鉅鹿縣，從邑，梟聲。」漢志卷二八上鉅鹿郡作「鄡」，「県」與「梟」文異而音義同。』按錢説是，今改正。」據改。

〔二八〕至德二載改曰束鹿　「二載」，乾隆志同。太平寰宇記卷六一作「元年」，新唐書卷三九地理志三、輿地廣記卷一一皆作「天寶十五載」，即至德元年同年，疑此「二」爲「元」字之誤。

〔二九〕淳化元年還屬深州　「元」，原作「九」，乾隆志同。按淳化止五年，元豐九域志卷二、輿地廣記卷一一皆作「淳化元年」，此

「九」爲「元」字之訛，據改。又宋會要方域五之三二作「淳化二年」。

〔三〇〕唐如意元年析河間置武興縣　「武興」，乾隆志及新唐書卷三九地理志三同，舊唐書卷三九地理志二、唐會要卷七一州縣改置下、太平寰宇記卷六六皆作「武昌」。

〔三一〕明洪武七年省葛城縣入州改安州爲縣　乾隆志同。明史卷四〇地理志一：安州，「洪武二年以州治葛城縣省入，七年降爲縣」。明太祖實録卷四三記併安州葛城縣入州，在洪武二年七月己亥，大明一統志卷二記安州於洪武七年降爲縣，本志記「省葛城縣入安州」，亦在洪武七年，誤。

〔三二〕漢初置高陽縣　乾隆志同。后曉榮秦代政區地理第六章山東北部諸郡置縣河間郡領高陽縣：「秦封泥有高陽丞印。」

〔三三〕十六年於縣置滿州　「滿州」，隋書卷三〇地理志中、太平寰宇記卷六六皆作「蒲州」，此「滿」蓋爲「蒲」字之誤。乾隆志作「莫」，誤。又下文云「唐武德四年復置滿州」，同新唐書卷三九地理志三，但舊唐書卷三九地理志二、唐會要卷七一州縣改置下及太平寰宇記卷六六、輿地廣記卷一二皆作「蒲州」，此「滿」同爲「蒲」字之誤。

〔三四〕八年復爲縣　乾隆志同。「八年」，元豐九域志卷二、宋會要方域五之三四、宋史卷八六地理志二皆作「十年」，此「八」爲「十」字之誤。

〔三五〕十二年復置　乾隆志同。明史卷四〇地理志一作「十三年十一月復置」，明太祖實録卷一三四載於十三年十一月庚戌，此「二」爲「三」字之誤。

〔三六〕永樂後屬保定府　乾隆志同。明史卷四〇地理志一：高陽縣，「元屬安州，洪武六年五月改屬保定府。尋屬蠡州，八年正月省入蠡縣，十三年十一月復置，來屬」。明太祖實録卷一三四記於十三年十一月庚戌復置保定府高陽縣，此說不知何據。

〔三七〕濠廣二丈　「二」，乾隆志保定府城池作「三」。萬曆保定府志卷二：雄縣，「池三道，各濶三丈」。光緒保定府志卷三五工政略同。此「二」蓋爲「三」字之誤。

〔三八〕本朝乾隆三十八年建　同治畿輔通志卷一一四學校一：玉川書院，「康熙四十三年，知縣張煥建」。與此異。

大清一統志卷十三

保定府二

山川

陵山。在滿城縣西南三里。形如巨舟，頂有一畝石，上有仙人迹，南面數大冢，相傳爲齊順王陵，故名。

抱陽山。在滿城縣西南。金史地理志：「清苑有抱陽山。」舊志：「在今縣西南十里，兩峯環抱南向，中谷温和，隆冬冰雪不積，故曰抱陽。又以花木蓊翳，亦曰花陽。有石洞數十處，又有龍潭，水常不竭。山上爲聖教寺，有石林、石井、石門。又有寶珠巖，巖下有明珠窩，滴水成池。」

魚條山。在滿城縣西北五里。形如巨魚，即水經所謂魚山也，山極險曠。又黄土山，在縣西北十里。

荊山。在滿城縣西北十五里。山多産荊樹，故名。旁有松山，多松樹，風雨撼之，每作笙簧聲。

眺山。在滿城縣北三里。巍然特立，不與西山脈絡相屬，山北有舞馬、黄金二洞。又有謁山，在縣北七里，山勢東出，狀如朝陽。又北眺山在縣北十五里，孤特高聳，故亦名眺。

玉山。在滿城縣北十五里。山多白石如玉，所謂燕石次玉者也。下有玉山店。又環山在縣北二十里，一名紫口山。

班姬山。在安肅縣西。一名班妃山。九域志：「遂城縣有班姬山，隋煬帝東征，於山上置班姬廟。」故云。明統志：「班妃山，在安肅縣西五十里。」縣志：「今在縣西四十里。」按魏書地形志：「永寧縣有班姬神、石闌神。」永寧今清苑縣，齊時曾省北新城入永寧，地本連接，所謂班姬，當即指此。

羊山。在安肅縣西四十里。舊志：宋咸平元年，田敏敗遼於羊山〔一〕，即此，今亦名楊山。

釜山。在安肅縣西四十五里。東臨峭壁，中有谷甚弘敞，初入曰釜陽口，内有釜山村，泉甘土肥，物産鮮美，黄帝合符釜山，或以爲即此。其西又有黑山，背陽面陰，土壤深黑，漢末張燕據此，號「黑山賊」。

圍道山。在安肅縣西四十五里。四面高爽，中爲大谷，豁然平曠，道路圍繞其内，故名。

龍山。在安肅縣西。隋書地理志：「遂城縣有龍山。」括地志：「在遂城西南二十五里。其上往往有仙人及龍跡。」寰宇記：「唐天寶七載敕改遂城山。」安肅縣志：「在今縣西五十里。俗名龍堂坡，盤鬱蜿蜒，上有瀑布。」

藥欄山。在安肅縣西六十里。有黄伯陽洞。

牟山。在安肅縣西北五十里。土阜無石，一望坦夷，地脈深厚，人多耕占爲田，謂之牟山村。

磨巖山。在唐縣西十五里。形如磨，石罅有水，名滴翠泉。

狼山。在唐縣西二十里。水經注：「唐水經狼山北。」隋書地理志：「唐縣有郎山。」按今縣志作「狼山」，蓋「郎」、「桹」、「狼」三字通也〔二〕。

風山。在唐縣西三十五里。上有石穴，風吹有聲，其鳴如鐘，故名。

羅喬山。在唐縣西三十五里。四面環抱，松柏交翠。世傳羅道成、喬仝二仙所居，故名。

父子山。在唐縣西北四十里。下臨唐河，山腰有明伏洞，其相接者曰神活山，舊名石河山，居民避兵得免，因改今名。又有白合山，亦臨唐河，上有白合寨。

柏巖山。在唐縣西北六十里。山南有賈島洞。乾隆十一年、十五年、二十六年、四十六年，高宗純皇帝巡幸五臺，鑾輿經此，皆有御製詩。

葛洪山。在唐縣西北七十里。山與恒嶽相接，峯巒環簇，巖壑奇勝。相傳葛洪修道於此，故名。高宗純皇帝命學士張若澄繪葛洪山圖，御題長句以記。其西南有老姑峪。

大茂山。在唐縣西北。太平御覽：「北嶽恒山，一名大茂山。」與遼分界。舊志：「在縣西北一百五十里，北亘雲蔚，南連正定，爲河東、河北之捍蔽。其麓有石門村。」詳見正定府曲陽縣。

堯山。在唐縣北。漢書地理志：「唐縣，堯山在南。」注：「張晏曰：堯山在唐縣東北望都界。」水經注：「唐城北去山五里，俗謂之都山〔三〕，即是堯山，在唐縣東北望都界。皇甫謐曰：堯山一名豆山，今山於城北如東〔四〕，嶄絶孤峙，虎牙桀立。山南有堯廟，是即堯所登之山也。地理志曰：堯山在南。今考此城之南，無山以應之，論者咸以地理志之説爲失。」舊志：「唐山在縣北八里，爲邑城脊背，一曰唐巖山。」

粟山。在唐縣北十三里。水經注：「唐水出中山城之西，城内有小山，在城西，側而鋭上〔五〕，若委粟焉，疑即地道記所云望都縣有委粟關也。」唐書地理志：「唐縣北有委粟故關。」

封山。在唐縣北十八里。山下有封莊社，俗呼爲丹鳳山。

育山。在唐縣東北十里。

靈源山。在唐縣東北十五里。半山有靈源寺，山上有井，可以下窺曉月。

望都山。在唐縣東北。漢書張晏注：望都縣，「堯山在北，堯母慶都山在南，登堯山見都山，故以爲名」。後漢書郡國志注堯山、望都山，「相去五十里」。水經注：唐城東「有山孤峙，世以山不連陵，名之曰孤山。孤、都聲相近，疑即所謂都山也」。元和志：孤山，即都山，「在縣東北五十四里」。舊志：「在縣東北十八里。」

紫微山。在博野縣北。紫氣浮騰，土色熻赤，亦名紫微阜。

伊祁山。在完縣西。魏書地形志：「望都縣有伊祁山。」隋書地理志：「北平縣有伊祁山。」寰宇記：「堯住此山，後因作姓。」舊志：「在縣西二十里，祁水發源於此，或以此爲堯山。」

大蒐山。在完縣西二十五里。山勢巍峩，五雲泉發源處。又有油山，在縣西南。屹然峭峙，石壁瑩潤，故名。

壇山。在完縣西二十五里，與馬耳山相接。有金龍、桃花二洞，與馬耳山洞地穴相通，洞前潤僅丈餘，壁立百仞，上透青霄，其石温潤如玉，有龍蛇之狀，雲興輒雨。

馬耳山。在完縣西三十里，與唐縣接界。雙峯並峙，形如馬耳。上有桃花洞，歲旱祈雨屢應。山前有石臼泉。舊志：「東屬完縣，雙峯微小，西屬唐縣，二峯較大。」〔六〕

林尖山。在完縣西北八十里。峯巔高聳，其尖如林。

蒲陽山。在完縣西北。漢書地理志：「曲逆縣蒲陽山，蒲水所出。」元和志：「在北平縣西北四十里。」舊志：「白崖山，在完縣西北四十里。峯巒秀拔，四面多白石，故名。」蓋即古蒲陽山，以聲近而訛也。

峩山。在完縣北十二里。

大雄山。在雄縣西南二里。又小雄山，在縣東南一里許。舊志：「大小雄山，皆培塿耳，宋景德中，積土城隅以禦遼，自後搆亭其上，更加修築，遂有雄山之名。」

漫谷嶺。在滿城縣西二十里。又元和志有「五迴嶺，在縣西北五十里。高四十里許」。今詳見易州。

唐梅嶺。在唐縣西北三十里。嶺路石砌崎嶇，上下長五里許，一名墁石道。

十八盤嶺。在唐縣西北六十里，爲雲中要路，高峻插天，不能直上，盤旋曲折而過，因名。又有摔手岸，在縣西北七十五里。長數里，兩山壁立，路甚狹險，中有礦洞。

五斗嶺。在唐縣西北一百十里。

黄岡嶺。在唐縣北六里，育山西南。嶺後多黄土溝，雨過難行。又北四里爲城子嶺。

齊雲巖。在唐縣北。又鷂子巖，亦在縣北百二十里唐河東岸。

安頭嶺。在完縣西三十五里。

摩天嶺。在完縣北二十里。又一箭嶺，在縣北四十里。

金沙嶺。在高陽縣東二十五里。自汜頭村跨舊城，歷樓隄以入任丘，隱約蜿蜒，若見若伏，嶺斷處，沙如金色。

郎峯。在安肅縣西八十里，接易州界。

興隆岡。在博野縣西。中心高聳，洪水不能没。又有沙岡，在縣西南蠡村，綿亘數里。

束鹿巖。在束鹿縣北三十里。外隘内廣，可容千人，俗名三丘古洞，今僅存土丘。

黄丘。在束鹿縣南。魏書地形志：「鄡縣有黄丘。」舊志：「又有青丘、牛丘、馳丘、靈丘，與黄丘共爲五丘。」

龍王峪。在滿城縣西北十五里。有石洞及泉井。

百花嶼。在清苑縣南雙溪上。高數仞，廣數十丈，百花繁富，舟楫迴環。

神仙洞。在安肅縣西。洞有石牀，行百步許益高敞，儼如臺，上有石龍下垂。

清苑河。在清苑縣南。源出滿城縣一畝、雞距二泉，東南流繞清苑縣南，又東與方順河合，即古盧水也，亦名沈水。漢書地理志：「北平縣有盧水，至高陽入博〔七〕。」水經注：「沈水出蒲城西，地理志曰北平縣有沈水，即是水也。東逕其城，又東南，左入徐水。地理志曰：東至高陽入博〔八〕。今不能也。」寰宇記：「沈水在清苑縣北」，又「清苑縣因滿城縣清苑河爲名」。宋史河渠志：緣邊塘濼，「起安肅、廣信軍之南，至保州西北，蓄沈苑河爲塘，橫廣三十里〔九〕，縱十里，曰沈苑泊。自保州西合雞距泉、尚泉爲稻田、方田，橫廣十里，曰西塘泊」。明統志：「清苑河在府西二里，自雞距泉至此分流，遶城南北，至東合流入黃狗窊。」元張柔作新渠，鑿西城以入水〔一〇〕，水循市東行，轉北別爲東流，垂及東城又折而西，雙流交貫，由北水門而出。夏秋之交，芰荷如繡，水禽上下，遊人共樂焉。舊志：「今有奇村河，在滿城縣東十五里，發源村西北四里許，泉水涌出，其潤一畝，名一畝泉。其西南二里許，又有泉噴出，狀如雞距，名雞距泉。二泉合流逕奇村，故名奇村河。東流至清苑縣，分流遶城爲濠，有西閘、東上閘、東下閘，啓閉蓄洩，天津賈舶，直抵南城下。又東合石橋河。」

方順河。自完縣發源曰祁水，東南流逕滿城縣界爲方順河，又東至清苑縣南爲石橋河，與清苑河合，即古濡水也。漢書地理志曲逆縣注：張晏曰：「濡水於城北曲而西流，故曰曲逆。」水經注：「濡水出蒲陰縣西昌安郭南。其水自源東逕其縣故城南，枉渚迴湍，率多曲復，亦謂之爲曲逆水也。又東與蘇水合，又東得蒲水口，又東北經樂城南，又東入博水。」元和志：「濡水在北平縣西五里。」舊志：「源出伊祁山，俗名祁水。曲折東流逕縣南，又東至滿城縣境曰方順河。土人云：本名曲逆河，以其名不美，故改『曲』爲『方』，改『逆』爲『順』。流經縣南五十里，又東逕清苑縣南二十里，曰石橋河。至縣東南御城西隅，與一畝泉合，亦名梁河。又折東北至安州界，會徐河爲依城河。」按輿圖，今方順河上流有二派：一在完縣之北，流逕縣東；一在完縣之西，流逕縣南，至縣東南會爲一。在北者蓋即古之蒲水，在西者有五雲、石臼二泉合流而東，當即古濡水之源，石臼泉即古蘇水也。詳見下。又按古濡水有二：方順河爲南濡，其北濡即北易，在今易州界，下流爲定興縣之沙河。明統志混而爲一，誤。

界河。源出望都縣，東流入清苑縣南，又東北入安州界，即古博水也。漢書地理志：望都縣，「博水，東至高陽入河」。水經注：「博水出望都縣，東南流逕其縣故城南，潛入地下。又東南重源湧發，東南逕三梁亭南，又東南逕穀梁亭南〔一一〕，又東逕陽城縣，散爲澤渚，謂之陽城澱。又伏流循瀆，屆清梁亭西北〔一二〕，重源又發。又東經白隄亭南〔一三〕，又東經廣望縣故城北，又東合嶇溝〔一四〕，又東北濡水注之。自下博水亦兼濡水通稱。又東北徐水注之，又東入滱。」舊志：「今有瀛龍河，源出望都縣南五里，曰瀛龍泉，東北流七里，與清水、龍泉河合。又東入清苑縣界，曰界河，流逕縣南七十里，至安州界，與方順河合。即古博水也。又有清涼河，在清涼城北；啞吧溝，在府西南三十餘里；黃龍溝，在府西南。皆流入界河。」

渝河。在滿城縣西北十五里。發源易州嶺，流逕縣西北，伏流於地幾三十里，至一畝泉湧出。

徐河。源出易州五迴嶺，東南流逕滿城縣北，又東逕清苑縣北，又東入安州界，合清苑、石橋二河。漢書地理志：「北平縣，徐水東至高陽入博。」水經注：「徐水出廣昌嶺，東逕郎山，又逕北平縣，又東南流歷石門中，俗謂之龍門。其山上合下開，開處高六丈，飛水歷其間，南出乘崖傾澗泄注〔一五〕，七丈有餘，洊盪之音，實爲壯猛〔一六〕，觸石成井，水深不測。東南出山逕其城中。其水又東流，漢光武追銅馬、五幡於北平，破之順水北。順水，蓋徐水之別名也。又東逕蒲城北，又東逕清苑城，又東南與沈水合。又東，左會曹水，又東南逕祭過城〔一七〕，又東流入博水。」宋史河渠志：「太平興國六年，八作使郝守濬於清苑界開徐河、雞距河五十里入白河。自是關南之漕，悉通濟焉。景德元年，北面都鈐轄閻承翰引保州趙彬堰徐河水入雞距泉，以息挽舟之役。」范成大北使録：「徐河在清苑北十里，金人謂之饋糧河。」舊志：「徐河源發易州五迴嶺，東南流逕滿城縣十里，名大冊河，亦曰要莊河，至清苑縣北十五里爲徐河。又逕安肅縣南四十里，折而東入安州境，與依城河合。」

曹河。在安肅縣南三十里。東南至安州入徐水。水經注：「曹水出西北朔寧縣曹河澤，東南流，左合岐山之水，又東南逕北新城縣故城南，又東入於徐水。」高陽記：「曹水出釜山南，東流逕羊角淀北新城西，有伏龍泉入焉。」安州志：「曹河自安肅之高橋村，至城西李家莊三十餘里。每遇水溢，浸澇民田，因築長隄二，束水使東入依城河。」本朝乾隆九年以曹河之入依城者，停淤倒漾，於臧家灣挑濬減河五里，並接築河隄；二十八年復加疏濬，於是水益通利，無浸溢之患。

雹河。即瀑河，亦名鮑河。自易州流入逕安肅縣北門外，又東南逕容城縣南二十里，又東南逕安州北二十里，又東逕新安縣西南，與依城河合，爲長流河。即古南易水也。漢書地理志北新城注：「桑欽言易水出西北，東入滱。」水經注：「代之易水出廣昌縣東南郎山東北，俗謂之爲雹河。自故安東屈經長城西，又東南過武遂縣南、新城縣北，俗又謂是水爲武遂津〔一八〕，津北對長城門。易水東分爲梁門陂，又東梁門陂水注之。陂水北接范陽陂，自下易水有范水通目。又東逕范陽縣故城南，又東逕樊輿縣故城北。又東逕容城縣故城南，又東渥水注之。又逕渾渥城南，東合滱水。自下滱、易互受通稱。又東逕易京南，又東逕易縣故城南，又東逕鄚縣故城北，東至文安縣與滹沱合。」寰宇記：「南易水，又名爲雹水，歷遂城縣界，又東流過容城縣之南，入高陽縣界，與滱水合。」宋史河渠志：「咸平五年，順安軍都監馬濟請自靜戎軍東，擁鮑河開渠，又自順安軍之西引入威虜軍，置水陸營田於渠側，以達糧漕，隔遼騎。帝許之。」舊志：「雹河自易州西南發源，東南流歷安肅、容城、安州界，至新安縣西南五里，爲長流河，一名長溝河，至縣南三里，又曰梁頭河。自此匯諸水入雄縣界，穿蓮花淀，會高陽河，至縣西郭與白溝合，抵瓦濟門外爲瓦濟河。今故道變易，自淀東過易陽橋，至雄縣東南二十五里，合玉帶河，又至縣東南三十五里，與清河合，曰三汊河。又東入保定縣界。」通志：「雹河由新安縣之黑龍口歸雜淀。新安縣三面皆水，惟城北爲乾土，而地處容城之下流，雨潦南下，則大溵淀一帶〔一九〕，盡爲鄰壑。本朝雍正三年，怡賢親王於三台村引雹河，經小王營、尚村之北，至南河頭入燒車淀。南岸築隄建閘，以時節宣。隄內大溵淀數百頃，遂成腴田。乾隆二十八年，總督方觀承奏請疏濬，凡河之紆曲沙漲處，悉經裁削。又於安肅姜女廟支河口，築滚水石壩一；三十年以瀑河修濬寬展，其所經由安肅、容城、新安三縣，舊有木石橋十三座，隨河之勢，改造寬長。」

巨馬河。即淶水。自易州淶水縣流入，南逕定興縣西，至縣南爲白溝河。又東南逕容城縣東北，又東逕新城縣南，又東南逕雄縣西，又東入保定縣界。漢書地理志：廣昌縣，「淶水東南至容城入河」。水經注：「淶水逕遒縣，謂之巨馬河。東南逕范陽縣故城北，易水注之。又東，酈亭溝水注之。又東逕容城縣故城北。又東，督亢溝水注之。又東南逕益昌縣。」寰宇記：「巨馬河，在雄州北三十里。從易州流入，下至霸州。」許亢宗奉使行程録：「白溝河闊止十數丈，深可二丈〔二〇〕，宋與遼以此爲界。過河三十里到新城縣。」舊志：「巨馬河，在定興縣西一里。自淶水縣流入，至縣南河陽渡，與易水合，自下通名白溝河，以宋遼分界於此，亦名界河，俗又名曰北河。東南流至白溝店南，其地北去新城縣三十里，西南去容城縣二十八里，東南抵雄縣三十里。舊自白溝店北東流，明永樂末徙於店南，故道遂淤。又東南流由永通橋，環雄縣城西南，而東出瓦濟橋，又東八里許爲柴禾淀，始與九河合流，入茅兒灣。其一支由容城縣分流至雄縣西三里，名黄河灣，又逕新安流入四角河。」按水經注：「督亢溝亦承淶水，東南至涿縣，謂之白溝。又南入巨馬河。」白溝乃巨馬支津，下流在今涿州界。自宋以來，始總號巨馬爲白溝。又按水經注、元和志、寰宇記諸書皆作「巨馬」，後人誤加手旁作「拒馬」，遂謂劉琨拒石勒於此而名，皆傅會也。

馬村河。自淶水縣流入，逕定興縣、新城縣西入巨馬河，即古督亢溝也。水經注：「督亢溝水自遒縣東逕涿縣酈亭樓桑里南，又東逕督亢澤，澤苞方城縣。其水自澤枝分，東北注於桃水。督亢水又南，謂之白溝水，南逕廣陽亭西，合南枝溝，又南入巨馬河。」舊志：「馬村河在新城縣西北四十里，起淶水縣東稻子河，流入定興縣東北界新詁村，逶迤東逕新城縣界馬村，因名馬村河。又南數里入白溝河。」

斗門河。源出新城縣西北二十里李家營，即宋何承矩闢斗門興水利處。南流逕定興縣東爲界河，下流又爲西溝河，南入白溝河。

琉璃河。在新城縣東，自涿州流入。舊志：「明初有南里河，在縣東北二十里，琉璃河支流也。由縣東南逕雄、霸，舊止小溝，嘉靖三十二年，其溝自底突涌，裂土成河，與運河相通。今琉璃河逕流自涿州茨村西南行，逕縣東，至縣南十里，合紫泉河，又南至白溝店入白溝河，蓋自嘉靖後又改流也。」

故渾河。在新城縣東三十里。舊自順天府固安縣分支流入，經雄縣東北界入霸州。自明以來，遷徙無定。本朝順治十年，水大漲，由固安之故城村南決，泛濫縣之東北，下入雄縣。康熙十一年復歸固安，三十七年，永定河功成，始不復入縣境。

紫泉河。在新城縣西。源出縣西北十五里龍堂村，有泉數派，合而爲一。舊南流繞縣城，入高橋窪，今改入琉璃河。相傳元泰定中水色一夕忽紫，故名。明胡廣過新城詩：「南接新城北涿州，紫泉出郭向西流。」即此。其地建有行宫，高宗純皇帝時巡駐此，有御製紫泉行宫十景詩。

唐河。即滱水也。源出山西大同府靈丘縣，由倒馬關流入，逕完縣西北、唐縣西南界，長二百里。又東南過定州，入望都縣南界，又逕祁州，南會沙、滋二水。又東北逕博野、蠡二縣南，又東北逕高陽縣東，又北逕安州東入白洋淀。水經注：「滱水自廣昌縣又東逕倒馬關，南流與大嶺水合。又屈而東合兩嶺溪水。又東，左合懸水，又東流，左納鴻上水〔二二〕。又東逕左人城南，唐水注之。又東，左會雹水。又東，恒水從西來注之。又東，右苞馬溺水。又東逕中人亭南，又東逕京丘北，又東逕白土北，又東逕樂羊城北，又東逕唐縣故城南，又有唐水注之。自上歷下，通得唐川之兼稱焉。又逕盧奴城，盧水注之。又東逕漢哀王陵。又東，右會長星溝、胡泉水，逕安喜縣南、鄉城北〔二三〕。又東歷安國縣東，分爲二水，一水支分，東南流逕解瀆亭南，又東南逕任丘城南，又東南逕安郭亭南，又東南流入滹沱。滱水又東北逕解瀆亭北〔二三〕。又東北逕蠡吾縣故城南，又東北逕博陵縣故城南，又東北逕侯世縣故城南，又東北逕陵陽亭東。又北，左會博水。又東北逕依城北，世謂之依城河。又東北逕阿陵縣故城東，又東北至長城注於易水。」元和志：「滱水，一名唐水，西去唐縣百五十步。」又在望都縣西南四十二里〔二四〕。宋史河渠志：「景德元年，北面都鈐轄閻承翰，自嘉山東引唐河至定州，釃而爲渠，直蒲陰東六十二里會沙河，逕邊吴泊入界河，以達方舟之漕。」舊志：「唐河自倒馬關口流入，逕完縣西北七十里，入唐縣界。舊逕縣西南二十里，折而東，逕縣南十里，其後自下素決而南趨，自符城以東潰爲沙川十餘里。歷定州北，又東南逕祁州南十五里，至州東南三岔口，與沙、滋二河合，入博野縣界，名蟾河。自此折而東北逕縣東南二十里，入蠡縣界，又名楊村河。舊入河間府境，明正德十二年，北決經縣東，入高陽縣界，爲馬家河。逕縣東三里，又東北入安州界，爲丘家道口河。至州東南三十里，匯於白洋淀。其下流逕雄縣西南二十里，爲高陽河。過蓮花淀，合易水。」按水經注滱水自陵陽亭又北會博水，至依城，謂之依城河，蓋滱水故道，本由今清苑東南，與濡、博諸水合流注易，後徙而東，不入縣境。明統志有土尾河，「在清苑東南九十里，源出蠡縣，經縣境，至安州合易水」。當即唐河支流也。

清水河。在望都縣南。源出縣西南一里，曰清泉，東北流入隍，經南門，又東流三里，與瀰龍河合。

龍泉河。一名九龍泉，在望都縣北。源出縣北三里，平地湧出，迂迴南下，直抵隍中，與清水河合，亦名玉帶河。按今龍泉河由望都入清苑縣陽城村境，至太平橋，歷劉家莊入安州界，計長一百十五里。清苑縣西境之大莊，新開引河十二里餘，所以分龍泉河之水也。本朝乾隆三十年重加修濬；嘉慶六年大雨淤塞，十八年疏瀹深通。又永豐河，在縣東南永豐鎮東半里許，延袤十餘里，由王家營達龍泉河，今淤。

小陳河。在蠡縣西北十二里。源出望都縣界，流經縣北，又東入高陽界，與楊村河合。

玉帶河。在雄縣東南二十五里。自河間府任丘縣鄚州流入，東至茅兒灣入順天府保定縣境〔二五〕，與王各莊引河合，下流爲會同河。按王各莊引河在張青口，一名月河，自茅兒灣分支東入於十望河。本朝乾隆十年開濬，長八里。十望河，在玉帶河之北，即玉帶分流，西接張青口，東入中亭河；二十九年亦經疏濬，通流無阻。

雄河。在雄縣南。易水分流，圍繞縣城，經瓦濟門東下，亦曰瓦濟河。又鬧河，在縣南五里。相傳爲宋楊延昭運糧河。

沙河。在祁州西南。自定州流入，合於唐河，即古派水也。元和志：「派水，在義豐縣西二十五里。」州志：「沙河，在州西南二十五里，北去唐河十里。」通志：「其水來自山西，流經新樂、定州，至祁州東南三岔口，與滱、滋二水匯歸豬龍河。」

滋河。在祁州西南三十里，北去沙河五里，亦自山西發源，流逕正定府界，自深澤縣東北流入，至三岔口與沙河合，又北會唐河，歸豬龍河。計長三十五里，亦名資河。宋史：「太平興國八年，祁之資水溢爲患。」即此。

滹沱河。在東鹿縣南四十里。自正定府晉州流入，又東入深州界。滹沱舊由縣北界，其後漸徙而南。明正德十四年由晉州湼槃口決入縣境。天啓二年再決，因徙縣治以避之。本朝順治十二年自晉州寨子村決入，由縣東南百尺口入冀州界清水河。

康熙五年又由寨子口決入，分爲五道，皆經縣南，入冀、深二州界。雍正三年又東徙決周頭村，直衝東鹿城，瀰漫四野；四年，世宗憲皇帝命怡賢親王親行相度，得舊河一道，由禾丘南至焦岡入滏河〔二六〕，遂自第四溝開濬深通，導之南流，於周頭築壩，障其東下。自是縣境無衝潰之虞。按漢書注：「滹沱水經深澤縣東南。」〔二七〕元和志：「在鹿城縣西北四十二里。」寰宇記：「在高陽縣東北十四里。」蓋昔時滹沱去今東鹿縣治七十餘里，由深澤入安平、饒陽，其分流曰鵶兒河，自晉州流入東鹿舊縣，又東北至博野合唐河，今蓋徙而南，故道皆淤。滹沱河由東鹿西境之曹家莊，至趙馬村出境，入寧晉泊，匯歸滏陽河。

依城河。在安州北。自清苑縣流入，又東入新安界，即古濡、滱諸水下流也。舊志：「按左傳昭公七年齊、燕盟於濡上，杜預注：『濡水出高陽縣東北，至鄚縣入易。』水經注：『滱水自博陵陵陽亭，又北會博水。博水自合濡水，又合徐水，又東北入滱。滱水又東北逕依城北，世謂之依城河。』據杜氏則依城河爲濡水，據酈氏則依城河爲滱水。自宋興塘濼，水道變遷，滱水自蠡東入河間，不復北行，而依城河止上承濡水，與杜氏之説適符。近者土俗稱州爲濡上是也。」本朝乾隆九年，總督高斌奏請開濬，又於善馬廟、寨頭村、同口村各建閘一；二十八年復經疏濬，歷州境四十二里。按今徐、曹、一畝、方順諸水，至州西會流爲依城河，經州北至新安縣西南，會雹水爲長流河。明統志謂「徐、曹二河相合曰温義河，在新安縣南八里，南與長流河合〔二八〕」，蓋依城河入新安界，又名温義，合雹水總名長流，明統志專指徐、曹二水爲温義，又以安州北之依城爲易水，皆誤。又舊志云：「安州爲九河下流，九河者，自北而南曰雹，曰徐，曰曹，曰平，曰一畝泉，曰方順河，曰唐，曰沙，曰滋。」張寅曰：「平水無考，疑即古之博水。」今考徐、曹、一畝、方順、界河五水，會於州西，至新安界，始合雹水、唐沙滋三水，會於祁州，由博野、高陽入豬龍河，而經州東。界河即古之博水，初無平水之名也。

豬龍河。在高陽縣東二十五里。由三岔河口會唐、沙、滋三河之水，逕安平、博野、蠡縣界入縣境〔二九〕，又東歷安州界歸白洋淀。春冬時褰衣可涉，至夏秋汛漲，最難捍禦。本朝乾隆二十七年加築挑水壩，復於河之淤曲處，裁直通流，遂免奔溢之患。按舊志：「豬龍河，在高陽舊城東三里。相傳古有豬龍化而成河。舊南納高河，後高河堙塞，獨此爲水潦所歸，北受白洋之逆流，可二十餘里。明萬曆中嘗塞車道口以捍之。後馬家河東決，遂開車道口以出南水，復爲水門，以時啓閉。」新志：「瀦龍河，在新安縣南六十里，即高陽之馬家河。流入雄縣，爲高陽河。蓋舊時豬龍河在馬家河之東，今自蠡縣楊村河下流，竟由豬龍河趨淀，馬家河故道又淤矣。」

高河。在高陽縣東二十五里。亦曰泔河，滱水支流也。舊自蠡縣東北經高陽故城南，旁入豬龍河，又東北入白洋淀。明洪武中河決，舊城圮，遂遷今治，而高河淤。今縣東南三十里有羅漢淀，東二十里有梁淀，皆高河所瀦。又縣西南六里，舊有運河，相傳爲宋時轉漕處，今亦堙。

魚水。在滿城縣西南。水經注：「魚水出北平縣西南魚山，水發其下，東流注於蒲水。」

易水。在定興縣西南。自易州流入，與巨馬河合，即中易也。漢書地理志：「固安縣〔三〇〕，易水東至范陽入濡。」水經注：「易水自固安東經范陽故城南，又東與濡水合。」縣志：「易水初不甚宏，自合諸澗，勢漸澎湃，故又名百澗水。自落堡入縣境，至河陽渡與淶水合。味甘冽宜釀。」

濡水。在定興縣西。自易州流入，與易水合，今名沙河，即北易也。漢書地理志：「濡水至范陽入淶。」水經注：「濡水自固安又東南，於容城縣西北大利亭東南合易水而注巨馬河。」宋雍熙三年，曹彬等敗趨易州，瀕沙河而飯〔三一〕，即此。縣志：「沙河有四源：一出易州西北白楊嶺；一出州北梁村，合流入縣界，至長安城北；一出州東北之馬跑泉，亦合流焉；一出淶水縣之欒平山，即迺闌河，南流入縣界；與三水合流而東，名曰沙河。又東南與易水合，又東入巨馬河。」

唐池水。在唐縣西南。水經注：「唐縣城西有一水，導源縣之西北平地〔三二〕，泉涌而出，俗亦謂之唐水。東流至唐城西北隅，堨而爲湖，俗謂之唐池。蓮荷被水，嬉遊多萃其上〔三三〕。其水南入小溝，下注滱水。」

馬溺水。在唐縣西。水經注：「馬溺水出上曲陽城東北，東北流經伏亭，又東流注於滱。」

鴻上水。在唐縣西北。徐廣曰：「鴻上水，源出葛洪山。」水經注：「鴻上水出唐縣西北近溪，東南流注於滱水。」

蘇水。在完縣西南。漢書地理志：「曲逆有蘇水，東入濡。」水經注：「蘇水出蒲陰縣西南近山，東北流逕堯姑亭南〔三四〕，又東逕其縣入濡。」舊志：「今有放水河，源出唐縣東北馬耳山石臼泉，東流入完縣界，會五雲泉，至縣東會爲方順河，疑即古蘇水，蓋亦方順河之南源也。」

五靈水。在完縣西二十里。源出大嵬山，一名五雲泉，發源處五竅如龍，流至縣西南十里會祁水。

流九水。在完縣西二十里。平地九泉，淺而不竭。又有店頭水，在縣西三十里曲律峪，二水並合五雲泉入祁水。

蒲水。在完縣北。漢書地理志：「蒲陽山，蒲水所出，東入濡。」後漢書郡國志：「蒲陽山，蒲水出也。」〔三五〕水經注：「蒲水出西北蒲陽山，西南流，積水成淵，東西一百步，南北百餘步，深而不測。其水又東南逕安陽亭東，俗名斯川爲安陽壙。又東南逕安陽關下。出關北流，又東南逕夏屋故城，又東南流逕蒲陰縣故城北，右合魚水。又東入濡。」舊志：「蒲水發源完縣西北三十里道務村，流逕縣北，又東南至故曲逆城東南，與曲逆水合。今縣北有蒲上村蒲上社。」

古衡漳水。在東鹿縣南。舊自冀州流入，又東北流入深州界，今改流而南，不逕縣界。水經注：「衡水自昌城縣又逕西梁縣故城東，又東北逕桃縣故城北，合斯洨故瀆。又北爲袁譚渡，蓋譚自鄴往還所由，故得厥名。又北逕鄡縣故城東，又右逕下博縣故城西。」元和志：「衡漳水，在鹿城縣南十里。」寰宇記：「在縣南九十里，亦名苦水。西南自寧晉縣界流入。」

古斯洨水。在東鹿縣西南。自晉州流入，今堙。漢書地理志：「綿曼縣，斯洨水首受大白渠，東至鄡入河。」水經注：「白渠逕敬武縣，又東，謂之斯洨水。東分爲二水，枝津右出焉，東南流，謂之百尺溝，東注衡水。斯洨水自枝津東逕貫城北，又東積而爲陂，謂之陽縻淵，左納白渠枝水。又東逕西梁城南，又東北經樂信縣故城南，又東入衡水。」

廣利渠。在唐縣西南。源出山西靈丘縣，下達淀泊。金太和六年，縣令劉弁開渠風山下，引唐河水灌田數千畝，又導而東以灌鄰邑。其後河流南決，渠廢。明萬曆二十七年，知縣楊一桂復濬之。其水本東南流，挽之使東北注，建九閘以時蓄洩。稍前至雹水村有客水溝横界其前，視渠身下三尺許，乃架木爲槽以過水，號曰騰橋，使溝穿橋下，渠行橋上。凡濬渠七十里，歷村落三十八，分析閘渠二十五。由是安行抵滿城方順橋，合九河，溉田無算，後漸淤塞。本朝乾隆十年重加疏濬，引唐河之水入渠，並建涵洞二十七座，以資灌溉。二十六年、四十六年，高宗純皇帝巡幸五臺，鑾輿過此，有御製詩。

范陽陂。在定興縣南。水經注：「范陽陂，在范陽城西十里，方一十五里，俗亦謂之鹽臺陂。陂水南通梁門淀，注易水，亦謂之范水。」舊志：「縣西南五十里閻臺之西有狼兒淀，地形窪下，郎山之水瀦焉。下流爲曲水河，至安肅縣西入雹水，蓋即古鹽臺陂。閻臺，乃鹽臺之訛也。又有雞爪河，亦在閻臺，平地涌出，三五不一，分流形如雞爪，繚閻臺，經安肅入雹河，蓋即陂水之南通梁門爲范水者。」

海子淀。在新城縣西南三十五里。受紫泉、斗門兩窪之水〔三六〕，大雨後諸水灌注於此。舊有小溝，疏淀東注，淺狹易淤。又有黑洋淀，在縣東南五十里，渾河所淤，可以耕種。

陽城淀。在望都縣東南。水經注：「博水經陽城縣，散爲澤渚。渚水瀦漲，方廣數里〔三七〕，匪直蒲筍是豐，實亦偏饒菱藕，世謂之陽城淀。陽城縣故城近在西北，故陂得名焉。」元和志：「陽城淀，在望都縣東南七里，周圍二十里。」

蒼耳淀。在雄縣東十五里；又馬務淀，在縣東三十里，皆方三十里。

柴禾淀。在雄縣東南十餘里。長三十里，白溝河諸水皆匯於此。淀北岸有渾河舊口，東南岸有玉帶河口，折而東北爲茅兒灣，清河之水，由此東趨保定。

五官淀。在雄縣東南七十里柴禾淀南。方三十里，與河間府任丘縣接界，玉帶河所匯也。

蓮花淀。在雄縣西南十里。方三十里，新安、高陽諸水所匯也。宋史河渠志：沿邊塘濼，「東南起保安軍，西北抵雄州，合百世淀〔三八〕、黑洋淀、小蓮花淀爲一水，衡廣六十里，縱二十五里或十里。又東起雄州，西至順安軍，合大蓮淀、洛陽淀、牛橫淀、康池淀、疇淀、白洋淀爲一水，衡廣七十里，縱三十里或四十里」。

劉家淀。在安州西二十里。源出清苑縣石橋一畝泉，二河流入州境，匯而爲淀，北流入於易水。又菱子淀，在州東南二十里。自唐、滋、沙三河分流入白洋淀。

大潦淀。在高陽縣東。舊馬家河所瀦。又馬棚淀，在縣東北白洋淀南。宋監馬棚牧地也，周圍二十里。

延福淀。在高陽縣西南十里，楊村河所瀦也，東口決則由圈頭而下，西口決則衝橫隄。

洛汪淀。在新安縣南十八里。明成祖過此，命軍士築臺，名曰「樂駕」。

白洋淀。在新安縣南二十里，周六十餘里。南高陽，西安州，東任丘，北新安，東北雄縣，五州縣環之，而新安十數村居其中，古九十九淀之一也。相傳明弘治以前，其地可耕而食，中央爲牧馬場。自正德間楊村河決入，始成澤國，今合相近諸淀之水，總名曰西淀。通志：「西北諸山之水，皆匯於西淀，北自雄縣來者曰白溝河，西自安州來者曰依城河，西北自安肅來者曰瀑河，南自高陽來者曰豬龍河，而趙北口居其中，建設橋座，諸水由此東流，實西淀之咽喉也。本朝乾隆十八年，高宗純皇帝御舟經此，有御製白洋淀詩。

雜淀。在新安縣西五里。周三十里，雹水、蘆草灣水所瀦。又縣南有杜家淀，周圍十餘里。縣東有鴨圈淀，長流河所瀦。楊家淀在鴨圈淀南，王家淀在縣東，皆與白洋淀相通。

大溵淀。在新安縣西北。即古大渥淀也，一名泥淀。水經注：「渥水上承二陂於容城縣東南〔三九〕，謂之大渥淀、小渥淀，水南流注易水，謂之渥同口。」寰宇記：「大泥淀、小泥淀，並在容城縣南三十里。」通志：「大溵淀，在新安縣西北五里，周四十里，即大渥淀。」本朝雍正四年，疏渠洩水，營田數千頃，爲膏腴之地。乾隆二十七年復經開濬。又有殷家淀，在縣東北三里，長流河水所瀦，即小渥淀也。

燒車淀。在新安縣東北十里，連雄縣界。南北二十餘里，與白洋淀接。相近有留通淀，在雄縣西十餘里。

邊吳泊。在安州西南。亦曰邊吳淀，今堙。宋史河渠志：緣邊塘濼，「東起順安軍，西邊吳淀，至保州合齊女淀、㳽淀爲一水，衡廣三十餘里〔四〇〕，縱百五十里」。舊志：「今有南北二邊吳村及邊吳塔，皆在州西南。」

柳灣。在安肅縣東北十里。即宋、遼分界處，今俗呼蘆草灣，值夏霖雨，水涌奔激成渠。

茅兒灣。在雄縣東四十里。上接柴禾淀，下通保定縣玉帶河，爲諸水經流要口。又東三里許爲張青口，接保定縣界。

蘭溝。在定興縣東南四十里。相傳范陽有五溝：青、白、藍、紅、黃，白溝已爲河，此即藍溝也。

龍潭溝。在唐縣西北葛洪山北，一名龍門湖。兩山壁立萬仞，水出其中，長九里，横三里，有瀑布泉五，注盤石下，沫如輪，聲如雷。

古溝。在容城縣北門外。其西有村，名曰溝西，白河水溢，經村西直抵城下，由溝北洩，東入新安白洋淀。

木刀溝。在祁州南。自正定府無極縣流入，今堙。元和志：「長林溝，今名木刀溝，在義豐縣南三十三里〔四一〕。」

大鹿澤。在東鹿縣南。元和志：「在鹿城縣南十里。」詳見深州及順德府。

高橋窪。在新城縣南二十里。受紫泉、斗門二水，又東南三十五里有高橋河，即白溝支流。河源壅塞，故道猶存。

柳灘。在安州東南三十里。白洋淀西隄，與浦口、趙口、陶口相連。

鹽石淵。在祁州界。魏書地形志：「安國縣有鹽石淵。」

龍潭。有二：一在高陽縣東南四十里，一在縣南二里。

一畝泉。在滿城縣東賢臺社。泉自地涌出，方廣一畝，故名。東流合雞距泉，逕清苑縣城濠南，爲清苑河，又東入滱水，逕安州、雄縣達於海。一名尚泉，亦曰西塘泊。

雞爪泉。即雞距泉，狀如雞距，故名。在定興縣西界。東支發源於陳村，至中支匯流，長五里許；中支發源於李家莊三岔口，長十里許；南支發源於馬家莊，至三岔口匯流，長六里許。諸泉皆會安肅界，南歸瀑河。本朝乾隆十一年興修水利，特濬此泉，附近田畝，皆資灌溉。

涌魚泉。在望都縣西南三里。北流經通濟橋東轉，又北至南關左而兩分：一東匯濡龍河，一北抵隍中。又沈家泉，在縣西南二里，東北流匯清泉入隍。又曲家泉，在縣西半東流入隍。

西隄泉。有二，皆在望都縣西北二里，合流東入龍泉河。又北有堅功泉，亦東匯龍泉河。

黃黑泉。在望都縣北里許龍泉河內。二泉相去僅丈餘，其色分明不溷。舊志：縣境凡九泉，匯爲城濠，又東注爲龍泉河。

善利井。在唐縣西。一名天王井。

靈井。在唐縣西北。寰宇記：「隋圖經云：唐縣中山城西北隅有一大井，俗名趙母井，昔云醇酎千日，即是此井所醞，後以石蓋之，人不敢開。」

傾井。明統志：「在東鹿縣西南四十里。漢光武師過其地，渴甚，此井忽傾欹，泉水涌出。」

校勘記

〔一〕宋咸平元年田敏敗遼於羊山　「咸平元年」，乾隆志卷一〇保定府一山川（以下同卷者不再重出）同。宋史卷三二六田敏傳：

「咸平中，契丹復入寇，敏從王顯爲鎮、定先鋒，大敗契丹於遂城西羊山。」續資治通鑑長編卷五〇記咸平四年十一月，鎮、定、高陽關三路都部署王顯敗契丹於羊山。此云在「咸平元年」，誤。

〔二〕唐水經狼山北至蓋郎根狼三字通也　「狼山」，原作「根山」。王先謙合校水經注滱水注：「唐水『西逕郎山北，郎、唐音讀近』。楊守敬水經注疏作「狼山」，云：「朱謀㙔水經注箋訛作『根』，全祖望、趙一清、戴震改『郎』。」按隋書卷三〇地理志中：「唐縣「有郎山」。新唐書卷三九地理志三：「滿城縣有郎山。」即是。則「狼」、「郎」二字通，而「根」乃誤字，乾隆志作「狼山」，據改。

〔三〕俗謂之都山　「都山」，原作「都香山」，乾隆志及朱謀㙔水經注箋同。楊守敬水經注疏滱水注作「都山」，云：「朱訛都香山。趙一清改云：都山以堯母慶都得名，香字衍文，蓋不學人有聞於都梁之爲香，而妄加之也。」據删「香」字。

〔四〕今山於城北如東　原「北」下「如」上衍「而」字，乾隆志及朱謀㙔水經注箋同。王先謙合校水經注滱水注作「今山於城北如東」，云：「近刻訛作『北而如東』。」據删。

〔五〕側而鋭上　「而」，原作「水」，乾隆志及朱謀㙔水經注箋同。王先謙合校水經注滱水注作「側而鋭上」，云：「按『而』近刻訛作『水』，寰宇記引此文作『側而鋭上』，今校正。」楊守敬水經注疏改同，據改。

〔六〕東屬完縣雙峯微小西屬唐縣二峯較大　乾隆志作「東屬完縣峯微小」，「峯」上無「雙」字，下文同。按志書前文云馬耳山「雙峯並峙」，僅止二峯，而此云東西並有二峯，共爲四峯，顯與前文互違。同治畿輔通志卷五九山川三引府志：「馬耳山，『雙峯對峙，東峯在(完)縣境，西峯在唐縣境』。」則乾隆志「峯微小」無「雙」字是也，本志前者「雙」字及後者「二」字皆屬衍文。

〔七〕至高陽入博　「博」，原作「河」，乾隆志及漢書卷二八地理志下同。按此「河」爲「博」字之誤，據改，詳見下文校勘記〔八〕。

〔八〕東至高陽入博　「博」，原作「河」，漢書地理志下及水經滱水注引漢志同。楊守敬水經注疏：「朱謀㙔作『入河』，趙一清同。戴震改『河』爲『博』，云：今本漢書各本亦訛。守敬按：戴改是也。觀下文徐水入博，博水入滱，則沈水去河甚遠，不得入河。」楊氏所説甚是，據改。

〔九〕横廣三十里　「三」，乾隆志同，宋史卷九五河渠志五「塘濼」作「二」，此「三」爲「二」字之誤。

〔一〇〕鑿西城以入水　「西城」，乾隆志同。同治畿輔通志卷五九山川三引府志作「西水門」。按下文云「水由北水門出」，正與「西水門」三者並爲「水門」之名合，此「西城」蓋爲「西水門」之誤。

〔一一〕又東南逕穀梁亭南　「梁」，原作「陽」，乾隆志同，據水經滱水注改。

〔一二〕屆清梁亭西北　「梁」，原作「涼」，乾隆志同，據水經滱水注改。

〔一三〕又東經白隄亭南　「白」，原作「自」，乾隆志及朱謀㙔水經注箋同。王先謙合校水經注：「趙一清改『白』」，「名勝志引此文作『白』。」據改。

〔一四〕又東合崛溝　「崛」，乾隆志及朱謀㙔水經注箋同。王先謙合校水經注、楊守敬水經注疏都作「堀」，楊氏云：「戴震、趙一清改『崛』爲『堀』，大典本、明抄本並作『堀』。」

〔一五〕南出乘崖傾澗泄注　「乘」，原作「垂」，乾隆志同，據王先謙合校水經注、楊守敬水經注疏改。「澗」，原作「瀾」，乾隆志及朱謀㙔水經注箋同，王、楊二書皆作「澗」，楊氏云：「戴震改『瀾』作『澗』，改『泄』作『洩』。趙一清云：會稽五泄，即瀑布也。此水乘崖注下，與泄溪同義，無可疑者。」則此「瀾」爲「澗」字之誤，據改。

〔一六〕實爲壯猛　「實」，乾隆志同。水經滱水注作「奇」，此「實」爲編修者擅改。

〔一七〕又東南逕祭過城　「過」，乾隆志及朱謀㙔水經注箋同，王先謙合校水經注、楊守敬水經注疏皆作「隅」。

〔一八〕俗又謂是水爲武遂津　「是」，原脫，乾隆志及朱謀㙔水經注箋同。楊守敬水經注疏易水注「謂」下有「是」字，云：「趙一清據名勝志校增，戴震增同。」據補。

〔一九〕則大溵淀一帶　「溵」，原作「激」，乾隆志同。畿輔河道水利叢書直隸河渠志：西淀，雹河「由新安之黑龍口歸雜淀。新安三面皆水，惟城北爲乾土，而地處容城下流，雨潦南下，則大溵淀一帶盡爲鄰壑，墟里蕭條，最稱貧瘠。雍正三年，怡賢親王奏請於三台村開引雹河，……隄内大溵淀數百頃，皆引流種稻，屢獲豐收」。同書陳學士文鈔西淀記述同。同書水利營田圖說：新安縣，「新安三面皆積淀，惟城北陸居，而大溵等淀，地勢低窪，容城雨潦之水，匯注爲壑，歲失耕稼，閭閻凋敝。雍正四年，賢王奏開新河一道，……大溵等地，沮洳遂爲膏壤」。則此「激」爲「溵」字之誤，據改。下文「大激淀」之「激」同改。

〔二〇〕深可二丈　乾隆志同。按許亢宗宣和乙巳奉使行程録（載三朝北盟會編上帙二〇）：白溝「河闊止十數丈，南宋與契丹以此爲界」。無「深可二丈」四字，蓋編修者擅增。

〔二一〕左納鴻上水　「左」，原脱，據乾隆志及水經滱水注補。

〔二二〕逕安喜縣南鄉城北　「逕」，乾隆志及朱謀㙔水經注箋同，王先謙合校水經注作「過」，云朱訛趙改，「逕當作過」。楊守敬水經注疏同。「喜」，乾隆志及水經注箋同，合校水經注、水經注疏皆作「憙」。按漢書卷二八地理志下：中山國安險縣，顔師古注引應劭曰：「章帝更名安憙。」續漢書郡國志二作「安憙」。晉書卷一四地理志上、魏書卷一〇六地形上並作「安喜」。

〔二三〕滱水又東北逕解瀆亭北　乾隆志同。按水經滱水注：「滱水又東北流逕解瀆亭而東北注。」蓋此「解瀆亭北」下脱「而東北注」四字。

〔二四〕又在望都縣西南四十二里　乾隆志同。按此文不載於元和郡縣圖志卷一八望都縣。太平寰宇記卷六二定州望都縣：「唐水，縣西南四十二里。」則本志引誤。

〔二五〕東至茅兒灣入順天府保定縣境　「茅」，原作「孝」。按本志同卷：「茅兒灣，在雄縣東四十里。上接柴禾淀，下通保定縣玉帶河。」光緒保定府志卷二一河道：大清河（至保定縣始名玉帶河），自安州入雄縣，又東南入任丘縣，又自任丘縣入雄縣，「又東逕茅兒灣，是爲神機營淀，折而東北十二里，逕順天府保定縣西南」。同治畿輔通志卷五八山川二：保定縣，「玉帶河，在縣北。自雄縣茅兒灣流入縣界爲玉帶河」。乾隆志作「茅」，是也，據改。

〔二六〕由禾邱南至焦岡入淀河　「禾」、「岡」，乾隆志同。畿輔河道水利叢書直隸河渠志：滹沱河，雍正四年怡賢親王查勘，「得舊河一道，由木邱南至焦罔入淀河」。同書陳學士文鈔及同治畿輔通志卷八三治河二並同，此「禾」、「岡」爲「木」、「罔」之誤。

〔二七〕按漢書注滹沱水經深澤縣東南　乾隆志同。按「滹沱水經深澤縣東南」文，不載於漢書顔師古注，疑引誤。

〔二八〕南與長流河合　「流」，原脱，乾隆志同，據本志下文及大明一統志卷二保定府山川、同治畿輔通志卷五九山川三補。

〔二九〕逕安平博野蠡縣界入縣境　「博野」，原作「博望」，乾隆志作「博野」。按清保定府領博野縣，無「博望縣」。同治畿輔通志卷五九山川三：博野縣，「蟾河，即豬龍河，在縣東南二十五里。自安平縣東流入縣境北，而西仍入安平縣，又北折東復入縣境，又東折北入蠡縣」。同書卷：蠡縣，「豬龍河，在縣南十里，自博野縣蟾河流入縣界，曰楊村河」。光緒保定府志卷二一河道：豬龍河，一名蟾河，自祁州入博野縣城東南，東流逕深州安平縣西北境，又東復入博野縣南境，仍入安平縣，又北折而東復入博野縣境，又東入蠡縣南境，又東北入高陽縣南境，「又北至安州東南境辛家莊西，入白洋淀」。則此「望」乃「野」字之誤，據改。

〔三〇〕固安縣　乾隆志同。按漢書卷二八地理志上：代郡領故安縣，「易水東至范陽入濡也」。此「固」應作「故」爲是。本志下文引水經易水注之「固安」及下文濡水引水經注之「固安」皆應從水經注作「故安」。

〔三一〕瀕沙河而飯　乾隆志同。考續資治通鑑長編卷二七：雍熙三年五月，曹彬攻伐契丹，至岐溝關北，大敗，「彬等收餘軍，宵涉巨馬河，營於易水之上」。琬琰集删存卷二曹彬行狀：與契丹戰，攻岐溝關，「王師不利，收餘師，宵涉巨馬河，退屯易州，臨易水營焉」。此云「瀕沙河而飯」無據，實出於讀史方輿紀要卷一二定興縣記，當爲後人杜撰。

〔三二〕導源縣之西北平地　「縣之西北平地」，原作「盧奴縣之西北」，乾隆志及朱謀㙔水經注箋同，據王先謙合校水經注、楊守敬水經注疏滱水注改補。

〔三三〕蓮荷被水嬉遊多萃其上　「荷」，原作「花」；「嬉」，原作「勝」，據王先謙合校水經注、楊守敬水經注疏滱水注改。

〔三四〕東北流逕堯姑亭南　「姑」，原作「始」，乾隆志及朱謀㙔水經注箋同，據王先謙合校水經注、楊守敬水經注疏滱水注改。

〔三五〕後漢書郡國志蒲陽山蒲水出也　乾隆志同。按續漢書郡國志二劉昭注引晉地道記：「蒲陽山，蒲水出也。」非續漢書郡國志原文。

〔三六〕受紫泉斗門兩窪之水　「兩」，原作「西」，乾隆志同，據光緒保定府志卷一九山川、同治畿輔通志卷五九山川三改。

〔三七〕方廣數里　「廣」，原脱，乾隆志及朱謀㙔水經注箋同。王先謙合校水經注、楊守敬水經注疏滱水注並有「廣」字，楊氏云：

「朱脱廣字，趙一清據名勝志引此增，戴震增同。」據補。

〔三八〕東南起保安軍西北抵雄州合百世淀　「安」，原作「定」；「世」，原作「水」，乾隆志同，據宋史卷九五河渠志五改。又宋史河渠志無「抵」字。

〔三九〕渥水上承二陂於容城縣東南　「渥」，乾隆志及朱謀㙔水經注箋同，王先謙合校水經注、楊守敬水經注疏易水注並作「涅」，楊氏云：「趙一清改云：寰宇記引作泥，下大泥澱、小泥澱並同，泥即涅之省。」按本志下文「渥同口」、「大渥淀」、「小渥淀」之「渥」並同。

〔四〇〕西邊吴淀至衡廣三十餘里　「西」、「餘」，原脱，乾隆志同，據宋史卷九五河渠志五補。

〔四一〕在義豐縣南三十三里　「三十三」，原作「三十二」，乾隆志同，據元和郡縣圖志卷一八義豐縣、太平寰宇記卷六二蒲陰縣（北宋太平興國元年改義豐爲蒲陰）改。

大清一統志卷十四

保定府三

古蹟

樊輿故城。在清苑縣東南。漢元朔五年封中山靖王子脩爲侯國〔一〕，屬涿郡。後漢省。後魏太和中復置，改曰扶輿，屬高陽郡。北齊省入永寧。水經注：「易水經樊輿縣故城北〔二〕。地理風俗記曰：北新城縣東二十里有樊輿亭，故縣也。」寰宇記：「樊輿廢城，在今縣東南三十五里〔三〕，一名隅城。」舊志：「今謂之御城。」按水經注，樊輿城在北新城東，容城西，應在今清苑東北、安肅縣東界，與寰宇記不合。又魏書地形志：「晉復置樊輿，屬高陽國，後罷。」今晉志無此縣，蓋失載耳〔四〕。後魏既改扶輿，而隋志仍曰樊輿，疑後魏時又嘗復故名也。

樂鄉故城。在清苑縣東南。漢書本紀：「高帝十年過趙，問樂毅後，得其孫叔，封之樂鄉，號曰華成君。」水經注「濡水東經樂城南」，即此。後魏始置樂鄉縣，屬高陽郡。北齊省入永寧。寰宇記：「故城在今縣東南三十里。」按魏書地形志樂鄉縣注云：「前漢屬信都郡，後漢罷，晉復置。」漢時信都爲今冀州，與今縣相距三百餘里，其界不能至此。又考水經注，信都之樂鄉縣在下博縣東，不云樂叔所封，其地在今深州界，蓋漢時信都之縣，與樂叔之邑，本爲二地，樂叔雖有封邑，未嘗置縣也，魏志不考，混二地爲一，舊唐志、寰宇記皆仍其説，誤。

廣望故城。在清苑縣西南。漢元朔二年封中山靖王子忠爲侯國，屬涿郡。後漢省。水經注：「博水東經廣望故城北。」寰宇記：「故城在縣西南五十里。」舊志有王莽城，在縣東南四十里，疑即廣望之訛也。

清苑故城。在今清苑縣治東北七里。魏書地形志：「高陽郡領清苑縣，太和元年分新城置。」隋書地理志：「河間郡清苑縣，舊曰樂鄉，後齊省樊輿、北新城、清苑、樂鄉入永寧，改名焉。開皇十八年改爲清苑。」寰宇記：「縣本樂鄉，高齊天保七年自滿城界移永寧縣理此。隋改清苑，因縣界清苑河爲名。」按隋志本謂北齊改永寧爲樂鄉〔五〕，寰宇記則以改樂鄉爲永寧矣，二説不合。

永樂故城。在滿城縣西北魚條山下。後魏興和二年置，屬樂良郡〔六〕。北齊屬昌黎郡。後周移治北平故縣，而此城廢。

北平故城。在滿城縣北。元和志：「滿城縣東北至易州一百四里。本漢北平縣，屬中山國。高祖以張蒼爲北平侯。後漢世祖追銅馬、五幡賊於北平，破之，即此。後魏於此置永樂縣。天寶元年改爲滿城，以縣北故滿城爲名。」五代史：「晉開運二年，杜重威引兵攻遼泰州，破滿城。」寰宇記：「是年以滿城路當衝要，移泰州理滿城。州尋廢。」宋史地理志：「太平興國六年析易州滿城之南境入保塞縣。」金史地理志：「滿城縣，大定二十八年以清苑縣塔院村置。」舊志：元太祖十四年，張柔取滿城，開府於此；二十二年以滿城地隘，還治清苑。明初移今治。漢故城在縣西二里眺山下，明初廢爲柴炭廠。又有古滿城，在縣東北十里。」

北新城故城。在安肅縣西南二十里。漢置縣。闞駰曰：「河間有新城，故此加『北』。」後魏去『北』字，北齊仍曰北新城〔七〕，尋省入清苑。

遂城故城。在安肅縣西二十五里。戰國時燕之武遂也。史記：「趙悼襄王二年，李牧攻燕，拔武遂、方城。」魏書地形志：「南營州，永熙二年置，寄治英雄城。領郡五：昌黎、遼東、建德、營丘、樂良。縣十一：龍城、廣興、定荒、太平、新昌、石城、廣都、富平、永安、帶方、永樂。」隋書地理志：「後齊惟留昌黎一郡，領永樂、新昌二縣，餘並廢。開皇元年州移，三年郡廢，十八年改爲遂城。」元和志：「縣北至易州七十里。隋開皇三年移後魏新昌縣於此，十六年改遂城。」按縣城即戰國時武遂城也，後魏孝武以韓瓚爲營州刺史行達此城，值盧曹搆逆，就置南營州，以瓚爲刺史，所部三千餘人，並雄武冠時，因號英雄城。寰宇記：「遂城縣，今理釜山村。」舊志：「廢縣，今爲遂城社。」

范陽故城。在定興縣南。史記：「張耳、陳餘畧地燕、趙，蒯通説范陽令，先下。」漢書地理志范陽縣注：「應劭曰：在范水之陽。」隋書地理志：「上谷郡遒縣，舊范陽居此，俗號小范陽。開皇初改爲遒。」元和志：「范陽故城，在易縣東南六十二里。」寰宇記：「范陽故城，後魏孝昌二年爲杜洛周所破。高齊武平七年移治故城北十七里伏圖城，謂之小范陽，西北去州四十五里。隋初自伏圖城移范陽之名於淶水縣，又於伏圖城别置遒縣，屬昌黎郡。大業十年又移遒縣於伏圖城西南，即今州東南三十四里故遒城是；十三年陷入寇，二城俱廢。」舊志：「今爲故城鎮，譌爲『固城』，在縣南四十里。明洪武八年置巡司，今廢。」

新昌故城。在新城縣東三十里。漢置縣，屬涿郡。宣帝本始四年封燕刺王子慶爲侯國。後漢廢。唐復置，屬涿州。宋初因之，後省。寰宇記：「漢新昌故城，在固安縣南三十里。其地下濕，俗亦謂之陷城。」

新城故城。在今新城縣治北。唐書地理志：「涿州新城縣，太和六年以故督亢地置。」寰宇記：「在州南六十里。後唐天成四年析范陽縣置。」宋王曾上遼事：「自雄州白溝驛渡河，四十里至新城，又七十里至涿州。」舊志：故城在縣北，近督亢亭，後遷今治。按寰宇記與唐志不同，蓋唐末嘗廢，後唐復置也。

唐縣故城。在今唐縣東北。漢置縣。本堯所封國，春秋時北燕之邑也。春秋：「昭公十二年，齊高偃帥師納北燕伯於陽。」左傳：「齊納北燕伯於唐。」杜預注：「陽即唐，燕别邑。」漢書地理志唐縣注：「應劭曰：『故堯國。』張晏曰：『堯爲唐侯，國於此。』」闞駰十三州志：「唐縣故城，在中山國北七十五里。」水經注：「唐縣南北二城，俱在滱水之陽。應劭曰：『縣西四十里得中人亭。』今於此城取中人鄉則四十也，俗以爲望都城，誤。」隋書地理志：「唐縣，後齊廢，開皇十六年復。」舊唐書地理志：「唐縣舊治左人城〔八〕，聖曆二年移於今所。」元和志：「縣東南至定州五十里。」舊志：「以舊唐志考之，蓋自北齊廢縣後，隋改置於左人城，唐時復移治，而漢時故城遂廢。今有長古城，在縣南八里，即唐縣也。唐後又移今治。」

蠡吾故城。在博野縣西南。漢置縣，屬涿郡。後漢永建五年更封河間王開子翼爲侯國。北齊廢入博野。水經注：「滱水東北經蠡吾縣故城南〔九〕，地理風俗記曰：縣，故饒陽之下鄉也。」後漢書注：「蠡吾故城，在今博野縣西。」舊志：「今有蠡吾鄉，分管縣西路村社，其地蠡村有蠡吾故城，後魏時爲滹沱水所淹，東南城角猶存。」按今之博野，乃漢之蠡吾；今之蠡縣，乃漢之博陵，後魏及唐、宋以來之博野。自北齊廢蠡吾入博野，歷隋、唐時，蠡吾故地爲博野之西境。宋置永寧軍，金改蠡州，並以博野爲倚郭。元至元初省博野，三十一年復置博野縣於今蠡縣界，屬保定路，其時蠡州與博野始分，然博野之名，猶在故地也。明洪武元年遷於西南十八里，爲今治，由是博野、蠡縣名稱互易，皆非故地。明統志但據現在之名，不考分合徙置之由，所載沿革皆誤，且彼此混淆，今特訂正。

望都故城。在今望都縣西北三十里。本戰國時趙慶都邑。按史記「秦始皇七年，將軍蒙驁攻龍、孤、慶都」，即此。漢置望都縣，張宴曰：「堯山在北，堯母慶都山在南，登堯山見都山，故以爲名。」隋書地理志：「後齊併望都入北平。開皇六年又置，大業初又廢。」舊唐書地理志：「望都縣，武德四年分安喜、北平二縣置。初治安險故城，貞觀八年移於今治。」元和志：「縣西南至定州五十里。」

容城故城。在今容城縣西北。漢置縣，屬涿郡。景帝中三年封匈奴降王徐盧爲侯國〔一〇〕。後漢省。晉復置，尋又廢。後魏復置。北齊省入范陽。隋爲遒縣地。唐初亦置遒縣，天寶初復漢故名。元和志：「縣西北至易州八十八里。」五代周顯德六年移縣於雄州城中。寰宇記「廢城在雄州西北五十里」，是也。遼又僑置容城縣於巨馬河北新城縣界，仍屬易州，在州東八十里。自此容城之名，南北並置。金初省南容城入北容城。明景泰二年復遷於巨馬河南，北去舊縣十餘里。舊志：「有古城在今縣北十五里城子村，周迴七里，即故縣也。」按容城志謂「隋移遒縣於容城」，舊志駁之曰：「隋遒縣在定興，不在容城，雖新唐書志容城下有『本遒』二字，爲可疑。考元和志『容城縣，高齊省入范陽，開皇元年改屬遒縣〔一一〕』，所爲『本遒』者，謂其本屬遒縣耳，非即遒縣之治，且謂唐初未嘗名容城爲遒，惟神龍二年嘗改名遒，其言雖似，其實皆非。舊唐書明言容城，『隋改爲遒縣，武德五年置北義州，領遒縣，又割固安、歸義屬之』。寰宇記亦云：『武德四年置北義州，仍改爲遒縣以屬焉。』皆與新唐書同，不得謂唐初未嘗名遒縣也。」今容城北距定興僅五十里，舊志既云隋改范陽置遒縣，在定興南四十里，容城故城在今縣北十五里，而謂隋之遒縣不在容城，可乎？元和志雖不言武德再置遒縣，而以天寶元年改爲容城，直接隋改屬遒縣一語，可知改屬「屬」字，乃「爲」字之訛，舊志誤解耳。

曲逆故城。在完縣東南。左傳哀公四年：「齊國夏伐晉，取逆畤。」戰國時曰曲逆。齊策：「魏處曰：趙可取唐曲逆。」是也。漢置縣，屬中山國。高帝七年，擊韓王信於代，南過曲逆，上其城，望室屋甚大，曰：「壯哉縣！吾行天下，獨見雒陽與是耳。」於是更封陳平爲曲逆侯。水經注：「漢章帝章和二年行巡北岳，以曲逆名不善，因山水之名，改曰蒲陰。」後魏改屬北平郡。北齊廢。括地志：「蒲陰故城，在北平縣東南十五里。」本朝乾隆二十六年，高宗純皇帝巡幸五臺，鑾輿經此，有御製曲逆故城詩。按水經注「章和二年」，當作「元和三年」(一二)。

北平故城。在完縣東北。漢北平縣，在今滿城縣界，後魏改置北平郡於此。魏書地形志：「北平郡，孝昌中分中山置，治北平城。」元和志：「北平縣西南至定州八十三里。本秦曲逆縣地，後魏孝明帝於今縣東北二十里置北平郡，割中山國之蒲陰、望都、北平三縣屬之。高齊省北平郡及蒲陰縣，以北平縣屬中山郡。隋開皇三年屬定州。唐萬歲通天二年，遼攻圍七旬不下，敕改爲徇忠，尋復舊名。」按魏書地形志，北平郡領北平縣，即漢之北平，後周改名永樂，今滿城縣是也。其北平郡所治北平城，乃隋唐定州之北平，今完縣是也。魏時郡縣異治，相去本不甚遠，故北平城在北平縣界中，至北齊時廢郡，因移縣就故郡，而以魏時舊縣併入永樂，至周乃移永樂之名於故北平縣，故隋志永樂縣下又云「舊曰北平，周改名焉」，二縣之名雖同，而漢縣在永樂，此是蒲陰故地。明統志於完縣下云「漢置北平縣」，於滿城縣下反云「漢北平縣地」，誤。

博陵故城。在蠡縣南。漢置陸成縣，武帝元朔二年封中山靖王子貞爲侯國。後漢廢入蠡吾，本初元年，桓帝以蠡吾侯入立，追尊父翼爲孝崇皇，陵曰博陵，因改置博陵縣於此。晉改博陸。後魏改博野。水經注：「博陵故城，即古陸成。漢封劉貞爲侯國者也。今謂是城爲野城。」寰宇記：「寧邊軍，治博野縣，以居博水之野爲名。」舊志：「故城在今縣南十五里，魏、隋時移今治。」

按晉改博陸縣，本合博陵、陸成爲名。九域志乃因霍光封博陸侯遂謂博野縣有霍光墓，縣志因之，皆誤。

歸信故城。今雄縣治。五代晉時，歸義縣入遼，周分故縣南界置雄州及歸義縣於此。寰宇記：「雄州，本歸義縣之瓦子濟橋，在涿州南，當九河之末，舊置瓦橋關，晉建軍城，周顯德六年收復三關，以其地控扼幽、冀，建爲雄州，仍移易州之容城并歸義二縣於城中。」舊志：「宋太平興國初避諱，改縣曰歸信。明初縣始廢。其城，宋至道間知州何承矩築，景德中，李允則復增築，共九里有奇。又築外羅城，周十八里，濬濠引水，謂之雄河。」

易縣故城。在雄縣西北十五里。漢置縣。本燕故邑也。世本：「燕桓侯徙臨易。」史記趙世家：「惠文王五年，與燕鄚、易。」括地志：「易縣故城，在歸義縣東南十五里。」寰宇記：「歸義縣東南十五里有大易故城，是燕桓侯之别都。後魏移理故城西北十五里故易城，即今縣理。高齊天保七年省入鄚縣。又有小易城，在大易城北二里。」

歸義故城。在雄縣西北三十五里。唐武德五年以故易縣地置，屬涿州。五代晉時，隨州入遼，仍曰歸義。金始併入歸信。寰宇記：「縣在涿州南一百二十里。」

蒲陰故城。今祁州治。寰宇記：「蒲陰縣在定州東六十里。本漢安國縣地，隋開皇六年自鄚城移安國縣於鄚德堡，屬定州，今縣是也，其年仍改安國爲義豐。唐神功元年改爲立節。神龍初復改爲義豐。宋改蒲陰縣。」宋史地理志：「祁州，景德元年移治於定州蒲陰。」按清類天文書：「金天會初，祁州别築西城，移州治焉。元復移於東城舊治。」蓋即一城中分爲東西，非更築新城也。

安國故城。在祁州南。漢初高帝六年封王陵爲侯國，後爲縣，屬中山國。三國魏封王肅爲安國侯〔一三〕，又明帝追封后父毛嘉爲安國侯，皆即此。晉因之。後魏太平真君七年併入深澤，景明二年復置。魏書地形志安國縣有安國城，又蒲陰縣有安國城。章懷太子後漢書注：「安國故城，在義豐縣東南。」舊志：「安國城在州東南六里，即漢安國縣。」按元和志，安國城本在唐河南，今此城在河北，道里不合。又舊志「今州西南三十里有村曰固城」，故縣或在其地。

鄡縣故城。在束鹿縣東。漢置鄡縣，後漢曰鄡。更始二年，光武擊銅馬於鄡，即此。水經注：「衡水又北經鄡縣故城東，竹書紀年：『梁惠成王三十年，秦封衛鞅於鄔，改名曰商。』地理風俗記曰：『縣北有鄔阜，蓋縣氏之。』」〔一四〕北齊移安國縣於此。隋改置安定縣而故城廢。隋書地理志：「鹿城縣，舊曰鄡，後齊改曰安國。開皇六年改爲安定，十八年改鹿城。」章懷太子曰：「鄡縣故城〔一五〕，在鹿城縣東。」按顏師古曰：「鄡〔一六〕，苦么反。」與鄡同。水經注作「鄔」，地形志作「鄡」〔一七〕，通典、舊唐志作「郫」〔一八〕，寰宇記作「鄵」〔一九〕，皆「鄡」字之訛也。又舊唐書地理志「先天二年分饒陽、鹿城界置陸澤縣於古郫城」，與隋志、後漢書志不同，詳見深州。

貰縣故城。在束鹿縣西南。漢高帝六年封越將傅胡害爲侯邑，後爲縣，屬鉅鹿郡。後漢更始二年，光武馳赴信都，擊堂陽、貰縣，皆降之，即此。縣尋廢。水經注：「百尺溝東南經育城西，斯洨水東經育城北。」「育城」即「貰城」之訛也。

安定故城。在束鹿縣西北三十里。漢本始元年封燕剌王子賢爲侯國。後漢初，馬武從光武擊尤來、五幡等，進至安定，即此。尋廢。魏書地形志：「鄡縣有安定城。」舊唐書地理志：「束鹿縣，漢安定侯國，今縣西七里故城是也。」

束鹿故城。在今束鹿縣北。隋開皇六年改安國置安定縣，後改鹿城。唐又改今名。元和志：「鹿城縣東至深州二十五里。本漢安定縣地，隋開皇三年於此置安定縣，取漢舊名；十八年改爲鹿城，取縣東故鹿城爲名。」通鑑注：「束鹿，本鹿城縣，安禄山叛，玄宗改縣爲束鹿以厭之。」九域志：「縣在深州西四十五里。」舊志：「明天啓二年，滹沱河決，城圮，移治縣南圈頭市。故城在今縣北三十五里，今有舊城集。」

高陽故城。在今高陽縣東。戰國時燕封宋榮蚠爲高陽君。漢置縣。應劭曰：「在高河之陽。」因名。寰宇記：「縣在瀛州西北七十里。」舊志：「明洪武三年河溢，縣始遷豐家口，即今治，東去古城二十五里。」按司馬貞索隱：「縣即古高陽氏所興。」高陽記：「故城一名化龍城，周迴九里，顓頊所築。今其地名化龍村，皆傳訛也。」

渥城故城。今新安縣治。水經注：「渥同口水側有渾渥城。」寰宇記：「渾泥城在容城舊縣南四十里。」水經注云泥同口有渾泥城〔二〇〕。漢景帝改爲亞谷城，封東胡降王盧它之爲亞谷侯，即此地也。」金史地理志：「泰和四年改混泥城爲渥城縣，屬安州；八年移州治渥城。」舊志：「元以金移安州治此，故曰新安。」按寰宇記謂「渥」爲「泥」，金時亦曰混泥城，而置縣則曰渥城，蓋當時嘗經考正也。

樂信廢縣。在東鹿縣西。漢神爵三年封廣川繆王子强爲侯國，屬鉅鹿郡。後漢省。

晏城廢縣。在東鹿縣西。隋開皇十六年分鹿城置晏城縣，大業初廢。唐武德五年桑顯和擊劉黑闥於晏城，破之，即故縣也。

葛城廢縣。今安州治。史記趙世家：孝成王十九年，「趙與燕易土，燕以葛與趙」。後漢書郡國志：「高陽有葛城。」水經注〔二一〕：「滱水經依城北，地説無依城之名，即古葛城也。」括地志：「故葛城，又名西阿城，在瀛州高陽縣西北五十里。」寰宇記：「廢唐興縣，在鄚縣西北五十里。本漢高陽縣地，舊名葛鄉城，一名依城。唐如意元年析河間縣置武興縣〔二二〕，隸瀛州。至神龍初改爲唐興縣。石晉改爲宜川縣。周顯德六年併入鄚縣。」舊志：「宋太平興國七年，高陽關鎮將敗遼於唐興口，因置唐興砦。淳化三年於砦建順安軍。至道三年移軍治高陽，此城遂廢。金始置葛城縣爲安州治。明初省縣入州。唐興故城，在州東南二十里。」

廣養城。在清苑縣東六里。城周五里，南有河藪，相傳燕昭王築以養馬處。又養老城，在縣西南，去望都二十里。

柏陵城。寰宇記：「漢武帝封趙敬肅王子終古爲柏陵侯〔二三〕，廢城在清苑縣南。」按「柏陵」，史記作「柏陽」，漢書表作「柏暢」，皆與寰宇記不同。

壁陽城。在清苑縣西南三十里。五代時營壘也。晉開運二年，符彦卿等敗遼於此。

白城。在清苑縣西南三十里。宋咸平六年，王繼忠與遼戰於康村，傍西山而北至白城，即此。今有白城集。

清涼城。在清苑縣西南四十里，接博野縣界，亦曰將梁。漢元朔二年封中山靖王子朝平爲將梁侯〔二四〕。水經注：「嶇溝北逕清涼城，即將梁也。」魏書地形志：「蠡吾縣有清涼城。」

徐城。在安肅縣東。九域志：安肅縣有「古徐城，周景王時大將徐峻所造」。舊志：「在縣東十里。又敵城，在縣東南三十里。相傳戰國時趙將趙葱、顔聚與秦將王翦相持處。又有空城，在縣西南三十里。解王城，在縣西北四十里。」

桑丘城。在安肅縣西南。戰國時燕之南界也。漢鴻嘉元年封東平思王子頃爲桑丘侯。括地志：「桑丘城，俗名敬城，在遂城縣。」

長城。在安肅縣西北二十五里。戰國時燕、趙分界處。水經注：「易水東流屈經長城西。」即此。今其地名長城口，東接新安西北之三臺城，綿延斷續，勢如岡阜。

百樓城。在定興縣西南二十五里。相傳唐太宗征遼還，於此築城以息將士，今爲百樓村。

長安城。在定興縣西北二十五里。寰宇記：「在易縣東南二十七里。漢宣帝時幽州刺史李宣尚范陽公主，主思長安，乃築此城象長安，故名。城中有棗樹，花而不實，枝皆向西南，俗謂之思鄉棗。」

古燕城。在新城縣西北十四里。相傳遼太后所築，有梳妝樓、釣魚臺遺址。

伏城。在唐縣西南。水經注：「馬溺水出上曲陽城東北，流經伏亭，疑即八渡關尉宿治。」〔二五〕舊志：「符城在縣西南四十里，唐河西岸，蓋即故伏城，後人誤『伏』爲『符』耳。」

雹水城。在唐縣西三十里，唐河東岸。

王陵城。在唐縣西三十五里，唐河東岸。相傳漢高祖困於白登，王陵將援兵屯此，因名。本朝乾隆十一年、二十六年、四十六年，高宗純皇帝巡幸五臺，鑾輿經此，並有御製詩。

即此。

灌嬰城。在唐縣西四十里，唐河西岸，與王陵城相對。舊傳灌嬰所築。晉太和五年，秦苻堅滅燕，追慕容暐至灌城，

中人城。在唐縣西北三十里嶺上。左傳昭公十三年：「晉荀吳以上軍侵鮮虞，及中人。」史記趙世家：「敬侯十一年，伐中山，戰於中人。」後漢書郡國志：「唐有中人亭。」注：「博物記曰：中人在縣西四十里。」張曜中山記：「中山郡，初治中人城。城中有山，故曰中山。靖王受封，始移治盧奴。」水經注：「中山城，俗亦謂之廣唐城，在盧奴城北如西六十里。」括地志：「中山故城，一名中人亭，在唐縣西北四十一里〔二六〕。」

左人城。在唐縣西北。列子：「趙襄子使新穉穆子攻狄，取左人、中人。」後漢書郡國志：「唐縣有左人鄉。」注：「博物記曰：在唐縣西北四十里。」水經注：「滱水經左人城南，應劭曰：在中人城西北四十里。」按唐舊志謂「唐聖曆初移縣治左人城」，而縣距定州僅五十里，疑太近。據後魏書，孝昌二年，五原降户鮮于修禮反於定州西北之左人城〔二七〕，似又當在今唐縣西南，去定州不遠也。

鴻城。在唐縣西北。史記：「趙武靈王攻中山，取丹丘、華陽、鴟之塞。」註：「徐廣曰：『鴟，一作鴻』。」正義曰：「鴻上故關，今名鴻城〔二八〕，在唐縣東北六十里。」水經注：「滱水又東流歷鴻山〔二九〕，世謂是處爲鴻頭，疑即晉書地道記所謂鴻上關者也。關尉治北平而晝塞於望都東北，去北平不遠。」寰宇記：「唐縣有鴻山關，今名鴻城，俗呼爲鴻郎城，即帝堯時丹朱所居。」舊志：「今有鴻城社，在縣西北七十里。」

大茂城。在唐縣西北一百里，唐河北岸。古隘口也。

夏屋城。在唐縣北。水經注：「蒲水經安陽關〔三〇〕，又東經夏屋故城，實中嶮絶。竹書紀年曰：魏殷臣、趙公孫裒伐燕，還，取夏屋，城曲逆者也。」

賈復城。在唐縣北五十里。亦名寡婦城。魏書地形志：「唐縣有寡婦城。」水經注：「夏屋城東側，因阿仍墉築一城〔三一〕，世謂之寡婦城。賈復從光武追銅馬、五幡於北平所作也。世俗音轉，故有是名。」元和志：「寡婦故城，在唐縣北九里。」

高昌城。在唐縣東北。魏書地形志：「望都縣有高昌城。」水經注：「唐城南如東一十餘里有一城，俗謂之高昌縣城，或望都之故城也。」舊志：「高昌社，在縣東北十八里。有故城在縣東北二十五里，亦名堯城，周二里。」

柳宿城。在望都縣東南。寰宇記：「柳宿城，在望都縣東四十二里。漢宣帝母王夫人微時，與父母別處。本柳宿侯國，漢書王子侯表曰『元朔五年，封中山靖王子蓋爲柳宿侯』，是也。」舊志：「在縣東南四十五里，有柳宿村，又有柳宿河，在村西二里，東北達清苑界，今淤。」

陽城。在完縣東南五十里。後漢書郡國志：「蒲陰有陽城。」水經注：「陽城故城，在陽城淀西北，蒲陰縣東南三十里。」通鑑：「晉隆安元年，燕主寶聞魏王珪攻信都，遣趙王麟攻陽城。」

堯城。在完縣西南八里。水經注：「望都城東有一城，名堯姑城〔三二〕。又蘇水經堯姑亭南。」舊志：「今縣西八里有堯城社。」本朝乾隆二十六年，高宗純皇帝巡幸五臺，鑾輿經此，有御製堯城詩。

朝陽城。在完縣西。魏書地形志：「望都有朝陽城。」舊志：「縣西南十里有朝陽村。」

甘城。在完縣西北三里。水經注：「蒲陰縣西昌安郭東有舜氏甘泉及舜二妃祠。」

侯世城。在蠡縣東北。水經注：「滱水又東北經侯世縣故城南。」

郭丹城。在蠡縣東北四十里。九域志：「宋與遼相持，築此城以約和，至今名爲和甸〔三三〕。」

陽關城。在雄縣西。相傳宋將楊延昭守關南時所築。

易京城。在雄縣西北。後漢書公孫瓚傳：「瓚破禽劉虞，盡有幽州之地。前此有童謠曰：『燕南垂，趙北際，中央不合大如礪，惟有此中可避世。』瓚自以爲易地當之，遂徙鎮焉，乃盛修營壘，樓觀數十，臨易河，通遼海。」魏志：「瓚與袁紹戰，走還易京固守。爲圍塹十重，於塹裏築京，皆高五六丈，爲樓其上；中塹爲京，特高十丈，自居焉。建安四年，爲袁紹所破。」魏書地形志：「易縣有易京。」水經注：「易京城，在易城西四五里。趙建武四年，石虎自遼西南達易京，以京鄣至固，令二萬人廢壞之。今者，城壁夷平〔三四〕，其樓基尚存，猶高一丈，餘基有井〔三五〕，世名易京樓，即瓚所堡也。」〔三六〕通典：「易京城，在歸義縣南十八里。」

祭過城〔三七〕。在安州西北，徐水入滱處。水經注：「徐水又東南經一故城北，俗謂之祭過城。」

安都城。在高陽縣西南三十八里。漢文帝四年封齊悼惠王子志爲安都侯，即此。又縣西有廣信軍新城，宋時議移廣信軍於此，因築此城。尋罷。

三臺城。在新安縣西。寰宇記：「在容城南三十五里。城冢記云：『燕、魏二國分易水爲界，燕築三臺，登降耀武。漢赤眉賊起兵於此，亦增築三臺。』」舊志：「在今新安縣西二十里，亦名劉盆子砦，下有洞。」

戾城。在新安縣西十里。相傳戾太子所居。北一里又有淶城。

梁門砦。今安肅縣治。戰國時趙汾門也。史記趙世家：「孝成王十九年，與燕易土，以龍兑、汾門、臨樂與燕。」後漢書郡國志：「北新城有汾水門。」水經注：「武遂津北對長城門，謂之汾門，亦曰汾水門〔三八〕，又謂之梁門。」寰宇記：「静戎軍，本易州宥戎鎮，周爲梁門口寨，在州東南九十里。太平興國六年升爲静戎軍，割遂城縣三鄉屬焉。」九域志：「是年以静戎縣爲軍治，景德元年改軍縣俱曰安肅。」舊志：「有南城，在今縣南一里。」

舊大寧都司。在府治西。明洪武二十年建北平都司於大寧。建文三年，燕王遷此〔三九〕。永樂初改爲大寧都司，領衛十一，千户所一。有保定左衛：保定左右中前四衛，俱在都司治西。又有保定後衛，在都司治東。今皆裁。按元劉因有宣化堂記，即大寧都司之後堂，至元中，治中周孟戡建。

雲川故衛。在雄縣治北。明洪武初置，永樂中遷於白楊口。

君子亭。在府治南。元張柔鑿蓮花池，建亭其中。又有柳塘、西溪、北潭，皆引雞水爲府中之勝。

擬江亭。在安肅縣南十里。元泰定間，知州高侯建，張莘爲記。

北海亭。在定興縣東南十五里。明鹿善繼講學之所。

酈亭。在新城縣西北。水經注：「酈亭溝上承督亢溝水於迺縣東，東南流，歷紫淵東。余六世祖自涿之先賢鄉爰宅其陰，西帶巨川，東翼茲水，枝流津通，纏絡墟圃，匪直田漁之贍可懷，信爲遊神之勝處也。」舊志：「今有酈村、酈哥莊，皆在縣西北四十里。」

督亢亭。在新城縣北一里紫泉、芹河之間。遺址突峙，高二三丈。又見涿州及固安縣，蓋自易州淶水以東及涿州固安之界，皆古督亢地也。

三梁亭。在望都縣東。水經注：「博水東南經三梁亭南，疑即古勺梁也。竹書紀年曰：燕人伐趙，圍濁鹿，趙靈王及代人救濁鹿〔四〇〕，敗燕師於勺梁者也。今廣昌東嶺之東有山，俗名曰濁鹿羅，地勢相鄰，或近是。」

望山亭。在雄縣城內。元皇統二年建，後改名均樂亭。

安郭亭。在祁州東南。水經注：「滱水自任丘城又東南經安郭亭南，漢武帝元朔五年封中山靖王子傳富爲侯國。」

解瀆亭。在祁州東北。後漢陽嘉初封河間孝王子淑爲解瀆亭侯，即靈帝之祖也。元和志：「解瀆故城，在義豐縣東北九里。」

高陽關射亭。在高陽縣東舊城。宋初建，梅堯臣有詩。

萬木亭。在高陽縣北門外。

雲錦亭。在安州城東南隅。金郡守完顔安遠建。下臨清溝，荷蕖覆水，故名。

白團衛村。在清苑縣西南。石晉開運二年敗遼於陽城，師還至白團衛村。今有白團村，在縣西南四十里。又有白團集，在縣西南三十里。

廉梁村。在清苑縣西南十里。宋史真宗紀：咸平二年，「鎮定都部署言敗遼於廉良路」。〔四一〕舊志：「雞水經此，有石梁，謂之廉梁。」

黄村。今定興縣治。金史地理志：「涿州定興縣，大定六年以范陽縣黄村置，割淶水、易縣近民屬之。」

藻西莊。在滿城縣一畝泉傍。元劉因曾卜居於此。

駐蹕莊。在新城縣西北三十五里。元至治中，英宗遊畋於此，嘗賜丞相拜住爲別業。俗呼高密店。

六家莊。在高陽縣西南六里。金興定四年封伊拉仲奕努爲河間公，以獻、蠡、安、深州、河間、肅寧〔四二〕、武强、饒陽、六家莊、郎山寨隸焉。今爲六家莊社。「伊拉仲奕努」，改見順天府古蹟。

光春宫。在安肅縣界。金史章宗紀：「泰和三年敕行宫名光春，其朝殿曰蘭皐，寢殿曰輝寧。」地理志：「遂城縣有光春宫行宫。」

韓家宫。在安州邊吴村東。相傳宋韓琦爲定州路安撫使築此。

建春宫。在新安縣治西南。爲金章宗行宫，明改爲行太僕寺。

萬卷樓。在府治内。元守帥賈輔建，以經、傳、子、史、百家、法書、名畫別爲九等，置其上。又邀致郝經築堂樓側以居之，經有記。

橫翠樓。在府治東北。元張柔建。劉因有賦。

鳴霜樓。在府治東北。明宣德間知府周監建。

卷石樓。在清苑縣北郭。明知縣崔泌之築碩果園，建樓其中。

齊雲樓。在安州城西北隅。金大定間郡守完顔安遠建。

讀書堂。在滿城縣抱陽山東北巖下聖教寺中。唐張説讀書於此。一名張燕公石穴，亦名相公堂。又元郝經讀書堂，在縣鐵佛寺，經自有記。

望馬臺。在清苑縣東北一百里。宋將楊延昭築以相馬。

北臺。在唐縣西。明統志：「慕容垂都中山時，嘗登此臺，望馬耳山。」

天風臺。在唐縣西北葛洪山巔。相傳洪隱居修鍊之所。

駐駕臺。在雄縣東七里。相傳周世宗駐蹕於此。又城子臺，在縣東南八十里。平地突起，狀若城垣。晾馬臺，在縣西北三十里。高數丈。相傳燕、魏分易水爲界，築二臺以登陟而耀武。按晾馬一曰涼馬。後燕録：「慕容垂自涼馬臺結筏而渡。」名勝志謂即此地。容城縣東二十餘里，亦有晾馬臺，相傳楊延朗築。

愛景臺。在雄縣北。宋何承矩築。

慷慨臺。在安州署内東偏。相傳金刺史徒單航就義之處。

秋風臺。在安州城北易水旁。即燕丹送荊軻處。

高陽臺。在高陽縣東舊城。宋曾布鎮高陽所築。

抱陽南軒。在滿城縣抱陽山中。亦名繼志庵。宋紹聖間亓仲良父子講業於此。

百花園。在清苑縣城南雙溪上，亦名百花嶼。

矮松園。在清苑縣城西南隅。元劉因有矮松賦，即此。

高氏園。在清苑縣城東北隅。元郡人高氏所創，景物穠秀，人皆遊賞，内有翠錦堂，劉因爲記。

古木廠。在唐縣西三十三里，唐河東岸。

石柱。在定興縣西北。寰宇記：「石柱在易縣東南三十里，臨易水。州郡志云：魏末，杜、葛亂，殺人如麻。齊神武拾遺骸，葬於此。立石柱以誌之。」

關隘

八渡關。在唐縣西北。一名馬溺關。水經注：「晉地道記曰：望都縣有馬溺關。中山記曰：八渡、馬溺，是山曲要害之地，二關勢接〔四三〕。」元和志：「八渡故關〔四四〕，在唐縣西北二十里。」寰宇記：「有水屈曲八渡，水上置關〔四五〕，因名，漢戍也。」縣志：「關在縣西北六十里，即橫河口十八渡也。明移置軍城巡司於此。」本朝乾隆十五年，高宗純皇帝巡幸五臺，鑾輿經此，有御製十八渡詩。

陽安關〔四六〕。在完縣西北。水經注：「蒲水南逕陽安亭東，晉地道記曰：蒲陰縣有陽安關，蓋陽安關都尉所治。又東南逕陽安關下，俗名關皋爲唐頭坂。」元和志：「陽安故關，在北平縣西北二十五里。」舊志：「今縣西北二十七里有東西安縣二村。」

瓦橋關。在雄縣南易水上。唐大曆九年(四七)，盧龍留後朱滔討田承嗣，軍於瓦橋。周顯德六年伐遼，宋太祖先至瓦橋關，遼守將姚内斌舉城降，因以瓦橋關爲雄州。通鑑注：「瓦橋，古易京之地，在莫州北三十里，唐置瓦橋關。宋白曰：瓦子濟橋，在涿州南，易州東，當九河之末，舊置瓦橋關，後周於瓦橋關地置爲雄州。」沈括曰：「瓦橋關素無關河爲阻。仁宗時，何承矩守關，始因陂澤之地，瀦水爲塞(四八)。慶曆中，内侍楊懷敏復踵爲之。熙寧中又開徐村、柳莊等濼，皆以徐、鮑、沙、唐等河，叫猴(四九)、雞距、五眼等泉爲源，東合滹沱、易、白等水併大河(五〇)，於是自保州西北沈遠濼，東盡滄州泥姑海口，凡八百里，悉爲瀦潦(五一)，自是以爲藩籬。」

南關。在祁州南，接深澤縣界。又北關，在州北，接博野縣界。二關俱明天啓五年建。

高陽關。在高陽縣東舊縣治。宋初曰關南，以其地在三關之南也。太平興國七年改置高陽關，慶曆八年置高陽關路安撫使，統瀛、莫、雄、恩、冀、滄、永静、保定、乾寧、信安十州軍(五二)，爲控扼要地。金廢。

草橋關。在高陽縣西二十里。周顯德六年復三關以控燕、薊，雄曰瓦橋，霸曰益津，高陽曰草橋，俱置重兵。按舊志於霸州失載益津關，而誤列高陽之草橋關。今改正。又畿輔通志於高陽縣亦失載草橋關，而於高陽關下注云「一名草橋」，蓋誤以高陽關爲草橋關，不知草橋關在高陽縣西，高陽關則在縣東，不得混而爲一，附辨於此。

張登店巡司。在清苑縣南五十里。道出望都，爲往來津要。明嘉靖十三年移方順橋巡司於此。本朝因之。其北有保安鎮，明萬曆十五年建。

倒馬關巡司。在唐縣西北一百五十里。水經注：「滱水東逕倒馬關，關山險隘，最爲深峭。」元和志：「倒馬故關，在唐縣西北一百二十里〔五三〕。山路險峻，馬爲之倒，因名。」通鑑注：「自蔚州廣昌縣東南山南出倒馬關，至中山上曲陽縣，關山險隘，石磴逶迤〔五四〕，沿途九曲。」誠控扼要地也。關隘考：「倒馬關有二城，上城，明洪武初建。景泰三年以上城卑隘，於城南三里復築下城，南跨横岡，北臨巨水，屯駐官軍。成化以來相繼增修，屹爲重鎮。」舊志：「明初設巡司防守，景泰三年增設守禦千户所。嘉靖二十九年設倒馬關參將。」本朝初設副將，順治十年改設都司僉書。與居庸、紫荆稱爲内三關。按漢志代郡有常山關，方輿紀要以爲即倒馬關。劉昭後漢書注引博物記「唐關在中人西北百里」〔五五〕，計其道里，亦即今倒馬關也。

横河口。在唐縣西。舊設巡司於倒馬關，後移置此，以守唐縣、曲陽之界。今仍移駐倒馬關。

岳嶺口。在唐縣西北一百二十里。古恒山口也。明初置巡司於此，後裁。

鷹捕嶺口。在完縣西北五十里。東北去水谷口二十里，西南去五虎嶺口二十里，西去銀山口十里。縣志：「自水谷口至唐縣周家堡〔五六〕，凡十三關口。」

百尺口。在束鹿縣南四十里。有橋曰百尺口橋。舊設巡司，今裁。

邊吴淀口。在安州西。宋會要：「邊吴淀，西望長城口尚百餘里，皆山阜高印，水不能至，遼每言『宋人安事塘泊，吾騎馳突，得此路足矣。』明道末引塘水開方田，始有險可恃。」

拱辰鎮。在滿城縣西南五十里。明萬曆十三年招撫流移創置，今居民甚衆。

巨河鎮。在新城縣西南。舊有巡司，久廢。

赤岸鎮。在唐縣南。唐武德六年，高開道自易州南掠赤岸鎮〔五七〕。九域志：「鎮在定州。」

軍城鎮。在唐縣西北九十里〔五八〕。南去曲陽縣八十里，北至倒馬關六十里。宋楊延昭於此築城屯軍。金時置鎮。明洪武初置馬驛於此。

永安鎮。在博野縣南，唐水之陽。舊置巡司。又鐵燈盞巡司，在縣東南，滋水之陽。今俱廢。

永豐鎮。在望都縣東南。又有來安鎮，亦在縣境。

新橋鎮。在蠡縣東北六十里。九域志：「博野縣有新橋鎮。」

張山砦。在安肅縣西。山地絶陡峻，鳥徑扳緣而上。

烏雞砦。在安肅縣西四十五里。明洪武間有姚氏兄弟七人結砦於此。

水谷砦。在完縣西北。金末，靖安民嘗戍守於此，今縣西北有水谷等口。

張家砦。在雄縣東南六十三里。九域志：「歸信縣有張家、木場、三橋、雙柳、大渦、七姑垣〔五九〕、紅城、新垣等八寨。」皆宋時所置，今俱爲村。

王家砦。在新安縣東南十里。又馬家砦，在縣南八里。

陘陽店堡。在滿城縣南三十五里。又縣西南三十里有北鋪店堡，五十里有方順橋堡，俱明嘉靖二十五年築。又置墩臺十二，亦設小堡，以便守望。

周家鋪堡。在唐縣西北一百十里，倒馬關東路隘口也。明洪武間置巡司，今裁。

陳家堡。在容城縣東北十里。

五女堡。在祁州西，接定州界。一名五女店。

龍化堡。在高陽縣東二十五里舊城之北。又惠伯口堡在縣東五十里，利家口堡在縣東南二十五里，進莊堡在縣西二十里，俱明嘉靖間築。
北羅。在唐縣界，有主簿駐此。
大王店。在安肅縣西南四十里。有集。宋太平興國四年，燕王德昭屯兵大王鎮，即此。
三甲店。在新城縣北三十五里，北至涿州之中道也。又高密店，在縣西北三十五里。
唐淈店。在唐縣西北四十里，路通倒馬關。南北山路崎嶇。本朝康熙三年設兵防守，後移鎮關廂。
劉陀店。在博野縣東。又縣北有陶墟店，明洪武間建鋪於此。
白溝店。在容城縣東三十里。
生章村〔六〇〕。在東鹿縣。有縣丞駐此。
金臺驛。在清苑縣東一里許。宋金臺頓也。明置驛於此。本朝因之。又有遞運所，在縣西南五里。明永樂七年置，今裁。
陘陽驛。在滿城縣南三十五里。明置。舊有驛丞，今裁。
白溝驛。在安肅縣治東。明洪武六年自縣北十里移置於此。本朝因之。又舊有遞運所，在雹河北，今裁。
宣化驛。在定興縣治東南。明洪武三年置。本朝因之。又舊有遞運所，在縣東門外，今裁。
翟城驛。在望都縣治北。明永樂中置。本朝康熙三年裁，後復置。又舊有遞運所，在縣東關外，今裁。

歸義驛。在雄縣西故歸義城。明洪武中置。本朝順治十六年裁，後復置。又舊有遞運所，在縣南瓦橋關西北；河泊所，在縣東三十里：俱明洪武間置，天順間廢。

校勘記

〔一〕漢元朔五年封中山靖王子脩爲侯國　「脩」，原作「修」，據乾隆志卷一一保定府二古蹟（以下同卷者不再重出）及漢書卷一五王子侯表三上改。王先謙漢書補注：「脩作條，通用字。」水經易水注作「條」，是也。

〔二〕易水經樊輿縣故城北　「易水」，原作「雹水」，乾隆志同，據水經易水注改。

〔三〕在今縣東南三十五里　「南」，原脱，據乾隆志及太平寰宇記卷六八保州清苑縣補。

〔四〕今晉志無此縣蓋失載耳　乾隆志同。方愷新校晉書地理志：高陽國「地形志『扶輿，前漢屬涿，後漢罷，晉復，屬高陽。前漢、晉曰樊輿，後罷』。按魏志各縣有云晉縣復罷者，本志或存或否，又未詳斷於何年，後人讀此無可依據」。按魏志云「晉復置」，不載何時復置，無其他史料可證，難以斷定，方氏之説是也。

〔五〕按隋志本謂北齊改永寧爲樂鄉　乾隆志同。隋書卷三〇地理志中：清苑縣，「舊曰樂鄉，後齊省樊輿、北新城、清苑、樂鄉入永寧，改名焉」。隋志是説改樂鄉爲永寧，抑或改永寧爲樂鄉？文意不明晰。輿地廣記卷一二：保塞縣（太平興國六年改清苑縣爲保塞縣），「本漢涿郡之樊輿、中山之北新城地，後廢置不常。北齊省入永寧縣，改爲樂鄉」。廣記謂北齊改永寧爲樂鄉，而非隋志。

〔六〕樂良郡　「良」，原作「浪」，據乾隆志及魏書卷一〇六地形志上、同治畿輔通志卷一五四古蹟一改。本志同卷下列「遂城故城」

所記「樂浪」之「浪」，同改爲「良」。

〔七〕北齊仍曰北新城　乾隆志同。按魏書卷一〇六地形志上：新城，「二漢、晉曰北新城」。北魏既改北新城爲新城後，史書無復舊名曰北新城之記載。隋書卷三〇地理志中清苑縣下之「後齊省北新城入」，施和金北齊地理志卷一高陽郡新城縣下謂「隋書地理志亦不應再用舊名」。所言是也。

〔八〕唐縣舊治左人城　「左人」，乾隆志同，舊唐書卷三九地理志二作「古公」，一本作「古人」。又太平寰宇記卷六二：唐縣，「按左人亭，即今縣城是」。與舊唐志記載「左人城」爲「舊治」不同。

〔九〕滱水東北經蠡吾縣故城南　「南」，原作「北」，乾隆志同，據水經滱水注改。

〔一〇〕景帝中三年封匈奴降王徐盧爲侯國　「中」，原作「十」，據乾隆志及漢書卷一七景武昭宣元成功臣表改。

〔一一〕開皇元年改屬遒縣　「屬」，乾隆志同。按元和郡縣圖志卷一八：容城縣，「高齊省入范陽縣。隋開皇元年改置遒縣，天寶元年改爲容城縣」。則此「屬」爲「置」字之誤。又隋書卷三〇地理志中：「遒，舊范陽居此，俗號小范陽。開皇初改爲遒。」此「屬」或「爲」字之誤，本志下文辯解云元和志「改屬『屬』字，乃『爲』字之訛」，所言亦是。

〔一二〕按水經注章和二年當作元和三年　乾隆志同。楊守敬水經注疏：「後漢書章帝紀：『章和二年春，崩。』無行巡北嶽事。惟元和三年幸中山，遣使祠北嶽，則『章和二年』爲『元和三年』之誤無疑。」

〔一三〕三國魏封王肅爲安國侯　乾隆志同。按三國志卷一三魏書王肅傳不載其事，同書卷五明悼毛皇后傳：后父嘉，青龍三年，嘉薨，「改封安國侯」。同書卷二四高柔傳：「高貴鄉公即位，追封安國侯。」此屬舛誤。

〔一四〕衡水又北經鄡縣故城東至蓋縣氏之　乾隆志同。楊守敬水經注疏濁漳水注：守敬按：「漢志鉅鹿郡有鄡縣，續志、說文作『鄡』。商鞅封邑在商於，字當作『鄡』。趙一清謂地不在鉅鹿，是也。此『鄡』當作『鄡』。」

〔一五〕鄡縣故城　「鄡」，原作「鄵」，據乾隆志及後漢書卷一光武紀上及李賢注改。

〔一六〕鄵　原作「鄵」，據乾隆志及漢書卷二八地理志上及顏師古注改。

〔一七〕地形志作鄚　「鄚」，原作「鄚」，乾隆志同。魏書卷一〇六地形志上中華書局一九七四年點校本校勘記：「『鄚』，百衲本作『鄚』，南本以下諸本作『鄚』，錢氏考異卷二九云：『鄚』不成字，當作『鄚』。説文：『鄚，鉅鹿縣，從邑，梟聲。』漢志卷二八上作『鄡』，『県』與『梟』文異而音義同。按錢説是，今改正。」據改。本志下文安定故城引魏志「鄚」改同。

〔一八〕通典舊唐志作鄚　「唐」，原脱，據乾隆志、同治畿輔通志卷一五四古蹟一補。「鄚」，乾隆志同。按通典卷一七八州郡八、舊唐書卷三九地理志二皆作「鄚」，此引本誤。

〔一九〕寰宇記作鄚　「鄚」，乾隆志同。按太平寰宇記卷六一作「鄚」，此引本誤。

〔二〇〕泥同口有渾泥城　「渾」，原脱，乾隆志同，據水經易水注及太平寰宇記卷六七補。

〔二一〕水經注　「注」，原脱，乾隆志同。按水經滱水注「滱水又東北逕依城北」云云，此「注」字，據補。

〔二二〕唐如意元年析河間縣置武興縣　「興」，同新唐書卷三九地理志三。乾隆志作「昌」，同舊唐書卷三九地理志二、唐會要卷七一州縣改置下、太平寰宇記卷六六。

〔二三〕漢武帝封趙敬肅王子終古爲柏陵侯　乾隆志同。按史記卷二一建元已來王子侯表：「柏陽，趙敬肅王子，元朔五年十一月辛酉侯劉終古元年。」漢書卷一五王子侯表上：「柏暢戴侯終古，趙敬肅王子，元朔五年十一月辛酉封。」故太平寰宇記卷六八原校勘云：「按史記年表，終古爲柏陽侯，前漢表作柏暢侯，今記云柏陵，未知孰是，帝紀亦無之。」本志下文亦如所云。

〔二四〕漢元朔二年封中山靖王子朝平爲將梁侯　「梁」，原作「涼」，據乾隆志及漢書卷一五王子侯表上改。

〔二五〕馬溺水至疑即八渡關尉宿治　乾隆志同。按水經滱水注：「馬溺水出上曲陽城東北馬溺山，東北流逕伏亭。中山記曰：八渡，馬溺是山曲要害之地，二關勢接，疑斯城即是關尉宿治。」同治畿輔通志卷一五四古蹟一引同。本志引文雖予簡略，但「上曲陽城東北」下當脱「馬溺山」三字，「八渡」下亦脱「馬溺」二字。

〔二六〕在唐縣西北四十一里　「一」，原脱，乾隆志同，據史記卷四三趙世家、資治通鑑卷五周紀五正義引括地志補。

〔二七〕五原降户鮮于修禮反於定州西北之左人城　乾隆志同。按魏書卷九肅宗紀：孝昌二年，「五原降户鮮于脩禮反於定州」。資治通鑑卷一五一梁紀七：「五原降户鮮于脩禮等師北鎮流民反於定州之左城。」無「西北」二字。

〔二八〕今名鴻城　「鴻」，乾隆志同。按史記卷四三趙世家正義作「汝城」，此「鴻」蓋爲「汝」字之訛。

〔二九〕滱水又東流歷鴻山　「鴻」，原脱，乾隆志及朱謀㙔水經注箋同，據太平寰宇記卷六二引水經注及王先謙合校水經注、楊守敬水經注疏滱水注補。

〔三〇〕蒲水經安陽關　乾隆志及楊守敬水經注疏滱水注同，元和郡縣圖志卷一八、太平寰宇記卷六二北平縣皆作「安陽」。王先謙合校水經注作「陽安關」，續漢書郡國志二唐縣注引晉地道記亦同。

〔三一〕因阿仍墉築一城　「阿」，原作「河」，乾隆志及朱謀㙔水經注箋同，據王先謙合校水經注、楊守敬水經注疏滱水注改。

〔三二〕名堯姑城　「姑」，原作「始」，乾隆志及朱謀㙔水經注箋同。王先謙合校水經注、楊守敬水經注疏滱水注改爲「姑」，楊氏云：「趙一清云：路史餘論曰，望都城東有堯故城，俗呼爲堯姑城，姑、故音同，始字誤也。」據改。本志下文「堯始亭」之「始」同改。

〔三三〕至今名爲和甸　「和甸」，乾隆志同，新定九域志卷二永寧軍引圖經作「和城」，未知孰是。

〔三四〕城壁夷平　「城」，原作「地」，乾隆志及朱謀㙔水經注箋同，據王先謙合校水經注、楊守敬水經注疏易水注及同治畿輔通志卷一五四古蹟一引水經注改。

〔三五〕猶高一丈餘基有井　乾隆志同，王先謙合校水經注、楊守敬水經注疏作「猶高一匹，餘基上有井」，引朱箋曰：「小爾雅，二丈爲兩，倍兩爲匹，是四丈爲一匹也。」則此「一丈」爲「一匹」之訛。

〔三六〕即瓚所堡也　「堡」，乾隆志作「築」。王先謙合校水經注易水注作「保」，楊守敬水經注疏作「堡」。按後漢書卷七三公孫瓚傳：「瓚遂保易京，開置屯田。」則作「保」爲是。

〔三七〕祭過城　「過」，乾隆志及朱謀㙔水經注箋同，王先謙合校水經注、楊守敬水經注疏滱水注皆作「隅」。參見本志卷一三保定府二校勘記〔一七〕。

〔三八〕謂之汾門亦曰汾水門　二「汾」，原作「分」，乾隆志及朱謀㙔水經注箋同，據王先謙合校水經注、楊守敬水經注疏易水注改。

〔三九〕明洪武二十年建北平都司於大寧建文三年燕王遷此　乾隆志同。按明太祖實録卷一八五：洪武二十年九月，「置大寧都指揮使司及大寧中、左、右三衛。」同書卷一九二：洪武二十一年七月，「置北平行都指揮使司於大寧」。與此記載年代相差一年。又大明一統志卷二：保定府，「大寧都司，在府治西，洪武三十四年始遷于此」。記載遷徙年代亦有差别。

〔四〇〕趙靈王及代人救濁鹿　「趙靈王」，乾隆志及朱謀㙔水經注箋同。王先謙合校水經注滱水注謂「近刻脱『武』字」，作「趙武靈王」。楊守敬水經注疏：「今本竹書無『武』字，古書於武靈王，或稱武王，或稱靈王，或稱武侯，此不必增『武』字。」

〔四一〕鎮定都部署言敗遼於廉良路　「良」，原作「梁」，乾隆志同。宋史卷六真宗紀一作「良」。考宋會要蕃夷一之二三：咸平二年九月，「契丹數萬騎來寇三路，先鋒田紹斌、石普與知保州楊嗣逆擊，敗之于廉良路」。同書兵八之八載同。續資治通鑑長編卷四五、宋史卷二六〇楊嗣傳皆作「廉良」。此「梁」爲「良」字之誤，據改。

〔四二〕肅寧　乾隆志同。按金史卷一一八移剌衆家奴傳：「衆家奴封河間公，以獻、蠡、安、深州，河間、肅寧、安平、武强、饒陽、六家莊、郎山寨隸焉。」則此「肅寧」下當脱「安平」。

〔四三〕二關勢接　原作「關勢帶接」，乾隆志同卷關隘及朱謀㙔水經注箋同，據王先謙合校水經注、楊守敬水經注疏滱水注改。

〔四四〕八渡故關　「渡」，乾隆志及水經滱水注同，元和郡縣圖志卷一八、太平寰宇記卷六二皆作「度」。

〔四五〕水上置關　乾隆志同。按太平寰宇記卷六二作「流水之上置關」，同治畿輔通志卷六七關隘一引同，是也。

〔四六〕陽安關　乾隆志及同治畿輔通志卷六七關隘一皆作「安陽關」，按楊守敬水經注疏滱水注及元和郡縣圖志卷一八、太平寰宇記卷六二北平縣皆同。王先謙合校水經注作「陽安關」，續漢書郡國志二唐縣注引晉地道記亦同。參見本志卷一四校勘記〔二〇〕。

〔四七〕唐大曆九年　乾隆志同。按資治通鑑卷二二五唐紀四一載，盧龍留後朱滔討田承嗣，時在大曆十年，此「九」爲「十」字之誤。

〔四八〕潴水爲塞　「潴」，原作「臨」，據胡道静夢溪筆談校證卷一三權智改。

〔四九〕叫猴　「猴」，原作「侯」，據乾隆志及胡道静夢溪筆談校證卷一三改。

〔五〇〕東合滹沱易白等水併大河　乾隆志同。按胡道静夢溪筆談校證卷一三作「東合滹沱、漳、淇、易、白等水并大河」，此疑脱「漳淇」二字。

〔五一〕悉爲潴潦　「潴潦」，原作「渚」，乾隆志同，據胡道静夢溪筆談校證卷一三改。

〔五二〕統瀛莫雄恩冀滄永静保定乾寧信安十州軍　「恩」原作「貝」，「永静」原作「承静」，「信安」原脱，乾隆志同。按宋史卷八六地理志二：「慶曆八年始置高陽關路安撫使，統瀛、莫、雄、貝、冀、滄、永静、保定、乾寧、信安一十州軍。」續資治通鑑長編卷一六四：慶曆八年四月，分河北兵爲四路，「瀛、莫、雄、霸、恩、冀、滄州、永静、乾寧、保定、信安合爲高陽關路」。則爲十一州軍，比宋志多一霸州。又續資治通鑑長編卷一六二：慶曆八年正月平貝州王則，「改貝州爲恩州」。此「貝州」應作「恩州」爲是。此「承静」爲「永静」之誤，又脱「信安」，據以改補。

〔五三〕在唐縣西北一百二十里　「二十」，乾隆志同。元和郡縣圖志卷一八作「一十三」，此引誤。太平寰宇記卷六二：「倒馬故關，在唐縣西北一百二十里。」本志與此合。

〔五四〕石磴逶迤　「磴」，原作「逕」，乾隆志同，據資治通鑑卷一五二梁紀八胡三省注改。

〔五五〕劉昭後漢書注引博物記唐關在中人西北百里　「唐」，乾隆志及續漢書郡國志二劉昭注引博物記汲本、殿本同，而紹興本作「堂」。又「中人」下原衍「亭」字，據乾隆志及續漢書郡國志劉昭注删。

〔五六〕自水谷口至唐縣周家堡　「唐」，原作「完」。讀史方輿紀要卷一二：「周家堡，在唐縣西北百十里，倒馬關東路戍守處也。」光緒保定府志卷二〇關隘、同治畿輔通志卷六七關隘同，乾隆志作「唐」是，據改。

〔五七〕高開道自易州南掠赤岸鎮　「高」，原作「葛」。資治通鑑卷一九〇唐紀六：武德六年，「高開道掠赤岸鎮及靈壽、九門、行唐三縣而去」。乾隆志、同治畿輔通志卷六七關隘一皆作「高」，此「葛」爲「高」字之誤，據改。

〔五八〕在唐縣西北九十里　「九十」，原作「十九」，據乾隆志及讀史方輿紀要卷一二、同治畿輔通志卷六七關隘一乙正。

〔五九〕大渦七姑垣　「大」原作「木」，「七」原作「大」，「姑」下脱「垣」字，乾隆志皆同，並據元豐九域志卷二、宋史卷八六地理志二改補。

〔六〇〕生章村　按同治畿輔通志卷六七關隘一：「小章村鎮，在束鹿縣西北七十五里，接深澤縣界，今設縣丞、把總駐此。」同書卷四七疆域圖説二：「束鹿縣西北有地名小章村，北近深澤縣南界。」清史稿卷五四地理志一：束鹿縣，「縣丞駐小章村」。光緒保定府志卷二四户政略：束鹿縣北路，「自縣城西北七十里至小章村，北與深澤縣小章村接界」。即今束鹿縣北小章村，接深澤縣界（一九八二年河北省地圖集）。此「生」爲「小」字之誤。

大清一統志卷十五

保定府四

津梁

天水橋。在清苑縣南門外，跨一畝泉水。明弘治四年建，隆慶五年修。本朝乾隆十一年修，二十一年、嘉慶十五年重修。

廣福橋。在清苑縣西南。九省通衢。上游白草溝河，下達清苑河。本朝嘉慶十五年修。

大冉石橋。在清苑縣北大冉村，跨石橋河。本朝順治十七年修。

方順橋。在滿城縣南五十里。隋開皇間建，長十五丈，石室雕欄，堅緻雄偉。本朝以來屢加修葺，乾隆二十六年、四十六年，高宗純皇帝巡幸五臺，鑾輿過此，有御製詩。嘉慶十五年復修。

北石橋。在滿城縣東北奇村西。又中石橋在縣東南奇村西，南石橋在縣奇村南，皆雞距、一畝泉河之要津。

徐河橋。在安肅縣南三十五里。

雹河橋。在安肅縣北關外。

田村橋。在安肅縣北二十里。水出平地，三派分流，經柳灣入淀。明天順中建。

時濟橋。在定興縣南四十里固城村北〔一〕。明成化間建。

昇仙橋。在新城縣南關。相傳金時，有人嘗賣藥橋上，後仙去，因名。

泗莊橋。在新城縣東南十五里。

馬村河橋。在新城縣西三十里。

騰橋。在唐縣西三十里雹水村南。明萬曆中建，柱縱三行，横九行，相去各七尺許，長五丈。

大夫橋。在博野縣西西章村。明都御史吴櫝建。又村西有淑人橋。

白溝橋。在容城縣東三十里，跨白溝河。

黑龍口石橋。在容城縣南二十里。

新興橋。在完縣東十五里；又五郎橋，在縣東北八里：皆跨蒲水。

下叔橋。在完縣南六里。西有唐縣柳河、放水二水，北有伊祁、五雲諸泉山水，總會經此。

堯城橋。在完縣西南七里。通祁水，乃下叔河上流也。本朝乾隆五十四年修。

瓦濟橋。在雄縣城南關。本朝嘉慶十三年修。

月漾橋。在雄縣南十二里，接河間府任丘縣界。亦曰易陽橋。明建文時，燕王破李景隆於雄縣，伏兵月漾橋，即此。新安、高陽諸水皆經此，達茅兒灣。本朝嘉慶十三年修。按此橋接任丘之趙北口，臨白洋淀，環萬柳隄，橋梁相接，凡十餘座。

永通橋。在雄縣西一里，横渡白溝河。明景泰中建。

望春橋。在祁州東。道通府城。

涌泉橋。在祁州西。又西爲張村橋。

雙鳳橋。在東鹿縣東南二十里。

無閡橋。在東鹿縣西南十五里，滹沱河上。

西安橋。在安州西十里。路通保定。明成化中建。

安濟橋。在安州北關，跨依城河。元大定間建。

東渡橋。在高陽縣東南二十里。明崇禎六年建。勢極高聳，遠望如長虹飲水。

弘濟橋。在高陽縣南三里許，跨馬家河。明景泰中建，名馬家橋。正德中移建於橋西一里許，更名通濟。嘉靖中遷此，改今名。

雲衢橋。在新安縣東南隅。

長流橋。在新安縣西南五里。濡、滱諸水合流經此，俗呼爲「大橋」。

三臺石橋。在新安縣西，跨雹河。

漕河渡。在安肅縣南二十五里。

河陽渡。在定興縣南十里。淶、易、沙三河合流於此，當河北通津〔二〕。明洪武間置巡司，萬曆中移於縣南四十里固城鎮，後復移此，今裁。

隄堰

千里長隄。起清苑縣界，訖河間府獻縣之臧家橋，周迴於順天、保定、河間三府之境。長千餘里，緣河繞淀，爲數十州縣生民之保障。本朝康熙三十七年發帑金，命河臣王新命修築。雍正三年，怡賢親王奉命重修。乾隆二十七年復修。

三岔河隄。在清苑縣東。自高陽縣馬家莊至縣夾河鋪，延接安州。

劉家口隄。在清苑縣東。長三十八里。明嘉靖十六年築，以防一畝泉河泛溢。

拒馬河隄。在唐縣西北軍城西北。明萬曆間建。

石隄。在唐縣北。本朝順治三年築，以防山水，後屢修。

滋河隄。在博野縣南。又南有沙河隄，宋時築。

界隄。在望都縣南三十里。以防滱水泛漲。

長隄。在容城縣東北。東接雄縣，西接定興，長四十餘里，以防白溝河水。

抹尖口隄。在完縣東南。濡、蒲二水會合之下流，水勢湍急。本朝康熙十年修。

曲隄。在蠡縣東北。

萬柳隄。在雄縣南。即趙北口官道也。其地爲高陽、新安諸水匯流處。舊有橋，明正德中築隄，植柳爲固。本朝順治、康熙年間屢修，雍正四年加築，乾隆二十七年又經修葺。高宗純皇帝鑾輅時巡經此，均有御製詩。

唐河隄。在祁州南唐河北。長二十里，與蠡縣、博野相連。又有清水河東隄，長十餘里；沙河北隄，長十里許：皆明嘉靖以來修築。通志：「自祁州以下，岸土挾沙，最易頹圮，宜於頂溜掃灣築挑水、迎水等壩，以護岸固隄。」

南隄。有四，俱在東鹿縣南。防鴉兒河者曰趙念、紅花，防滹沱河者曰張岔口、白蓮口。

邱家道口隄。在安州東南。長三百五十丈。又萬柳隄，在丘家道口南，長二十里。安亭隄，在州東南三十里，自邱家道口至高陽東北，長十五里。大滂淀隄，在州東南三十五里，長十五里。

直亭口隄。在安州西南。長九里。

徐曹河隄。在安州西北。徐、曹二水合流之地，南北岸各五里。明嘉靖中築。

古隄。在安州北易水之濱。東延雄縣，南接蠡縣，以防九河之水。

倒叉口隄。在安州北。長十二里。又濡陽隄，在州北十里，長十六里。壇臺口隄，在州西北，與護城隄相接，長一萬七百二十丈。俱明嘉靖中築。

樓隄。在高陽縣城東。延袤五十里，以防豬龍河。

車道口隄。在高陽縣東豬龍河之尾。明萬曆末築，以補唐隄之缺。

唐隄。在高陽縣東二十五里，樓隄之北，南接任丘界。宋唐介令任丘時所築。

龍河隄。在高陽縣舊治東南。約長二十里。

白牛隄。在高陽縣東南。相近有駱駝灣隄，皆以防蠡縣水之溢齊口者。

馬家河隄。在高陽縣東南。自南至北長三十里。又横隄在縣西南六里，長六七里。榆隄在縣東南，長二十里。本朝康熙元年築，皆以防馬家河。

蓮子口隄。在高陽縣南，接蠡縣界。長二十里。

三岔口隄。在高陽縣西南。長十五里，防土尾河。

闞家灣隄。在新安縣東。長十五里，直抵安州。又楊柳口隄，長五十里；燒場口隄，長二十五里；白家窪隄，長二十二里：俱在縣東南。

大河南隄。在新安縣南。其南又有圍子隄。

聖母淀隄。在新安縣西南。長七里。

長城隄。在新安縣。延袤數十里。又甎瓦口隄、孟家溝隄，俱在縣西。

水堰。在望都縣東十二里。明永樂間築，截河水溉田植稻。崇禎中易土以石，穴孔以時蓄洩。本朝康熙年間修。

雹河堰。在新安縣西北。長十七里，明嘉靖間築。

湯家閘。在清苑縣東湯家莊。明嘉靖間建。即今上閘。又青楊樹閘，在縣東青楊樹村，即今下閘。

積水閘。在清苑縣西吴家灣。明嘉靖間建。本朝康熙年間修。

滚水石壩。在安肅縣之姜女廟支河口，以防瀑河之水。本朝乾隆二十八年建。

陵墓

顓頊陵。在高陽縣東舊城東門外。又有廟，在縣東一里。

堯母陵。在望都縣城内。明嘉靖中修建祠寢。又丹朱墓，在縣東門外東南百步許。本朝嘉慶十五年修。

宋三陵。在清苑縣東南御城西北。僖祖曰欽陵，順祖曰慶陵，翼祖曰安陵，太平興國中以祖宗陵墓所在，因置保州。

周

廉頗墓。在清苑縣西十里廉梁村。有祠堂。

劇辛墓。在容城縣東二十五里劇村。

樊於期墓。在蠡縣東北四十里〔三〕。舊有廟碑。

漢

張蒼墓。在滿城縣西十里。又縣南門外有北平侯廟，詳後。

中山康王墓、中山頃王墓、中山憲王墓。皆在唐縣西北。水經注：「滱水又東逕京丘北，京陵南對漢中山頃王陵〔四〕。滱水北對君子岸，岸上有哀王子憲王陵。滱水又東逕白土北，南即靖王子康王陵，三墳並列。」

陳平墓。在完縣西北六十里陳侯村。

蠡吾侯冢。在蠡縣東二里。漢桓帝父蠡吾侯翼所葬，後追崇曰博陵。

蔡仲冢。在高陽縣東。寰宇記：「九州要記云：漢南陽太守高陽侯蔡仲冢在城北。仲曉厭勝之術，其冢至今無狐狸穴。」

王尊墓。在高陽縣東北舊城北，接安州界。寰宇記：「冢元在武垣城東北隅，尊爲東郡太守而卒，其柩一夜自歸，今猶祀之，呼爲東郡河翁歸〔五〕。」

唐

郝英傑墓。舊志：「葬唐興縣招賢鄉，有碑記。」

張行成墓。在望都縣東南張娥村。

崔子玉墓。在祁州西南隅。

張興墓。在束鹿縣北三十里，地名紅草陂。其草獨紅，相傳爲忠血所化。

許遠墓。在安州東南二十里高陽縣界。

宋

楊業墓。在唐縣西北一百十里。相傳業戰殁，葬此。

程氏祖塋。在博野縣東南。二程子五世祖塋也。明初碑始廢。又有博士程炎墓，亦在村中。

周王元儼墓。在容城縣東北十里，石碣猶存。元儼，太宗子，真宗弟也。

金

章宗妃李氏墓。在新城縣南段村北五里。

時立愛墓。在新城縣西北里許。

元

尚野墓。在滿城縣西北五里。子師簡，附葬。

張柔墓。在滿城縣北十五里岡頭村，亦名張家峪。

解誠墓。在定興縣南。

張弘範墓。在定興縣西南十八里。

王綱墓。在新安縣西三臺村〔六〕。

王壽墓。在新城縣西二十里中王村。

史弼墓。在博野縣東東陽村。

劉因墓。在容城縣東北十五里，今名賢冢。

焦用墓。在雄縣西二里。子德裕墓，在其左。

穆茂墓。在東鹿縣北六十里。

明

金毓峒墓。在清苑縣西南金家莊〔七〕。

張羅彥墓。在清苑縣城西南隅。

楊繼盛墓。在定興縣西南八里。舊在容城縣東，明萬曆三年遷此。本朝順治十三年，世祖章皇帝御製表忠論，勒石旌之。

寇深墓。在唐縣東南十八里。

邸鵬墓。在唐縣西北四十里白合山麓。

王寅墓。在容城縣北白溝河右。

郭鎮墓。在雄縣西南二里。

袁宗儒墓。在雄縣西七里。

侯瓚墓。在雄縣東北二里。子觀墓，在其東一里。

王驥墓。在東鹿縣南三十里。

王思祖墓。在安州東南一里許。

田景暘墓。在高陽縣西三里。

孫承宗墓。在高陽縣城北二里。

祠廟

忠愍祠。祀明楊繼盛，有四：一在府治西，明隆慶二年建。本朝順治中，世祖章皇帝御製碑文立祠内，額曰「表忠」。乾隆十五年，高宗純皇帝西巡經此，有御製旌忠祠詩。一在府西關外，明萬曆二十九年建。一在定興縣河陽渡，明天啓中建。本朝康熙二年水齧，移建縣南北河店。一在容城縣學東，明萬曆四年建。

二賢祠。在府學西。元劉因、郝經講道保定路，後人立祠祀之。

賢良祠。在府城内北街。本朝雍正十一年建，嘉慶九年修。

怡賢親王祠。在府治東北。本朝雍正九年建。王奉詔營田濬渠，竭忠盡瘁，惠浹畿甸，民感其德，請立祠祀焉。

忠烈祠。在府城西關外。本朝康熙六年建，祀明末殉難諸臣。雍正九年修。

聖女祠。在清苑縣東南。寰宇記：「女姓薛，字義姜，鉅鹿人，嫁爲樊輿王文妻，死於城隅，就而祭之，俗名祭隅城。」

鹿廷尉祠。在定興縣城中。祀明鹿善繼，崇禎十年建。

二忠祠。在新城縣南里許。祀宋張叔夜、文天祥，明萬曆間建。本朝乾隆二十二年，高宗純皇帝南巡經此，有御製二忠祠詩。

紫泉龍祠。在新城縣西南三十里。旱禱輒應，元蘇天爵有記。

靈濟祠。在唐縣西南。本朝乾隆十年，總督高斌引唐河以興水利，因建祠以祀河神，右有秀木軒〔八〕。十五年、二十六年，高宗純皇帝巡幸五臺，鑾輿經此，有御製詩。

二程祠。在博野縣東南。元時建，祀宋程明道、伊川。按二程子，五世而上居博野，曾祖而下遷河南。

劉靖修祠。在容城縣治西南。元至正間建，祀劉因。

忠孝祠。在雄縣易陽門内。祀元孝子王庸，明臣楊松、潘忠。

張將軍祠。在東鹿縣舊城南。祀唐將張興。

三守祠。在安州治西北。祀宋楊延昭、金徒單航、元完顔安遠。又容城縣西北有楊將軍廟，專祀延昭。

文正祠。在高陽縣南關。祀明孫承宗。

齊公祠。在高陽縣西關外。明天啓中建，祀唐相齊映。

許睢陽祠。在高陽縣西。祀唐睢陽太守許遠。

城隍廟。在府城北。本朝乾隆二十四年，總督方觀承奏請修建，御賜額曰「畿南保障」。

北平侯廟。在滿城縣南門外。祀漢丞相張蒼。本朝乾隆二十六年，高宗純皇帝巡幸五臺，鑾輿經此，有御製詩。

趙簡子廟。在滿城縣北眺山下。晉永康元年建。舊傳簡子築北平城以拒燕，故祀之。本朝乾隆二十六年，高宗純皇帝巡幸五臺，鑾輿經此，有御製詩。

燕昭王廟。在定興縣西三十里黃金臺上。以郭隗、樂毅配。

河神廟。在唐縣西三十三里。明萬曆中建。

漢高帝廟。在唐縣東北育山之陽。相傳帝解圍白登，駐蹕於此，後人追思立廟。

堯母廟。在望都縣城内東隅。本朝乾隆四十七年敕修，御書額曰「中天啓聖」。嘉慶十五年重修。

帝堯廟。在望都縣北郭。元至元三年建。又有廟在唐縣治西，儒學之東。明嘉靖中建，本朝乾隆四十七年敕修，御書額曰「巍煥如瞻」。嘉慶十五年重修。

孝烈廟。在完縣東。即木蘭祠。相傳木蘭嘗代父戍此，唐封「孝烈將軍」。本朝乾隆十一年、四十六年，高宗純皇帝巡幸五臺經此，有御製木蘭祠詩。

雙忠廟。在雄縣北白溝。祀宋張叔夜、明陳復初，以二人殉節處，故祀之。

邳彤廟。在祁州南門外。

崔府君廟。在祁州南。祀唐崔子玉。玄宗時封爲靈聖侯，宋真宗時封爲「護國西寧王」。

光武廟。在東鹿縣西南二十里傾井村。

禹王廟。在新安縣治北。鄉民建以鎮水。

寺觀

永寧寺。在府治南。元中統二年建，貯佛經五百卷。

靈雨寺。在府城西。本朝乾隆十一年，高宗純皇帝巡幸五臺經此，有御賜額二：前殿曰「筏通彼岸」，後殿曰「現清浄身」。二十五年復賜寺門榜一；二十六年、四十六年，鑾輿重臨，皆有御製詩。

龍泉寺。在滿城縣東。府志：「故老相傳，建自隋、唐。四無牆垣，古木森列，後有雞距泉，右有紅花泉，上通一畝泉，爲遊賞勝地。」

大覺寺。在滿城縣北。明洪武初因舊址重建，置僧會司。

東林寺。在定興縣治東南。金明昌中建，明洪武中重建。舊爲唐賈島修持之地。

萬壽寺。在定興縣西江村。明鹿善繼講學於此，禪室皆寓生徒，僧行亦尚儒雅，書聲達旦者三十年。

鐵瓦寺。在定興縣南四十里。明正德中建，屋瓦、羅漢皆鐵鑄。

開善寺。在新城縣城内東北隅。大殿内，藤胎八金剛，仰俯各四，如唐吴道子筆意〔九〕。高宗純皇帝有御製開善寺詩。

法果寺。在唐縣西。寺前有塔，唐垂拱中建，高數百尺。

石佛寺。在唐縣唐巖山之東腰。寺後有風雨二池。本朝順治九年重建。

靈源寺。在唐縣東北靈源山。唐上元二年建。

靈光寺。在博野縣東南二十五里。唐高宗時建，有古塔。明洪武中重建。

稽古寺。在完縣西六十里。唐開元中，安國侯陳思傑因三藏法師玄奘葬母骨於此，乃建寺名寄骨寺，後有三藏舍利塔。明天順時修，易名曰稽古。

演法寺。在完縣西。前後層巒聳翠，殿宇壯麗，爲縣西第一叢林。

雙泉寺。在完縣西北五十五里。周圍山列如屏，寺畔雙泉噴涌，故名。

鐵佛寺。在完縣伊祁山。元至元十五年建。山半有堯母洞，峻嶒蒼翠，古柏森然。

法雲寺。在完縣城内東北隅。明洪武中建，古木森列，頗稱幽静。

寶寧寺。在蠡縣西南隅。明洪武中修，鐵佛高二丈四尺，所坐鐵獅長一丈八尺。

珍珠寺。在東鹿縣北三十五里。

北極層觀。在安肅縣故遂城北。宋楊延昭建，觀左有臨瀑亭。

建福觀。在定興縣百樓村。其地即公孫瓚避世築城以自固者，由唐及宋，遺址猶存。金時始爲道觀。

九峻觀。在唐縣西七十里葛洪山前。宋政和初建。

名宦

漢

班彪。安陵人。建武中爲望都長，吏民愛之。

劉梁。寧陽人。桓帝時除北新城長，告縣人曰：「吾雖小宰，猶有社稷，苟赴期會，理文墨，豈本志乎！」乃大作講舍，延聚生徒數百人，朝夕自往勸誡，身執經卷，試策殿最，儒化大行。

南北朝　魏

李繪。平棘人。拜高陽内史。高陽舊多陂淀，繪至後，淀水皆涸，乃置農正，專主勸課，墾田倍增，家給人足。瀛州三郡人俱詣州，請爲繪立碑於郡街。

隋

張允濟。北海人。隋末爲高陽郡丞，郡缺太守，獨統郡事，吏民畏悦。賊帥王須拔攻郡，糧盡，士食槐葉，無叛志。

唐

李寰。德宗時，守博野。王庭凑叛，寰與樂壽傅良弼固守。詔使寰所領士隸右神策，號忻州營，以寰爲都知兵馬使。廷凑之亂，聯軍十五萬無成功，而樂壽、博野截然峙中者累歲，議者以爲難。

五代 晉

沈斌。下邳人。開運元年爲祁州刺史。遼人入塞，過祁州，斌邀擊之，遼以精騎薄門。趙延壽招斌降，斌從城上罵曰：「斌能爲國死，不能效公所爲也。」城陷，一門殲焉。

宋

楊重進。太原人。太平興國中爲高陽關都部署。遼兵至，力戰殁於陣。

李繼宣。浚儀人。雍熙中爲高陽關行營都監。端拱初，遼騎至瀛、鎮，繼宣率步騎萬人入敵境，焚聚落，遼兵引還，於易州至高陽，爲望櫓七所，舉烽以候警。淳化三年徙知保州，築關城，浚外濠，葺營舍千五百處，造船百艘〔一〇〕，入雞距泉以運糧，人咸便之。

張昭允。衛州人。端拱初爲雄州監軍。遼騎乘秋掠境上，昭允襲擊卻之。

劉福。下邳人。端拱二年爲雄州防禦使兼本州兵馬部署。雄州地控邊塞，常屯重兵。福至部，按行城壘，調鎮兵以給繕完，出私錢以資宴犒。領雄州五年，郡境安謐。

安守忠。晉陽人。淳化二年，知雄州。方與僚佐宴飲，有軍校謀變，擐甲及閤，閤者倉卒入白，守忠言笑自若，徐顧左右曰：「此輩酒狂耳，擒之可也。」人服其量。

楊嗣。瀛州人。淳化二年，知保州，門無私謁。轉運使言其治狀，遷威虜軍，再知保州，有戰功。嗣與楊延昭久居北邊，俱以善戰聞，時謂之「二楊」。

楊延昭。太原人。爲保州緣邊都巡檢使。咸平二年，遼兵南侵，延昭在遂城。城小無備，遼兵圍之數日。衆心危懼，延昭集丁壯登陴護守。會天寒，汲水灌城上，旦悉爲冰，堅滑不可上。遼軍遂潰去。景德中，徙高陽關副都部署，卒。延昭智勇善戰，所得俸賜悉犒軍，未嘗問家事。號令嚴明，與士卒同甘苦，遇戰必身先，行陣克捷，推功於下，故人樂爲用。在邊防二十餘年，遼人憚之。

張凝。無棣人。淳化中，累遷高陽關行營鈐轄、六宅使。咸平初，遼人南侵，凝據要害，斷其歸路，縱兵擊之，盡奪所掠。景德初爲保州駐泊，兼北面安撫使。善訓士卒，繕完器仗，前後賞賜，多以犒師，家無餘貲。

何承矩。河南人。淳化中，知雄州。因積潦蓄爲陂塘，大作稻田，以足民食。邊民有告機事者，屏左右與之接款，故遼人動息皆能前知。至道元年，遼以精騎數千夜襲城下，承矩整兵出拒，斬獲甚衆。真宗嗣位，復遣知雄州。嘗詔聽邊民越拒馬河塞北市〔一二〕，承矩疏其非便，即停前詔。咸平三年拜引進使，州民詣闕乞留，詔書嘉奬，復遣之。景德二年，復知雄州。遼遣使奉幣，承矩以朝廷待邊人之禮悠久可行者悉疏以聞。手詔嘉納。

李允則。并州盂人。真宗時，知雄州。河北既罷兵，允則治城壘不輟，遼主曰：「南朝尚修城備，得毋違誓約乎？」有詔詰之，允則奏曰：「初通好，不即完治，恐他日頹圮，因此廢守，邊患不可測也。」帝以爲然。允則善撫士卒，皆得其用。盜發輒獲，人亦莫知所由。身無兼衣，食無兼味，不蓄貲財，在河北二十餘年，事功最多。

王能。定陶人。咸平初，知静戎軍。建議決鮑河，斷長城口，北注雄州塘水，爲戎馬限，方舟通漕，以實塞下。又開方田，盡静戎、順安之境。北邊來寇，能擊走之。

耿全斌。信都人。真宗時，知安肅軍，嘗繪其山川險易，爲圖以獻。遼兵來侵，自山北抵河滸，斌遣子從政焚橋砦，分率精兵擊走之。

康保裔。洛陽人。真宗時爲高陽關都部署。遼軍大入，諸將與戰於河間，保裔選精鋭赴之。遼圍之數重，左右勸易甲馳突以出，保裔曰：「臨難毋苟免。」決戰二日，殺傷甚衆，兵盡矢絶，援不至，遂没焉。

李重貴。河陽人。真宗時爲高陽關行營副都部署。康保裔爲敵所覆，重貴與鈐轄張凝赴援，腹背受敵，自申至寅，力戰，敵乃退。時諸將頗失部分，獨重貴、凝全軍還屯。凝議上將士功狀，重貴喟然曰：「大將陷没而吾曹計功，何面目也！」帝聞嘉之。

閻承翰。景德中爲北面都鈐轄。自嘉山東引唐河三十二里至定州，釃而爲渠，直蒲陰縣東六十二里會沙河，徑邊吴泊，遂入於界河，以達方舟之漕。又保州趙彬堰徐河水入雞距泉〔一二〕，以息挽舟之役。自是朔方之民，灌溉饒益，大蒙其利。

劉承宗。邢州人。大中祥符中，知雄州。在郡有治績，詔書嘉奬。

王德用。趙州人。天聖初，知廣信軍。城垣久不治，德用率禁軍增築之，有詔褒諭。

高繼勳。蒙城人。仁宗時，知雄州。遼獵燕薊，候卒報有兵入鈔，邊州皆警。繼勳曰：「遼歲賴漢金繒，何敢損盟好耶？」居自若，已，乃知渤海人叛遼，行剽兩界也。

張利一。開封人。知雄州。遼人刺兩屬民爲兵，民不堪其辱，利一綏徠之。有大姓舉族南徙，慕而來者至二萬。利一發廩賑恤，且移詰涿州，自是不敢復刺。

趙滋。開封人。仁宗時，知保州。强力精悍，有吏能，會遼民數違約，乘小舟漁界河中。後又遣大舟自海口運鹽入界河。朝廷患之，以滋可任，徙知雄州。滋戒巡兵，舟至，輒捕其人殺之，漁者遂絶。在雄州六年，遼憚之。遼嘗大饑，舊，米出塞不得過三斗，滋曰：「彼亦吾民也。」令出米無所禁，邊人感其德。

葛懷敏。真定人。知雄州。會歲旱，塘水涸，懷敏慮遼使至測知其廣深，乃壅界河水注之，塘復如故。

張田。澶淵人。通判廣信軍。時夏竦、楊懷敏建策增開七郡塘水，詔通判集議，田曰：「此非禦敵策也，壞良田，浸冢墓，民被其害。」因疏奏極論。

王果。饒陽人。爲高陽關路兵馬鈐轄，中官楊懷敏領沿邊屯田事，大廣塘水，邊臣莫敢言，果獨抗辯，謂水浸良田，無益邊備。懷敏怒，訴果不法，左遷青州兵馬都監。

田敏。易州人。爲北平砦兵馬鈐轄。先是，兩地供輸民多爲遼嚮導，敏自魚臺北悉驅南徙，凡七百餘户，送定州。遷總管。遼入寇，敏敗之於楊村，又夜襲破遼主營，遂引去。

劉涣。保塞人。知保州。州自戍卒叛後，兵益驕。涣至，虎翼軍謀舉城叛，民大恐。涣單騎叩營，械首惡者歸，斬之，一軍帖服。

李緯。楚丘人。知雄州，治兵頗嚴，不事厨傳，節公使錢，貯米三十斛爲常平積，奏下其法他州。

劉兼濟。祥符人。知雄州。先是，邊民避罪逃者，遼輒納之，守將畏事不敢詰，兼濟悉移檄責還。

張亢。臨濮人。遼聚兵幽、涿間，以亢知安肅軍，因入對曰：「其主孱而歲歉，懼中國見伐，特張言耳，非其實也。萬一背約，臣請擐甲爲諸軍先。」

張載。長安人。爲祁州司法參軍。

劉几。洛陽人。神宗時，知保州，治狀爲河北第一。

劉舜卿。開封人。神宗時，知雄州。在雄六年，恩信周浹。

李格非。濟南人。紹聖中，通判廣信軍，有士人説人禍福，出必乘車，格非遇之塗，叱左右收之，窮治其奸，杖而出諸境。

楊應詢。徽宗時，知雄州。朝廷多取西夏地，遼以姻婭爲言，遣使乞還之，不得，擁兵並塞，中外恫疑。應詢曰：「是特爲虛聲嚇我耳，願治兵積粟，以示有備，彼將聞風自戢。」明年，果還兵。

遼

馬人望。遼東人。咸雍中〔一三〕，知新城縣。縣與宋接境，驛道所從出。人望治不擾，吏民畏愛。

金

范承吉。皇統中爲順天軍節度使。屬地震，壞民廬舍，有欲争先營葺者，工匠過取其直，承吉命官屬董其役，先後以次，不問貧富，民賴以省費。後復鎮順天，奚卒散居境内，率數千人爲盜，承吉繩以法，懼不敢犯。

完顔宗賢。皇統中爲永定軍節度使。天德初召入，雄州父老相率張青繩懸明鏡於公署，老幼填門，三日乃得去。

富蔡鼎壽。上京赫書河人。大定二年，歷蠡州刺史，有惠政，百姓刻石以記之。「富蔡鼎壽」舊作「蒲察鼎壽」，「赫書河」舊作「曷速河」，今並改正。

丁暐仁。宛平人。大定中爲祁州刺史。暐仁前節度定武〔一四〕，祁爲支郡，士民聞暐仁之官，相率歡迎界上，相屬不絶。

伊拉温。遼橫帳人。世宗時爲定武軍節度使，歲旱且蝗，乃割指以血瀝酒中，禱而酹之。既而雨霑足，有羣鴉啄蝗且盡，是歲熟，人以爲至誠之感。「伊拉温」舊作「移剌温」，今改正。

劉仲洙。宛平人。大定中爲祁州刺史，以六善爲教，民化之。

張行簡。日照人。章宗時爲順天軍節度使。帝曰：「卿至保州，如何治之？」對曰：「臣奉行法令，不敢違失，獄訟之事，以情察之，鈐制公吏，禁抑豪猾，以鎮静爲務，庶幾萬分之一。」

完顏衷。中都司屬司人。章宗時，歷蠡州刺史，平賦役無擾，民立石頌遺愛。

劉弁。泰和中爲唐令。涖政公勤，開廣利渠，引唐水溉田數千頃，又引而東，以灌鄰邑，世賴其利。

徒單航。爲安州刺史。會元兵大至，聲言都城失守，可速降，航盡出家財以犒軍民，盡力備禦，度不可支，乃先縊其妻孥，遂自縊。城破，人猶力戰，死者甚衆。

博舒魯福壽。爲唐邑主簿。元兵攻唐邑，福壽與戰，死之。贈官三階。「博舒魯福壽」舊作「孛术魯福壽」〔一五〕，今改正。

元

益良特穆爾。回鶻人。太祖以中原多盜，選充大斷事官。從額真出鎮順天等路，布德化，寬征徭，盜遁奸革，州郡以安。「益良特穆爾」舊作「岳璘帖穆爾」，「額真」舊作「斡真」，今並改正。

耶律伯堅。桓州人。至元九年授清苑縣尹。初，安肅州苦徐水之害，大司農欲奪水故道，導水使東。東則清苑被其害，伯堅力陳利害，事遂得已。縣西有塘水，溉民田甚廣，勢家據以爲磑，伯堅命決水注之田，許以溉田之餘月，乃得堰水置磑，著爲定制。縣居南北之衝，歲爲親王大官治供帳於縣西，吏緣侵漁，其費不貲。伯堅命築公館，以代供帳，其弊遂絶。凡賦役尤重於他縣者，必詣府力争之。在清苑四年，民親戴如父母，比去，立石頌其德。

吴鼎。燕人。至大元年授保定路總管。時太后欲幸五臺，言者請開保定西五廻嶺，以取捷徑。遣使使視地形，計工費，鼎言：「荒山陡入，人跡久絶，非乘輿所宜往。」還報，太后喜，爲寢其役。

額爾魯克布哈。蒙古人。至正中除保定路達魯噶齊。保定歲輸糧數十萬於新鄉，苦弗便。額爾魯克布哈請輸京倉以便之。俄除吏部尚書。父老詣闕乞留，遂以尚書知郡事。會賊北渡河，日修城浚濠爲戰守具。廷議發五省八衛軍出戍，額爾魯克布哈疏請留其兵，自統黑軍數千人，團結西山八十二寨軍〔一六〕，勢大張，賊皆遁去。及召還，民繪像祀之。「額爾魯克布哈」舊作「月魯不花」，「達魯噶齊」舊作「達魯花赤」，今並改正。

明

陳哲。宣德中，知博野縣，民大愛之。以舊官還職，當去，部民懇訴於巡按御史，言舊官不逮哲遠甚，乞還哲以活百姓。御史以聞，詔許之。

盛顒。無錫人。景泰中，知束鹿縣。縣苦徭役不均，爲之立九則法，上下稱便。母憂去，民俟其服除，詣闕乞還顒，命再任，益不用鞭扑。訟者喻之，輒叩頭聽受。鄰邑訟不決，亦皆赴訴，片言折服，惠政並敷。

楊集。常熟人。景泰中，知安州。有政聲，築隄植柳，以防水患，民甚德之。

秦紘。單縣人。天順初，知雄縣，奉御杜堅以捕天鵞至，從人暴横，紘執而杖之，坐下詔獄。民五千人詣闕爲紘訟冤，乃調邊縣。

吴嶽。汶上人。嘉靖中爲保定知府。敦教厲俗，不事摘發，而胥吏市猾自無越軼，百姓莫不戴德。

吴嶽。

嚴清。雲南後衛人。嘉靖中，知保定府。故事，歲籍民充京師庫役，清議罷之。賑荒弭盜，善政著聞，人以比前守盛顒、

蕭文清。廬陵人。嘉靖中，知祁州。會水災，發倉以賑，全活甚衆。築隄捍水，植柳數千株，世賴其利。

谷中虛。海豐人。嘉靖中爲高陽知縣。時年十九，發奸摘伏無遁情，吏民駭服。御史欲試其才，倉卒行部，中虛規畫井然，詰以疑事，立判，御史大奇之，薦諸朝。

王象乾。山東新城人。萬曆時爲保定知府。歲凶，借馬價銀萬兩賑諸邑，約明歲輸銀粟還官，至期獲利數千，悉散貧民資牛種。

王象復。山東新城人。官保定同知。以不拜魏忠賢祠，削籍歸。

冒守愚。如皋人。萬曆中，知高陽縣。修築河隄三十里，夾河植柳，名曰萬柳金隄。

楊一桂。安邑人。萬曆時，知唐縣。開渠七十里，導唐水以灌田，歷村落三十八，建閘二十五，以時蓄洩，所溉田無算，民立祠渠上祀之。

段緯。崇禎中，知慶都縣。修築隄堰，易土以石，隨時瀦泄，民賴其利。

秦三輔。三原人。崇禎中，知新城縣。李九成等攻城，與訓導王協中禦之，並死。贈三輔光禄少卿，建祠祀之。

崔泌之。鹿邑人。崇禎中，知清苑縣。多惠政，士民感之。輔臣周延儒憾御史黄宗昌異己〔一七〕，嗾知府史躬盛諷泌之摭其令縣時不法狀，泌之毅然曰：「殺人媚人，吾不爲也。」以是獲譴去。後死難。

黄承宗。崇禎時，知慶都縣。有吏才，恤民隱，抑豪右。十一年城破，死之。

李獻明。壽光人。崇禎中爲保定推官。大兵臨遵化，時獻明以查盤在城，或勸之行，獻明曰：「莫非王土，安敢避難？」與巡撫王元雅死之。贈光禄少卿。

鄭延任。臨清人。崇禎時爲安肅知縣。大兵破安肅，延任與妻俱死。教諭靈壽耿三麟亦殉節。

熊嘉遇。灤州人〔一八〕。崇禎中，官定興教諭，城破死之。

陳顯元。崇禎十五年，知新安縣。值大亂後，撫民以恩，惠政甚著。以城堞傾頹不能守，率士民入保關門寨〔一九〕。流賊至，死守旬餘，城陷，大罵不屈，爲賊支解。

何復。平度州人。崇禎十七年授保定知府。聞流賊已薄城，單騎兼程抵任，同知邵宗元以印授之，復不受，曰：「公部署已定，我與戮力可也。」遂晝夜守禦。及事急，復自爇西洋礮，火燎幾死。未幾，賊火箭焚城樓，死焉。

邵宗元。碭山人。崇禎末爲保定同知。有治行，李自成來犯，宗元集諸生，講見危致命章，詞氣激烈。講畢，登城分守。及都城陷，賊以書説降，宗元手裂之。詰日，寇大至，絡繹三百里。城中守益堅，賊稍稍引卻。會督師大學士李建泰輦餉求入城，不得已納之。賊攻益急，建泰與中軍郭中杰等爲内應，城遂陷。宗元不屈，死之。是日去都城之陷，已五日矣。

劉忠嗣。清苑人。崇禎末爲保定後衛指揮同知。性忠勇，爲儕輩所服。李自成犯境，忠嗣守東城，將陷，召女弟適楊千户者歸，令與妻毛氏、媳王氏同處一室，以弓弦勒殺之，復登陴拒守。城破，奮力斫賊，賊支解之。本朝乾隆四十一年，賜謚忠烈。又守備張大同與子之坦，力戰死。同死者，指揮文運昌、劉洪恩、戴世爵、劉元靖、吕九章、吕一照、李一廣、中軍楊儒秀、鎮撫管民治、千户楊仁政等二十四人。

本朝

胡延年。光州人。順治七年，知保定府。遇事敢爲，郡猾隱佔民田，爲之清理，凡千有餘畝，豪强慴服，威惠咸著。

武國楹。奉天人。知保定府，時民間墳墓圈入旗地，不復容子孫葬祭，國楹請還之民。

郭宸翀。涇陽人。順治十二年，知清苑縣。以廉直稱，布衣蔬食，不異寒素，遇事挺然，上官不能折。以憂去，行李蕭然，一僕、一婢、一羸馬而已。

姚文燮。桐城人。康熙初〔二〇〕，知雄縣。時渾河泛溢，田廬漂没，民多流徙。文燮悉招徠之，捐資修城築隄，造橋以利涉者，人名之曰姚公橋。俗以渾河有龍，乃倣韓愈祭鱷魚故事，爲文檄之，水果退。邑歲貢狐皮，苦累無已，遂條陳十三難，上之大吏，題請獲免。又立屯丁爲團長以守望，而盜賊不敢入境，百姓咸稱頌之。

閻興邦。宣府人。知新城縣，革吏胥之弊，令民自納丁銀。息訟勸耕，捐俸修學，政績甚著。

趙士麟。雲南河陽人。康熙初，知容城縣。縣有不便民者二十事，力請除之。會縣境盜起，士麟密迹其巢，牒安肅合兵勦捕，盜遂空。嘗建書院，與諸生講論，學者輯其語爲敬一録，共傳習焉。

邵嗣堯。猗氏人。康熙時以巡撫于成龍薦，授清苑縣。砥礪廉明，聲稱藉甚，咸以包孝肅比之。二十九年復以尚書王隲薦，升任去。

校勘記

〔一〕在定興縣南四十里固城村北　乾隆志卷一一保定府二津梁（以下同卷簡稱乾隆志）同。光緒保定府志卷二〇津梁：「時濟橋，在定興縣東南四十里談城村。」同治畿輔通志卷八八津梁一：「時濟橋，在定興縣東南四十里固城村。」此「南」上脱「東」

字。光緒志「談城村」當作「固城村」。

〔二〕當河北通津　「河」，乾隆志同。光緒保定府志卷二〇津梁：「南橋，「在定興縣城南十里，即河陽渡橋」。同治畿輔通志卷八八津梁一：「河陽渡，在定興縣南十里，淶、易、沙三水合流處，當南北通津。」此「河」爲「南」字之訛。

〔三〕在蠡縣東北四十里　「東」，原脱，據乾隆志同卷陵墓、同治畿輔通志卷一六九陵墓五補。

〔四〕京陵南對漢中山頃王陵　首「陵」、「中山」，原脱，乾隆志及朱謀㙔水經注箋同。王先謙合校水經注、楊守敬水經注疏滱水注並作「滱水又東逕京丘北，世謂之京陵，南對漢中山頃王陵」，云：「朱脱『陵』、『中山』。」據補。

〔五〕呼爲東郡河翁歸　「河」，原作「阿」，乾隆志同。按漢書卷七六王尊傳：遷東郡太守，會河水盛溢，毁壞金隄，「尊立不動，而水波稍卻迴還」。太平寰宇記卷六六：高陽縣王尊冢作「呼爲東郡河翁神」。此「阿」爲「河」字之訛，據改。

〔六〕在新安縣西三臺村　「安」，原作「城」，據乾隆志及同治畿輔通志卷一六九陵墓五改。通志引劉因撰銘「新安王綱」云云，可證。

〔七〕在清苑縣西南金家莊　「家」，原作「容」，據乾隆志及同治畿輔通志卷一六八陵墓四改。

〔八〕右有秀木軒　「木」，乾隆志作「水」，疑是。

〔九〕如唐吴道子筆意　「吴」，原作「兵」，據乾隆志及同治畿輔通志卷一八〇寺觀三改。

〔一〇〕造船百艘　「百」，乾隆志卷一二保定府三名宦（以下同卷簡稱乾隆志）同，宋史卷三〇八李繼宣傳作「二百」，此蓋脱「二」字。

〔一一〕嘗詔聽邊民越拒馬河塞北市　乾隆志同。宋史卷二七三何承矩傳「市」下有「馬」字，此蓋脱。

〔一二〕又保州趙彬堰徐河水入鷄距泉　「又」下原有「引」字，乾隆志同；「泉」，原作「界」，乾隆志作「泉」。宋會要方域一七之二：景德元年四月，「保州趙彬請堰徐河水入雞距泉。雞距泉在州之南，東流入邊吴泊，歲漕粟以給軍食，而地峻水淺，役夫挽舟，甚爲勞苦。至是，彬經度引水勝重舟，省人力，詔獎之」。則此「引」乃衍字，「界」爲「泉」字之訛，據以删改。

〔一三〕咸雍中　「雍」，原作「熙」。按遼無「咸熙」年號，據乾隆志及遼史卷一〇五能吏馬人望傳改。

〔一四〕暐仁前節度定武　原倒誤爲「武定」，據乾隆志及金史卷二五地理志中中山府、同書卷九〇丁暐仁傳乙正。

〔一五〕博舒魯福壽舊作孛朮魯福壽　「朮」，原作「齊」，據乾隆志及金史卷一二二忠義孛朮魯福壽傳改。

〔一六〕團結西山八十二寨軍　「團」，原作「圍」，乾隆志同，據元史卷一四五月魯不花傳改。

〔一七〕輔臣周延儒憾御史黄宗昌異己　「黄」，原作「王」，乾隆志同。明史卷二九三忠義五關永傑傳：「崔泌之，知雄縣，「舊令黄宗昌爲御史，劾周延儒，延儒屬知府摭宗昌罪」。同書卷二五八黄宗昌傳：「劾周延儒貪穢數事。」此「王」爲「黄」字之誤，據改。

〔一八〕熊嘉遇灤州人　「遇」，乾隆志同，光緒保定府志卷四八職官二作「志」，未知是否。「州」，原作「城」，據乾隆志及光緒保府志改。按明史卷四〇地理志一：永平府領有灤州，即是。

〔一九〕率士民入保關門寨　「寨」，原作「塞」，據明史卷二九三忠義五陳顯元傳改。

〔二〇〕康熙初　清史稿卷四七六姚文燮傳及光緒保定府志卷四九職官三、同治畿輔通志卷一九〇宦績八皆作「康熙八年」。乾隆志作「順治中」，誤。

大清一統志卷十六

保定府五

人物

漢

趙廣漢。蠡吾人。少爲郡吏、州從事，以廉潔通敏下士爲名。舉茂才，爲陽翟令。以治行尤異，累遷京兆尹。爲人强力，天性精於吏職，發奸擿伏如神。

王商。蠡吾人。徙杜陵。少以肅敬敦厚稱。嗣父武爲樂昌侯，推財以分異母諸弟，身無所受，居喪哀戚。大臣薦商行可厲羣臣，義足厚風俗，擢爲侍中中郎將。元帝時，至右將軍，爲重臣輔政，擁佑太子，頗有力焉。成帝初，爲丞相，有威重。單于來朝，商坐未央廷中，單于拜謁，仰視商貌，大畏之，遷延卻退。帝聞而嘆曰：「此真漢相矣！」以忤大將軍王鳳免相。

王尊。高陽人。少孤，諸父使牧羊澤中。尊竊學問，通尚書、論語。初爲州郡决曹史（二）。初元中，舉直言，遷虢令，以高第擢爲安定太守，扶弱抑强，盜賊分散。再免官，再起，遷益州刺史，徼外蠻夷歸附。遷東平相，以剛直免。王鳳奏爲司隸校尉。坐劾丞相匡衡、御史大夫張譚，左遷。會南山羣盜起，徵爲諫大夫，行京兆尹事。旬月間，盜賊清。三歲復免。湖三老公乘興等上書訟尊治效，復以爲徐州刺史，遷東郡太守。河水盛溢，尊請以身塞金隄，因止宿隄上不去，水波爲之却迴。詔進秩賜金。卒官。

劉祐。安國人。少修操行，舉孝廉，補尚書侍郎，嫻練故事，每有奏議，應對無滯。遷河東太守，政爲三河表。桓帝時爲河南尹，轉司隸校尉。時權貴子弟罷州郡還入京師者，至界首輒改易輿服，威行朝廷。轉大司農，中常侍蘇康等占民田業，祐移書所在，依科品没入之。坐論輸左校，後得赦，復歷三卿，乞歸。

三國　魏

孫禮。容城人。太祖平幽州，召爲司空軍謀掾。初喪亂時，禮與母相失，同郡馬台求得禮母，禮盡推家財以與台。台後坐法當死，禮私導令踰獄，自首，刺奸主簿温恢嘉之，具白太祖，各減死一等。累官揚州刺史。吴大將全琮率數萬衆來侵，禮禦之，戰于芍陂，自旦及暮，手秉枹鼓，奮不顧身，琮衆乃退。凡臨七郡五州，皆有威信。遷司空，封大利亭侯。卒謚曰景侯〔二〕。

南北朝　梁

許懋。新城人。少孤，性至孝。篤志好學，十四入太學，受毛詩，旦領師説，晚而復講，座下聽者常數十百人。撰風雅比興義十五卷，盛行於時。尤明故事，稱爲儀注學。武帝集儒學之士，草封禪儀，懋建議獨以爲不可，由是遂停。官至太子中庶子。子亨少傳家業，孤介有節行。王僧辯之誅也，亨以故吏抗表請葬之。仕至衛尉卿。

許道幼。高陽人。官至員外散騎侍郎。常以母病，遂覽醫方，因而究極，時號名醫。誡諸子曰：「爲人子者，嘗藥視膳，不知方術，豈爲孝乎？」由是遂世相傳授。

魏

許彦。新城人。少孤貧，好讀書，從沙門法叡受易。太武徵令卜筮，頻驗，遂在左右，參與謀議。彦質厚慎密，與人言不及内事。帝以此益親待之，賜爵武昌公。

鄭羆。高陽人。有義行。范陽盧度世以崔浩事棄官，逃匿羆家。使者囚羆長子，將加箠楚，羆戒之曰：「君子殺身以成仁，汝雖死勿言。」子奉命，被拷掠，至以火爇其體，因以物故，卒無所言，度世得免。

石文德。蒲陰人。有義行。真君初，縣令黄宣病亡，單貧無朞親，文德祖父苗以家財殯葬，奉養宣妻二十餘載。自苗逮文德，刺史守令卒官者，制服送之。五世同居，詔標榜門閭。

祖鴻勳。范陽人。父憤，魏雁門、咸陽二郡太守，有能名。鴻勳爲州主簿，僕射、臨淮王彧表薦其文學，除奉朝請。人怪其不謝，鴻勳曰：「爲國舉才，臨淮之務，鴻勳何事從而謝之？」彧喜曰：「吾得其人矣。」齊神武徵至并州，作晉祠記，好事者翫其文。位至高陽太守，在官清素，妻子不免饑寒。時議高之。

北齊

許惇。彦五世孫。清識敏速，達於從政，任司徒主簿，以明斷見知，時人號「入鐵主簿」。遷陽平太守，政爲天下第一。累拜齊、梁二州刺史，並有治聲。終尚書右僕射。

孟業。安國人。少爲州吏。性廉謹，同寮侵盜得官絹，分三十疋與之，拒而不受。天保初，清河王召爲法曹，斷決明允。尋遷東郡太守，以寬惠著。

隋

許善心。北新城人。幼聰明，有思理。家有書萬餘卷，皆徧通涉。十五解屬文，徐陵奇之曰：「此神童也。」仕陳補撰史學士。禎明中，聘隋。遇高祖伐陳，留賓館。及陳亡，善心號哭盡哀，帝顧左右曰：「我平陳國，惟獲此人。既能懷其舊君，即是我誠臣也。」大業初爲禮部侍郎。父亨撰著梁史未就，善心述成先志，修續家書。宇文化及弑逆之日，隋官盡詣朝堂謁賀，善心獨不至，遂害之。越王稱制，謚曰文節。

許智藏。道幼孫。少以醫術自達，文帝以爲員外散騎侍郎。秦王俊有疾，智藏診之曰：「疾已入心，即當發癇，不可救也。」數日，果如其言。帝奇之，賞物百段。

唐

張行成。義豐人。體局方正，爲富平主簿，有能名。召補殿中侍御史，糾劾嚴正。嘗侍宴，帝語山東及關中人，意有同異，行成曰：「天子以四海爲家，不容以東西爲限。」帝稱善。自是凡有大政事必與議焉。高宗時，晉州地震，行成言「誠恐女謁用事，大臣陰謀，願深心以杜未萌」。拜尚書左僕射。卒謚曰定。

齊澣。義豐人。少開敏，李嶠稱其有王佐才。中宗在廬陵，澣上言請抑諸武，迎太子東宫。及太子還，后召宴同明殿，曰：「朕母子如初，卿有力焉。」景雲初，姚崇引爲御史，凡劾奏，常先風教，號善職。遷中書舍人，論駁及詔誥皆援準古誼，朝廷大政必咨之。勸崇舉宋璟自代，璟遂相。後璟爲吏部尚書，澣及蘇晉爲侍郎，世謂臺選。

許遠。善心玄孫。爲睢陽太守。禄山反，尹子奇以兵圍睢陽，遠告急於真源令張巡。巡援衆至，分城而守，食盡，巡出愛妾，殺以食士。遠亦殺其奴。城陷，遠與巡俱被執，巡罵賊死，送遠洛陽，至偃師不屈死。

張興。束鹿人。性忠勇，爲饒陽裨將。禄山反，史思明引衆薄城，興擐甲持刀乘城。賊將入，興一舉刀，輒數人死，賊皆氣慴。城破，思明縛之馬前，好言誘之降，興責以大義，思明怒，鋸解之。

齊映。高陽人。舉進士，中博學宏詞，補河南參軍事。德宗幸奉天，授御史中丞。貞元中，累官中書侍郎，封河間縣男，與崔造、劉滋並輔政。吐蕃數入寇，帝欲避之。映入諫，俯伏流涕，乃感悟。卒，謚曰忠。

陽城。北平人。好學，貧不能得書，求爲吏隸集賢院，竊院書讀之，六年無所不通。及進士第，乃去隱中條山。遠近慕其行，來學者接迹於道。閭里有争訟，不詣官而詣城。宰相李泌薦之，德宗召拜右諫議大夫。裴延齡誣逐陸贄等，城上疏極論延齡罪，申直贄等，累日不止。聞者寒慄。帝欲遂相延齡，城曰：「延齡爲相，吾當取白麻壞之。」下遷國子司業。引諸生告以孝道，明日謁城還養者二十輩。躬講經籍，生徒斤斤皆有法度。出爲道州刺史，太學諸生何蕃等二百人伏闕請留，爲吏遮抑不得上。既至道州，治民如治家。賦税不時，觀察使數誚責。州當上考功第，城自署曰：「撫字心勞，催科政拙，考下下。」順宗立，召之，城已卒。贈左散騎常侍。弟堦，與城共隱中條山。有寡妹依城居，夫客死遠方，城與弟行千里，負其柩以歸葬。

宋

郭進。博野人。開寶中，征河東，以爲行營馬步軍都監，招徠山後諸州民三萬餘口，太平興國中，車駕征太原，先命進分兵控石嶺關，以防北邊。遼果犯關，進大破之。

劉文質。保塞人。簡穆皇后從孫也。父審琦爲虎牢關使，從討李重進戰死。文質仕太宗朝爲濁輪砦兵馬鈐轄，破遼，拔黄太尉砦。徙知慶州。李繼遷入寇，文質以私錢二百萬給軍，士遂大破賊。天禧中，官終代州刺史。性剛，於貴近無所避，故不大顯。

趙振。歸信人。景德中爲隰州兵馬監押，累官左神武大將軍。振剛强有武力，喜謀畫，輕財尚氣，衆樂爲用。子珣，習書史。景祐中，試策署於中書，條對數千言。初隨父西邊，訪得五路徼外形勝利害，作聚米圖經五卷。詔取其書，並召珣至，又上五陣圖、兵事十餘篇。弟瑜，性勁特好學，恂恂類儒者。瑜弟璞，亦知名。

榮恕旻。歸信人。兄弟異居積年。大中祥符中，家楡樹兩本自合，恕旻感其異，復相聚，鄉人稱雍睦。

程琳。博野人。舉服勤詞學科。仁宗時，權三司使范雍使遼，命琳發遣太倉贍軍。歲且饑，琳並以其陳腐者，發以貸民，民賴全活。權御史中丞，上疏請罷諸土木營造，蠲被災郡縣租賦。改三司使，出納尤謹，禁中有所取，輒奏罷之。後拜尚書左丞，出判大名府。卒謚文簡。

董元亨。束鹿人。累官國子博士，通判貝州。王則據城叛，元亨坐廳事，賊黨排闥入，左右皆奔潰。賊脅之，元亨據案奮擊，厲聲張目駡賊，遂被害。事聞，仁宗曰：「守法之臣也。」贈太常少卿。

劉渙。文質子。以父任爲將作主簿〔三〕。天聖中，章獻太后臨朝久，渙謂天子年加長，上書請還政。仁宗親政，擢爲右正言。郭后廢，渙與孔道輔、范仲淹等伏闕争之。歷知諸州，皆著聲績。熙寧中以工部尚書致仕。弟滬知書傳，深沈寡言，有智畧。

齊恢。蒲陰人。第進士，通判陳州，提點成都府路刑獄，徙河東。餽餉一無所受。韓琦薦其賢，進太子左諭德，以天章閣待制出知相州，召知審官西院，糾察在京刑獄。恢居鄉里，恂恂稱君子，臨政府，明白簡約，所至人愛之。仕至内殿崇班。

遼

杜防。歸義人。開泰進士，累遷起居郎、知制誥，人以爲有宰相器。重熙九年，夏人侵宋。宋遣郭禎造遼，請與夏和，帝命防使夏解之。如約罷兵，各歸侵地。後拜右丞相。卒贈中書令，謚曰元肅。

王棠。新城人。博古，善屬文。重熙中，鄉貢、禮部、廷試皆第一。累官至南府宰相。練達朝政。

金

時立愛。新城人。累官至中書令。元帥宗望取燕山，立愛謀畫居多，封陳國公。致仕，加開府儀同三司，改鄭國公。

王擴。中山永平人。明昌進士，累官同知横海軍節度。貞祐中，上書陳河東守禦策。後權陝西東路轉運使，行六部尚書。致仕，卒，謚剛毅。擴博學多才，梗直不容物，以是不振於時云。

劉炳。葛城人。性倜儻，有氣節。每讀書，遇古忠臣烈士，輒嘆息景慕。貞祐三年第進士〔四〕，即日條上便宜十事，宣宗異焉。復試之，擢補御史臺令史。

元

張柔。定興人。慷慨尚氣節，善騎射。金末盜起，柔聚族保西山東流寨〔五〕。後歸元，爲河北東西等路都元帥。戰勝攻取，威震河朔，移鎮保州。保自兵火之餘，荒廢者十五年，柔爲之畫市井，定居民，置官廨，引泉入城，疏溝渠以瀉卑濕，通商惠工，遂致殷富。世祖時，以功封蔡國公。延祐中，加封汝南王，謚忠武。

賈輔。蒲陰人。初仕金爲祁州刺史。以衆歸太祖，時張柔開府滿城，命輔行元帥府事於祁州。從定山東，遷左輔元帥。柔將兵在外，輔常居守，累功，領順天、河南等處軍民萬户。子文備，襲父左輔元帥，嘗領所部屯亳州。攻武磯堡，以戰守有功，累遷湖廣行省參知政事。追封武威郡公，謚莊武。

楊果。蒲陰人。性聰敏，工文章，尤長於樂府。金正大中進士，歷偃師、蒲城、陝令，所至以廉能稱。中統中，累官參知政事，出爲懷孟路總管，卒。

焦德裕。雄州人。父用，仕金爲千户。守雄州北門，元兵至，州人開南門降，用猶力戰，遂生獲之。太祖以其忠壯，釋不殺，復舊官。徇地山東，未嘗妄殺一人。德裕通左氏春秋，有才辨，善射，金將武善敗走，其黨保善故壘。太宗使德裕擒殺之，地悉平。累升都元帥府參議。至元十一年，從征鎮江，焦山寺僧誘居民叛，丞相阿术既誅其魁，欲盡坑其黨，德裕諫止之。卒，追封桓國公，謚忠肅。「武善」，改見順天府人物。

張弘範。柔第九子。善馬槊，能爲歌詩。年二十時，兄順天路總管弘略上計壽陽行都，留弘範攝府事，吏民服其明決。蒙古軍所過肆暴，弘範杖遣之，入其境無敢犯者。至元中爲鎮國上將軍〔六〕，平宋功最多。卒，贈平章政事，謚武略〔七〕。延祐中加封淮陽王，謚獻武。弘略有謀略，通經史，善騎射，嘗從父柔鎮杞徙亳，屢立戰功。世祖時爲河南行省參知政事。卒，贈蔡國公，謚忠毅。

解誠。定興人。善水戰，伐宋，設方略，以功授水軍萬户。又從攻安豐、壽、復、泗、亳諸州，下大理國有功，世祖嘉獎之。卒，封易國公，謚武定。子汝楫，襲爵，從平宋有功。卒，亦追封易國公，謚忠毅。孫特格，從征廣西、交阯有功。卒，贈平陽郡公，謚武宣。「特格」舊作「帖哥」，今改正。

史弼。博野人。通蒙古語，膂力絶人，能挽强弓。世祖令給事左右。從攻宋襄樊，至陽羅堡，率衆先登南岸，論功第一，累官福建行中書省平章政事，封鄂國公。

王恂。唐縣人。父良，潛心伊洛之學，及天文律曆，無不精究。恂讀書，過目成誦，劉秉忠見而奇之，薦之世祖，命爲太子贊善。每侍講讀，必發明綱常之道，及歷代興亡治忽之所以然。嘗與許衡、郭守敬等定授時曆，官至太史令。卒，贈司徒，追封定國公，謚文肅。

劉因。容城人。父述邃于性理之學。因天資絶人，初爲經學，究訓詁疏釋之説，輒歎曰：「聖人精義，殆不止此。」及得周、程、張、邵、朱、吕之書，一見能發其微，曰：「我固謂當有是也。」性不苟合，不妄交接，家雖貧，非其義，一介不取。家居教授，師道尊嚴，弟子造其門者，皆有成就。嘗愛諸葛孔明「静以修身」之語，表所居曰静修。至元中，徵授右贊善大夫。未幾，以母疾辭歸。後復徵集賢學士，以疾固辭。卒，贈翰林學士，封容城郡公，謚文静。所著有四書精要三十卷，詩五卷，文集十餘卷。

郝天挺。世居安肅州。英爽剛直，有志畧，受業於遺山元好問。世祖時，累拜中書左丞〔八〕，與宰相論事，有不合，輒面斥之。仁宗臨御時，天挺與議大政，革尚書省之弊，遂成皇慶之治，拜御史中丞。首陳紀綱之要，風紀大振。又疏陳七事，曰惜名節、抑浮費、止括田〔九〕、久任使、論好事、奬農務本、勵學養士，詔中書省舉行之。拜河南行省平章政事。卒，追封冀國公，謚文定。嘗修雲南實録五卷，注唐詩鼓吹集十卷，行於世。

張珪。仲疇子。少能挽强命中。仲疇平廣海，宋禮部侍郎鄧光薦將赴水，仲疇救而禮之，命珪受學焉。武宗時，中丞久闕，方議擇人，仁宗時在東宫，曰：「必欲得真中丞，惟張珪可。」即日召拜中丞。丞相拜住嘗問以「相體何先？」珪曰：「莫先於格君心，莫急於廣言路。」泰定元年以災異極論當世得失，後拜翰林學士承旨。以病還家。

尚野。滿城人。至元中徵爲國史院編修，累升國子博士。誨人先經學而後文藝，請御史臺出帑藏，大建學舍，以廣教育。仁宗在東宫，野爲太子文學，多所裨益。延祐初，歷集賢侍講學士，兼國子祭酒。移疾歸，四方來學者益衆。卒，追封上黨郡公，謚文懿。野性開敏，志趣正大，事繼母以孝聞，文辭典雅，一本於理。

王結。定興人。生而聰穎，讀書數行俱下。從太史董樸受經，深於性命道德之藴。歷事武宗，至順帝初，累官翰林學士、中書左丞。卒，封太原郡公，謚文忠。結立言制行，皆法古人，故相張珪曰：「王結，非聖賢之書不讀，非仁義之言不談。」識者以爲名言。晚邃於易，著易説一卷，臨川吴澄讀而善之。並詩文十五卷行於世。

韓若愚。滿城人。皇慶初，擢中書左司郎中。時參政曹鼎新辭職，帝曰：「若效韓若愚廉勤足矣，何用辭爲！」後拜河南省左丞。會文宗平内難，若愚畫策中機要。累遷淮西江北道廉訪使。卒，封南陽郡公，謚貞肅〔一〇〕。

魏敬益。容城人。性孝，居母喪，哀毁骨立。素好施與，有男女失時者，出資財爲之嫁娶。歲凶爲糜以食饑者。有田十六頃，一日語其子曰：「自吾買四莊村之田十頃，環村之民皆不能自給，今將以田歸其人，汝謹守餘田，可無餒也。」乃呼四莊村民以田歸之，皆愕眙不肯受，强與之乃受，而言諸有司。丞相賀太平歎曰：「世乃有斯人哉！」

王庸。歸信人。事母李氏以孝聞，母疾，庸夜禱北辰，叩頭出血，母疾遂愈。及母卒，哀毁幾絶，露處墓前，旦夕呼號。一夕，雷雨暴至，鄰人持席欲蔽之，見庸所坐卧之地獨不沾濕，咸感異而去。復有蜜蜂數十房來止其家，歲得蜜以供祭祀。

丁好禮。蠡州人。精律算，累官户部侍郎、京畿漕運使，立漕運成法，人皆便之。尋升户部尚書，撙節浮費，以足國用。拜參知政事，後以論議不合，去位。明兵入京城，或勸其謁大將，好禮叱之曰：「我以小吏，致位極品，恨無以報國，所欠惟一死耳。」後數日，大將召好禮，抗辭不屈而死。

明

邸鵬。唐縣人。洪武初進士〔一一〕。擢御史，廉直敢言。坐法籍其家，止木匙二、木筯五，故鄉物也，遂復其官。

王興。新城人。母病，興卧冰白溝河上，籲天以請，如是者三年，母病愈。洪武時旌。

王驥。束鹿人。永樂進士。授給事中，累官兵部尚書。正統初，出討西寇阿台、朶爾只伯有功，兼支大理卿俸。麓川思任發叛，驥總督軍務，大破之，封靖遠伯〔一二〕。又以擒苗王、苗士富，命世襲。卒，贈侯，謚忠毅。

王文。束鹿人。永樂進士。累遷左都御史。鎮陝西五年，鎮静不擾。景泰初，改吏部尚書，兼翰林院學士，入閣典機務。江淮大水，命巡視，發廩賑饑民三百六十餘萬。英宗復辟，石亨等誣以他罪，與于謙同死西市。弘治中，贈太保，謚毅愍。

邊靖。慶都人。諸生。性至孝，父卒，廬墓，朝夕哭奠，手植松楸，乏水灌溉，水忽涌出。宣德時旌。

孟鑑。博野人。宣德進士，歷官户部左侍郎〔一三〕。廣東海寇黄蕭養作亂，圍廣州甚急，命鑑參總戎務。鑑至，去城百里，左右請勒兵爲衛，鑑惟從五騎入。時城閉已兩月矣，鑑即下令開門，聽民出入。賊詭乞降，鑑知其謀，伏甲待之，賊果率衆圍城，鑑出精鋭奮擊，遂擒蕭養，傳首京師。景泰中謝政年餘，召起南京工部左侍郎〔一四〕。

寇深。唐縣人。由貢生歷官左都御史，累立邊功。天順五年，死曹吉祥之變，贈少保，謚莊愍。

賈俊。束鹿人。以鄉舉入國學。天順中，選授御史。歷按浙江、山西、河南、陝西、南畿，所至有聲。成化中，由山東副使超拜右僉都御史，巡撫寧夏。在鎮七年，軍民樂業，召爲工部右侍郎〔一五〕。賑饑河南，活數十萬人。尋拜尚書。俊廉慎，居工部八年，望孚朝野。弘治中，加太子少保，致仕。

吕雯。安州人。顯宗曾孫。顯宗仕元階三品，自號集賢居士，好善樂施，嘗導滹沱河以利民，人稱爲吕家河。雯以天順中舉人，授御史。成化間，累遷右僉都御史，巡撫延綏，築榆林邊牆三百餘里。敵六萬猝至，擊卻之。秦饑民流入境，或慮爲變，請拒之，雯不許，全活數十萬人。召爲兵部侍郎，卒。

傅珪。清苑人。成化末進士。選庶吉士。武宗時，累擢禮部尚書。振舉綱維，事無巨細，務遵成憲。帝好佛，自稱大慶法王。番僧因乞田百頃爲法王下院，中旨下部，稱法王與聖旨並。珪佯爲不知，執奏：「孰爲法王，敢與至尊並書，大不敬。」詔弗問，田亦竟止。教坊司臧賢怙寵，請易牙牌如朝士，又請改鑄方印，皆格不行。數以災異進諫，又極陳時弊十事，多斥權倖，權倖深嫉之。矯旨令致仕，未幾卒。嘉靖初，贈太子少保，謚文毅。

鄭陽。安肅人。弘治進士。歷監察御史，巡撫河南。劉瑾納賂，奪民田歸之宗藩，陽執法拒之，遂繫獄，左遷旌德主簿。瑾伏誅，累遷至陝西巡撫。

黄鐘。慶都人。自鐘以上，六世同居。弘治中旌。

李瑟。新城人。諸生。親喪廬墓，枯木生花，白蛇繞側。正德中旌。

袁宗儒。雄縣人。正德進士。授御史，巡視陝西茶馬，按浙江、河南，皆有聲。帝在大同，以郊祀將回鑾，既而復止。宗儒率同官力諫。已又自稱威武大將軍，將巡遊天下，宗儒更力諫。遷大理寺丞。嘉靖三年，與廷臣伏闕争大禮，廷杖幾斃。歷巡撫貴州，討平芒部沙保土酋王阿藤之亂。累擢户部侍郎。卒。

王德明。清苑人。正德進士。除封丘知縣。錦衣指揮廖鵬倚其兄中官，嘗陵侮長吏，德明不爲屈。累遷懷慶知府，居數年，政化大洽。嘉靖中，歷右僉都御史，巡撫山西，討平巨寇常誠心。晉府中尉三人酗酒，夜撾巡撫門，治之，爲所搆，遂落職。德明爲政嚴，行法無所貸，然治小民，一意惠愛，時稱良吏。

邵錫。安州人。正德進士。居諫垣，能持風采諫止。武宗巡幸，嘗勘事甘肅，讞獄平允。值歲饑，請賑多所全活。累官右副都御史，巡撫山東。

楊繼盛。容城人。嘉靖進士。授南京吏部主事。從韓邦奇受律吕之學，得其傳。改兵部員外郎。劾仇鸞擅開馬市，有十不可，五謬。鸞搆之，貶狄道典史。鸞敗，復擢武選司員外郎。疏論嚴嵩十大罪，五姦。帝怒，下詔獄，將受杖，或遺以蚺蛇膽，卻不受，曰：「椒山自有膽，何以蚺蛇爲！」繫三載，會都御史張經、李天寵坐大辟。秋審時，嵩附繼盛名並奏，遂棄市。妻張氏上書願代夫死，嵩屏不奏。穆宗時，贈太常少卿，謚忠愍。

李淶。容城人。嘉靖中，由世廕累遷山西總兵官，數有禦賊功。已賊自大同入山西，巡撫趙時春親擊之，遇伏，淶殊死戰，時春得脱，而淶與長子松及遊擊李桂等皆戰死。贈淶少保、左都督，謚忠愍，松亦贈指揮同知。

鄭洛。安肅人。嘉靖進士。擢御史，劾罷嚴嵩黨鄢懋卿、萬寀等。出爲山西參政。佐總督王崇古款俺答有功。萬曆中以兵部侍郎總督宣、大、山西軍務〔一六〕。時齊里克方請乞無厭，洛因委曲諭導，使之貢市惟謹。後霍洛齊挾齊里克爲重，突犯洮河，命洛經署七鎮，通欵如故。官至少保，戎政尚書〔一七〕。卒，謚襄敏。「齊里克」舊作「搽力克」，「霍洛齊」舊作「火洛赤」，今並改正。

孟化鯉。新安人。萬曆進士。官吏部文選郎中。清白自持，不徇權貴。給事中張棟以建言削籍，奏起之，忤旨，謫歸。化鯉少以聖賢自期，學本王氏而不涉虛渺，以無欲爲主，以孝弟忠信教人，而歸之慎獨，學者稱之。

邢雲路。安肅人。萬曆進士。歷官陝西按察使。生平究心曆法，著古今曆律考七十二卷〔一八〕。

鹿久徵。定興人。萬曆中進士。知息縣，有惠政，擢御史。神宗以軍政事貶斥臺省三十餘人，久徵抗疏論救，謫澤州判官，遷滎澤知縣，未任而卒。

劉道亨。新城人。萬曆進士。官給事中。會三王並封，上疏極言「元子無封王之條，東宫無待嫡之例，元輔誤國，罪大難逭」。繼又請元子冠婚，疏甚切直。又劾執政趙志皐、張位，皆不報。未幾落職。

王家賓。定興人。登進士。爲户部郎中〔一九〕，榷税臨清。值畿輔大旱，家賓以課額三萬金佐賑，疏稱「以朝廷金錢，活朝廷赤子。且地在輦轂，賑恤宜先」。神宗不之罪。官至布政使。

孫承宗。高陽人。萬曆中，以進士第二人授編修。爲人沈毅有智畧，達於政事。天啓初，累官兵部尚書、東閣大學士。時遼陽、廣寧俱破，經畧王在晉議於山海關外更築重關以守，承宗請身往決之。還奏守關非策。及在晉召還，承宗乃自請行，以原官督理諸處軍務，便宜行事。既至，定軍制，建營舍，練火器，治軍儲，汰逃將，恤難民，遼人大悦。又繕治寧遠城守之，前後修復城堡數十，練兵十一萬，立車營、水營，造戰具數百萬，開屯五千頃。遣將戍錦州松山、大小淩河，拓地復二百里。魏忠賢黨譏之，乞歸。崇禎二年，詔以故官駐通州，撫定祖大壽潰兵。出師取灤州，加太傅不受。尋以長山之敗〔二〇〕，奪官家居七年。大兵攻高陽，承宗率家人拒守，城破望闕叩頭，投繯而死。子舉人鈐，尚寶丞鑰，官生鈰，生員鋡、鎬，從子鍊，及孫之沆、之滂、之潓、之洁、之㶇，從孫之澈、之渼〔二一〕、之泳、之澤、之涣、之瀚，皆戰死。福王時，贈太師，謚文忠。本朝乾隆四十一年賜謚忠定。

鹿善繼。久徵孫。父正，急人患難，傾其家不惜，遠近稱鹿太公。善繼端方謹愨，少讀王守仁書，慨然有必爲聖賢之志，不肯與俗浮沈。舉萬曆四十一年進士，授户部主事。時遼左餉中絶，廷臣數請發帑，不報。會廣東進金花銀，善繼請於尚書，借給之。帝怒，降級調外。光宗立，復官，尋改職方。大學士孫承宗理兵部事，推心任之。及督師，表爲贊畫。布衣羸馬，出入亭障間，與將卒相勞苦，承宗倚之若左右手。其拓地四百里，收復數十城堡，善繼籌畫爲多。承宗謝事，善繼亦移疾歸。崇禎初，遷太常少卿，復告歸，與門人講學，從遊者日衆。九年，大兵攻定興，善繼佐長吏守禦，城破，不屈死。贈大理卿，謚忠節。本朝乾隆四十一年，賜謚節愍。子化麟，舉天啓初鄉試第一，伏闕訟父忠，踰年亦卒。

薛一鶚。定興人。由貢生爲黄州通判。荆王姬誣他姬酖世子，一鶚白其誣。奄人傳太妃命，欲竟其獄，卒直之。遷蘭州知州。有惠政，後罷官歸。大兵臨城，佐鹿善繼城守，遂同死。本朝乾隆四十一年，賜謚節愍。

王喬棟。雄縣人。天啓進士。授朝邑知縣。邑人王之宲爲魏忠賢誣坐賕，勒令嚴追。喬棟不忍，封印於庫而歸。巡撫怒，欲以聞於朝。士民擁臺號呼，巡撫懼，亟慰止之。忠賢誅，升湖廣糧道，督餉興國州。流寇大至，喬棟堅守，城陷被執，罵不絶口，死之。本朝乾隆四十一年，賜謚烈愍。

唐中穎。雄縣人。崇禎丙子軍亂，舉家被難，父八旬，病不能行，父命中穎去。中穎泣曰：「生死相依，惟此地也。」城破遂被殺。本朝乾隆四十一年，予入忠義祠。

張純儒。新安人。爲臨城訓導。崇禎戊寅，率衆守城。城陷，攜兩幼子，端坐明倫堂，被執不屈，身受數十創，死。本朝乾隆四十一年，予入忠義祠。

李國禣。高陽人。萬曆進士。改庶吉士，授檢討。天啓時，歷官禮部尚書兼東閣大學士。時魏忠賢竊弄威福，中外競相媚事。國禣嶄嶄中立，貞不絶俗，璫外憚而中忌之。帝憑几顧命，承諭傳皇五弟，乃大聲宣揚，頃刻由禁中達外朝，用絶非常。崇禎帝即位，知國楷有維護功，倚之爲重，凡大典册，悉出其手。忠賢誅，黨人株連甚衆，命國楷同定逆案，俾無冤濫。後條次數事以上，又請優卹楊漣等，皆見採納。六上辭疏，帝爲感動允去。歸而以得侍母爲快，立家廟，置義倉，居五六年而卒。贈太保，謚文敏。

張羅俊。清苑人。崇禎進士。敦義行，娶瞽女，終身不置妾。弟羅彦，由進士累官光禄少卿，罷歸。次羅善、羅喆，皆諸生。次羅輔，武進士。流寇逼城，兄弟五人倡義，佐有司分陴堅守，賊爲引卻。已，聞京師陷，皆哭，重訂盟誓，令人各綴崇禎錢一於頂，以示戴主之意。賊謂羅彦主謀，呼其名大詬，且射書説降，羅彦不顧。賊死傷多，攻愈力。李建泰親軍爲内應，城遂陷。羅俊猶持刀斫賊，刀脱，兩手抱賊齧其耳，血淋漓，乃遇害。羅彦見賊入，還家投繯死。羅善及羅俊子伸、羅彦子晉并赴井死。羅輔多力善射，射必殺賊，矢盡，持短刀，殺數人乃死。惟羅喆從水門走免。一門死者凡二十三人。本朝乾隆四十一年，賜羅俊、羅彦謚節愍，餘並予入忠義祠。

金毓峒。保定衛人。崇禎進士。官中書舍人。陳漕務，稱旨，授御史。出按陝西還，命監李建泰軍，甫抵保定，而賊騎已逼，偕邵宗元、張羅俊等共守，散家資犒士。聞京師陷，賊射書説衆降，毓峒厲聲曰：「衆爾正當爲君父復讐，敢異議者斬！」懸銀牌，命擊賊者自取。衆爭奮殺賊。及城陷，赴井死，妻王氏亦自縊。從子振孫有勇力，以武舉佐城守，賊至〔二二〕，衆皆散，獨立城上大呼曰：「前日殺賊者，我也。」賊支解之。振孫兄肖孫、子婦陳與侍兒桂春，亦投井死。肖孫匿毓峒二子，爲賊榜掠無完膚，終不言，二孤由是獲免。本朝乾隆四十一年，賜毓峒謚忠烈，餘並予入忠義祠。

高經〔二三〕。清苑人。崇禎舉人。事母至孝。城陷，負母逃，遇賊求釋母，獨就執，乘間赴水死，屍浮水上，怒目擎拳，猶作擊賊狀。同時殉難者：邠州知州韓東明、武進士陳國政赴井死；平涼通判張維綱、舉人張爾翚孫從範不屈死；貢生郭鳴世寢疾，聞城陷，持棒擊賊死；諸生王之珽，先城陷一日，置酒會家人飲，城破，偕妻齊氏及三子二女入井死〔二四〕；諸生韓楓、何一中、杜日芳、王法等二十九人，布衣劉宗向、田仰名、劉自重等二十人，皆不屈死；又都給事尹洗、舉人劉會昌、貢生王聯芳以城陷之次日，爲賊所獲，亦不屈死。本朝乾隆四十一年均予入忠義祠。

呂應蛟。保定右衛人。歷官密雲副總兵，致仕歸。流賊攻城，應蛟率鄉人共守，晝夜戮力。城破，短兵鬭殺十餘人而死。本朝乾隆四十一年，賜謚節愍。

魏克家。高陽人。崇禎舉人。知鄒平縣，有善政。里居，城破，死之。本朝乾隆四十一年，予入忠義祠。

本朝

孫奇逢。容城人。年十七，舉於鄉。值明末喪亂，與定興鹿正俱以節義聞，常念聖學久湮，慨然以紹往開來爲己任，遠近問業者接踵。性高介，前後十一徵，皆不就，天下稱爲「徵君」。卒年九十二。所著有讀易大指、四書近旨、理學宗傳行世〔二五〕。弟奇彦，順治中，以貢生知武城縣，有聲。

魏一鼇。保定人。嘗與容城孫奇逢、睢州湯斌游，勉以知性誠身之學。所著有四書偶録、詩經偶録、北學編、雪亭詩草行世。

杜越。容城人〔二六〕。諸生。少師同郡鹿善繼，與孫奇逢友善。學行醇邃，家貧，布衣蔬食，授徒自給。康熙十七年以博學宏詞徵至都，引疾乞還。

劉金柱。定興人。順治二年，授開州知州，擢吉安知府。金聲桓叛，不屈死。

王顯。望都人。順治二年〔二七〕，除金谿知縣。土寇起，單騎入巢，降其巨魁，百姓獲安。叛鎮金聲桓陷城，遇害。

張吉大。束鹿人。諸生。有孝行。順治初，賊刦父邦輔索財，將殺之，吉大挺身罵賊，格鬭遇害。

王三錫。完縣人。少孤，孝事繼母。妻邊氏，亦善事姑。明末，負母避亂，爲兵所執，問知母子，義而釋之，順治初，土寇竊發，脅令入黨，不從遇害。子學詩，傭身葬父，亦以孝聞。

靳榜。祁州人。歲貢生，知澄城縣。順治二年，郃陽土寇魏天命犯澄城，奸民内應，啓門納賊，榜死之。

王家珍。容城人。順治二年，由貢生授朔州知州。姜瓖叛，家珍以義激勸士民，爲固守計。守備張某，開門延賊。家珍奮力巷戰，被執不屈，賊支解之，每割一臠，問曰：「降乎？」家珍至死，駡不絶口，全家遇害。贈山西布政司參議。

劉之屏。保定左衛人。順治丙戌進士，授夏縣知縣。姜瓖之亂，羣盜乘間起。賊張五者〔二八〕，犯縣境，殺掠甚慘，民皆逃匿，守陴者僅僕役數人，尋亦散去。或勸之避賊，之屏叱曰：「我讀書三十年，一旦受國恩爲縣令，城亡與亡耳。」乃埋印土中，朝服坐城上，賊至死之。贈按察使僉事。

李霨。高陽人。國楷子。順治丙戌進士，改庶吉士。累官大學士，時年甫三十有四，風度端凝，持重識大體。康熙初，輔政諸臣，事多專決，票擬或未當，霨每從容開譬，徐使改易，調劑之力居多。吴三桂等變作，察哈爾亦叛，軍務旁午，一應機宜方畧，諭旨口授，霨起草，常至夜分乃出。嫺練掌故，凡朝廷大典禮，必以屬之。所得賜予，悉以分給宗親。卒謚文勤。

于嗣登。安州人。少以孝聞。登順治丙戌進士，授御史。累官刑部右侍郎〔二九〕。讞獄多所平反，時人稱爲今之于公。

李涓。定興人。順治五年，知渭源縣，轉臨洮同知。未任，值回變，殉節死。贈按察使僉事。

陳上年。清苑人。順治己丑進士。孝友有志節。歷官廣西布政司參議。賊破梧州，迫之降，不屈死。

郭棻。清苑人。順治壬辰進士。改庶吉士。累遷内閣學士。博學工文詞，嘗纂畿輔通志，著皇畿大一統賦，累數萬言。卒祀鄉賢祠。

陳淓。安州人。從孫奇逢游，淹貫羣書，尤好王守仁之學。明末盗起，流離相屬於道，淓收養婦女數十人於州之朝陽觀，事定送歸。又遍收途間棄兒飼之，全活甚衆。嘗遊大名，有史某，以事繫獄，淓拯之出。一日攜其女爲謝，淓正色曰：「吾一生急人之難，豈有利人子女以爲報者乎！」驅之去。舉順治庚子鄉試，未仕卒。子鶴齡，粹於理學，工文章，舉康熙甲子鄉試，授正定教授。倣宋胡瑗法，立條約，遠近來學者數百人。終順天府武學教授。

高鐈。清苑人。爲郡諸生。嗜古善書，好遊山水，所至有題詠，著述甚富，詩有陸舟、蘆中、依雪、浮家等集，雜著有義烈、金蘭等編。

李顯名。新安人。諸生。年八歲遭流賊亂，父母病，籲天求代，歿盡哀。性好施，嘗傾貲濟人危急，以至産落不悔也。

王廷輔。安州人。諸生。事親甚孝，居喪盡禮。順治七年，土寇刦掠州境，廷輔收恤避難婦女，爲遠近所稱。又同里諸生王之楨、劉公舉、太學生王又曾、容城蕭玉藻，皆以孝行旌。

張所藴。高陽人。由武舉歷官襄陽守備，勦賊衝鋒死於陣。康熙間贈都司僉事。

呂申。清苑人。諸生。少穎敏，後棄舉子業，究心天官、輿地諸書，精推算，百不失一，遠近號爲呂仙。

刁包。祁州人。事寡母至孝，以古文名，生平窮究理學，所著有四書翊註、易酌、用陸集行世。

王炘。雄縣人。事親以孝聞。九歲讀尚書，即通曉大義，長而博覽經史，肆力詩文，下筆千言立就。客遊金陵，守令訪之，拒不見。後歸里，從遊益衆。

宋鍹。容城人。諸生。四歲而孤，母孫氏撫之成立。母卒，鍹廬墓，朝夕哀號，竟卒於廬。子允詮，廬墓三年，人稱世孝。

李明性。蠡縣人。諸生。父母年俱八十餘，每侍疾數月，衣不解帶。居喪，屏酒肉，不入中門，晨興必至墓號泣，六年如一日。雍正十年旌。

李塨。明性子。博學，工文詞。南遊江浙，與山陰毛奇齡論樂律。康熙庚午舉於鄉，往來京師，與大興王源、慈溪姜宸英齊名。大學士李光地嘗列薦，固辭而不謝。爲通州學正，數月告歸。著有易説、樂解、四書義疏行世。

常四明。雄縣人。事繼母至孝，與兄弟相友愛，鄉里化之。有鬩牆者竊曰：「毋令常公知也。」冬月置纊以衣寒者，嘗傾貲助人喪葬，邑人德之。

鹿賓。善繼曾孫。康熙壬戌進士。知湖廣桂陽縣，會有丈量之令，賓令民自爲丈，而親覆之。不數日事畢，民用不擾。撫臣議開礦，賓力陳不便，事得寢。任數年，擢御史罷歸，卒於家。康熙五十六年祀鄉賢。

陳悳榮。鶴齡子。康熙癸巳進士。授湖北枝江知縣，修百里洲隄〔三〇〕，以息水患，累遷貴州大定知府。烏蒙土司叛，悳榮率屬防守，賊不敢逼。乾隆元年，擢貴州按察使，時苗疆新定，方駐師興屯。經畧張廣泗以威重鎮服，用法嚴峻。二年，貴州大火，悳榮入見廣泗曰：「天意如此，當設誠修省，苗亦人耳，可盡殺乎？」廣泗大感動，申戒諸將吏，如悳榮言。四年，署布政使。以黔地瘠薄，宜務本計，乃勸民蠶桑樹藝。越年，貴筑等六州縣報墾田至三萬六千畝，課樹杉木六萬株，開野蠶山場百餘所，比户機杼聲相聞。旋調安徽布政使，卒於官。

陳悳華。悳榮弟。雍正甲辰一甲一名進士。授修撰，升詹事，入直上書房，擢禮部尚書。以病乞休。乾隆三十六年，高宗純皇帝繪九老圖，宴遊香山，悳華列致仕九人中，並予優賚。

尹會一。博野人。幼孤，事母以孝聞。雍正甲辰進士。授吏部主事，遷員外郎，出守襄陽府，攝荆州。會石首縣饑民萬餘洶洶，以浮言相煽，會一單騎宣慰之，衆立解。累擢河南巡撫，勸民力事農桑，課栽樹，多至二百餘萬株。又請豁免抑勒報墾升科者百餘萬頃，民累悉除。以母病乞終養，置義田以睦宗族，復設義倉、義學，惠及鄉里。服闋，補工部侍郎。視學江蘇，以小學督訓士子。尋調吏部，卒於官。所著有續洛學編、小學纂注、近思録集解。

李殿圖。高陽人。乾隆丙戌進士。授編修，改御史，擢給事中，出爲鞏秦階道。時回逆甫平，所屬又被災，殿圖盡心撫卹。在任十二年，吏畏民懷。累遷安徽巡撫，調福建，革除陋規，緝捕洋盜，所至有聲。殿圖嘗言「惟除害以致利，不興利以釀害」。又云「當濟事，勿喜事；當近情，勿徇情；當惜名，勿沽名；當任怨，勿斂怨」。時以爲名言。復任翰林院侍讀，卒，入祀鄉賢祠。

于宗範。完縣人。乾隆乙未武進士。由三等侍衛洊擢廣西思恩營遊擊。五十四年隨征安南，擊賊市球江，陣亡。事聞賜卹。

邵明哲。望都人。諸生。少孤，事母至孝，母殁，廬墓終身。嘉慶元年旌。

石陣圖。博野人。由武進士授四川守備。嘉慶元年隨勦達州賊匪，屢戰有功，後遇伏，被創陣亡。事聞議䘏，廕雲騎尉。

董紹昌。新城人。任把總。嘉慶二年，隨勦湖北教匪於王家坪，陣亡。同縣外委楊青山於私渡河擊賊陣亡。事聞，賜䘏各如例。

劉玉成。清苑人。任千總。嘉慶三年，隨勦湖北教匪於陳家壩，陣亡。同縣千總劉泰、沈世傑，把總鄒國泰、王慶凱、劉忠，外委周全仁、劉曰瑞、王廷諾、劉得亮、張廷貴、段福、陳玉得、高起雲，均擊賊陣亡。事聞賜䘏，俱入祀昭忠祠。

王清弼。雄縣人。由武進士授陝西守備，洊升遊擊。嘉慶元年，鄖縣邪匪滋事，清弼以戰功擢甘肅參將。二年，隨勦四川竄賊，屢獲勝戰。三年，升貴州大定協副將。時賊首洪道人等倡亂，清弼攻擊之，賊衆潰散。四年，賊冉添元等與麻柳灣賊合力拒戰，清弼力竭，殁於陣。事聞，議䘏，廕雲騎尉。

流寓

元

郝經。陵州人。金亡，從父思温徙順天。家貧，晝則負薪米爲養，暮則讀書。居五年，爲守帥張柔、賈輔所知，延爲上客，二家藏書皆萬卷，經博覽無不通。

校勘記

〔一〕初爲州郡決曹史　乾隆志卷一二保定府三人物（以下同卷簡稱乾隆志）同。按漢書卷七六王尊傳：「復召署守屬治獄，爲郡決曹史。」此「州」蓋爲衍字。

〔二〕卒謚曰景侯　「侯」，原脱，乾隆志同。三國志卷二四魏書孫禮傳：「謚曰景侯。」光緒保定府志卷五〇仕績一同。此脱，據補。

〔三〕以父任爲將作主簿　「將作主簿」，乾隆志同。宋史卷三二四劉渙傳作「將作監主簿」，同治畿輔通志卷二〇五列傳一三同。宋史卷一六五職官志五：將作監，「置監、少監各一人，丞、主簿各二人」。此當有「監」字爲是。

〔四〕貞祐三年第進士　「三」，原作「二」，乾隆志同，據金史卷一〇六劉炳傳及同治畿輔通志卷二〇八列傳一六改。

〔五〕柔聚族保西山東流寨　「寨」，原作「塞」，據乾隆志及元史卷一四七張柔傳改。中華書局一九七六元史點校本校勘記〔二〕：「按元名臣事略卷六王磐張柔神道碑、遺山集卷二六張柔勳德第二碑『寨』皆作『堝』，蒙兀兒史記從改，疑是。」

〔六〕至元中爲鎮國上將軍　「上」，原作「大」，據乾隆志及元史卷一五六張弘範傳、同治畿輔通志卷二一二列傳二〇改。

〔七〕謚武略　乾隆志同。中華書局元史點校本卷一五六張弘範傳改「略」爲「烈」，校勘記〔七〕：「道光本與道園學古録卷一四張弘範廟堂碑、牧庵集卷一張弘範贈齊國忠武公制合，從改。」

〔八〕累拜中書左丞　「左」，原作「右」，乾隆志同。按元史卷二二武宗紀一：大德十一年七月辛巳，「御史中丞王壽、江浙行省左丞郝天挺，並爲中書左丞」，同年九月丁丑，「郝天挺、也先鐵木兒爲左丞」。同書卷一一二宰相年表：至大元年郝天挺爲左丞。此「右」爲「左」字之訛，據改。

〔九〕止括田　「止」，原作「正」，乾隆志同，據元史卷一七四郝天挺傳、同治畿輔通志卷二一二列傳二〇改。

〔一〇〕謚貞肅　「貞」，原作「忠」，乾隆志同，據元史卷一七六韓若愚傳及同治畿輔通志卷二一二列傳二〇改。

〔一一〕洪武初進士　乾隆志同，同治畿輔通志卷二一八列傳二六、光緒保定府志卷五二仕績皆載「洪武二十一年進士」。此記年代誤。

〔一二〕封靖遠伯　「靖」，原作「清」，乾隆志同。按明史卷一〇英宗前紀：正統七年四月，「封王驥靖遠伯」。同書卷一七〇王驥傳同。此「清」爲「靖」字之訛，據改。

〔一三〕歷官户部左侍郎　「左」，原脱，據乾隆志及同治畿輔通志卷二一八列傳二六、光緒保定府志卷五二仕績補。

〔一四〕召起南京工部左侍郎　「左」，原脱，據乾隆志及同治畿輔通志卷二一八列傳二六、光緒保定府志卷五二仕績補。

〔一五〕召爲工部右侍郎　「右」，原脱，據乾隆志及明史卷一八五賈俊傳補。

〔一六〕萬曆中以兵部侍郎總督宣大山西軍務　「侍郎」，乾隆志同。明史卷二二三鄭洛傳：萬曆初，「入爲兵部右侍郎。七年以左侍郎總督宣、大、山西軍務」。此「侍郎」上脱「左」字。

〔一七〕戎政尚書　乾隆志同。明史卷二二三鄭洛傳：「尋加少保，仍召理戎政。」光緒保定府志卷五三仕績同，此載疑誤。

〔一八〕著古今曆律考七十二卷　「二」，原作「三」，據乾隆志及同治畿輔通志卷二一九列傳二七改。

〔一九〕爲户部郎中　「中」，原脱，乾隆志同，據同治畿輔通志卷二一九列傳二七、光緒保定府志卷五四仕績補。

〔二〇〕尋以長山之敗　「長」，原作「常」，乾隆志同。明史卷二五〇孫承宗傳：「大敗於長山。」同治畿輔通志卷二一九列傳二七同，此「常」爲「長」字之誤，據改。

〔二一〕及孫之沆之滂之澋之浩之瀗從孫之澈之渼　「浩」原作「澔」，「渼」原作「美」，乾隆志同，並據明史卷二五〇孫承宗傳改。

〔二二〕賊至　「至」，原脱，乾隆志同，據明史卷二九五忠義七金毓峒傳及同治畿輔通志卷二一九列傳二七補。

〔二三〕高經　「經」，乾隆志同，同治畿輔通志卷二一九列傳二七、光緒保定府志卷五七忠烈皆作「涇」，此「經」疑爲「涇」字之誤。

〔二四〕偕妻齊氏及三子二女入井死　「氏」，原脱，據乾隆志及同治畿輔通志卷二一九列傳二七補。

〔二五〕理學宗傳行世　「理學宗傳」，乾隆志同。清史稿卷四八〇儒林一孫奇逢傳作「理學傳心纂要」，光緒保定府志卷四四藝文録同。

〔二六〕容城人　同治畿輔通志卷二三〇列傳三八：「杜越，定興人，」按一統志、雍正志作『容城人』，誤」。

〔二七〕順治二年　「二」，原作「三」，據乾隆志及同治畿輔通志卷二三一列傳三九改。

〔二八〕賊張五者　乾隆志同，同治畿輔通志卷二三〇列傳三八作「張武」，此「五」蓋爲「武」字之誤。

〔二九〕累官刑部右侍郎　「右」，原脱，乾隆志同，據同治畿輔通志卷二三二列傳補。清史稿卷一一四職官志一：「刑部，尚書，左、右侍郎。」

〔三〇〕修百里洲隄　「洲」，原作「州」。同治畿輔通志卷二三三列傳四〇作「洲」。本志卷三四四荆州府一山川：「百里洲，在枝江縣東，接江陵縣界。」清史稿卷六七地理志一四：荆州府枝江縣：「大江中有百里洲。」此「州」爲「洲」字之訛，據改。

大清一統志卷十七

保定府六

列女

三國　魏

許允妻阮氏。高陽人。爲中領軍。阮最賢明。允爲景王所誅，門生欲藏其子，婦曰：「無豫諸兒事。」景王遣鍾會看之，若才藝德能及父，當收。兒以語母，母答：「汝等雖佳，才具不多，率胸懷與會語，便自無憂，不須極哀，會止便止。可少問朝事。」兒從之。會反命，俱以狀對，卒免其禍，皆母之教也。

隋

許善心母范氏。北新城人。少寡養孤，博學有高節。高祖知之，敕尚食分賜時新。嘗詔范入内，侍皇后講讀，封永樂郡君。及善心遇禍，范年九十二，臨喪不哭，撫柩曰：「能死國難，我有兒矣。」因卧不食，卒。

唐

李孝女。名妙法，博野人。安禄山亂，被刦，徙他州。聞父亡，奔喪。既至，父已葬，晝夜號踊，結廬墓側，手植松柏，有異鳥來集。後母病，或不飲食，女終日未嘗視匕箸。及亡，廬墓終身。

明

張沼妻吴氏。清苑人。沼爲諸生，遇寇變，吴義不受辱，罵賊遇害。

李瀛妻郭氏。清苑人。瀛爲大同斷事，既卒，無子，郭與妾韓氏同時自縊，親屬解救，韓甦而郭已死。

王世琇妻武氏。清苑人。世琇以進士任歸德推官。崇禎時城陷，殉節。氏聞訃，一慟而絶，久之復甦，托孤子幼女於妾汪氏，閉門投繯死。

張子耕妻南氏。安肅人。夫爲諸生卒，南守節。遇寇變，一盗援其手，氏怒曰：「奈何辱吾手！」罵賊，被焚死。

宋鎧妻趙氏。新城人。鎧爲諸生卒，趙年二十二，不食三日，投繯死。

胡萬倉妻張氏。唐縣人。崇禎十二年冬，避難明伏山，時年十九，亂兵過唐河，張躍入河冰死。及屍出，顔色如生。

孫學妻季氏。博野人。正德中，流賊至，欲犯之，季大罵不從，遇害。

張胡妻管氏。蠡縣人。正德中，流賊陷城，義不受辱，賊怒殺之。

張應諤妻劉氏。望都人。崇禎十一年，聞夫殉難，遂自焚死。

王璟妻李氏。容城人。夜盜至，李冒刃先出，爲所擊，幾死。賊將殺其夫，李伏夫身願代，遂見殺。

范箕生妻馬氏。定興人。崇禎中，城陷，馬及家婦三女同入於井，媵婢從者甚衆。時人名其井曰「五芳」。漳浦黄道周記其事。

王御乾妻姜氏。清苑人。崇禎末，御乾死於兵，姜守尸，身受數創不去。事定殮夫，家業蕩然，守節撫孤，備嘗辛苦。同縣王庶楙妻潘氏，夫死於寇，投井死，以救免，負尸歸葬，守節終身。

張氏一門烈婦。清苑人。崇禎末，流賊陷城，羅俊兄弟拒賊死，一門殉難者：羅俊伯母李氏，駡賊死。羅彦妾宋氏、錢氏及子晉妻師氏，皆先羅彦投井死。羅彦弟羅士蚕卒，其妻高氏守節十七年，至是與羅喆妻王氏，俱自縊死。羅善妻高氏及三女、羅輔妻白氏及幼女，俱投井死。羅俊再從子震妻徐氏、巽妻劉氏，亦投井死。

朱士忠妻崔氏。束鹿人。崇禎末，士忠率鄉兵與流寇戰死，崔求尸不獲，日夕哭禱，夢夫告以屍所，果尋得之。守節至八十一歲，卒。

陳瑞妻賈氏。唐縣人。崇禎末，賊破城，被執，欲污之，氏厲聲大駡，並以匕首刺賊面，賊怒亂刀剸死。本朝乾隆五年旌。

本朝

程格妻王氏。清苑人。年十九，奉姑避難，遇敗寇欲掠以行，王抱樹不從，賊以刃脅之〔一〕，駡愈厲，遂遇害。事聞旌表。同縣宋登龍妻趙氏，劉百順妻王氏，梁可均母杭氏，白鴻妻王氏，侯思忠妻張氏，王文秀妻佟氏，蕭黨女、信上選孫女，皆順治間遭土寇亂，義不受辱而死。

張稚升妻王氏。清苑人。稚升寄籍河南，順治戊子鄉試畢，病殁，榜發中式，王捧所領冠帶大慟，投井死。同縣李大庫妻劉氏，任發祥妻王氏，袁邦璽妻楊氏，梁大用妻孫氏，陳覬妻王氏，皆夫死殉節。

許世登妻隗氏。清苑人。夫亡，遺一子在襁褓，家貧，常數日不舉火。鄰婦勸之改適，氏涕泣呼天，引刀斷左手大指自誓，卒撫孤成立。同縣王鈺妻張氏，歸鈺才數日，鈺死，土寇張鳳臺聞氏美，强委禽焉，氏碎幣詬罵，引刀毁容，賊驚歎舍去。張德昌妻任氏，嫠居遭火，冒火救姑，眉髮盡燎。小王村婦時氏，夫歿年凶，祖姑病思肉食不得，刲股進之。

黄中理妻李氏。清苑人。遭兵難，夫家惟存一幼叔，父家惟存一幼子，氏撫育兩孤，艱苦萬狀，後俱成立，兩姓得不絶嗣。

田雯妻陳氏。清苑人。年十七夫亡，身方有娠，哀毁自守，及生女，告母曰：「所以不死者，冀生男以存夫嗣耳，今已矣。」一號而絶。同縣李采妻柴氏，夫亡守節，有豪家謀於其父，欲娶之，氏即縊死。

王衮妻何氏。清苑人。夫早亡，遺孤二：應選、應遴。氏守節撫養成立，後俱貴顯，氏年至百歲，子孫五世同堂，凡百有餘人。

范良鼐女。滿城人。早失恃，寄養於姑母。字易州田倉，未娶，而倉病亡。女聞痛悼，請往成服，姑母弗許，乃賦詩自矢，飲鴆而死，竟與倉合葬。

郄仝妻郭氏。滿城人。夫死家貧，鬻衣以殮。勢家欲强娶之，氏翦髮毁面，夜仰藥死。同縣李國瑜妻趙氏，事姑至孝，夫亡，慟哭欲殉，姑曰：「爾無子，盍俟立嗣後，成爾志？」乃斷髮納夫棺以殮。居六年，嗣未定，家益落，母勸再適，氏佯應之，至夜扃户自經。

劉蕙妻李氏。唐縣人。夫亡，投繯以殉之。康熙年間旌。

尹公弼妻李氏。博野人。夫亡守節，事姑盡孝。課子會一，口授經書，成進士，洊歷顯官，動止必稟母教。康熙五十九年旌，乾隆八年，會一陳請終養，上聞其賢，御製詩章扁聯賜之。同縣鄭景涑妻吴氏，夫亡殉節，亦康熙年間旌。

李煥元妻孫氏。容城人。歸李未一月，夫病，孫每夜叩天，祈以身代。及夫亡，從容自經。康熙年間旌。
南中行妻劉氏。完縣人。年十三，適中行，中行患羸病，三十年不起。氏代夫事姑甚孝，夫亡，苦節終身。
劉灼妻谷氏。安州人。夫死，遺孤在抱，繼姑欲奪其志，氏遂毁容自矢，守節以終。
李壤妻辛氏。新安人。夫亡，投繯殉節。康熙年間旌。
戴國興妻王氏。清苑人。遇强不辱，致死。雍正年間旌。
田貴妻郭氏。安肅人。遇强不從，死之。同縣節婦：商之輅妻戴氏，商洛妻謝氏。均雍正年間旌。
李東文女大姐。新城人。爲强暴所逼，不從，被戕。同縣范大嘴妻李氏，閻德明女黑姐〔二〕，梁玉女存姐，皆以遇强不辱致死。均雍正年間旌。
喬得儒妻劉氏。唐縣人。遇暴不辱，被戕。同縣烈女張眇女大姐。均雍正年間旌。
宋明友妻孫氏。望都人。遇暴，守正捐軀。雍正年間旌。
黄桂林妻孫氏。容城人。遇强不從，致死。同縣節婦：李用行妻崔氏，李允元妻淩氏。均雍正年間旌。
龐國棟妻魏氏。蠡縣人。姑董氏，祖姑徐氏，皆寡。國棟殁，姑憫其幼，欲令改適，以死自矢。祖姑老，日負以出入，及姑死，親串賻贈，咸卻不受。雍正年間旌。
杜三魁妻王氏。祁州人。夫亡，守節。同州戴進寶女五姐，遇强不辱，致死。均雍正年間旌。
邊胡蚩妻李氏。束鹿人。遇暴不辱，致死。同縣節婦：尹惟廉妻張氏，魏見威妻賈氏，均雍正年間旌。
馬樹屏妻吕氏。安州人。夫亡，殉節。雍正年間旌。

王方來妻胡氏。高陽人。遇强，守正捐軀。雍正年間旌。

張攀麟妻荆氏。新安人。事姑盡孝，侍夫病，三年不懈，及歿，更衣自縊。同縣烈婦：王六妻趙氏，王瑜妻管氏，鄭連新妻化氏。均雍正年間旌。

圖木魯妻李佳氏。保定駐防。滿洲人。夫亡守節。又節婦：六十三妻何佳氏，金禄妻白佳氏，巴音保妻劉佳氏，蒙古閑散德宗妻孫佳氏，披甲明通妻禄佳氏。均乾隆年間旌。

林翁挺妻李氏。清苑人。夫亡，投繯而死。同縣烈婦林天明妻李氏，烈女徐氏女。節婦：許國妻魏氏〔三〕，戎守約妻李氏，郭滎妻常氏，賈爾霖妻孫氏，高翰妻王氏，曹銓妻何氏，胡恂妻馮氏，朱馥妻張氏，段超妻尹氏，臧長齡妻何氏，嚴岱妻孫氏，石維巖妻何氏，石曰璉妻王氏，石曰琬繼妻張氏，周繼儒妻郭氏，趙方炳妻李氏，趙季鳳妻李氏，范叢莪妻王氏，趙士奇妻朱氏，張埰之繼妻鄭氏，孫蕃妻張氏，董文爛妻申氏，王廷璧妻劉氏，尹從王妻王氏，王逢元妻劉氏，朱文宗繼妻沈氏，梁成德妻解氏，周照妻張氏，童行義妻張氏，童挺妻胡氏、妾趙氏，霍勳爲繼妻閻氏，陳琬妻趙氏，王禮妻李氏，李輝祖妻張氏，趙得貴妻賀氏，賈國彬妻胡氏，胡喬年妻柴氏，張伯璋妻范氏，張德禮妻周氏、妾康氏，吴尚義妻丁氏，繆志理妻張氏，朱鴻勳妻陳氏，黄肇基妻張氏，張岐妻趙氏，胡錕妻錢氏，范浩妻王氏，裴縉妻劉氏，吴昌義妻丁氏，黄鄰基妻張氏，張商霖妻沈氏，張體元妻潘氏，石珣妻沈氏，張曾植妻徐氏，葉順妻王氏，李本妻陳氏，陳瑞雲妻馮氏，董琳妻許氏，于義妻劉氏，孫明妻李氏，李于陽妻何氏，裴鵬翼妻王氏。均乾隆年間旌。

張汝鼇妻梁氏。滿城人。夫亡，矢志守節。同縣節婦：郝潔妻劉氏，田文炳妻方氏，楊文璧妻田氏，錢通妻黄氏，王顯德妻高氏，王世錫妻李氏，劉光世妻楊氏，劉璣妻張氏，賈思明妻苑氏，趙繩祖妻師氏、蘇朗氏、喬任氏、曹陳氏。均乾隆年間旌。

趙功妻高氏。安肅人。遇暴不污，羞忿自縊。同縣節婦：劉成勳繼妻梁氏，謝年晉妻周氏，段炘妻潘氏〔四〕，王栻妻蔡氏，趙明月妻張氏，戴堯章妻申氏，謝秉肅妻李氏，李居敬妻楚氏，王沛妻宋氏，陳鳳鳴妻石氏，葛峻德妻陳氏，郝芳妻范氏，韓克儉妻李氏，李士麟妻田氏〔五〕，田廣宗妻張氏，張玉麒妻李氏，王得貴妻史氏，楊銅妻王氏，酒德妻李氏，羅憲章妻閻氏，李遜妻李氏，黃克基妻李氏，謝時發妻孫氏，王淑瑞妻韓氏，姚炳妻王氏，李興棠妻于氏，劉廣基妻高氏，劉廣垛妻趙氏，烈女商理姐。均乾隆年間旌。

張錫齡妻任氏。定興人。錫齡以家貧，餬口四方，不知所往。姑憂成疾，卧房五載。氏奉養備極辛勤，撫姪爲嗣。同縣節婦：任九成妻許氏〔六〕，張睿明妻陳氏，張守才妻郝氏，張守智妻劉氏，耿祜妻田氏，郭彩妻田氏，郭仔棟妻張氏，郝弘功妻房氏，劉萬年妻李氏，姚際泰妻李氏，任弘道妻趙氏，婁謙沖妻于氏，蔡文武妻馬氏，蔡振邦妻陳氏，史克義妻蔡氏，林邦桂妻趙氏，蔡顯章妻馬氏，郭懷玉妻劉氏，田廷瑜妻古氏，李瓆妻尤氏，盧騰士妻王氏，馮汝霖妻王氏，黃敬妻申氏，馬汝琳妻王氏，梁自新妻劉氏，王之林妻劉氏，烈婦杜玉妻史氏。均乾隆年間旌。

呂三多妻李氏。新城人。夫亡，守節。同縣節婦：劉光前妻蔣氏，王弘道妻張氏，徐守身妻魏氏，趙福昌妻劉氏，趙禮昌妻黃氏，王家楨妻李氏，李鐸妻劉氏，李鈺妻張氏，王廷梅妻張氏，孔繼侗妻何氏〔七〕，李昌妻張氏，孔廣鼇妻王氏，傅瑞妻崔氏；烈婦：楊和妻王氏，楊義泰妻徐氏，馬文明妻劉氏。均乾隆年間旌。

陳瑺妻邸氏。唐縣人。瑺官中書，氏年十七于歸，事翁姑盡禮。姑病瘋，日侍湯藥，不少懈，夜焚香以禱，姑病遂愈。後值地震，闔家走避，獨負姑越重門出，牆屋即圮，咸嘆爲孝感。同縣節婦：馬汝聽妻尤氏，王彬妻王氏，曹丕治妻楊氏，石廷文妻孫氏，朱士敏妻王氏，柴德任妻陳氏，陳誥妻臧氏〔八〕，高立基妻梁氏，劉名彥妻劉氏，賈紹泰妻劉氏，于成賓妻曹氏，劉維和妻种氏，于思龍妻魏氏，侯成功妻劉氏，馬可大妻劉氏，張天麟妻婁氏，賈紹普妻馬氏，石江生妻趙氏，田生德妻王氏，邵思成妻馬氏，李起元妻馬氏，邸天相妻王氏〔九〕，王榮妻王氏，張成富妻楊氏，栗名心妻楊氏。均乾隆年間旌。

劉之蘭妻尤氏。博野人。夫亡，斷指截髮，堅志守節，撫遺孤成名。同縣節婦：徐曰彬妻顏氏，李暉妻徐氏，王乾行妻張氏，程學雲妻董氏，蔡文舉妻王氏，王奕煥妻宋氏，劉諮妻楊氏，李如梅妻胡氏，顏士儆妻胡氏〔一〇〕，王廷宜妻張氏，曹雲會妻閻氏，王九齡妻蔡氏，尹德一妻韓氏，羅祥發妻劉氏，鄭中岳妻趙氏，鄭廷照妻張氏，楊文煥妻馬氏，甄士選妻趙氏，王濯妻李氏，徐京涵妻魏氏，王居亳妻楊氏，楊承貴妻戴氏，周仁福妻彭氏，楊承武妻安氏，楊經妻胡氏，吳成美妻盧氏，吳機妻顏氏，胡鵬舉妻王氏，韓頷妻王氏，魏橋妻李氏，劉欽妻宋氏，靳甡妻李氏，時秉彝妻趙氏，王峥妻劉氏，李鳴鑾妻陳氏，劉玠妻李氏，張禮妻王氏，姚學關妻金氏，李蕙妻胡氏，石琢玉妻祝氏，韓榮昌妻顏氏，王澤洽妻李氏，韓墨元妻王氏，徐增妻劉氏，孟兆登妻魏氏，宋世泰妻張氏，尹溯淳妻徐氏，王爵一妻姚氏，李鳴高妻陳氏，楊福壽妻馮氏，陳烒妻趙氏，曹登兒妻盧氏。均乾隆年間旌。

李士林女正姐。望都人。遇惡少欲污之，堅拒不從，被殺。同縣節婦：徐熙然妻史氏，于憧妻余氏，周士達妻麻氏，劉兆熊妻周氏，李可昌妻樊氏，楊燦妻焦氏，耿採妻劉氏，李柱妻高氏，陳嘉訓妻顏氏，耿均妻馮氏，朱熙績妻梁氏，周廷龍妻郝氏，趙濟妻尚氏，朱允謙妻張氏，王勳臣妻劉氏，楊繼時妻劉氏，尚嬰妻劉氏；烈婦桑李氏。均乾隆年間旌。

劉氏女。容城人。字李師舜，未嫁，師舜外出，音信久絶，翁姑令氏父母別字，女聞之，數日不食，自縊。同縣節婦：顏大成妻蕭氏，牛斗光妻陳氏，殷寶柱妻路氏，高材妻張氏，魏連成妻范氏，孫錦妻趙氏，郭實妻李氏，鄭學妻李氏，孫法宗繼妻劉氏，孫興宗妻劉氏，胡煒妻周氏，蕭炎妻李氏〔一二〕，楊應龍妻楊氏，王燉妻李氏，張珍妻胡氏，鄭安妻張氏，王以柱妻楊氏，劉爾琯妻張氏，何琚妻陳氏，陰平妻楊氏，石瑾妻郝氏。均乾隆年間旌。

焦蘭妻姚氏。完縣人。夫歿，投繯自盡，姑救止之，撫遺孤成立，守節終身。同縣節婦：索雲章妻趙氏，趙玉妻翟氏，郝僎妻劉氏，韓進禮妻徐氏，李酉妻李氏，楊天爵妻李氏，石敬儒妻馬氏，薛士俊妻趙氏，張斌妻李氏，楊茂林妻李氏，張有純妻張氏，馬龍倉妻陳氏，張仁魁妻趙氏，高崙妻李氏，裘耀宗妻馬氏，王名儒妻甯氏，郭良策妻趙氏，唐楫賢妻王氏，李之美妻王氏，李克亮妻田氏。均康熙年間旌。

吳濂妻劉氏。蠡縣人。夫亡，守節。同縣節婦：李寅妻劉氏，齊淑妻李氏，傅企齡妻孫氏，劉麟瑞妻張氏，崔妙妻張氏，崔福全妻張氏，矯承祖妻吳氏，趙興爵妻張氏，何子卓妻馬氏，趙子芝妻張氏，李璞妻王氏，張忠全妻楚氏，王琳妻張氏，魏炎妻張氏，楊明純妻趙氏，傅機妻佘氏，劉存儀妻康氏，趙秉貴妻李氏，李鳳聘妻高氏，魏湘妻王氏，崔正邦妻柏氏，李建績妻孫氏，郭棻妻王氏，鄭洪妻劉氏，王三綱妻范氏，魏延焯妻王氏；烈婦楊彭氏；烈女馬老姐。均乾隆年間旌。

常玿繼妻張氏。雄縣人。夫亡，家貧無子，力奉甘旨，以事孀姑，撫子成立。同縣節婦：韓昺妻倪氏，郭來儀妻楊氏，袁鉞妻劉氏，馬廷弼妻楊氏，馬譚妻王氏，蘇登第妻陳氏，馬琳妻于氏，郭爲驪妻劉氏，趙璟妻袁氏，孟自榮妻邢氏，郭爲均妻張氏，董銓妻陳氏，陳師平妻徐氏，蕭范妻金氏，張士林妻薛氏，孫李棠繼妻劉氏，張自平妻李氏，張達妻呂氏，陳士玉妻趙氏，李果妻姜氏，焦福亮妻王氏，范振宗妻高氏，張致棋妻徐氏，宋興妻安氏，韓職泰妻李氏，張可大妻吳氏，謝伯鏞妻李氏，何來鳳妻成氏，高善道妻陳氏，耿凌雲妻梁氏，穆璟謙妻陶氏，胡紹綺妻郭氏，田灝妻張氏，張惠忠妻達氏，李長安妻張氏，張萬里妻朱氏，常秉忠妻仇氏，張師騫妻劉氏，楊福才妻常氏，薛致旺妻張氏，蕭廣玉妻胡氏，趙時敏妻郭氏，郭師泰妻李氏，崔瑞林妻石氏，梁興妻張氏，王璞妻汪氏，王會榮妻張氏，王立妻沈氏，郭相正妻趙氏，劉加興妻李氏，董加會妻韓氏，賈文聯妻張氏，鄭文相妻李氏，劉誾妻趙氏，蘇廷榮妻段氏，劉文明妻文氏，高萬傑妻楊氏，馬伊妻錢氏，張灼妻李氏，侯寧妻劉氏，王爾禋妻張氏，王爾棓妻彭氏，王爾楦妻蕭氏，侯毓泰妻王氏。均乾隆年間旌。

錢糧阿妻羅氏。雄縣駐防馬甲，滿洲人。夫亡守節。乾隆年間旌。

宋中美妻王氏。祁州人。夫亡無子。矢志守節，孝事翁姑，撫嗣成立。同州節婦：陳魁萬妻鄭氏，李榮妻李氏，陳詢妻蔡氏，牛德正繼妻耿氏，宋來遠妻劉氏，李白生繼妻金氏，吳朝品妻馬氏，杜三禮妻趙氏，吳巒妻王氏，江人俊妻呂氏，王傑妻宋氏，馬佩瑄妻田氏，徐希聖妻張氏，姚曰允妻趙氏，胡維炳妻李氏，季之枚妻靳氏，于興祖妻焦氏，趙智妻王氏，吳玉秀妻劉氏，郝光祖妻邵氏，陳萬言妻馮氏，呂光前妻王氏，王讚妻劉氏，楊敬祖妻李氏，陳洪儉妻王氏，安尚妻楊氏，趙國珽妻劉氏，楊存禮妻宫氏，韓之鴻妻寇氏，孫允久妻秦氏，田成玉妻劉氏，張奇珍妻常氏，趙才妻王氏，張其鑄妻魏氏，朱喜忠妻靳氏，閻文瑞妻孫氏，許成秀妻王氏，張展奇妻劉氏，趙肅容妻霍氏，郝復祖妻張氏，王一山妻崔氏，賈金聲妻李氏，王舉善妻劉氏，崔汝嚴妻王氏，周慎妻李氏，許得山妻張氏，刁銓妻劉氏，楊士傑妻張氏，馬儀鳳妻李氏，張文花妻冉氏。均乾隆年間旌。

侯玉山妻冀氏。束鹿人。遇强暴欲污之，氏駡不絶，被害。同縣烈婦：李老誠妻焦氏，姚正妻張氏，葉璽妻郭氏，王花子妻田氏，張了頭妻祁氏，王璨妻鄭氏〔一二〕，梁時興妻王氏，李白狼妻馮氏，梁志漢妻王氏，馬四妮妻李氏；烈女曹維城女；節婦：馮奇妻李氏，趙潛妻賈氏，賈鈺妻鄭氏，謝宗顔妻雒氏，馬廷英妻穆氏，王燕妻郭氏，靳虞鳴妻李氏，馬士林妻雒氏，田育棟妻李氏，范光先妻王氏〔一三〕，魏可仲妻楊氏，穆釋妻郭氏〔一四〕，張晟妻王氏，謝鶴鳴妻王氏，張翰標妻高氏，孟價斌妻趙氏，張克仁妻劉氏，魏名賢妻彭氏，丁則哲妻紀氏，張允安妻張氏，張士元妻郭氏，高大璞妻張氏，田生志妻王氏〔一五〕，陶思明妻王氏，李白相妻李氏，吴涵邃妻張氏，段之鉞妻李氏，魏承孔妻尹氏，焦馥蘭妻郭氏，趙潔妻馮氏，周熾妻賈氏，史鳳儀妻孟氏，董侰妻姚氏，周傑妻李氏，馬荆妻趙氏，裴瑜妻姚氏，高光英妻王氏，李忻妻齊氏，楊球妻郭氏，馮錫統妻周氏〔一六〕，謝進朝妻張氏，劉余妻柳氏，任延慶妻王氏，郭紱妻魏氏〔一七〕，趙焕緒妻賈氏，李濟世妻趙氏，宿人傑妻韓氏。均乾隆年間旌。

邵柟妻王氏。安州人。柟蚤亡，氏絶食自縊。同縣烈婦：邵弘址妻劉氏；節婦：邵桂妻張氏，劉邵英妻居氏，顧天成妻魏氏，顧肇妻王氏，杜鍾妻韓氏，杜璜妻彭氏，辛炯妻韓氏，彭楷妻李氏，張和修妻趙氏，劉灼妻谷氏，張秀芳妻王氏，馬樹屏妻吕氏，姬士奎妻楊氏，馬益泰妻周氏，顧岱妻王氏，張守業妻房氏，章顔志妻胡氏，梁邦英妻孫氏，張文翰妻章氏，陳寅妻胡氏，凌蘭徵妻江氏，張榴妻韓氏；貞女陳藩聘妻張氏。均乾隆年間旌。

劉兆曦妻李氏。高陽人。兆曦遊京師，病殁，氏扶櫬慟哭，自縊以殉。同縣節婦：李培申妻齊氏，柴九萬妻李氏，韓重美妻張氏，李聰繼妻胡氏，韓企顔妻石氏，韓企孟妻梁氏，韓成德妻張氏，韓荀妻郭氏，韓三錫繼妻邊氏，董敬述妻李氏，李敬嘉妻朱氏，劉煦妻石氏，劉獻捷妻韓氏，李學曾妻徐氏，孫思謙妻王氏，王國棟妻陳氏，劉履恒妻韓氏。均乾隆年間旌。

馬勉志妻田氏。新安人。夫亡，或勸之改適，氏截髮自誓。同縣節婦：朱標妻張氏，高鑑妻辛氏，辛禹祚繼妻郭氏，辛求可妻白氏，張可法妻朱氏，張嘉禎妻馬氏，梅周斌妻劉氏，李士正妻張氏，高廷俊妻艾氏，田生芋妻張氏，李炎妻杜氏〔一八〕，李均妻桑氏，劉璧妻王氏，謝起用妻王氏〔一九〕，杜瑬妻邸氏，李基妻管氏，杜璠妻李氏，車得貴妻盧氏，高秉錫妻趙氏，高析妻張氏，管握瓚妻楊氏，王苞妻羅氏，仇旭之妻馬氏，杜愿妻張氏，辛無僞妻朱氏，田五福妻劉氏，杜人傑妻楊氏，田君寵妻化氏，辛行可妻曹氏，辛枝昌妻朱氏，劉之璉妻王氏，劉正妻單氏，楊毓蛟妻孫氏，王炘妻羅氏，田紹曾妻朱氏，杜鍾妻韓氏，彭楷妻辛氏，杜璜妻彭氏，辛世炯妻韓氏。均乾隆年間旌。

扎勒杭阿妻白佳氏。保定駐防披甲，滿洲人。夫亡守節。又節婦：花山妻田佳氏，拉郎阿妻祖佳氏，貴林妻孫佳氏，烏勒興額妻吴佳氏，又蒙古領催他親太妻高佳氏，披甲福僧額妻孫氏，喀爾莽阿妻袁佳氏，費雅漢妻杜佳氏，安順妻尼格爾氏，吉勒幸阿妻趙佳氏。均嘉慶年間旌。

朱廷鈞妻林氏。清苑人。夫亡守節。同縣節婦：裴鵬翼妻王氏，史爲藩妻賈氏，王立祥妻羅氏，陸當可妻沈氏〔二〇〕，李光祚妻劉氏，劉敬事妻馬氏，陳殿颺妻婁氏，王元祚妻羅氏，王維坤妻陳氏，馮士吉妻孔氏，張宗禹妻王氏，何士鈞繼妻陳氏，錢兆妻沈氏，俞成燦妻張氏，金雲襄妻屠氏，金配貞妻桑氏〔二一〕，陳兆鎰妻蔡氏；烈婦尚趙氏；烈女王全妲、曹宜兒。均嘉慶年間旌。

劉秉仁妻張氏。滿城人。遇暴不從，羞忿自縊。同縣節婦：邊兆瑞妻王氏，于有利妻王氏。均嘉慶年間旌。

謝占熊妻魏氏。安肅人。夫亡守節。同縣節婦：師繡川妻馬氏〔二二〕，張祥文妻于氏，商幣徵妻韓氏，趙廷蓮妻朱氏，平定妻馬氏。均嘉慶年間旌。

張國柱妻王氏。定興人。夫亡守節。同縣節婦：徐懋德妻崔氏，任奉先妻張氏；烈婦高姜氏；烈女王文妲。均嘉慶年間旌。

孫廷玉聘妻劉氏。新城人。字廷玉，未嫁。夫殁，女聞痛悼，割肱自誓。服闋後，投繯死。同縣節婦：田六兒妻石氏，周順之妻李氏〔二三〕，盧藩妻潘氏。均嘉慶年間旌。

賈吴氏。唐縣人。守正捐軀。同縣節婦：柴正妻田氏，張清亮妻張氏。均嘉慶年間旌。

王文炳妻蕭氏。博野人。夫亡守節。同縣節婦：紹左妻王氏，顏化光妻何氏，馬志士妻齊氏，胡紹妻張氏，彭其愷妻張氏，陳文彩妻徐氏，馬熾昌妻冉氏，吴温妻郄氏，王體仁妻張氏，劉憲宗妻于氏〔二四〕，盧玉成妻馬氏，顏伯温妻辛氏，孟兆珍妻彭氏〔二五〕，張棟妻郭氏，宋節妻孟氏；烈婦王李氏；烈女王譚姐。均嘉慶年間旌。

麻澐妻王氏〔二六〕。望都人。夫亡守節，事姑盡禮，撫子成立。同縣節婦：黄甲妻杜氏，孫之碩妻閻氏，問李氏〔二七〕、媳湯氏，何弘林妻石氏，馬良兆妻張氏，馬錦妻劉氏，邵董氏、媳竇氏、馬氏；烈婦：劉士杰妻鄭氏，趙廷順妻張氏；烈女李三姐。均嘉慶年間旌。

徐型妻周氏。完縣人。夫亡守節。同縣烈婦：曹任氏，裘模妻劉氏，王選妻段氏，梁作楷妻康氏。均嘉慶年間旌。

孫茂四妻齊氏。蠡縣人。守正捐軀。同縣節婦：張廷傑妻李氏，張梅妻王氏，李現元妻張氏，李鳳成妻張氏，宋得惠妻石氏，孔尚德妻張氏，齊同達妻解氏，吴星奎妻趙氏，宋可模妻張氏，鄧文妻趙氏，孔尚禮妻鄧氏，展福善妻陳氏，王百禮妻谷氏，王百川妻曹氏，王繼孟妻張氏，崔定邦妻馬氏，費希聖妻劉氏，費辛清妻吴氏，陳清梁妻翟氏，賈立秋妻王氏。均嘉慶年間旌。

魏梁氏。雄縣人。守正捐軀。同縣烈婦：劉鈞妻蕭氏；節婦：馬效常妻王氏，張鐸妻王氏；烈女耿加會女。均嘉慶年間旌。

保成妻拜玉特氏。雄縣駐防馬甲，滿洲人。夫亡守節。又伊勒德木布妻李氏，烏林德妻徐氏，福禄妻張氏，又蒙古馬甲阿木查妻吴氏。均嘉慶年間旌。

吴張氏。祁州人。守正捐軀。同州烈婦李楊氏，烈女李均姐；節婦：劉光宗妻李氏，張子壯妻章氏，郭惺妻鄭氏，于學經妻劉氏，于學禮妻沈氏，王新德妻趙氏，馬述聖妻劉氏。均嘉慶年間旌。

劉氏女。束鹿人。劉儒秀女，守正捐軀。同縣烈女：張氏女，李氏女，李大姐；節婦：李家鈐妻馮氏，趙瑞照妻劉氏、王謝氏，李文蔚妻李氏。均嘉慶年間旌。

王學曾妻宋氏。安州人。夫亡守節。同州烈女：馬氏女秀姐，王四姐；節婦：張自珍妻李氏，趙炘妻牛氏。均嘉慶年間旌。

韓德峙妻郭氏。高陽人。夫亡守節。同縣節婦：劉耀麟妻孫氏，劉廷璐妻許氏，張懇妻賀氏，趙學妻李氏，唐來柱妻魏氏，李三錫妻孫氏；烈女張受仁女。均嘉慶年間旌。

馬氏女。新安人。馬天保女，守正捐軀。嘉慶年間旌。

仙釋

元

通辨。雄縣人。七歲慕浮屠法，禮古佛爲師。皇慶初，萬山和尚奉旨大作齋會，請師演法，忽從法座放大光明，良久方滅。及示寂，白光四達，得舍利無數。

苑至果。號悟真子。滿城人。元丙申歲，修煉葛洪山漆峪中，採薇而食，年九十。一日，沐浴更衣謂衆曰：「今日酉初刻，吾必去矣。」至期，端坐而卒。

劉道秀。安肅人。少往盤谿山，禮和光道士爲師。後省家，見莊客暴死，與之符立活。又劉氏妻暴死，治之立愈。嘗有羣盜夜劫，道秀遽呼，大風欻起，皆潰去。

保定老姑。居葛洪山之西南隅，嘗謂人曰：「吾在世二百年矣。」遂投崖下不墮，飛昇而去，後人名其崖曰捨身崖，又曰老姑峪。

土産

氈絨。府志：「束鹿之氈絨，最爲純細。」

菘蓉。明統志：「唐縣出。」

菘。安肅縣出。俗謂之黄芽菜，甲於諸蔬。

西瓜。唐縣出，見府志。

魚。府志：「保定出黄姑魚，而塘河之鯉，昔美而今無。新城之石連魚，香味絶佳，然不可多得。」

蟹。府志：「雄縣出，蟹最多。」按漢書地理志：「北平縣有鐵官。」寰宇記：「保州貢絹。」宋史地理志：「雄州貢紬，祁州貢花絁，安肅軍貢素絁。」元志：「祁州宋村有蟾池，出蟾酥。」〔二八〕以上皆舊志所載，今不概見，附記於此。

校勘記

〔一〕賊以刃脅之 「刃」，原作「勿」，據乾隆志卷一二保定府三列女（以下同卷簡稱乾隆志）改。

〔二〕閻德明女黑妞　「黑」，原作「墨」，據乾隆志及光緒保定府志卷六九列女改。
〔三〕許國妻魏氏　「許國」，乾隆志作「許國隆」，此疑脱「隆」字。
〔四〕段炘妻潘氏　「炘」下原衍「之」字，乾隆志同，據同治畿輔通志卷二五五列女一二、光緒保定府志卷六九列女五删。「炘」，乾隆志及畿輔通志同，保定府志作「忻」。
〔五〕李士麟妻田氏　「麟」，乾隆志作「麒」，同治畿輔通志卷二五五列女一一同，此「麟」蓋爲「麒」字之誤。
〔六〕任九成妻許氏　乾隆志作「許」，原作「張」，據乾隆志及同治畿輔通志卷二五五列女一一、光緒保定府志卷六九列女五改。
〔七〕孔繼伺妻何氏　「繼」，原脱，乾隆志同，據同治畿輔通志卷二五五列女一一、光緒保定府志卷七〇列女六補。
〔八〕陳誥妻臧氏　「誥」，原作「詰」，據乾隆志及同治畿輔通志卷二五六列女一二、光緒保定府志卷七〇列女六、光緒唐縣志卷九列女改。
〔九〕邸天相妻王氏　「天」，原作「元」，據同治畿輔通志卷二五六列女一二、光緒保定府志卷七〇列女六、光緒唐縣志卷九列女改。
〔一〇〕顔士傚妻胡氏　乾隆志作「傅氏」，同治畿輔通志卷二五六列女一二同，此「胡」蓋爲「傅」字之誤。
〔一一〕蕭炎妻李氏　「炎」，乾隆志作「琰」，同治畿輔通志卷二五六列女一二同，此「炎」蓋爲「琰」字之誤。
〔一二〕王璨妻鄭氏　「璨」，原作「瑹」，據同治畿輔通志卷二五七列女一三、光緒保定府志卷七四列女一〇改。
〔一三〕范先光妻王氏　「范」，原作「苑」，據乾隆志及同治畿輔通志卷二五七列女一三改。「光先」，原倒誤「先光」，據畿輔通志乙正，乾隆志作「光鮮」，「鮮」爲「先」字之誤。
〔一四〕穆釋妻郭氏　同治畿輔通志卷二五七列女一三作「穆驛」，此「釋」疑爲「驛」字之誤。乾隆志作「楊穆驛」。
〔一五〕田生志妻王氏　「志」，乾隆志作「智」，同治畿輔通志卷二五七列女一三同，此「志」蓋爲「智」字之誤。
〔一六〕馮錫統妻周氏　「馮」，乾隆志作「馬」，同治畿輔通志卷二五七列女一三同，此「馮」蓋爲「馬」字之誤。又「統」，乾隆志同，畿輔通志作「純」，此「統」疑爲「純」字之訛。

〔一七〕郭紱妻魏氏　「紱」，原作「綏」，乾隆志作「經」，據同治畿輔通志卷二五七列女一三、光緒保定府志卷七四列女一〇改。

〔一八〕李炎妻杜氏　「炎」，乾隆志作「琰」，同治畿輔通志卷二五七列女一三作「如琰」。

〔一九〕謝起用妻王氏　乾隆志作「趙氏」，同治畿輔通志卷二五七列女一三作「李氏」，未知孰是。

〔二〇〕陸當可妻沈氏　「當可」，同治畿輔通志卷二五五列女一一作「可當」，疑此倒誤。

〔二一〕金配貞妻桑氏　同治畿輔通志卷二五五列女一一作「梁氏」，未知孰是。

〔二二〕師繡川妻馬氏　「師」，同治畿輔通志卷二五五列女一一作「施」。疑此「師」爲「施」字之誤。

〔二三〕周順之妻李氏　同治畿輔通志卷二五五列女一一作「周順」，疑此「之」字衍。

〔二四〕劉憲宗妻于氏　「宗」，同治畿輔通志卷二五六列女一二作「章」，未知孰是。

〔二五〕孟兆珍妻彭氏　「兆」，同治畿輔通志卷二五六列女一二作「玉」，未知孰是。

〔二六〕麻澐妻王氏　同治畿輔通志卷二五六列女一二作「閻氏」，未知孰是。

〔二七〕問李氏　同治畿輔通志卷二五六列女一二記載二：一，「問孝妻湯氏」；二，「問崇德妻李氏」。此所載當是後者，「問」下蓋脱「崇德」二字。

〔二八〕元志祁州宋村有蟾池出蟾酥　乾隆志作「元志祁州宋村有蟾酥」。按元史卷五八地理志一祁州不載，此乃疑誤。

永平府圖

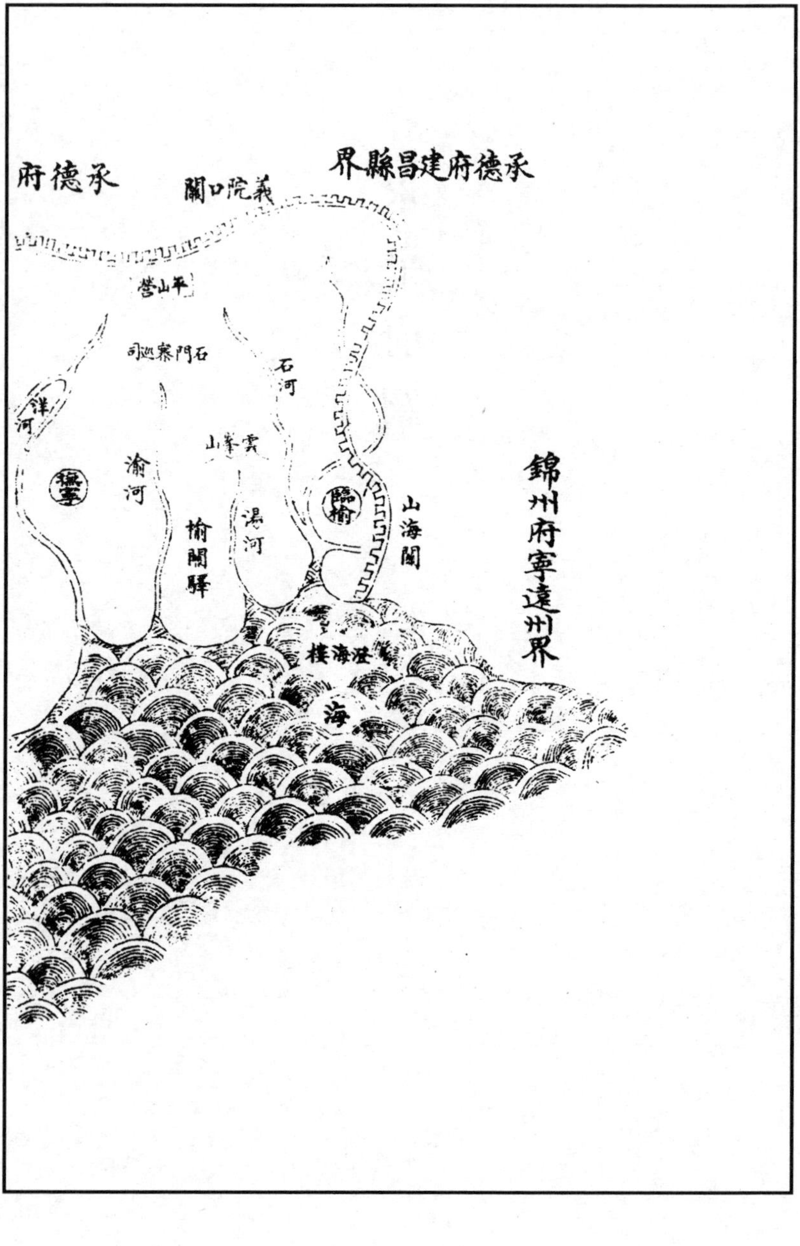
承德府
義院口關
承德府建昌縣界
平山營
石門寨巡司
石河
洋河
雲峯山
渝河
撫寧
臨榆
山海關
榆關驛
湯河
錦州府寧遠州界
澄海樓
海

遵化州邊界
青山口關
平泉州界
冷口關
建昌營巡司
喜峯口巡司
景忠山
燕河營
沙河
長河
灤河
遷安
永平府
盧龍
陽山
鹿兒嶺
三屯營巡司
遵化州界
胡家莊
灤
南臺山
飲馬河
七里海
飲馬河
東灤河
榛子鎮巡司
沙河
沂河
新家河
樂亭
開平營
海
遵化州豐潤縣界

永平府表

	永平府	盧龍縣
秦	遼西、右北平二郡地。	
兩漢		肥如縣屬遼西郡。
三國		肥如縣
晉		肥如縣
南北朝	平州遼西郡後魏移置，治肥如，又分置北平郡。齊省遼西入北平。	新昌縣後魏僑置，北平郡治。 肥如縣後魏州郡治。
隋	北平郡開皇初郡廢，大業初復爲郡。	盧龍縣開皇十八年改名，仍爲郡治。 開皇六年省入新昌。
唐	平州北平郡武德二年復置州，天寶初改郡。乾元初復爲州，屬河北道。	盧龍縣州治。
五代遼附	平州後唐同光初入遼，屬南京道。	盧龍縣
宋金附	平州漁陽郡宋宣和四年改郡名，金天會四年復曰平州，屬中都路。	盧城縣宋宣和四年改名。金復故。
元	永平路太祖十年改興平府。中統元年升平灤路，大德四年又改，屬中書省。	盧龍縣路治。
明	永平府洪武初曰平灤府，屬山東行省，二年改隸北平行省，四年改名，永樂十八年直隸京師。	盧龍縣府治。

續表

	遷安縣
	令支縣屬遼西郡。
	令支縣
	令支縣初没於鮮卑段氏，爲遼西郡治。
朝鮮縣後魏延和初復置，屬北平郡。北齊省入新昌。	令支縣後魏太平真君七年省入陽樂。
望都縣遼置，屬平州。	安喜縣入遼，改置，屬平州。 灤河縣遼置，屬澤州。
海山縣金大定七年改名。	遷安縣金大定七年改名。 金初與州俱廢，承安二年復置，兼置灤陽縣，屬之。泰和四年省。
至元二年省入昌黎，三年復置，四年又省，七年復置，十二年又省。	遷安縣至元二年省入盧龍，後復置，屬永平路。 灤陽縣復置，爲惠州治。
	遷安縣屬永平府。 洪武初省。

續表

撫寧縣	昌黎縣
陽樂縣屬遼西郡。後漢爲郡治。	絫縣屬遼西郡。後漢省入臨渝。
陽樂縣	
陽樂縣	海陽縣地。
陽樂縣後魏仍屬遼西郡。齊省。	
盧龍縣地。	盧龍縣地。
武德二年分置撫寧縣，七年仍省入盧龍。	初爲盧龍縣地，後僑置營州柳城縣。
	廣寧縣遼改置，爲營州治。
撫寧縣金大定二十九年復置，屬平州。	昌黎縣金皇統二年屬平州，大定二十九年改名。
撫寧縣至元二年省入昌黎，三年復置，四年又省，七年復置，屬永平路。	昌黎縣至元七年省入撫寧，十二年復置，屬永平路。
撫寧縣屬永平府。	昌黎縣屬永平府。

續表

灤州	
	海陽縣屬遼西郡。；新安平縣屬遼西郡。後漢省。；昌城縣屬右北平郡。後漢省。
	海陽縣
	海陽縣
	齊省入肥如。
	盧龍縣地。
	馬城縣開元二十八年置，屬平州。；石城縣武德初置臨渝縣，爲平州治，七年省。貞觀十五年復置，萬歲通天二年改名，屬平州。
	灤州遼析置，屬平州。；義豐縣遼置，州治。；馬城縣遼置，屬灤州。；石城縣遼屬灤州。
	灤州屬中都路。；義豐縣；馬城縣；石城縣宋宣和中改名臨關，金後改。
	灤州屬永平路。；義豐縣；馬城縣至元四年省。；石城縣省。
	灤州屬永平府。洪武初省入州。

	樂亭縣	臨榆縣
夕陽縣屬右北平郡。後漢省。	驪成縣屬右北平郡。後漢省。	陽樂、海陽二縣地。
		盧龍縣地。
	石城縣地。	
		遷民縣遼置，爲遷州治 海陽縣遼置，爲潤州治。
	樂亭縣金大定末置，屬灤州。	遷民縣金省。 海陽縣金皇統二年州廢，縣屬瑞州。
	樂亭縣初于縣置灤州，尋廢，仍屬灤州。	省。
	樂亭縣	山海衛洪武十四年置。

大清一統志卷十八

永平府一

在直隸省治東八百三十里。東西距三百四十里，南北距二百二十里。東至盛京錦州府寧遠州界一百八十里，西至遵化州界一百六十里，南至海一百六十里，北至承德府平泉州界六十里。東南至海一百四十里，西南至遵化州豐潤縣界一百三十五里，東北至承德府建昌縣界一百九十里，西北至遵化州邊界二百二十里。自府治至京師五百五十里。

分野

天文尾、箕分野，析木之次。

建置沿革

禹貢冀州之域。有虞分爲營州地。商爲孤竹國。周爲幽州地。春秋爲山戎、肥子二國地。戰國屬燕。秦爲遼西、右北平二郡地。兩漢至晉因之〔一〕。

後魏太武移置平州及遼西郡。州郡皆治肥如。按漢末，公孫度自稱平州牧，取襄平縣爲名，在今奉天府遼陽州界。魏、晉置平州，治昌黎，即和龍，在今口外舊大寧衛界〔二〕。崔鴻十六國春秋：「晉義熙三年，後燕慕容懿，以令支降魏，魏以爲平州牧。」自是始移平州於今府界。魏書：「延和元年，馮文通子崇，以遼西内屬。時崇鎮肥如，世祖遣李繼拜崇爲幽平二州牧，封遼西王。」蓋自是肥如始有平州之名。又分置北平郡。治新昌縣。後齊省遼西郡入北平郡。

隋開皇初郡廢，大業初復曰北平郡。唐武德二年復曰平州，天寶初仍曰北平郡。乾元初復曰平州，屬河北道。後唐同光初入於遼，時爲遼天贊二年。置遼興軍節度。本紀作「盧龍軍」，通考作「遼興府」。屬南京道。

金天輔七年建爲南京。是年，張覺以州降宋，尋復入金。宋志：「平州，宣和四年賜名漁陽郡，升撫寧軍節度。」屬燕山府路。在前一年，張覺傳又作「泰寧軍」〔三〕。天會四年復曰平州，置興平軍節度。屬中都路。貞祐三年嘗僑置臨潢府，尋入蒙古。

元太祖十年改興平府。中統元年升平灤路，置總管府。大德四年改曰永平路。屬中書省。

明洪武初曰平灤府。屬山東行省，二年改屬北平行省，四年改曰永平府。永樂十八年直隸京師。

本朝初因之，領州一，縣七。乾隆二年增置臨榆縣，八年以玉田、豐潤二縣改隸遵化直隸州。今領州一，縣六。

盧龍縣。附郭。東西距六十五里，南北距八十里。東至撫寧縣界三十五里，西至遷安縣界三十里，南至昌黎縣界三十里，北至遷安縣界五十里。東南至昌黎縣界二十里，西南至灤州界二十五里，東北至撫寧縣界五十里，西北至遷安縣界二十里。本商孤竹國。春秋爲肥子國。漢置肥如縣，屬遼西郡。後漢至晉因之。後魏延和初爲遼西郡及平州治，又僑置新昌縣，爲北平郡治。北齊廢遼西郡入北平。隋開皇六年省肥如縣入新昌，十八年改新昌曰盧龍，大業初復爲北平郡治。隋末移郡治臨渝，復改盧龍曰肥如。唐武德二年仍改曰盧龍，移平州來治。遼因之。宋宣和四年改曰盧城。金復故。元爲永平路治。明爲永平府治。本朝因之。

遷安縣。在府西北四十里。東西距一百七十里，南北距七十五里。東至盧龍縣界二十里，西至遵化州界一百五十里，南至灤州界三十五里，北至承德府建昌縣界四十里。東南至盧龍縣界二十里，西南至灤州界七十里，東北至盧龍縣界五十里，西北至遵化州邊界一百八十里。春秋山戎令支國。漢置令支縣〔四〕，屬遼西郡。後漢因之。晉初没於鮮卑，爲遼西郡治〔五〕。後魏太平真君七年省入陽樂，後爲肥如縣地。五代時入遼，改置安喜縣，屬平州。金大定七年改曰遷安。元至元二年省入盧龍，後復置，屬永平路。明屬永平府。本朝因之。

撫寧縣。在府東七十五里。東西距七十五里，南北距九十五里。東至臨榆縣界四十里，西至盧龍縣界三十五里，南至昌黎縣界二十五里，北至邊界七十里。東南至海四十里，西南至昌黎縣界五十里，東北至臨榆縣界四十五里，西北至盧龍縣界五十里。漢置陽樂縣，屬遼西郡〔六〕。後漢爲郡治。晉因之。後魏仍屬遼西郡。北齊省。隋爲盧龍縣地。唐武德二年分置撫寧縣，七年仍省入盧龍。金大定二十九年復置撫寧縣，屬平州。元至元二年省入昌黎縣，三年復置，四年又省，七年復置，屬永平路。明屬永平府。本朝因之。

昌黎縣。在府東南七十里，東西距九十五里，南北距九十里。東至撫寧縣界二十五里，西至灤州界七十里，南至海七十里，北至撫寧縣界二十里。東南至海七十里，西南至樂亭縣界六十里，東北至撫寧縣界四十里，西北至盧龍縣界五十里。漢置絫縣，屬遼西郡。後漢省入臨渝。晉以後爲海陽縣地。隋唐爲盧龍縣地，後僑置營州柳城縣。五代時入遼，曰營州鄰海軍，改縣曰廣寧。金皇統二年廢營州，以縣屬平州；大定二十九年又改曰昌黎。元至元七年省入撫寧，十二年復置，屬灤州，尋屬永平路。明屬永平府。本朝因之。

灤州。在府西南四十里。東西距一百二十里，南北距一百四十二里。東至昌黎縣界十里，西至遵化州豐潤縣界一百十里，南至海一百三十里，北至盧龍縣界十二里。東南至樂亭縣界五十里，西南至海一百五十里，東北至盧龍縣界十里，西北至豐潤縣界一百四十里。漢置海陽縣，屬遼西郡。後漢、晉、魏皆因之。北齊省入肥如。隋、唐爲盧龍縣地。五代時，遼始析置灤州永安軍，屬平州；世宗又置義豐縣爲州治。金仍曰灤州，屬中都路。元屬永平路。明初以州治義豐縣省入，屬永平府。本朝因之。

樂亭縣。在府南一百二十里。東西距五十五里，南北距七十五里。東至昌黎縣界三十里，西至灤州界二十五里，南至海四十五里，北至昌黎縣界三十里。東南至海，接昌黎縣界四十五里，西南至海，接灤州界五十五里，東北至昌黎縣界十五里，西北至灤州界二十二里。漢置驪成縣，屬右北平郡，後漢省。唐爲石城縣地。金大定末置樂亭縣，屬灤州。元初嘗於縣置溟州〔七〕，尋廢，仍屬灤州。明因之。本朝屬永平府。

臨榆縣。在府東一百七十里。東西距一百一十里，南北距八十里。東至盛京錦州府寧遠州界十里，西至撫寧縣界一百里，南至海十里，北至義院口關七十里。東南至海十里，西南至撫寧縣界七十里，東北至柳條邊蒙古界七十里，西北至撫寧縣界七十里。本漢陽樂、海陽二縣地〔八〕。隋爲盧龍縣地，開皇三年城渝關。遼聖宗平大延琳置遷民縣，爲遷州治。金州縣俱廢爲遷民鎮。明洪武十四年置山海衛。本朝乾隆二年析撫寧縣、灤州地，改衛爲縣，屬永平府。

形勢

負山帶河，爲形勝之地。遼史地理志。肥水之西，洞山之北，赤山之東，方山之南，四塞險固，實東北之雄邦。地志集畧。碣石之依，長城之枕，護燕薊爲京師屏翰，擁雄關爲遼左咽喉。畿輔志。後背羣山，前阻大海，可謂冀北之神皋，燕東之天府。府志。

風俗

人尚義勇，節儉務農。元志。士重名節，惡浮華，農務本力作，不爲姦僞。然不習水利，旱潦悉聽之天。舊志。地鮮物産，工藝甚寡。府志。

城池

永平府城。周九里有奇，門四，小水門一，濠廣五丈。明洪武四年因舊土城甃甎。本朝康熙年間修，雍正五年、乾隆十九年重修。盧龍縣附郭。

遷安縣城。周五里，門三，濠廣三丈。明景泰二年因舊土城甃甎，成化四年拓建。本朝順治、康熙年間屢修。

撫寧縣城。周三里有奇，門四，濠廣五丈。明成化三年建，萬曆十四年於城外周築攔馬牆。本朝乾隆十九年修。

昌黎縣城。周四里，門四，濠廣四丈。明隆慶元年因舊址建築。本朝順治、康熙年間屢修。

灤州城。周四里有奇，門四，濠廣二丈。遼時遺址，明景泰間重建。本朝乾隆二十一年修。

樂亭縣城。周三里，門四，濠廣三丈五尺，外有隄。明成化間修。本朝康熙二十四年修。

臨榆縣城。周八里有奇，門四，水門三，濠廣二丈。舊爲山海關城，明洪武中建。本朝乾隆三年修，十八年重修。西門上有高宗純皇帝御書榜額曰「祥靄榑桑」。又有東羅城、西羅城、南新城、北新城，連環五座，亦名五花城。

學校

永平府學。在府治西北。元至正中因舊址修建。本朝屢修。入學額數二十三名。

盧龍縣學。在縣治南。明洪武二年建。入學額數十八名。

遷安縣學。在縣治東。明洪武二年建。入學額數十八名。

撫寧縣學。在縣治東南。明洪武十一年建。入學額數十八名。

昌黎縣學。在縣治西南。元大德中建，明永樂間修。入學額數十八名。

灤州學。在州治西。遼清寧五年建，明洪武間修。入學額數十五名。

樂亭縣學。在縣治西北。金天會中建。入學額數十八名。

臨榆縣學。在縣治西。舊爲山海衛學，明正統元年建。本朝乾隆二年改爲縣學，十五年修。入學額數十八名。

敬勝書院。在盧龍縣。本朝乾隆十一年建，三十一年修。

嚮往書院。在昌黎縣。

敬義書院。在灤州。

集英書院。在樂亭縣。按舊志載北平書院在府學南，横渠書院在灤州，育賢書院在灤州榛子鎮，今俱廢，謹附記。

户口

原額人丁十二萬三千八百七十，今滋生男婦大小共六十七萬八百四十九名口，計一十一萬一千五百四户。

田賦

田地二萬四千一百七十三頃五十畝四分有奇，額徵地丁正、雜銀六萬九千一百七十六兩三錢九分五釐，粟米一萬三千一百六十一石一斗五升四合一勺，豆三千二百一十六石九斗七升八合五勺，草九萬一千一百九十八束。

山川

銅鼓山。在盧龍縣東二里。

陽山。在盧龍縣東南二十五里。說文「首陽山在遼西」，即此。中多谿谷，相傳古陽樂縣在焉。有獅子嶺，迤東爲黑石坻、茄子山，與昌黎接界。按古之言首陽者，一在渭源，一在蒲坂，一在洛陽，今在偃師，各詳見本縣。

南臺山。在盧龍縣南三里。左爲陽山，右爲孤竹山，南臺中峙，形如印，亦名印山。有井，下通灤河。右爲龍王坡，以祠名。山腰有白石，相傳李廣射虎處。其下灤、漆交焉。

窟窿山。在盧龍縣南三十里。一名佛洞山。爲昌黎、灤州分界處。

筆架山。在盧龍縣西南十里。其西爲常福山，又西爲澗子山，淘金河經三山之陰入灤水。

周王山。在盧龍縣西南二十里。灤水繞之。又五里爲灰山，下有龍潭。

清涼山。在盧龍縣西南九十五里。

孤竹山。在盧龍縣西。水經注：「孤竹祠在山上，城在山側，肥如縣南十二里，水之會也。」舊志：「洞山古孤竹山也，距城西十五里。山椒産金沙，半産銀鑛，底産鐵冶。其嵲有洞，孤竹國城在其陰。」

裂坡山。在盧龍縣西二十五里。下有龍潭，歲旱於此禱雨。

泥溝山。在盧龍縣西二十五里。又西曰赤烽山，西南爲狼窩，聖水源出焉。又有烽火山，一名西安山，安河源出焉。連峯數十里。

瓦礲山。在盧龍縣西北二十五里。相近有獨子山，其水會聖、安之流及清涼山泉爲横河，入灤州界〔九〕。

鹿尾山。在盧龍縣西北五十五里〔一〇〕。峯高，四圍懸絶。

北安山。在盧龍縣北三十里，下臨河。常起白雲，日出方散。有白雲寺、松崖堡。

三角山。在盧龍縣北五十里。迤西爲夢山，下爲井里凹，後爲黑崖子，有河西流入漆水。其南十里曰人首山，奇石萬片，歷落縱横，如人累而成，民多取以供用。其北爲龍王巖，正北爲亭子嶺、狼望山。

桃林山。在盧龍縣東北五十里。自三角迤東至此，羣山參差，盤折險峻。有桃林口關，關西口外，爲瞭望山，又西里許有甑山，皆高峻。

牛山。在遷安縣東二十里。有石狀如牛，南爲野狐峪。有水東入於漆。

團子山。在遷安縣東南十八里。一峯獨秀，望如覆鐘，舊名覆釜山。隋書地理志盧龍縣有覆舟山，疑即此。舊志：「一名次君山，有孤竹次君墓。」

龍泉山。在遷安縣南十五里。山腰有泉，甚清洌，鄉人每於此禱雨，號曰「聖泉」。相近有瓜村山，産白土。

黄臺山。在遷安縣西南三里。山色黄，狀如臺，下臨灤水。

藍山。在遷安縣西南。水經注：「素河出令支縣之藍山。」寰宇記：「盧龍縣西四十九里有藍山，其色藍翠重疊，故名。」舊志：「今有嵐山，在今縣南少西三十里，蓋嵐、藍聲近而訛也。」南爲羊角雙山，沙河經流其下。

松汀山。在遷安縣西南三十里。壁立沙河中，山半有三洞，梯而上，每洞可容二百人。

岳野山。在遷安縣西南四十五里。前有龍、虎二峯，後有蟲、蛇諸峪〔一一〕。西過七家嶺，連峯二十里，爲福山，接灤州界。

城山。在遷安縣西少南五十里，接灤州界。介羣山中，層巒聳翠，中多花果。山西爲羅家嶺大嶺，一名館山，其泉爲龐牛河源。

黄山。在遷安縣西。魏書文成帝紀：「太安三年，將東巡，詔定行宫於遼西黄山。」地形志：肥如「有黄山」。舊志：山在縣西五十里，横亘十餘里。有灰窑峪，舊關塞遺址也。左爲長峯蓮池山，又西經崖兒口，爲還鄉河源。右爲三茅山，迤西爲雙頂山，下爲鳴盆澗、隔馬蹄諸峪〔一二〕。迤西爲雞冠巖、龍堂、鷹嘴諸峪及大小嶺，還鄉河經其北焉。

貫頭山。在遷安縣西三十里。三峯連屬如珠，巉巖蒼翠，山半多竇，黑鷹巢之。又西爲平頂山，上有地頃餘，可容萬人。

藏龍山。在遷安縣西北四十里。其北爲龜口山〔一三〕，兩山夾峙，灤水經其間，水中有龜龍影，亦謂之龜龍津。

尖山。在遷安縣西北五十里。羣峯攢立，頂有石寨，環以二泉。相近有横山，其下，寺曰赤崖，有泉南流爲沙河，前爲血石嶺，有泉爲石河之源。

太平山。在遷安縣西北六十里。下有太平營，南北兩山去營二里許，河流回繞，憑高可眺。又西北十里有銀鑛山，其相接者曰鶻鷹崖，峯巒高峻，谷口僅容兩馬。又西北十餘里有小黑、大黑諸山，參差林立。

九山。在遷安縣西北七十里。下有九泉，會流入灤水。旁有洞如團蓋，可容數百人。

障樓山。在遷安縣西北八十里。層聳如樓，環峙如障，因名。又三角山，在縣西北九十里。山有三角，屹臨邊界。相近又有老君禪山。

五峯山。在遷安縣西北九十里。山有五峯，羣山環接，左右爲龍、虎二峯，下有唐寺，前有天橋。

白龍山。在遷安縣西北九十里，灤河之濱。

中峯山。在遷安縣西北一百里。相近有十八盤山，山谷崎嶇，回環旋轉，皆隘口所憑也。

景忠山。在遷安縣西北一百二十里，接遵化州界。高八里，矗立雲表。舊有二名：南曰明，北曰陰。明正德中〔一四〕，總兵馬永建三忠祠於上，祀蜀諸葛亮、宋岳飛、文天祥，因名景忠。後復建泰山行宫，商民祈禱踵至。本朝康熙十六年，聖祖仁皇帝御題「靈山秀色」四字。

六寶山。在遷安縣西北一百三十里。舊有銀礦，後塞。

遊鄉山。在遷安縣西北董家口北。兩山夾溪，如錦步障。

勒馬山。在遷安縣西北一百七十里，瀫河之陰。明萬曆中，總兵戚繼光改名壽星山。東有五老臺、蓮花峯，西有平臺。

要孤山。在遷安縣東北三里。四無聯屬，屹然獨峙。一名耀孤山，下爲三里河。

蟒山。在遷安縣東北十五里。山形蜿蜒，舊産鐵，嘗冶鑄於此。

曬甲山。在遷安縣東北二十里。相傳李廣嘗駐師於此。

都山。在遷安縣東北一百五十里。一名烏都山。唐開元十一年，郭英傑與契丹戰於烏都山，即此。山高三十里，周倍之，傑出塞外，爲盧龍之鎮山。雪集其巔，經夏不消，其水中分，東歸渝，西入灤。

横山。在撫寧縣東八里。山勢横亘，如屏障然。又縣東南八里有黄家山，産石，可供民用。

臨渝山。在撫寧縣東南三十里。高千餘仞，舊爲關隘。寰宇記：「在盧龍縣東一百八十里。」舊志：「一名馬頭坡〔一五〕。」

紫荆山。在撫寧縣南二里，下臨洋河。麓有立石，狀如婦人。舊志謂魏書地形志海陽有新婦山，疑即此，然海陽之地，不在縣境内。

馮家山。在撫寧縣東南二十五里〔一六〕。兩峯鵠峙，迫近大海，與昌黎縣接界。相近有對嘴崖，二崖相對，山寨險峻。

雙頂山。在撫寧縣西南四十里。其陰爲松流河源。相近有銀峒峪，舊産銀礦。

兎耳山。在撫寧縣西七里。雙峯尖聳，狀如兎耳。絶頂有潭，雲氣常蒙其上。微徑屈曲，盤折而登，山上平廣，容數萬人。宋宣和五年，張覺據平州歸宋，敗金將仲抜於兎耳山。明建文二年，燕將谷祥敗遼東兵於部落嶺，遂克兎耳山寨，即此。「仲抜」

舊作「閭母」，今改正。

盧峯山。在撫寧縣西十五里。舊置盧峯驛於此。

鏵山。在撫寧縣西北十里。松流河逆流繞其下。

雕崖山。在撫寧縣西北三十里。怪石直立，旁峯平漫。其東北面，卓立如削，舊因險爲寨，周里許。其南即臺頭營。

背陰山。在撫寧縣西北三十里，與盧龍縣接界。其北有熊山。

嚴家山。在撫寧縣西北三十里熊山北。山下有水，流入松流河。

半壁山。在撫寧縣西北三十里，東去滴水崖五里。形如刀削。

將臺山。在撫寧縣西北七十里，青山河西，連界嶺關。

天馬山。在撫寧縣北二十里。崇巖突兀，如控馬首於雲霄，三伏常有積雪，亦名馬頭崖。明萬曆中改今名。

八角山。在撫寧縣北二十里，天馬山之東。又名茶芽山。頂有洞如盤，泉不盈勺，飲之不竭，名曰聖水。

溥塘山。在撫寧縣北七十里。有洞深十餘丈。相近有房山，亦高峻。

雲峯山。在撫寧縣東北五里。數峯連亘如雲。

羊角山。在撫寧縣東北三十里。高峻，有小城曰南砦。又東北五里有塔子山，山西南五里爲偏頂山，高插雲霄。偏頂之北爲青陽山，亦名青山，下有澗水，甚清漣。又東爲撾角山，其尖峯秀出者，曰孤石峪，有温泉，能愈疾。

黃崖山。在撫寧縣東北五十里。府志：「凡邊内之山，盤礴於外者，黃崖爲大。高可十里，陡立崎嶇，山半有捨身崖，深三四十丈，石徑僅可容足。」東有二石穴，水冬夏不涸，名雙龍眼。又東有三洞，相去各里許，高二尋，廣仞餘。其東有池不竭，名卧龍灘。

碣石山。在昌黎縣西南。書禹貢：「夾右碣石，入于河。」孔安國傳：「碣石海畔山，禹挾行此山之右而入河。」山海經：「碣石之山，繩水出焉。」戰國策：蘇秦曰：「燕南有碣石、雁門之饒。」史記：秦始皇三十二年「之碣石，刻碣石門」。漢書武帝紀：元封元年，「東巡海上，至碣石」。地理志：驪成縣「大碣石山在西南」。文穎曰：「在遼西絫縣，今罷，屬臨渝，此石著海旁。」魏書文成帝紀：太安四年，「東巡平州，登碣石山，望滄海，改碣石山爲樂遊山」。地形志：肥如縣「有碣石」。水經注：「濡水東南至絫縣碣石山，今枕海有石如甬道數十里，當山頂有大石如柱形，立於巨海之中，世名天橋柱。」韋昭亦指此以爲碣石也。括地志：「碣石山，在盧龍縣南二十三里。」唐書地理志：石城縣「有碣石山」。明統志：「碣石山，在昌黎縣西南五十里（一七），離海三十里。」府志：「即今昌黎縣北仙人臺也。」按古言碣石者不一，孔安國書傳但云「海畔山」，不詳在何郡縣。漢志在驪成縣西南，今驪成亦無的所。其言在盧龍者，後魏書、隋志、括地志、通典、通考，諸説相承，似尚可據。然盧龍南不濱海，今縣志亦無此山，其言在絫縣，即今昌黎境者，始自文穎。郭璞注山海經謂在臨渝南水中，蓋因絫縣已廢入臨渝，亦即文穎之説也。水經注宗文穎，兼引漢志，又採王横之言，以爲淪於海中，至濡水注，則又曰枕海。明統志則曰在昌黎西北五十里，府志又以爲即今縣北十里之仙人臺。諸説皆言在昌黎境，而又不同如此，至史記索隱別引太康地志云「樂浪遂成縣有碣石，長城所起」，劉昭郡國志補註言「常山九門縣有碣石山」，王應麟地理通釋又云「在遂城者爲左碣石，在平州者爲右碣石」，益遠而無據矣。今姑詳列之，以備參考（一八）。

安山。在昌黎縣西三十里。山有避兵堡，飲馬河經其下，東入海。又西三十里有龍山。

駐蹕山。在昌黎縣西七十里。一名五山。絶頂四顧，邊海在目，有遺壘雄峙灤河濱，或以爲唐太宗征高麗時駐蹕處。府志：「太宗駐蹕山，在遼東安市縣界。其班師也，飛騎入渝關，未嘗遊幸海隅。兹山或因元魏文成幸碣石而名之耳。」

石門山。在昌黎縣西北五里。兩山峙立如門。

駕鼇山。在昌黎縣西北八里。相近有黑石山。

筆峯山。在昌黎縣西北八里。直插雲霄，亦名尖山。上有二洞，下有玉硯池。

觀音山。在昌黎縣西北十五里。其巖有礦洞。

鳳凰山。在昌黎縣西北十八里。形如鳳舒兩翼，多産花木，有堡可避兵。相近爲虎皮山，亦名虎牢關。

道者山。在昌黎縣西北二十里。下有雲峯寺，寺西即鳳凰山。

中峯山。在昌黎縣西北二十餘里。其頂有浄影池。

茶芽山。在昌黎縣西北五十里。繞灣河源出此。

書院山。在昌黎縣西少北四十里。兩岡合抱，相傳爲夷齊讀書處。山半有洞，後有石巖滴水，名洗心泉，有井名龍泉。

仙人臺山。在昌黎縣北十里。絶壁萬仞，上淩霄漢，其臺崇廣。臺後曰韓仙洞，右爲鋸齒山，左爲歡喜嶺。直南而下爲閻王鼻，兩山夾峙，翳不見日。前爲黑鷹峪，稍下爲龍潭，有洞在絶壁，瀑布飛空而下。西爲浩然臺，東爲望海亭，稍下爲龍潭寺，又東即五峯也。仙臺南麓爲寶峯臺，臺左爲香山峯，靈異不可勝紀。府志以此爲碣石山。

五峯山。在昌黎縣北十二里。有東西二山，西五峯如筆架，秀麗迥出雲表。

桃花山。在昌黎縣北少東五里。其上有洞，其下石壁，有泉湧出，亦名桃源。

巖山。在灤州南五里。狀如虎踞。其東絶壁百仞，有洞十八，其三洞最大而深，在絶壁間，攀援莫上，下有石橋，一郡水口也。西麓爲蠶箔峪，又西三里爲卸甲峪、送甲峪。

芹菜山。在灤州西南十八里。南二里有蓮池十畝，大泝河源出焉。

媳婦山。在灤州西南二十五里。魏書地形志海陽縣「有新婦山」，疑即此。

雙山。在灤州西十里。小泝水經其下，入大泝水。
五子山。在灤州西十二里。上有五子洞，龍溪源出此。
洞山。在灤州西三十五里。有洞深黝，大雨迅驟，能容數里湍，亦名呑流山。
白雲山。在灤州西七十里。一名自來峯。其嶺有大湫，曰湫嶺，其南爲水峪、王子峪，北爲秫軸峪。
围山。在灤州西八十里。上有飛泉四五，會流下入泉河。
廟兒山。在灤州西北十五里。又西北十里爲烽火山。
偏山。在灤州西北九十里。澗峪透迤，草木叢茂，土厚居繁，多榛、栗、棗、梨之利。
紫金山。在灤州北三里。舊産赤石脂，因名。
横山。在灤州北。魏書地形志海陽縣「有横山」。舊志：「在州北四里。聳列如屏，州人鑿其崖以達郡，爲往來捷徑。」山之北有榆山，宛如重屏，東麓臨灤河。
孤山。在臨榆縣南六里，去海四里。屹然如砥柱，石河經其東入海。
連峯山。在臨榆縣西南七十里。一名蓮蓬山。渝水經其西入海。
尖山。在臨榆縣西北八里。下有龍潭，甚深。其北五里爲五泉山，有泉五道，北入石河。
雲蒙山。在臨榆縣西北二十五里。一峯高出，四時雲氣，變幻無常，亦名團雲山。山之南爲黑山，産煤。又西南即平山也。
平山。在臨榆縣西北四十五里。其南十里爲平山營。

椒果山。在臨榆縣西北五十里。其東爲六羅山、上莊坨，其西爲石嶺，皆産煤。

箭笴山。在臨榆縣西北七十里。遼史地理志遷州「有箭笴山」。府志：「今名茶盆山，凡邊外之山，盤礴内向者，茶盆爲大。其峯萬仞，林壑幽靚，自昔爲勝遊。」今在葦子峪外半舍。東北爲勝水巖，迤西其巔尤狹，置木梯以行，俗呼爲背牛頂，以山後有石如牛，故名。

石門山。在臨榆縣西北。自鴨子河西至水峪東，連崖對峙，處湯、石二河上游，亦名石門峽。

芙蓉山。在臨榆縣西北。舊名裂頭山，有二：自撾角山東，高廣倍出羣山，而尖頂分三四者，爲前裂頭山，中有水峪；其迤東十餘里有七峯相連，極東而尖者，爲後裂頭山，居邊外。

角山。在臨榆縣北六里。有前後二山，相去二十里。其山由居庸、古北、喜峯諸山而東，延亘千餘里，至此聳峙如角，長城枕其上，爲直隸、盛京邊界。

洞山。在臨榆縣北十里。孤峯峭拔，樵徑縈紆。

圍春山。在臨榆縣東北十五里，角山東五里。屹若環堵。其西爲闌馬山，壁立萬仞。

部落嶺。在盧龍縣東十八里。相傳唐時居黑水部於此。

孤孤嶺。在盧龍縣東南六里。嶺北有孤峯嶺，南爲范家峪、大小嶺，接昌黎界。

分水嶺。在盧龍縣西北二十里，與遷安縣、灤州接界。水之從西北來者，其左由撾角山、盤頭山入於漆，右由塔盤山、馬鞭山入於灤。層巒叠嶂，多奇勝。其東十二里爲宜安峪，西北十里爲城子山。又西一里爲龍盤山。

千松嶺。在盧龍縣東北里許。其相近有馬蘭坡、桃花峪。又東爲雙望堡，去孤峯一舍，迤北十餘里爲紅山，即撫寧縣界。

鹿兒嶺。在遷安縣西一百二十里，景忠山之陰，接遵化州界。亦名盧兒嶺。北有層翠峯、塔兒山、月城山，接遵化洪山口界。其外爲長城嶺諸山。

羅家嶺。在灤州西北九十里。

歡喜嶺。在臨榆縣東二里許。山海關志言「遠戍者，去而悲，還而喜也」。

長嶺峯。在遷安縣西北五十里。二峯南北夾峙，通道所經。

滴水崖。在撫寧縣西北二十五里，天馬山西五里。高千丈。

刀崖。在撫寧縣北臺頭營南。頂平可容千餘人，惟北面有微徑可陟，號爲絶險。

臨河崖。在昌黎縣西八十里〔一九〕。一名闍黎洞。壁立千仞，山腰有洞，可容二百人。又南爲磨山，其石堅緻，可供器用，下臨渝河。

牛頭崖。在臨榆縣西。以形似名。其東有望海岡，西南有連峯山，西北有滿井，大旱不涸。明時，置牛頭營於此。

傍水崖。在臨榆縣西北五十五里。層巒屏立，石河帶繞，前案峭壁數仞，内平外險。

祥雲島。在樂亭縣西南四十里，迫近海濱。方輿路程考：「島中時有祥雲湧出，因名。」

李家島。在樂亭縣西南海濱。相近有桑坨島。

秦皇島。在臨榆縣西南二十五里，入海一里。四面皆水，相傳秦始皇嘗駐蹕於此。

大崇峪。在撫寧縣西。亦名大蟲峪。其石皆横生，可爲碾磨。

安樂峪。在昌黎縣西五十里。其山東西横峙，北接盧龍，西近灤州界。

玉旺峪。在臨榆縣北二十里，五泉山東北。明嘉靖中，嘗産銀礦，命官採取，尋罷。亦名玉王山，下有突泉，爲沙河源。

元陽洞。在臨榆縣北盤桃峪。孤峯峭拔，懸崖空洞，倒蘸深潭。

牡丹坡。在撫寧縣東北六十里。多産牡丹。

十九坨。在樂亭縣西南四十里海中。大數十頃，饒給與月坨相似。一名石臼坨。相傳漕運時，店市民居也。

月坨。在樂亭縣西南五十里海中。形如半月，廣數十頃，其間草木繁植，雉兔充斥。冰合時，居民常射獵於此，泮則棹艇樵採。舊志：「灤人謂平坡而出水者曰坨。」

金山嘴。在臨榆縣西南六十里。山如鳥嘴，半入於海。

渤海。在府南一百六十里。東連遼海，西抵天津，南通山東登萊，浩瀚千有餘里。自直沽之北折而東，去豐潤、灤州之南，各一百二十里，樂亭縣南四十五里，又迤邐東北繞昌黎、撫寧二縣，東南歷臨榆縣，接盛京錦州府寧遠州界。其在昌黎縣南者，又名濱海，去縣三十餘里。又北去七里而贏，名曰七里海，亦名七里灘，延袤三十餘里，有菱、芡、魚、蟹之利。又撫寧縣南有黑洋河，亦曰黑洋河海口，即明時海運道也。

灤河。自遵化州流入，東南逕遷安縣西，又東南逕盧龍縣西，又南逕灤州東，又南逕樂亭縣西，又南入海，即古濡水也。漢書地理志：肥如縣「濡水南入海陽」。水經：「濡水從塞外來，東南過遼西令支縣北。又東南過海陽縣西，南入於海。」注：濡水自盧龍，「又東南逕令支縣故城東。魏氏土地記曰：肥如城西有濡水。南流逕孤竹城西，右合玄水。又東南逕西鄉北〔二〇〕，瓠溝水注之。又逕故城南〔二一〕，分爲二，北水枝出，世謂之小濡水。又東南逕樂安亭南，東與新河故瀆合。又東南至絫縣碣石山南入海，而不逕海陽西，蓋經誤耳。」元史河渠志：「灤河源出金蓮川中，由松亭北，經遷安東、平州西，瀕灤州入海。大德五年，平灤路言：灤河與淝、洳三河並溢，衝圮城郭。泰定二年，永平路屯田總管言：馬城東北五里許龍灣頭，昔築隄以防灤水，西南連清水河，至公安橋，皆本屯地分。去歲霖雨，水溢，衝盪屯田。方今農隙，宜豫修築，從之。」舊志：「灤河自開平界流七百里爲九流河，至喜峯口外有柳河、寬河、鐵門關水俱流入之，東南至潘家口入團亭，下與瀫水合。又至中峯山，與恒河合。又過唐山，與長河合。又南流逕遷安縣西三里，轉而東，至分水嶺，入盧龍界，過府城西合漆水。又南四十五里入灤州界，經州東三里。又南五十里，至岳婆港，入樂亭縣界。自此分爲二支：一曰葫蘆河，在縣東北三十里，流經縣東二十里，南流入海，謂之東灤河；一曰定流河，在縣西北三十里，流逕縣西十里，至縣南四十里劉家墩入海。明景泰中，東灤淤，而定流河遂獨承灤水入海。海水青黑，而灤河水清碧，入海五十里不溷，亦曰綠洋溝，土人又名强河。」

青龍河。源出口外，自桃林口流入，經遷安縣東北界，又南經盧龍縣西門外，爲漆河，南合灤河，即古盧水也。漢書地理志：肥如縣「有盧水，南入玄水」。水經注：「盧水出肥如縣東北沮溪，南流謂之大沮水。又南，左合陽樂水。又西南，與小沮水合而爲盧水。又南，與温水合。又南入玄水。」隋書地理志：盧龍縣「有盧水」。盧龍縣志：「漆水源從境外十八盤北哈拉烏蘇百五十里阿拉克泉，至蔡家峪，合流而下，二百三十里爲三岔口，又二十里，土人呼爲烏塡河，入桃林關，鹿尾山諸水會之。又南流至峯山，名青龍河，南會小沮水。又南至孤竹故城之陰，中流有石如砥柱，又南入灤河。」按此水源出桃林口北二百五十里，蒙古哈拉沁界，山曰成格勒岱，水曰顧沁，即青龍上流也。府境入灤之水，惟此頗大。舊志以在遷安者爲青龍河，在盧龍者爲漆河，遂謂青龍河入漆河，不知即一水也。新通志又辨此爲玄水，非盧水。漢志「盧水入玄」，似乎玄大於盧，當爲玄水。然考水經注，玄水又在盧水之東，上云出玄溪，下即云逕肥如縣東，則其源之不遠可知矣。大小沮合爲盧水，而大沮較長，與今青龍河、沙河，水道皆合，其爲盧水無疑〔二二〕，云入玄者，或據水之上下言之，未必以此分大小也。「哈拉烏蘇」舊作「旱落兀素」，「阿拉克泉」舊作「阿老各泉」，「哈拉沁」舊作「喀喇沁」，「成格勒岱」舊作「長吉爾岱」，今並改正。

淘金河。在盧龍縣西南。源出筆架山東北諸山峪中，西流入灤河。

黑崖子河。在盧龍縣北。源出縣東北山谷中，西流入青龍河。舊志：「水經注：『陽樂水出東北陽樂縣〔二三〕，西南入沮水，謂之陽口。』疑此即古陽樂水也。」

温河。在盧龍縣北。水經注：「温水出肥如城北，西流注於玄水。」縣志：「温泉，在縣北十二里，亦曰肥如水。初由上水關入城中，出下水關，注漆。後以數經水患，塞上關隄，水由城外西行，南流入漆。」

白溝河。在盧龍縣東北。源出陽山之陰，繞城東北，西流入青龍河。按漢書地理志：肥如縣「玄水東入濡水」。水經注：「玄水出肥如東北玄溪，西南流逕其縣東，東屈南轉，西迴逕肥如縣故城南，俗又謂肥如水。西南流，右會盧水。又西南逕孤竹城北，西入濡水。地理志曰玄水東入濡，蓋自東而注也。」隋書地理志：盧龍縣「有玄水」。明統志有肥如河，「在府城東二十里。源出部落嶺下，流至城西入漆河」。今皆無可考，惟白溝河從縣北入灤，舊志詳考地理，謂水經注「玄水逕肥如城南」，此水雖經縣北，實在古肥如之南，知爲玄水無疑〔二四〕。府志稱爲大沮水，新志又以爲陽樂水，皆非也。

三里河。在遷安縣東三里。源出縣北小寨莊平原，南流逕耀孤山麓，又西至盧溝堡，南注灤河。盛夏愈冷，嚴冬不冰。

沙河。在遷安縣東三十五里。即古小沮水也。水經注：「小沮水發冷溪，世謂之冷池。又南得温泉水口，水出東北温溪，西南流入於小沮水。小沮水又南流與大沮水合。」盧龍縣志：「沮水源出境外都山東南龍王廟豹崖之三岔，又二十里，合寺兒崖之温泉，又十里入冷口關。冬暖夏涼，謂之冷池。又南會暖河及白洋河，至峯山，入青龍河。其暖河自劉家關西流，經徐流營北，又西南入沙河，即水經注所謂温泉也。」方輿路程考：「沮水，今曰沙河。」

恒河。在遷安縣西北。源出三屯城西北景山之陰，合縣北獅子峪諸流，至中峯西，入灤河。

長河。在遷安縣西北九十里。源出口外，自董家口流入，逕青山營東，又南逕太平寨西二十里許，至稔子口，入灤河。水經注「洛水出盧龍塞西，南流注濡水」，即此〔二五〕。

鐵門關河。在遷安縣西北一百六十里。源出口外，自鐵門關入口，西流出喜峯口關，轉西至潘家口，入灤河，所爲水逶三闗者也。

澈河。遼史地理志：澤州「有澈河」。舊志：「在遷安縣西北一百六十里。源出口外，東流入龍井關，亦名龍井關河。至縣西七十里漢兒莊南二里，東注灤河。」

寬河。在遷安縣西北一百七十里，一名豹河。產金砂。源出口外，西南流二百餘里入灤河。

白洋河。在遷安縣北四十里。自口外流入，東南逕石門、白道，至建昌營而涸，雨溢時，東通青龍河。

清河。在遷安縣北七十里。源出口外，自大嶺寨流入，至太平寨前，又有蛤螺河亦出口外，自城子嶺流入，至此合流，又南入灤河。按水經注有去潤水〔二六〕、敖水，並自盧龍西注濡水，隋志盧龍縣有閏水、温水〔二七〕，疑即此。

渝河。在撫寧縣東。漢書地理志：臨渝縣「渝水，首受白狼，東入塞外。又有侯水，北入渝」。又交黎縣「渝水首受塞外，南入於海」。水經注：白狼水自黃龍城又東北出，「東流分爲二水，右水，疑即渝水也。西南循山，逕河連城西〔二八〕。又南流東屈，與一水會，世名之曰檻倫水，疑即地理志所謂侯水也。又東南逕女羅城東，又南逕營丘城西，又東南入海」。明統志：「渝河，在撫寧縣東二十里。源出古瑞州〔二九〕，南流至蓮峯山，入於海。」舊志：「源出口外，逕縣東北平臺，又南逕桃兒峪，又南合駙馬寨前水，亦曰獅子河，又曰蒲泥河。出菱、芡、蒲、魚，爲民利。」按漢志、水經注渝水源出白狼，白狼水即今口外之老哈河，去府界尚遠，亦不聞有分流，明統志云「源出瑞州」，在今寧遠州界，今彼地之水，惟大淩河似之，然亦不近府境。至舊志所稱獅子河，其流又甚微，不足以當古水，或疑即今之石河，亦與漢志不合。古今水道變遷，酈道元已不能明，所當闕疑〔三〇〕，今以渝關及臨渝縣名皆由此，姑存諸説以備考。

松流河。在撫寧縣西南三十里。源出雙頂山，北流經滑子山後入陽河。

陽河。亦曰洋河，在撫寧縣西一里許。源出界嶺口外列圪山，西南流入口，東有箭桿水自箭桿嶺口流入注之。又西南至臺頭營南，有黑嶺水自青山口流入注之。又南至縣西南，轉東南流至紫荆山南入海。

潮河。在昌黎縣東二十里。源出仙臺頂後，東南流合飲馬河入海。一名馬家河，縣境羣川之水皆會於此。按漢書地理志絫縣有「下官水，南入海。又有碣石水、賓水，皆南入官〔三一〕。」舊志云：「官水疑即潮河，碣石水即急流河，賓水即飲馬河也。」

飲馬河。在昌黎縣南五里。源出盧龍縣界谿谷中，東流逕縣西安山下，又東與深江河合流爲沙河，下流合潮河入海。

兩河。在昌黎縣西南八里。各川至此，合而爲二。其相近者曰泉河，在縣西二里，又有土橋河，在縣西十里興寧屯，源出青溝營，其在南者曰繞灣河，源出茶芽山，流遶安山東麓，亦曰安山河。皆合於深江河。按兩河與泉河、土橋，名不相涉，舊志混而爲一，今依方輿路程考改正。

急流河。在昌黎縣西門外，一名西沙河。源出龍潭水，下流至縣西南里許，合飲馬河。

深江河。在昌黎縣西十八里。源出净影池、長峪、石窟諸川；又梭頭河在縣西北三十里，源出道者、鳳凰諸山，與深江河合而爲柳河，合於兩河，達虹橋入飲馬河。

套裏河。在昌黎縣西六十里。源出龍山，流經静安堡，入樂亭縣界。

清水河。在灤州南。水經注：「清水出海陽縣，東南流逕海陽城東，又南合新河，又南流十許里，入九過注海〔三二〕。」明統志：「在樂亭縣西。源出馬城北蔡家莊，舊已湮塞。洪武中濬故道，置閘瀦水，以通海運。」州志：「青河在州東南二十里。源出州西五子山，東五里有大泉沸騰，流逕州南八里，曰八里河。又經料馬臺、丘官營，伏入地中，俗名地橋。又東南二里逕閻家莊復見爲龍溪。又西南二里，亂泉突起，分二派：一派東南行一百三十里，經樂亭西南馬頭營，達緑洋溝入海，是爲西清河；一派西南行十六里經破橋，又西合沂河，折而西南至沙溝，又六里至澤頭，合古憧河，又西南三十五里至公安橋，又四十五里至蠶沙口入海〔三三〕。其水極清，入海二十里不溷，亦名清水河，秦漢以來爲漕運故道，閘迹尚存。明永樂十八年以運艘遭風罷。又古憧河，在州南四十里，源出併城，南流逕石橋入清河。又有陷河，在州南五十里，源出併城北于家泊，南流會數水，亦至蠶沙口入海。

新河故道。自順天府寶坻縣逕遵化州豐潤縣流入，逕灤州南，又東至樂亭縣入濡水。水經注：「新河故瀆承鮑丘水東出，謂之鹽關口。魏太祖征蹋頓，與泃口俱導也。東北絶庚水，又東北出，逕右北平，絶巨梁水，又東北逕昌城縣故城北。又東分爲二水枝瀆，東南入海。新河自枝渠東出合封大水，謂之交流口。水又東出海陽縣與緩虚水會。又東與素河會，謂之白水口。又東至九過口，又東逕海陽縣故城南，又東絶清水，又東，木究水出焉。又東，左迤爲北陽孤淀〔三四〕。又東，會濡水入海。」舊志有潮河，「在灤州南一百三十里。海水蕩潏，流延百餘里」。乃黑洋海口東派，北連曾家灣，流至濟民場，東距蠶沙口二十里，亦名林裏，疑即新河餘流。又樂亭縣志有新河套，「在縣西二十五里，夾於清、灤之間」，蓋即古新河也。

靳家河。在灤州西南八十里，一名小青龍。源出遊觀莊，南流合黄坨河。其黄坨河亦出遊觀莊，南流至此而合，亂流而南入於海。

別故河。在灤州西。源出廟兒山，東南流至州西北三里，合金魚泉。又東南經州南巖山橋，合五里河，又東四里入灤河。一名玉帶河，故道久淤。明萬曆中，嘗議疏濬，不果。本朝雍正四年，始疏通復舊，灌溉甚廣。

泝河。在灤州西。即古素水也。水經注：「素河出令支縣之藍山，南合新河，又東南入海。」海志：「大泝河，在州西十八里。源出盧龍縣馬家莊，南流折西合董家灣，又東南經芹菜山波洛橋，又南合蓮臺港，經于家泊，入青河〔三五〕。又有小泝河，在州西十二里。發源烽火山，東流經拐頭山，過雙山，入大泝河。」按舊志謂泝河即古素水，蓋素、泝聲相同而訛也。但水經注清、素二水各自入海〔三六〕，今二河合流，亦與古不同矣。

沙河。源出遷安縣西横山之赤崖，南流會血石嶺流出之石河，流經沙河驛東，又南經灤州西四十里，合海子長灣及大小泊之水，又南入豐潤縣界，轉東南入海。今下流已淤。按漢書地理志：「海陽縣有緩虚水〔三七〕，南入海。」水經注：「緩虚水，出新安平縣東北，世謂之大籠川〔三八〕，東南流逕令支城西，西南流與新河合，南流注於海。」疑即此。

官渠河。源出灤州西白雲山南之水峪，曰帥家河，西南流經開平城東，又西南與陡河合，爲官渠河。又南經豐潤縣東南界，又南復經州界入海。按漢書地理志：海陽縣「封大水，南入海。」水經注：「封大水出新安平縣，西南流逕新安平縣故城西，又東南，龍鮮水注之。亂流南會新河，又南入於海。」疑即此。

陡河。在灤州西。源出遷安縣館山，亦名館水，南流逕羅家嶺，又逕偏山臨水院，合黃花港，入牤牛橋，又名牤牛河。又西南會唐家河，至州西八十里雙橋，合板橋水。又南逕石城西，爲石溜河。又南逕唐山橋，名大河。又南與帥家河會，爲官渠河。按漢書地理志海陽縣有「龍鮮水，東入封大水」。水經注：「龍鮮水出新安平縣西北，世謂之馬頭水〔三九〕，二源俱導，南合一川，東流注封大水。」疑即此。舊志云：「河旁地中，產水火炭，可供爨，陶磁器者尤利之。」今輿圖，陡河自豐潤縣南入海，不合官渠河，與舊志不同。

唐家河。在灤州榛子鎮西。源出州狼窩鋪崖下，東南流逕冷家灣，南入陡河。又板橋水源出圍山瀑布，流爲泉河，南逕峯山入陡河。

王家河。在灤州西一百二十里。源出曹家口社，南流至豐潤縣胥家莊，漫流入白場，達於海。

龍灣河。在灤州西北九十里。發源羅家嶺南三里，南流至榛子鎮，東合暖泉，入陡河。

横河。在灤州北七里。源出盧龍縣獨子山，東南流繞横山麓，至偏涼汀入灤河。

中淀河。在樂亭縣東十五里。又縣東南有湯家河，東北有龐家河，西南有苑家河、三岔河，西北有戴家河、蔣家河，皆灤河支流也。

湯河。在臨榆縣西四十里。源出湯前寺山，南流逕海陽店，又南逕秦皇島入海。又張果老河，即湯河分流，下流復合湯河。

石河。在臨榆縣西。源出口外，自義院口流入，經石門寨東，合南北二關河，至南海口入海。府志謂源出口外龍潭，由城子谷入，蓋東一派也，至石門寨東合流。

北關河。在臨榆縣北二里。源出關外，由北水關穿長城流入，經西關南流入石河。又南關河，在關南二里，由南水關穿長城流入石河。

長春淀。在灤州西南一百二十里。金史地理志：石城有「長春淀，舊名大定淀，大定二年更」。

蒲泊。在昌黎縣南二十五里。源出縣東海眼山，夾蓮峯、樵夫諸川而下歷惠民場東南入海。

大田泊。在灤州南。產葦、蒿，中多狼、兔。

大水泊。在灤州西南七十里。源出土山任郎莊，流逕赤堠社，曰漢王渠。南播爲小水泊，又逕孫家溝永登屯，入沙河。

海子長灣。在灤州西四十里。產菱、芡、魚、鰕，下流入沙河。

獅子灣。在灤州西七十里，渟洄靚碧，東南流入石溜河。

龍潭。在盧龍縣東北燕河城北八里。有石門，兩山如壁，中爲龍潭。

温泉。有二：一在撫寧縣東北三十里，一在昌黎縣西一里。平地湧出，隆冬不冰。

金泉。在灤州西三里。其水南流入蓮花池，達別故河。

扶蘇泉。遼史地理志：灤州有「扶蘇泉，甚甘美，秦太子扶蘇北築長城嘗駐此」。灤州志：「有井泉，在州西北十五里，即古扶蘇泉也。」

蓮塘。在樂亭縣北里許講武臺後。

偏涼汀。在灤州北五里。灤水臨於前，橫山枕於後。其地最涼，故名偏涼。舊漕運泊舟處。明景泰中建偏涼寺於此。本朝乾隆八年、十九年、四十五年，高宗純皇帝東巡盛京，鑾輿經臨，俱有御製詩。

譙樓井。在府治南。每天將雨，有氣自井中出，居民以此占雨候。

雙文井。在臨榆縣學前西偏。城中七十餘井皆鹹，惟二井甘美。

校勘記

〔一〕兩漢至晉因之　乾隆志卷一三永平府一建置沿革（以下同卷簡稱乾隆志）同。按漢書卷二八地理志下、續漢書郡國志五並載右北平郡。三國志卷一一田疇傳：「右北平無終人也。」同書卷一二邢顒傳：「適右北平，從田疇游。」是兩漢、三國魏皆名右北平郡。晉書卷一四地理志上載北平郡，則西晉去「右」字，改爲北平郡，此云「晉因之」，誤。

〔二〕魏晉置平州治昌黎即和龍在今口外舊大寧衛界　乾隆志同。三國志卷八公孫度傳：初平元年，「自立爲遼東侯、平州牧」。度死，子康及弟恭繼爲遼東太守。「明帝即位，拜（康子）淵揚烈將軍、遼東太守」。同書卷三明帝紀：景初二年正月，「詔太尉司馬宣王帥衆討遼東」，八月，「司馬宣王圍公孫淵於襄平，大破之」。又晉書卷一四地理志上：平州，「後漢末，公孫度自號平州牧。及其子康、康子文懿並擅據遼東。……魏置東夷校尉，居襄平，而分遼東、昌黎、玄菟、帶方、樂浪五郡爲平州，後還合爲幽州」。是曹魏承襲東漢末平州之制，治遼東郡襄平縣（清遼陽州，今遼寧遼陽市）。又晉書卷三武帝紀：「泰始十年二月，分幽州五郡置平州。」同書地理志又載：「咸寧二年十月，分昌黎、遼東、玄菟、帶方、樂浪等郡國五置平州。」「咸寧二年」當爲「泰始十年」之誤，二者皆缺載平州治所在。魏書卷一〇六地形志上：「平州，晉置，治肥如城。」肥如縣治清盧龍縣北，是否爲晉泰始所置平州州治，並無他證，尚難立論。本志所云誤也。

〔三〕在前一年張覺傳又作泰寧軍　乾隆志同。按此云「前一年」，即示上引宋史地理志所載宣和四年升平州爲撫寧軍節度之前一年，乃指宣和三年。考宋史卷四七二姦臣二張覺傳：宣和五年，覺與金人戰于營州，「覺遂妄以大捷聞，朝廷建平州爲泰寧軍，拜覺節度使」。時在宣和四年後一年，此「前」蓋爲「後」字之誤。

〔四〕漢置令支縣　乾隆志同。考水經濡水注：濡水東南流逕令支縣故城東，「秦始皇二十二年分燕置遼西郡，令支隸焉」。則令支縣始置於秦。

〔五〕爲遼西郡治　乾隆志同。按晉書卷一四地理志上：遼西郡首縣陽樂，領肥如、海陽兩縣。輿地廣記卷一二：平州盧龍縣，「故令支縣，二漢屬遼西郡。晉省之」。則西晉遼西郡治陽樂縣（治今河北盧龍縣東南），而令支縣（治今遷安市西）已廢，此誤。

〔六〕漢置陽樂縣屬遼西郡　乾隆志同。按水經濡水注：「地理風俗記曰：陽樂，故燕地，遼西郡治，秦始皇二十二年置。」則秦置遼西郡，治陽樂縣。漢書卷二八地理志下：遼西郡首縣且慮，陽樂爲屬縣。王先謙漢書補注引水經濡水注記載云：「則是自秦至漢，以陽樂爲郡治，不獨後漢治陽樂也。」續漢書郡國志五載，遼西郡首縣陽樂，即郡治，王氏説是也。則秦、兩漢陽樂縣爲遼西郡治，其址在今遼寧義縣西稍南，三國魏移治今河北盧龍縣東南，清屬撫寧縣（即今縣治）西，仍爲遼西郡治。

〔七〕元初嘗於縣置溟州　「溟」，乾隆志同。元史卷五八地理志一、讀史方輿紀要卷一七皆作「漠」。温海清畫境中州下編元史地理志考釋據光緒樂亭縣志卷二古蹟載：「樂亭縣治南崇法寺立有元中統四年重修碑，題名『前溟州刺史、鎮國上將軍石昌』云云，是州當作『溟』爲確。」

〔八〕本漢陽樂海陽二縣地　乾隆志同。上述校勘記〔三〕云：秦置陽樂縣，爲遼西郡治，二漢因襲，其址在今遼寧義縣西稍南，三國魏徙置於今盧龍縣東南。水經濡水注：「魏氏土地記曰：海陽城西南有陽樂城。」所云陽樂城乃曹魏所徙置之陽樂縣址，又據水經濡水注，曹魏所徙置陽樂縣在濡水之東（今盧龍縣東南），漢魏海陽縣在濡水之西（今灤縣西南），若陽樂縣在海陽縣西南，更遠在濡水之西，顯然不合，然則水經注「西南」爲「東北」之誤。據此，曹魏徙置之陽樂縣，正是遼遷州治遷民縣地，則此云「本漢陽樂縣地」，是將三國魏陽樂縣誤爲二漢陽樂縣。

〔九〕在盧龍縣西北二十五里至入灤州界　乾隆志同。同治畿輔通志卷六一山川五引雍正志：「瓦隴山在盧龍縣南二十五里。」「一統志言二山（瓦礲、獨子）在縣西北。按盧龍西北與遷安接壤，不界灤州（今灤縣），一統志亦誤」。

〔一〇〕在盧龍縣西北五十五里　乾隆志同。同治畿輔通志卷六一山川五：「謹按縣境疆域，西北至遷安縣界二十里，不得越境有鹿尾山。考方輿紀要：『石門山西北爲鹿尾諸山，漸近塞外。』是鹿尾山在石門山西北，非縣西北也，一統志誤。府志云縣北五十八里。」按本志建置沿革盧龍縣疆域載：「西北至遷安縣界二十里。」若「鹿尾山在盧龍縣西北五十五里」，則已超越縣境，讀史方輿紀要卷一七永平府盧龍縣：桃林山，府北六十里，有桃林口關，石門山在關北八里，「又西北爲鹿尾諸山，則漸近塞外矣」。按今盧龍縣北稍東青龍河西岸桃林口，其西爲鹿尾山（一九八二年河北省分縣地圖册），瀕近北界，即是，此誤。

〔一一〕後有蟲蛇諸峪　「蟲」，原作「蠱」，乾隆志同，據同治畿輔通志卷六一山川五引大清一統志、光緒永平府志卷二〇山川二改。

〔一二〕下爲鳴盆澗隔馬蹄諸峪　乾隆志同。同治畿輔通志卷六一山川五：「鷄冠山，在遷安縣西南六十里馬蹄峪西。」又：「馬蹄在縣西南四十里，又西爲龍堂峪、鷹觜峪。」光緒永平府志卷二〇山川二同。此「隔」疑爲衍字。

〔一三〕藏龍山在遷安縣西北四十里其北爲龜口山　乾隆志同。同治畿輔通志卷六一山川五：「謹按府新志：藏龍山，又名龜口，是一山也，雍正志誤。」光緒永平府志卷二〇山川二：藏龍山，「又名龜口」。又云：「按舊志，藏龍、龜口作二山。」則分爲二山乃舊説，不可據。

〔一四〕明正德中　「正德中」，乾隆志同。按讀史方輿紀要卷一七作「嘉靖初」。同治畿輔通志卷六一山川五同，云：「按一統志作『正德中』，考方輿紀要、府、縣志均作『嘉靖』，今改正。」光緒永平府志卷二〇山川二亦作「嘉靖中」，則此誤。

〔一五〕一名馬頭坡　「馬頭坡」，原作「馬坡頭」，乾隆志同，據同治畿輔通志卷六一山川五、光緒永平府志卷二一山川三、光緒撫寧縣志卷一山川乙正。

〔一六〕在撫寧縣東南二十五里　「東」，原作「西」，乾隆志同。同治畿輔通志卷六一山川五引府志作「東」，光緒永平府志卷二一山川三、光緒撫寧縣志卷一山川同，此「西」爲「東」字之誤，據改。

〔一七〕明統志碣石山在昌黎縣西南五十里　乾隆志同。按大明一統志卷五永平府山川：碣石山，「在昌黎縣西北三十里」。與此引文異。

〔一八〕碣石山至今姑詳列之以備參考　乾隆志同。譚其驤碣石考（載長水集下册）詳細分析歷史文獻記録，結合地理海陸變遷，作了科學論證，因原文較長，轉引其結論，以備參考。「魏武以及秦皇漢武所登的碣石山，就是今天昌黎縣北的碣石山。但山前的地貌，不同的歷史時期不斷在發生變化。約在東漢中葉以前，山前餘脉露出地表，延伸至海邊特立着一塊巨石，被目爲『碣石』。此後海水内侵，山前平地被淹，餘脉露出水面的石塊枕海如埇道數十里，那塊『碣石』則隨潮汐漲落時隱時現，有『天橋柱』之稱。約在酈道元之後的北朝晚期（六世紀中葉以後），海水又大規模後退，山前出現了大片平陸，從此碣石不再成爲登陸勝地；那些枕海石和那塊特石的碣石，終于全部被埋没在平陸之中了。歷史時期的碣石山一直屹立在渤海北岸，既没有脱離過大陸，更没有淪于海底。只有碣石山前的那塊碣石，近二千年來曾經三度改變其相對位置：先是『著海旁』，繼而『立于巨海中』，最後沉埋于地表之下。」

〔一九〕在昌黎縣西八十里　「西」，乾隆志同。讀史方輿紀要卷一七、同治畿輔通志卷六一山川五皆作「南」，此「西」爲「南」字之誤。

〔二〇〕又東南逕西鄉北　「西」，原作「主」，乾隆志及朱謀㙔水經注箋同，據王先謙合校水經注、楊守敬水經注疏濡水注改。

〔二一〕又逕故城南　「故」，原作「牧」，乾隆志及朱謀㙔水經注箋同，據王先謙合校水經注、楊守敬水經注疏濡水注改。

〔二二〕大小沮合爲盧水至其爲盧水無疑　乾隆志同。考水經濡水注：玄水出肥如縣（今盧龍縣西北三十里，青龍河西北）東北玄溪，西南流逕肥如縣東，西南逕縣南，西南流，右會盧水，水出縣東北沮溪，南流稱爲大沮水。大沮水西南流，小沮水注入，水出冷溪，小沮、大沮合而爲盧水，入於玄水。玄水西南逕孤竹城（今盧龍縣南），西入濡水（今灤河）。綜上所述，古玄水是今盧龍縣北灤河支流青龍河，大沮水爲今遷安縣東北石河（或名白洋河），小沮水爲今遷安縣東北冷口沙河，二水相合，入於玄水，即今青龍河。古玄水、大沮、小沮三水逕流形勢，皆與今青龍河、石河、冷口沙河相符，本志云「青龍河即古盧水」，則誤。

〔二三〕陽樂水出東北陽樂縣　乾隆志及朱謀㙔水經注箋同，王先謙合校水經注濡水注「陽樂縣」下有「溪」字，云「近刻脱『溪』字」。所云蓋是。

〔二四〕此水雖經縣北實在古肥如之南知爲玄水無疑　本書上文校勘記〔二二〕論證古玄水爲今盧龍縣北灤河支流青龍河，考同治畿輔通志卷四九疆域圖説四，白溝河在盧龍縣東，西流逕縣北，入於漆河（即青龍河下游），雖逕古肥如縣（今盧龍縣西北三十里）之南，實與古玄水之逕流不符，本志云白溝河「爲玄水無疑」，甚誤。

〔二五〕水經注洛水出盧龍塞西南流注濡水即此　「塞」，原作「寨」，乾隆志同，據水經濡水注改。按水經濡水注記載黄洛水、洛水二：「濡水又南，黄洛水注之，水出盧龍山，南流入於濡。濡水又東南，洛水合焉，水出盧龍塞西，南流注濡水。」古濡水，即今灤河，本志以遷西縣西北灤河支流長河（今屬遷西縣東北）爲古洛水。讀史方輿紀要卷一七：「遷安縣西北九十里又有長河，合口外諸川亦南入於灤河。志云：長河即水經注之黄雒水也。」同治畿輔通志卷六一山川五承其説。

〔二六〕按水經注有去潤水　「去」，原脱，乾隆志同，據水經濡水注補。

〔二七〕隋志盧龍縣有閏水温水　「閏」，原作「潤」，乾隆志同，據隋書卷三〇地理志中改。「温」，原作「湟」，乾隆志作「涅」，隋書地理志作「涅」，中華書局一九七三年點校本據水經濡水注改爲「温」，是，改同。

〔二八〕東流分爲二水至逕河連城西　「分」、「西」原脱，乾隆志及朱謀㙔水經注箋同，並據王先謙合校水經注、楊守敬水經注疏大遼水注補。

〔二九〕源出古瑞州　「瑞」，原作「陽」，乾隆志同，據本志下文引明統志及大明一統志卷五、讀史方輿紀要卷一七改。按金史卷二四地理志中記載瑞州，治瑞安縣，今遼寧綏中縣西南前衛鎮，其西南鄰明清撫寧縣（今縣），當指此。

〔三〇〕古今水道變遷酈道元已不能明所當闕疑　乾隆志同。王先謙漢書補注卷二八地理志下：「渝水，今大淩河。」即今遼寧大淩河。

〔三一〕皆南入官　「官」，乾隆志及漢書卷二八地理志下同，王先謙漢書補注：「即下官水，官上疑奪『下』字。」

〔三二〕東南流逕海陽城東至入九過入海　「東」，原脱，乾隆志同，據水經濡水注補。「過」，原作「過」，乾隆志及朱謀㙔水經注箋同，據王先謙合校水經注、楊守敬水經注疏濡水注改。「九過」下原衍「口」字，乾隆志同，據王、楊二書删。

〔三三〕一派東南行一百三十里至至蠶沙口入海　乾隆志同。考同治畿輔通志卷六一山川五：清河至龍溪，「分爲東西二派：東派由樂亭縣入海，西派至蠶家口入海。東派今淤，西派舊由三岔口合泝河，西南下沙溝，至澤頭，會古董河，又西南至蠶河口。」光緒永平府志卷二三山川五：清河，「分爲東西二派：東派出南閘橋，南行一百三十里，經樂亭西南馬頭營，達緑洋溝入海，今淤。其西派由龍堂寺西南經破橋、三岔口，合泝河，折而西南，下沙溝，至澤頭，會古董河，又南合大田泊達公安橋，又西南至蠶沙口入海」。又同治畿輔通志卷四九疆域圖説四：「樂亭縣西南有馬頭營（今同），西瀕清河，本志「頭」誤作「家」，據改。據上所引，本志云「是爲西清河」之「西」，爲「東」字之誤；以志文例，「至蠶沙口入海」下，應有「是爲西清河」五字才合，此脱。

〔三四〕與洵口俱導也至左迤爲北陽孤淀　「口」，原脱，乾隆志同，據王先謙合校水經注、楊守敬水經注疏濡水注補。「分」，原脱，乾隆志及朱謀㙔水經注箋同，據王、楊二書補。「交流口」之「口」原作「合」，「緩虛水」之「虛」原作「靈」，「九過口」之「過」原作「過」，「北陽孤淀」之「北」原作「孔」，乾隆志及朱謀㙔水經注箋同，並據王、楊二書改。「木究水」，原作「容水」，乾隆志同，據王、楊二書改。

〔三五〕入青河　乾隆志同。按本志上敘清水河云「合泝河」，即此，讀史方輿紀要卷一七、同治畿輔通志卷六一山川五皆云「清河」，北「青」應作「清」。

〔三六〕但水經注清素二水各自入海　「清」，原作「青」，乾隆志同，據水經濡水注改。

〔三七〕海陽縣有緩虛水　「虛」，原作「靈」，乾隆志同，據漢書卷二八地理志下及水經濡水注改。下同。

〔三八〕緩虛水出新安平縣東北世謂之大籠川　「安」，原脱，乾隆志及朱謀㙔水經注箋同，據王先謙合校水經注、楊守敬水經注疏濡水注補。後列官渠河、陡河下載同。漢書卷二八地理志下遼西郡新安平縣即是。「川」，原作「山」，乾隆志及朱氏本同，據王、楊二書改。

〔三九〕世謂之馬頭水　「水」，原作「山」，乾隆志及朱謀㙔水經注箋同，據王先謙合校水經注、楊守敬水經注疏濡水注改。

大清一統志卷十九

永平府二

古蹟

新昌故城。今盧龍縣治。漢故新昌縣，屬遼東郡，在今奉天府海城縣界。後魏改置於此，爲北平郡治。隋改曰盧龍，至今因之。

朝鮮故城。在盧龍縣東。漢樂浪郡有朝鮮縣，在今朝鮮境内。後魏延和元年徙朝鮮民於此，置朝鮮縣，屬北平郡。高齊省入新昌。

肥如故城。在盧龍縣北。本春秋肥子國。應劭曰：「肥子奔燕，燕封於此。」故曰肥如。漢置縣，高帝六年封蔡寅爲侯邑。後漢、晉皆屬遼西郡。後燕時幽州刺史鎮此。北燕馮弘大興二年，子崇以肥如降魏，因爲遼西郡及平州治。隋省入新昌縣。舊志：「肥如城，在盧龍縣西北三十里。」按通典：「漢遼西郡故城，在今郡東。」漢郡不在此，疑是後魏時故址也。

令支故城。在遷安縣西。春秋時山戎屬國。國語：「齊桓公北伐山戎，剸令支。」史記作離支，即「令支」之譌也。漢置縣〔一〕，晉初陷於鮮卑，太安二年封鮮卑務勿塵爲遼西公，以令支爲國都。其後慕容儁取令支置遼西郡。義熙三年，慕容懿以令支降魏。魏太平真君七年并入陽樂縣。魏書地形志：肥如縣「有令支城」。通典：盧龍「有漢令支縣城」〔二〕。遼史地理志：平州安喜縣，「本屬漢令支縣地，太祖以定州安喜俘户置。在州東北六十里」。金史地理志：平州遷安縣，「本漢令支縣故城，遼置安喜縣。大定七年更今名」。縣志：「安喜故城，在縣西北七十里。」府志：「安喜故城，在今縣東北二十里。又縣東三十里萬軍山頂有土城三百餘步，中有將臺，或以爲安喜故址。」

灤陽故城。在遷安縣西北。遼於今喜峯口外置澤州，治神山縣，又於此置灤河縣屬焉。金初與州俱廢入神山，承安二年復置惠州，升孩兒館爲灤陽縣隸之。泰和四年又與州俱罷。元復改置灤陽縣，爲惠州治。明洪武中廢。舊志：「灤陽城，在今縣西北一百六十里。元置，明初廢爲營。」府志：「遼縣在今灤陽營，金灤陽縣在今漢兒莊，漢兒莊即孩兒館，金升館爲縣，隔二十里，非復故城也。元縣即遼之陷河採煉置澤州者，又非此。」

陽樂故城。在撫寧縣西。漢置縣，屬遼西郡〔三〕。後漢爲郡治。晉因之。後魏仍屬遼西郡。北齊省。水經注：「地理風俗記曰：『陽樂，故燕地〔四〕，遼西郡治，秦始皇二十二年置。』魏氏土地記曰：『海陽城西南有陽樂城。』」後漢書注：「陽樂故城，在平州東。」舊志：「在今撫寧縣西關外。」按陽樂，後漢時爲遼西郡治，趙苞傳：「苞爲遼西太守，迎母到郡，道經柳城。」則陽樂故縣應在柳城之東，今府東北口外。舊志「陡河西南百里有陽樂城」是也，豈魏、晉時移此城於肥如東界耶？

絫縣故城。在昌黎縣南。漢置縣，屬遼西郡。後漢省。

馬城故城。在灤州南。唐書地理志：「平州馬城縣，古海陽城也，開元二十八年置，以通水運。」通典：「平州西南到馬城縣一百八十里。」遼史地理志：「馬城縣，遼割隸灤州，在州西南四十里。」宋史地理志：「馬城縣於宣和四年賜名安城。」元史地理志：「至元四年省。」州志：「廢縣在州南二十里。又有古馬縣在州西南二十里古馬社。」按遼志道里與通典不同，蓋非唐古治也。

海陽故城。在灤州西南。漢置縣，高祖六年封摇扶餘爲侯國〔五〕。魏氏土地紀：「令支城南六十里有海陽城。」

石城故城。在灤州西南。漢石城縣，在今口外大寧舊衛界〔六〕。唐初於今州西北界置臨渝縣，爲平州治。武德二年移州治盧龍，七年省臨渝縣。貞觀十五年復置。萬歲通天二年改名石城，屬平州。通典：「平州西北到石城縣一百四十里。薊州東南到石城縣百八十五里。」是也。遼又改置於此，屬灤州，遼史地理志：「唐石城縣在灤州南三十里，儀鳳石刻在焉。今縣又在其南五十里，遼徙置以就鹽官。」宋宣和四年嘗賜名臨閭〔七〕，尋入金，復曰石城。元初省入樂亭，至元二年改屬義豐。灤州志：「在州西南九十里義豐社，明永樂初移置開平中屯衛於此，今廢。」按舊志謂唐石城縣即今撫寧，今考通典，縣在平州西北、薊州東南，與寰宇記同，知不在撫寧也。特新唐志載臨渝關、碣石山皆在縣境爲可疑。然通典碣石、渝關並在盧龍，唐志誤耳。遼志謂唐石城在灤州南三十里，亦與通典不合。今州西榛子鎮南去開平城五十里，疑即唐故縣也。

昌城故城。在灤州西南。漢置昌城縣〔八〕，屬右北平郡。後漢廢。

夕陽故城。在灤州西南。漢置縣〔九〕，屬右北平郡。後漢省。後燕慕容寶封高雲爲夕陽公，即此。

新安平故城。在灤州西。漢置新安平縣，屬遼西郡。後漢廢。後趙石虎建武七年自海道襲燕安平，破之。水經注：「封大水西南流逕新安平縣故城西〔一〇〕。地理志遼西之屬縣也。」按遼志：中京大定府，「漢爲新安平縣〔一一〕。漢末步奚居之〔一二〕。」舊志疑故縣本在大定，漢末始南移海陽界，非是，蓋遼志援古多不足據也。

樂安故城。在樂亭縣東北。晉咸康六年，石虎欲伐慕容皝，具船萬艘，自河通海，運穀於樂安城。永和初，石虎復使其將鄧恒屯樂安。水經注：「濡水東逕樂安亭北。」即此。金始置樂亭縣。縣志：「樂安舊城，在縣東北二里，亦名舊鎮莊。」

遷民故城。今臨榆縣治，遼史地理志：中京道遷州興善軍，「本漢陽樂縣地〔一三〕，聖宗平大延琳，遷歸州民置。治遷民縣」。金州縣俱廢爲遷民鎮，爲瑞州海陽縣。元史：天曆元年，「發中衛兵守遷民鎮」，即此。北蕃地理志：「遷州在臨渝關東五十里，南去海二十里。」

潤州故城。在臨榆縣西。遼聖宗平大延琳，遷寧州民置潤州，治海陽縣，屬中京道。金皇統三年廢潤州，以縣屬瑞州。元省。洪皓松漠紀聞：「潤州西去平州一百四十里。」北蕃地理志：「潤州在盧龍縣東北，西至渝關四十里，南去海三十里。」縣志：「海陽城，在縣東六十里，即故縣也。」按遼志潤州統海濱縣，其海陽縣屬隰州〔一四〕，金志則海陽屬潤州，海濱屬隰州〔一五〕，與遼志互異。明志載海濱縣入寧前衛，與金志同，今從之。

撫寧舊城。今撫寧縣治。唐初置撫寧縣，尋省入盧龍。金大定二十九年復升新安鎮爲縣。舊志：「明洪武十三年移治縣西北兔耳山東。永樂三年於故縣置撫寧衛〔一六〕。成化三年，議者請復縣於舊址，乃於衛東立縣，合爲一城，即今治也。」按明統志謂「今縣本漢驪成縣地」，漢志驪成屬右北平郡界，不得越肥如而到此。舊志又謂「漢置臨渝縣，唐改石城，遼始徙灤州界，有臨渝故城，在縣北」。今考漢臨渝縣，古無的據，水經注云：「渝水西南逕河連城，疑是臨渝縣故城。」當在今口外，近錦州西界。唐初改置臨渝縣，後改石城。通典、寰宇記俱云「在平州西北一百四十里」，不在今撫寧界，亦不云即漢臨渝縣。遼初改置石城，在故城南五十里，未聞自今撫寧徙置也。舊志因縣志以獅子河爲渝河，遂謂「今縣即漢臨渝」，又云「有渝關城，在今縣東二十里，疑即故縣」，皆誤。

廣寧舊城。今昌黎縣治。遼以所俘定州民置廣寧縣，爲營州鄰海軍治。金大定二十九年以與廣寧府重，更名昌黎。按漢柳城，即後魏、唐營州，遼、金之興中府，在今口外錦州邊界。此營州自是遼時所置，乃遼志所載沿革，竟與興中府界同。舊志又疑唐嘗僑置營州於此，唐時營州雖屢經遷徙，未嘗移今府界也。

望都廢縣。在盧龍縣南。遼史地理志：平州望都縣，「本漢海陽縣，太祖以定州望都縣俘户置。在州南三十里」。金史地理志：海山縣，「本遼望都，大定七年更名」。元史地理志：「至元二年省海山入昌黎，三年復置，四年又省。」

義豐廢縣。今灤州治。遼置。遼史地理志：灤州，「漢海陽縣，太祖以俘户置，統義豐縣，本黄洛故城，世宗置」。元史地理志：「義豐縣，至元二年省入州，三年復置。」明實録：「洪武二年並義豐入灤州。」按水經注：「黄洛水出盧龍山〔一七〕。」在今遷安縣西北界，則黄洛城亦當在其地，非灤州境也。

驪成故縣。漢置，屬右北平郡。後漢省。按驪成，古莫知所在。舊志云：「按漢志，縣有大碣石山在西南。輿地廣記，碣石在今石城縣，故驪成也。又考石城縣在今灤州，則驪成當在今樂亭。」縣志：「有古城在縣西南三十里，疑即是。」其説誠似，然今縣境實無所謂碣石山也。

孤竹城。在盧龍縣南。漢書地理志：「令支縣有孤竹城。」水經注：「玄水西南逕孤竹城北，故孤竹國也〔一八〕。城在山側，肥如縣南十二里。」按水經注，孤竹城在濡口之東，玄水之南，舊志謂在縣西十五里，轉在灤河之西，蓋後人所附會者也。

遼興城。明統志：「在府東十八里。唐開元初，安東都督府治此。遼爲遼興府城。」〔一九〕按舊唐志：「開元二年移安東都護府於平州，天寶二年移遼西故郡城。」安東府固嘗治此，然不聞别築一城。至遼之遼興府，亦即治盧龍城也。明志不知何據。又云：「柳城廢縣，在府西二十里，唐於此置營州。」更誤。

長城。隋書地理志：「盧龍縣有長城。」明統志：「長城〔二〇〕，在府北七十里。」

龍紀城。在遷安縣北二十里。周二百餘步，相傳遼蕭后所築，遺址猶存。

楊買驢城。在遷安縣北四十里，周五百步。舊志：「相傳遼聖宗時，蕭太后所築。楊買驢，其臣姓名，司營築之事者。」

洋河城。在撫寧縣東南十五里，方六里。府志謂「唐初置濾河縣，屬燕州」，即此。

山西城。在撫寧縣西南五十里。舊址尚存。相傳唐太宗征遼時築。

鳳凰城。在昌黎縣西。道者山之右。

獨莫城。在灤州南九十里。又有倴城，在州西南六十里；唐山土城，在州西南一百二十里；李家莊城，在州南四十里；柏家莊土城，在州南五十里；稻地土城，在州西一百二十里。舊志：「元立屯田總管府於馬城，自獨莫城以下，皆當時屯兵處也。」

茂鄉鎮城。在灤州西七里。唐書地理志：「馬城東有茂鄉鎮城。」

獨幽城。在樂亭縣東南十里時登屯。

柳城廢軍。在昌黎縣西南。唐書地理志：「平州有柳城軍，永泰元年置。」縣志：「有柳城在縣西南六十里静安社，即故軍也。」按遼志謂廣寧縣爲漢柳城縣地者，當由此柳城軍而誤。

永平故衛。在府治南。明洪武四年置。本朝康熙二十七年裁。

盧龍故衛。在府治南。明永樂四年置。又東勝左衛，在府治東，明永樂元年自山西邊外移此。本朝順治九年皆裁。

故興州右屯衛〔二一〕。在遷安縣城内。明永樂三年自舊大寧界移此。

山海故衛。在今臨榆縣東。本古渝關，明洪武十四年即關置衛。本朝乾隆二年建臨榆縣，衛廢。

撫寧舊衛。在撫寧縣北十里。明永樂三年置。

温昌鎮。在灤州西。唐書地理志：「石城有温昌鎮。」

長春行宫。在灤州西南。金史地理志：「石城有長春行宫。」又舊志：「丹陽宫，在州東南三十里，濯清亭，在灤河西岸，皆金置。」

千金冶。在灤州南。漢書地理志：「夕陽有鐵官。」唐書地理志：「馬城東北有千金冶。」名勝志：「冶在灤州南二十里，即漢夕陽鐵官也。」州志：「又有古冶在州南六十里。」

昌國署。在樂亭縣東十七里。元時爲屯田署，今猶稱爲署里〔二二〕。

望海臺。在盧龍縣東。相傳漢武帝築。

擂鼓臺。在灤州西百里。相傳唐太宗征遼，嘗駐師於此。地多峻石。

將臺。在灤州西八十五里。下有黄崖河。

千里臺。在灤州北十里。周圍草場百餘頃，古料馬臺也。

澄海樓。在臨榆縣南寧海城上。前臨大海。明兵部主事王致中建。本朝乾隆八年、十九年、四十八年，高宗純皇帝恭謁盛京祖陵，皆駐蹕於此，有御製登澄海樓詩并御書榜額一、柱聯一，樓前建御碑亭，恭貯宸翰。

鍊鐵鑪。在遷安縣西四十里。世傳唐太宗征遼，造軍器於此。

關隘

青山口關。在遷安縣西北一百二十里。西至喜峯口六十里，其南爲青山營，其東十里曰榆木嶺，皆有把總駐守。又東南爲大嶺寨、爛柴溝，皆有堡。又東南爲城子嶺關，又東即擦崖子關。

鐵門關。在遷安縣西北一百六十里。關外有大潭，即喜峯之水源。其西曰李家峪堡，接喜峯口，有把總駐守。其東曰董家口堡，接青山口。

潘家口關。在遷安縣西北一百八十里喜峯口西。有千總駐守。其西接龍井關。

龍井關。在遷安縣西北一百九十里。西接遵化州之洪山口，陡峙邊外，有城，舊設把總。本朝嘉慶十六年裁。

白羊口關。在遷安縣北六十里。亦曰羊峪堡，有把總駐防。其東有白道子堡，又東爲石門峪口，東接冷口，其南即建昌營也。

擦崖子關。在遷安縣北七十里。亦名擦牙子堡，有把總駐防。其東曰洪義嶺堡、五重安堡，又東曰新開嶺關，接白羊口。

劉家口關。在遷安縣東北六十里。東接桃林口，舊爲出大寧要路。明建文初，燕王駐永平，自此北取大寧。其南十里爲劉家營，屬盧龍縣，有城，舊設把總，屬建昌路。本朝康熙二十三年裁。

冷口關。在遷安縣東北七十里。明初，三衛貢道由冷口入，有關城。本朝設防守尉及把總駐防。其東南爲河流口，南有河流營，又東南爲徐流口，南有徐流營，又東即劉家口也。

桃林口關。在遷安縣東北八十里青山口西。其南十里爲桃林營，屬盧龍縣，有城，舊設守備。本朝康熙初改把總，屬建昌路。其東曰梧桐峪口、重峪口，舊皆爲戍守處。

界嶺口關。在撫寧縣北七十里。舊築關城，有東西月城。本朝設把總駐守，屬燕河路。其東曰箭桿嶺關，又東有葦子峪、納子峪等關，接義院口，其西南二十里曰青山口，舊設守備，康熙初改把總，今裁。

山海關。在臨榆縣東門。本古渝關地也，隋書：「開皇三年，城渝關〔二三〕；十八年，漢王諒伐高麗，出臨渝關。」通典：「臨閭關，今名臨渝關〔二四〕，在盧龍縣東一百八十里。」歐陽修五代史：「幽州北七百里有渝關，關東臨海，北有兔耳、覆舟山，山皆陡絶。並海東北有路，狹僅通車，其旁地可以耕種。唐時置東西狹石、淥疇、米甎、長揚、黄花、紫蒙、白狼等戍，以扼契丹於此。」舊志：「山海關，明洪武初，徐達建，十四年兼置山海衛。」本朝於關設都司，於衛設守備。乾隆二年廢衛置縣，八年、十九年、四十五年、四十八年，高宗純皇帝東巡盛京，皆有御製山海關詩。按明統志云：「榆關在撫寧縣東二十里。徐達移於東界，改名山海。」新、舊諸志皆從其説，今以通典臨渝關在盧龍縣東百八十里之數考之，乃知即今山海之地，蓋遼、金時以渝關爲腹裏地，故址漸湮，明初始修復之，非徙置也。其在縣東二十里者，乃驛遞之所，取渝關爲名耳。

黄土嶺關。在臨榆縣西北六十五里。舊設守備駐防。本朝康熙初改設把總，屬石門路。

義院口關。在臨榆縣西北七十里。舊設守備，本朝康熙初改把總，屬石門路。其東爲水門寺關，迤北爲平頂峪、城子峪，又東爲董家口關。關之東曰大毛山口，有城，康熙元年設把總。又東爲小毛山口、小河口、大青山口，接黄土關。其西南十二里曰石橋峪，又南接石門塞，又東爲長營，皆有堡。

一片石關。在臨榆縣北七十里，有城。城東爲九門水口，有水分九道，南下合爲一流，因名。舊設參將駐防，本朝順治元年裁。舊志：「自一片石而南曰寺兒峪、三道關、角山關、旱門關、北水關，凡歷五關口至山海關。」又城子峪堡，在山海關北少西七十里，舊設都司駐防，順治六年裁。

喜峯口巡司。在遷安縣西北一百七十里，西南去遵化州七十里。其東南五里爲喜峯口城，周三里，置巡司。關口有來遠樓，可容萬人，明時駐兵戍守，爲薊邊重地。本朝特設防守尉及遊擊駐防，謂之喜峯路，兼轄太平寨、青山口、李家峪、擦崖子、白羊峪、榆木嶺等六汛。其北一百二十里有松亭關，東北去舊大寧衛三百六十里，遼、金時故關也。

建昌營巡司。在遷安縣東北四十里。有城，周四里。東至燕河營五十里。明初爲東路協守，萬曆二十四年移置臺頭營，改建昌爲路，設參將及車營都司。本朝順治六年裁參將，設都司駐守。乾隆三十年又於此增置巡檢。

三屯營巡司。在遷安縣東北六十里。有城，周四里。西北去遵化州一百二十里。明宣德初設總兵於獅子谷，天順間築城於忠義中衛三百户屯，因名三屯營。本朝設副將駐守，兼置巡司於此。

榛子嶺巡司。在灤州西。金史地理志：「石城縣有榛子鎮。」舊志：「在州西九十里，有堡城。明萬曆中移樂亭新橋巡司於此。」本朝因之。

石門寨巡司。在臨榆縣西北四十里，有城。明設參將駐守。本朝順治六年改設都司，乾隆六年設巡司。

燕河路。在盧龍縣東北五十里。亦曰燕河營，有城。舊置參將駐守。本朝順治六年改設守備，今改都司。

蒲河營。在撫寧縣南六十里蒲河海口。東至戴家河口四十里，爲海口要衝。明季設兵戍守。本朝順治十三年增設都司駐防，屬天津鎮，兼轄南海口。嘉慶十五年改隸提標。

臺頭營。在撫寧縣北三十里，有城。舊設副將駐守。本朝順治六年改都司，康熙元年改設把總，屬燕河路。

開平營。在灤州西南九十里。即石城廢縣也。明初置開平中屯衛於口北大寧沙嶺〔二五〕，後移真定，永樂初復移建於此，成化初築城，周四里。本朝康熙六年裁衛，十四年移三屯營把總駐此。

劉家墩營。在樂亭縣南四十里。明崇禎四年立海防右翼營於此，設遊擊，尋改守備。本朝順治中移守備於縣西南三十五里馬頭營，仍名劉家墩，康熙十六年又移於樂亭，改設把總駐守。馬頭營，舊名清河口，明永樂間所置。

新橋鎮營。在樂亭縣西南三十里。有城，周二里。金志：「樂亭有新橋鎮。」即此。元季設新橋巡司。明萬曆二十年，倭犯朝鮮，因設新橋營，與昌黎之赤洋營、撫寧之牛頭崖營，爲海口三營。

寧海城。在臨榆縣南十里，周一里有奇。明天啓二年設龍武營於此，後亦曰南海口關。本朝初設守備，康熙二十三年改設把總，屬蒲河營。

太平寨。在遷安縣西北六十里。亦曰太平營，舊設太平路參將，今改千總駐守，仍曰太平路，屬喜峯路。

雙望堡。在盧龍縣東三十里。又安河堡，在縣西三十里，爲驛道所經。又西十里曰赤峯堡〔二六〕。又安山堡，在縣北三十里，亦曰松崖堡。

新店堡。在遷安縣西六十里。舊置新店遞運所於此，今廢。

深河堡。在撫寧縣東四十里。其北又有平山營堡。

裴家堡。在昌黎縣東二十里，與撫寧縣接界。

静安堡。在昌黎縣西南六十里。明嘉靖三十一年置。

八里堡。在臨榆縣東八里。

淀流河集。在樂亭縣西北二十三里。即古新安鎮也。

胡家莊。在灤州。有州判駐此。

歸化鹽場。在撫寧縣東南海濱。南至秦皇島，東抵山海關，西至昌黎，接石碑場，亘四百餘里。又舊有惠民場，在縣西南海濱，亘二百二十里，今併於歸化。

濟民鹽場。在灤州西南柏谷莊。南海濱，東極潮河，接石碑場，西跨運河，連越支場，亘一百三十五里。

石碑鹽場。在樂亭縣西南二十八里，濟民場東七十里。東連歸化場，亘一百七十里。

灤河驛。在盧龍縣南二里，西去七家嶺驛六十里。

七家嶺驛。在遷安縣南四十里沙河。舊在縣西南七十里七家嶺，後移於此，分屬灤州，舊有驛丞。本朝乾隆三十年裁。

灤陽驛。在遷安縣西北一百二十里三屯營。舊在縣西北一百六十里鹿兒嶺，後移於此。設有三屯巡司兼驛丞事。

榆關驛。在撫寧縣東四十里。明洪武十四年置。本朝初裁，後復置。分屬樂亭縣，西去蘆峯口驛四十里，有驛丞。

蘆峯口驛。在撫寧縣治東南。舊在縣西十五里，明洪武十四年置，後移於此，西去灤河驛七十里。

遷安驛。在臨榆縣西門外。明洪武十四年置，崇禎中歸昌黎縣應役。西去榆關驛六十里，舊有驛丞，今裁。

津梁

永濟橋。在府城西門灤河上。

灤陽橋。在盧龍縣西南七十里灤河上。

三里橋。在遷安縣東三里河上。

黄臺橋。在遷安縣西南五里黄臺山下。近以河流決溢不時，移於黄臺之南六七里，冬春造橋，夏秋舟渡。

大寨橋。在遷安縣西北九十里灤河上。舊爲浮橋，今以舟渡。

渝河橋。在撫寧縣東二十里。

海洋橋。在撫寧縣東六十里。

陽河橋。在撫寧縣西陽河上。府志：「橋凡七，俱水淺則設，水泛則撤。」

虹橋。在昌黎縣南八里。金明昌中建。

柳河橋。在昌黎縣西北三十里。

巖山橋。在灤州南五里。金大定間建，一州水口也。又泝河橋，在州西二十五里。

公安橋。在灤州南九十里。

牤牛橋。在灤州西八十里。

探海橋。在臨榆縣南門外。又登仙橋〔二七〕，在東門外。

石梯子渡。在盧龍縣西南十里。又縣南十里有虎頭渡。

灤河渡。在昌黎縣西七十里。

馬城渡。在灤州南二十里。

淀流河渡。在樂亭縣西北二十里，灤河渡口也。

陵墓

商

孤竹三冢。明統志：「俱在府城西北。雙子山有孤竹長君之冢，團子山有孤竹次君之冢，馬鞭山有孤竹少君之冢。傳曰：國人立其中子，蓋次君也。」按寰宇記孤竹城下引隋圖經云〔二八〕：「漢靈帝時，遼西太守廉翻夢人曰：『余孤竹君之子，伯夷之弟，遼海漂吾棺，願見藏覆。』明日，果見浮棺於津際，乃爲改葬。」後人因此又分爲三冢也。今夷齊墓，又見山西蒲州府。

明

翟鵬墓。在撫寧縣南關外。

祠廟

李將軍祠。在盧龍縣南虎頭石下。祀漢李廣。

三忠祠。在遷安縣西北景忠山上。祀諸葛亮、岳飛、文天祥。

韓文公祠。在昌黎縣治西北。明洪武中建。

姜女祠。在臨榆縣東南並海里許。祠前土丘，爲姜女墳，傍有望夫石。俗傳姜女爲杞梁妻，始皇時，因哭其夫而崩長城。本朝乾隆八年，高宗純皇帝恭詣盛京，道經臨榆，有御製姜女祠詩，序云：「今山西潞安、直隸古北口並此處，皆有姜女祠。考杞梁之妻見於左傳、孟子，非始皇時人可知。即列女傳載有崩城之説，亦無長城實據也，然其節義有可尚者，故題以詩。」十九年、四十五年、四十八年，皆有御製詩。

清節廟。在盧龍縣西二十里孤竹故城。祀伯夷、叔齊。舊廟久廢，明洪武九年重建於府城内東北隅，景泰中復建於此。廟有清風臺、揖遜堂。本朝康熙四年，知府彭士聖修，大學士范文程有記。今有司每歲春秋致祭。乾隆十九年、四十五年、四十八年，高宗純皇帝恭詣盛京，清蹕所經，有御製夷齊廟、孤竹城、揖遜堂、清風臺、古松諸詩，並御製榜額曰「古之賢人」，臺曰「介石清流」。

顯功廟。在臨榆縣城内。明景泰中建。祀中山王徐達。

北海神廟。在臨榆縣山海關澄海樓側。本朝乾隆四十五年敕建。

寺觀

隆教寺。在盧龍縣南一里。明洪武初建。本朝順治六年修，壯麗爲諸刹之冠。

開元寺。在盧龍縣南臺山頂。明永樂七年建。

開福寺。在遷安縣宣化坊。明宣德中建。

金峯寺。在撫寧縣治北。明正統四年建。

寶峯寺。在昌黎縣北八里，俗名水巖寺。有唐佛頂尊勝幢記，開元灌頂國師不空奉詔譯。

薦福寺。在灤州西北隅。金時建。古松二株，枝幹連屬，其下可坐百餘人。

偏涼寺。在灤州北五里偏涼汀。明景泰中建。其地山水環注，林壑幽勝。

永佑寺。在臨榆縣南。本朝雍正四年敕建，世宗憲皇帝御書榜額曰「永慶清宴」。乾隆八年，高宗純皇帝御題榜額曰「四海永清」。十九年修。

紫陽觀。在盧龍縣東南隅。

昊天觀。在遷安縣東南隅。明洪武初建。

棲雲宫。在遷安縣西三十里。唐貞觀時建。

天妃宫。在臨榆縣永佑寺西。本朝乾隆八年，高宗純皇帝御書榜額曰「珠宫涌見」。十九年修。

校勘記

〔一〕漢置縣　乾隆志卷一四永平府二古蹟（以下同卷者不再重出）同。考水經濡水注：濡水東南流逕令支縣故城東，「秦始皇二十二年分燕置遼西郡，令支隸焉」。則令支縣始置於秦，屬遼西郡。

〔二〕盧龍有漢令支縣城　「縣」，原脱，乾隆志同，據通典卷一七八州郡八補。

〔三〕漢置縣屬遼西郡　乾隆志同。按秦置陽樂縣，爲遼西郡治，二漢因之，其址在今遼寧義縣西稍南，三國魏遷移今河北盧龍縣東南，清屬撫寧縣（即今縣治）西，參見本志卷一八永平府一校勘記〔六〕。

〔四〕故燕地　「地」，原作「也」，乾隆志及朱謀㙔水經注箋同，據王先謙合校水經注、楊守敬水經注疏濡水注改。

〔五〕高祖六年封摇扶餘爲侯國餘　「扶」，乾隆志同，漢書卷一六高惠高后文功臣表四作「毋」。

〔六〕漢石城縣在今口外大寧舊衛界　乾隆志同。遼寧凌源安杖子古城址發掘報告：安杖子古城址位於凌源縣西南四公里，「應爲西漢右北平郡的石城縣」（載考古學報一九九六年第二期）。按今凌源縣爲清承德府建昌縣。又明史卷四〇地理志一：大寧衛，洪武二十年置，永樂元年省。其址在今内蒙古寧城縣西北大明城，漢石城縣北距明大寧衛甚遠，是否大寧舊衛界，難得其詳。

〔七〕宋宣和四年嘗賜名臨閭　「閭」，乾隆志同，宋史卷九〇地理志六作「關」，此「閭」爲「關」字之誤。

〔八〕在灤州西南漢置昌城縣　乾隆志同。按清灤州，即今灤縣。后曉榮秦代政區地理第六章山東北部諸郡置縣：右北平郡昌城，「秦封泥有『昌城丞印』。秦昌城縣故址在今河北豐南縣西北」。可補證本志闕誤。

〔九〕在灤州西南漢置縣　乾隆志同。后曉榮秦代政區地理山東北部諸郡置縣：右北平郡夕陽，「秦封泥有『夕陽丞印』；雲夢一一號秦墓出土的木牘有『驚多問夕陽呂嬰……』銘文。秦夕陽縣故址在今約河北遵化市」。可補證本志闕誤。

〔一〇〕封大水西南流逕新安平縣故城西　「安」，原脱，乾隆志同，據水經濡水注補。

〔一一〕按遼志中京大定府漢爲新安平縣　乾隆志同。清李慎儒遼史地理志考：「漢新安平縣屬遼西郡，今直隸永平府灤州西境地也，遼中京大定府則在承德府平泉州，漢爲右北平邊外東胡、烏桓之地，南距灤州數百里，何得謂爲新安平？歐陽圭齋昧于地理，引古類多舛誤，不可信。」

〔一二〕漢末步奚居之　乾隆志同。陳漢章遼史索隱：「按後漢書、三國志并無步奚傳，此志蓋誤以鮮卑步度根爲步奚。」

〔一三〕本漢陽樂縣地　乾隆志同。按清臨榆縣治即遼遷州遷民縣所在（即今河北秦皇島市東北山海關）。秦二漢陽樂縣，爲遼西郡治，在今遼寧義縣西稍南，三國魏徙置於今河北盧龍縣東南，正是遼遷州治遷民縣地，則遼史地理志云「本漢陽樂縣地」，是誤以三國魏陽樂縣爲二漢陽樂縣，本志不審，引誤。參見本志卷一八永平府一校勘記〔八〕。

〔一四〕按遼志潤州統海濱縣其海陽縣屬隰州　乾隆志同。錢大昕廿二史考異卷八三：「按金史地理志北京路瑞州有海陽縣，遼潤州海陽軍故縣也；有海濱縣，遼隰州平海軍故縣也。遼志則云隰州平海軍統海陽縣，潤州海陽軍統海濱縣，與彼志互異。考海陽軍名與縣名相符，當以金志爲正。」中華書局一九七四年遼史點校本改潤州「海濱縣」之「濱」爲「陽」，改隰州「海陽縣」之「陽」爲「濱」，校勘記云：「潤州海陽縣，「原與隰州海濱縣互舛。金史地理志：『海陽縣，遼潤州海陽軍故縣也。』『海濱縣，遼隰州平海軍故縣也。』按海陽縣與軍名同，海濱縣瀕海。輯本元一統志二：『遼隰州海濱縣。』據改。」其説確實。

〔一五〕金志則海陽屬潤州海濱屬隰州　此一十三字原脱，據乾隆志及同治畿輔通志卷一五五古蹟二引大清一統志補。

〔一六〕永樂三年於故縣置撫寧衛　「撫寧」，原作「武陵」，據乾隆志及大明一統志卷五、明史卷四〇地理志一、同治畿輔通志卷一五五城址二改。

〔一七〕黃洛水出盧龍山　「山」，原作「塞」，乾隆志同，據水經濡水注改。

〔一八〕玄水西南逕孤竹城北故孤竹國也　「故」字倒誤「城」字上，乾隆志及朱謀㙔水經注箋同，據王先謙合校水經注、楊守敬水經注疏濡水注乙正。

〔一九〕明統志至遼爲遼興府城　乾隆志同。按大明一統志卷五永平府不載，此爲引誤。

〔二〇〕長城　乾隆志同。大明一統志卷五永平府：「秦長城，在府北七十里。」此脫「秦」字。

〔二一〕故興州右屯衛　「右」，原作「皆」，乾隆志同，據大明一統志卷五及明史卷四〇地理志一、讀史方輿紀要卷一七改。

〔二二〕今猶稱爲署里　「今」，原作「金」，據乾隆志及同治畿輔通志卷一六一署宅二引大清一統志及光緒樂亭縣志卷二古蹟改。

〔二三〕隋書開皇三年城渝關　乾隆志關隘同。考隋書卷一高祖紀上：開皇四年，「以上大將軍賀婁子幹爲榆關總管」。據同書卷五三賀婁子幹傳載，榆關爲西北邊防重鎮。同書卷二九地理志上：榆林郡金河縣，開皇三年「置榆關總管」。則所置爲榆關，其地在隋榆林郡金河縣（今内蒙古托克托縣北），今准格爾旗東北黃河西岸，隋屬西北邊地，非東北重鎮渝關，此引隋書之西北榆關訛爲東北之渝關。讀史方輿紀要卷一〇渝關記事同本志，但不引書，或此引「隋書」誤。

〔二四〕今名臨渝關　「渝」，乾隆志同，通典卷一七八州郡八作「榆」。

〔二五〕明初置開平中屯衛於口北大寧沙嶺　「沙」，原作「河」，乾隆志同，據大明一統志卷五、讀史方輿紀要卷一七、同治畿輔通志卷六八關隘二引大清一統志改。

〔二六〕又西十里曰赤峯堡　「又西十里曰」，原脫；「赤峯」，原倒舛於上文「安河堡在縣西三十里」下，據讀史方輿紀要卷一七、同治畿輔通志卷六八關隘二補正。

〔二七〕又登仙橋　「仙」，原作「化」，乾隆志同。同治畿輔通志卷八八津梁一：「登仙橋，一名望仙橋。」光緒永平府志卷四二津梁同。此「化」爲「仙」字之誤，據改。

〔二八〕按寰宇記孤竹城下引隋圖經　「圖經」，原倒誤爲「經圖」，據乾隆志陵墓及太平寰宇記卷七〇乙正。

大清一統志卷二十

永平府三

名宦

漢

王尊。高陽人。初元間，以令舉幽州刺史從事，太守察其廉，補遼西鹽官長，數上書言便宜事。

隋

韋冲。杜陵人。開皇時，爲營州總管。寬厚得衆心，懷撫靺鞨、契丹，皆能致其死力。奚、霫畏懼，朝貢相續。高麗嘗入寇，率兵擊走之。

唐

田仁會。長安人。永徽中，爲平州刺史，歲旱，自暴以祈，而雨大至，穀遂登，人歌曰：「父母育我兮田使君，挺精誠兮上天聞，中田致雨兮山出雲。倉廩實兮禮義申，願君常在兮不患貧。」

李晦。乾封中，爲營州都督，以治狀聞，賜書慰勞。

賈循。華原人。開元間，擢遊擊將軍、渝關守捉。地南負海，北屬長城，林巒層翳，寇所蔽伏。循調士斬木開道，賊遁去。

遼

韓德樞。安次人。爲遼興軍節度。下車整紛剔蠹，恩煦信孚，勸農桑，興教化，期月民獲蘇息。

金

爽和。天眷初，知永安軍，爲叛寇孟邦養所執，脅之降，不從，遂被害。「爽和」舊作「雙虎」，今改正。

元

阿台。憲宗時，爲平灤路達魯噶齊。始至，請蠲銀、鹽、酒等税。諸侯王道出平灤，費銀七千五百兩，户部不即償，阿台自陳上前，盡取償以歸。「達魯噶齊」，改見保定府名宦。

劉德温。大興人。大德中，爲永平路總管。當天曆兵革之餘，野無居民，德温爲政一年，而户口增，倉廩實，遂興學校，以育人材，庶事畢舉。歲大旱，禱而雨。灤、漆二水爲害，有司歲發民築堤。德温曰：「流亡始集，而又役之，是重民困也。」遂罷其役，水亦不復至。

明

楊禧。太和人。永樂中，知昌黎縣。盡心民事，政教大行。考滿，民乞留，晉二秩還任，再閲三考，在任十八年。

王冕。洛陽人。嘉靖初，以兵部主事巡視山海關。遼東妖賊陸雄作亂，突入關。吏欲扶冕出走，冕曰：「吾有母在，走安之？」急執兵衛母，母被傷，冕奮前救之，被執。賊脅以白刃，冕大駡，遂遇害。贈光禄卿。

高邦佐。襄陵人。萬曆中，爲永平知府。濬灤河，築長隄。裁抑税使高淮，不敢大横。

張春。同州人。天啓二年，爲永平兵備僉事。時諸軍屯山海關，永平爲孔道，士馬絡繹，難民又雲集。春應之有方，事皆就理，而民不告病。崇禎初，坐浮言削籍。及永平失守，復起春爲兵備，偕諸將收復永平諸城，加太僕少卿。郡當兵燹之餘，閭閻困敝，春盡心撫卹，人益懷之。四年，監總兵吴襄、宋偉軍，救大淩河，兵敗被執，不屈死。

鄭國昌。邠州人。崇禎初，以按察使治兵永平。大兵破永平，國昌自縊於城上，中軍守備程應琦從之。應琦妻奔告國昌妻，與之偕死。贈國昌太常卿。

張鳳奇〔一〕。陽曲人。崇禎初，爲永平知府。大兵破永平，鳳奇一門及推官盧成功、副總兵焦延慶、東勝衛指揮張國翰〔二〕、盧龍教諭趙允殖俱死之。鳳奇贈光禄卿，成功等贈卹有差。

楊㦤。崇禎初，知灤州。城破，死之，贈光禄少卿。

高承埏。嘉興人。崇禎中，知遷安縣。教民倣江南桔槔法，鑿溝開渠，闢田三百八十餘畝，復業者千七百户。時當輸粟天津，以濟遼餉，承埏令民齎錢至山海關，易粟轉輸，而償以漕粟，或代明年正賦，省浮費萬計。

被害。

本朝

吴盡忠。任縣人。順治初，爲山海關都司。寇至擊敗之，繼又來犯，盡忠率衆追至邢家灣，馬蹶，爲賊所執，不屈

宋琬。萊陽人。順治十四年，爲永平道。性明決，遇事立剖，姦宄斂跡，境内肅然。

李中梧。遼陽人。知永平府。民有持鋤殺人事久未決，中梧命燃草炙鋤，血跡宛然，獄乃定。又有操故券，訴人負其父財者，察知其僞，其人媿服而去。

陳丹。山陽人。康熙初，知永平府。下車即盡罷供應還各屬，嚴絶餽遺。署内另舍自居，纔可容膝。以勤政積勞，卒於官。

衛立鼎。陽城人。康熙初，知盧龍縣。地當兩京孔道，驛使旁午，供張糗精，悉稱貸營辦，不以擾民。先是縣中徵糧，勺杪以下，皆用升合量。納草束以銀代，仍買之民間，而低昂其值。立鼎令輸户合奇零，統歸斗斛，及額而止，徵草束者用本色輸，民甚便之。聖祖仁皇帝命尚書魏象樞、侍郎科爾坤巡察畿甸，至盧龍，治具不爲食，啜茶一甌，曰：「令飲盧龍一杯水耳，吾亦飲令一杯水。」諸大獄悉以咨之，立鼎引經準律，咸大稱善。

王永命。臨汾人。知遷安縣。持躬清介，課士嚴明。設緝逃捕盗法，民甚賴之。修泠口邊牆，建孔道橋梁，不誤公，不擾民，以升任去，民爲立碑誌德政，祀名宦。

人物

漢

郭涼。右北平人。雖武將，然通經書，多智畧，尤曉邊事。幽州牧朱浮辟爲兵曹掾，擊彭寵有功，封廣武侯。

公孫瓚。令支人。舉孝廉，除遼東屬國長史。中平中，以討張純等有功，拜降虜校尉。常乘白馬，烏桓憚之，更相告語避「白馬長史」。

三國　吴

程普。右北平土垠人〔三〕。初爲州郡吏，有容貌計畧，善於應對。從孫堅征伐，攻城野戰，身被創夷。堅卒，復隨孫策有功，以爲吴郡都尉，後拜盪寇中郎將，領零陵太守，鎮石城。策卒，輔孫權，討平不服。拜裨將軍，領江夏太守。先出諸將，普最年長，時人皆呼程公。性好施與，喜士大夫，代周瑜領南郡太守，遷盪寇將軍，卒。

韓當。令支人。以便弓馬，有膂力，幸於孫堅，從征伐，數犯危難。及孫策東渡，從討三郡。征劉勳，破黄祖，領樂安長。後以中郎將與周瑜等拒破曹操，又與吕蒙襲取南郡，歷封石城侯，遷昭武將軍。

唐

陽惠元。平州人。以趫勇奮，事平盧軍。從田神功、李忠臣浮海入青州。詔以兵隸神策，爲京西兵馬使，鎮奉天。德宗初，河南大擾，詔移戍關東，帝御望春樓誓師，勞遣諸將，酒至，神策將士不敢飲。帝問故，惠元曰：「初發奉天，臣之帥張巨濟與衆約：『不立功，毋飲酒。』臣不敢食其言。」既行，有餽於道，惟惠元軍瓶罍不發。帝咨歎不已。俄以兵屬李懷光。懷光叛，惠元走奉天，懷光遣將冉宗馳騎追及於好畤。惠元披髮呼天，血流出背，袒裼戰死。詔贈尚書左僕射。

田弘正。盧龍人。父廷玠，歷滄、相二州刺史。從兄魏博節度使承嗣盜磁、相，廷玠無所回染。及田悅代立，廷玠讓之曰：「爾承伯父緒業，當守朝廷法度，以保富貴，何苦與恒、鄆爲叛臣？」遂稱疾。悅過謝不納，憤而卒。弘正幼通兵法，善騎射，當承嗣孫季安時，爲衙内兵馬使，軍中翕然歸重。季安忌弘正，出爲臨清鎮將〔四〕，欲因罪誅之，乃陽痺痼，卧家不出，得免。後季安子懷諫襲節度，召還舊職。懷諫委政家奴蔣士則，措置不平，衆怒曰：「兵馬使吾帥也。」詣其家迎之，拒不納，衆譁於門，弘正度不免，與約曰：「吾欲守天子法，舉六州版籍請吏於朝。」皆曰：「諾。」遂殺士則，圖魏、博、相、衛、貝、澶之地以獻。憲宗嘉之，詔充魏博節度使，遣裴度宣慰。弘正深相結納，奉上益謹。王承宗叛，弘正破其衆。李師道拒命，弘正率諸節度使進討，取十二州。加檢校司徒、同中書門下平章事。穆宗立，徙成德軍。會軍亂，並家屬皆遇害。贈太尉，謚忠愍。

田布。弘正子。王師討蔡，布凡十八戰，破淩雲栅，下堰城，以功授御史中丞。蔡平，爲河陽節度使。弘正遇害，召布拜魏博節度使，號哭固辭，不聽，與妻子訣曰：「吾不還矣！」未至魏三十里，跣行披髮，號泣而入，居堊室，屏節旄。將士老者，兄事之。俸禄月百萬，一不入私門，又發家錢十餘萬緡頒士卒。朱克融據幽州，與王廷湊脣齒。中人屢促戰，而度支餽餉不繼，魏軍又驕。會有詔分布軍救深州，衆怒，遂潰，諸將刼布行河朔舊事。布爲書謝帝，乃入，至父几筵，引刀刺心曰：「上以謝君父，下以示三軍。」言訖而絶。

周寶。盧龍人。武宗時，爲檢校工部尚書，節度涇原。務力耕，聚糧至二十萬斛，號良將。中和初，進同平章事，兼天下租庸副使。以功封汝南郡王。

宋

郭瓊。盧龍人。少以勇力聞，初事契丹。後唐天成中，挈族來歸，歷團練防禦。周初，知宗正卿事。宋初，加右領軍衛上將軍，致仕。瓊雖起卒伍，所至有惠政，尊禮儒士，孜孜樂善，蓋武臣之賢者也。

遼

趙思温。盧龍人。少果鋭，膂力兼人。太祖經畧燕地，思温迎降。及伐渤海，以爲漢軍團練使，力戰拔扶餘城。身被數創，太祖親爲調藥。累官保静、盧龍、臨海軍節度使，加檢校太師。卒，贈太師、衛國公。

金

孟浩。灤州人。韓企先爲相，拔擢一時賢能，浩與田瑴皆在尚書省。蔡松年等搆成瑴死罪，浩等三十四人皆徙海上，天下寃之。大定二年，召爲侍御史，遇事輒言無所隱。七年，爲御史中丞，拜參知政事。故事，無自中丞拜執政者，浩辭。帝曰：「卿公正忠勤，豈拘階次。」嘗奏：「古來未有不明賞罰而能治者，自今賞功罰罪，必具事狀頒告中外，使君子知勸，小人知懼。」從之。以尚書右丞兼太子太傅，致仕。

劉敏行。平州人。天會進士。除校書郎，歷肥鄉、高平令，皆有治績。終河北東路轉運使。

趙興祥。思温六世孫。有孝行，天眷初，累官同知宣徽院事。海陵嘗問興祥，欲使子弟爲官，當自言。興祥辭謝。海陵善之，賜以玉帶。世宗即位，來見平州，嘉其誠款，歷官左宣徽使。

元

趙炳。灤陽人。幼失怙恃，鞠於從兄。歲饑，往平州就食，遇盜，欲殺之，兄解衣就縛。炳年十二，乞請代兄，盜驚異，舍之而去。至元中，累官京兆路總管、安西王相，所至有聲。爲運使郭琮等所害〔五〕，贈中書左丞，謚忠愍。

張昇。其先定州人，後徙平州。警敏過人，力學，工文詞。至元中，授翰林國史院編修官。武宗即位，議躬祀禮，昇據經引古，參酌事宜，帝嘉納之。出知汝寧府，治行爲諸郡最。泰定初，拜遼東道廉訪使。屬永平大水，請發海道糧以賑，并蠲歲賦，民得全活。順帝時，以集賢侍講學士致仕。卒，謚文憲。

龐遵。永平人。母病腫，三年不能起，忽思食魚，遵求於市不得。歸途歎恨，忽有鯉躍入其舟。作羹以獻，母悦病痊。

李彦忠。平州人。父喪，廬墓八年不至家。

周弘。遷安人。至正間，官昌黎尹。程思忠作亂，弘率其民赴永平拒守。城陷，被執不屈，七日不食，駡不絶口而死。

明

麴祥。永平人。父亮，爲金山衛百户。祥年十四，爲倭人掠去，遂仕其國，屢諷王入貢。宣德中，與使臣偕來，上疏陳情，乞歸侍養。帝令暫歸，仍還本國。祥至金山，獨其母在，已閲二十年，不能識，驗耳陰赤痣始信，未幾别去。後復請於國王，仍令入貢，復申前請，得襲職歸養，以孝聞。

周斌。昌黎人。景泰進士，爲御史。天順初，與同官劾石亨、曹吉祥諸不法事。帝大怒，擲彈章俾自讀，斌且讀且對，神色自若，遂下獄，謫江陰知縣，擢開封知府，皆有善政。終廣東布政使。

周璽。遷安人。嗣職爲開平衛指揮使。負氣習兵書，善騎射。成化中，以功遷大同副總兵。伊斯瑪依勒大入，大同總兵官許寧失利，璽馳援，夜遇敵，大呼陷陣，臂中流矢，拔鏃進戰，敵乃退。弘治初，以總兵鎮守陝西，討平諸縣回回，威名甚著焉。

「伊斯瑪依勒」舊作「亦思馬因」，今改正。

蕭顯。山海衛人。成化進士，擢兵科給事中。武臣中官夤緣干恩澤，顯多駁正。時崇信異教，有巫自涿州來京師，以邪術蠱衆，士女爭信之。顯抗疏請逐之，并及時弊。帝怒，左遷鎮寧州同知，終福建僉事。

鄭己。山海衛人。成化進士，歷御史。偕同官爭慈懿太后葬禮彗星見，又陳時政八事，尋劾大學士商輅、尚書馬昂、姚夔、程信不職，下獄廷杖。後復官，出按。甘肅鎮守、定西侯蔣琬〔六〕多役軍民，將劾之，反爲所搆，謫戍宣府。

任惠。灤州人。弘治進士。正德初，爲南京吏科給事中，屢建讜言。又偕戴銑奏留劉健、謝遷，且劾中官高鳳，廷杖除名。後起山東僉事，未任卒。

王珝。永平衛人。弘治進士，除給事中。正德時，劾御馬太監牛宣。尚書劉大夏去國，抗疏乞留。帝將大婚，詔取太倉銀四十萬兩，珝首爭之，卒減四之一。歷右僉都御史，巡撫山東。武宗南巡，中官黎鑑索賄於有司，珝不可，鑑愬於帝。帝曰：「此必爾有求不遂耳。」鑑語塞而退。終兵部侍郎。

翟鵬。撫寧衛人。正德進士，累官陝西按察使。性剛介，以清操聞。嘉靖中，擢右僉都御史，巡撫寧夏。坐劾總兵官趙瑛，爲所訐，奪職歸。久之，起故官，再遷宣大總督，尋又罷歸。後以俺答大入山西，復設總督，再起鵬，令兼督山東、河南軍務，大修邊備，累功進兵部尚書。復以俺答入犯，逮下詔獄，卒。人皆惜之。隆慶初，復官。

馬永。遷安人。驍勇有謀，習兵法，好左氏春秋。嗣世職爲金吾左衛指揮使。正德時，從陸完擊賊有功。江彬練兵西內，永當隸彬，稱疾避之。嗣因功擢總兵官，鎮守薊州。武宗至喜峯口，欲出塞，永叩馬諫而止。嘉靖初，乞宥議禮獲罪諸臣。帝怒，奪永官，寄禄南京後府。杜門讀書，清約如寒士。後復以總兵官鎮守遼東，數有功，進左都督。

詹榮。山海衛人。嘉靖進士，歷户部郎中。督餉大同，值兵變，以靖亂功，擢光禄少卿，再遷右僉都御史，巡撫甘肅。移大同時，俺答數犯邊，榮多方計戰守，數敗之。築邊牆，開屯田，邊備大飭。終兵部左侍郎〔七〕。萬曆中，贈工部尚書。

張世忠。山海衛人。嘉靖五年，舉武會試，由世職增二秩，署指揮僉事，爲大同參將。拒寇於丁家莊，有斬獲功。二十一年，寇大舉入掠，世忠與諸將合五營兵襲之，至陸支村，諸軍潰，世忠力戰，困重圍，下馬裹瘡疾鬬，首中二矢死。贈左都督，謚忠愍，立祠致祭。

厲汝進。灤州人。嘉靖進士，歷吏科給事中。湖廣巡撫陸杰入爲工部侍郎，汝進疏劾之，并論工部尚書甘爲霖、樊繼祖不職〔八〕，不納。尋與同官查秉彝等合疏言：「太常少卿嚴世蕃竊弄父權，嗜賄張焰。」嚴嵩因激帝怒，廷杖八十，謫官，尋奪職。隆慶初，起故官，未至京，卒。

楊騰。遷安人。幼孤，母病目，以舌舐之而愈。及殁，廬墓三年，芝産於側。隆慶初旌表，有司爲建「仁孝格天坊」。

劉文焕。撫寧人。幼孤，事母孝，及母殁，廬墓三年，有泉湧出，人號爲「孝子泉」。推官沈之唫詣其廬感動，請解官歸養。

廖汝欽。盧龍人。官中書舍人，里居。崇禎三年，大兵破永平，與武舉唐之俊、諸生韓洞原、周祚新、馮維京、胡起鳳、胡光奎、田種玉等十數人皆死之。本朝乾隆四十一年賜謚節愍，餘並予入忠義祠。

本朝

馬維熙。山海衛人。順治初，由拔貢生授忻州同知，攝偏關廳事。姜瓖叛，被執不屈，遇害。詔贈忻州知府。

呂鳴夏。山海衛人。弟鳴雲，明末，官揚武營參將，戰死。鳴夏撫遺孤，恩誼周至，鄉人稱之。順治初，知衛輝府，以政最遷固原副使。武大定叛，勒兵脅之，鳴夏歷數其罪，罵不絶口，遂遇害。詔贈光禄寺卿，廕一子。

劉鴻儒。遷安人。順治進士，授兵科給事中。疏請頒賦制，裁衙蠹，兵丁留屯，及畿輔民出邊墾種，累數百言，剴切詳明。仕終左都御史，祀鄉賢。

高顯辰。灤州人。順治初，由拔貢生授德安知縣。遷雲南同知，與鄉人訣曰：「吴三桂久蓄異心，顯辰此去，當捐軀以報國，决不苟求活也。」及三桂反，以兵脅降，不屈，仰藥死。妻戈氏亦自經。詔贈太僕寺卿。

李集鳳。山海衛人。淹通羣籍，尤精春秋，著春秋辨疑六十五卷。官終洛陽丞。

韓坤業。永平諸生。事母王氏以孝聞，母歿，廬墓三年，親負土成塋，路人哀感。又撫寧諸生趙名元、布衣孫昇皆事親盡孝，親歿，並廬墓三年。

劉一蛟。昌黎人。貢生。父病，衣不解帶者三年，事母承歡無間，撫孤姪如子。族人有以貧鬻子女者，爲贖還二十餘人，仍營其嫁娶。同縣舉人趙天錫，亦有孝行，親病三十餘年，侍湯藥不少懈。

張朝臣。山海衛人。由武進士歷仕浙江處州右營都司。康熙四十八年，衢賊擾境，與都司孫奇豹前後夾擊，兵潰遇害。事聞，廕子衛千總。

穆廷栻。臨榆人。康熙武進士，授蔚州路守備，遷四川遊擊。二十四年，疊溪大定堡山後生番，阻截哨道，廷栻督衆追殺，殲其衆。累擢江南提督，調福建陸路提督。廉潔自持，營伍整飭。六十年，臺灣奸民朱一貴等逞亂，廷栻赴厦門駐守，卒。詔贈左都督，謚清恪。

劉天錫。昌黎人。由武進士授河南守備。嘉慶元年，調赴湖北營，隨將軍傅恒追剿邪匪，受傷陣亡。事聞議卹，廕雲騎尉。

董寧川。撫寧人。由武舉選授貴州守備，洊擢湖北興國營參將，屢著戰功。嘉慶四年，追賊至梓桐埡樹林中，猝中矛傷，陣亡。事聞，議卹，廕雲騎尉。

列女

五代 唐

鄭保英妻奚氏。保英爲平州刺史。契丹兵至，城且陷，奚率家僮女丁乘城不下，賊遂引去。

金

李寶信妻王氏。寶信爲義豐縣令。張覺以平州叛，氏陷城中。賊逼之，氏怒罵不屈，支解而死。大定十二年，贈「貞烈縣君」。

李伯通妻周氏。平灤石城人〔九〕。伯通監豐潤縣，元兵攻之，城破不知所終。周氏與子易被擄，乘間自投於塹。主者怒，拔佩刀三刃其體而去，得不死，遂攜易而逃，間關至汴，績紉自給，教易讀書有成。

元

王宗仁妻宋氏。進士宋褧之女。宗仁家永平，氏從夫避兵鏵子山。夫婦爲軍所擄，行至玉田，有窺氏色美欲害宗仁者，氏遂攜女投井死。

明

沈鳳妻仇氏。遷安人。鳳爲興州右屯衛百户。嘉靖中，守劉軍嶺寨，寨破，仇被執，將污之，不從，支解而死。

黨文明妻某氏。樂亭人。歸五月而夫死，其母欲奪其志，即自縊。

趙氏女。撫寧人。年十四，軍人馬鐸挑之，女怒批其面，鐸驚走。女泣曰：「我爲女子，賊敢以媟語戲我，安用生爲！」遂自縊。有司爲樹坊以旌之。

劉文煥妻王氏。撫寧人。事姑孝，姑病，籲天願冬著單衣三年，姑病果痊。

本朝

馬成妻張氏。遷安人。强暴逼之，不從，被害。

王紹先妻陸氏。撫寧人。夫亡，無子，或勸之改節，即自縊。

邢鳳喈妻劉氏。昌黎人。年十九，夫亡，舅姑勸之改適，刺一目以見志。撫子更新成立，爲娶婦杜氏，更新復早卒，杜亦承劉志，守節終身。同縣邵瑄妻劉氏，夫亡守志，教子成立，壽至百有二歲。

魏業懋妻齊氏。昌黎人。夫亡，閉户自縊。同縣温成義妻王氏、趙萬忠子婦劉氏，俱夫亡自縊以殉。烈女田氏，年十七，惡少挑之，女怒罵，被擊死。

彭玉妻李氏。灤州人。遇暴不從，死之。

康朝選妻劉氏。樂亭人。遇暴逼之，守正捐軀。

宋友懷女典姐。山海衛人。許字藺某，未嫁夫歿，即投繯死。

郝明颺妻趙氏。撫寧人。善事舅姑，夫亡，孝敬彌篤，撫子善繼成立，爲娶婦馮氏。善繼亦早亡，姑婦相依，並以節孝著。同縣俞承恩妻張氏，夫亡，事姑甚謹。及姑歿，挈孤子攜筐負土成墳。母家欲奪其志，遂終身不言歸。大雪封門，徑無行蹤，人以爲死，而機聲不絶，聞者感歎。均雍正年間旌。

闞相辰妻李氏。樂亭人。夫亡，割股療姑病，或欲奪其志，斷髮以誓。每食必先以祭夫，教三子俱入庠，壽至九十餘歲。同縣楊甫望妻王氏。均雍正年間旌。

德稜泰妻張氏。永平駐防馬甲，滿洲人。夫亡守節。乾隆年間旌。

李肅妻王氏。盧龍人〔一〇〕。肅爲諸生，早亡，氏矢志守節。同縣節婦：王元德妻鉉氏、王棟妻汪氏、劉明德妻邸氏〔一一〕、韓賓妻李氏，賈成章妻吴氏，倫健妻張氏，馬一霄妻王氏，許煥妻楊氏，許燦妻竇氏，王良妻劉氏，張隆妻王氏，王之翰妻楊氏，王道普妻蕭氏，彭年妻李氏，楊通妻傅氏，樊養正妻姚氏，劉植妻馬氏，張隆妻魏氏，王文鑑妻翁氏，陳傑妻燕氏，王中善妻魏氏，張珍妻段氏，李其溥妻伊爾根覺羅氏。均乾隆年間旌。

吴中憲妻雷氏。遷安人。夫亡守節，孝事翁姑，撫孤子成名。同縣節婦：王建極妻李氏，王會極妻汪氏，郭子甸妻彭氏，于鴻緒妻高氏，郭謙亨妻金氏，王三錫妻張氏，段泰貴妻呂氏，郭子裔妻尹氏，張定一妻梁氏，許登榮妻張氏，李成義妻李氏，張從美妻郭氏，張從吉妻王氏，朱之貴妻曹氏，李銅妻魏氏，蔡芝妻楊氏，劉炯妻李氏，彭鏡妻王氏，郭乾汾妻王氏。均乾隆年間旌。

謝瑛聘妻張氏。撫寧人。未婚瑛卒，氏聞訃易服奔喪，誓不再嫁，孝事孀姑。同縣節婦：孫文智妻王氏，王三錫妻李氏，張廷珙妻池氏，胡漣妻茹氏，張希閔妻王氏，單珍妻蕭氏，劉深妻賀氏，單銈妻鄭氏，胡字仁妻王氏，李尚亮妻姜氏，李蕃妻田氏，王基勇妻呂氏，趙憲妻李氏，楊天純妻姬氏，楊名妻金氏，單從新妻袁氏，李獻方妻趙氏，翟琪妻王氏，王崙妻夏氏，趙秀齡妻孫氏，張起雲妻李氏，吳從義妻程氏，楊旺妻周氏，崔國梁妻趙氏，楊作楫妻李氏，袁寄凱妻李氏，安文傑妻馮氏，張明德妻郭氏，茹漢妻劉氏〔一二〕，程用妻劉氏。貞女楊天璜女楊氏。均乾隆年間旌。

譚五倫妻耿氏。昌黎人。夫亡守節。同縣節婦：劉寅妻朱氏，田發妻高氏，馬德衆妻劉氏〔一三〕，陳愷妻魯氏，馬瑗妻俞氏，郭朝掄妻俞氏，高琚妻周氏，孟德孔妻錢氏，齊兆熊妻陳氏。均乾隆年間旌。

霍瑞啓妻谷氏。灤州人。夫歿，父母憐其少，微諷之，氏飲藥自盡，鄰婦救之，乃免。同州節婦：張義妻高氏，郭翰妻倫氏，周成羽妻史氏，王曰琦妻魏氏，馬躬建妻李氏，王敬日妻孫氏，李之齡妻劉氏，馮驥妻惠氏，趙及溥繼妻王氏，王百椿妻周氏，李正妻胡氏，裴有瑞妻王氏，鞠汝捷妻趙氏，趙大成妻李氏，邊元佐妻李氏，金泰妻李氏，馬斯徂妻董氏，耿建生妻徐氏，吳基遠妻宋氏，趙乘時妻周氏，袁學惠妻張氏，何謙妻陳氏，許有抱妻劉氏，杜步章妻李氏，張禮妻高氏，于魁份妻趙氏，毛承基妻李氏，李敷勳妻李氏，張遜妻陳氏，何其選妻劉氏，張炳妻趙氏，魯禮妻郭氏，汪曾裕妻李氏，趙承先妻周氏。均乾隆年間旌。

闞旺妻陰氏。樂亭人。夫亡，投繯以殉。同縣節婦：賈爾印妻景氏，毛印龍妻劉氏，李玉寶妻石氏，陳于上妻王氏，劉孔訓妻苗氏〔一四〕，高良宰妻武氏〔一五〕，孟顯妻陳氏，陰自成妻葛氏，宋傅臚妻張氏，王承烈妻高氏，王鍾靈妻倪氏，王克勤妻汪氏，黃登五妻曹氏，陳篔妻李氏，吳恒泰妻康氏，李范妻倪氏，鄔賢妻張氏，任懷寶妻闞氏。均乾隆年間旌。

王元良妻劉氏。臨榆人。夫出獨處，有惡少挑之，氏怒罵以拒。元良歸，訴其事，遂自縊。同縣烈女郭旭女生姐，許字范彬，彬患瘋，彬母持還婚帖，女遂自縊。侯洪英女四姐，遇暴不從，被殺。節婦：范衡禮繼妻郭氏，談仲善妻黃氏，任仲傑妻陳氏，呂世陞妻沈氏，石如星妻趙氏，許可成妻劉氏，李馥生妻趙氏，趙功正妻余氏〔一六〕，李國輔妻趙氏，施懷信妻熊氏，施邦佐妻余氏，毓麟妻李氏，楊進朝妻郝氏，李忠民妻趙氏，戰從亮妻楊氏，袁德恒妻張氏，阮義鳳妻侯氏，馬坦妻侯氏，劉琬妻譚氏，程溥妻常氏，高曰誠妻李氏，周濮妻趙氏，王基遠妻高氏，孟琦妻周氏〔一七〕，趙昇妻高氏，楊煜妻劉氏，石珩妻張氏，計肇賢妻徐氏〔一八〕，呂文蔚妻劉氏，朱士恭妻王氏，胡玢妻陳氏。均乾隆年間旌。

富伸妻趙氏。山海關駐防馬甲，滿洲人。夫亡守節。又節婦：伊常阿妻王氏，額勒金布妻曾氏，蘇興阿妻楊氏，納蘭泰妻楊氏；佐領雅琴妻孟氏，蘇冲阿妻閻氏；蒙古馬甲岳起妻方氏，明海妻唐氏。均乾隆年間旌。

和琫額妻何氏。永平駐防，滿洲人。夫亡守節。又節婦：蒙古馬甲烏爾恭阿妻蕭氏，珠爾杭阿妻佟氏。均嘉慶年間旌。

鍾文妻常氏。盧龍人。夫亡守節。同縣節婦軼羣妻李氏。均嘉慶年間旌。

閻氏女猷姐。遷安人。守正捐軀。嘉慶年間旌。

達哈布妻徐氏。喜峯口駐防馬甲，滿洲人。夫亡守節。又節婦冷口駐防馬甲查倫岱妻吴氏。均嘉慶年間旌。

温潤女温氏。撫寧人。幼字徐翮，未婚而歿，氏年十五，聞訃即欲捐軀，得救未死，遂守節終身。同縣節婦韓察妻曹氏。均嘉慶年間旌。

張汝霖妻侯氏。灤州人。夫亡守節。同州節婦：衛進朝妻趙氏，石成妻蘇氏〔一九〕，孟登榜妻閻氏，杜佑遠妻沈氏，白騰貴妻韓氏，趙成先妻周氏，王汝龍妻黄氏，李冠山妻王氏，霍君恩妻陳氏，宣聖功妻王氏，戚倫妻任氏；烈婦郝鄭氏，烈女王成姐。均嘉慶年間旌。

陳家夔妻安氏。樂亭人。夫亡，家貧幼孤，氏勤紡織，以奉舅姑。姑患痰，病卧牀褥，氏日夜扶持無少懈，守節終身。同縣節婦：姚從雲妻高氏，王顯祖妻孫氏、王韋氏。均嘉慶年間旌。

楊雨女扣兒。臨榆人。守正捐軀。同縣貞女蔡世模女，許字周錕，未婚聞夫死，即奔喪，誓死不歸。節婦：張雲路妻魏氏，曹建妻劉氏，王士儀妻蔡氏，穆開聘妻常氏〔二〇〕，李士選妻曹氏，王依德妻房氏，王宷妻岳氏，林元著妻劉氏；烈婦王王氏。

均嘉慶年間旌。

常在保妻關氏。山海關駐防馬甲，滿洲人。夫亡守節。又節婦：雙德妻關氏，前鋒富誠妻趙氏，和陞阿妻鈕祜祿氏，多魁妻于氏，農依布妻伊爾根覺羅氏，岳洛妻馬氏，富蘭泰妻關氏，穆通阿妻關氏，佛存珠妻于氏，巴揚阿妻張氏，全德妻胡氏，牛和妻吳氏，阿林妻吳氏，滿岱妻關氏。均嘉慶年間旌。

土産

鹽。濱海諸縣出。

紙。遷安縣出，又灤州亦出紙。

石灰。撫寧縣出。

鷹、鶻。明志：「昌黎縣道者山出。」

蔓荆子。唐書地理志：「北平土貢〔一二〕。」明志：「盧龍、遷安二縣出。」

香白芷。明志：「樂亭縣出。」

梨。舊志：「遷安縣出，又産甘棠。」

鯽。府志：「灤河偏涼汀産者最佳。」

海胎。山海舊志：「渝關産。」

鐵脚鳥。似鸛鴒差小。山海舊志：「渝關出。」按舊志載唐書地理志：「盧龍土貢熊鞹，北平郡土貢人參。」〔二二〕又遷安之寬河川産金，灤州、遷安出丹錫。謹附記。

校勘記

〔一〕張鳳奇　「奇」，原作「琦」，據乾隆志卷一四永平府二名宦（以下同卷者不再重出）及明史卷二九一忠義三鄭國昌傳改。下同。

〔二〕鳳奇一門及推官盧成功至東勝衛指揮張國翰　「盧」原作「羅」，「翰」原作「瑞」，乾隆志同，並據明史忠義三鄭國昌傳改。

〔三〕右北平土垠人　「土垠」，原脱，據乾隆志及三國志卷五五吴書程普傳補。

〔四〕出爲臨清鎮將　「將」，原脱，乾隆志同，據舊唐書卷一四一、新唐書卷一四八田弘正傳補。

〔五〕爲運使郭琮等所害　「琮」，原作「宗」，據乾隆志及元史卷一六三趙炳傳改。

〔六〕出按甘肅鎮守定西侯蔣琬　乾隆志人物同。按明史卷一八〇魏元傳：鄭已，「巡按陜西，請蠲邊地逋賦，……定西侯蔣琬鎮甘肅，已欲按其罪」。同治畿輔通志卷二三〇列傳二八引分省人物考：鄭已，「巡按陜西甘涼諸路，上匡時圖治等疏略」，又引明史「定西侯蔣琬鎮甘肅，已欲按其罪」。則此「出按」下脱「陜西」二字，「甘肅鎮守」爲「鎮守甘肅」之倒誤，并錯於「出按」之下，應補改爲「出按陜西，定西侯蔣琬鎮守甘肅」。

〔七〕終兵部左侍郎　「左」，原脱，據乾隆志補。明史卷二〇〇詹榮傳：「榮先以靖亂功，進兵部右侍郎，又以繕邊破敵，累被奬賚。召還理部事，進左。」可證。

〔八〕并論工部尚書甘爲霖樊繼祖不職　「樊」，原作「范」，據乾隆志及明史卷二一〇厲汝進傳改。

〔九〕平灤石城人　「平灤」，原倒誤爲「灤平」，乾隆志列女同。元史卷五八地理志一：永平路，「金爲興平軍，元太祖十年改興平府。中統元年升平灤路」。據以乙正。

〔一〇〕盧龍人　「人」，原闕，據乾隆志及同治畿輔通志卷二五八列女一四補。

〔一一〕劉明德妻邸氏　「劉明德」，乾隆志同，同治畿輔通志卷二五八列女一四作「劉德明」。

〔一二〕茹漢妻劉氏　同治畿輔通志卷二五八列女一四作「茹謹」。

〔一三〕馬德衆妻劉氏　「馬德」，原作「烏得」，乾隆志作「烏德」，同治畿輔通志卷二五九列女一五作「馬德」，據改。

〔一四〕劉孔訓妻苗氏　「劉」，原脱，據乾隆志及同治畿輔通志卷二五九列女一五補。

〔一五〕高良宰妻武氏　「武」，原作「張」，據乾隆志及同治畿輔通志卷二五九列女一五改。

〔一六〕趙功正妻佘氏　「功正」，乾隆志同，同治畿輔通志卷二六〇列女一六作「正助」。「佘氏」，乾隆志及同治畿輔通志皆作「郭氏」，此「佘」疑爲「郭」字之誤。

〔一七〕孟琦妻周氏　「琦」，乾隆志作「珂」，疑誤；同治畿輔通志卷二六〇列女一六作「琪」。

〔一八〕計肇賢妻徐氏　「肇」，同治畿輔通志卷二六〇列女一六作「兆」。

〔一九〕石成妻蘇氏　同治畿輔通志卷二六〇列女一六作「石成玉」，此疑脱「玉」字。

〔二〇〕穆開聘妻常氏　同治畿輔通志卷二六〇列女一六：「胡開聘妻常氏。」又載：「穆開聰妻張氏。」按穆開聰當非此穆開聘，此「穆」疑爲「胡」字之誤。

〔二一〕北平土貢　「北平」，乾隆志同。按新唐書卷三九地理志三：平州北平郡土貢「蔓荆實」。此疑脱「郡」字。

〔二二〕按舊志載唐書地理志盧龍土貢熊鞹北平郡土貢人參　乾隆志同。按新唐書卷三九地理志三：平州北平郡土貢：熊鞹、人葠。平州治盧龍縣不載土貢，此引舊志以平州土貢誤釋爲盧龍縣土貢。

河間府圖

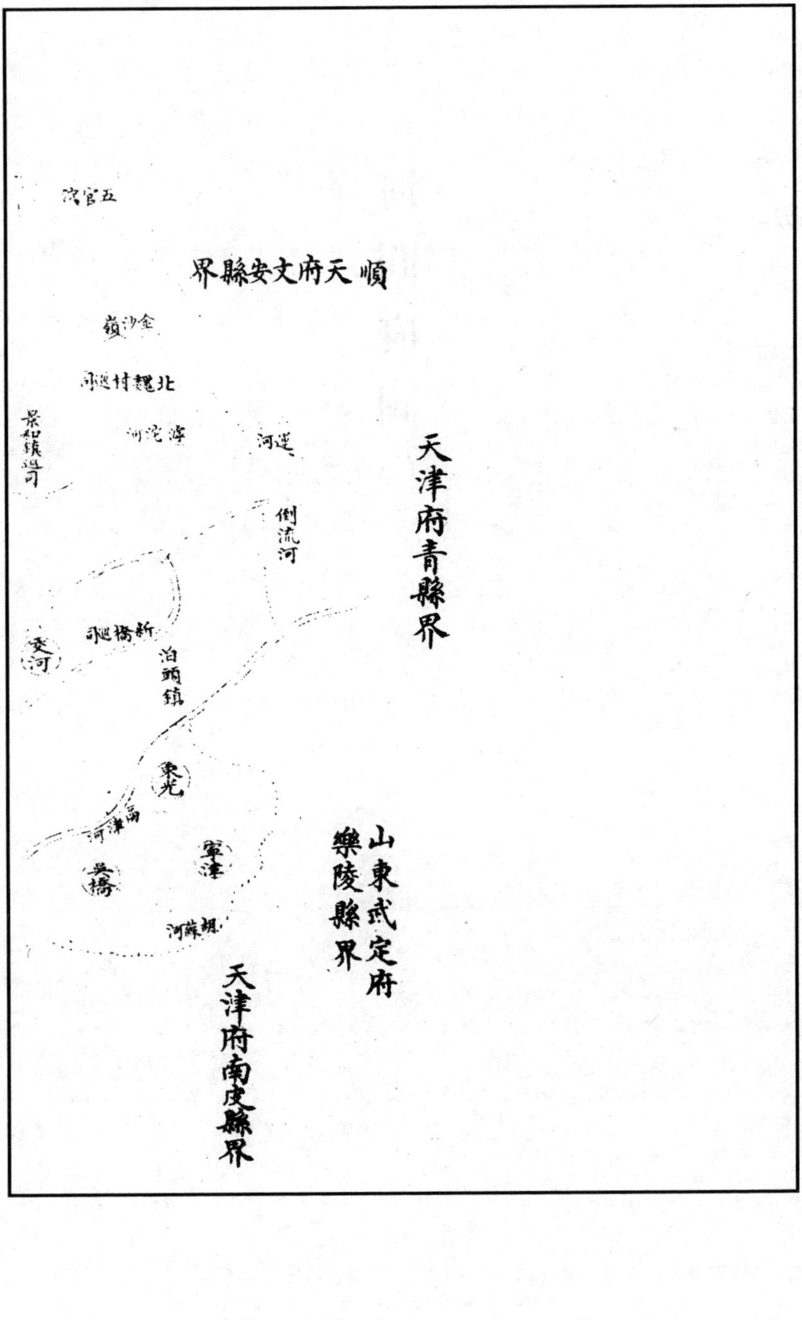
五官淀
順天府文安縣界
金沙嶺
北魏村巡司
滹沱河
運河
景和鎮巡司
天津府青縣界
倒流河
新橋巡司
交河
泊頭鎮
東光
富津河
吳橋
寧津
胡蘇河
山東武定府樂陵縣界
天津府南皮縣界

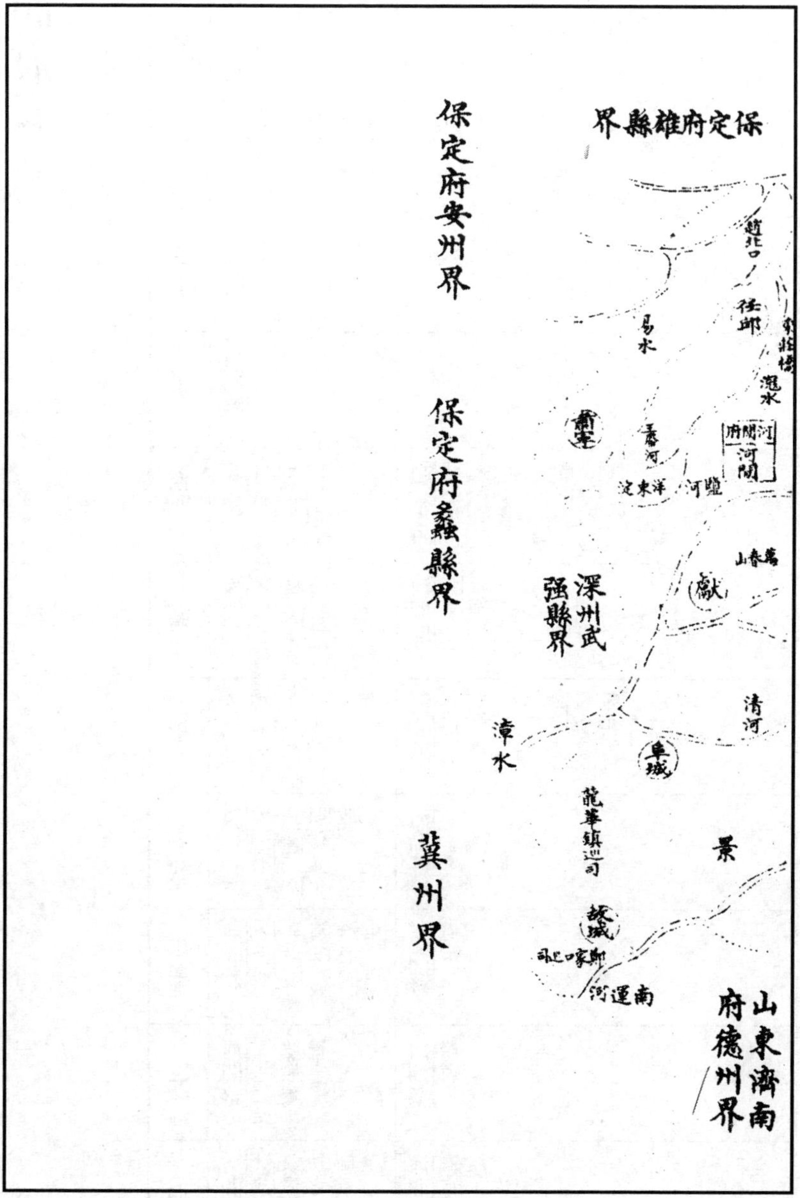
保定府雄縣界
保定府安州界
保定府蠡縣界
深州武强縣界
冀州界
山東濟南府德州界
易水
滹沱水
漳水
清河
河間府
獻
阜城
景
故城
南運河
龍華鎮巡司

河間府表

	河間府	河間縣
秦	鉅鹿、上谷二郡地。	
兩漢	河間國 文帝置，治樂成。後漢初省，和帝永元二年復置。	武垣縣 屬涿郡。後漢屬河間國。 州鄉縣 屬涿郡。後漢省入武垣。
三國	河間國	武垣縣
晉	河間國	武垣縣
南北朝	瀛州 河間郡 後魏太和十一年置州。	趙都軍城 後魏州治，不置縣。 武垣縣 後魏移河間郡來治。
隋	河間郡 開皇初郡廢，大業初改州爲郡。	河間縣 大業初置郡治。 武垣縣 大業初省入河間。
唐	瀛州 武德四年復置州，屬河北道。	河間縣 州治。 武德五年復置。貞觀元年省。
五代	瀛州 晉天福初屬遼。周顯德元年收復。	河間縣
宋金附	河間府 宋大觀二年升府，屬河北東路。金爲河北東路治。	河間縣 府治。
元	河間路 至元二年改路，屬中書省。	河間縣 路治。
明	河間府 洪武元年復府，永樂初直隸京師。	河間縣 府治。

續表

	獻縣
東州縣 屬勃海郡。後漢屬河間國。	河間國 文帝置。後漢初省，永元中復置。 樂成縣 國治。 中水縣 屬涿郡。後漢屬河間國。 阿武縣 屬涿郡。後漢省。
東州縣	河間國 樂成縣 中水縣
東州縣 屬章武國。	樂成縣 改成爲城。 中水縣
東州縣 齊省。	樂城縣 後魏太和十一年徙置，屬河間郡。 中水縣 齊天保七年省。
東城縣 開皇十六年改置，屬河間郡。	樂壽縣 開皇十八年改名廣城，仁壽元年又改。
東城縣 屬瀛州。	樂壽縣 初屬瀛州，後屬深州。
東城縣	樂壽縣
宋省入河間，元祐元年復置。金復省。	獻州 金天會七年置壽州，天德三年改名，屬河北東路。 樂壽縣 宋至道三年還屬瀛州。
	獻州 屬河間路。 樂壽縣
	獻縣 洪武七年降縣，屬河間府。 省入州。

續表

阜城縣	肅寧縣	任丘縣
阜城縣屬勃海郡。後漢徙廢。蒲領縣屬勃海郡。後漢省。弓高縣屬河間國。	武垣縣地。	
弓高縣		
阜城縣復置。省。		
阜城縣後魏分屬武邑郡。		齊置任丘縣。
阜城縣屬信都郡。	河間縣地。	開皇初省，後復置，大業末省。
阜城縣初屬觀州，後屬冀州。天祐二年改名漢阜。		任丘縣武德五年復置，屬鄚州。
阜城縣後漢復改。		任丘縣
阜城縣宋屬永都軍，元祐八年，省入東光，熙寧十年復置。金屬景州。	宋雍熙初置平虜砦，景德二年改名肅寧城。金升爲肅寧縣。	任丘縣宋移州來治。
阜城縣	肅寧縣至元二年省，尋復置，屬河間路。	任丘縣屬莫州。
阜城縣屬河間府。	肅寧縣屬河間府。	任丘縣屬河間府。

續表

				交河縣
	鄚縣 屬涿郡。後漢屬河間國。	阿陵縣 屬涿郡。後漢省。	高郭縣 屬涿郡。後漢省。	建成縣 屬勃海郡。後漢省入成平。
	鄚縣			
	鄚縣			
	鄚縣 後魏屬河間郡。			
	鄚縣 開皇中分置永寧縣，尋省，仍屬河間郡。			
鄚州 景雲二年置，開元十三年改「鄚」爲「莫」。	鄚縣 初屬瀛州，後爲州治，開元十三年改「鄚」爲「莫」。	長豐縣 開元十年置利豐，尋改名，屬鄚州。		
莫州 晉初入遼。周顯德六年收復。	莫縣	長豐縣		
莫州 金貞祐二年省。	宋熙寧六年省入任丘。金改置莫亭縣。	宋省入任丘。		交河縣 金大定七年析置，屬獻州。
莫州 初復置，屬河間路。	莫亭縣 州治。			交河縣 至元二年省入樂壽，尋復置。
省。	省入任丘。			交河縣 屬河間府。

	寧津縣
成平縣 屬勃海郡。後漢屬河間國。景城縣 屬勃海郡。後漢省。	東光縣地。
成平縣	
成平縣	
成平縣 後魏延昌二年移置，屬章武郡。	
景城縣 開皇十八年復故名，屬河間郡。	胡蘇縣 開皇十六年置，屬平原郡。
景城縣 屬瀛州。	臨津縣 武德初，爲滄州治，貞觀元年屬觀州，十七年仍屬滄州。天寶元年改名，屬景州。
景城縣	臨津縣 周屬滄州。
宋省入樂壽。	宋熙寧六年省入南皮。金改置寧津縣，屬景州。
	寧津縣 初屬濟南路，至元二年屬河間路。
	寧津縣 屬河間府。

續表

	景州	吳橋縣
臨樂縣 屬勃海郡。後漢省。	脩縣 屬信都國。後漢屬勃海郡。 脩市縣 屬勃海郡。後漢省。 龍頟縣 屬平原郡。後漢省。	
	脩縣	
新樂縣 改置，屬樂陵國。	脩縣	
後魏省。	脩縣	
	蓨縣 開皇五年改名，屬信都郡。	
	蓨縣 初屬觀州，貞觀中屬德州，後屬冀州。	
	蓨縣	安陵縣
	蓨縣 金屬景州。	宋景祐二年省入將陵。金改置吳橋縣，屬景州。
	景州 至元二年移置，屬河間路。 蓨縣 初升元州，尋復縣，爲州治。	吳橋縣
	景州 屬河間府。 省入州。	吳橋縣

續表

	東光縣
安縣 屬平原郡。後漢省。 重平縣 屬勃海郡。後漢省。	東光縣 屬勃海郡。
	東光縣
東安陵縣 改置，屬勃海郡。	東光縣
安陵縣 後魏去「東」字。	勃海郡 東魏移置。 東光縣 東魏郡治。
大業初併入東光。	開皇初廢郡，九年置觀州，大業初廢。 東光縣 屬平原郡。
安陵縣 武德四年復置，屬觀州。貞觀中屬德州，永徽二年移今治。	景州 武德初復置觀州，貞觀十七年廢，貞元二年改置。 東光縣 初屬觀州，又屬景州，後爲州治。
	定遠軍 周廢州置軍，屬滄州。 東光縣 軍治。
	永静軍 宋景德元年改名，屬河北東路。金初仍爲景州，大安中改觀州。 東光縣 金州治。
	初復改景州，至元二年徙廢。 東光縣 屬景州。
	東光縣

續表

	故城縣
候井縣屬河間國。後漢省。	廣川縣屬信都國。後漢省。 歷縣屬信都國。後漢省。
	齊爲棗強縣地。
弓高縣開皇十六年改置，屬平原郡。	長河縣地。
弓高縣武德初爲觀州治，後廢，屬滄州，尋爲景州治。	元和四年移長河縣來治，屬德州，十年徙廢。
周省入東光。	
	故城縣初置，屬景州。
	故城縣

大清一統志卷二十一

河間府一

在直隸省治南一百四十里。東西距一百六十里，南北距三百四十五里。東至天津府青縣界一百里，西至保定府蠡縣界六十里，南至山東濟南府德州界二百二十五里，北至保定府雄縣界一百二十里。東南至天津府南皮縣治一百四十里，西南至冀州治二百三十里，東北至順天府文安縣治一百三十里，西北至保定府安州治一百四十里。自府治至京師四百一十里。

分野

天文尾、箕、析木及虛、危、玄枵之次。今府治及各縣皆尾、箕之宿，爲燕分野，景州則虛、危之宿，爲齊分野。

建置沿革

禹貢冀州之域。南境兼屬燕。春秋爲兖、齊及晉東陽地。戰國爲燕、趙二國之境。戰國策：張儀説趙武靈王，「割河間以事秦。」秦爲鉅鹿、上谷二郡地〔一〕。按漢書：「樊噲從攻秦，河間守軍于杠里。」是秦時已有河間郡，然不知治在何所〔二〕。漢初爲鉅鹿、涿二郡地，文帝二年始分置河間國〔三〕，治樂成。今獻縣。屬冀州。後漢初併入信都國。和帝永元二年復置。晉因之。後魏初爲河間郡，屬定州。太和十一年始分定、冀二州置瀛州。寰宇記：「以瀛海爲名。」隋開皇初廢郡存州，大業初復改州爲河間郡。唐武德四年復曰瀛州。天寶元年復曰河間郡。乾元元年復曰瀛州。屬河北道。五代晉天福元年割屬遼。周顯德元年收復。

宋仍曰瀛州河間郡，大觀二年升爲河間府，置瀛海軍節度。屬河北東路。金天會七年爲河北東路治，置總管府。正隆間復置瀛海軍節度。

元至元二年置河間路總管府。屬中書省。明洪武元年曰河間府。永樂初直隸京師。

本朝初因之，領州二，縣十六。順治十六年省興濟縣〔四〕。雍正三年以静海、青二縣改屬天津州，七年升滄州爲直隸州，以南皮、鹽山、慶雲、東光四縣屬之，九年以南皮、鹽山、慶雲屬天津府，東光縣復來屬。今領州一、縣十。

河間縣。附郭。東西距七十三里，南北距六十里。東至獻縣界七十里，西至肅寧縣界三里，南至獻縣界二十五里，北至任丘縣界三十五里。東南至獻縣界二十五里，西南至肅寧縣界十二里，東北至順天府大城縣界一百十里，西北至保定府高陽縣界二十里。漢置州鄉、武垣二縣〔五〕，俱屬涿郡。後漢省州鄉，以武垣屬河間國。晉因之。後魏太和十一年移河間郡治武垣，又置瀛州於縣之趙都軍城。隋大業初置河間縣爲河間郡治〔六〕，省武垣入焉。唐爲瀛州治。宋爲河間府治。金因之。元爲河間路治。明爲河間府治。本朝因之。

獻縣。在府南六十里。東西距百四十里，南北距七十五里。東至天津府青縣界一百里，西至深州饒陽縣界四十里，南至交河縣界四十里，北至河間縣界三十五里。東南至交河縣治五十里，西南至深州武強縣界二十五里，東北至青縣治一百六十里，西北至肅寧縣治八十里。本漢樂成縣，爲河間國治。後漢因之。晉曰樂城，仍爲國治。後魏太和十一年徙郡治武垣，以縣屬之。隋開皇十八年改曰廣城，仁壽元年又改曰樂壽，仍屬河間郡。大業末，竇建德都此。唐武德四年，建德平，還屬瀛州。大曆中改屬深州，元和十年復隸瀛州，後又改屬深州。五代因之。宋至道三年還屬瀛州。金天會七年升爲壽州，天德三年改曰獻州，屬河北東路。元至元二年廢州，仍爲樂壽縣，未幾復爲州，屬河間路。明初省縣入州，洪武八年又降州爲獻縣，屬河間府。本朝因之。

阜城縣。在府南百四十里。東西距三十六里，南北距三十里。東至東光縣界三十里，西至冀州武邑縣界六里，南至景州界二十五里，北至交河縣界八里。東南至景州界三十里，西南至武邑縣界十五里，東北至交河縣界三十五里，西北至深州武強縣治六十里。漢置阜城縣，屬勃海郡。後漢徙廢。晉復置。後魏分屬武邑郡。隋開皇九年屬觀州，大業二年屬信都郡。唐武德四年屬觀州，貞觀十七年屬冀州，天祐二年改曰漢阜。五代漢復故。宋淳化元年屬永靜軍，嘉祐八年省爲鎮入東光，熙寧十年復置。金屬景州。元因之。明洪武七年屬河間府。本朝因之。

肅寧縣。在府西四十里。東西距五十七里，南北距四十里。東至河間縣界三十七里，西至保定府蠡縣界二十里，南至深州饒陽縣界二十里，北至保定府高陽縣界二十里。東南至獻縣治八十里，西南至深州安平縣治九十里，東北至任丘縣治八十里，西北至保定府高陽縣治六十里。本漢武垣縣地，隋、唐爲河間縣地，宋雍熙初置平虜寨〔七〕，景德二年改爲肅寧城。金升爲縣，屬河間府。元至元二年廢爲鎮，入河間縣，尋復置，屬河間路。明屬河間府。本朝因之。

任丘縣。在府北七十里。東西距八十五里，南北距九十三里。東至順天府大城縣界七十里，西至保定府高陽縣界十五里，南至河間縣界三十五里，北至保定府雄縣界五十八里。東南至河間縣界四十里，西南至肅寧縣治八十里，東北至順天府文安縣治七十里，西北至保定府安州治七十里。本戰國燕鄚邑。漢置鄚、阿陵、高郭三縣，俱屬涿郡。後漢省阿陵、高郭二縣，以鄚縣屬河間國。晉因之。後魏及隋屬河間郡。唐武德四年改屬滿州〔八〕，五年分置任丘縣，屬瀛州。景雲二年於鄚縣置鄚州，併領任丘。開元十三年改「鄚」爲「莫」。天寶初改州爲文安郡，乾元元年復曰莫州，屬河北道。五代晉天福元年地入遼。周顯德六年收復。宋熙寧六年省莫縣入任丘，移州治之，屬河北東路。金貞祐二年，州縣俱廢，改置莫亭縣〔九〕。元初復於莫亭置莫州，併置任丘縣屬之。至元二年，州縣俱省入河間，後復置，屬河間路。明洪武七年省莫州入任丘，屬河間府。本朝因之。

交河縣。在府東南一百十里。東西距八十里，南北距四十八里。東至天津府南皮縣界五十里，西至深州武强縣界三十里，南至東光縣界八里，北至獻縣界四十里。東南至東光縣界六里，西南至阜城縣治四十五里，東北至天津府青縣界一百五里，西北至獻縣界二十里。漢置建成、成平、景城三縣，皆屬勃海郡。後漢省建成、景城，以成平屬河間國。晉因之。後魏延昌二年移縣治故景城，屬章武郡。隋開皇十八年改成平曰景城，屬河間郡。唐武德四年屬瀛州，貞觀元年屬滄州，大曆七年還屬瀛州，長慶二年分屬景州，大中後又屬瀛州。宋熙寧六年省景城入樂壽縣。金大定七年始分樂壽置交河縣，屬獻州。元至元二年又省入樂壽，尋復置。明洪武七年屬河間府〔一〇〕。本朝因之。

寧津縣。在府東南二百三十一里。東西距八十里，南北距六十五里。東至山東武定府樂陵縣界五十里，西至吴橋縣界三十里，南至山東濟南府德平縣界二十五里，北至天津府南皮縣界四十里。東南至武定府治一百三十里，西南至濟南府德州界三十五里，東北至天津府滄州界四十五里，西北至東光縣治七十里。本漢東光、臨樂二縣地，屬勃海郡。後漢省臨樂。晉置新樂縣，屬樂陵國〔一一〕。後魏省。隋開皇十六年置胡蘇縣，屬平原郡。唐武德四年屬觀州，六年屬滄州，仍移州來治。貞觀元年，州還治清池，仍以縣屬觀州，十七年又屬滄州。天寶元年改名臨津。貞元三年屬景州，長慶元年還屬滄州，二年又屬景州，太和四年又屬滄州，景福元年仍屬景州。五代周顯德二年還屬滄州。宋熙寧六年省入南皮縣。金改置寧津縣，屬景州。元初屬濟南路，至元二年屬河間路。明屬河間府。本朝因之。

景州。在府東南一百九十里。東西距八十八里，南北距六十五里。東至吴橋縣界十八里，西至冀州棗强縣界七十里，南至山東濟南府德州界三十五里，北至阜城縣界三十里。東南至吴橋縣治四十里，西南至故城縣界八十里，東北至東光縣界四十里，西北至冀州武邑縣界八十里。漢置修縣〔一二〕，屬信都國。後漢改屬勃海郡。晉及後魏因之。隋開皇五年改「修」曰「蓨」，仍屬信都郡。唐武德四年於弓高縣置觀州，以縣屬之。貞觀十七年州廢，改屬德州，永泰元年還屬冀州。五代、宋因之。金始以蓨縣屬景州。元初升爲元州，後復爲蓨縣，至元二年自東光移景州來治，屬河間路。明初省蓨縣入州，屬河間府。本朝因之。

吴橋縣。

在府東南二百四十里。東西距四十五里，南北距六十五里。東至寧津縣界二十五里，西至景州界二十里，南至山東濟南府德州界二十五里，北至東光縣界四十里。東南至濟南府陵縣界三十里，西南至德州界二十五里，東北至寧津縣治五十里，西北至景州治四十里。漢置安縣，屬平原郡。後漢省。晉置東安陵縣，屬勃海郡。後魏去「東」字〔一三〕。隋大業初併入東光。唐武德四年復置安陵縣，屬觀州。貞觀十七年屬德州。宋景祐二年省入將陵縣。金始分將陵之吴橋鎮置吴橋縣，屬景州。元、明因之。本朝屬河間府。

東光縣。

在府東南一百六十里。東西距六十五里，南北距五十五里。東至天津府南皮縣界三十五里，西至阜城縣界三十里，南至吴橋縣界二十里，北至南皮縣界三十五里。東南至寧津縣治六十里，西南至景州治六十里，東北至南皮縣治四十五里，西北至交河縣治四十里。漢置東光縣，屬勃海郡。後漢至晉、魏因之。東魏移勃海郡於此〔一四〕。隋開皇初郡廢，九年於縣置觀州；大業初，州廢，以縣屬平原郡。唐武德四年於弓高置觀州，以縣屬之。貞觀十七年州廢，縣屬滄州。貞元二年又於弓高置景州，以縣屬之。長慶元年州廢，還屬滄州；二年又屬景州。太和四年又還滄州，景福元年又屬景州。天祐五年移州來治。五代周顯德二年廢景州爲定遠軍，屬滄州。宋太平興國六年以軍直隸京師。景德元年改曰永静軍，屬河北東路。金初仍升爲景州，大安中避諱改曰觀州〔一五〕。元初復曰景州，至元二年始移州治蓨縣，以東光爲屬縣。明因之。本朝屬河間府，雍正七年改屬滄州，九年還屬河間府。

故城縣。在府南二百八十里。東西距七十五里，南北距五十五里。東至山東濟南府德州界二十五里，西至冀州棗强縣界五十里，南至山東東昌府武城縣界二十五里，北至景州界三十里。東南至東昌府恩縣界十八里，西南至武城縣界二十五里，東北至德州界二十里，西北至景州界三十里。漢置廣川、歷二縣，皆屬信都國。後漢省歷縣爲廣川縣地。北齊爲棗强縣地。隋爲長河縣地。唐元和四年移長河縣治此；十年又徙廢。元初以唐故長河縣置故城縣〔一六〕，屬河間路；至元二年併爲故城鎮，是年復置，屬景州。明因之。本朝屬河間府。

形勢

九河之會，五壘之居。寰宇記。東瀕滄海，西麓太行。古碑記。南枕滹沱，北背高河。元獻州記。當水陸要衝，四方供億皆取給焉。元史地理志〔一七〕。北據三關，南面九河。府志。

風俗

河間之民，其氣清，厥性相近。爾雅疏。人性敦厚，務在農桑。隋書地理志。質厚少文，多專經術，大率氣勇尚義，號爲强忮。土平而近邊，習於戰鬬。宋史地理志。古稱禮樂之國，衣冠文物之盛，比於鄒魯。元李繼本送董景寧序。寡求不争，有古人風。元獻州記。俗尚祈禱，信鬼神。圖經。

城池

河間府城。周十六里，門四，濠廣五丈。宋熙寧中築，明萬曆十年甃甎。本朝乾隆九年修。河間縣附郭。

獻縣城。周六里，門四，濠廣三丈。金天會八年建，明成化二年重建。本朝康熙七年修，乾隆三年重修。

阜城縣城。舊土城，周五里，門四，環城爲濠，濠外有隄。明成化二年拓東城二里，增設二門。本朝康熙九年修，乾隆十年重修，四十四年甃甎。

肅寧縣城。舊土城，周六里。明天啓五年改建甎城，周六里有奇，門二，濠廣四丈，外又爲土牆，周八里。本朝康熙五十六年修，乾隆十六年重修。

任丘縣城。周五里有奇，門四。明洪武七年築，萬曆三十八年甃甎，濠廣五丈，引玉帶河水，外有護城隄。本朝乾隆十六年修。

交河縣城。周六里，門四。明弘治中築，隆慶中甃甎。本朝康熙十年修，乾隆十六年重修。

寧津縣城。周三里，門四，濠廣一丈五尺。明景泰三年築，隆慶二年甃甎。本朝乾隆十七年修，三十三年重修。

景州城。舊土城，周四里，門四，濠廣二丈。元天曆間築。本朝康熙十一年修，乾隆九年撤舊增築，二十三年改建甎陴。

吳橋縣城。周四里有奇，門四。明正統二年因舊址築，崇禎十一年改建甎城。

東光縣城。舊土城，周三里有奇。明崇禎十一年改建甎城，周六里，門四，濠廣三丈。本朝康熙十年修，乾隆十三年重修。

故城縣城。周四里，門四，濠廣二丈五尺。明成化二年築。本朝康熙六年修，乾隆十五年重修。

學校

河間府學。在府治東南。元至元六年建。本朝順治八年修，康熙三年，乾隆十三年、十八年重修。入學額數二十名。

河間縣學。在縣治西南隅。舊在縣治北，明弘治四年遷此。本朝順治八年修，康熙十七年、乾隆十七年重修。入學額數二十三名。

獻縣學。在縣治西。元時建。本朝康熙元年修，雍正十年，乾隆五年、十二年重修。入學額數十八名。

阜城縣學。在縣治東南。明永樂四年建。本朝康熙九年修，四十九年，雍正十二年重修。入學額數十八名。

肅寧縣學。在縣治東北。元大德六年建。本朝康熙二十三年修，五十二年，雍正十一年，乾隆五年、十一年重修。入學額數十二名。

任丘縣學。在縣治東。明洪武三十年建。本朝康熙三十年修，雍正七年重修。入學額數二十三名。

交河縣學。在縣治東。明洪武中建。本朝康熙十年修。入學額數十五名。

寧津縣學。在縣治西南。明洪武初建。本朝康熙年間修。入學額數十八名。

景州學。在州治東南。明洪武初建。本朝康熙九年修，三十七年，乾隆六年重修。入學額數二十三名。

吴橋縣學。在縣治東。元元貞二年建。本朝順治八年修。入學額數十五名。

東光縣學。在縣治西北。明洪武初建。本朝順治八年修，康熙十年重修。入學額數十五名。

故城縣學。在縣治東南。明隆慶元年建。本朝康熙六年修。入學額數十五名。

瀛洲書院。舊在府城東南，明河間知縣王遇賓建。本朝乾隆十七年，河間府知府杜甲改建於府學西南隅。

毛公書院。在河間縣城北三十里。元河間路總管王思誠建。本朝乾隆二十三年，知縣吴山鳳重建。

萬春書院。在獻縣城内。本朝乾隆二十五年，知縣萬廷蘭建。

日華書院。在獻縣。本朝乾隆四十六年，知縣黄碧海建。

東州書院。在肅寧縣城内。本朝乾隆二十四年，知縣范森建。

桂巖書院。在任丘縣城内。本朝乾隆十八年，知縣陳文合建。

瀛南書院。在交河縣城内。本朝乾隆二十年，知縣董元記建，嘉慶二十五年重修。

董子書院。在景州城内。本朝康熙四十三年，知州周越建，即董子祠。一在廣川鎮，元至正中，總管王思誠建。

甘陵書院。在故城縣。本朝雍正六年，知縣蔡惟義建。

户口

原額人丁二十三萬四千三百六十二，今滋生男婦大小共一百六十一萬五千九百五十五名口，計三十一萬五千一百四十三户。

田賦

田地七萬一千五百三十一頃七十畝九分有奇，額徵地丁正、雜銀二十萬六千三百五十三兩一錢六分七釐，屯米一千四十一石八斗九升六合八勺。

山川

萬春山。在獻縣東十里。種桃萬樹，爛然如錦。

雲臺山。在獻縣東南十五里。

白草山。在獻縣北十八里。

建成山。在獻縣境。縣志：「漢嘗以此名縣，高祖封曹參爲建成侯，又封呂澤爲建成侯〔一八〕。又公沙穆嘗居建成山，依林阻爲室。」

天胎山。在東光縣南。隋書地理志：東光縣「有天胎山」。寰宇記：「小天胎山，在東光縣界〔一九〕。古傳台星隕而結此山也。」明統志：「在縣南十里。南臨靳河。」縣志：「亦名天臺山。」

魯陽山。在東光縣西南。名勝志云：「唐李頎詩：『舉頭遥望魯陽山，木葉紛紛向人落。』蓋屬安陵東北。」

青山。在東光縣西北三十里。高數丈，周四五里。縣志云：「即古觀津地，漢文帝竇皇后父墜淵而卒，景帝遣使填所墜而葬，起大墳，號曰竇氏青山。」

樂壽巖。在獻縣西南十里。隋改縣名樂壽以此。竇建德自號長樂王，都樂壽，其所居金城宮在巖之西，今廢。

白馬峯。在任丘縣南。狀如白馬，故名。明孫禎築廬其上，李東陽贈以詩，有「草堂遥對白峯寒」之句。

金沙嶺。在任丘縣東四十里。東西綿亘凡數十里，隱約蜿蜒，如見如伏，斷處有細沙流出如金，故名。

歡喜嶺。在故城縣西三里許。相傳雲中楊叔敬以事客故城數年，其子温自籍來省，邂逅嶺旁，不勝喜躍，因以名之。

滹沱河。自趙州之寧津縣與滏陽河合〔二〇〕，經冀州武邑、武强流入府境，由獻縣西南之完固口，分爲二：一由縣北之臧家橋入河間縣，又曰沙河，以城東四十里有沙河橋也，下流過龍華橋入順天府大城縣境，經東西子牙村，爲子牙河；其一由完固口分流至獻縣南之單家橋，又東經滄州杜林鎮，至青縣鮑家嘴入於南運河，此滹沱故道也。嗣以濁流淤運，且運河當盛漲時，水不能下。本朝雍正四年塞完固口，使專循臧家橋東行，其疏濬工程，詳見順天、天津二府志。按滹沱河古今遷徙不一，漢志：成平縣，「滹沱河，民曰徒駭河」，樂成縣，「滹沱別水首受滹沱河，東至東光入滹沱河」，弓高縣，「滹沱別河首受滹沱河，東至平舒入海」。在今獻縣、交河、阜城之地，故瀆久湮難考。寰宇記：「滹沱河，在河間縣西二十里，舊經武垣城北，後魏太和中，刺史王質掘直之〔二一〕。」又云：「滹沱河自高陽東流經鄚縣南二里〔二二〕，至莫州金口分界，又東入文安縣界。」在今府境西北，此唐、宋時故道也。今滹沱上流自冀州即會滏陽，至獻分流而完固口，又經堵塞南北經流，皆與古異矣。

漳河。俗名老漳河。自山東丘縣分流，歷廣平北流至故城縣界，經縣西又北逕景州西，又東北逕阜城西北，又東北逕交河縣南，又東北至滄州西界，與故滹沱河合。又北至青縣鮑家嘴入南運河。漢書地理志：「清漳水東北至阜城入大河。」水經注：「衡漳水自東昌合口分爲李聰渙，又東逕弓高縣故城北。又東北，右合柏梁溠水〔二三〕，謂之柏梁口。又東北，右會桑杜溝，謂之陽決口。又東逕阜城縣故城北，樂城縣故城南。又東北過成平縣南，又東逕建城縣故城南。又東，右會陽津溝水，謂之陽津口〔二四〕。又東，左會滹沱别河故瀆。又東北入清河，爲合口。」金史地理志：蓨縣、阜城、東光俱有漳河。按漳河，自魏縣會滏陽、子牙達海之正流，久已堙塞無考，惟自丘縣隄上邨至青縣鮑家嘴六百餘里，舊迹尚存，而隨地異名，在故城則曰索盧河，亦曰枯河，以地求之，或即酈注謂桑杜津，索盧、桑杜音近而訛也。在景州則曰張甲河，漢志云：信城縣，「張甲河首受屯氏别河」。信城，今屬廣平府清河縣西北有古黄河是也。在阜城則曰劉麟河，亦曰流泠河，俗傳劉麟渡此而名。在交河則曰絳水，邑舊名絳陽以此。今諸水皆爲空瀆，惟夏秋之交，積潦所歸，宛成巨浸。而景州境内之普頭河、漫河，阜城縣境内之古沙河，交河縣境内之亭子河、新挑溝〔二五〕、賈家莊引河，獻縣境内之西黑龍港及大城、青縣之各支河，瀝水所匯，悉由鮑家嘴下注運河。每遇運河盛漲，不特不能分洩，反虞倒灌而西。本朝乾隆年間將諸州縣支水，悉加疏濬通流，會於吴家窪，而鮑家嘴終虞渾淤易塞，仍復濬滹沱故道，下注於千金泊，歸子牙河入海。於是漳河及諸無源瀝水，無泛濫之患。

南運河。即衛河下流。衛河自山東館陶縣與漳水合流，北至臨清，會濟、汶、洸、沂、泗五水，名南運河。由清河、武清諸縣入郡境，經故城縣之鄭鎮，東行入山東德州、恩縣。又東復入故城，經南關抵孟灣。又入德州，經四女寺及哨馬營諸壩，至半截碑，入景州境至清水灣，經吴橋縣境。又東北經東光縣，又北至楊家圈，入交河縣境。又北則經天津府屬之南皮、滄州、青縣、静海諸境，而達於天津入海。亦曰永濟渠，又名御河，本古清河也。水經注：「清河自東武城東北逕棗强縣故城西，又北逕廣川縣故城南，又東北逕歷城縣故城南。又東北，左與張甲屯絳故瀆合，又經修縣故城南，屈逕其城東。又東北，左與横漳支津故瀆合〔二六〕。又東北逕修縣故城東，又東北逕邸閣城東，又東至東光縣西，南逕胡蘇亭〔二七〕。又東北，右會大河故瀆，又逕東光縣故城西，又東北逕南皮縣故城西。」寰宇記：「永濟渠，在東光縣西二百步。」金史地理志：吴橋、東光、南皮，皆有永濟渠。張希良河防考：「故城縣河道，北自恩縣界，南至武城縣界，長十六里。景州河道，西岸北自吴橋縣界，南至德州衛界，長二十四里。吴橋縣河道，北自東光縣界，西岸南至景州，東岸南至德州衛界，長二十四里。東光縣河道，西岸北自交河縣界，東岸北自南皮縣界，南至吴橋縣界，長六十里。交河縣河道，西岸北自天津衛界，南至東光縣界，長八十二里。」本朝乾隆二年以後增築隄壩，屢經疏引，水勢暢流，運道通利。

古黄河。在府境。西漢時，大河由今山東德州流入，歷景州、吴橋、東光，與衛河合，又北至滄州入海。水經注：「大河故瀆自鬲縣又北逕修縣故城東，又北逕安陵縣西。又東北至東光縣故城西，而北與漳水合。」此西漢以前黄河故道也。東漢以後自千乘入海，而故道遂爲漳、衛所占。至宋時復由此。宋史河渠志：「皇祐元年，河合永濟渠注乾寧軍入海，謂之北流。」永濟渠，即衛河，今故城、吴橋、景州、交河、東光諸州縣界中衛河所經，皆宋時大河北流之故道也〔二八〕。熙寧二年，河東徙由二股河，北流始閉。南渡後，益徙而南，北流遂絶。又河渠志：「熙寧元年，河溢樂壽埽。元豐五年，河溢阜城下埽。」樂壽、阜城，衛河俱不入其界，而亦被河決之患，蓋其時河流横決，南合於衛，又北溢於漳也。按今吴橋縣南有老黄河，傳即古之鬲津，又有鉤盤河，亦在縣之西南，蓋皆唐時河流決入之道，非禹河舊蹟也。老黄河導山東恩縣四女寺閘之水，北行至吴橋之玉泉莊，會鉤盤河入寧津縣，又北轉東入南皮縣，下游至山東海豐縣大沽河口入海。本朝康熙三十六年，漳水復出館陶、臨清以北，運河驟漲；四十四年，建四女寺減水閘。雍正四年改爲滚水壩，九年挑濬引河入九龍口，并疏老黄河故道；十三年復於哨馬營建滚水壩，開濬引河，由陳公隄至曹家口入鉤盤，達於老黄河。乾隆六年、十三年、二十三年、二十九年，屢經籌議，凡直隸、山東境内，老黄河所經，一律濬治，暢流無阻。於是衛河汎漲，得資分洩，運道以安，民賴其利。又宣惠河在吴橋縣西北，本無源之水，乾隆四年開濬，受吴橋、東光諸縣瀝水，北至留河莊，古沙河亦由吴橋南來會之，復東北流入於老黄河歸海。

玉帶河。在肅寧縣東，即唐河下流。舊自蠡縣流入，與河間縣界接界，又東北接任丘縣界，爲鏡河。元史河渠志：「泰定三年，都水監言：河間路古陳玉帶河〔二九〕，自軍司口浚治，至雄州歸信縣界，以導淀濼積潦，注之易河。」舊志：「博野縣滋、沙、唐三水，由鐵燈竿口注洋東、五千二淀，東北流入肅寧縣境，爲中堡河，在縣東三十里。又東分爲玉帶河，在縣東三十五里。又經河間縣西門外，北入任丘縣界，爲鏡河。至縣南三里，會蓮花泊，又北環城爲濠，至縣東北會五龍潭。又東北會於五官淀。」鄭樵通志：「保定滋、沙、滱三水，舊自蠡縣引流而東，歷肅寧之五千淀，而達於雄縣之瓦濟河，中堡、玉帶二河，皆其經流處也。後自蠡縣北入高陽，歷新安、雄縣，而出任丘之趙北口，於是故道多湮，而玉帶河之名，亦移於順天府之保定縣矣。」

猪龍河。在肅寧縣西，即唐、沙、滋三水下流。自保定府蠡縣流入，又東北經高陽縣界，爲高陽河，匯於任丘縣西北白洋淀，又東注四角河。

四角河。在任丘縣西北五十七里。其水四達，諸淀匯流，東行至趙北口爲清河門，由柴禾淀入玉帶河。按四角河，即清河所自起，河身寬廣，有容受涵蓄之功，濁流皆澄，故得清河之名。古有七十二清河之説，其名率參錯難稽，今畧數其分派：則西自安州來者曰依城河，源出滿城之一畝、雞距二泉，合祈、蒲二水下流之金線、白草溝二河，及安肅漕河、望都九龍泉，至新安入淀；西北自安肅來者曰瀑河，即南易水，合雞爪、萍泉諸河，至新安之黑龍口入淀；西南自高陽來者曰豬龍河，即滱、沙、滋三水下流，合恒水、龍泉、平陽、當城、臙脂、郜、汊等河〔三〇〕，逕祁州之三岔口，匯爲豬龍河入淀；北自雄縣來者曰白溝河，上流爲巨馬河，有二派，一由涿州逕新城而南，合挾活、琉璃、胡良、鹽溝、廣陽、斗門、紫泉諸河，一由淶水逕定興而東，合北易、源泉、中易、遒闌、子莊溪諸河，匯爲白溝河入淀。此清河諸派之瀦爲西淀而皆匯流於四角河下流之清河門者。考桑欽水經以清河爲派河尾，而酈注舉清、淇、漳、洹、滱、易、淶、濡、沽、滹沱十水以實之。今惟淇、漳入衛，滹沱爲格淀隄所限，自入於衛，其餘六水無不歸於東、西兩淀者，可見清河故道千載未易矣，故詳疏於此。

清河。在交河縣西二十五里，漳水支流也。自縣西南界北流經富莊驛，又東經劉解鎮，至縣東北六十里散流入滹沱河，亦名清河頭，一名鹽河，又名運糧河。相傳五代梁時趙王鎔於此運糧，以餉晉師，故名。又李村河，俗名土河，亦自縣西漳水分流，有西濟橋跨其上，流逕縣東之四十里李村橋，合清河。

倒流河。在交河縣東北九十里，一名蔡河。東境之水皆匯於此，西流四十里與滹沱河會爲三岔口，故曰倒流。又有哈螺河，在縣北十五里，下流亦入滹沱。

土河。在寧津縣南二十五里。自山東陵縣流入，又東入山東樂陵縣界。相傳即古篤馬河。又有遲河、流河，俱在縣東四十里，入於土河，謂之三渡口。又谷家河在縣北二十里，亦名龍灣。自吴橋縣東南流入縣界，下流亦合土河。

鬲津河。舊志：「寧津縣西三十里有古黄河。自吴橋縣流入，又東北入南皮縣界。兩岸廢隄，窿然峭立，俗謂之卧龍岡。」疑即漢時鬲津河也。宋時爲大河所經，禹貢蔡注：「黄河經樂陵、臨津〔三二〕、鹽山入海。」即此。本朝嘉慶十三年重加疏濬。按此即今所謂老黄河。

江江河。一作洚洚，亦名絳河。本受故城縣上游無源瀝水，至景州境，經江江村，故名。又東與大洋河合，入東光爲漫河，同歸於老黄河。本朝乾隆五年，知州屈成霖重加濬治，三十年即其地建行宫。高宗純皇帝南巡，有御製詩。

胡蘇河。在東光縣東南。爾雅九河之一。漢書溝洫志：「成帝時，許商以爲胡蘇河。」見在東光界中。寰宇記：「一名赤河，自臨津流經饒安、無棣入海。」舊志：「在東光縣東三里。」按府之南界滄、景、德、棣之間，本古九河所經之地，今考諸書，在府境者，唯胡蘇河爲有據，外此則吴橋之鬲津河，亦與古合。至如漢志以滹沱河爲徒駭，金志亦謂樂壽縣有徒駭河，徒駭河之本道，非滹沱也。又獻縣志載「鬲津枯河，在縣西二里；馬頰河，在縣東六十里；鈎盤河，在縣東南六十里」。乃後人鑿以導水，附會九河舊名，皆無足據。

靳河。唐書地理志：「東光縣南二十里有靳河，自安陵入浮河，開元中開。」

枯河。在故城縣西南五十里。東北流入阜城劉麟河。一名索盧河，又名黄瀘河。其水無源，數年一至，遇泛濫則波濤洶涌，旱輒涸。民播種其中，收穫倍利。按此即老漳河入故城之異名。

滱水故道。在河間、任丘二縣界。水經注：「滱水自高陽葛城又東北逕阿陵縣故城東，又東北注於易水。」寰宇記：「滱水枯瀆，在任丘縣西一里。」按今滱、易諸水皆匯於白洋淀，歸於玉帶河，故道莫辨。據水經注諸書，則易水在北，滱水在南，至河間、任丘始合也。

易水故道。在任丘縣西北三十里。自新安縣流入，與雄縣分界，又東入文安縣界。水經注：「易水自易縣東逕鄭縣故城北，又東至文安。」太平寰宇記：「易水在鄭縣北三十里〔三二〕。」又「濡水，在縣西二十里」。東合易水。按明志謂「易水在任丘縣西十六里，流逕獻縣，合滹沱河入海」〔三三〕，誤。

屯氏北瀆。在寧津縣南。水經注：「屯氏別河北瀆自繹幕，又東北逕重平縣故城南〔三四〕，又東入陽信縣。」按唐書地理志有「古毛河自臨津逕南皮縣入清池，開元十年開」，即屯氏之訛也。

鳴犢河故瀆。在景州西南。漢書地理志：靈縣，「河水別出爲鳴犢河，東北至脩入屯氏」。水經注：「鳴犢河，東入鄃縣，而北合屯氏瀆。又東北合大河故瀆，謂之鳴犢口。十三州志曰：鳴犢河東北至脩入屯氏，考瀆則不至也。」寰宇記：「鳴犢河，在東光縣東南。」本朝乾隆二十二年以後，高宗純皇帝南巡，御製河間道中雜詠有鳴犢河詩。

張甲河故瀆。在故城縣及景州界。漢書地理志：信成縣，「張甲河首受屯氏別河，東北至脩入漳水」。水經注〔三五〕：「張甲右瀆東北逕廣川縣故城西，又東逕棘津亭南，又東北至修縣東會清河。」舊志：「在景州西七十里。東北入阜城縣界。」寰宇記有「馬頰河，經蓨縣界」，今皆無考。按此即老漳河入景州異名。

從陂水。在景州北。水經注：「桑杜溝水自觀津東經修市縣故城北，又東會從陂，陂水南北十里，東西六十步，亦謂之桑杜淵。從陂南出，夾隄東派，逕蓨縣故城北，東合清漳。漳泛則北注，澤盛則南播，津流上下，互相逕通〔三六〕。從陂北出，東北分爲二川，一川北逕弓高城西而北注柏梁湰，一川東逕弓高城南，入衡漳。」舊志：「蓋即今之千頃諸窪也。」

長豐渠。有二，皆在河間縣。唐書地理志：「河間縣西北百里有長豐渠，貞觀二十一年，刺史朱潭開。又西南五里有長豐渠，開元二十五年，刺史盧暉自束城、平舒引滹沱東入淇通漕，溉田五百餘頃。」寰宇記：「長豐渠，自長豐縣東南束城縣界流逕長豐城西北，與古漕河合。」

通利渠。在任丘縣南。唐會要：「武德中鑿通利渠。開元四年，縣令魚思賢復開濬，以洩陂淀，自縣南五里至縣西北注滱水，得地二百餘頃。」〔三七〕土人名爲魚君陂。

惠民渠。在景州。景地平衍，德州故城上游瀝水入境，田廬屢被淹没。明宣德中，知州劉深自城北隄外開渠導入千頃窪，直達交、青，由運河入海。久不復治，嘉靖間，知州馬進階更自城南隄外轉西而北，鑿渠引注，民懷其惠，號其渠曰惠民。萬曆間，衛河水決，知州許東周復自城東隄外闢土開溝繞隄北注，合於大渠。本朝順治十年，河決老君堂羅家口，水勢浩瀚，護城隄隤，城復於隍，知州王瑞督民濬渠，積水頓消。康熙四十二年，雨潦爲災，知州周鉞疏渠拯溺。乾隆二年，迭被水患，知州程士數乃於上游衆水來歸之處，南曰大洋村，西曰江江村，各穿一渠，以殺水勢。其起自大洋村者，沿故道穿鑿，直抵城南故渠，以收南來之瀝水。其起自江江村者，繞西北屈徑而達於向化屯橋下，與大渠合，以收西方漫漶無垠之水。工未竣，知州屈成霖至，周覽喟然曰：「大洋、江江，州之氣口也；惠民渠其腹背，千頃窪其尾閭也。」爰踵其事，益加畚鍤，而工始告成，即地命名曰大洋河、江江河。乾隆十年挑築護城隄，延袤一十六里。又訪城東舊開水道，疏濬支河，達於大渠，自是一州之水悉匯惠民渠，東北入千頃窪，而州無水患。

大浦淀。寰宇記：「又名大廉陂，在河間縣南四十一里。下注滹沱，其決入處，謂之百道口。」

洋東淀。在肅寧縣東南三十里。舊時鐵燈竿諸水所匯，下流入中堡河，今湮。

狐狸淀。寰宇記：「在任丘縣西北二十里〔三八〕。莫縣東南隅中，有蒲柳，多葭葦。」

白洋淀。在任丘縣西北五十里鬬城村。周六十里，與安州、高陽、新安接界，衆水所匯，深廣四通，芰荷交匝，望之如江湖。詳保定府志。

掘鯉淀。在任丘縣北。寰宇記：「在莫縣西二十里。俗名掘柳淀。」旱則飛沙，澇則溟海。左太冲魏都賦云：「掘鯉之淀，蓋節之淵。」

五官淀。在任丘縣東北三十五里，舊名武溘淀。上流諸水，多匯於此。又趙家泊，在縣東二十里，亦流入五官淀。又三汫淀，在縣東北十三里，西接五龍潭，今多淤。

沙溪。在故城縣西北二十五里，一名南河。自武城縣流入，匯於縣西三十里之龍潭，又東北至景州境，注於千頃窪。

孟家溝。在故城縣東二里。自縣北達景州西爲青草河，又東北注千頃窪。明時漳水嘗決於此。因植柳固隄，河流縈迴，柳色映帶，俗名爲柳行港。

房淵。在獻縣北三十里。寰宇記：「九州記：樂壽縣有房淵，方三百里。石勒建平二年，水忽變赤，慕容儁二年，水忽生鹽如印形，其淵一日再長再減，不失其度，居近者時見龍狗之狀戲於旁，葉落於淵，輒有羣燕銜出。」舊志：「此水久淤。」

張大窪。在交河縣東三十里，爲鍾水之處。明萬曆十七年，知縣馬中良開溝五道以通絳河，窪旁之田，始無水患。又達窪，在縣東北七十里。又平成河，一名陽氣寺古河，在縣東北八十里。又窪東窪，在縣東北九十里，亦馬中良鑿。又吴家窪，亦在縣東北。本朝乾隆二十九年於窪中濬溝一道，屬於舊滹沱河，使西南一帶瀝水，俱匯此窪，由大渡口抵杜林鎮，歸鮑家嘴入運河。

千頃窪。在景州東北三十里。地卑衍，舊爲鍾水處。又有蒲窪，在州西七里。白草窪，在州西十里。袁家窪，在州西南三十五里。蝗蟲窪，在州南五里。

梅家窪。在吴橋縣東北三十里。又曹家窪，在縣西十里。

五龍潭。在任丘縣北十一里。又白龍潭，在縣西十八里。

鐵燈竿口。在河間縣。舊自保定博野匯爲汙池，逾滹沱過洪沙港，流經縣西南二十里，又東逕城南通濟橋東北流，平衍數百里，通静海直沽入海。

完固口。在獻縣西南十八里，滹沱河北岸。河水由此分流，水漲時，易致衝決。明嘉靖十三年築隄爲備，故名。今河專由臧家橋東流，此口久涸。又縣西南有陳家口，亦滹沱河口也，明建文中，燕王嘗由此渡河擊敗盛庸軍。

趙北口。在任丘縣北五十里。即唐興口，亦曰趙堡口，白洋諸淀之水所匯。舊有隄長七里，有橋七，通南北孔道。本朝康熙年間，聖祖仁皇帝嘗以仲春閱水圍於此，有御製鄭州水淀碑記。雍正三年增建諸橋，自任丘至雄縣城南，爲橋十一，並加築隄岸以資捍禦。乾隆十三年以後，高宗純皇帝時巡所經，間命水虞修舉故事，屢有御製趙北口水圍詩。又以西淀受唐河、滋、易諸大川之水，惟在趙北口以東轉輸能速，則淀水不致停淤，因將各橋口一律深濬，其馬道河正支二股亦展挑寬深，使積淀之水，俱由此暢然東注。三十二年，高宗純皇帝巡幸天津，閱視河淀隄閘，於趙北口廣惠橋登御舟，由水程以達於津門，亦有御製各詩。

七里井。在河間縣界。隋大業十三年，涿州留守薛世雄討李密，行至河間，軍屯七里井，竇建德襲破之。

校勘記

〔一〕秦爲鉅鹿上谷二郡地　乾隆志卷一五河間府一建置沿革（以下同卷簡稱乾隆志）同。譚其驤秦郡界址考：上谷郡，「南界循漢制，舊不知秦有廣陽郡，故與薊南之地亦以屬上谷地」（載長水集上）。按秦上谷郡治沮陽縣，清宣化府懷來縣西南（今懷來縣東南），其南界廣陽郡，郡治薊縣，清順天府城（今北京市城區）西南隅。清順天府不屬秦上谷郡地，而屬秦廣陽郡地，河間府又在順天府之南，非秦上谷郡所及，此云「秦上谷郡地」，誤。

〔二〕是秦時已有河間郡然不知治在何所　乾隆志同。按史記卷七五樊噲列傳：「河間守軍於杠里，破之。」漢書卷四一樊噲傳同。后曉榮秦代政區地理第三章秦置郡新證：「傳世秦封泥有『河間太守』，又西安相家巷出土秦封泥有『河間尉印』、『河間水丞』。前者是河間太守之官印，後者則爲河間郡之尉官印和都水之官印，三者可證秦設置河間郡。」又云：「郡治未詳。水經濁漳水注謂漢河間郡治樂成，今河北省獻縣，秦或與之同。」

〔三〕文帝二年始分置河間國　乾隆志同。周振鶴西漢政區地理第八章趙國沿革：漢初析秦鉅鹿郡置河間郡，「史記高祖功臣侯者年表記趙衍、張相如相繼爲河間守，事在陳豨造反以前，陳豨反在高帝十年，所以河間郡之析置至遲不過高帝九年。」又云：「文帝二年，分趙之河間郡置國，封趙王遂弟辟彊。」

〔四〕順治十六年省興濟縣　「十六年」，原作「十年」。清世祖實録卷一二七：順治十六年八月，「裁興濟縣併青縣」。清史稿卷五四地理志一：天津府青縣，「順治末省興濟入之」。此脱「十」字，據補。

〔五〕漢置州鄉武垣二縣　按武垣縣，秦置。史記卷四三趙世家：孝成王七年，「秦圍邯鄲。武垣令傅豹、王容、蘇射率燕衆反燕地」。太平寰宇記卷六六：瀛州河間縣，「東武垣城。西武垣城在今郡西南三十八里，有故城存，即秦所置」。據后曉榮秦代政區地理第六章山東北部諸郡置縣，武垣縣屬河間郡。

〔六〕隋大業初置河間縣爲河間郡治　乾隆志同。按隋書卷三〇地理志中：河間郡河間縣，「舊置河間郡，開皇初郡廢。大業初復置郡」。太平寰宇記卷六六：瀛州，「隋開皇三年廢河間郡，置瀛州。煬帝初，州廢爲河間郡」。附郭河間縣：「隋開皇十六年移武垣縣居其舊城，乃于此置河間縣。」又東武垣城下載：「隋開皇三年又移武垣理州城，此城因廢。十六年改武垣爲河間縣，仍于東武垣故城再置武垣縣。大業二年省。」據上所引，隋開皇十六年改瀛州治武垣縣爲河間縣，大業初改瀛州爲河間郡，郡仍治河間縣，則此文爲「隋開皇中改武垣縣置河間縣，大業初爲河間郡治」之訛。

〔七〕宋雍熙初置平虜寨　乾隆志同。宋會要方域八之一六：「瀛州肅寧城，雍熙中置平虜橋寨。」宋史卷八六地理志二亦載「雍熙中置」，此「初」爲「中」字之誤。

〔八〕唐武德四年改屬滿州　「滿州」，乾隆志及新唐書卷三九地理志三同，舊唐書卷三九地理志二作「蒲州」。舊唐書地理志：瀛州高陽縣，「武德四年於縣置蒲州。」太平寰宇記卷六六同。

〔九〕改置莫亭縣　「莫」，乾隆志同，金史卷二五地理志作「鄚」，此誤。

〔一〇〕明洪武七年屬河間府　「七年」，乾隆志同。明史卷四〇地理志一：河間府交河縣，「元屬獻州，洪武八年四月改屬府」。此「七年」疑爲「八年」之誤。

〔一一〕晉置新樂縣屬樂陵國　乾隆志同。按宋書卷三五州郡一：新樂縣，「魏分平原爲樂陵郡，屬冀州，而新樂縣屬焉」。吴增僅三國郡縣表附考證從之，則置新樂縣屬樂陵國，始於三國魏，西晉因之（載晉書卷一四地理志上）。

〔一二〕漢置修縣　「修」，乾隆志同。按漢書卷二八地理志下、續漢書郡國志二、魏書卷一〇六地形志上及水經淇水注皆作「脩」，晉書卷一四地理志上作「蓨」，「脩」、「蓨」通用，本志卷二二河間府二古蹟作「脩縣」，是也。舊唐書卷三九地理志二作「蓚」，「蓚」同「修」。下同者不再重出。

〔一三〕後魏去東字　乾隆志同。按太平寰宇記卷六四：安陵縣，後魏省「東」字，「高齊天保七年省。隋開皇六年又分東光于今縣東二十二里新郭城再置」。則後魏安陵縣于北齊天保中廢，隋開皇中復置，本志脱載。

〔一四〕東魏移勃海郡於此　乾隆志同。按太平寰宇記卷六五：滄州，「後魏初改渤海郡爲滄水郡，太安四年郡移理今東光縣城，尋又省，復爲渤海郡」。同書卷六八：東光縣，「高齊天保七年移（郡）于今縣東南三十里陶氏故城。隋開皇三年又移于此後魏廢渤海郡郡城，即今東光縣理」。則勃海郡移治東光縣，乃北魏太安四年事，此云「東魏移治」，當誤。本志卷二二河間府二古蹟東光故城云「東魏移勃海郡治此」，誤同。此又脱載北齊天保中移勃海郡於東光縣東南陶氏城。

〔一五〕大安中避諱改曰觀州　「中」，乾隆志作「間」，同金史卷二五地理志中。

〔一六〕元初以唐故長河縣置故城縣　乾隆志同。光緒故城縣志卷一紀事：「金明昌中，河北立故城縣。」温海清畫境中州下篇元史地理志考釋：故城，金舊縣，「王惲秋澗先生大全集卷四七故金吾衛上將軍景州節度使賈公行狀：貞祐初，州將材公爲，且知衆素所推服，自白衣署公爲故城縣丞。可見，故城在金末已設，而非所謂元初」。

〔一七〕元史地理志　乾隆志同。按上述引文「當水陸要衝，四方供億皆取給焉」，不載於元史地理志，疑誤。

〔一八〕又封吕澤爲建成侯　乾隆志山川同。按史記卷九吕太后本紀：吕后「長兄周吕侯」，「次兄吕釋之爲建成侯」。集解引徐廣曰：周吕侯「名澤，高祖八年卒，謚令武侯」。漢書卷九七上外戚傳：吕后「長兄澤爲周吕侯，次兄釋之爲建成侯」。則封吕釋之爲建成侯，此誤爲吕澤。

〔一九〕在東光縣界　乾隆志同。按太平寰宇記卷六五：臨津縣，「小天台山（台，一本作胎），其山在縣界」。此引寰宇記「臨津」誤爲「東光」。

〔二〇〕自趙州之寧津縣與滏陽河合　乾隆志同。按寧津縣屬於河間府，載於本志河間府建置沿革及清史稿卷五四地理志一，本志卷五一趙州一建置沿革載，州領寧晉縣，清史稿地理志一同。本志趙州一山川：滹沱河，在寧晉縣東北，乾隆二十四年，河「自晉州魯家莊流入縣屬之浩固村，折入東鹿之趙馬村，復入縣境，東南流至朱家村，分而爲二，正流由營上村東入滏陽河，支流合鹻河南入滏陽河」。正是本志所記滹沱河自趙州寧晉縣與滏陽河合，且寧津縣位於河間府東南部，不爲滹沱河所逕，此「寧津」爲「寧晉」之誤。

〔二一〕刺史王質掘直之　乾隆志句下有「後刺史楊真改爲清寧河」，同太平寰宇記，此或脱。

〔二二〕滹沱河自高陽東流經鄚縣南二里　乾隆志同。按太平寰宇記卷六六：高陽縣，「滹沱河，在今縣東北十四里」。同卷莫州鄚縣：「滹沱水，東流經縣南二里。」則本志所云乃以己意改寫，非原文，若以寰宇記文意改，以逕流方向而言，自南向北流，應改爲「自高陽東北流經鄚縣南二里」，此「東」下脱「北」字。

〔二三〕右合柏梁溠水　「水」，乾隆志同，據水經濁漳水注無此字。

〔二四〕右會陽津溝水謂之陽津口　「陽」字，乾隆志同，王先謙合校水經注、楊守敬水經注疏濁漳水注皆改作「楊」。

〔二五〕新挑溝　「挑」，原作「搆」，據乾隆志及乾隆河間府新志卷三山川、同治畿輔通志卷八〇水道六改。

〔二六〕左與横漳支津故瀆合　「横」，原作「黄」，乾隆志及朱謀㙔水經注箋同，據王先謙合校水經注、楊守敬水經注疏淇水注改。

〔二七〕南逕胡蘇亭　「逕」，原脱，乾隆志同，據水經淇水注補。

〔二八〕今故城至皆宋時大河北流之故道也　乾隆志同。按宋史卷九一河渠志一：黄河，慶曆八年，「河決商胡埽」，皇祐元年，「河合永濟渠注乾寧軍」。據中國歷史地圖集第七册北宋河北東西路圖，在清開州（今濮陽縣）東宋商胡埽東決北流河道流向經清臨清州、夏津、武城、故城、武邑、阜城、武强、獻縣，至青縣（宋乾寧軍）合南運河（即唐永濟渠，宋御河，明清衛河）下游入海。北宋黄河北流流向非清「故城、吴橋、景州、交河、東光諸州縣界中衛河所經」。

〔二九〕古陳玉帶河　「陳」，原脱，據乾隆志及元史卷六四河渠志一補。

〔三〇〕合恒水龍泉平陽當城臙脂郜汊等河　「汊」，原作「溠」。本志卷二七正定府一山川：滋河引行唐縣志：「滋河河源最多，其大者有五：一出阜平縣白蛇嶺，流曰汊河，南流入靈壽縣叉村南流。」同治畿輔通志卷六三山川七：「汊河在靈壽縣西北七十里。源出阜平縣白蛇嶺，至汊頭鎮與滋河合。」正是本志記載滋水會合之汊河，乾隆志作「汊」，是，據改。

〔三一〕臨津　「臨」，原脱，據乾隆志引禹貢蔡注補。

〔三二〕易水在鄚縣北三十里　「三十」，乾隆志同。按太平寰宇記卷六六莫州鄚縣作「二十」。

〔三三〕按明志謂易水在任丘縣西十六里流逕獻縣合滹沱河入海　乾隆志同。按「易水在任丘縣西」云云，見載於大明一統志卷二河間府山川，非明史地理志，此「明」下脱「統」字。

〔三四〕又東北逕重平縣故城南　「重」，原作「成」，據乾隆志及水經河水注改。又此句下，乾隆志有「又東北逕定縣故城南」，同水經河水注，而本志不載。

〔三五〕水經注　「注」，原脱，乾隆志及朱謀㙔水經注箋同。按下文「張甲右瀆」云云，王先謙合校水經注河水注：朱訛作經，「是注混作經」。楊守敬水經注疏同，今據補「注」字。

〔三六〕互相逕通　「通」，原作「道」，乾隆志同，據水經濁漳水注改。

〔三七〕唐會要至得地二百餘頃　乾隆志同。按本志「開元四年，縣令魚思賢復開濬」至「得地二百餘頃」文不載於唐會要，而見載於新唐書卷三九地理志三莫州任丘縣，則此引唐會要爲新唐書地理志之誤。又本志「武德中鑿通利渠」文，並不載於唐會要、新唐書地理志，疑引誤。

〔三八〕在任丘縣西北二十里　「二」，原作「三」，據乾隆志及太平寰宇記卷六六改。

大清一統志卷二十二

河間府二

古蹟

河間故城。今河間縣治。漢州鄉縣地。後魏曰趙都軍城，太和十一年置瀛州於此。隋改置河間縣。寰宇記：「隋開皇三年移武垣理州城，十六年移武垣縣居舊城，乃於此置河間縣。」

武垣故城。在河間縣西南。本戰國時趙邑，史記：「趙孝成王七年，武垣令傅豹、王容、蘇射率燕衆反燕地。」即此。漢置縣〔一〕，屬涿郡。後漢屬河間國。後魏太和十一年自樂成移河間郡來治。隋大業初併入河間。唐武德五年又置武垣縣，貞觀元年仍省入河間。括地志：「武垣故城，今瀛州城是。」寰宇記：「武垣城有二：西武垣城，在今郡西南三十八里，即秦所置；其城東稍北三十里又有一城，時人謂之東武垣城，在今郡南二十五里，蓋因曹公鑿渠引滹沱水，遂自西武垣移縣於此。隋開皇三年又移武垣理州城，此城因廢；十六年改武垣爲河間，仍於東武垣城再置武垣縣。大業二年省。又隋圖經云：東武垣城，武帝元封元年巡狩至此〔二〕，望氣者言有異女，訪之，得趙氏女，因築此城，以爲禁衛。今縣西南樓上有夫人神，即鉤弋遺像也。」府志：「武垣城在河間縣西南三十五里，肅寧縣境内，去縣東南僅十餘里，有内外二城，外城周四十里，内城可十六里，俗名元城，遺址見在。」

州鄉故城。在河間縣東北。漢置縣，屬涿郡。元朔三年封河間獻王子禁爲侯國。後漢省。寰宇記：「故城在今郡東北四十里。」

束城故城。在河間縣東北。漢置束州縣，屬勃海郡。後漢屬河間國。晉屬章武國。後魏因之〔三〕。北齊廢。隋開皇十六年改置束城縣，屬河間郡。唐屬瀛州。寰宇記：「縣在瀛州東北六十五里。今縣東北十四里有束州故城，即漢縣理所。西晉移束州於城南三十五里。魏孝昌二年復理漢故城。高齊天保七年省併文安。隋開皇中置束城縣於今理，因束州爲名。」按郡國縣道記云：「束城故城有三重，縣城周五六里，外城周約二十里，今宛然不改。」宋史地理志：束城縣，「熙寧六年省爲鎮入河間。元祐元年復」。舊志：「金時復廢爲鎮，屬河間。故城在縣東北六十里。元置巡檢司。明廢。」

樂成故城。在獻縣東南。漢置縣〔四〕，文帝二年立趙幽王子辟疆爲河間王，始別爲國，治樂成。景帝前二年又立子德爲河間王都此，是爲獻王。後漢初省，永平十五年立子黨爲樂成王〔五〕。永元中仍置河間國治此〔六〕。水經注：「衡漳水東逕阜城縣故城北，樂成縣故城南，河間郡治也。」寰宇記：「樂成故城在樂壽縣東南十六里，城内有河間獻王殿，餘址尚存。後魏太和十一年移河間郡及縣於樂壽亭故城。」按寰宇記、明統志皆謂漢桓帝改爲樂陵縣，考水經注止改孝王陵爲樂成陵，未嘗改縣也。

樂壽故城。在獻縣西南。寰宇記：「後魏太和十一年移樂成縣於今樂壽縣西南一里樂壽亭。隋開皇十八年改爲廣城，仁壽元年又改爲樂壽，取故亭爲名。大業十三年自樂壽亭移於今理。」按唐書：「隋大業十三年，竇建德築壇場於樂壽，自立爲長樂王。明年，更號夏王，遂都樂壽，號金城宫。」以寰宇記考之，蓋建德移於今治也。

中水故城。在獻縣。漢高帝七年封呂馬童爲中水侯國，屬涿郡。後漢屬河間國。晉、魏因之。北齊省。寰宇記：「故中水城，在樂壽縣西北三十里。地居兩河之間，故曰中水。」又郡國縣道記：其城南枕滹沱，北背高河。齊天保七年省。」

阿武故城。在獻縣西北。漢元朔三年封河間獻王子豫爲侯國，屬涿郡。後漢省。寰宇記：「故城在樂壽縣西北三十九里。」

阜城故城。在今阜城縣東。漢置。後漢建武十三年封王梁爲侯國。舊唐書地理志：「阜城故城，在今縣東二十里，今城隋築。」寰宇記：「在今縣東二十二里，齊天保七年移今治。」按前漢志，阜城縣屬勃海郡，別有昌成縣屬信都國。續漢志謂阜城即古昌城，宋書州郡志疑二城非一，而無定說。水經：漳水自下博「又東北過阜城縣北，又東北至昌亭」。酈注：「昌亭即信都東昌縣，勃海之阜城又在其東，經敍阜城於下博之下，昌亭之上，故知非故縣也。」參考諸說，蓋後漢省勃海阜城而移其名於信都之昌城，且改屬安平，至晉時又移還故治耳。魏書地形志阜城縣注：「前漢屬勃海，後漢屬安平，晉還屬勃海。」竟混爲一城，誤。又名勝志：「劉豫嘗兼取阜城、昌城之名，改縣曰阜昌郡，并改元曰阜昌。」其説近是，而志傳俱不載。

弓高故城。在阜城縣西南。漢文帝十六年封韓頽當爲侯國，屬河間國。晉省。魏書地形志：「阜城縣有弓高城。」寰宇記：「在縣南二十七里。」

蒲領故城。在阜城縣東北。漢置，屬勃海郡。元朔三年封廣川惠王子嘉爲侯國，尋免。始元六年又封清河剛王子禄爲侯國。後漢省。水經注：衡漳自弓高縣「又東逕蒲領縣故城南〔七〕，應劭地理風俗記云：修縣西北八十里有蒲領鄉，故縣也。」寰宇記：「故蒲領故城，在阜城縣北三里。」縣志：「在縣東北十里，俗呼蒲領關。」

鄚縣故城。在任丘縣北。本趙邑，史記趙世家：「惠文王五年，與燕鄚、易。」即此。漢置縣，屬涿郡。扁鵲傳稱勃海鄚人，蓋漢初鄚縣嘗隸勃海也。後漢改屬河間國。晉因之。魏至隋屬河間郡〔八〕。唐景雲中始於縣置鄚州，開元十三年以「鄚」與「鄭」相類，改爲「莫」字。宋熙寧六年省爲鎮，入任丘，元祐二年復置，尋又罷爲鎮。金貞祐二年改置莫亭縣〔九〕。元時莫亭縣又爲莫州治。明初州縣俱廢，置鄚城驛於此。明統志：「鄚州城在任丘縣北三十五里。」又寰宇記：有「廢鄚縣城，在鄚縣東北三里。邢子顒三郡記云〔一〇〕：顓頊所造。」明統志謂之顓頊城，「在廢鄚州東北三十里」。又隋志：「開皇中分鄚縣置永寧縣。」今無考。本朝康熙十八年，聖祖仁皇帝巡幸任丘經此，有御製鄚州水淀記及鄚州水淀雜詩。乾隆十三年，高宗純皇帝東巡，有御製恭依聖祖仁皇帝原韻詩，十六年以後時巡所經，復有御製任丘道中詩。

任丘故城。在今任邱縣南。寰宇記：「任丘縣，本漢鄚縣地，高齊置縣，隋初廢，開皇十六年又置，大業末又廢。唐武德五年復置，屬瀛州。景雲中隸鄚州，在州南四十三里。任丘故城，在縣南二十六里。三郡記云：「漢元始二年，巡海使、中郎將任丘築此城，以防海口，即以爲名。後漢桓帝無子，太后父竇武迎靈帝居此城，羣臣至此朝謁，又謂之謁城。」按寰宇記，莫州猶治莫縣，蓋自熙寧中始移治任丘也。金志：「州廢爲莫亭縣。」元志莫州倚郭爲莫亭縣，而任丘屬之，蓋金末莫州、任丘俱廢，復置莫亭縣於莫縣故城耳，舊志以爲改置莫亭於任丘，誤。又按漢書無任丘姓氏，惟任光封阿陵侯，寰宇記所引三郡記，恐屬假託。今城西北有大冢，相傳曰任將軍墓，亦不知何許人也。又靈帝自解瀆亭侯入立，亭在今祁州界，去河間殊遠，羣臣來迎，不應至此。九域志作「桓帝北巡，羣臣就此朝謁，故名謁城」，爲是。

高郭故城。在任丘縣西十七里。漢置縣，屬涿郡。地節三年封河間獻王子嗑爲侯國。後漢省。寰宇記：「故城在鄚縣西南二十六里。滹沱河經其南面，亦稱裹角城，以水裹其角而過也。」

阿陵故城。在任丘縣東北。漢置縣，屬涿郡。後漢建武二年封任光爲阿陵侯，後廢。寰宇記：「故城在任丘縣東北二十里。後魏孝昌二年曾徙鄚縣理此。周宣政元年復還今理。」舊志：「其地今皆爲水鄉。」

長豐故城。在任丘縣東北。唐開元十年析文安、任丘二縣置利豐縣，是年更名長豐，屬莫州。寰宇記：「縣在州東六十里，以縣北有長豐渠爲名。」宋省爲鎮，入任丘。金因之，後廢。

成平故城。在交河縣東。漢元朔三年封河間獻王子禮爲侯國，屬勃海郡。後漢改屬河間國。後魏屬章武郡，後移治景城而故城遂廢。魏書地形志：「成平縣治景城，有成平城。」水經注：「成平城在建成縣北，二城南北相直〔一一〕。」寰宇記：「故城在景城縣南二十里。後魏延昌二年徙理景城，因而荒廢。」九域志：「竇建德嘗居之，亦謂建德城。」

建成故城。在交河縣東。漢置縣，屬勃海郡。後漢省。寰宇記：「建成故城，在景城縣東南三十里，城尚存。」按建成、成平、景城三縣，寰宇記俱入樂壽縣〔一二〕，是時未有交河縣故也。自金時分樂壽東境置交河，則三縣俱在縣境。明志仍入獻縣〔一三〕，而以交河爲故中水縣，皆誤。

景城故城。在交河縣東北。漢地節四年封河間獻王子雍爲侯國〔一四〕，屬勃海郡。後漢省。後魏延昌二年移成平縣治此。隋開皇十八年復漢故名。宋省爲鎮，入樂壽。宋史河渠志：「元豐四年，李立之言瀛州景城鎮在大河兩隄之間，乞相度遷於隄外。」金史地理志：「交河有景城南鎮〔一五〕。」舊志：「故城在交河縣東北六十里，獻縣東九十里。」

臨樂故城。在寧津縣北。史記趙世家：「孝成王十九年，以臨樂與燕。」漢元朔四年封中山靖王子光爲侯國，爲勃海郡。後漢省。水經注：無棣溝自南皮縣「又東逕樂亭北，地理志之臨樂故城也。晉太康地志〔一六〕：樂陵國有新樂縣，即此」。寰宇記：「今臨津縣界，即其地。」

龍頟故城。在景州東三十里。漢元朔五年封韓説爲侯國〔一七〕，屬平原郡。後漢省。顔師古漢書注：「今書本『頟』字，或作『額』，崔浩云有龍頟邨，作『額』者非。」

脩縣故城。在景州南。漢置，文帝後二年封周亞夫爲侯國，地理志作「脩」，周亞夫傳：「文帝封爲條侯。」師古注：「縣在勃海，地理志作『脩』字，其音同耳。」隋志：「開皇五年改曰蓨。」自後因之，亦名亞夫城。本朝乾隆二十二年以後，高宗純皇帝南巡，御製河間道中諸詠有亞夫城詩。水經注：「清河東北逕脩縣故城南，又東北逕脩國故城東，周亞夫侯國，世謂之北脩城。又東北逕邸閣城東，城側臨清河，晉脩縣治。」括地志：「脩縣故城，俗名南條城，在今縣南十二里。」元和志：「縣東南至德州一百二十里。」州志：「南條城，在州南十三里，城址尚存。又有故城，在州東九里，内有邸閣。」

脩市故城。在景州西北。漢本始四年封清河剛王子寅爲侯國，屬勃海郡。後漢省。水經注：「桑杜舊溝東逕脩市縣故城北，俗謂之温城。」地理風俗記曰：「脩縣西北二十里有脩市城，故縣也。」金史地理志：「蓨縣有蓨市。」舊志：「又有觀津故縣，在西北四十里。」詳見「武邑」。

重平故城。在吴橋縣南。漢置，屬勃海郡。後漢建武初封張萬爲侯國，尋省。水經注：「應劭曰：重合縣西南八十里有重平鄉，故縣也。」舊志：「今吴橋縣南三十里有重合城，即重平之訛也〔一八〕。後魏孝昌中復置重平縣，屬安德郡，在今山東德平界。又有將陵廢縣，在縣東南三十里趙寨鎮北一里。」詳見山東陵縣。

安陵故城。在吴橋縣西北。漢置安縣，爲侯國。文帝四年封齊悼惠王子志爲安都侯，即此。後漢省。晉改置東安陵縣。後魏去「東」字。水經注：「本脩縣之安陵鄉。地理風俗記曰：脩縣東四十里有安陵鄉〔一九〕，故縣是也。」隋大業初併入東光。唐武德四年復以宣府鎮置安陵縣，屬觀州。貞觀十七年改屬德州。永徽二年移治柏社橋〔二〇〕。寰宇記：「安陵縣在德州西北一百里。本漢安縣，舊地理書並失理所，今縣東七里晉所置東安陵縣，即漢安縣舊理也，今微有遺址。高齊天保七年省。隋開皇六年又分東光縣於今縣東二十二里新郭城再置安陵縣，大業二年廢。唐武德四年復立。永徽二年移於柏社橋〔二一〕，即今理也。」宋史地理志：「景祐二年廢安陵縣入將陵。」九域志：「將陵縣有安陵鎮。」舊志：「在今吴橋縣西北二十五里衛河東窑場店南里許，漢晉故縣也。其唐所移之柏社橋治，在今景州東十七里衛河西岸。」

東光故城。在今東光縣東。漢置縣，屬勃海郡。後漢建武六年封耿純爲侯國。東魏移勃海郡治此〔二二〕。寰宇記：「東光故城，在今縣東二十里。高齊天保七年移於今縣東南三十里陶氏故城。隋開皇三年又移於後魏廢勃海郡城，即今理。」

長河故城。今故城縣治。即唐時之白橋也。漢置廣川縣，在今棗强縣界。高齊省入棗强。隋復改置於此。舊唐書地理志：「隋於舊廣川縣東八十里置新縣，尋改長河，爲水所壞。唐元和四年移就白橋，於永濟河西岸置縣，東去故城十三里。十年又移置河東岸小胡城。」舊志：「金明昌五年以廢長河縣置上故城鎮，元升爲縣。今有故縣在縣南關外衛河北岸。」按明統志以縣爲唐、宋歷亭縣，縣志又以爲漢厝縣，考歷亭今爲恩縣，厝縣又在其南，俱非縣境。

歷縣故城。在故城縣北。漢高帝八年封程黑爲侯國，屬信都國。後漢省。水經注：「清河逕歷縣故城南。應劭曰：廣川縣西北三十里有歷城亭，故縣也。今亭在縣東如北〔二三〕，水濟尚謂之歷口渡。」舊志：「又有東武垣城，在縣東北三十里。」

肅寧舊城。在今肅寧縣治東南。周十六里，内有子城，周三里。宋時築以屯兵，城旁又有肅寧寨，亦宋所築，地名南陽曈，又曰申陽曈。石晉開運三年，杜重威至瀛州，遣別將梁漢璋追遼將高牟翰至南陽務，或曰即南陽曈也。

寧津舊城。在今寧津縣西。本漢胡蘇亭，隋置胡蘇縣，唐改名臨津，宋省入南皮，金復置，改曰寧津，至今因之。縣志：「臨津故城，在縣西南二十五里保安鎮，縣初治此，金天會六年圮於水，因移今治。又臨津店，在縣西北三十里、南皮縣南五十里，蓋亦以故城得名。」

弓高廢縣。在東光縣西。漢故縣在阜城縣界，隋開皇十六年改置於此，屬平原郡。唐武德四年於縣置觀州。貞觀十七年州廢，屬滄州。貞元二年又於縣置景州。長慶元年州廢，二年又置，太和四年又廢，景福元年又置，天祐五年州移治東光，以縣屬之。周顯德中廢入東光。寰宇記：「廢弓高縣，在東光縣西四十里。」舊志：「在今縣西北三十里，北去交河縣二十餘里〔二四〕。」

候井廢縣。在東光縣西。漢置，屬河間國。後漢省。寰宇記：「郡國縣道記云：舊地理書並失候井縣所在，以理推之，蓋在今弓高縣西北三十五里房將池側近。舊傳此池每日再增減，不失時候，又池形窄小似井，因於池側置縣，謂之候井。或云今弓高縣即漢候井縣，莫詳的所。」

小陵城。在河間縣西北。魏書地形志：「武垣縣有小陵城。」舊志：「有蕭陵城，在河間縣西北五里，今曰河頭郵，亦曰城上郵，蓋『小』、『蕭』聲近而譌也。又有高麗城，在府城西北十二里。」

乞活城。在河間縣北六里。晉書東海王越傳：「東瀛公騰鎮鄴，攜并州將田甄等部衆萬餘人至鄴，遣就穀冀州，號爲乞活。」寰宇記：「騰掠羯人萬户於山東，值歲儉，恐其有叛，不聽入州郡，築此城以居之，任自乞活。晉書云乞活帥陳午歸晉，即此地也。」

宅陽城。寰宇記：「阜城縣有沙丘，即宅陽城，一名西宅。」舊志：「在縣東，又名定陽城。」

簡子城。在阜城縣東南。九域志：永静軍境有東城，「隋圖經云：晉趙簡子所築，今名簡城。」明統志：「簡子城在縣東南三十里。」本朝乾隆二十二年以後，高宗純皇帝南巡，御製河間道中諸詠有簡子城詩。

永州城。在寧津縣東四十里。相傳隋末所置，今爲楊盤鎮。相近又有古城，亦名空城，周五里，相傳漢光武所築，自漢以來無居之者，故名。

西光城。在東光縣西三里。寰宇記：「後魏孝昌三年，葛榮略取其地，對東光築城據之，故名。」

廢壐城。在東光縣東二十五里。

道貴亭。在河間縣内。元河間李氏，以邵康節詩有「豈無道自貴」之句，因名其亭，劉因爲之記。

古胡蘇亭。漢書地理志：「東光縣有胡蘇亭。」水經注：「清河東至東光縣西，南逕胡蘇亭，世謂之羌城，非也。」舊志：「有胡蘇臺，在東光縣學東南，高二丈餘。」寰宇記：「胡蘇亭，在臨津縣西南二十二里〔二五〕。」

河間廢衛。在府治南。又有瀋陽中屯衛在府治東南，大同中屯衛在府治西，俱明永樂初建，今廢。

永樂行宫。在獻縣東五里，俗呼爲皇店。又有行宫在任丘縣西三里。遺址廣五十畝，宫有御道，明成祖往來兩京，駐蹕於此。

日華宫。在獻縣南三十五里。西京雜記云：「河間王德築日華宫，置客館二十餘區，以待學士。」今有日華舊迹。本朝乾隆二十二年以後，高宗純皇帝時巡經此，皆有御製詩。

石家圈。金史地理志：「交河縣以石家圈置。」名勝志：「在縣西，遺溝尚存。俗傳石崇行舟處。」

麴義壘。在河間縣東北。明統志：「在東城鎮北十四里。」漢末，袁紹令麴義攻公孫瓚，因築此壘。

苻融壘。元和志：「在阜城縣東北二十四里。」舊志：「在縣東五里。」

君子館。在河間縣西北三十里。宋雍熙三年，劉廷讓與遼將耶律休哥戰此。金史地理志：「河間有君子館。」

家鉉翁館。在河間縣。詳後「流寓」。

賈島邨。在景州西南。相傳唐賈島祝髮於雲蓋寺，其地尚有瓦礫，遺址即寺基，故以名邨。

董學邨。在故城縣西北。即董仲舒故居也。元曹元用董子祠堂記：「景州西南有廣川鎮，其別墅曰董家里。」縣志：「今名董學邨，在縣西北三十里清河北鄉，明初分屬故城，與景州廣川鎮相去不數里。」本朝乾隆二十二年以後，高宗純皇帝南巡，御製河間道中諸詠有董學邨詩。

毛萇宅。寰宇記：郡有「毛萇宅冢，今號其處爲毛精壘」。在河間縣北三十里。又有詩經邨，在縣西北二十里，相傳即毛公設教處。本朝乾隆二十二年以後，高宗純皇帝南巡，御製河間道中雜詠並有毛精壘詩。

劉晝宅。在阜城縣南義門鄉。北齊劉晝、孔昭所居處。

扁鵲故宅。明統志〔二六〕：「在任丘縣北廢鄚州東門外。有藥王祖業莊。又北三里有冢廟。」本朝乾隆二十二年以後，高宗純皇帝南巡，御製河間道中諸詠並有扁鵲宅詩。

高熲宅。在景州城北。

澹臺故居。明統志：「在故城縣西南四十里澹邨。昔屬山東武城縣，後移縣於衛河東岸，此邨今在本縣清河南鄉。」

子貢陂。九域志：「在任丘縣。漢王遵，字子貢，嘗爲東郡守，退居於此陂。」因名。

劉智社。在景州南三十里。元蓨尹呂思誠嘗行田至此，勸化社民。本朝乾隆二十二年以後，高宗純皇帝南巡經此，有御製劉智社詩。

瀛臺。在府城東南。高五丈，闊倍之。登臺一望，四遠皆目前。一名駐旗臺。又有高陽臺，在城東北，與此臺相對。

嵇康琴臺。在阜城縣西城垣下。括地志云「康遇異人授廣陵散」，即此。本朝乾隆十三年，高宗純皇帝東巡經此，有御製嵇康琴臺詩。

望夫臺。在肅寧縣北百步。

閭丘臺。在任丘縣北。寰宇記：「在鄚縣南十六里。漢書：『閭丘壽王，高陽人也。』耆老傳云此臺是讀書之處。」舊志：「在今縣北二十里。」本朝乾隆三十年以後，高宗純皇帝南巡經此，有御製閭丘臺詩。按「閭丘」，漢書作「吾丘」，説苑作「虞丘」，蓋音相近而譌也。

廣川臺。在景州治東。高三丈。舊爲官僚遊憩之所。元縣尹吕思誠自廣川移董子祀於此，因名。本朝乾隆二十二年以後，高宗純皇帝南巡，御製河間道中雜詠並有廣川臺詩。

紅杏園。即日華宫故址。明成化中，御史王注置别業於此，植紅杏百株，故名。本朝建有行宫，乾隆十六年以後，每遇高宗純皇帝時巡駐蹕，屢有御製詩。

成趣園。在獻王墓旁。金梁子直隱居之地，學士黨懷英等有詩文記其勝。

且園。在吴橋縣城内。明大學士范景文築。

瀛州南樓。府城南門樓也。唐沈佺期有望瀛州南樓寄遠詩。本朝乾隆十三年以後，屢經修葺，每逢鑾輅經臨，皆有御製瀛州南樓用沈佺期韻詩。

衛河。

關隘

景和鎮巡司。在府城東七十里。相近有崇山鎮，接青縣界。又九域志：「河間縣有永寧、北林二鎮。」元廢。

北魏邨巡司。在河間縣境〔二七〕。本朝雍正十一年設。

新橋巡司。在交河縣東五十里。舊有驛丞，後改設巡司，駐泊頭鎮。

龍華鎮巡司。在景州西五十里。本朝雍正十一年設。

鄭家口巡司。在故城縣西南二十五里，有巡司。又四柳樹鎮，一名四女寺鎮，在縣東南十八里，接山東恩縣界。皆臨衛河。

淮鎮。在獻縣東。金史地理志：「交河縣有槐家鎮。」舊志：「土人呼爲淮鎮，在獻縣東四十里，滹沱河所經，北屬獻縣，南屬交河。明嘉靖三十年築四城：東淮鎮，南單橋，西大章，北商家林，今皆圮。」通志：「商家林在河間縣南三十里，南去獻縣亦三十里，行旅必經之地。」

漫河鎮。在阜城縣南三十里。南去景州亦三十里，爲南北要衝。又建橋鎮，在縣東四十里。

鄚市鎮。在任丘縣北，即古鄚州。民居繁盛，商賈輻輳。又長豐鎮，在縣東北，即古長豐縣。又新中鎮，在縣南四十里。

泊頭鎮。在交河縣東五十里衛河西岸，有城。商賈環集，有管河通判及主簿駐此。舊設巡司，今裁。

高川鎮。在交河縣東北六十里，有把總駐守。又金史地理志：「交河縣有景城、南大樹、劉解、槐家、參軍、貫河、北望、夾灘、策河、沙渦，共十鎮。」今劉解鎮在縣東北三十五里，槐家爲淮鎮在獻縣界，餘廢〔二八〕。

保安鎮。在寧津縣西南二十五里，今名包頭店。又中安鎮在縣東北二十五里，今名中五店。又金史地理志：「縣又有西保安、廣平、會津三鎮。」元廢。

安陵鎮。在景州東十七里。即故縣也。明置巡司，今裁。

宋門鎮。在景州西北三十里。明設巡司，今裁。

廣川鎮。在景州西南七十里。隋、唐時廣川縣也。又劉智廟鎮，在州南，即故劉智社，與山東德州接界，商旅輳集。

李晏鎮。在景州東北。當胡盧河南岸，此爲東李晏口。又有西李晏鎮，在今深州南。皆五代時置軍屯戍處。

連窩鎮。在吴橋縣西北四十里衛河東岸。西南去景州四十里，東北去東光縣十八里，爲三州縣接界處。

馬頭鎮。在東光縣西三里。又下口鎮，在縣北二十里。皆衛河所經，商旅輳集。

馬邨寨。在任丘縣西。宋史地理志：「任丘有馬邨、王家二寨。政和二年改馬邨寨曰定安〔二九〕，王家寨曰定平。」

馬家寨。在故城縣西北五十里。

豐樂堡。在肅寧縣東十五里。又子由堡在縣南十二里，王邨堡在縣西十八里，太史堡在縣北十八里。

瀛海驛。在河間縣治西北。明天順七年置。

樂成驛。在獻縣治西南。明洪武三年置。

阜城驛。在阜城縣城内。明永樂十三年置。

鄚城驛。在任丘縣儒學左。明洪武九年置。又有新中驛，在縣南新中鎮，亦明初置，今裁。

富莊驛。在交河縣西二十五里。明建文四年置。舊有驛丞，今裁。

東光驛。在景州治西南。

連窩水驛。在吴橋縣連窩鎮。舊有驛丞，今裁。

津梁

青陵橋。在府城東門外，俗名百姓橋。滹河自西南注，沙河自東南注，胥經其下。明隆慶中圮，萬曆十八年復修，連亘六里。

大慈橋。在獻縣東五十里槐家鎮。爲東西孔道。

單家橋。在獻縣南十三里，跨滹沱舊河。長三十丈，闊三丈，行旅通途也。一名五節橋，以明正德間有五女爲流寇所掠，死節橋下，故名。舊置巡司，今裁。

臧家橋。在獻縣北十里。一名通濟橋。

劉麟橋。在阜城縣北八里，接交河縣界。有鎮。

中堡橋。在肅寧縣東三十里。

東莊橋。在任丘縣東三十里滱水上。長十有八丈，縣南境之水，俱由此達五官淀。

趙北口橋。在任丘縣北五十里趙北口。爲西淀水所經。明弘治間建木橋三、石橋四。本朝康熙十一年修，雍正三年以舊橋卑隘，增建三橋，合雄縣之易陽橋，共十一橋。第四橋曰廣惠，舟楫通行，其餘頗多淤塞。乾隆二十八年於各橋下相度地勢，抽挑河槽，於是一律通流，西淀水道益資利導矣。

南濟橋。在交河縣南五里。又縣東有東濟橋，俱跨漳河。又西濟橋，在縣西北李郇河上。

北濟橋。在交河縣東北六十里滹沱河上。

安陵橋。在景州東安陵鎮。

王孝橋。在吴橋縣東十五里。又高官莊橋，在縣東南十五里。

虹系橋。在東光縣西三里西光廢城側。

隄堰

千里長隄。起保定府清苑縣界，歷順天府界至獻縣臧家橋，沿河繞淀，長千有餘里。本朝康熙三十七年築，乾隆二十七年修。

八里隄。在河間縣南八里莊。自蘇家口至徐兒口，亘二十里，以防西南諸水。明萬曆十三年築。

唐河隄。在肅寧縣南二十里。自蠡縣三岔口〔三〇〕，東至韓郇張王口，迴曲五十餘里，口岸一十八處。

唐隄。在任丘縣西北，接高陽界。自趙哥莊抵大務四十餘里〔三一〕，宋縣令唐介所築。又有滱隄，在縣滱水兩岸，南北百餘里，明許宗魯築。

隋隄。在寧津縣西北三十五里。相傳隋時所築，其地名耿家圈，居人稠密，煬帝巡遊駐蹕於此，令軍士築隄防河。有居民耿姓進膳，帝嘉之，因名所築隄爲耿郇，土人稱曰耿家圈。

玉環隄。在景州城外。舊志：「州昔當大河之衝，地平土疎，往往決溢爲患，因於城外三里周迴築隄障水，亦名護城岡。」

岸隄。在故城縣西南。起自武城縣北二十里之甲馬營驛，達於縣東之四柳樹鎮，皆築隄以防衛河泛溢。又有長隄，起自縣西，達景州界，宋元豐間築，以防潢盧河潰溢。

金隄。在故城縣西南，自大名縣界透迤而東北入縣境。即後漢王景所築，横亘千里。又有鯀隄，在縣西南三十里，自廣宗縣東入縣境。相傳鯀治水時築，皆横亘千里。

陵墓

漢

欒成陵。在獻縣治西南。水經注：「漢桓帝追尊祖父孝王開，以欒成邑奉山陵，故加陵曰欒成陵。」〔三二〕縣志：「今土人呼爲欒陵臺。」

二王陵。在獻縣東南。漢靈帝建寧元年，追尊祖墓曰敦陵，父墓曰慎陵。魏書地形志：「樂城縣有二王陵。」胡三省通鑑注：「在縣東南〔三三〕。」

周

琴高冢。寰宇記：「在河間縣。」本朝乾隆二十二年以後，高宗純皇帝南巡，御製河間道中雜詠並有琴高冢詩。

鮑叔牙冢。寰宇記：「在河間縣齊桓公城。」

扁鵲冢。在任丘縣廢鄚州城東。按元和志：「冢在朝城縣羅城西北隅。」未知孰是。本朝乾隆十六年，高宗純皇帝南巡經此，有御製扁鵲墓詩。

藺相如冢。寰宇記：「在鄚縣。」

孫臏墓。在吳橋縣東南十五里，旁有廟。

秦

甘羅墓。在故城縣治雙豐樓後。

茅焦冢。在寧津縣北。魏書地形志：「饒安有茅焦冢。」寰宇記：「在臨津縣。」

漢

毛萇墓。明統志：「在河間縣尊福鄉。」按萇墓，即毛精壘，詳見前。

董永冢。寰宇記：「在河間縣。漢景帝時孝子。」

劉儵墓。在河間縣，舊名三女陵。寰宇記：「河間縣有三女陵，漢光禄大夫劉儵與竇武謀誅宦官，爲曹節等所害，三女嘗葬於此，故名。」

河間獻王墓。在獻縣東北八里。金史地理志：「樂壽有漢獻王陵。」本朝乾隆二十一年，高宗純皇帝東巡，有御製寄題河間獻王墓詩。

韓嬰墓。寰宇記：「在河間縣。漢景帝時孝子。」〔三四〕

任光墓。在任丘縣東北廢阿陵縣。又有任將軍墓，在縣西北，高三丈。

張超墓。九域志：「在任丘縣，漢末平原太守〔三五〕。」

周亞夫墓。在景州西五里。

三國　魏

張郃墓。在任丘縣廢鄚州北門外。

晉

歐陽建墓。寰宇記：「在臨津縣東南二十七里〔三六〕。」

後魏

封隆之墓。在景州東十五里老師邨。

高允墓。在景州西南三十五里高義邨。

北齊

劉晝墓。在阜城縣南義門鄉。

隋

劉炫墓。在獻縣東八十里。

宋

邢昺墓。在任丘縣東北黄壘邨。

金

許安仁墓。在獻縣西七十里。

麻九疇墓。在任丘縣廢鄭州西。

許古墓。在交河縣東北七十里。

元

魏元禮墓〔三七〕。在肅寧縣北一里許。

明

張泰墓。在肅寧縣北新莊之原。

孝子王通墓。在寧津縣西北二十五里。

范景文墓。在吴橋縣南三里許。

祠廟

包公祠。在府城西北隅。祀宋包拯。

毛公祠。在河間縣毛精壘。元至正間，總管王思誠以其地有漢儒毛萇冢宅，奏建書院，設山長。後燬於火。明正德間，御史盧雍重建爲祠。本朝乾隆二十三年修，爲學者肄業之所。其旁建行宫，每逢高宗純皇帝南巡駐此，屢有御製詩。

貞烈祠。在阜城縣治西。明正德九年爲烈女曹春桃建。

太傅祠。在任丘縣南十八里韓家鋪之思賢邨。祀漢太傅韓嬰。本朝乾隆二十六年建，並修築授經臺，其旁建行宫。高宗純皇帝南巡駐此，屢有御製思賢邨及校經臺詩。

董子祠。在景州治東南崇臺上，舊祠在廣川鎮，元天曆初，蓨縣尹吕思誠移此。本朝康熙四十三年，聖祖仁皇帝賜御書「闡道醇儒」四字。乾隆十六年，高宗純皇帝南巡經此，有御製董子祠詩。

條侯祠。在景州西五里亞夫墓旁。舊有碑，明正統間復建。本朝乾隆二十二年以後，高宗純皇帝南巡，御製河間道中雜詠並有條侯祠詩。

范公祠。在吴橋縣城南。祀明大學士范景文。本朝賜謚文忠，爲建祠。

劉守真廟。在府治西南。祀金時名醫劉完素，明正德中建。

廉頗廟。在獻縣西五十里。

河間獻王廟。在獻王墓旁。明嘉靖十三年建。本朝乾隆十二年修，三十年，高宗純皇帝南巡經此，有御製獻王祠詩。

長桑君廟。在任丘縣鄚州城東北三里。

藥王廟。在長桑君廟西。祀扁鵲。

五龍潭廟。在任丘縣北五龍潭上。元時屢著靈應。明成化中旱，祈禱得雨，重葺。

寺觀

資勝寺。在府治東。明洪武中因舊重建。

白鶴寺。在獻縣，又名白馬寺。唐沈佺期有樂城白鶴寺詩。

福田寺。在肅寧縣東南二十里。

大德寺。在任丘縣東大務邨。金太和三年建，明嘉靖中修。又賢聖寺，在縣之八方邨，金大定中建，明正德間修。吉靈寺，在縣之西大務，亦金大定中建，明天順間修。

大明寺。在任丘縣之三方郚。元至正間建，明成化中修。又太平寺，在縣之鬬城，元至正中建，明正統、弘治間修。金沙寺，在縣之苟各莊，元至正間建，明正德間修。

開元寺。在任丘縣鄚城東南。唐開元間建，明弘治中修。

興化寺。在交河縣治西北。唐貞觀初建，明洪武中重建。

化城寺。在交河縣薛家窩。本朝康熙四十二年賜額。乾隆三十六年以後，高宗純皇帝聖駕時巡經此，屢有御製詩，於寺東隅建碑亭，恭貯宸翰。

龍泉寺。在寧津縣治東北。舊名海螺寺，爲邑之勝概。

開福寺。在景州治西北。明洪武中建。前有古塔，隋文帝建，爲級十三，高二十二丈。本朝乾隆十三年以後，高宗純皇帝時巡經此，屢有御製開福寺及登寺塔詩，并賜額曰「無量福田」，建碑亭，恭貯宸翰。

普照寺。在東光縣治西南。舊名鐵佛寺，明永樂中建，有鐵佛長二丈五尺，圍一丈五尺，座下有井深百丈。

名宦

漢

沈景。吳郡人。順帝時，河間王政傲狠，不奉法，乃擢景爲相。初謁王，王不正服。侍郎贊拜，景峙不爲禮。問王所在，虎責曰：「是非王耶？」景曰：「相謁王，豈謁無禮者耶！」王慙而更服，景然後拜。出請王傅責之，因奏治罪。詔書讓政而詰罪傅。景因捕誅姦人，戮尤惡者數十人，出冤獄百餘人。政遂悔過自修。

張衡。西鄂人。永和初，爲河間相。時國王驕奢，不遵典憲；多納豪右，共爲不軌。衡下車，治威嚴，整法度，陰知姦黨名姓，一時收擒，上下肅然，稱爲政理。

晉

趙戒。成都人。順帝時，爲河間相。以冀部難理，整厲威嚴。

張協。安平人。惠帝時，轉河間內史。在郡清簡寡慾。

南北朝　魏

李祥。平棘人。爲河間太守，有威恩稱，徵拜中書侍郎，有千餘人上書，乞留數年。

李繪。平棘人。静帝時，爲瀛州刺史，行墾田法，民用以足。瀛州三郡俱請爲繪立碑於郡街。

北齊

堯雄。長子人。神武時，代兄傑爲瀛州刺史。時禁網疏闊，官司相與聚斂，惟雄義然後取，接下以恩，甚爲吏民所懷。

李稚廉。高邑人。遷瀛州長史，神武行經冀部，總合河北六州文籍，商榷户口增損，親自部分，多在馬上徵責文簿，指影取備，事非一緒。稚廉應機立成，恒先期會，爲諸州準的。神武深加慰勉。

隋

侯莫陳穎。代人。高祖時，爲瀛州刺史，有惠政。坐事免官，百姓送者，莫不流涕，相與立碑，頌清德。

郭衍。介休人。開皇五年，爲瀛州刺史，遇大水，屬縣多漂没。衍備船栰，并齎糧食拯救之，民多獲濟。先開倉賑恤，後始奏聞。帝大善之。

敬肅。蒲坂人。開皇中，爲安陵令，有能名。

來護兒。江都人。仁壽初，爲瀛州刺史。以善政聞，頻見勞勉。煬帝嗣位，被徵入朝，百姓攀戀，累日不能出境，詣闕上書致請者，前後數百人。帝謂曰：「卿昔爲名將，今又爲良二千石，可謂兼美矣。」

唐

盧士叡。武德時，爲瀛州刺史。劉黑闥叛，遣輕騎破其郛，拒戰半日，爲賊擒，欲使説下城堡，不從，見殺。

馬匡武。武德五年，爲瀛州刺史。劉黑闥陷瀛州，匡武死之。

鄭德本。武德時，爲瀛州刺史，與滄州薛大鼎、冀州賈敦頤皆有治名，河北稱「鐺脚刺史」。

賈敦頤。冤句人。貞觀時，爲瀛州刺史。州瀕滹沱、滱二水，歲湓溢，壞室廬，浸洳數百里。敦頤爲立隄堰，水不能暴，百姓利之。

杜希望。萬年人。爲安陵令，都督宋慶禮表其異政。

魚思賢。開元中，爲任丘令。開通利渠，以洩陂淀，得地二百餘頃，百姓利之，號其陂曰魚君陂。

穆寧。河内人。史思明略境，郡守召寧攝東光令。賊遣使誘寧，寧斬以狥。

宋

馬仁瑀。夏津人。開寶四年，遷瀛州防禦使。兄子嘗飲醉，誤殺平民，繫當死。民家自言非有宿恨，但過誤耳，願以過失殺傷論。仁瑀曰：「我爲長吏，而兄子殺人，此怙勢，非過失也。仁瑀豈以私親而亂國法哉？」遂論如律。

王晉卿。河朔人。開寶四年，爲莫州刺史〔三八〕。在郡謹斥堠，善撫循，士卒皆樂爲用，邊民安堵。

高繼勳。蒙城人。真宗時，知瀛州。時歲饑，募富人出粟，以給貧者。明年大稔，木生連理者四，郡人上治狀請留。

李延渥。晉陽人。咸平中，知瀛州。遼來攻，延渥率州兵拒守，遼遁去。

楊延昭。太原人，即延朗。咸平中，爲莫州刺史。遼南侵，延昭伏鋭兵於羊山西，自北掩擊，且戰且退。及西山，伏發，遼大敗，獲其將，函首以獻。進本州團練使。

張綸。汝陰人。知瀛州，興利除害，有循吏風。

張亢。臨濮人。知瀛州，增拓城關，馭軍吏嚴明，民繪像祀之。

唐介。江陵人。知任丘縣，當遼使往來道，驛使以誅索破家爲苦。介坐驛門，令曰：「非法所應給，一切勿與。稍毀吾什器者必執之。」皆帖服以去。沿邊塘水歲溢，害民田，中人楊懷敏欲割邑西十一鄉地瀦漲潦，介築隄闌之，民以爲利。

包拯。合肥人。知瀛州，諸州以公錢貿易，積所負十餘萬，悉奏除之。

程戡。陽翟人。知瀛州，遼使過，稱疾，求著帽見，戡使謂曰：「有疾可毋相見，見必如禮。」使者語屈，冠而見。

石元孫。浚儀人。知莫州，有治績。

彭思永。廬陵人。英宗時，知瀛州。北俗以桑麻爲産〔三九〕，民懼賦不敢藝，日益貧，思永始奏更之。

李師中。楚丘人。神宗時，知瀛州。師中志尚甚高，在官不貴威罰，務以信服人。去之日，民擁道遮泣，馬不得行。

張景憲。河南人。神宗時，知瀛州。上言：「比歲不登，民積逋欠。今方小稔，而官督使并償，道路流言，其禍甚於凶歲，願使寬假。」帝從之。

王克臣。洛陽人。神宗時，知瀛州。有告外間入境，密旨趣具獄，株連甚衆，克臣陰緩之，已而得爲間者於他道。

孫永。長社人。神宗時，知瀛州。河決，於貝、瀛、冀尤甚，民租以災免者，州縣懼常平法，徵催如故。永連章論止，帝從之，仍發粟以賑。

李肅之。濮州人。神宗時，知瀛州。大雨地震，官舍民廬皆摧陷。肅之出入泥潦中，給草囷以儲庾粟之暴露者，爲茇舍以居流民，啓廩賑給，嚴備盜竊。帝聞而嘉之，遣使勞賜。

韓宗武。雍丘人。爲河間令。值河溢，增隄護城，吏率兵五百伐材近郊，雖墓木亦不免，父老遮道而泣，宗武入府白罷之。

王漢之。常山人。徽宗時，知瀛州。嘗上言：「自何承矩規塘濼之地屯田，東達於海。其後又修保塞五州爲隄道，備種所宜木至三百萬本，此中國萬世之利也。今寖失其道，願講行之。」

金

韓錫。漁陽人。大定初，同知河間府事。帝引見誡之曰：「聞皇族居彼者縱甚，卿當以法繩之。」錫下車宣布詔言，後無有撓政害民者。

富察鼎壽。上京赫書河人。大定間，授河間尹。號令必行，豪右屏迹。有宗室居河間，侵削居民，鼎壽奏徙其族於平州，郡内大治。「富察鼎壽」舊作「蒲察鼎壽」，「赫書河」舊作「曷速河」，今並改正。

石抹元毅。咸平府人〔四〇〕。爲寧津令〔四一〕，有劇盜白晝恣刦爲民害，元毅以術防捍，賊散去。

李完。馬邑人。明昌中，爲河間府治中。提刑司言「完習法律，有治劇才，軍民無閒語」。遷沁州刺史〔四二〕，仍以璽書褒諭。

路鐸。冀州人。章宗時，爲景州刺史，述十二訓，皆勸人爲善，遍諭州郡使知之。

高錫。遼陽人。貞祐初，累遷河北東路按察、轉運使。城破，自投城下而死。

元

謝讓。穎昌人。爲河間等路都轉運鹽司經歷。先是，竈户在軍籍者，悉除其名，以丁多寡爲額輸鹽，其後多傭舊户代爲煮鹽，而傭錢甚薄。讓言：「軍户既落籍爲民，當與舊竈户均役，既令代役，豈宜復薄其傭，使重困乎？自今傭人，必厚值，乃聽。」先是，逃亡户率令見户代納其鹽，由是豪强者以計免，而貧弱愈困。讓令驗物力多寡，比次甲乙以均之。

高源。晉州人。至元時，除河間等路都轉運副使，撫治有條，竈户逃者皆復業，常賦外，羡餘幾十萬緡。

德爾鄂什。伊吾廬人。延祐四年，爲河間路總管。歲饑，出俸金及官庫所積賑之，活數十萬人。河間當水陸要衝，四方供億皆取給焉，德爾鄂什立法調遣，民便之。復建言增置便習弓馬尉一人，益邏兵之數，於是盜賊屏息。「德爾鄂什」舊作「迭里威失」，今改正。

吕思誠。平定州人〔四三〕。天曆初，授蓨縣尹。差民户爲三等，均其傜役，令社學共祀孔子，每歲春行田，樹蓄勤敏者，賞以農器，流民聞風復業。印識文簿，畀社長藏之，季月報縣，不孝弟、不事生業者，悉書之，罰其輸作。他日買羊，劉智社民李，持酒來見，愬其弟匿羊，思誠叱之退。王青兄弟四人，友愛彌篤，思誠至其家，取酒勸酬。李之兄弟聞之，各自切責，悔前過，析居三十年，復還同爨。縣多淫祠，思誠悉命毁之，惟存董仲舒祠。

趙師魯。文安人。天曆中，爲河間路轉運鹽使。除害興利，法度修飭，絶巡察之姦，省州縣厨傳贈遺之費，竈户商人，無不便之，歲課遂大增。暇日，又割己俸，率僚吏新孔子廟，命吏往江右製雅樂，聘工師，春秋釋奠，士論稱之。

王思誠。嵫陽人〔四四〕。至正時，爲河間路總管。磁河水頻溢，決鐵燈竿。思誠集民作隄，晝夜督工，期月而塞，民獲耕藝，歲用大稔。南皮民父祖嘗瀕御河種柳，輸課於官，後河決，柳没，官猶徵之，子孫不能償，思誠請於朝除之。郡庭生嘉禾三本，僚屬欲上進，思誠曰：「吾常惡人行異政，沽美名。」乃止。所轄景州廣川鎮，董仲舒故里也，河間尊福鄉，毛萇舊居也，皆請建書院，置山長〔四五〕。

明

向朴。慈谿人。建文時，獻縣知縣。燕兵起，獻當其衝，而舊無城郭，朴集民守禦，與燕將譚淵戰敗，懷印而死。

吴原〔四六〕。永豐人。永樂中，爲吴橋知縣，勤於撫字，賦役均平。洪熙元年，秩滿，民乞留，命再任。

劉深。臨汾人。永樂末，爲景州知州。善於撫字，景多水患，開惠民渠以洩之。每秩滿，民輒保留，治景凡三十餘年。

廖謨。泰和人。正統間，爲河間府同知〔四七〕。潔己愛民，弭盜息訟，民大悦。後知府缺，民數千走闕下，請即用謨，帝嘉許之。政績益懋，吏民戴之無間言。

楊貢。正統中，爲交河典史，會知縣遷去，民詣闕乞用貢。吏部以發身掾吏難之，帝曰：「若拘以資格，用人之途狹矣。」遂授之，果以稱職聞。

洪遠。徽州人。弘治三年，授交河知縣。興學勸農，鉏姦革弊，發粟賑饑，全活者甚衆。

程爌。南城人。正德中，爲景州學正。訓士務砥名節，上官命主瀛州書院，選十八學弟子從之。

顔胤紹。曲阜人。崇禎十五年，爲河間知府。歲大饑，死亡載道，寇盜充斥，拊循甚至。大兵臨城，與參議趙珽、同知姚汝明、知縣陳三接等堅守，時援兵率逗留不進，胤紹知城必破，預集一家老幼於室中，積薪繞之〔四八〕，而身往城上策戰守。及城破，趨歸官舍，舉火焚室，衣冠北向再拜，躍火中同死。贈光禄卿。本朝乾隆四十一年，賜謚忠烈，予入忠義祠。

趙珽。慈谿人。崇禎中，爲河間兵備僉事。大兵破城，珽死之，一門十四人俱同死。贈太僕卿。本朝乾隆四十一年，賜謚烈愍，予入忠義祠。

姚汝明。夏縣人。崇禎中，河間同知，城破，與妾任氏同死。贈僉事。本朝乾隆四十一年，賜謚節愍，予入忠義祠。

陳三接。文水人。崇禎中，知河間縣。歲旱，饑人相食。三接至，雨即降。有疑獄，數年不決，三接立決之。妻武氏賢，三接見封疆多故，遣之歸，答曰：「夫死忠，婦死節，分也，我安忍歸！」城破，三接巷戰死，武氏亦從之。贈按察僉事。本朝乾隆四十一年，賜謚烈愍，予入忠義祠。

吕大成。萊蕪人。崇禎末，授阜城知縣，城破不屈死。本朝乾隆四十一年，賜謚節愍，予入忠義祠。

白慧元。清澗人。崇禎中，爲任丘知縣。以守城功，命減俸行取。因忤大閹將逮治，而大兵抵城下，慧元佐代者李廉仲守城。無何，廉仲遁，慧元力戰死。贈按察僉事。本朝乾隆四十一年賜謚節愍，予入忠義祠。

王九鼎。崇禎中，任故城知縣。城潰，戰死城上。本朝乾隆四十一年，賜謚節愍，予入忠義祠。

劉廷訓。通州人。崇禎中，爲吴橋訓導。大兵至，知縣縋城遁，廷訓語守者曰：「守死，逃亦死，曷若死於守爲忠義鬼乎！」率衆堅守三晝夜。城外矢發如雨，而廷訓受傷，束胸力戰，又中六矢乃死。本朝乾隆四十一年，賜謚烈愍，予入忠義祠。

本朝

徐淳。奉天人。順治二年，知任丘縣。拯難卹殘，孑遺安堵，入祀名宦祠。

王德教。奉天人。順治三年，知河間府。四年，土賊起河間，東至天津及運河左右皆擾。蠡縣賊率衆逼城，德教與兵備道王維新嬰城守，委守備王丕承、章羽泰分汛抵禦。丕承、羽泰潛通賊，乘大雨引寇自南門入。德教聞變，率家人巷戰，死於南門。巡檢潘柱、典史邵鯤隨戰，與維新同日死。事聞，贈德教光禄寺卿，維新太僕寺卿，柱、鯤皆賜卹。維新，奉天人；柱，籍無考；鯤，紹興人。

劉果。諸城人。順治進士，知河間縣，才識敏練。康熙八年，聖祖仁皇帝駕幸河間，問民疾苦，父老以果治狀奏，召見褒之。

牆鼎。墊江人。康熙中，知交河縣。勤於政事，巨細必親，公餘手撰邑志，爲當時推重。

嚴曾業。浙江人。康熙中，知交河縣。捐貲繕黌序，建義學，延通儒爲師，多所成就。力行保甲，匪類屏絶，境内肅然。

黄世發。貴州人。康熙中，知肅寧縣。教民以農桑爲業，穿井以供灌溉。邑苦乏薪，世發令植柳數萬株於郭外，不三年而材足供爨。在任十三年，悃愊無華，民咸愛敬之。雍正年間，詔贈四品服，仍留治縣事，後擢水利營田觀察使。

杜于藩。江都人。康熙中，知吴橋縣。治獄如神，無枉無縱。穿渠導水，邑不被患。在任十三年，以擢任去，民思之，立祠以祀。

方嵋。江都人。乾隆八年，知河間縣。初至境，以旱告災，往時城居者例不入賑，嵋曰：「此獨非我赤子乎？雖違例干譴無憾！」乃步行遍查，不濫不遺，全活無算。

校勘記

〔一〕漢置縣　乾隆志卷一五河間府一古蹟（以下同卷簡稱乾隆志）同。按本志上引史記趙世家，戰國趙置武垣縣。太平寰宇記卷六六：瀛州河間縣，「西武垣城，在今郡（瀛州）西南三十八里有故城存，即秦所置」。則秦沿襲戰國趙，仍置武垣縣，中國歷史地圖集第一册秦山東北部諸郡有武垣縣，是也。后曉榮秦代政區地理第六章山東北部諸郡置縣，武垣縣屬河間郡。

〔二〕武帝元封元年巡狩至此　「封」，原作「豐」，乾隆志同。按元豐爲北宋神宗年號，太平寰宇記卷六六引隋圖經作「元封元年」，爲漢武帝年號，此「豐」爲「封」字之誤。據改。

〔三〕後魏因之　乾隆志同。按魏書卷一〇六地形志上：「章武郡，舊置章武國，後改。」領有東州縣。則北魏改章武國爲章武郡。

〔四〕漢置縣　乾隆志同。后曉榮秦代政區地理第六章山東北諸郡置縣：秦河間郡領有樂成縣，「秦封泥有『樂成之印』」。

〔五〕永平十五年立子黨爲樂成王　乾隆志同。按後漢書卷二明帝紀：永平十五年，「改信都爲樂成國，封皇子黨爲樂成王」。同書卷五安帝紀：延光元年，「改樂成國爲安平，封河間王開子得爲安平王」。續漢書郡國志二亦載：「安平國，故信都，高帝置。明帝名樂成，延光元年改。」可見明帝永平十五年封黨爲樂成王乃是改西漢信都國爲樂成國（治今河北冀州市），至安帝延光元年又改爲安平國，不是治於樂成縣之河間國（治今獻縣東南）。此混二者爲一。

〔六〕永元中仍置河間國治此　乾隆志同。按後漢書卷四和帝紀：「永元二年，「分樂成、涿郡、勃海爲河間國」。續漢書郡國志二：「河間國，文帝置，世祖省屬信都，和帝永元二年復故。」治樂成縣。則復置河間國是在永元初，此云「永元中」，誤。

〔七〕又東逕蒲領縣故城南　「領」，原作「陵」，據乾隆志及水經濁漳水注改。

〔八〕魏至隋屬河間郡　「郡」，原作「縣」。按魏書卷一〇六地形志上、隋書卷三〇地理志中，河間郡皆領鄚縣，此「縣」爲「郡」字之誤，據改。乾隆志作「晉魏至隋因之（屬河間郡）」，文異意同。

〔九〕金貞祐二年改置莫亭縣　「莫」，乾隆志同，金史卷二五地理志中作「鄚」。下「任丘故城」引同。

〔一〇〕邢子顒三郡記云　「顒」，原作「昂」，據乾隆志及太平寰宇記卷六六、大明一統志卷二改。

〔一一〕二城南北相直　「二」，乾隆志同。按水經濁漳水注：衡漳「東逕建成縣故城南……成平縣故城在北……城南北相直」。本無「二」字。

〔一二〕寰宇記俱入樂壽縣　乾隆志同。按太平寰宇記卷六六瀛州景城縣載建成、成平故縣城，又載成平「後魏徙理景城」，同書卷六三深州樂壽縣俱不載，此説誤。

〔一三〕明志仍入獻縣　乾隆志同。按明史卷四〇地理志一河間府獻縣不載其事。大明一統志卷二河間府古蹟載「景城城，在獻縣界」，「成平城，在景城廢縣南二十里」，「建成城，在景城廢縣東南三十里」，謂成平、建成在景城，而景城「在獻縣界」，即三城皆在獻縣境，則三故城載於獻縣，出之大明一統志，此云「明志」，誠非，或「明」下「志」上脱「統」字。

〔一四〕漢地節四年封河間獻王子雍爲侯國　「地節四年」，乾隆志同。按漢書卷一五王子侯表下：景成侯雍，「河間獻王子，地節二年四月癸卯封」。此「四」爲「二」字之誤。

〔一五〕交河有景城南鎮　乾隆志及讀史方輿紀要卷一三同。按金史卷二五地理志中：交河縣鎮十：「景城、南大樹、劉解……」

疑此「南」字係「景城」下連「南大樹」而衍。

〔一六〕晉太康地志　乾隆志同。按水經淇水注：臨樂縣故城，「晉書地道志、太康地記：樂陵國有新樂縣，即此城矣」。疑此「志」爲「記」字之誤。

〔一七〕漢元朔五年封韓説爲侯國　「説」，原作「譊」，乾隆志同。按史記卷二〇建元以來侯者年表：龍頟，「元朔五年四月丁未，侯韓説元年」。索隱：「地理志縣名，屬平原。」此「譊」爲「説」字之誤，據改。

〔一八〕今吴橋縣南三十里有重合城即重平之訛也　乾隆志引舊志同。按漢書卷二八地理志上：勃海郡並領重合、重平二縣。水經河水注：「屯氏別河北瀆又東北逕重平縣故城南。應劭曰：重合縣西南八十里有重平鄉，故縣也。又東北逕重合縣故城南。」據應劭説，重平併入重合。太平寰宇記卷六四：德平縣，「重平故城，在縣西北三十里。漢爲縣，後漢省」。同書卷六五：樂陵縣，「重合城，漢縣，故城在今縣東二百步。漢書有功臣，封重合侯，即此地。高齊天保七年省」。據此，重平、重合明爲二縣，舊志謂「重合即重平之訛」，混亂爲一，誤甚。

〔一九〕安陵鄉　「鄉」，原脱，乾隆志同，據王先謙合校水經注、楊守敬水經注疏河水注補。

〔二〇〕永徽二年移治柏社橋　「柏」，太平寰宇記卷六四同，乾隆志作「白」，同舊唐書卷三九地理志二。

〔二一〕永徽二年移於柏社橋　「永徽」，乾隆志作「永隆」，同太平寰宇記卷六四。按舊唐書卷三九地理志二作「永徽」，宜是。

〔二二〕東魏移勃海郡治此　乾隆志同。按太平寰宇記卷六五：滄州，漢渤海郡理浮陽，後漢移理南皮，「後魏初改渤海郡爲滄水郡，太安四年郡移理今東光縣城，尋又省，復爲渤海郡」。則郡治東光縣始於北魏太安四年，此云「東魏」，未知何據，疑誤。

〔二三〕今亭在縣東如北　「如北」，原作「而此」，乾隆志及朱謀㙔水經注箋同，據王先謙合校水經注、楊守敬水經注疏改。

〔二四〕北去交河縣二十餘里　乾隆志同。按同治畿輔通志卷四九疆域圖説四，東光縣西北有弓高城，其西爲後弓高城，屬交河縣（今泊頭市西南交河）東。檢其地，即今泊頭市西南之後城子，在清交河縣東，此「北」蓋爲「東」字之訛。

〔二五〕在臨津縣西南二十二里　「二十二」，乾隆志同。按太平寰宇記卷六五作「二十三」，與此稍異。

〔二六〕明統志「統」，原作「通」。按本志以下引文「在任丘縣北」云云，見載於大明一統志卷二河間府古蹟「扁鵲故宅」，乾隆志作「統」是也，據改。

〔二七〕在河間縣境　同治畿輔通志卷六八關隘二：「北魏鎮，在河間縣東北九十里，路通大城縣，巡檢駐此。」（按北魏鎮，今屬大城縣西南）此闕載方位里距。

〔二八〕今劉解鎮至餘廢　乾隆志卷一六河間府二關隘（以下同卷者不再重出）同。按同治畿輔通志卷六八關隘二：「今劉解鎮在交河縣東北三十五里，槐家即淮鎮，在獻縣，景城即景城南鎮（「南」字衍，見本卷校勘記〔一五〕），沙渦即沙窩村，在阜城，餘皆無考。」則本志闕失景城、沙渦二鎮所在。

〔二九〕政和二年改馬邨寨曰安定　「二」，乾隆志同。按宋史卷八六地理志二作「三」，此「二」爲「三」字之誤。

〔三〇〕自蠡縣三岔口　「三」，原作「二」，據乾隆志隄堰及同治畿輔通志卷八六隄閘一改。

〔三一〕自趙哥莊抵大務四十餘里　「哥」，乾隆志同，同治畿輔通志卷八六隄閘一作「奇」，未知孰是。

〔三二〕故加陵曰樂成陵　「成」，原脱，乾隆志陵墓及朱謀㙔水經注箋同，據王先謙合校水經注、楊守敬水經注疏濁漳水注補。

〔三三〕在縣東南　乾隆志同。按本志上文云「在獻縣東南」，此「縣」當指獻縣而言。資治通鑑卷五六漢紀四八胡注：「李賢曰：愼園，在今瀛州樂壽縣東南，俗呼爲二皇陵。」則胡注原文乃是唐瀛州樂壽縣，非「獻縣」。唐樂壽縣，即明清獻縣，但志直以獻縣引之，不予註明，甚是疏略。

〔三四〕在河間縣漢景帝時孝子　乾隆志作「在鄚州」，無「漢景帝時孝子」六字，同治畿輔通志卷一七〇陵墓六作「在鄚縣」，亦無以下六字。按太平寰宇記卷六六：莫州鄚縣有「韓嬰冢」，輿地志云：韓嬰，燕人，漢爲常山太傅，作詩内外傳」。則畿輔通志是，此「河間縣」爲「鄚縣」之誤，「漢景帝時孝子」涉上董永冢而衍誤。

〔三五〕漢末平原太守　乾隆志同。按新定九域志卷二：張超墓，「漢靈帝時爲大中大夫、平原將軍」。後漢書卷八〇文苑列傳下不載張超曾爲「平原太守」或「平原將軍」，疑本志及九域志皆誤。

〔三六〕在臨津縣東南二十七里　「南」，原作「門」，乾隆志同，據太平寰宇記卷六五及同治畿輔通志卷一七〇陵墓六引寰宇記改。

〔三七〕魏元禮墓　原作「魏禮墓」，乾隆志同。乾隆肅寧縣志卷二建置：「魏狀元元禮墓，在城北一里。」同治畿輔通志卷一七〇陵墓六引大清一統志：「元魏元禮墓，在肅寧縣北一里許。明李時撰魏元禮復葬墓記：『公，河間肅寧縣人。諱元禮，字廷訓。』」則此脫「元」字，據補。

〔三八〕爲莫州刺史　「莫」，原作「鄚」，據乾隆志名宦及宋史卷三九地理志三、卷二七一王晉卿傳改。按二唐書地理志並載：「開元十三年以『鄚』『鄭』文相類，改『鄚』爲『莫』。」下列楊延昭、石元孫記「鄚州」之「鄚」，並改同。

〔三九〕英宗時知瀛州北俗以桑麻爲産　乾隆志同。按宋史卷三二〇彭思永傳載，彭思永知瀛州，是在宋仁宗時，同治畿輔通志卷一八五宦績三記在仁宗時，云「按一統志作『英宗時』，似誤」。其説是也。又宋史彭思永傳：「北俗以桑麻爲産籍，民懼賦不敢藝。」此「産」下疑脫「籍」字。

〔四〇〕咸平府人　「府」，原脫，據乾隆志補。金史卷一二二石抹元毅傳：「咸平府路酌赤烈猛安莎果歌仙謀克人也。」同書卷二四地理志上載：咸平路治咸平府。

〔四一〕爲寧津令　乾隆志「寧津」上有「景州」二字，同金史石抹元毅傳。按金史卷二五地理志中：寧津縣屬景州。

〔四二〕遷沁州刺史　「沁州」，原脫，據乾隆志及金史卷九七李完傳補。

〔四三〕平定州人　「州」，原脫，據乾隆志及元史卷一八五吕思誠傳補。元史卷五八地理志一載平定州。

〔四四〕嵫陽人　「嵫」，原作「磁」，乾隆志同，據元史卷五八地理志一、卷一八三王思誠傳改。

〔四五〕置山長　乾隆志及元史王思誠傳「長」後有「員」字。

〔四六〕吴原　「原」，原作「源」，乾隆志同，據明史卷二八一循吏李信圭傳附吴原傳及同治畿輔通志卷一八六宦績四改。

〔四七〕爲河間府同知　「河間」下原無「府」字，據乾隆志及乾隆河間府志卷七郡官表、同治畿輔通志卷一八六宦績四引大清一統志補。

〔四八〕積薪繞之　「繞」，原作「燒」，據乾隆志及明史卷二九一顏胤紹傳改。

大清一統志卷二十三

河間府三

人物

漢

毛萇。趙人。初，魯有大毛公，爲詩詁訓，傳於家。至萇治詩尤精，是爲小毛公，以詩授同國貫長卿。萇爲河間獻王博士。是時言詩者，有齊、魯、韓三家，毛詩未得立於學官。後三家皆廢，而毛詩乃大行。東漢鄭衆、賈逵並傳之，馬融作毛詩注，而鄭康成更爲之箋。萇官至北海太守。按班書言「毛公，趙人」，而不言河間。然考河間一郡，在戰國時，燕、齊、趙實兼得之。史記「趙惠文王取齊昔陽」，爲今故城縣地〔一〕，又言「趙與燕鄚、易」，是今之任丘，亦趙地。又班書以董仲舒爲廣川人，而儒林傳復云「於趙則董仲舒」，董本廣川而亦云趙，愈可證河間之必有趙地矣。至漢文封趙幽王弟遂爲趙王，而別分趙河間地以封遂弟辟疆，是漢初河間實屬趙國，班稱萇以詩授同國貫長卿，不云同郡而云同國，正與書萇爲趙人同一義例，舊志不載萇於「人物」，附辨於此。

董仲舒。廣川人。少治春秋，孝景時爲博士。非禮不行，士皆尊師之。武帝時，以賢良對策，天子覽而異之，以爲江都相，事易王。王素驕好勇，仲舒以禮匡正，王敬重焉。仲舒爲人廉直，公孫弘嫉之。時膠西王尤縱恣，數害吏二千石，弘乃言獨仲舒可使相。膠西王聞仲舒大儒，善待之。以病免。仲舒凡兩相國，輒事驕王，正身率下，數上疏諫争，教令國中，所居而治。家居以修學著書爲事。朝廷有大議，輒使使就問之。以壽終。後劉向稱爲王佐材云。按漢之廣川，當爲今景州及棗强縣地，然江都遺跡在景州者班班可考，當爲州人無疑。至舊志有以德州爲廣川者，以晉武帝改廣川爲長河，移屬平原故也〔二〕，實非漢之舊矣。

劉輔。河間人，漢宗室。舉孝廉，爲襄賁令。上書言得失，擢爲諫大夫。成帝欲立趙倢伃爲后，先下詔封倢伃父臨爲列侯。輔上書諫，繫祕獄。以辛慶忌等論救，乃減死論爲鬼薪。

張敏。鄚縣人。建初二年，舉孝廉，四遷，爲尚書。時有人侮辱人父，而其子殺之，肅宗貰其死，自後因以爲比，遂定爲輕侮法。敏屢諫駁正，和帝從之。尋拜司隸校尉，歷遷汝南、潁川太守，徵拜司空。

劉淑。樂成人。好學明五經，教授諸生，常數百人。五府連辟，不就。舉賢良方正，辭以疾。桓帝聞淑高名，使輿病詣京師，對策爲天下第一，拜議郎。陳時政得失，災異之占，事皆效驗。遷尚書，納忠建議，多所補益。又遷侍中、虎賁中郎將。上疏以爲宜罷宦官，辭甚切直，帝以淑宗室之賢，特加敬異，每有疑事，常密諮之。靈帝即位，宦官譖之，下獄自殺。

張超。鄚縣人。良之後，有文才。靈帝時，爲車騎將軍朱儁别部司馬。著賦、頌等十九篇。又善於草書，妙絶時人，世共傳之。

三國　魏

邢子昂。鄚縣人。從田疇遊，積五年。太祖辟爲冀州從事，時人稱之曰：「德行堂堂邢子昂。」累遷左馮翊，病去。時太祖諸子高選官屬，令曰：「侯家吏，宜得淵深法度如邢子昂輩。」遂以爲平原侯植家丞。子昂防閑以禮，無所屈撓，由是不合。文帝時，歷官尚書僕射，賜爵關内侯。

張郃。鄭縣人。初從袁紹，後歸太祖，拜偏將軍。與張遼俱爲軍鋒，屢立戰功。文帝踐阼，封鄭侯。諸葛亮出祁山，遣郃督諸軍拒亮將馬謖於街亭，大破之，拜征西車騎將軍。郃識變數，善處營陣，料戰勢地形，無不如計。雖武將而愛樂儒士，嘗薦同鄉卑湛經明行修，詔嘉之。後與諸葛亮戰，中飛矢死。謚壯侯。

沐並。河間人。少孤苦，爲名吏。有志介，不畏强禦。

晉

孟觀。東光人。少好讀書，解天文。惠帝時，累官積弩將軍。氐帥齊萬年反關中，以觀沈毅，有文武材用，命討之。觀身當矢石，大戰十數，生擒萬年，威懾氐羌。徵拜右將軍。觀子平爲淮南王允前鋒將軍，討趙王倫，戰死。

封孚。蓨縣人。慕容德時，常外總機事，内參密謀，雖位任崇重，謙虚博納，甚有大臣之體。文筆多傳於世。

南北朝　魏

高允。蓨縣人。少有奇度，博通經史、天文、術數，尤好春秋公羊。世祖時，拜中書侍郎，使以經授東宫。爲郎二十七年不徙官，諸子常樵採自給。高宗時，拜中書令，恒呼爲「令公」而不名。顯祖即位，引入禁中，參決大政。贊帝傳位高祖，進爵咸陽公。允歷事五帝，出入三省，五十餘年，忠勤廉慎，隨事匡諫，多所裨益，軍國書檄，皆出其手。卒年九十八。贈侍中、司空，謚曰文。子忱，長樂太守〔三〕，爲政寬惠，百姓懷之。忱弟懷，恬淡退静，位東陽王諮議參軍。子綽，沈雅有度量，博涉經史，歷豫、并二州刺史。允弟燮，亦有文武才，太武詔徵，辭疾不應。

封回。蓨縣人。孝明帝時，累遷瀛州刺史。以水潦表求賑恤，免其兵調，州内賴之。歷度支、都官二尚書、冀州大中正。

鄭雲諂事長秋卿劉騰，得爲安州刺史，詣回問：「安州治生，何事爲便？」回曰：「卿荷國寵靈，位至方伯，宜思方略以濟百姓，如何問治生乎？」雲慙失色。領御史中尉，劾奏僕射元欽，時人稱之。終右光禄大夫，謚孝宣。子隆之，弱冠時仕州郡主簿，尋參齊神武經略。凡四爲侍中，再爲吏部尚書，一爲僕射，四爲冀州刺史。卒，贈太保，謚宣懿。子子繪，和理有器局。仕齊官至尚書右僕射，謚簡。

封軌。回族叔。通覽經傳。與武邑孫惠蔚善，惠蔚每推軌曰：「封生之於經義，吾所弗如。」太和中，拜著作郎，累遷廷尉少卿。軌以方直自業，嘗以「務德慎言，修身之本，姦回讒佞，世之巨害」，乃爲務德、慎言、遠佞、防姦四戒。長子偉伯，博學有才思，弱冠除太學博士。朝廷廣集儒學，議明堂制度，偉伯上圖説六卷。後蕭寶夤爲逆，偉伯謀舉義兵，事發見害。

邢巒。鄚縣人。少好學，博覽書傳，有文才幹略。宣武時，累遷尚書，都督梁漢諸軍事，開地千里。梁人侵軼徐、兗，以巒都督東討諸軍事，破梁軍於宿豫。豫州人白早生殺刺史，以城入梁。詔巒討之。兵至懸瓠，斬早生。遷殿中尚書，加撫軍將軍。卒於官。謚文定。巒才兼文武，朝野瞻望，上下悼惜之。

邢晏。巒弟。博涉經史，官至滄州刺史。晏篤於義讓，初爲南兗州，例得一子釋褐，乃啓其孤弟子子慎爲朝請。後爲滄州，復啓其孤兄子昕爲府主簿，而其子並未從宦，世人以此多之。

信都芳。河間人。少明算術，兼有巧思，嘗云：「算曆玄妙，機巧精微，每一沈思，不聞雷霆之聲。」其用心如此。所撰注勾股、史宗、樂書、遁甲經、四術周髀宗之屬甚多。

北齊

邢卲。巒族弟。十歲能屬文，聰明强記，日誦萬餘言。孝昌初，爲著作佐郎，累遷太常卿（四）、中書監，攝國子祭酒。時頓居三職，並是文學之首，當時榮之。授特進，卒。邵率情簡素，内行修謹，晚年尤以五經章句爲意，窮其指要。吉凶禮儀，公私諮稟，質疑去惑，爲世指南。與濟陰温子昇爲文字之冠，世謂之温邢。魏收雖天才艷發，而年在二公之後，故子昇死後，方稱魏邢焉。

權會。鄭縣人。志尚沈雅，動遵禮則。少受鄭易，妙盡幽微，詩、書、三禮，文義該洽，兼明風角。仕齊歷國子博士，參掌雖繁，教授不闕。臨機答難，酬報如響，爲諸儒所推。

邢峙。鄭縣人。通三禮、左氏春秋。仕齊爲國子助教，以經入授皇太子。峙方正純厚，有儒者風。廚宰進太子食，菜有「邪蒿」，峙令去之，曰：「此菜有不正之名，非殿下宜食。」文宣聞而嘉之。累遷清河太守。

周

李棠。蓨縣人。祖伯貴，魏宣武時，官至魯郡守。有孝行，居父喪，哀毁過禮，遂以毁卒。棠幼孤，好學，有志操。西魏末，爲車騎大將〔五〕、散騎常侍。尉遲迥伐蜀，棠應募，先使喻之。既入成都，蕭撝問迥軍中委曲，棠不對。撝乃苦辱之，棠曰：「我有死而已，義不爲爾移志也。」遂害之。

熊安生。阜城人。博通五經，專以三禮教授，弟子以遠方至者千餘人。仕齊，爲國子博士。時後周既行周禮，有宿疑數十條莫能辨。天和三年，尹公正使齊，與齊人語及周禮，齊人不能對。乃令安生置賓館，一一演説，究其根本。公正嗟服，還，具言之武帝，帝大欽重之。及入鄴，首幸其第，引與同坐，給安車入朝，敕令參議五禮，拜露門博士。安生學爲儒宗，若劉焯、劉炫，皆其門人。所著周禮、禮記、孝經義疏，並行於世。

黎景熙。鄭縣人。少以孝行聞。從祖廣，精字義楷篆，景熙傳習之，有書千餘卷。雖窮居獨處，不以飢寒易操。周文徵入關，令正定古今文字。大統末，拜著作佐郎。勤於所職，著述不怠。保定三年，盛營宫室，春夏大旱，景熙上封事力諫，上嘉之。仕終儀同三司。

隋

楊慶。河間人。祖玄，父剛，並以至孝知名。慶頗涉書記，郡察孝廉，以侍養不赴。母疾，不解襟帶者七旬。及居母喪，哀毁骨立，負土成墳。齊文宣表其門閭，賜帛粟。隋高祖受禪，授平陽太守。

公孫景茂。阜城人。博涉經史。仕魏爲太常博士，多所損益，時人稱爲書庫。歷大理正，有能名。開皇初，詔徵入朝，訪以政術，遷息州刺史，歷伊州、道州。仁壽中，復拜淄州刺史。前後歷職，皆有德政，稱爲良牧。死之日，諸州人吏赴喪者數千人，或不及葬，皆望墳慟哭，野祭而去。

高熲。蓨縣人。周時，以平齊功拜開府。高祖受禪，拜尚書左僕射，封勃海郡公。晉王廣大舉伐陳，以熲爲元帥長史，三軍皆取斷於熲。陳平，加上柱國，進爵齊國公。後爲煬帝所誅。熲有文武大畧，明達政務，及蒙任寄，竭誠盡節，進引貞良，以天下爲己任。蘇威、楊素、賀若弼、韓擒虎等皆熲所薦，各盡其用，爲一代名臣。執政將二十年，朝野推服，物無異議，論者以爲真宰相。

張煚。鄭縣人。父羨，少好學，多所通涉，當世推重。仕周，終司成中大夫，典國史。煚好學，有父風。隋高祖受禪，拜尚書右丞。丁父憂，柴毁骨立。累遷民部尚書。煚性和厚，有識度，甚有時譽。後拜冀州刺史，稱爲良二千石。

高勱。蓨縣人。齊清河王岳之子。性剛直，有才幹。斛律明月每有征伐，引之爲副。高祖爲丞相，甚器之。開皇七年，上取陳五策。及大舉伐陳，以勱爲行軍總管，下江州，以功拜上開府。

盧大翼。河間人。七歲詣學，日誦數千言，號神童。尤善占候算曆之術，前後所言皆中。隱於白鹿山。

張胄玄。蓨縣人。博學多通，尤精術數。高祖時，徵授雲騎尉，直太史，參議律曆事。胄玄所推步甚精密，由是擢拜太史令。

劉炫。景城人。少聰敏，與信都劉焯閉户讀書，十年不出。炫眸子精明，視日不眩，强記默識。左畫方，右畫圓，口誦，目數，耳聽，五官並舉，無有遺失。周時，奉敕與著作郎王劭同修國史〔六〕。雖遍三省，竟不得官。開皇之末，朝野皆以遼東爲意。炫謂不可伐，作撫夷論以諷。煬帝即位，牛弘引炫修律令。諸郡置學官，及流外給廩，皆發自炫。授太學博士。後歸鄉里，以教授爲業。卒後，其門人謚曰宣德先生。著論語述義、春秋攻昧、五經正名、孝經、春秋、尚書、毛詩述義等書，並行於世。

劉善經。河間人。博物洽聞，尤善詞筆。歷著作佐郎、太子舍人。著酬德傳、諸劉譜、四聲指歸，行於世。

唐

李綱。蓨縣人。少慷慨，尚風節。仕周爲齊王憲參軍。宣帝將殺憲，召僚屬誣坐其罪，綱矢死無撓辭。憲誅，故吏奔匿，綱撫棺號慟，爲瘞訖，乃去。高祖受禪，拜禮部尚書兼太子詹事。頻諫太子不聽，固請老，解尚書。貞觀四年，復爲少師。以足疾賜步輿，乘至閤，問以政事。卒，謚曰貞。

高儉。勱子。敏惠有度量，觀書一見輒誦，敏於占對。秦王領雍州牧，薦爲治中，親重之。累官吏部尚書，封許國公。雅負裁鑑，又詳氏譜，所署用，人無不當者。太宗即位，遷尚書右僕射。卒，贈司徒，謚文獻。儉凡有獻納，搢紳屬目。奏議輒焚其藁，家人無見者。子履行，居母喪毀甚，太宗諭使强食。尚東陽公主，官益州大都督府長史。

高馮。蓨縣人。居母喪，以孝聞。貞觀初，拜監察御史，彈劾不避權要。轉中書舍人，列上五事，帝稱善，進太子右庶子，數上書言得失，辭極切至。帝賜鍾乳一劑，曰：「爾進藥石之言，朕以藥石相報。」後爲吏部侍郎，善銓序人物，賜以金背鏡一，況其清鑒。遷中書令，進爵蓨縣公。卒，謚曰憲。

張士衡。樂壽人。九歲居母喪，哀慕過禮。博士劉軌思奇之，授以詩、禮，又從熊安生、劉焯等受經，貫知大義。仕隋爲餘杭令，以老還家。大業時，諸儒廢學。唐興，士衡復教授鄉里。太子承乾慕風迎至，謁太宗洛陽宫，賜之食，擢崇賢館學士。數規太子過失，不能用。太子廢，罷歸鄉里。士衡以禮教諸生，當時永年賈公彦〔七〕、趙李玄植，皆以經學顯。

李安静。綱之孫。兄安仁，永徽中爲太子左庶子，太子忠廢還邸，僚屬奔散，獨安仁泣拜而去。安静，天授中爲右衛將軍。武氏革命，羣臣皆勸進，安静獨無所請。及收繫獄，來俊臣問狀，安静曰：「正以我唐舊臣，殺之可也。」俊臣誣殺之。會昌中，贈太子少師。自綱五世同居，安仁、安静復以義烈聞，世稱李氏不衰。

袁恕己。東光人。仕累司刑少卿，知相王府司馬。與誅二張，又從相王統南牙兵備非常，以功加中書侍郎、同中書門下三品，封南陽郡公。將作少匠楊務廉者，以工巧進。恕己恐其啓游娱侈麗之漸，力請於中宗斥之。拜中書令、特進、南陽郡王。罷政事。後流環州，武三思遣周利貞殺之〔八〕。謚貞烈。

王晙。景城人。少孤，好學。擢明經第，歷殿中侍御史。景龍末，除桂州都督，州人刻石頌德。進隴右羣牧使。吐蕃寇臨洮，率所部迎擊，大敗之，進并州都督長史。討突厥有功，遷朔方行軍大總管，封清源公。累拜兵部尚書、同中書門下三品，充朔方軍節度大使。卒，贈尚書左丞相，謚曰忠烈。晙氣貌偉特，時謂熊虎相。感慕節氣，有古人風。其接下肅壹，吏人畏愛。始，二張之誣魏元忠，晙獨上疏申治。卒後，信安王禕討奚於幽州，告捷，言「戰時，咸見晙與部將麾赴敵」，帝乃遣使祭晙廟，進諸子官。

劉長卿。河間人。開元間進士，官至隨州刺史。有詩集十卷行於世。

邢君牙。樂壽人。少從軍，以戰功歷果毅、折衝郎將。代宗時，以扈從功，累封河間郡公。德宗出奉天，李晟率君牙倍道赴難。晟入朝，代爲鳳翔節度使。吐蕃歲犯邊，君牙勸耕講戰，以爲備，戎不能侵。卒贈司空。

袁高。恕己孫。少慷慨，有節尚。擢進士第，累遷給事中。德宗將起盧杞爲饒州刺史，高當草詔，見宰相言不可，别命舍人作詔。詔出，高執不下，奏曰：「杞爲相，誣下罔上，使陛下越在草莽，羣臣願食其肉。陛下赦不誅，止貶新州，今復拜刺史，誠失天下望。」又力争帝前，請前死。翌日，帝遣使慰高曰：「卿言切至，已如奏。」憲宗時，贈禮部尚書。

高瑀。蓨縣人。少沈邃，喜言兵。釋褐右金吾胄曹參軍，遷陳、蔡二州刺史。宰相裴度、韋處厚以瑀治陳、蔡素有狀，乃拜忠武節度使。瑀寬和，所至稱治，士人懷之。

高重。儉五世孫。以明經中第。敬宗慎置侍講學士，重以簡厚惇正與選，再擢國子祭酒。文宗好左氏春秋，命分列國各爲書，成四十篇。與鄭覃刊定九經於石。出爲鄂岳觀察使，以美政被褒。卒，贈少保。

封敖。蓨縣人。元和中進士。爲李德裕所器，累官翰林學士。屬辭贍敏，語切而理勝。武宗使作詔慰邊將曰：「傷居爾體，痛在朕躬。」帝善其辭，賜以宫錦。大中時，歷平盧、興元節度使。平寇有功，仕終尚書右僕射。

張濬。河間人。以處士薦爲度支員外郎。黄巢亂，僖宗召拜諫議大夫。王鐸奏署都統判官。時王敬武在平盧，累召不肯應。濬往説之，責以君臣大分，敬武即引軍從濬而西。賊平，累拜同中書門下平章事。乾寧中，以左僕射致仕。劉季述亂，濬徒步入洛，泣諭張全義，謀王室之難。朱全忠脅昭宗東遷，畏濬構他鎮兵，使全義殺之。

宋

李罕澄。阜城人。七世同居。漢乾祐三年，詔改鄉里名及旌其門閭。太平興國六年，長史以漢賜詔書來上，復旌表之。

盧懷忠。河間人。少有膂力，善騎射。周顯德初，監沂州軍，以所部破海州，功居多。朗州軍亂〔九〕，宋太祖遣懷忠使荆南，還奏曰：「繼冲甲兵雖整，而控弦不過三萬；年穀雖登，而民苦暴斂。觀其形勢，日不暇給。」即以懷忠爲前軍步軍都監〔一〇〕。荆湖平，以功遷内酒坊使。

王繼升。阜城人。性謹愿。太宗藩邸時信任之，即位，累遷泉州兵馬都監。討平游洋洞民，召領諸道水陸發運事，號爲稱職。子昭遠，形質魁偉，有膂力。從征太原，爲流矢所中，血漬甲縷，戰益急。歷官知天雄軍。卒，謚惠和。

楊嗣。瀛州人。兄信，官殿前都指揮使，善部分士卒。嗣累遷保州團練使。時楊延昭方爲刺史，嗣言：「嘗與延昭爲同官，驟居其上，不可，願守舊官。」帝嘉其讓，乃遷延昭官。嗣與延昭久居北邊，俱以善戰聞，時謂之「二楊」。

高琟。莫州人〔一一〕。八世同居。真宗時旌表，蠲其課調。

劉摯。東光人。嘉祐中，擢甲科，累遷監察御史裏行。未及陛對，即奏論數事。及入見，神宗問：「卿從學王安石耶？安石極稱卿器識。」對曰：「臣東北人，少孤獨學，不識安石也。」上疏言「君子小人之分」，又論「率錢助役有十害」。安石使曾布作十難以詰之，且劾摯欺誕懷向背，摯即條對所難，以伸其説。復上疏極言青苗、均輸、助役之害，謫監衡州鹽倉。哲宗時，召爲侍御史，疏論蔡確、章惇過惡，皆罷去。又請免常平、免役法，引朱光庭、王巖叟爲言官。累拜門下侍郎、尚書右僕射。摯性峭直，有氣節，通達明鋭，觸機輒發，不爲利怵威誘。自初輔政至爲相，修嚴憲法，辨别邪正，勇於去惡，竟爲朋讒奇中。貶死新州。紹興初，贈少師，謚忠肅。

龔夬。瀛州人。第進士。徽宗時，累官殿中侍御史。始上殿，即抗疏請辨忠邪。時章惇、蔡卞用事，夬首論其惡，又論蔡京姦罪，於是三人者皆去。後編管房州。紹興中，贈右諫議。弟大壯，亦有重名。夬嘗稱爲畏友。

張愨。樂壽人。元祐進士。累遷計度都轉運使。高宗時，爲兵馬大元帥，募兵勤王，愨飛輓踵道，建議即元帥府印給鹽鈔，以便商旅。不閲旬，得緡錢五十萬以佐軍。高宗器重之，權知北京留守，官至中書侍郎。卒，謚忠穆。愨在朝諤諤，有大臣節。帝每念之，謂愨謀國盡忠，遇事敢諫，古之遺直也。

遼

劉景。河間人。好學能文。初爲翰林學士。屢直諫不聽。景宗即位，以景忠實，遷尚書、宣政殿學士。上方欲倚用，書其笏曰：「劉景可爲宰相。」歷武定、開遠二軍節度使。致仕。子慎行，爲北府宰相。時上多即宴飲行誅賞，慎行諫止之。

金

許安仁。交河人。幼孤，能自刻苦讀書，善屬文。登大定進士，歷翰林院修撰，同知制誥。賈鉉、路伯達薦其守道端慤，立己純正，超授禮部郎中，兼左補闕。明昌四年，上將幸景明宫，安仁與同列疏諫，遂罷幸。出爲澤州刺史，作無隱論十篇上之。升汾陽軍節度使，致仕。卒，謚文簡。

許古。安仁子。明昌中，詞賦進士。貞祐初，拜監察御史。宣宗遷汴，信任丞相高琪，無恢復之謀，古上疏直言，詔付尚書省。累遷右司諫，兼侍御史，數上疏言時事，時稱其直。哀宗時，以左司諫致仕。

劉完素。河間人。嘗遇異人陳先生，飲以酒，大醉，及寤洞達醫術，若有授之者。乃撰運氣要旨論、精要宣明論，慮庸醫或出妄説，又著素問玄機原病式，特舉二百八十四字〔二〕，注二萬餘言。自號「通玄處士」。

明

道同。河間人。洪武初，薦授太常寺贊禮郎，出爲番禺知縣。性剛毅，軍衛非禮，一切抗弗從，民賴以安。永嘉侯朱亮祖至，數撼同，同不爲動。亮祖兄弟怙勢爲姦，同按治之。布政使徐本雅重同，同方答一醫未竟，本欲急得醫，遣卒來語，令釋之，同岸然曰：「徐公乃亦效永嘉侯耶？」卒爲亮祖搆陷死。同器宇魁岸，奉母備甘旨，與妻子同粗糲，其峭直出於天性。既死，縣民悼惜之。

劉敏。肅寧人。洪武初，舉孝廉，爲中書吏。常暮以小車市蘆龍江關，旦載歸而後入治事。妻織蘆爲席，鬻以奉母。或瞷亡以績帛瓦器遺其家者，敏懸於梁，後遺者復來，卒還之。爲楚相府録事，中書以没官女婦給文臣家，衆勸其請給以事母。敏辭曰：「事母，乃子婦事，何預他人。」及省臣敗，吏多坐誅，敏獨無所預。帝賢之，擢工部侍郎，改刑部。出爲徽州府同知，有惠政，卒於官。

于大節。任丘人。天順進士，歷御史，出按畿輔。寇掠永平，中官漫言追擊出境，大節劾其罔。再按湖廣，因地震，疏陳時政缺失八事，辭甚切，忤憲宗意，左遷鶴慶推官。累官浙江、山東按察使，並著政聲。大節素矜名檢，薄嗜好，仕宦三十年，始終一操。

黄文。任丘人。生四歲，父經商出越四十餘年不歸。文既以諸生貢入國學，詢知父在鄧州，奔赴遍訪得之，迎歸，與母完聚，孝養備至。天順中，旌表。

周東。阜城人。成化進士。歷官大理寺少卿。命勘事陝西，寘鐇之變，殉節死。

孫博。景州人。成化進士。授兵科給事中。疏論汪直設西廠擅作威福。直大怒，召博，厲聲詬之，博不爲屈。官終山西僉事。

李旦。獻縣人。成化進士。授刑部主事。因星變，上陳十事，曰正君心，親宗室，制宦官，惜名器，絶珍玩，别賢否，撫流移，恤畿甸，整邊防，納諍諫。言並切直。忤旨，貶鎮遠通判。未幾卒。

馬中錫。故城人。父偉，爲唐府長史，以直諫忤王，械送京師。中錫方幼，奔訴訟冤，父竟得白。成化中，登進士，授刑科給事中。萬貴妃弟通驕横，再疏論列，兩被廷杖。嘉祥公主侵畿内民田，勘還之民。又劾太監汪直，直怒。使人詗之無所得，乃止。累遷右副都御史，巡撫宣府、遼東，入爲兵部侍郎。忤劉瑾，勒致仕，尋斥爲民。瑾死，起撫大同。中錫居官廉，所至革弊任怨。正德六年，大盜劉六等起，以中錫爲右都御史，統禁兵南征，下令招撫。賊益熾，被逮，死於獄。後追復原官。

張瑋。景州人。成化進士。擢御史。弘治時，累遷右副都御史，巡撫寧夏，有威名。生平端謹自守，不置生産，終漕運總督。

屈伸。任丘人。成化進士。授給事中。弘治時，湖廣大饑，請遣大臣發廩蠲逋，減田租，平寃獄，黜貪殘，罷不急役，弛山澤禁。帝即付撫按行之。時帝視朝頗晏，塞上數有警，伸請帝勵精庶政，又勸時御便殿，延見羣臣。帝嘉納焉。伸在諫垣久，識大體，守正議，侃直不阿，未及遷而卒。

廖紀。東光人。弘治進士。嘉靖初，歷官吏部尚書。光禄署丞何淵請建世室，祀獻帝。紀執不可，復抗疏争之，議竟寢。御史魏有本以劾郭勛、救馬永謫官，紀從容爲言，有本得無謫。卒，贈太保，謚僖靖。

杜蕙。任丘人。正德進士。歷麗江府同知。天性孝友，四世同居。父喪廬墓三年，母年九十九得疾，蕙年八十二，侍奉不懈，殁亦廬墓三年。卒年九十七。

劉元震。任丘人。隆慶進士。選庶吉士，授編修。神宗時，歷國子祭酒，檢束諸生，置旌善、紀過二簿，示懲勸。因進詩經注疏，規諷切至。帝嘉納之。累遷吏部侍郎，掌詹事府。以三殿災，疏言宜懋建元子，和協天人，不報。性至孝，得父母書，必南向頓首而後啓。以母年近百歲，乞養親歸。卒，贈吏部尚書，謚文莊。弟元霖，萬曆進士，累官工部尚書。時大工繁興，元霖盡瘁拮据，耗蠹爲清。卒，贈太子太保。

余繼登。交河人。萬曆進士。改庶吉士，授檢討。進右中允，充日講官。以講筵久輟，侍臣無所納忠，與同官馮琦進通鑑講義，傅以時政闕失。歷禮部侍郎攝部事。請罷一切誅求開採之害民者，又請躬祀郊廟，册立元子，停礦税、撤中官〔一三〕。皆不省。繼登自署部事，請元子册立冠婚。疏累上，不得請，鬱鬱成疾。連章乞休，不許。卒於官，謚文恪。繼登樸直慎密，寡言笑。當大事，言議侃侃。居家廉約，病革時，擁粗布衾，羊毳覆足而已。

李楨宁。任丘人。萬曆進士。歷官山西按察使，罷歸。任丘被圍，佐知縣白慧元城守。及城破，率家衆格鬭，身中數槊而死。本朝乾隆四十一年，賜謚忠烈。

賈太初。河間人。崇禎進士。授襄陽知縣，罷歸。十五年，大兵破城，太初死之。本朝乾隆四十一年，賜謚節愍。

范景文。吴橋人。幼負器識，登萬曆進士，授東昌推官。用治行高等，擢吏部主事，歷文選司郎中。魏忠賢、魏廣微用事，景文雖與同鄉，不一詣其門，亦不附東林，孤立行意而已。視事未彌月，謝病去。崇禎初，累官南京兵部尚書，屢遣兵戍池河、浦口，援廬州，扼滁陽，有警輒發，節制精明。熊文燦之撫張獻忠，景文極言獻忠叵測，卒如其言。楊嗣昌奪情輔政，黄道周等交諫獲罪，景文論救，亦削籍。十六年，起工部尚書，尋兼東閣大學士。李自成漸逼，有請帝南幸者，命集議閣中。景文曰：「固結人心，堅守待援，此外非臣所知。」都城陷，赴雙塔寺旁古井死。本朝順治九年，賜謚文忠。

孟兆祥。交河人。天啓進士。崇禎中，累官刑部右侍郎。賊薄都城，詔大臣分守，兆祥駐正陽門。城陷，或勸兆祥還邸，厲聲曰：「社稷已覆，吾將安之！」仰天號慟，冠帶望闕拜，遂自經死。子章明，甫成進士，兆祥語之曰：「我大臣當死，汝未就職可去。」對曰：「人生大節，惟君與父，君父死，臣子何生焉！」亦投繯死。兆祥妻吕氏、章明妻王氏亦同日縊死。本朝順治九年，賜兆祥謚忠靖，章明謚貞孝。

本朝

曲良貴。獻縣人。貢生。知陝西興安州。順治三年，叛賊孫守法糾流賊劉二虎等圍州城。良貴率衆捍禦，賊攻兩月不克，而城内糧盡援絶，奸民内應，啓門納賊。良貴駡賊死。詔贈布政司參議。

劉三章。景州人。順治進士。知山西懷仁縣。姜瓖之亂，攖城捍衛，城賴以全。累擢福建漳南道僉事。值凶寇亂，三章勒兵勦捕，以計擒其渠帥，餘黨悉平。轉江南兵備副使。卒，入祀鄉賢祠。

左敬祖。河間人。順治己丑進士。改庶吉士，授編修。累官左副都御史。博通六籍，尤精於易，著有易經抄訓、理學真傳。卒，入祀鄉賢祠。

白惺涵。河間人。性至孝。大兵破河間，與其父皆被執，將就戮。惺涵解衣請代父死，情辭哀切，軍中義之，得俱釋去。登順治進士，官至吏部考功郎中。

李儀古。河間人。父天敘，官平涼府通判，有靖寇功。儀古登順治進士，改庶吉士，授檢討。累官内弘文院侍讀學士，文章品詣，爲一時景仰。卒，入祀鄉賢祠。

馬之駚。東光人。少居父喪，廬墓三年。登順治進士，授行人。累官陜西提學僉事。精明嚴正，請託不行。卒，入祀鄉賢祠。

馬廷贊。之駚族兄。順治進士。知宜都縣。時流氛未靖，廷贊訓練鄉勇，多方捍禦，民賴安堵。在任數年，田疇大闢，地無曠土，民咸被其澤。卒，入祀鄉賢祠。

賈錫穎。景州人。年十四時，劫賊王小廷入其家，父光彝、祖母周、伯父光顯、光祖，俱遇害。錫穎匿暗處得脱。後二年，里社爲迎神會，會者萬人，小廷以招撫爲平人與焉。錫穎伺之酒肆，乘其酣飲，持刀自後刺之洞胸，即斬首割心，赴父墓，哭奠畢，詣官自首，有司義而釋之。時順治八年也。

竇豸。吴橋人。善騎射，膽力過人。順治初，土賊竊發，遊擊梁某被圍。豸率壯士二十人馳援，圍遂解。梁因言於有司，使團練鄉勇禦賊，賊不敢犯。後大舉來寇，豸力戰，賊圍之數重〔一四〕，短兵格鬬而死。

劉子正。吴橋人。順治進士。知山東丘縣。勸農興學，善政具舉。擢禮部主事。卒，入祀鄉賢祠。

劉澤厚。吴橋人。年十五，隨母省外家於河南，值流寇陷城，負母而逃，與賊格鬬，身被重創，卒脱母於難。登順治進士。知江安縣，有惠政。會十三家餘黨剽掠至縣，澤厚身督家丁迎敵，遂死於陣。詔贈按察使僉事。

張咸。景州人。諸生，幼喪母，常趨墓所號泣，過者感嘆。家貧，授徒養父，體無全衣，而親極甘旨。性廉介，有鄉人以屋宅值千金相贈者，卻勿受。

王瑄。交河人。康熙進士。知陝西保安縣。邑在萬山中，兵火之後，居民稀少。瑄至，教以開墾栽種，不二年，遂爲樂土。擢吏部主事，出爲雲南參議，分守永昌，撫禦諸酋，威德兼著。遷湖廣提學副使。屏絶苞苴，振拔寒畯，士紳立碑頌德，瑄力止之。卒，祀鄉賢祠。

祕丕笈。故城人。康熙進士。累官陝西提學僉事。杜絶請託，所拔皆名雋。丕笈潛心理學，著有詩書日抄。卒，入祀鄉賢祠。

蘇俊大。交河人。幼值父病，侍湯藥，衣不解帶者數月。及長，究心經籍以拔貢。任贛州推官。著有四書講義。卒，入祀鄉賢祠。

龐塏。任丘人。舉人。康熙十八年，應博學鴻詞科，授檢討，出爲福建建寧知府。會浦城令以嚴苛激變，邑人乘夜焚册局，殺吏罷市，令懼而逃。塏聞，兼程赴浦城，集紳士明倫堂，諭無生亂，變遂定，僅坐重罪一人，流二人，浦人感之，立書院以祀。未幾，告歸。塏涉獵經史，工詩文，所著有叢碧山房集。

王蘭生。交河人。性純孝，嗜程、朱之學。康熙五十一年，被薦爲内廷校書，賜舉人及進士，改庶吉士，授編修。累遷刑部侍郎。薦舉無私，刑獄能察。卒，入祀鄉賢祠。

哈元生。河間人。由行伍洊擢守備。雍正二年，隨勦貴州仲家苗。烏蒙土知府禄萬鍾擾東川，其黨隴慶侯助逆。元生與四川兵協勦，賊據險拒，元生冒矢石奮攻克之。六年，勦米貼苗陸氏，破險設伏，搗其巢，又會勦助陸氏之雷波土司楊明義。累遷副將。八年，烏蒙復叛，元生擊破賊數萬，躪賊營八十餘〔一五〕，直抵烏蒙。捷聞，賞銀萬兩。旋擢雲貴提督。緣事革職，尋賞副將銜。卒，贈總兵。子尚德，隨元生至雲南，授千總。烏蒙既克，賫疏奏捷〔一六〕，升遊擊。尚德屢著勞績，苗人聞風畏懼，洊擢古州鎮總兵。緣事革職。復賞副將銜。

邊連寶。任丘人。貢生。乾隆元年，薦舉博學鴻詞，十四年，復薦經學，辭不赴。所著有隨園集。

哈攀龍。河間人。乾隆武進士，授頭等侍衛。洊升漳州鎮總兵。十三年，統兵由美卧溝〔一七〕，攻取撒卧山、大松林、噶達等寨。分兵進勦馬溝右梁，下營〔一八〕。旋往金川軍營。署松潘鎮總兵，拔石卡一，殺番賊數千。擢湖廣提督，調貴州。二十五年，卒於任。

哈國興。攀龍子。乾隆武進士，授三等侍衛。洊升雲南參將。三十一年，緬甸匪目召散等據孟艮肆擾，國興督戰有功，歷擢雲南提督。三十七年，官兵進討小金川，國興奮勇出力，命爲參贊大臣，隨大軍克明郭宗，焚賊念經樓。整兵進取日果爾烏谷山麓，直壓美諾賊巢，又隨大軍攻克布朗郭宗，僧桑格遁。大兵直抵底木達〔一九〕，僧桑格之父澤旺出降。小金川底定。國興旋病卒，詔贈太子太保，謚壯武。命圖形紫光閣。子文虎，廕授守備，擢陝西都司。三十八年，於木果木陣亡，入祀昭忠祠。

王之鋭。河間人。少志學，以躬行爲務。兄暴於行，父母殁，盡據遺産，擯之鋭於外，無怨色。安溪李光地視學畿輔，深賞之，授以河洛算數、音韻之學，以選貢入都。歷官國子助教。性耿介恬退，好施與。乾隆十七年，上詢國子耆學，祭酒以三人上，之鋭與焉。召見，病不能行，明年卒於家，年七十有九。

紀昀。獻縣人。乾隆進士。改庶吉士，授編修。累擢禮部尚書，協辦大學士，加太子少保。卒，謚文達。昀學問淹通，詞章敏捷。乾隆三十八年，開四庫全書館，昀充纂修官，旋爲總辦。搜輯永樂大典中逸篇墜簡，及海内祕笈書萬餘部，釐其應刊、應鈔、應存者，依經、史、子、集部分類聚，撮其大凡，列成總目，爲提要二百卷。又奉敕輯簡明書目一編。五十七年，奏請鄉會試春秋題，以左傳本事爲文，參用公羊、穀梁之説，罷胡安國傳不用。所纂輯如熱河志、歷代職官表、河源紀畧、八旗通志，暨方畧、會典、三通諸館，咸總其事焉。

徐岱。任丘人。七世同居，雍睦無間。乾隆年間旌。

管輝燦。吳橋人。嘉慶元年，任湖北竹山營把總，於竹山縣擊賊陣亡。事聞，議卹如例。

楊基鵬。景州人。武舉。嘉慶元年，以趙州汛千總，隨勦湖北賊匪，於江坎二道陣亡。事聞，議卹如例。

流寓

宋

王倫。莘縣人。建炎初，選能專對者，以倫充大金通問使，往來議和不決，最後金遷之河間，遂不復遣。居六年，金欲以爲平灤三路都轉運使〔二〇〕，倫曰：「奉命而來，非降也。」金益脅以威，遣使來趣，倫拒益力。金縊殺之。

家鉉翁。眉州人。宋末，官僉書樞密院事。使元被留。宋亡，旦夕哭泣，元欲官之，不受。改館河間，以春秋教授弟子，數爲諸生談宋室遺事，或流涕太息。元成宗時，始放還。

列女

南北朝 魏

封卓妻劉氏。蓨縣人。成婚一夕，卓官於京師，後以事伏法，氏得凶聞，一慟而絕。

唐

高叡妻秦氏。河間人。叡爲嬀州刺史〔二二〕，爲默啜所攻，州陷，叡仰藥不死。默啜示以寶帶異袍曰：「降我，賜爾官，不降，且死。」叡視秦，秦曰：「君受天子恩，當以死報，賊一品官，亦安足榮！」自是皆瞑目不語。默啜知不可屈，並殺之。

殷保晦妻封氏。封，敖孫也，名絢，能文章、草隸。保晦歷校書郎。黄巢入長安，共匿蘭陵里。明日，保晦逃。賊悦封色，欲取之，固拒，誘説萬詞，不答。賊怒曰：「從我生，不然，膏我劍！」封罵曰：「我守正而死，猶生也。」終不辱，遂遇害。

宋

王昭遠祖母郭氏。阜城人。初，郭常對昭遠母指昭遠曰：「此兒有貴相，他日必至公侯。」指昭懿曰：「此兒俸錢過二萬，不能勝矣。」後果如其言。

元

孫氏女。河間人。父病癩十年，女禱於天，願以身代，且吮其膿血，旬月而愈。

明

陳氏、劉氏、李氏、吕氏、陳氏女。俱獻縣人，居單橋。陳氏，丘希嶽妻，同弟希嵩妻劉氏，希華妻李氏，又陳氏妹四姐，及弟陳獻妻吕氏，俱爲流賊所掠，五人義不受辱，相率投水死。知縣杜玥奏旌其門曰「單橋五節」。

曹氏女。阜城人。曹端女，名春桃。正德六年，流寇陷城被獲，女即投水死。賊急援之，迫令更衣，女怒罵，賊忿，亂剉之而死，時年十五。嘉靖十三年，知縣劉良卿立祠祀之。

温氏女。交河人。正德間，依伯母劉，避流賊難。賊見女欲犯之，女怒罵，賊縛女馬上，女投地不得，遂奮身抉賊一目，眼睛突出，賊痛甚，截女十指，碎其屍而去。

趙見妻陳氏。吴橋人。正德間，流賊劉七掠其家，見氏欲犯之。氏怒罵，衆賊强逼，氏罵愈厲，賊怒，支解之。

劉氏女。故城人。劉鉞女，名若蘭，嘗納采某姓。某家貧，避地遠去，十餘年不相聞。鉞亦貧甚，富室欲聘之，女即自縊於室，母奔救得免，開諭百端，終不聽，仍閉門自縊死。

王光忠妻楊氏。河間人。崇禎末，河間城破，泣語光忠曰：「妾甘一死以絶君念。」遂投井死。

本朝

李文秀妻陳氏。河間人。順治五年，土寇亂，執氏欲污，大罵不從。賊怒，鞭其背，挾之上馬，以頭觸地，罵愈厲，賊刃之。同縣許養元妻孫氏，爲賊所掠，罵不絶口，賊抽刀洞其腹死。

劉清漣妻王氏。河間人。家貧，事姑甚孝。姑病，會兵變，家人争走匿，氏獨不肯，曰：「姑在床褥，正須奉侍，奈何爲自全計。」兵至，欲害之，具以實告。兵環顧嗟異，悉散去。姑歿，日夕哭泣，遂至失明。同縣宋登妻許氏，奉姑避兵，姑被執，氏求以身代，衆憐其孝，舍之去。孫保邦妻尤氏，早寡，負姑攜子避亂海濱，備歷艱苦，茹糠籺終身。

梁孟冬妻李氏。河間人。夫亡，撫孤子臣，娶婦郝氏。臣早卒，郝撫子朝相，娶吴氏。朝相又卒，吴又撫子禹甸。一門三世，俱以節著。

范海妻竇氏。河間人。遇强暴，方應奎逼之，氏執杖以拒奎。奎奪其杖，强逼不已，乃揮菜刀砍其頭，奎怒，拾甎擊氏，腦裂而死。

許宗禮妻王氏。河間人。早寡，家貧，孝親，撫孤守節至九十歲。同縣許明貴妻張氏，亦早寡，事姑甚孝，守節至八十六歲。

徐維福妻陳氏。河間人。夫死，母逼之嫁，氏自經柩側，越數日入殮，容貌如生。同縣王汝礪妻蔡氏，夫亡，誓不獨生，不食而死。

張允孚妻劉氏。河間人。允孚貧，教授在外死，遺子蘭生在襁褓，姑老且病，氏養姑鞠子，備歷艱苦。及姑殁，泣曰：「曩所以不死者，以老姑稚子耳，今姑死子長，吾更何求。」遂不食死。

周文學妻李氏。河間人。遇暴不從，被殺。康熙年間旌。

王廷棟妻彭氏。阜城人。早寡，守節至九十三歲。康熙年間旌。

楊國棟妻鄭氏。肅寧人。遇暴不從。康熙年間旌。

董萬財女。交河人。年十五，爲强暴逼污，不從被殺。同縣趙二妻曹氏，均康熙年間旌。

陳利常妻陳氏。寧津人。遇暴不從被害。同縣烈婦王成貴妻賈氏，均康熙年間旌。

馬超妻李氏。東光人。守正捐軀。康熙年間旌。

傅氏女。肅寧人。守正捐軀。雍正年間旌。

趙興妻閻氏。交河人。遇暴不從被害。同縣席進妻劉氏，均雍正年間旌。

劉士處妻劉氏。寧津人。遇暴不從，被殺。雍正年間旌。

李嬴妻繳氏。河間人。夫亡，翁姑憐其少，勸之改適。氏嚙指自誓，撫二孤成立。同縣烈婦徐大黑妻孫氏。節婦：左印恂妻劉氏，徐勤學妻金氏〔一二〕，齊邦畿妻紀氏，李元馨妻朱氏，白柔惠妻劉氏，董之久妻高氏，楊希賢妻盧氏，張復禮妻李氏，陳玉龍妻薛氏，李若麟妻左氏，范九思妻梁氏，張若行妻左氏，林正之妻生氏，丁鐸妻李氏，劉國聰妻董氏，方敏政妻岳氏，張紹宗妻章氏，高進妻馬氏，孟輝妻孟氏，冀北英妻趙氏，曹果妻高氏，左湛妻劉氏，馬朝鳳妻鄧氏，曹三興妻許氏，吳名世妻金氏，郭梓妻邊氏，袁良士妻董氏，李朝欽妻葛氏。均乾隆年間旌。

盧琦妻田氏。獻縣人。琦爲諸生，早亡無子，氏矢志守節，孝事翁姑，撫嗣成立。同縣烈女葛朴姐，烈婦劉永妻齊氏。節婦：倪邁方妻劉氏，盧鑣妻李氏，蔡士瑾妻牛氏，王立業妾郝氏，樊琨妻李氏，陳翼妻王氏，戈全倫妾竇氏，孫之玉妻鄭氏，劉九榮妻魯氏，李欽妻梁氏，趙崑璧繼妻孔氏，王受爵妻董氏，孔毓英妻黃氏，劉遠清妻馬氏，盧林妻蘇氏，馬璜妻牛氏，馮國志妻趙氏，劉永昌妻李氏。均乾隆年間旌。

路清妻傅氏。阜城人。夫亡守節。同縣周紹宗妻袁氏，王朝枉妻吳氏，均乾隆年間旌。

劉企基妻楊氏。肅寧人。夫亡守節。同縣節婦王澤仁妻葛氏，張永爵妻劉氏，均乾隆年間旌。

龐伸妻王氏。任丘人。夫亡，或勸之改適，氏泣曰：「夫死翁亡，予又他去，其如孀姑弱子何遂！」矢志終身。同縣烈女籍氏女郭三姐。節婦：宗之鑄妻何氏〔一三〕，崔維基妻李氏，張桂楨妻盧氏，冬之檜妻韓氏，高質照妻邊氏，郭懷仁妻邊氏，趙雲漢妻標氏〔一四〕，李易林妻祖氏。均乾隆年間旌。

馬中嗣妻陳氏。交河人。夫亡無子，父母欲令他適，氏哀泣自誓，撫姪爲嗣，以終其志。同縣節婦：于愉妻及氏，秦忻妻李氏，李燿妻劉氏，尚承命妻郭氏，吳奉欽妻申氏，陳謙妻趙氏，蘇鏻妻王氏，及焯妻王氏，傅念祖妻蘇氏，孟起鯤妻王氏，關鈞妻蘇氏，及奎妻金氏〔二五〕。烈婦：安秀妻郭氏，傅文學妻高氏。均乾隆年間旌。

戰毫祖妻劉氏。寧津人。夫亡事翁姑盡禮，撫遺孤成名。同縣節婦：宋賓王妻尚氏，常有妻程氏，戰紹祖妻王氏，張成傑妻王氏，王棫樸妻尤氏，宋闌韻妻范氏，魏致中妻郭氏，季廷楫妻范氏。均乾隆年間旌。

倪德妻李氏。景州人。夫亡，姑病，氏終身茹蔬禱延姑壽，姑病全愈，咸稱其孝感。同州節婦：倪廷城妻魏氏，徐鏡妻張氏，趙淮妻張氏，曹猷妻蕭氏，劉培妻張氏，梁景賢妻吳氏，德弘妻張氏〔二六〕，張淑程妻劉氏〔二七〕，莫廷楷妻蘇氏，王廷坫妻李氏，李景智妻劉氏。均乾隆年間旌。

谷源浩妻孟氏。吳橋人。夫亡守節。同縣節婦：季崇標妻劉氏，季輝妻祝氏，祝尚志妻杜氏，姜董妻方氏，焦維美妻孫氏，謝子穎妻馬氏，王崙妻石氏，何文章妻祁氏，王勷妻趙氏，楊粵梅妻張氏，張世珆妻趙氏〔二八〕，齊瑄妻陳氏，王鼪妻祝氏，梁國楹妻張氏，王實栗妻謝氏，徐子直妻郝氏，周雲侶妻李氏。貞女祁氏〔二九〕。均乾隆年間旌。

馬鑰妻王氏。東光人。夫亡無子，或勸其改適，氏翦髮以自矢，撫嗣成立。同縣烈婦朱自明妻陳氏。節婦：孫元中妻李氏，馬念慈妻曲氏，周乾妻霍氏，馬顥妻夏氏，張士立妻王氏，林欣望妻馬氏，馬居仁妻孫氏，馬慰妻杜氏，陳朝用妻莊氏，于英會妻劉氏〔三〇〕，王印妻趙氏，張超凡妻劉氏，馬雯妻霍氏，畢永年妻莊氏，土世芳妻馬氏，趙兆鳳妻張氏，莊舒妻吳氏，姜淮妻張氏，霍萬鍾妾姜氏，蔡玉密妻丘氏，路雲峨妻侯氏〔三一〕，劉彬妻董氏，于其縉妻馬氏。貞女王氏。均乾隆年間旌。

馬入朝妻劉氏。故城人。夫亡守節。同縣節婦：牟煜妻吳氏，馬廷惠妻沈氏，賈玉蒔妻盧氏，吳璠妾姚氏。均乾隆年間旌。

裘杞妻張氏。河間人。夫亡守節。同縣節婦：王琇妻夏氏，董瑞生妻王氏，李灼妻王氏，李迓衡妻宗氏，張澤遠妻劉氏，賈化龍妻韓氏，石成玉妻祁氏，劉義妻高氏。烈婦謝雲龍妻趙氏，烈女何芝姐、馬德成女。均嘉慶年間旌。

李氏女拴姐。獻縣人。守正捐軀。同縣烈女朱欽姐，宋大法女。節婦：紀陛周妻張氏，紀中寶繼妻盧氏，王曰勖妻許氏〔三二〕，王邦翰妻穆氏，陳大林妻王氏，李師尹妻張氏，紀琳妻李氏，紀汝嶙妻李氏。均嘉慶年間旌。

多中規妻汲氏〔三三〕。阜城人。夫亡守節。同縣節婦梁雲龍妻王氏，烈婦多米氏，均嘉慶年間旌。

趙林妻韓氏。肅寧人。守正捐軀。同縣節婦王永泰妻滑氏、邊范氏，均嘉慶年間旌。

舒其綸妻梁氏。任丘人。夫亡守節。同縣烈婦耿許氏，耿李氏，賈富妻吴氏，顧其林妻王氏。烈女張四姐，節婦劉廷璐妻周氏。均嘉慶年間旌。

趙希曾女趙氏。交河人。守正捐軀。嘉慶年間旌。

曹思忠妻班氏。寧津人。夫亡守節。同縣節婦戰耘書妻王氏，均嘉慶年間旌。

王良梅妻趙氏。景州人。夫亡守節。同州節婦：張鳳詔妻吴氏，馬德深妻吕氏，戈瑽妻張氏，韓振邦妻劉氏，裴鐨妻吴氏。烈婦馬元英妻朱氏、聶張氏。均嘉慶年間旌。

劉自强妻申氏。吴橋人。夫亡守節。同縣烈婦李張氏，節婦范結妻梁氏〔三四〕，祝德峻妻張氏，均嘉慶年間旌。

吴氏女住姐。東光人。守正捐軀。同縣節婦：王進孝妻邢氏，曹幅貴妻王氏，郭文成妻趙氏，胡維妻王氏。烈女徐文姐王大姐。均嘉慶年間旌。

劉汝翼妻祕氏。故城人。夫亡守節。嘉慶年間旌。

仙釋

漢

元俗。居河間數百年，餌巴豆、雲母，賣藥都市。河間王患瘕，服之下蛇十餘頭，問其故。俗曰：「此六世餘殃，非王所招也。」王家老舍人言父世已見俗，俗行日中無影，驗之果然。王欲妻以女，夜亡去，後人常見於恒山中。

唐

俞靈璝。河間人。入衡山九真觀，修道十餘年。南嶽赤君授以回風術，行之二十年，能坐見天下事，如在掌中，然自晦不爲異。後入九疑山仙去。

土産

黍。府志：「黍之美者曰耙齒，金穗，青而長者曰羅裙帶。」

麪。府志：「故城出。善麪者，細若綫。」

絹。唐書地理志：「瀛州、莫州土貢。」舊志：「東光絹，明代頗爲人所稱。」

棉。府志：「寧津種棉者幾半，歲無大水，其利倍入。」

布。寰宇記：「瀛州産。」府志：「出斜文布、土布。又景州龍華鎮所出潔白細好，比於吴中。」

席帽。府志：「河間出席帽，密緻精好，價值頗高。又出柳箕斗之類。唐時土貢柳箱，是其遺業也。」

簟。唐書地理志景州土貢：「葦簟。」寰宇記定遠軍土産：「水葱席，茅簟。」金史地理志：「河間府産藺席。」府志：「産葱、蒻、蒲席，又産蘆花被、蒲花褥。」

藥。寰宇記：「瀛州産蔓荆子。莫州産蓯蓉。」金史地理志：「河間府産香附子。」

桃。舊志：「府界産桃甚大，雖熟不紅，味美，肅寧縣者尤佳。」府志云：「肅寧人種桃爲業如藝稼，然其佳者曰淋水桃，又有蜜桃，自樹落之行未及三里即破，味尤甘美。深州亦産桃，或謂勝於肅寧。」

香梨。交河縣出。府志云：「人謂之『交梨』，其味香脆。業者如肅寧之種桃。亦産棗，小而甘，乾之以充邊實。」

頻婆果、文官果、蓮、芹菜、菘菜。各處皆有。

羊。府志：「河間民多牧羊者，謂之『瀛羊』，言城北郊有瀛水以飲羊，則肥而不羶。」

兔。府志：「地多兔。」唐書地理志：「河間歲貢兔皮。」〔三五〕蓋取爲筆材。

魚。金史地理志：「府産乾魚。」明志：「河間、任丘二縣出魚。」〔三六〕按河間爲古兗州地，桑土既蠶，列於禹貢。唐、宋時，河間貢絹、貢絲，莫州貢棉，近來東光、阜城諸縣，雖有絹而皆不中衣服，僅堪以飾屏笥，故凡舊志所列絲棉等物，及寰宇記載瀛、莫産人葠，概不可以爲今之土産，謹附記。

校勘記

〔一〕爲今故城縣地　乾隆志卷一六河間府二人物(以下同卷簡稱乾隆志)同。按左傳昭公十二年:「晉荀吴僞會齊師者,假道於鮮虞,遂入昔陽。」昭公二十二年:「荀吴略東陽,使師僞糴者負甲以息於昔陽之門外,遂襲鼓,滅之。」漢書卷二八地理志上:鉅鹿郡下曲陽縣注引應劭曰:「晉荀吴滅鼓,今鼓聚昔陽亭是也。」續漢書郡國志二:鉅鹿郡下曲陽縣「有鼓聚,有昔陽亭」。則昔陽在二漢下曲陽縣。史記卷五四曹相國世家正義引括地志:「下曲陽在定州鼓城縣西五里。」唐鼓城縣,即明清晉州治(今河北晉州市),則下曲陽縣故城在明清晉州西,昔陽城即在明清晉州西。讀史方輿紀要卷一四:晉州,「下曲陽城,州西五里」,「昔陽亭,在州東南」。應在州西。本志卷二八正定府二古蹟:「鼓城廢縣,今晉州。本春秋鼓國昔陽邑也。」則春秋戰國時昔陽不在「故城縣(即今縣)地」,明矣,此説誤。

〔二〕至舊志有以德州爲廣川者至移屬平原故也　乾隆志同。按漢置廣川縣,在清棗强縣(今縣)東、景州(今景縣)西南之廣川鎮,歷魏晉因襲,至北齊廢。太平寰宇記卷六三:棗强縣,「縣道記:今棗强縣東北十八里有廣川王故城,慕容垂于此置廣川郡。後魏孝文太和十一年廢郡。高齊天保七年省廣川縣」。至隋復置廣川縣,尋改名長河縣,舊唐書卷三九地理志二:長河縣,「隋於舊廣川縣東八十里置新縣,今治是也,尋改爲長河縣」。在清德州(今德州市)東。謂「晉武帝改廣川爲長河,移屬平原故也」,史無記載,實爲無稽之説。

〔三〕長樂太守　「樂」,原作「安」,乾隆志及北史卷三一高允傳同。北史高允傳載:文成帝「拜長子忱爲長樂太守」。魏書卷四八高允傳作「樂」,同書卷一〇六地形志上載有長樂郡,而無「長安郡」,則作「樂」是,據改。

〔四〕累遷太常卿　「卿」,原作「寺」,據乾隆志及北齊書卷三六邢邵傳、北史卷四三邢邵傳改。按隋書卷二七百官志中:太常寺,「置卿、少卿、丞各一人」。

〔五〕爲車騎大將　乾隆志同。按周書卷四六孝義李棠傳:「加車騎大將軍、儀同三司、散騎常侍。」此「將」下蓋脱「軍」字。

〔六〕奉敕與著作郎王劭同修國史　「劭」，原作「邵」，據乾隆志及隋書卷七五儒林、北史卷八二劉炫傳改。

〔七〕當時永年賈公彦　「年」，原作「平」。按舊唐書卷一八九儒學上賈公彦傳作「洺州永年人」，同書卷三九地理志二、新唐書卷三九地理志三，洺州治永年縣，無「永平縣」，「平」爲「年」字之形訛，據改。

〔八〕武三思遣周利貞殺之　「貞」，原脱，乾隆志同，據舊唐書卷九一、新唐書卷一二〇袁恕己傳補。

〔九〕朗州軍亂　「朗」，原作「郎」，乾隆志同。按宋史卷二七四盧懷忠傳：「朗州軍亂，太祖將出使致討，遣懷忠使荆南。」宋會要方域六之三四：常德府，唐朗州，大中祥符五年改鼎州，乾道元年升常德府。即此。此「郎」爲「朗」字之訛，據改。

〔一〇〕即以懷忠爲前軍步軍都監　「步」，原脱，乾隆志同，據宋史卷二七四盧懷忠傳補。按宋史卷一六六職官志六：以舊制論之，軍職大者曰殿前、馬軍、步軍副都指揮使，邊境有事，「則旋立總管、鈐轄、都監之名」。

〔一一〕莫州人　「莫」，原作「鄚」，據乾隆志及宋史卷三九地理志三、卷四五六孝義傳裘承詢改。參見本志卷二二河間府二校勘記〔三八〕。

〔一二〕特舉二百八十四字　「四」，乾隆志同，金史卷一三一方伎劉完素傳作「八」，此「四」蓋爲「八」字之誤。

〔一三〕撤中官　「撤」，原脱，乾隆志同，據明史卷二一六、同治畿輔通志卷二二〇列傳二八余繼登傳補。「官」，明史及畿輔通志皆作「使」。

〔一四〕賊圍之數重　「重」，原作「里」，據乾隆志改。

〔一五〕躪賊營八十餘　按清史稿卷二九八哈元生傳作「連躪賊壘八十里」，與此載異。

〔一六〕烏蒙既克齎疏奏捷　「既克」，原脱，據清史稿卷二九八哈元生傳補。

〔一七〕統兵由美卧溝　「卧」，同治畿輔通志卷二三四列傳四二同，清史稿卷三一一哈攀龍傳作「諾」。

〔一八〕分兵進勦馬溝右梁下營　按清史稿卷三一一哈攀龍傳：「分兵出馬溝右梁，察形勢，得其險要。搜截松林，賊蔽松設卡，毁其二，徑左梁山溝，破犇賊數十。」清國史卷一三〇哈攀龍傳：「分兵進勦馬溝右梁，下營，親勘形勢，據要隘，搜集松林，毀松卡二，過左梁山溝，破擊賊無數。」據此，本志「下營」下當有脱文。

〔一九〕焚賊念經樓整兵進取日果爾烏谷山麓至直抵底木達　「念」、「日」、「底」，原脱，並據清史稿卷三一一、清國史卷一五七哈國興傳補。

〔二〇〕金欲以爲平灤三路都轉運使　「灤」，原作「灣」，乾隆志流寓作「南」，據宋史卷三七一王倫傳改。按金史卷二五地理志上，中都路領有平州、灤州。

〔二一〕叡爲嬀州刺史　乾隆志列女同。按新唐書卷二〇五列女傳：「高叡妻秦，「叡爲趙州刺史」。此「嬀」爲「趙」字之誤。

〔二二〕徐勤學妻金氏　「金」，原作「全」，乾隆志同，據乾隆河間府新志卷一六列女、同治畿輔通志卷二六一列女一七改。

〔二三〕宗之鑄妻何氏　乾隆志同。同治畿輔通志卷二六二列女一八作「胡氏」。

〔二四〕趙雲漢妻標氏　同治畿輔通志卷二六二列女一八作「檀氏」。

〔二五〕及奎妻金氏　「奎」，同治畿輔通志卷二六三列女一九作「煃」。

〔二六〕德弘妻張氏　乾隆志同。同治畿輔通志卷二六三列女一九作「曹德弘」，此脱「曹」姓字。

〔二七〕張淑程妻劉氏　「劉」，原作「胡」，據乾隆志及同治畿輔通志卷二六三列女一九改。

〔二八〕張世珆妻趙氏　「珆」，原作「琯」，據同治畿輔通志卷二六三列女一九、光緒吴橋縣志卷九節孝改。

〔二九〕貞女祁氏　原「祁氏」下衍「女」字，據乾隆志删。

〔三〇〕于英會妻劉氏　「英會」，乾隆志同，同治畿輔通志卷二六三列女一九作「會英」。光緒東光縣志卷九節孝：「于應會，通志作『會英』，誤。」

〔三一〕路雲峨妻侯氏　「峨」，乾隆志同，同治畿輔通志卷二六三列女一九作「莪」。

〔三二〕王曰勔妻許氏　「曰」，同治畿輔通志卷二六一列女一七作「日」。

〔三三〕多中規妻汲氏　「汲」，同治畿輔通志卷二六二列女一八作「及」。

〔三四〕節婦范結妻梁氏　「結」，原作「喆」，據同治畿輔通志卷二六三列女一九、光緒吴橋縣志卷九節孝改。

〔三五〕唐書地理志河間歲貢兔皮　乾隆志土産同。按新唐書卷三九地理志三瀛州河間郡不載「歲貢兔皮」。

〔三六〕明志河間任丘二縣出魚　乾隆志同。按「河間、任丘二縣出魚」，見載於大明一統志卷二河間府土産，非明史地理志，此「明」下「志」上疑脱「統」字。

天津府圖

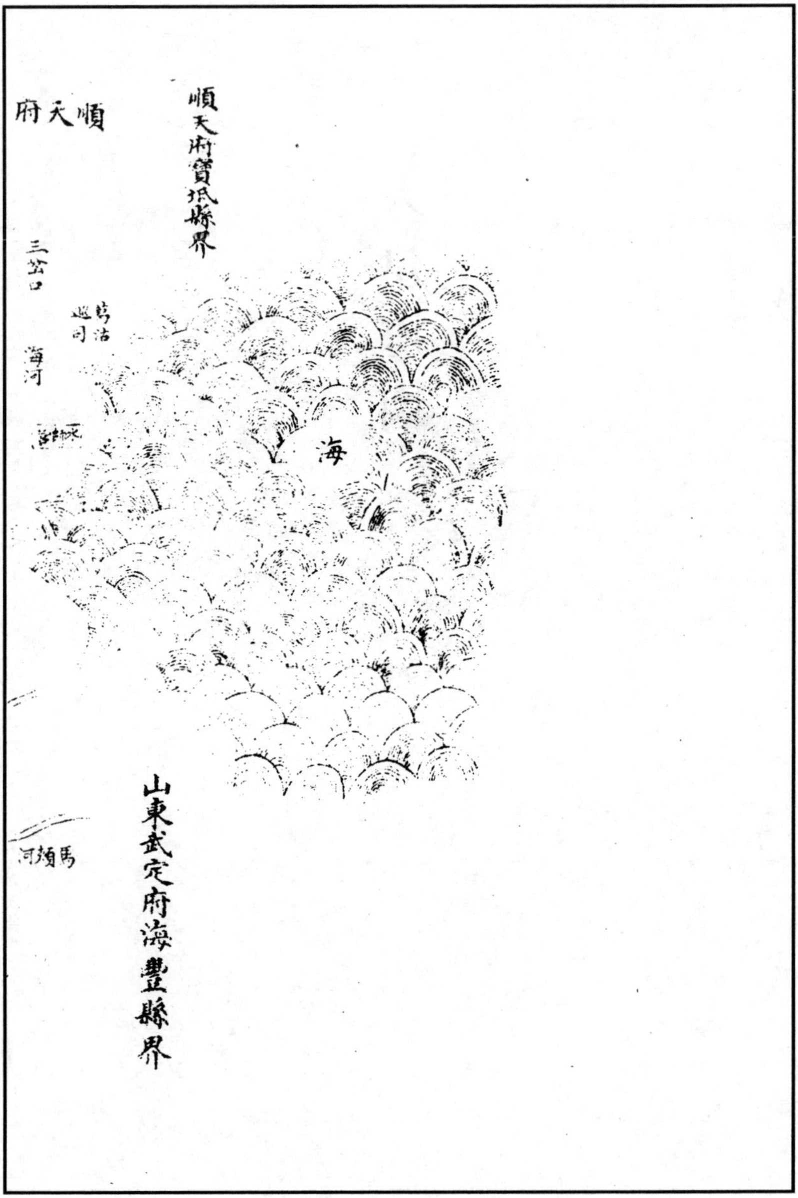
順天府
順天府寶坻縣界
三岔口
葛沽巡司
海河
海
山東武定府海豐縣界
馬頰河

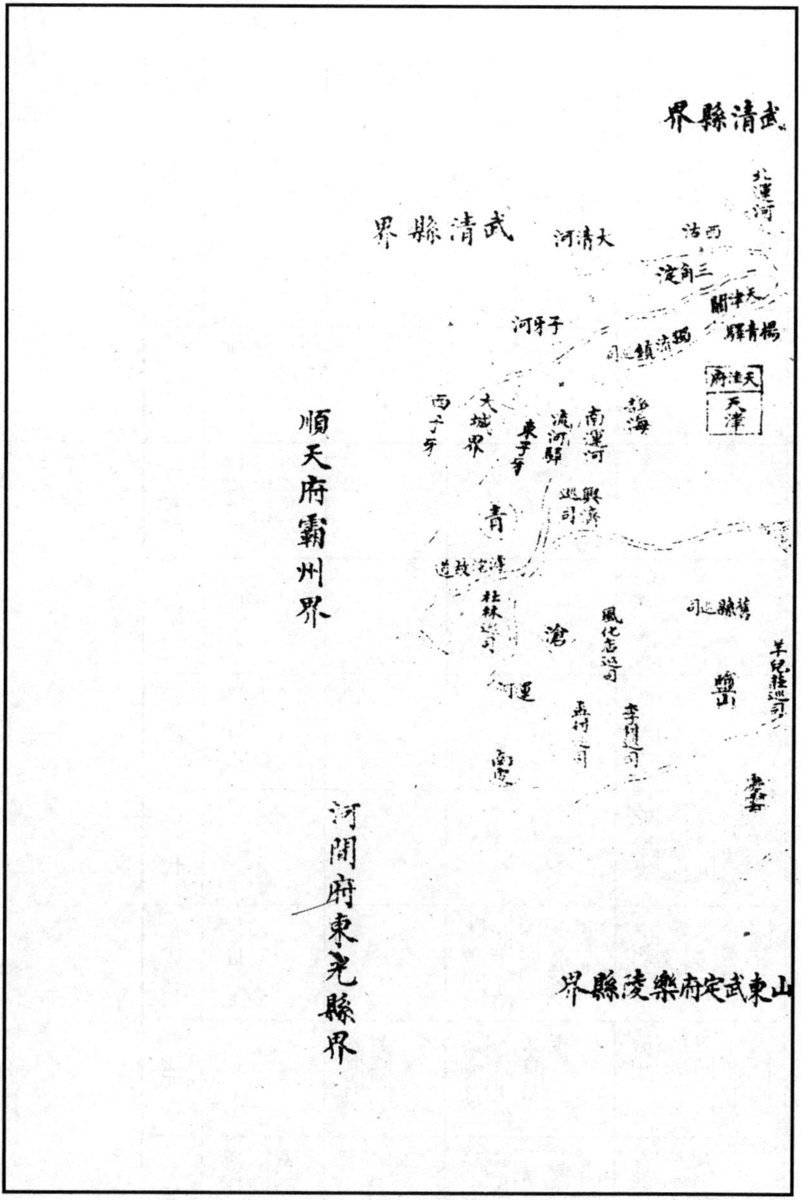
武清縣界
北運河
武清縣界
大清河
西沽
三角淀
天津關
楊青驛
子牙河
獨流鎮巡司
天津府
天津
南運河
流河驛
東子牙
大城界
西子牙
順天府霸州界
興濟巡司
青
杜林巡司
滄
風化店巡司
舊縣巡司
羊兒莊巡司
運河
李村巡司
河間府東光縣界
山東武定府樂陵縣界

天津府表

	天津府	天津縣	静海縣	青縣
秦	漁陽、上谷二郡地。			
兩漢	漁陽、勃海二郡地。	章武、泉州二縣地。	章武、東平舒二縣地。	
三國				
晉	燕國、章武國及勃海郡地。			
南北朝	後魏浮陽、章武、勃海三郡地。			
隋	河間、渤海二郡地。			長蘆、魯城二縣地。
唐	瀛、滄二州地。	滄州地。		乾寧軍 乾寧中置。
五代				乾寧軍 晉初入遼，置寧州。周收復，復故名。
宋金附	清、滄二府地。		宋清州窩口砦。金明昌四年置靖海縣，屬清州。	清州 宋大觀二年升州。金屬河北東路。
元		静海縣地，置海津鎮。	靖海縣 至元二年併入會川，尋復置。	清州 太宗二年升清寧府，七年復州，屬河間路。
明	永樂初置天津、左、右三衛。	天津、左、右三衛。	静海縣 洪武初改「靖」爲「静」，七年屬河間府。	青縣 降縣改名，屬河間府。

續表

	滄州
	上谷郡地。
参户縣屬勃海郡。後漢省入章武。	勃海郡高帝置，治浮陽。後漢徙治南皮。
	勃海郡地。
	滄州浮陽郡後魏太和十一年置郡，熙平二年置州。 長蘆縣周大象二年置。
	開皇初郡廢，於長蘆縣置漳河郡，尋廢，十六年又置景州，大業初二州俱廢，爲河間、渤海二郡地。 長蘆縣州郡治，後屬河間郡。
	滄州景城郡武德元年復置州，天寶元年改景城郡，乾元元年復故，屬河北道。 長蘆縣屬滄州。
永安縣周顯德六年置，軍治。	滄州 長蘆縣
乾寧縣宋太平興國七年改名，州治。金貞元元年又改名會川。 興濟縣金置，屬清州。	滄州景城郡宋屬河北東路。金仍爲滄州。 宋乾德二年省入清池。
會川縣 興濟縣至元二年併入會川，後復置。	滄州屬河間路。
省入州。 興濟縣屬滄州。	滄州屬河間府。 永樂初移州來治。

浮陽縣 前漢郡治。後漢還屬。	千童縣 屬勃海郡。後漢改名饒安。	章鄉縣 屬勃海郡。後漢省。	定縣 屬勃海郡。後漢省。	章武縣 屬勃海郡。
浮陽縣	饒安縣			章武縣 魏兼置章武郡。
浮陽縣	饒安縣			章武縣 屬章武郡。
浮陽縣 屬滄州。	饒安縣 後魏州郡治。			章武縣 後魏屬浮陽郡。齊省。
清池縣 開皇十八年改名，屬勃海郡。	饒安縣 屬勃海郡。	開皇十六年置浮水縣，大業初省。		魯城縣 開皇十六年復置改名，屬河間郡。
清池縣 州治。	貞觀十二年徙廢。	饒安縣 武德初復置浮水縣，貞觀初省，十二年又移來治，屬滄州。		乾符縣 乾符二年改名，屬滄州。
清池縣		饒安縣		周省入清池。
清池縣		宋熙寧四年省入清池。		
清池縣				
省入州。				

續表

續表

	南皮縣	鹽山縣
	南皮縣	
中邑縣 屬勃海郡。後漢省。	勃海郡 後漢移置。 南皮縣 屬勃海郡。後漢爲郡治。 高樂縣 屬勃海郡。後漢省。	高成縣 屬渤海郡。後漢曰高城。 柳縣 屬勃海郡。後漢省。
	勃海郡 南皮縣	高城縣
	勃海郡 南皮縣	高城縣
	勃海郡 東魏徙廢。 南皮縣 屬勃海郡。	高城縣 後魏太和中,屬浮陽郡。
	南皮縣	鹽山縣 開皇十八年改名,屬渤海郡。
	南皮縣 初屬滄州,後屬景州。	鹽山縣 武德四年置東鹽州,貞觀初廢,屬滄州。
	南皮縣 周屬滄州。	鹽山縣
	南皮縣	鹽山縣
	南皮縣	鹽山縣
	南皮縣	鹽山縣

續表

慶雲縣
陽信縣地。
無棣縣開皇六年置，屬渤海郡。
無棣縣屬滄州。
無棣縣
宋治平元年徙廢。
無棣縣復分無棣之半爲西無棣縣，屬滄州。
慶雲縣永樂初改名，仍屬滄州。

大清一統志卷二十四

天津府一

在直隸省治東四百六十里。東西距一百八十里，南北距三百三十三里，東至海一百里，西至順天府霸州界八十里，南至山東武定府樂陵縣界三百里，北至順天府武清縣界三十三里。東南至山東武定府海豐縣界三百二十里，西南至河間府東光縣界三百一十里，東北至順天府寶坻縣治一百六十里，西北至武清縣界一百二十里。自府治至京師二百五十里。

分野

天文尾、箕、析木及虛、危、玄枵之次。府治及静海、青縣爲燕分野，滄州以南屬虛、危之宿，爲齊分野。

建置沿革

禹貢冀、兖二州之域。府治屬冀，滄州屬兖。周爲幽、兖二州之域。戰國爲燕、齊二國之境。秦爲漁陽、上谷二郡地〔一〕。漢爲漁陽、勃海二郡地。後漢因之。晉爲燕國、章武國及勃海郡地。後魏爲浮陽、章武、勃海三郡地，分屬滄、瀛、冀三州。隋屬河間、勃海二郡地。唐爲瀛、滄二州地。宋、金爲清、滄二州地。元因之。明永樂初置天津、左、右三衛，爲河間府地。本朝初設關，置總兵鎮守。雍正三年改天津衛爲直隸州，九年升爲天津府。領州一、縣六。

天津縣。附郭。東西距一百三十五里，南北距七十里。東至海一百里，西至静海縣界三十五里，南至静海縣界三十五里，北至順天府武清縣界三十五里。東南至海一百十里，西南至静海縣界二十里，東北至順天府寶坻縣界五十里，西北至武清縣界五十里。本漢勃海郡章武縣及漁陽郡泉州縣地。唐以後爲滄州地。元爲静海縣地，置海津鎮。明永樂二年築城置戍，三年置天津衛及天津左衛，四年又置右衛。本朝初因之，雍正三年改衛爲州，九年升爲天津府，置天津縣爲府治。

静海縣。在府西南七十五里。東西距二百里〔二〕，南北距百里。東至海一百六十里，西至順天府大城縣界四十里，南至青縣界四十里，北至順天府武清縣界六十里。東南至滄州界七十五里，西南至青縣治九十里，東北至武清縣界七十五里，西北至順天府霸州治一百二十里。本漢章武、東平舒二縣地。宋爲清州窩口砦〔三〕。金明昌四年以其地置靖海縣，屬清州。元至元二年并入會川縣，尋復置，屬清州。明洪武初改「靖」曰「静」，七年屬河間府〔四〕。本朝初因之，雍正三年改屬天津州，九年屬天津府。

青縣。在府西南一百六十里。東西距六十七里，南北距一百四十里。東至静海縣界四十里，西至順天府大城縣界二十七里，南至滄州界九十里，北至静海縣界五十里。東南至滄州界三十里，西南至河間府交河縣界七十里，東北至静海縣界四十五里，西北至大城縣界四十里。漢置參户縣，屬勃海郡。後漢省入章武縣。隋爲長蘆、魯城二縣地。唐乾寧中置乾寧軍。五代晉天福初地入遼，置寧州。周顯德六年收復，仍曰乾寧軍，並置永安縣爲治。宋初軍廢，屬滄州。太平興國七年復置乾寧軍，並改永安縣曰乾寧。熙寧六年省縣爲鎮，元符二年復置縣，崇寧三年又省縣，大觀二年升乾寧軍爲清州。政和三年賜名乾寧郡。金仍曰清州，屬河北東路，貞元元年改縣曰會川。元太宗二年改州曰清寧府，七年復曰清州，屬河間路。明初省會川縣入州，洪武七年廢清州爲青縣，屬河間府〔五〕。本朝初因之，雍正三年改屬天津州，九年屬天津府。

滄州。在府南少西一百八十里。東西距一百三十里，南北距七十五里。東至海一百三十里，西至青縣界一百步，南至南皮縣三十五里，北至青縣界四十里。東南至山東武定府樂陵縣界一百里，西南至河間府交河縣界七十里，東北至海一百三十里，西北至青縣治七十里。秦上谷郡地。漢高帝五年置勃海郡〔六〕，治浮陽縣，屬冀州。後漢徙郡治南皮，以浮陽爲屬縣。晉因之。後魏太和十一年於浮陽縣置浮陽郡，熙平二年又分置滄州，治饒安縣。隋開皇初郡廢，於後周所置長蘆縣置漳河郡，尋廢，十六年又分置景州，十八年改浮陽縣曰清池；大業初，二州皆廢爲勃海、河間二郡地。唐武德元年復置滄州，治清池，天寶元年改景城郡，乾元元年復曰滄州，屬河北道，興元三年置横海軍節度使。五代梁乾化三年改曰順化軍。後唐復曰横海軍。宋亦曰滄州景城郡横海軍節度，屬河北東路。金仍曰滄州。元屬河間路。明洪武初，始以州治清池縣省入，屬河間府。本朝初因之，雍正七年升爲直隸州，領南皮、鹽山、慶雲、東光四縣，九年改屬天津府。

南皮縣。在府西南二百五十里。東西距七十里，南北距八十五里。東至滄州界五十里，西至河間府交河縣界二十里，南至河間府寧津縣界五十里，北至滄州界三十五里。東南至山東武定府樂陵縣界七十里，西南至河間府東光縣界十五里，東北至滄州治七十里，西北至河間府河間縣治一百四十里。秦置南皮縣。漢屬勃海郡。後漢移郡來治。晉因之。後魏世祖改郡曰滄水，太和二十一年復故。東魏移郡治東光〔七〕，以南皮屬之。隋屬勃海郡。唐武德四年屬觀州〔八〕，貞觀元年屬滄州，長慶二年改屬景州，太和四年又還滄州，景福元年又屬景州。五代周顯德二年屬滄州。宋、金、元、明俱因之。本朝初屬河間府，雍正七年屬滄州，九年改屬天津府。

鹽山縣。在府南二百六十里。東西距八十里，南北距一百里。東至山東武定府海豐縣界六十里，西至滄州界二十里，南至山東武定府樂陵縣界四十里，北至滄州界六十里。東南至慶雲縣界三十里，西南至河間府寧津縣治一百二十里，東北至海一百二十里，西北至滄州界二十里。春秋齊無棣邑。漢置高城縣，屬勃海郡，爲都尉治。後漢曰高成侯國。晉因之。後魏太和中屬浮陽郡，興和中分立東西河郡及隰城縣。武定末罷，仍屬浮陽郡。隋開皇十八年改曰鹽山，屬勃海郡。唐武德四年置東鹽州，貞觀元年州廢，改屬滄州。五代、宋、金、元、明俱因之。本朝初屬河間府，雍正七年屬滄州，九年改屬天津府。

慶雲縣。在府南少東三百二十里。東西距四十五里，南北距四十五里。東至山東武定府海豐縣界三十里，西至鹽山縣界十五里，南至山東武定府陽信縣界三十里，北至鹽山縣界十五里。東南至陽信縣界二十五里，西南至山東武定府樂陵縣界二十里，東北至海豐縣界二十里，西北至鹽山縣治六十里。春秋齊北境。漢勃海郡陽信縣地。隋開皇六年分置無棣縣，屬勃海郡。唐初屬滄州，貞觀元年并入陽信，八年復置；太和二年改屬棣州，尋還滄州。五代因之。宋治平元年徙治東界。元初分無棣之平置西無棣縣，仍屬滄州。至元二年併入樂陵，尋復置。明永樂初避諱改曰慶雲，仍屬滄州。本朝初屬河間府，雍正七年屬滄州，九年改屬天津府。

形勢

東環大海，西眺瀛滄，枕漳衛之長流，倚盧白之重阻。北瞻京邑，居然屏翰。南俯登萊，似列几筵。天津廳壁記。地當九河津要，路通七省舟車。舊衛學記。千淀歸墟，百川赴壑，輸將要地，商賈通津。舊衛志。

風俗

地當衝要，人雜五方。重修分司署舊記。民性淳良，俗皆敦朴，以農桑爲先務，以詩書爲要領。舊衛志。

城池

天津府城。周九里十三步，門四，外有濠。明永樂二年建，本朝雍正三年奉敕修，乾隆二十六年重修。天津縣附郭。

静海縣城。周六里，門三，濠廣二丈八尺。本朝乾隆十二年修。

青縣城。周五里，門三，濠廣二丈。宋時建。本朝乾隆十三年修。

滄州城。周八里，門五，濠廣四丈五尺。明天順五年建。本朝乾隆八年修。

南皮縣城。周二千三百丈，門四。明萬曆四十二年改建。本朝乾隆十三年修。

鹽山縣城。周九里，門三，外有濠。明成化二年建。本朝康熙九年修，乾隆十三年重修。

慶雲縣城。周四里，門三，濠廣二丈。明成化三年築。本朝順治、康熙年間修，乾隆十四年重修。

學校

天津府學。在府治東，即舊衛學。明正統元年建。本朝雍正十一年修。入學額數二十五名，商學十五名。

天津縣學。在府學西。本朝雍正十二年建。入學額數十八名。

静海縣學。在縣治東南。明洪武初建。入學額數十八名。

青縣學。舊在城内。明洪武四年移建縣東衛河西岸，萬曆十三年又改建於舊學西。入學額數十五名。

滄州學。在州治東南。明洪武初建。本朝順治年間屢修。入學額數十五名。

南皮縣學。在縣治東南。元至元三年建。本朝順治中修。入學額數十二名。

鹽山縣學。在縣治西北。明洪武九年建。本朝順治九年修。入學額數十五名。

慶雲縣學。在縣治東南。明洪武六年建。本朝康熙年間修。入學額數十二名。

問津書院。在天津府城内。本朝乾隆十六年建，嘉慶十二年修。

三取書院。在天津縣治東。本朝康熙五十八年建，乾隆二十年修，嘉慶十二年重修。

瀛海書院。在静海縣治。本朝乾隆二十一年建，嘉慶元年，知縣莫暮修。

滄曲書院。在滄州治。本朝乾隆二十三年建。

香魚書院。在鹽山縣治。本朝乾隆三年，知縣金昌世建。

古棣書院。在慶雲縣治。本朝乾隆六十年，知縣張元英建。

户口

原額人丁三萬二千四百三十五，今滋生男婦大小共一百六十萬八百二十二名口，計三十七萬一百五十二户。

田賦

田地五萬二千七百二十八頃三十八畝二分有奇，額徵地丁正、雜銀二十一萬二千八百九十九兩七錢三分六釐，豆四百六十七石五斗八升八合二勺。

山川

中山。在青縣南二里。山巖高聳，懸瀑數十丈，俗呼爲高土岡。

西山。在青縣西南五里。四周高峻，其頂平衍，昔人嘗立砦於此。

條山。在滄州城北三里。按舊志謂唐陽城所隱，今考城所居中條山在蒲州，此中山在青縣，條山在滄州，二山牽合並稱，與彼無涉，不可從。

大小台山。大台山在南皮縣北，小台山在其東北。按金史地理志「南皮縣有大小台山」，河間府舊志謂在滄州者非。

篋山。在鹽山縣東。水經注：「浮水東逕篋山北，魏土地記曰〔九〕：『高城東北五十里有篋山，長七里。』」隋書地理志鹽山有峽山〔一〇〕。寰宇記：「篋山，一名峽山，在縣東南四十里。」

鹽山。隋書地理志：「鹽山縣有鹽山。」元和志：「在縣東南八十里。」

闊山。寰宇記：「在鹽山縣東南九十里。郡國縣道記曰：此山及鹽山並低小，無峯巒樹木。」舊志：「縣東南境止三十五里，無鹽、闊二山，即境外亦無之。」

騮山。在鹽山縣東北七十里，接山東海豐縣界，一名小山。

老烏山。在慶雲縣。寰宇記：「無棣縣有老烏山。」縣志：「起縣治東南，由學宫跨文運井，左緣城址，蜿蜒一里餘，至於鬲津北岸。」

長城嶺。在慶雲縣南四十里。又有卧龍岡，在縣東南二里鬲津河中。

五龍岡。在南皮縣南五十里。相傳神女産龍處，有卧兒臺、拖裙嶺、過街樓，下有龍灣。又有覆盆井，在岡下姚村。

渤海。在天津縣東一百二十里。南自鹽山縣東北，接山東海豐縣界，又北經滄州、青縣、静海，至府東諸川匯入處，折東北，接順天府寶坻、寧河二縣界。古曰勃海，應劭曰：「海之旁出者爲勃，漢置勃海郡以此。」按天津舊稱海套，東連旅順，南控登州，廟島爲重溟門户，中復有沙，横亘如闌，洋船非乘潮不能進，故明季倭寇，從未敢至天津。元時海運皆由東直沽入口，至明永樂中會通河成，始罷。本朝瀛海恬波，梯航重譯。康熙中，盛京歲歉，自津轉粟不三日而即達。近則盛京糧羡值平，估販者雲集津門矣。乾隆三十二年，高宗純皇帝巡幸天津，有御製觀海詩紀其事。

南運河。即衛河。自河間府東光、交河二縣流入，逕南皮縣西，又北逕滄州城西，又北入青縣境，滹沱舊河及老漳河自西來會之。又北逕静海縣城西，又北流至天津縣西，折而東北，與子牙河、北運河合，曰三岔河。又東流入於海。即古清、漳二水所合流也，唐、宋以來，謂之永濟渠。水經注：「清河自東光縣東北逕南皮縣故城西，又北逕北皮城東，左會滹沱别瀆。又東北浮水故瀆出焉。又北逕浮陽縣故城西，又東北，滹沱别瀆注焉，謂之合口〔二〕。又東北過濊邑北，濊水出焉。又東北過鄉邑南，又東北逕紵姑邑南。又東北逕窮河邑南，東北至泉州縣，北入滹沱。又東逕漂榆邑故城南，入於海。」又曰：「衡漳逕建成縣，左會滹沱别瀆，又東北入清河，謂之合口。又逕北皮亭，浮陽縣、章武縣故城西，枝瀆出焉，謂之濊水。東北逕參户亭北，又逕東平舒縣故城南。又東北分爲二水：一水右出爲澱，一水北注滹沱，謂之澱口。清漳亂流而東注於海。」寰宇記：「永濟河，在清池縣西三十里。自南皮縣入乾寧軍，亦呼爲御河。」又：「御河，在乾寧縣南十步。從滄州流入，又東北一百九十里入潮河，合流向東七十里，於獨流口入海。」金史地理志：南皮、清池、會川三縣皆置河倉。舊志：「衛河自滄州以下，本西漢時大河所經。東漢以後，爲清、漳二瀆所經。隋時開爲永濟渠。宋皇祐初，河合永濟渠，仍爲大河所經。南渡後，大河南徙，而衛河如故。金、元以來，皆漕運所經也。」張希良河防考：「天津運河，北自武清縣界三岔河起，南至東岸南皮縣，西岸交河縣界止，歷天津、静海、青縣、滄州，共三百四十五里。」本朝乾隆二年以後，屢經疏治，增築隄壩，其興濟、捷地兩減河，所以分洩運河盛漲，亦節次疏濬，使暢流無滯。三十年復以青縣之鮑家嘴爲舊滹沱河、老漳河、黑龍港諸河及故城、景州、阜城、東光、交河諸州縣瀝水所歸，每當南運河盛漲時，鮑家嘴不能下注，反虞運河之倒灌而西，乃於青縣之十里窪開挑引河，由新河口下入於千金泊，歸子牙正河，其鮑家嘴仍建石閘一座，視内外水勢盈縮，以時啓閉，於是旁流無壅，運道益安。

北運河。在天津縣北。亦名白河，即潞河也。自順天府武清縣流入，至縣北三岔口與南運河會。詳見順天府。

子牙河。即滹沱下流。自河間府獻縣西南分流入静海縣，與大城分界，以經子牙村得名。又東北流入天津府城北，與南北二運河會爲三岔河，入海河歸海。舊志：「一名鹽河，又名沿河。」按子牙河自大城縣之張家莊，下至王家口，正支分流，其修濬工程，詳見順天府志。至王家口以下向與淀通，易致淤塞。本朝乾隆十年，自王家口之北莊兒頭起築格淀隄，東屬於天津之紅橋，以隔別之，使大河別由陳家泊改溜東行。三十二年，高宗純皇帝巡幸天津，相視河淀，以莊兒頭西至三灘里，爲子牙入淀舊道，今河水北趨，而淀水往往南溢爲患，因命接築淀隄十六里餘，西屬於千里長隄，自是清淀濁流更無侵溢之患。嘉慶十七年復加疏濬。

滹沱河。自河間府獻縣之完固口分流出單家橋，東行經青縣南七十里之杜林鎮，與老漳河會，至鮑家嘴入南運河，謂之合河口。本朝雍正四年以濁流淤運，塞完固口，使滹沱專由臧家橋東流爲子牙河，而故道遂爲無源，瀝水所歸，近年屢經濬治。按漢志：滹沱河「從河東至文安入海。」寰宇記：高陽、莫縣、大城、文安，皆爲滹沱所經。蓋古滹沱經流，本在河間西北，合易水而東，今子牙河自獻縣分流，由文安、大城而東，其上流雖南徙，而下流則與古合，乃滹沱正流也。其自青縣西南來合漳河者，乃樂成之滹沱別河，舊以子牙爲支水，而入漳之別瀆，反謂之正流，乃沿襲之誤。又舊志謂水經注獨缺「滹沱」。今按水經雖無「滹沱」之目，而濁漳、易、滱、巨馬諸篇中往往互見，且滹沱大川，見於周禮、禮記，桑經當自爲一篇。考寰宇記於蒲澤〔一二〕、滋水、白馬渠、大浦淀各條下凡四引水經，皆有滹沱之文，而今本水經注無之，可知水經原有滹沱水篇，宋初尚存，而其後散佚耳，竟謂桑、酈獨缺此水，亦非也。

漳河。自河間府交河縣界來至杜林鎮，與滹沱舊河合，又北至青縣南二里鮑家嘴，合於南運河，其合處曰岔河口，亦曰汊河口。水勢洶涌，闊數十丈。按漳水自山東丘縣分流，一北行至冀州合滹沱，所謂新漳河也；一東北行至青縣合滹沱入衛，所謂老漳河也。今自上流改由館陶入衛，二支皆微。又按水經注「衡漳水自建成東北合清河」，唐書：薛大鼎爲滄州刺史，「疏衡、漳二渠〔一三〕，洩汙潦，水不爲害」。地理志：「清池縣西四十里有衡漳隄二，顯慶元年築。西北六十里有衡漳東隄，開元十年築。」寰宇記：「衡漳水在廢乾符縣西六十里。」皆在今滄州界內。舊志謂今漳水自交河東北入青縣，不經州界，以州西至衛河青縣界，僅一百步，故屬青縣，非水道有改也。

古界河。在静海縣西北，亦曰潮河。古爲滹沱、易水、巨馬三水匯流處，自文安運河入〔一四〕，合南運河。宋、遼以此河爲界，故名。今文安、大城之水，皆會於武清縣三角淀，入白河，不入南運河矣。

減水河。有二：一在滄州南十五里甎河，以近捷地鎮，今亦呼捷地減河；一在青縣南興濟鎮，曰興濟河。皆明弘治中開，以洩衛河泛溢之水，久堙塞。本朝雍正四年重濬甎河百二十里，興濟河九十里，各建滚水石壩，引水分入海港，滄、青水勢藉以宣洩。乾隆二年以後，屢經疏導，令汛員專司啓閉。三十二年，高宗純皇帝命重加修築運河，益收分洩之利。三十六年並疏濬下游引河及歧口入海處，俾成建瓴之勢焉。

清河。在青縣西南五十里。又有湛河、泗河，共三河，皆無源，爲交河縣雨潦洩水之渠，北至汊河口南二十里魚兒莊，注於南淀。

黑龍港河。在青縣西。有三：上流自獻縣完固口循滹沱故道而東北入新河口爲西支；稍東者爲中支；又東者爲東支。宋史河渠志：緣邊諸水，「東起滄州界，距海岸黑龍港，西至乾寧軍，沿永濟河合破船淀、灰淀、方淀爲一水，衡廣一百二十里，縱九十里至一百三十里。」縣志：「黑龍港河在縣西十五里，又馬家橋河在縣西八里，胡家店河在縣西十里。三河俱無源，乃河間、獻縣水澇所洩入者，至縣北十五里空城村，匯而爲一。」

大清河。在静海縣境。古河久淤。本朝嘉慶十三年重濬，長三十三里。

浮河。在滄州東南，又東入鹽山縣界。水經注：「浮水故瀆首受清河於浮陽縣界，東北逕高城縣之苑鄉城北〔一五〕，又東逕章武縣故城北〔一六〕，又東逕篋山北，又東北逕柳縣故城南。又東北逕漢武帝望海臺，東注於海。應劭曰：『浮陽縣，浮水所出。』今無水矣。」唐書地理志：「清池縣東南二十里有渠，注毛氏河，東南七十里有渠，注漳，並引浮水，皆刺史姜師度開。又縣南十五里有浮河隄。」寰宇記：「浮水，源自東光縣南界永濟渠分出，東北流經滄州南十里，又北經州城東一里，又東北入於海。又有迎河，在清池縣西南二十三里，從南皮來，分漳河入浮水。」舊志：「浮水在滄州東南五十四里，鹽山縣東北百里。」

陽通河。在滄州東南。唐書地理志：「清池縣東南十五里有陽通河，開元十六年開。又縣南十五里有陽通河隄，亦是年築。」

屯氏河。在滄州南。自南皮流入，又東入鹽山縣界。漢書地理志：屯氏河，「東北至章武入海」。顏師古曰：「屯音大門反。隋室誤以爲毛氏河。」唐書地理志：南皮縣，「古毛河自臨津經縣入清池，開元十年開」。寰宇記：「毛河，在清池縣西南五十七里，從南皮來，又呼爲棣河。又屯氏河〔一七〕，在鹽山縣南十步，東北流入海。」

無棣河。自南皮縣流逕滄州南，又東逕鹽山、慶雲二縣入海豐縣界。水經注：「清河自東光又東北，無棣溝出焉。東逕南皮縣故城南，又東逕樂亭北。又東逕新鄉城北，又東分爲二瀆，又東逕樂陵郡北。又東轉逕苑鄉故城南〔一八〕，又東南逕高城縣故城南，與枝瀆合。枝瀆上承無棣溝，南逕樂陵郡西，又東南逕千童縣故城東，又東北注無棣溝。無棣溝又東北逕鹽山東北入海。」元和志：「無棣河，在饒安縣南二十里。」唐書地理志：「清池縣西南五十七里有無棣河，開元十六年開。又無棣縣有無棣溝，通海，隋末廢，永徽元年刺史薛大鼎開。」寰宇記：「無棣河，一名赤河，在饒安縣東南四十里。又東逕無棣縣南，又東與鬲津枯溝合而入海。」舊志：「有古河，自南皮流經鹽山縣南四十里，又東經慶雲縣北十二里，又東至崔家口與鬲津河會，經海豐縣入海，疑即無棣河，或以爲即古黄河。」

石碑河。在滄州甎河之南。自蔡家窪東北流經舊滄州與甎河會，長一百五十餘里。此河無源，爲境内瀝水所歸。本朝乾隆十二年開濬寬深，於是各窪之水得所容洩，無泛溢之患。又大連淀〔一九〕，在石甎河東南，寬二十餘里，雖旱不涸，魚蒲之利，居民賴焉。

明溝河。在滄州西。唐書地理志：「清池縣西四十五里有明溝河隄二，皆永徽三年築。」

獻河。在慶雲縣南，本名陷河。齊乘：「東無棣縣北有陷河，濶數里，西通德、棣，東至海。」舊志：「在慶雲縣南三十里，即寧津縣土河之下流，自樂陵縣流入，分南北二派，南派入霑化，北派由慶雲至海豐馬谷山前土河口入海。」按此河，齊乘以爲即鈎盤河，縣志以爲即篤馬河之别名，又謂即禹貢簡河，恐皆無據。

大河故道。在府南。自河間府東光縣流入，經南皮、滄州、青縣、静海而達於天津。此西漢時大河入海之道〔二〇〕，亦即宋時河合永濟渠北流之道也。漢書地理志：「河水至章武入海。」水經注：「大河故瀆東北至東光故城西，而北與漳水會。」又淇水注云：「清河自東光縣又東北右會大河故瀆，又東北逕南皮、浮陽二縣西。」漳水注云：「衡漳水東北過章武縣西，又東北過平舒縣南，東入海。」蓋西漢以前，河自東光北至章武，漳、衛皆合之以達海。水經注所謂清、漳二瀆河之舊道也。王莽時，河東徙千乘，其故道遂爲漳、衛所占。至宋皇祐元年，河自澶州合永濟渠，北流入海，即今衛河所行之道也。宋史河渠志：「黄御河帶北行入獨流東砦，經乾寧軍、滄州等八砦邊界，直入大海。其近海口闊六七百步，深八九丈，三女砦以西闊三四百步，深五六丈。」獨流砦，即静海縣北之獨流口海口，今直沽入海之處也。其在今南皮、鹽山、慶雲及山東海豐諸縣界者，乃宋嘉祐中二股河東流之故道。宋史河渠志：「初，商胡決〔二一〕，河自魏之北，至恩、冀、乾寧入於海，是謂北流。嘉祐八年〔二二〕，河流派於魏之第六埽，遂爲二股，自魏、恩東至德、滄入於海，是謂東流。熙寧初，議者專欲導東流，閉北流。元豐四年，河復注於御河，於是北流盛而東流閉。元符二年，河大決於内黄，於是並勢北行，而東流遂絶。」河間府志：「寧津縣古黄河隄，在縣西三十里，東北入南皮界，或謂即鬲津河故道。」慶雲縣志：「古黄河自南皮由鹽山孟家店至慶雲縣黑牛王店，又東逕海豐境達於海，即古無棣河，或謂即宋時二股河故道也。」又按禹貢：「導河，又北播爲九河，同爲逆河，入於海。」孔安國傳：「同合爲一大河，名逆河，而入於勃海。」漢書地理志：「勃海郡，莽曰迎河。」「南皮縣，莽曰迎河亭。」寰宇記：「迎河，在清池縣西南二十三里，從南皮來。」説者謂迎河即逆河，古時九河至南皮縣界合流。今天津北之直沽，爲衆流所歸，潮汐迎之，則逆行而上，疑即所謂逆河，上至滄州、南皮以會九河。蓋直沽即逆河入海之處，東光、南皮之間，乃九河會流之始也。

九河故道。在府南滄州諸縣界。一曰徒駭河，在滄州西。唐書地理志：「清池縣西五十里有徒駭河隄，永徽三年築。」宋史河渠志：「元符三年，張商英請開木門口，泄徒駭河東流。」是也。一曰胡蘇河，自河間府東光、寧津流入，經南皮、滄州、慶雲入山東海豐界。元和志：「胡蘇河，在饒安縣西五十里。」寰宇記：「一名赤河〔二三〕，其水赤渾色，在無棣縣西三百步〔二四〕，自饒安縣來，一百里入海。」舊志：「在慶雲縣西南十二里，流經分水鎮東北十三里，與鬲津河合。」是也。一曰鬲津河，在南皮、慶雲、鹽山三縣界。南皮縣志：「河在縣東南四十五里，又東逕慶雲縣。」金史地理志：「無棣縣有鬲津河。」慶雲縣志：「自山東樂陵縣流入，又東北經鹽山縣崔家口，又東入山東海豐縣界。又縣西南三里有没河，即鬲津之支流，縣西五里有紀家河，亦流入鬲津河。」又滄州志：「有覆釜河，在慶雲縣南二十二里，即鉤盤北派，自山東樂陵縣流入，又東入海豐縣界。」金史地理志：「南皮縣有潔河。」明一統志：「在南皮城外十餘步。」〔二五〕又太史河，在縣治北。又慶雲縣志：「有馬頰河，自山東樂陵縣流入，經分水鎮至縣城東南隅入鬲津河。又有篤馬河，在縣南三十里，即禹貢簡河也。」按九河之說，諸家不一。漢書溝洫志：成帝時，許商言：「古說九河之名，有徒駭、胡蘇、鬲津三河，今見在成平、東光、鬲界中。」漢時近古，止得其三，唐人遂得其六，輿地廣記又得其一，故昔人以爲皆似是而非。孔穎達尚書疏：據許商言，謂「爾雅九河之次，從北而南，既知三河之處，則其餘六者：馬頰、太史、覆釜，在東光之北，成平之南；簡、潔、鉤盤，在東光之南，鬲縣之北。其河填塞時有故道。今河間、弓高以東，至平原、鬲津，往往有其遺處。」于欽齊乘謂「衡漳即徒駭，清、滄二州之間有古河隄數重〔二六〕，太史等河當在其地，滄州之南有大連澱，西踰東光，東至海，即胡蘇河。澱南至西無棣縣百餘里間，有大河、沙河〔二七〕，即簡、潔河。東無棣北有陷河，即鉤盤河。濱州北有士傷河，即鬲津河」。舊志多採其說，然亦未可盡信。至今慶雲、海豐，不過隋無棣一縣之地，近志所載，遂有六七，其附會可知。然徒駭、胡蘇、鬲津，自屬有據，則其餘六河故蹟相去當不遠。聖祖仁皇帝御製論九河故道，折衷羣籍，謂指在濟南者過南，指在永平者過北，當不出今滄、景二三百里間，而逆河入海，亦在今天津之直沽。昔之聚訟無稽，始有定論矣。

直沽。在府城北。南則衛河，合南路之水，北則白河，受北路之水，西則丁字沽，受三角淀之水，皆至城東北三岔口合流東注，舊名小直沽。其東南十里曰大直沽，地勢平衍，每遇霖潦，羣流漲溢，茫無涯涘，故有大直沽之名。又東南百餘里爲大沽口，衆水由此入海，即通典所云三會海口也。新志：「直沽，今亦謂之海河，南北運、淀河之會流也，自天津東北三岔口迄大沽口，長一百二十里。」

葛沽。在天津縣東九十里。相去十里曰新河，又曰大沽，長四十餘里。明天順初，議開海濱二沽，以通薊州運道，即此。又東爲郝家沽，合大沽流入海。

鹹水沽。在天津縣東南六十里，即古豆子䴚也。隋書：「大業十二年，厭次人格謙爲盜，在豆子䴚中。王世充破斬之。」括地志：「自渤海至平原，其間濱海之處，土人多謂之豆子䴚。」羅氏曰：「河間之豆子䴚，今鹹水沽是也。東去海四十里，地斥鹵，廣數十里。」靜海縣志：「鹹水沽，在東一百二十里，乃出海要地。」本朝乾隆四年於鹹水沽開引河一道，逵大韓家莊、巨葛莊等處，宣洩大泊及秋漠港之積水，使歸海河，並建有閘座，以時宣節。二十九年，總督方觀承以鹹水沽地勢本高，不虞海潮倒灌，奏請改石閘爲木橋，其引河則屢經疏濬，俾資利導焉。

西沽。在天津縣北三里，子牙河入北運河處也。其上流爲大清河。又丁字沽，在西沽北，清河入運河，縱橫作丁字形，故有是名。自此達北運河，長四十里，淀水浩淼，至是始有涯岸，故又名曰河頭。本朝乾隆三十二年，高宗純皇帝巡幸天津，迴鑾經西沽閱視，有御製詩。

明月沽。在慶雲東北七十里。胡蘇、鬲津諸水匯聚於此，爲濱海產鹽之所。

平虜渠。在滄州北。元和郡縣志：「在魯城縣郭内。魏武北伐匈奴所開。」寰宇記：「在廢乾符縣南二百步。」

劉公渠。在鹽山縣西南五十里。縣境舊承無棣溝下流，大小羣川，悉附入海。無棣溝塞，每患泛溢。明萬曆四十二年，知縣劉子誠自縣西南開渠，至縣東南四十里高家灣，合古黃河入海。今復堙。

十字圍。在天津城東南五十里。明萬曆時，汪應蛟爲天津巡撫，見白塘、葛沽一帶地斥鹵，不耕種，乃穿渠灌水，墾稻田二千餘畝，以防海官軍萬人分種，屯政大興。本朝雍正八年，陳儀爲營田觀察使，於天津仿應蛟遺制，築十字圍，三面開渠，與海河通，潮來渠滿，則閉之以供灌溉。白塘、葛沽之間，斥鹵盡變膏腴。

李彪淀。唐書地理志：「清池縣西五十里有李彪淀東隄，永徽三年築。」舊志：「在滄州西南十里。」

塌河淀。在天津縣東北四十里。起寧河縣，迄天津擡道沽，周百里，爲北運河筐兒港減水容畜之地。按天津諸水，在運河北者，以塌河淀爲歸宿，其下游由賈家沽、陳家溝二河入海河歸海，歲久淤塞。本朝雍正六年、乾隆九年，屢加疏濬。其西又有賈家口河，亦以洩塌河淀之水，與陳家溝匯流入海河，乾隆十一年，並經挑濬寬深，使淀水暢流，無盈溢之患。

盤古溝。在青縣南。爲黑龍港東支及滹沱故道所經，又受上游無源瀝水，運河每不能容。本朝乾隆三十年於此濬河築隄，使東支暢達於中支，而滹沱故道之水，亦得資分洩之利。九域志謂「乾寧縣有盤古溝，水深三丈，大旱不涸者」，即此。

尹兒灣。在天津縣東。明永樂六年，陳瑄總督海運，創百萬倉於直沽尹兒灣，築城置衛。今去城八里有運糧河，舊自海口達尹兒灣之運路也。

黑龍灣。在鹽山縣南十八里。河間府舊志有土臺高丈許，上建龍王廟，夏秋積水成川。

西濼。在青縣東南，廢興濟縣西南。東西横亘凡十餘里，南北二十餘里。秋水四至，一望無際。

三堂濼。在滄州北。宋史河渠志：「熙寧六年，命屯田使閻士良專修樸椿口，增灌東塘淀濼。先是，滄州北三堂等塘濼爲黄河所注，其後河改而濼塞。程昉嘗請開琵琶灣引河水，而功不成。至是，士良請堰水絶御河，引西塘水灌之，故有是命。」舊志：「今堙廢無考。」

仵清池。在滄州東南。元和志：「在清池縣東南十五里。」寰宇記：「在縣東南十九里。水澄味鹹，未嘗枯涸。」輿地志：

「浮陽城南有大連淀〔二八〕。魏延興二年，淀水溢注，破仵清村，因瀦爲池。池内時有鯔魚，言與海潛通。」齊乘〔二九〕：「今曰大梁五龍堂，元至元間重濬。」州志：「堂有八角井，每大旱禱雨輒應。」

薩摩陂。在滄州北。元和志：「在長蘆縣北十五里。周迴五十里，有魚蒲之利。」

馬家口。在天津縣東南一里許。洩南淀之水。又寇家口，在縣南十里許，通水淀之利。

獨流口。在静海縣北二十里。寰宇記：「御河合潮河，東北至獨流口入海。」按九域志、宋史河渠志皆以獨流口爲御河入界河之處，寰宇記則以爲御河入海之處，蓋入海處，其東口也。又明統志有「獨流河，在興濟縣北，至静海縣四十五里」。

郎兒口。在滄州南，接南皮縣界。元史河渠志：「延祐三年，滄州民告往年御河水溢，萬户恐傷其屯田，築塞郎兒口，故水無所洩，浸民田廬，乞遣官疏闢。四年，都水監遣官相視，郎兒口及下流故河，至滄州三十餘里，乃減水故道，名曰盤河。今開郎兒口，增濬故河，決積水，由滄州城北達滹沱河以入海。」舊志：「郎兒口，在州南四十里，去南皮縣東北四十五里，今名丘淀，俗呼爲蔡家窪。」

毛公井。在舊滄州城内東北隅。唐書地理志：「清池縣有甘井，開元二十年，縣令毛某母老，苦水鹹無以養，縣舍穿池，湧泉而甘，民謂之毛公井。」

校勘記

〔一〕秦爲漁陽上谷二郡地　乾隆志卷一七天津府建置沿革（以下同卷簡稱乾隆志）同。譚其驤秦郡界址考：上谷郡，「南界循漢制，舊不知秦有廣陽郡，故與薊南之地亦以屬上谷地」（載長水集上）。按秦上谷郡治沮陽縣，清宣化府懷來縣西南（今懷來縣東南），其南界廣陽郡，郡治薊縣，清順天府城（今北京市城區）西南隅。清順天府不屬秦上谷郡地，而屬秦廣陽郡地，天津府又在順天府之東南，更非秦上谷郡所及。據譚其驤主編中國歷史地圖集第一册，清天津府北部分於秦爲漁陽、廣陽二郡地，南部爲鉅鹿郡地。此云「秦爲漁陽郡地」則是，唯闕「廣陽郡地」，云「秦爲上谷郡地」實誤。本志下敘滄州沿革云「秦上谷郡地」，亦誤，不再重校。

〔二〕東西距二百里　「西」，原作「南」。按以本志例，敘境域先「東西」，後「南北」，乾隆志作「東西」，是。此「南」爲「西」字之誤，據改。

〔三〕宋爲清州窩口砦　「窩口砦」，乾隆志同。按金史卷二五地理志中作「窩子口」，本志卷二五天津府二古蹟及同治畿輔通志卷一五六古蹟三引大清一統志同。

〔四〕七年屬河間府　乾隆志同。按明史卷四〇地理志一：河間府静海縣，「洪武八年四月改屬北平府，十年五月來屬」。明太祖實録卷一一二：洪武十年五月，「以静海縣隸河間府」。此「七年」應作「十年」。

〔五〕洪武七年廢清州爲青縣屬河間府　乾隆志同。按明史卷四〇地理志一：河間府青縣，元清州，「洪武八年四月降爲縣，尋改『清』爲『青』」。民國青縣志卷二沿革：明洪武八年四月，降清州爲縣，「又以河決，改『清』爲『青』」。此「七年」應作「八年」。

〔六〕漢高帝五帝置勃海郡　乾隆志同。周振鶴西漢政區地理第八章趙國沿革：「漢書地理志云勃海郡高帝置，不可信。漢文帝二年，分趙國置河間國，十五年，河間王亡後，國除，地入于漢後，分爲勃海郡。」

〔七〕東魏移郡治東光　乾隆志同。按太平寰宇記卷六五：滄州，「後魏初改渤海郡爲滄水郡，太安四年郡移理今東光縣城，尋又省，復爲渤海郡」。同書卷六八：東光縣，「高齊天保七年移（郡）于今縣東南三十里陶氏故城。隋開皇三年又移于此後魏渤海郡郡城，即今東光縣理」。則勃海郡移治東光縣，是在北魏太安四年，此云「東魏移治」當誤。此又脱載北齊天保中移勃海郡於東光縣東南陶氏城。參見本志卷二二河間府一校勘記〔一四〕。

〔八〕唐武德四年屬觀州　乾隆志同。按舊唐書卷三九地理志二：滄州南皮縣，「武德四年屬景州。貞觀元年改屬滄州」。長蘆縣，「武德四年割滄州之清池、南皮二縣，瀛州之魯城、平舒、長蘆三縣，於此置景州」。同書卷景州：「武德四年於弓高縣置觀州，領弓高、蓨、阜城、東光、安陵、胡蘇、觀津七縣。」新唐書卷三九地理志三同。可證武德四年時，景州（治長蘆縣）領有南皮縣，觀州（治弓高縣）不領南皮縣。此誤。

〔九〕魏土地記曰　原「魏」下衍「氏」字，乾隆志山川及朱謀㙔水經注箋同，據王先謙合校水經注、楊守敬水經注疏淇水注删。

〔一〇〕隋書地理志鹽山有峽山　「峽」，原作「篋」，乾隆志同，據隋書卷三〇地理志中改。

〔一一〕謂之合口　「口」，原作「河」，乾隆志及朱謀㙔水經注箋同，據王先謙合校水經注、楊守敬水經注疏淇水注改。

〔一二〕考寰宇記於蒲澤　「澤」，原作「津」，乾隆志同。按太平寰宇記卷六一鎮州真定縣：「蒲澤，酈道元注水經云：『滹沱河水又東經常山城北，又東南爲蒲澤，濟水有梁焉，俗謂之蒲澤口。』即本志引證，此「津」爲「澤」字形訛，據改。

〔一三〕疏衡漳二渠　「疏」，原脱，乾隆志同。新唐書卷一九七循吏薛大鼎傳：「疏長蘆、衡、漳三渠。」據補。舊唐書卷一八五良吏薛大鼎傳作「決」。

〔一四〕古爲滹沱易水巨馬三水匯流處自文安運河入　原「古」下「爲」上衍「名」字，據乾隆志及同治畿輔通志卷六二山川、光緒天津府志卷二〇山水删。又「文安運河」，乾隆志及同治畿輔通志並作「文安縣流」。按史志不載文安運河，此蓋爲「文安縣流」之訛。

〔一五〕東北逕高城縣之苑鄉城北　「苑」，原作「宛」，乾隆志及朱謀㙔水經注箋同，據王先謙合校水經注、楊守敬水經注疏淇水注改。

〔一六〕又東逕章武縣故城北　「北」，原脱，乾隆志及朱謀㙔水經注箋同，據王先謙合校水經注、楊守敬水經注疏淇水注補。

〔一七〕又屯氏河　原「屯氏」下衍「小」字，乾隆志同，據太平寰宇記卷六五删。

〔一八〕又東轉逕苑鄉故城南　「轉」原脱，「苑」原作「宛」，乾隆志及朱謀㙔水經注箋同，據王先謙合校水經注、楊守敬水經注疏淇水注補改。

〔一九〕又大連淀　「連」，原作「蓮」，乾隆志同，據齊乘卷二山川、讀史方輿紀要卷一三、同治畿輔通志卷六二山川六改。下列「九河故道」改同，不再重校。

〔二〇〕此西漢時大河入海之道　乾隆志同。漢書卷二八地理志上：「河水東北至章武入海。」章武，勃海郡屬縣，故址在今河北黄驊市西南故縣村，則西漢大河北流逕東光縣、南皮縣西，折北逕滄州市南、黄驊市西南入海。參見中國歷史地圖集第二册西漢幽州圖。

〔二一〕商胡決　「胡」，原作「湖」，據乾隆志及續資治通鑑長編卷一六四、宋史卷九一河渠志一改。

〔二二〕嘉祐八年　乾隆志同。按續資治通鑑長編卷一九二：嘉祐五年，「河流派别於魏之第六埽，曰二股河」。宋史卷九一河渠志一載同，即本志下文所引，則此「八年」爲「五年」之誤。

〔二三〕一名赤河　乾隆志同。按本志所云乃指胡蘇河一名赤河，太平寰宇記卷六五：饒安縣，「無棣河，一名赤河」。無棣縣，「赤河，在縣西南三百步，自饒安縣來」。則無棣河一名赤河。又元和郡縣圖志卷一八：饒安縣，「胡蘇河在縣西五十里，無棣河在縣南二十里」。則胡蘇、無棣爲二河，此誤以胡蘇爲赤河。

〔二四〕在無棣縣西三百步　乾隆志同。按太平寰宇記卷六五：「赤河，在無棣縣西南三百步。」此「西」下蓋脱「南」字。

〔二五〕明一統志在南皮城外十餘步　乾隆志同。按大明一統志卷二作「簡潔河」，云「簡潔河在南皮縣城外十餘步」。

〔二六〕清滄二州之間有古河隄數重　乾隆志同。齊乘卷二水「古河堤」下有「岸」字。

〔二七〕有大河沙河　乾隆志同。齊乘卷二水「大河」上及「沙河」上皆有「曰」字。

〔二八〕輿地志浮陽城南有人連淀　「志」原作「廣記」，「連」原作「蓮」，乾隆志同。按下文記「浮陽城有大連淀」云云，不見載於輿地廣記。太平寰宇記卷六五及讀史方輿紀要卷一三皆引之輿地志，「蓮」皆作「連」，則此「廣記」爲「志」之誤，「蓮」爲「連」字之誤，並據改。參見本卷校勘記〔一九〕。

〔二九〕齊乘　乾隆志同。按下文云「今曰大梁五龍堂，元至元間重濬」，不見載於齊乘，疑引誤。

大清一統志卷二十五

天津府二

古蹟

漂榆故城。在天津縣北。晉咸康四年，石虎遣其將桃豹、王華帥舟師十萬出漂榆津，即此。水經注：「清河東逕漂榆邑故城南，俗謂之角飛城。趙記云石勒使王述煮鹽於角飛，即城異名矣。魏土地記曰〔一〕：『高城縣東北一百里，北盡漂榆，東臨巨海，民煮海水，藉鹽爲業。』即此城也。清河自是入於海。」

參户故城。在青縣南。漢元朔三年封河間獻王子免爲侯國，屬勃海郡。後漢省。水經注：「滱水東北逕參户亭。應劭曰：平舒縣西南五十里有參户亭，故縣也，世謂之平虜城。」元和志：「參户故城，一曰木門城，在長蘆縣西北四十里。」寰宇記：「在縣西北四十六里。輿地志云：中有大樹，因名木門。」舊志：「木門鎮，在今縣西南三十里，蓋以故城得名。」

長蘆故城。在滄州治。本漢參户縣地，後周大象二年置長蘆縣，以水爲名。隋初於縣西北三里置漳河郡，以縣屬之。郡尋廢。十六年置景州。大業三年廢，屬河間郡。唐武德四年又置景州，五年置總管府。貞觀元年州廢，屬滄州。舊治永濟河西，開元十四年，大雨漂没；十六年移治河東一里。宋乾德二年廢入清池，後復置。熙寧四年又省爲鎮，入清池。明永樂初移州治於此。

浮水故城。在滄州東。隋開皇十六年分高城縣置，大業初仍省入〔二〕。唐武德五年又置，屬東鹽州。貞觀元年省，十二年移饒安縣治此，屬滄州。宋熙寧四年省爲鎮，入清池。金史地理志：「清池縣有新饒安鎮。」即此。府志：「浮水故城，在州東五十里。」按此城自貞觀中爲饒安縣治。元和志、寰宇記皆以饒安爲在州南九十里，然考浮水東北流，未嘗南出，當從府志在州東爲是，其在州南者，則故千童城也〔三〕。

滄州故城。在今滄州東南。漢置浮陽縣，在浮水之陽，故名。後漢建武十五年封劉植兄歆爲侯國，屬勃海郡。後魏太和十一年改置浮陽郡，屬瀛州。景明初罷并章武。熙平二年復置郡，屬滄州，後移郡治饒安，以浮陽屬之〔四〕。隋開皇十八年改名清池，因仵清池爲名。唐武德元年移滄州來治，其年州移饒安，四年以縣屬景州，五年屬東鹽州。貞觀元年復自胡蘇移滄州來治。宋、金、元皆以清池爲州治。明初始省入州，又徙州治長蘆。明統志：「滄州故城，在今州東南四十里。」舊志：「一名臥牛城，亦名獅子城。」

饒安故城。在滄州東南。漢置千童縣，元朔四年封河間獻王子擔爲侯國，屬勃海郡。後漢靈帝改置饒安縣。晉仍屬勃海郡。後魏屬浮陽郡，熙平二年置滄州治此，後又爲浮陽郡治〔五〕。隋開皇初郡廢，大業初州廢，仍屬勃海郡。唐武德元年移治故千童城，仍移滄州治焉，六年州移治胡蘇，以縣屬之。貞觀十二年移治故浮水城，故城遂廢。元和志：「饒安縣北至滄州九十里。即秦千童城，始皇遣徐福將童男女千人入海求蓬萊，置此城以居之，故名。」金史地理志：「清池縣有舊饒安鎮。」即此。南皮縣志：「饒安故城，在縣東南八十里。」按水經注、元和志，此城本在舊滄州南，南皮東南，鹽山西南，樂陵西北界。寰宇記以千童城在無棣縣，輿地記謂之丱兮城，在鹽山東北。舊志又以爲在州東北，皆誤。又按後漢志無饒安縣，前漢志注、水經注皆引應劭曰：「靈帝改曰饒安。」元和志謂即千童城，則饒安與千童即是一城，而舊唐志、寰宇記皆云：「唐武德初移治故千童城。」疑是靈帝時改置，本非一城，或唐以前嘗移治也〔六〕。

定縣故城。在滄州東南〔七〕。漢元朔四年封齊孝王子越爲侯國，初屬勃海郡。後漢省。水經注：「屯氏別河逕重合縣，又東北逕定縣故城南。地理風俗記曰：饒安縣東南三十里有定鄉城，故縣也。」

乾符故城。在滄州東北。漢置章武縣，文帝後七年封竇后弟廣國爲侯國，屬勃海郡。魏志：「嘉平元年，杜恕徙章武郡。」蓋魏初置郡也〔八〕。晉移郡治東平舒，以縣屬之。後魏太和十一年改屬浮陽郡。高齊省。隋開皇十六年改置魯城縣，屬河間郡。唐武德四年屬景州，貞觀元年改屬滄州。元和志：「縣南至州一百里。」寰宇記：「隋置魯城縣，取長蘆縣北平虜城爲名，仍改『虜』爲『魯』。唐乾符元年，縣東北有野稻、水穀，連接二千餘頃，燕、魏飢民悉來掃拾，俗稱聖米，二年敕改爲乾符縣。周顯德二年并入清池。」九域志：「清池縣有乾符寨。」金史地理志：「清池縣有乾符鎮。」舊志：「故城在州東北八十里。」名勝志：「魯城在州東北七十里，又三十里爲乾符城。」按寰宇記「以乾符爲後魏所置之西章武，而以漢章武爲在其縣東南，鹽山縣西北」。近志又以漢章武在大城縣，參考道里，蓋此爲漢章武在大城者，乃西章武也。

高樂故城。在南皮縣東南。漢置縣，屬勃海郡。武帝封齊孝王子爲侯國。後漢省。水經注：「無棣溝逕樂亭北，又東逕新鄉城北，即地理志高樂故城也。」寰宇記：「故城在南皮縣東南三十里，今謂之思鄉城，亦曰西鄉城。」縣志：「即今董鎮村。」

南皮故城。在今南皮縣東北。秦置縣。漢元年，項羽聞陳餘在南皮，環封之以三縣，號成安君。文帝後七年封竇彭祖爲侯邑，屬勃海郡。後漢爲郡治。建安中，曹操擒袁譚於此。魏文帝爲五官中郎將，射雉南皮，亦此地也。闞駰曰：「章武有北皮亭，故此曰南皮。」晉、魏皆爲郡治。東魏移郡治東光〔九〕，又移縣於今治。括地志：「故城在今縣北四里。」寰宇記：「齊桓公北伐山戎，至此繕修皮革，因築焉。」續通典：「南皮縣西去景州六十里，縣北有迎河，河北有故皮城，即漢、晉勃海郡治。」舊河間府志：「在縣東北八里。」

柳縣故城。在鹽山縣東。漢元朔四年封齊孝王子陽已爲侯國，屬勃海郡。後漢省。水經注：「浮水東北逕柳縣故城南。地理風俗記曰：高城縣東北五十里有柳亭，故縣也。世謂之辟亭，非也。」寰宇記：「故柳城在鹽山縣東七十里。」縣志：「在縣東五十里。」

高城故城。在鹽山縣東南。漢縣〔一〇〕，隋改名鹽山。寰宇記：「鹽山縣，在滄州東六十里。本春秋無棣邑，漢置高城縣，故城在今縣南四十里。高齊天保七年移於今邑。隋開皇十八年改爲鹽山縣，以東南鹽山爲名。」縣志：「舊城鎮在縣東北三十里，明洪武九年移治香魚館，即今治。」

無棣故城。在慶雲縣東。相傳即管仲所謂「賜履北至無棣者」。隋開皇六年分陽信、饒安二縣地置，屬勃海郡。唐屬滄州。宋治平元年移治保順軍，而故城廢。元初又分其西界，於故城置縣，仍屬滄州。齊乘謂之西無棣縣。明永樂初始改今名。舊志：「故城在今縣東稍南五里，鬲津河東南。元末毀於兵，明洪武六年，知縣楊思義移治鬲津河北岸，即今治。」按元和志：「無棣縣西北至滄州一百二十里。」今慶雲縣在州東南一百五十里，然唐時滄州治清池，在今州東南三十餘里，則去無棣正一百二十里也。宋志：「周置保順軍於無棣縣南二十里。」九域志：「治平元年徙無棣縣於此。」今海豐縣在慶雲縣東南四十里。縣志：「有故城在其縣西北二十里，去慶雲正二十里，則即周爲保順軍，宋爲無棣者也。」縣志以隋無棣在慶雲，宋無棣在海豐，其説甚覈，但以宋志即於縣治置軍使，謂在慶雲則誤矣。

乾寧舊城。今青縣治。通鑑：唐光化三年，「朱全忠遣葛從周圍劉守文於滄州。劉仁恭救之，營於乾寧軍，從周逆戰於老鵶隄，大破仁恭」。又五代周顯德六年，「上至乾寧軍，遼寧州刺史王洪舉城降」。通鑑注：「軍在滄州北一百里〔一一〕，蓋乾寧間始置此軍也。」遼置寧州於此。寰宇記：「乾寧軍，本古盧臺軍地〔一二〕，後爲馮橋鎮，臨御河之岸，接滄、霸二州之界。幽州割據，升爲寧州。周顯德六年收復，卻爲乾寧軍，仍置永安縣在城下。太平興國七年改乾寧縣。其盧臺軍古城，在御河南七十步，周二里，基址猶存。」輿地廣記：「乾寧縣，本永安縣之范橋鎮也。」

興濟故縣。在青縣東南三十里，衛河東岸。本范橋鎮地，金初置縣，屬滄州，大定六年改屬清州。元至元二年并入會川縣，後復置，屬清州。明初屬滄州〔一三〕。本朝順治六年并入青縣。

章鄉廢縣。在滄州東南〔一四〕。漢置，元始五年封謝殷爲侯國，屬勃海郡。後漢省。寰宇記：「十三州志云：饒安縣東南二十里有童鄉亭，即古縣，『童』與『章』字相類也。」

中邑廢縣。在滄州界。漢高后四年封朱進爲侯國，屬勃海郡。後漢省。寰宇記：「省併浮陽。今長蘆縣地。」

平津故邑。在鹽山縣南。漢書恩澤侯表：「平津侯公孫弘，元朔三年封在高城。」括地志：「平津鄉，在鹽山縣南四十二里。」

天津舊衛。今府治。詳「海津鎮」注。

海津鎮。今天津縣治。本名直沽，元延祐三年改爲海津鎮。至正九年立鎮撫司。明永樂初由此南下滄州，二年築城置戍，三年調天津衛及天津左衛來治，四年又調天津右衛治此，設兵備道轄之。舊志：「天津本邊口關名，在良鄉縣北百餘里，自永樂改置三衛，天津之名遂移直沽矣。」

窩子口。今静海縣治。金史地理志：「明昌四年以清州窩子口置静海縣。」舊志：「有古城，在縣南二十里。」

蒲領城。在青縣界。寰宇記：「水經注云：『魯城縣西北六十里漳河西岸，有北蒲領故城，蓋漢末黄巾之亂，有蒲領人流寓於此，遂立此城。』非漢縣也。」按今水經注無此文，其漢蒲領縣，詳見河間府「阜城縣」。

五壘城。在滄州南。寰宇記：「在清池縣西南二里。輿地志云：漢宣帝封河間獻王子雍爲景城侯，五子分居城中，俗呼爲五壘城。」按南皮縣志縣東北五十里有壘城村，蓋即此。

麻姑城。在滄州北。魏書地形志：「章武縣有大家姑祠，俗云海神，或云麻姑神。」寰宇記：「廢乾符縣界有麻姑城，郡國志云：漢武東巡至此祀麻姑，故名。」

燕留城。在滄州東北。史記：「燕莊公二十七年，山戎來侵，齊桓公救燕，遂北伐山戎而還。燕君送桓公出境，桓公因割燕君所至地與燕。」括地志：「燕留故城，在長蘆縣東北十七里，即齊桓公所與燕君地，因築城，名曰燕留。」

北皮城。在南皮縣東北。水經注：「清河又北逕北皮城東〔一五〕，地理風俗記曰：南皮城北五十里有北皮城。」

甘羅城。在鹽山縣東南三十里。故址尚存。

合騎城。在鹽山縣北。漢書功臣表:「合騎侯公孫敖,元朔五年封,在高城。」舊志:「在縣北七十五里,今訛爲郛隄城。」

荻苴城。在慶雲縣東。漢書功臣表:「荻苴侯韓陶〔一六〕,元封三年以朝鮮降將封在勃海。」舊志:「在縣東,接海豐縣界,與無棣城相對,覆釃河界其中。」按舊志謂此爲龍苴城,誤。

韓信壘。在慶雲縣南二十里,與荻苴城相對。相傳韓信下齊,道經此。俗名掛甲口。

將相鄉。在舊滄州東南。有程家林,以唐程日華父子相繼居此,故名。

白兔村。在舊滄州北十里。相傳周世宗時有白兔出此,故名。明永樂十六年,鄉人龐某果於此得白兔以獻。

峭帆亭。在青縣盧臺城中。中州集張斛有詩。

盟亭。在滄州南。寰宇記:「廢長蘆縣有盟亭,古燕、齊之界,二國嘗盟於此,故名。」

遇士亭。在南皮縣西北三里。相傳暴勝之遇雋不疑處。

鳳凰臺。在静海縣西五里。

豐臺。在青縣興濟故城東。相傳因歲豐作也。臺高三丈,今遺址猶存。明張縉有豐臺夕照詩。

狼煙臺。在滄州治東。又歇馬臺,在舊州城内。相傳皆周世宗所築。

望海臺。在滄州東北。一名漢武臺。水經注:「清河枝津東逕漢武帝故臺北,魏土地記曰:章武縣東一百里有武帝臺,南北有二臺,相去六十里,基高六十丈〔一七〕,俗云,漢武帝東巡海上所築。」唐實録:「貞觀十九年,帝自高麗班師,次漢武臺,顧問侍臣，對曰：『是燕、齊之士爲漢武求仙處。』舊志：「望海市臺，在州東四十里。又有武帝臺，在鹽山縣東北七十里，水經注浮水所經，蓋南臺也。」

觀臺。寰宇記：「在南皮縣東，即袁譚所築，魏武擒譚於此。」九域志作袁侯臺。縣志：「在縣東四里。」

讌友臺。寰宇記：「在南皮縣東二十五里。魏文帝與吴質等重游南皮〔一八〕，築此臺以讌友，故名。一名射雉臺。」

釣魚臺。在南皮縣西十里。相傳姜太公釣魚處。

延陵臺。在慶雲縣西南七里。旁有季札長子墓。

范丹居。縣志：「在故南皮城西。蓋當年避黨錮之禍，因投棲於此。」

石崇宅。在南皮縣古皮城内。

高適故里。在南皮縣東南六十里。

魏家莊。在南皮縣西六里。元至正十八年，董摶霄守長蘆，屯兵魏家莊，爲山東賊帥毛貴所襲，戰死，即此。

清風樓。在舊滄州。晉太康中建。元薩天錫録囚駐節於此。有清風樓詩。

朗吟樓。在滄州西南三里，濱河。樓上祀吕純陽。相傳唐開元中，有道士自稱「彭蠡主人」，索滄酒千餘斗，飲竟跨鶴而去，州人因搆樓肖像以祀。本朝乾隆三十六年，高宗純皇帝巡幸天津，有御製過朗吟樓詩。

望瀛樓。在滄州西門外。舊志：「一州之觀。」久廢。

寒冰井。寰宇記：「在南皮縣西一里。魏文帝與吴質書云：『憶昔南皮之游，馳騁北場，旅食南館，浮甘瓜於清泉，沈朱李於寒冰〔一九〕。』即此井也。」

關隘

天津關。在天津縣北門外。

葛沽巡司。在天津縣東九十里。有巡司。

獨流鎮巡司。在静海縣北二十里。有巡司。

興濟鎮巡司。在青縣東南三十里。即故縣，有巡司。

杜林鎮巡司。在青縣南七十里，南接交河縣界。滹沱、漳河至此會流。有巡司。

風化店巡司。在滄州。

孟村巡司。在滄州。

李村巡司。在滄州。

舊縣巡司。在鹽山縣。

羊兒莊巡司。在鹽山縣。

子牙鎮。在静海縣西南，濱子牙河，接大城縣。有管河主簿駐此。

長蘆鎮。在青縣南七十里。即古長蘆廢縣也。舊爲都轉運使司所駐，領鹽課司二十四，在滄州境及山東境者各十二。今運司移駐天津，猶仍長蘆之名。又舊有巡司及税課局、遞運所，今裁。

甎河鎮。在青縣南九十里，衛河西岸。有遊擊駐防。河東即滄州甎河驛。

范橋鎮。在青縣南。九域志：「在乾寧軍南三十里。」金志屬會川縣。後廢。縣志：「今有新集鎮，在縣南三十里，東臨滹沱河。又崇仙鎮，在縣西南五十里，當河間孔道。」

流河鎮。在青縣東北三十里，衛河西岸。有管河主簿駐此。

郭橋鎮。在滄州東。九域志：「清池有任河、郭疃二鎮。」金史地理志：「舊有郭橋鎮，後廢。」

合口鎮。在滄州西。晉太元十三年，後燕慕容楷將兵會慕容農於合口〔二〇〕。隆安二年，魏主珪命拓拔遵鎮渤海之合口。魏書地形志：「浮陽縣西接漳水，衛水入焉，謂之合口。」水經注：「衛漳水入清河，謂之合口。」

同居鎮。在滄州東北九十里。

馬明鎮。九域志：「南皮縣有南皮、馬明、樂延、臨津四鎮。」金史地理志惟馬明一鎮。元廢。

底橋鎮。在南皮縣東南五十里。又刁公樓鎮，在縣東南七十里，即晉刁協故里。

海豐鎮。金史地理志：「鹽山縣有海豐、海潤二鎮，後增利豐、撲頭二鎮。」舊志：「海豐鎮在縣東北八十里，瓦礫如阜，綿亘里餘。」又九域志：「縣有會寧、通商、韋家莊三鎮。」皆久廢。

崔家口鎮。在鹽山縣東南五十里。又高家灣鎮，在縣東四十里。望樹鎮，在縣東南三十里，距慶雲縣三十里。常郭鎮，在縣北五十里。韓村鎮，在縣北少東七十里。菜園鎮，在縣東北三十里。蘇基鎮，在縣東北五十里。楊二莊鎮，在縣東北七十里，距海五十里。

無棣鎮。在慶雲縣東，即故縣也。九域志：「無棣縣有無棣、劇口、車店三鎮。」又金志縣有分水鎮，今在縣西南十二里。

水師營。在天津縣東盧家嘴。本朝雍正四年，因天津界海，爲福建、浙江、江南、盛京諸省商船出入要隘，建甎城，周二里，駐滿洲兵於此，以都統等官領之。沿海試戰船，俾肄水師。乾隆三十二年裁，嘉慶二十二年復設緑營兵，增置水師營，總兵等官領之。

大沽營。在天津縣東葛沽東，近海口。本朝設遊擊駐防。乾隆三十二年移駐水師營新城。嘉慶十六年改設都司。

海防營。在天津縣東六十里，地名葛沽。明萬曆二十五年設副總兵駐防。本朝初設遊擊，後移遊擊於大沽，設守備駐此。

傅家營。在鹽山縣南五十里，接山東樂陵縣境。舊置戍於此。

板橽營。在慶雲縣東南二十里。即宋保順軍地，明宣宗征高煦時駐蹕於此，相傳以板橽爲營，故名。

冶劍營。在慶雲縣東北十五里閻家務河壖。相傳元海運時冶鐵處，亦曰鐵匠營。

河平砦。在天津縣東北，即小直沽口。宋初置泥沽砦，屬滄州，政和二年改曰河平。又縣境有小南河砦，亦宋初置，屬滄州，今訛曰小南湖。又縣西二十里有黑堡城，地名稍直口。又呂彭城，在縣北二十里。

獨流砦。在静海縣北。九域志：「乾寧軍領砦六：釣臺，在軍北六十里。獨流北、獨流東二砦俱在軍北一百二十里。當城，在軍北一百三十里[二一]。沙渦，在軍北一百四十里。百萬，在軍北一百五十里。」静海縣志：「今有獨流鋪，在縣西北十八里，即獨流砦。釣臺砦，即今縣西南子牙鎮也。當城砦，在縣北六十里。」

三河砦。在静海縣東北。宋初置三女砦，屬滄州，政和二年改曰三河。按水經注：「清河東北逕窮河邑南，俗謂之三女城。」[二二]三女砦之名因此。

海清砦。在青縣東。宋置巷姑砦，屬滄州，政和三年改曰海清。按水經注「清河東北逕紵姑邑南，俗謂之新城」[二三]。巷姑，疑即紵姑之訛也。

舊滄州集。在滄州東南。又舊縣集，在州東南一百二十里，即故饒安縣，接南皮界。

鹽場。在府界者凡十：富國場，在天津縣東；興國場，在静海縣高家莊；豐財場，在滄州葛沽；利民場，在畢孟鎮；嚴鎮場，在同居鎮；俱屬滄州。阜民場，在常葛鎮；利國場，在韓村；海豐場，在楊二莊；富民場，在崔家口；阜財場，在高家灣；俱屬鹽山縣。又舊志載海盈場，已併入海豐場。寰宇記：「鹹土，在鹽山縣東七十里，四周一百五十里。地帶海濱，其土多鹹，海潮朝夕所及，百姓煎之爲鹽。」按今諸鹽場用煎者十之三，餘皆因曬而成，與他處異，樂史所見，蓋未經目擊之言。曬之法，穿地爲五池，以次相屬，土人爲一溝窒其外，候潮入蓄之。汲貯第一池，令滿，曬五六日。引注第二池，遞曬遞注。至第四池，則味漸鹹而爲滷。視滷之稠稀，準日以曝，乃納之第五池。復曬，視如雪霜，則鹽成矣。本朝乾隆三十二年，高宗純皇帝巡幸天津，有御製曬鹽場詩紀其事。

馬落坡。在滄州東北三十里〔二四〕。明初置巡司。久廢。

竈兒坡。在滄州東北一百里。居民於此煮鹽，故名。

西沽。在天津縣北三里。以北倉大使兼其事。

楊青水驛。在府城外。舊在武清縣南一百五十里楊柳青，明嘉靖十九年移置於此。又有楊青馬驛，亦在府城外，有驛丞掌之，兼巡司。

奉新水驛。在静海縣南城外。明永樂十三年置。南至青縣流河驛七十里。

乾寧水驛〔二五〕。在青縣南，廢興濟縣西一里。南至滄州甎河驛七十里。

流河水驛。在青縣東北流河鎮。明永樂二年置。今有驛丞，兼巡司。南至乾寧驛七十里。

甎河水驛。在滄州南十八里，衛河東岸。

津梁

浮橋。有四：一在天津縣西沽，爲入京師通衢；一在北門外鈔關口；一在巡鹽御史署東；一在東門外，即鹽關橋也，本朝雍正八年，天津分司孟周衍建，又名孟公橋。四橋相距各二三里許。又天慶寺北格淀隄頭有木橋各一，縣北西沽疊道有木橋五，俱乾隆二十八年增建。

鴻溝橋。在天津縣西北隅。明景泰二年建。又安西橋，在城西門外，明弘治八年建。石橋在縣北三里，本朝順治十一年建。

木門橋。在青縣西南三十里。又吴召橋，在縣西南三十里。登瀛橋，在縣西七十里。本朝乾隆二十九年於青縣之十里窪新開引河建木橋一，凡九空。

駕虹橋。在滄州城東關。

會通橋。在滄州舊城西。州南諸水，皆自此北流入海。

望海橋。在滄州東四十里。

會川橋。在南皮縣南門外。

砥柱橋。在南皮縣東南五十里。

韓家橋。在鹽山縣南十里。又普惠橋，在縣東南五十里。乾隆五年於縣之西北高家灣修橋二，皆九空。十一年又於縣西南之明白窪西修葺稻村橋一〔二六〕，凡七空。

通濟橋。有二：一曰大橋，在慶雲縣城東關南，鬲津、馬頰二河之會；一曰小橋，在西關南，胡蘇、鬲津二河之會。

棗園橋。在慶雲縣東南三十里。長里餘，接海豐縣界。又跨虹橋，在縣東南三十里，俱跨獻河上。

映波橋。在慶雲縣西三里，跨鬲津河。

寶船口渡。在天津縣東南五里。明初命官往貨西域，於此泊舟。季年撈一鐵錨甚巨，即寶船所用者，故名。

西沽渡。在天津縣西北三里。又大直沽渡，在縣東南十里。相近又有寇家口渡。又北馬頭渡，在縣北河下〔二七〕。晏公廟渡，在河北。真武廟渡，在城東北隅。

楊柳青渡。在静海縣北四十五里，東去天津四十餘里。即古柳口也。自此渡上韓家樹，抵京師，較天津差近。

海河叠道。自府城東門外三岔河起，歷鹹水沽、東西泥沽、楊惠莊，至大沽七十餘里。本朝乾隆四年以後，屢經加築，遇海河汛漲，保障城南，實利賴焉。楊惠莊建有行宫，三十二年高宗純皇帝巡幸天津，閲視海河，駐蹕於此。又北門外舊亦有叠道，起西沽歷丁字沽，至桃花口迤北，界河淀之間〔二八〕，爲南北往來孔道。乾隆十三年重加修整，並接築三百餘丈。後復節次加高培厚，以資捍禦，而便行旅。

隄堰

陸公隄。在天津縣西門外半里餘。明萬曆三十二年，河自教場口衝決，浸及衛城，清軍同知陸敏捷修築護城隄，繞城西南二面，以絶水患，因名。

老鴉隄。在青縣東南。即五代時葛從周破劉仁恭處。舊築隄於此，防衛河之溢。

齊家堰。在南皮縣西北二十里，衛河東岸。河流湍悍，爲險要之所。明萬曆四十一年修築，自東光縣北下口，至縣西北三十里馮家口，計一千七百餘丈。

海河五閘。起府城外之東關閘，即所謂大閘口也。又東爲賀家口閘，又東爲何家圈閘，又東稍南爲雙港閘，又南爲白塘口閘。按天津城南坡水窪、黄花泊、秋漠港諸處，乃静海、青縣一帶瀝水之壑，易積難消。本朝乾隆四年於白塘口建閘，洩積水歸海河。九年復建賀家口、何家圈二閘。二十九年又移建雙港閘，並將五閘改建雙門，各甃以石。閘内引河，亦一律疏濬。其閘版閉以五月，使大潮不得内灌，至九月海水歸壑，則啓以放潦。間遇冬春雨少，亦引海河之水，以資城南溉汲。三十二年，高宗純皇帝巡幸天津，親臨閲視，有御製五閘詩。五十五年，以原設五閘處，夏秋雨多，河淀灌注，不能暢消，又於馬家口村前後建單空石閘二處，以資宣洩。

洩水壩。有二：舊爲石閘，一在青縣南興濟鎮；一在滄州南捷地鎮。本朝雍正四年建。乾隆三十六年，高宗純皇帝巡幸天津，御舟經過，閲視情形，改閘爲壩。有御製閲捷地減水閘詩。四十一年，有御製閲興濟壩、閲捷地壩詩。

陵墓

盤古墓。九域志：「乾寧軍有盤古墓。」明統志：「在青縣南七里。」

周

尹吉甫墓。寰宇記：「在南皮縣西三十里，高三丈。古老傳云：墓有樹二株，自有墓以來，即有此樹，柯條鬱茂，不覺其老，俗呼長年樹。」

趙武靈王墓。在舊滄州城。寰宇記：「州城東南隅先有古墓，高二丈。唐貞元十三年增築外城，掘得銘云是六國時趙武靈王墓，遂置祠祭。」按府志引應劭注：「武靈王葬代郡靈丘縣。」墓不應在滄州，今靈丘縣亦有武靈王墓，因樂史舊記其事，姑兩存之。

漢

雋不疑墓。寰宇記：「在南皮縣東南二里，高五丈。魏太祖因不疑冢爲固，以攻袁氏，因亦名曹公固。」

參户侯墓。在青縣南。寰宇記：「在長蘆縣西北三十六里。」

晋

石苞墓。皇甫鑒城塚記：「南皮縣有苞墓。」寰宇記：「南皮縣南十三里，有石苞臺，高二丈。」即此。

唐

程日華墓。在舊滄州城東南程家林。

胡曾墓。在滄州忠孝鄉。

賈耽墓。在南皮縣東。有權德輿銘。

五代　唐

李愚墓。在慶雲縣西二里。

宋

賈黄中墓。在南皮縣城東。

明

王翺墓。在鹽山縣西南十五里。

祠廟

福佑祠。在天津縣東門外。本朝雍正二年建。高宗純皇帝御書殿額曰「神昭赫濯」。

恬佑祠。在天津縣海河西岸，本名海神廟。本朝乾隆四十一年，高宗純皇帝巡幸天津，有御製海神廟詩，五十三年賜今額，又御書額曰「翕流順軌」。

怡賢親王祠。在天津縣大直沽口。本朝雍正九年建。

城頭神祠。在静海縣南。魏書地形志：「平舒縣有城頭神〔二九〕。」寰宇記：「城頭將軍祠，在廢乾符縣。」

包公祠。在滄州南關。祀宋包拯。

龔公祠。在滄州北關。祀漢龔遂。

風神廟。在天津縣東門外。高宗純皇帝御書額曰「揚仁助順」。

海神廟。在天津縣東大沽口。本朝康熙三十六年奉敕建，有聖祖仁皇帝御製碑文。雍正四年，世宗憲皇帝復御製碑文以賜。乾隆三十二年，高宗純皇帝巡幸天津，重加修葺，有御製碑文，海神廟瞻禮述事詩，又御製扁曰「東渤安瀾」。廟之東南臨海，有觀海臺，亦有御製詩。

平浪侯廟。在天津縣海河東。本朝順治六年建，康熙三十三年修。有大學士陳廷敬碑文。

宏仁廟。在天津縣海河西岸。初名龍王廟，本朝雍正四年，世宗憲皇帝賜今額。又御書額曰「承天下濟」。

盤古廟。在青縣南十五里盤古溝。元世祖命有司修建，並塑像。

二郎廟。在慶雲縣東。疾疫水旱，祈禱輒應。其像相傳爲元時劉鑾所造。

天后宫。在天津縣東門外小直沽。元泰定三年八月作天妃宫於海津鎮，即此。本朝乾隆四十九年修，嘉慶七年重修，十三年仁宗睿皇帝巡幸天津，御書額曰「垂佑瀛壖」。

寺觀

涌泉寺。在府城南門内。明成祖至此爲民祈福。宣宗征樂安州，賜金幡二。正統中重修。

孤雲寺。在府城外。舊名白廟，本朝康熙四十八年賜今額。

望海寺。在天津縣東三岔河口北岸。本朝乾隆元年修，賜額曰「瀛壖慈蔭」。三十二年，高宗純皇帝巡幸天津，有御製望海寺詩，又御書殿額曰「海藏持輪」。寺前有海河樓，乾隆三十八年建。俯瞰波流，遥瞻海色。高宗純皇帝每巡幸天津，皆有御製海河樓詩。

海光寺。在天津縣南五里。本朝康熙四十四年建，初名普陀寺，五十八年，聖祖仁皇帝賜今額。殿宇弘廠，四圍植柳萬株。乾隆三十二年，高宗純皇帝巡幸天津，有御製海光寺詩，又御書額曰「普門慧鏡」。寺前平曠，高宗純皇帝巡幸天津，嘗閲武於此，有御製閲武詩。

開福寺。在静海縣西北。明洪武中修。有古塔在寺前，隋文帝時建。級十三，高二十二丈，洞八尺。塔前識宋元豐二年施磚人姓名。

洪音寺。在青縣南，古興濟縣東北十五里。寺有元大德三年所鑄鐘，聲極清越，聞數十里。

開元寺。在舊滄州城内。有鐵獅，高一丈七尺，長一丈六尺。相傳周世宗時，有罪人鑄以贖罪。今寺廢，鐵獅亦殘闕。

水月寺。在滄州城北三里許。後周廣順中建，或云元時建。明正統十年建千佛閣，嘉靖中於下鑄三大佛。

崇禧觀。在天津縣三岔河口北岸。初名香林院，本朝乾隆四十一年，高宗純皇帝巡幸天津，有御製香林院詩，五十三年賜今額，又御書殿額曰「上清昭貺」。

崇真宫。在青縣南廢興濟縣城中，即真武廟。明弘治十一年建。

校勘記

〔一〕魏土地記曰　原「魏」下「土」上衍「氏」字，乾隆志卷一七天津府古蹟（以下同卷簡稱乾隆志）同，據水經清水注及資治通鑑卷九六晉紀一八「咸康四年」胡三省註引水經注删。

〔二〕隋開皇十六年分高城縣置大業初仍省入　乾隆志同。按隋書卷三〇地理志中：鹽山縣，「舊曰高成（城）。開皇十六年置浮水縣，十八年改高成曰鹽山。大業初省浮水入焉」。太平寰宇記卷六五：鹽山縣，漢置高城縣，「隋開皇十八年改爲鹽山縣」。據此，隋開皇十八年已改高成縣爲鹽山縣，大業初省浮山縣入鹽山縣，此仍承開皇十六年之高成縣而言，云「大業初省浮水入（高城）」，疏略甚也。

〔三〕當從府志在州東爲是其在州南者則故千童城也　乾隆志同。按元和郡縣圖志卷一八：滄州饒安縣，「北至州九十里」。太平寰宇記卷六五：滄州饒安縣，「南九十里。本漢千童縣，屬渤海郡。後漢改爲饒安縣。唐武德元年移治故千童城。貞觀十二年移縣治故浮水城，即今理」。唐宋滄州治清池縣，即清滄州東南舊滄州（今滄州市東南東關鎮），二書皆載唐貞觀中移治於浮水城之饒安縣在滄州舊滄州南九十里，言之確鑿。同治畿輔通志卷一五六古蹟三：「饒安故城：一舊縣鎮，距今鹽山縣治（即今縣）五十里，即千童故城。漢爲千童縣，東漢靈帝時改置饒安縣。唐初縣仍治故千童城，貞觀中又移縣治故浮水城。一新縣鎮，即浮水城，距今鹽山縣治三十里。隋析高城地置浮山縣，後省入鹽山。唐貞觀十三年（應作十二年）移饒安縣治於此。」據此，漢千童縣，東漢靈帝時改置饒安縣，即今鹽山縣西南舊縣。隋置浮水縣，後省入鹽山縣，唐貞觀中移饒安縣於此，即清鹽山縣西南之新縣（今屬孟村縣南），今孟村縣南之新縣，正爲唐貞觀中移饒安縣治之浮水城，與元和志、寰宇記所載饒安縣「在滄州南九十里」相合。此摒棄元和志、寰宇記二書當代記録，而採納後世府志所云「在滄州東五十里」之説，與史載相違，誠不足取。

〔四〕後移郡治饒安以浮陽屬之　乾隆志同。按魏書卷一〇六地形志上：「滄州，熙平二年分瀛、冀二州置，治饒安城。」領郡三，首郡浮陽，領有饒安縣，即滄州治。「浮陽，郡治」。太平寰宇記卷六五：滄州，「熙平二年分瀛州、冀州置滄州，取滄海爲名，領浮陽、樂陵、安德三郡，理饒安，即今饒安縣東千童故城是也，其浮陽郡理今浮陽縣。高齊及後周，浮陽郡猶理浮陽」。讀史方輿紀要卷一七亦載：後魏浮陽縣，「爲浮陽郡治，高齊因之，隋廢郡」。則北魏熙平二年後至北齊、北周，滄州治饒安縣，而浮陽郡治浮陽縣，州郡不同治也，此云「後移浮陽郡治饒安，以浮陽屬之」，誤也。

〔五〕後又爲浮陽郡治　乾隆志同。據魏書卷一〇六地形志上、太平寰宇記卷六五載，北魏熙平二年置滄州，治饒安縣，浮陽郡治浮陽縣，州郡不同治也，北齊、北周沿襲不改。此説誤。詳見本卷校勘記〔四〕。

〔六〕疑是靈帝時改置本非　城或唐以前嘗移治也　乾隆志同。按西漢置千童縣，東漢靈帝改置饒安縣，載於漢書地理志注引應劭曰、元和郡縣圖志，故治在今鹽山縣西南舊縣，唐武德初饒安縣仍治於此，舊唐書地理志、太平寰宇記云「移治故千童城」，實無移治，由「治故千童城」可證，貞觀十二年移治浮水城，載於舊唐志、寰宇記，即清鹽山縣西南新縣（今屬孟村縣南）。詳見本卷校勘記〔三〕。則漢千童縣、東漢靈帝及魏、晉、北朝、隋、唐武德初之饒安縣皆是一城，唐以前未嘗移治，此説當誤。

〔七〕在滄州東南　乾隆志同。按水經河水注引地理風俗記：「饒安縣東南三十里有定鄉城，故（定）縣也。」此饒安縣據東漢饒安縣，清鹽山縣（即今縣）西南舊縣而言。又太平寰宇記卷六五：饒安縣，「故定城，漢縣，後漢省，在今縣東南四十里廢城」。此饒安縣據唐宋初饒安縣，清鹽山縣西南新縣（今屬孟村縣南）而言。則定縣故城不在清滄州東南。續山東考古録卷九謂「當在樂陵縣（即今縣）北」，鹽山縣南鄰樂陵縣，以所載二故饒安縣東南至定城之方位道里推考，蓋在樂陵縣東北，續山東考古録之説可信。

〔八〕蓋魏初置郡也　乾隆志同。按吴增僅三國郡縣表附考證：「今考獻帝起居注所載東漢建安十八年冀州統郡之數，尚無章武郡名，則郡立於十八年後矣。嘉平中省，至晉泰始元年復立。」

〔九〕東魏移郡治東光　乾隆志同。按太平寰宇記卷六五：滄州，「後魏初改渤海郡爲滄水郡，太安四年郡移理今東光縣城，尋又省，復爲渤海郡。……高齊及後周，渤海郡猶理東光」。則北魏太安四年，滄水郡移治東光縣，後又改滄水郡爲渤海郡，北齊、北周仍治東光縣，非東魏移治。

〔一〇〕漢縣　乾隆志同。按漢書卷二八地理上作「高成」，續漢書郡國志二作「高城」。王先謙漢書補注：「成、城通用。」

〔一一〕軍在滄州北一百里　乾隆志同。按資治通鑑卷二六二唐紀七八胡三省註：「乾寧軍，在滄州西一百里。」同書卷二九四後周紀五胡註引九域志同。考元豐九域志卷二：乾寧軍，「東南至本軍界三十里，自界首至滄州六十里」。北宋滄州治清池縣，今滄州市東南東關，乾寧軍治，今青縣，在滄州西北，元豐九域志所載是也。此「北」應作「西北」才合。

〔一二〕本古盧臺軍地　「地」，原作「城」，乾隆志同，據太平寰宇記卷六八及資治通鑑卷二六六唐紀七八、同書卷二九四後周紀五胡三省註改。

〔一三〕明初屬滄州　乾隆志同。按明史卷四〇地理志一：河間府屬縣興濟，「元屬清州。洪武初省，十三年復置，屬府」。大明一統志卷二河間府屬縣興濟，「元屬清州」，「本朝改今屬」。此記載誤。

〔一四〕在滄州東南　乾隆志同。按太平寰宇記卷六五：饒安縣章鄉城，「十三州志云：饒安縣東南二十里有童鄉亭，即故縣，『童』即『章』相類。」西晉闞駰十三州志載章鄉故城在饒安縣東南二十里之童鄉亭，其時饒安縣在今河北鹽山縣西南舊縣，以方位道里計之，章鄉故縣在其東南二十里，則在今山東樂陵縣北。光緒天津府志卷二三古蹟：「饒安即（鹽山縣）舊縣，其東南皆樂陵地矣。」又云「應在今樂陵地」，是也。

〔一五〕清河又北逕北皮城東　「北」，原脱，乾隆志及朱謀㙔水經注箋同，據王先謙合校水經注、楊守敬水經注疏淇水注補。

〔一六〕荻苴侯韓陶　「苴」，乾隆志同。王先謙漢書補注「苴」作「直」，云：「南監本、閩本『直』作『苴』，據顔注本表，元作『苴』，傳寫誤之也。」下列韓信壘記同。

〔一七〕魏土地記至基高六十丈　「魏」下原衍「氏」字，乾隆志及朱謀㙔水經注箋同，據王先謙合校水經注、楊守敬水經注疏淇水注删。「基」，原作「臺」，乾隆志同，據合校水經注、水經注疏改。

〔一八〕魏文帝與吴質等重游南皮　「等」，乾隆志同。太平寰宇記卷六五無「等」字，同治畿輔通志卷一六二古蹟九引本志同。此疑衍字。

〔一九〕沈朱李於寒冰　「冰」，太平寰宇記卷六五同，但一本作「水」，同三國志卷二一魏書吴質傳裴松之注引魏略。

〔二〇〕後燕慕容楷將兵會慕容農於合口　乾隆志同。按資治通鑑卷一〇七晉紀二九：「太元十三年，「燕太原王楷、趙王麟將兵會高陽王隆於合口」。」讀史方輿紀要卷一三：「晉太元十三年，後燕慕容楷等將兵會慕容隆於合口。」則此「慕容農」爲「慕容隆」之誤。

〔二一〕在軍北一百三十里　「三」，原作「二」，乾隆志同，據元豐九域志卷二改。

〔二二〕清河東北逕窮河邑南俗謂之三女城　乾隆志同。按水經淇水注：「清河又東北逕窮河邑南，俗謂之三女城，非也。」則窮河邑不是三女城，俗説誤也。

〔二三〕按水經注清河東北逕紵姑邑南俗謂之新城　乾隆志同。按水經淇水注：「清河又東北逕紵姑邑南，俗謂之新城，非也。」則紵姑邑不是新城，俗説誤也。

〔二四〕在滄州東北三十里　「三」，乾隆志作「二」，讀史方輿紀要卷一三，同治畿輔通志卷六八關隘二同。

〔二五〕乾寧水驛　「寧」，原作「平」，據乾隆志及同治畿輔通志卷一一三兵制五、光緒天津府志卷三六驛遞改。後流河水驛記同。

〔二六〕十一年又於縣西南之明白窪西修葺稻村橋一　乾隆志同。按同治畿輔通志卷八九津梁二：「程村橋，在鹽山縣東北，跨明白窪溝。」光緒天津府志卷二二津梁載同。又同治畿輔通志卷六二山川六：「明泊窪，在縣東三十里，周數十里，有溝下流入宣惠河。」光緒天津府志卷二〇山水同。按今鹽山縣東偏北明泊窪，當即明白窪，其東程村（今屬海興縣南），宣惠河逕村北，正合上引二書記載，此「西南」蓋爲「東北」之誤，「稻村」蓋爲「程村」之誤。

〔二七〕在縣北河下　「下」，乾隆志津梁同，同治畿輔通志卷八九津梁二作「上」。按當作「上」爲是，此「下」蓋爲「上」字之誤。

〔二八〕界河淀之間　「淀」，乾隆志同。按同治畿輔通志卷八七隄閘二：「自西沽北迤至桃花口，界於運河、西沽之間。」光緒天津府志卷二一隄閘同。則此「河」指運河，「淀」蓋爲「沽」字之誤，西沽也。

〔二九〕平舒縣有城頭神　「舒」，原作「野」，據乾隆志及魏書卷一〇六地形志上改。

大清一統志卷二十六

天津府三

名宦

漢

龔遂。山陽南平陽人。宣帝時爲勃海太守。時歲饑盜賊起，遂乘傳至勃海界，移書敕屬縣悉罷逐捕盜賊吏；諸持鉏鉤田器者皆爲良民，吏無得問；持兵者迺爲盜賊。遂單車獨行至府，郡中翕然，盜賊悉平，民安土樂業。遂乃開倉廩假貧民，選用良吏，慰安牧養焉。遂見齊俗奢侈，好末技，不田作，乃躬率儉約，勸民務農桑，令口種一樹榆、百本䪥、五十本葱、一畦韭，家二母彘、五雞。民有帶持刀劒者，使賣劒買牛，賣刀買犢，春夏趨田畝，秋冬課收斂，益畜果實蔆芡。勞來循行，郡中皆有畜積，吏民皆富實，獄訟止息。

陸康。吴人。靈帝時除高城令。縣在邊陲，舊制，令户一人具弓弩，以備不虞，不得行來。長吏新到，輒發民繕修城郭。康至皆罷遣，百姓大悦。以恩信爲治，寇盗亦息。州郡表上其狀，遷武陵太守。

楊琁。烏傷人。靈帝時爲勃海太守，有異政。

南北朝　魏

崔休。清河東武城人。宣武初爲勃海太守，下車先戮豪猾數人，姦盜莫不擒翦。清身率下，部内安之。時大儒張吾貴名盛山東，休招延禮接，儒者稱之。

齊

高澂。神武第五子。武定六年爲滄州刺史，爲政嚴察，纖芥知人間事，合境號爲神明。境内無盜，政化爲當時第一。天保四年，徵爲侍中，人吏送别悲號。有老公數百人，相率具饌曰：「自殿下來五載，民不識吏，吏不欺民。殿下惟飲此鄉水，未食百姓食，聊獻薄蔬。」澂重其意，爲食一口。

隋

令狐熙。燉煌人。高祖時拜滄州刺史。時山東承齊之敝，户口簿籍類不以實，熙令自歸首，至者一萬户。在職數年，風教大洽，稱爲良二千石。

唐

薛大鼎。汾陰人。高祖時遷滄州刺史。州境有無棣河，隋末填廢，大鼎浚治屬之海，商賈流行，歌曰：「新河得通舟楫利，直達滄海魚鹽至。昔日徒行今騁駟，美哉薛公德滂被。」又疏長蘆、漳、衡三渠，洩汙潦，水不爲害。

解琬。元城人。武后時爲滄州刺史。爲政引大體，部人順附。

李乾祐。長安人。拜滄州刺史。强幹有聲。

姜思度。魏人。爲滄州刺史。于州東南浚二渠，一注屯氏河，一注漳河，并引浮水入海，民賴其利。

穆寧。河内人。調鹽山縣尉。安禄山反，署劉道玄爲景城守，寧募兵斬之，檄州縣并力捍賊。

周代選。盧龍人。爲魯城令。安禄山反，率縣人拒戰，死之。

烏重胤。憲宗時，爲横海軍節度使。建言：「河朔能拒朝命者，以刺史失權，鎮將領軍多威福也。使刺史得職，大將雖有禄山、思明之姦，能據一州爲叛哉？臣所管三州，輒還刺史職，各主其兵。」固請廢景州。法制修立，時以爲宜。

殷侑。陳州人。文宗時，拜義昌軍節度使。時痍荒之餘，侑單身之官，與下共勞苦，以仁惠爲治。歲中，流户俱襁屬而還，遂爲營田，丐耕牛三萬，詔度支賜帛四萬匹佐其市。初，州兵三萬，仰廪度支，侑始至一歲，自以賦入贍其半，二載則周用，乃奏罷度支所賜。户口滋饒，廥儲盈腐，上下便安。

五代　漢

王景。萊州掖人。爲横海軍節度使。乾祐初，幽州民多渡關求食，至滄州境者五千人。景善懷撫，給田處之。臨政不尚刻削，民有過，必面詰之，不至大過，即諭而釋去。入朝，民遮道留，不獲，有截景馬鐙者。

宋

趙鎔。樂陵人。太宗時，知滄州。完城塹，嚴戰具。寇嘗數百騎至境，聞有備，即引去。

柴禹錫。大名人。太宗時，知滄州。勤於政治，部民詣濱州列狀以聞。

何承矩。河南人。端拱初，知滄州節度副使，嘗論關南水利，請于順安砦西開易河蒲口，導水東注于海，築陂貯水爲屯田。收地利以實邊，設險固以防塞。太宗嘉納之。尋以爲河北緣邊屯田使，稻田廣斥，民享其利。

李允則。盂人〔一〕。真宗時，知滄州。巡視州境，濬浮陽湖，葺營壘，官舍間穿井泉〔二〕。未幾，遼人來攻，老幼皆入保而水不乏，斲冰代礮，遼人遂解去。

田京。鹿邑人。知滄州。招集流民，爲之經畫，除税租，凡增户一萬八千〔三〕。

李參。須城人。仁宗時，知鹽山縣。歲饑，諭富室出粟，平其直予民。不能糴者，給以糠籺，全活數萬人。

李壽朋。緱氏人。仁宗時，知滄州。地震壞城郭帑庾。壽朋以蓆爲屋，督吏宷繕葺，未數月，復其舊。括蕪田三萬頃，縱民耕，擇其壯者使習兵。河方北湧，隨塞之，壽朋度必東潰，諭居民徙避，後三縣四鎮果墊焉。司馬光出使，薦其能。

孟元。洺州人。仁宗時，權知滄州。民鬻鹽爲生，歲荒鹽多不售，民無以自給。元度軍食有餘，悉用以易鹽，由是民不轉徙。

張問。襄陽人。熙寧末，知滄州。自新法行，問獨不阿時好。歲饑，爲帝言民間常平、助役之苦，語甚切直。

唐恪。錢塘人。大觀中，知滄州。河決，水犯城下，恪乘城救理。水去，城得全。乃上疏請暫免保甲、保馬呈閱，及復諸縣租等第〔四〕，未報，悉便宜罷行之。

金

張大節。五臺人。世宗時，爲横海軍節度使。郡境有巨盜久不獲，大節設策擒之。後河決於衛，横流而東，滄境有九河故道，大節即相宜繕隄，水不爲害。

趙重福。豐州人。爲滄州鹽副使。民煮鹵爲鹽賣以給食，鹽官往往杖殺之。重福不忍殺人，歲滿課殿，尚書右丞完顏匡、三司使按楚琥知其事，乃以歲荒薄其罰。「按楚琥」舊作「按出虎」，今改正。

明

王彬。永樂初，知青縣，以河決未及築隄，禾稼盡没，痛不能救，投水而死，屍漂入縣甬道，吏民憐之，遂于隄上建祠，名曰「神隄」。

劉福。重慶人。成化間，以山東按察司副使備兵天津，營造衛城，有能名。

王之寀。朝邑人。萬曆間，知慶雲縣。縣當九河下流，歲有水患。之寀相度地勢，集民疏濬，水不爲災，民獲灌溉之利。邑多荒地，民不能耕，爲買牛給無力者，邑人立祠祀之。

張文煥。掖縣人。崇禎間，知青縣。己卯城破，死之。

本朝

王應春。籍無考。任天津遊擊。順治三年，土寇薛承旗居灣頭，應春往捕，獲其黨三人、馬一匹。行近唐官屯，賊偵知之，率衆出劫，鎗矢並發，傷應春馬首，馬驚入村，被鉤落馬死。又遊擊趙成功，勦土寇羅守宇，力竭而死。遊擊孔道興，亦同時擊賊陣亡。事聞，賜卹各如例。

王廷貴。籍無考。任滄州吏目。順治三年，滄州盜李翔羽肆劫，廷貴率捕役鄉兵出捕，至王官村，賊百餘驟至，鄉兵失利，廷貴遇害。事聞，賜卹如例。

張必科。蓋州人。順治四年，知慶雲縣。强毅有志節，受事未兩月，宿弊盡革。會土寇至，必科率衆登陴捍禦，賊至輒射殺之。賊悉衆來攻，必科射斃數賊，弦斷手傷，擲弓曰：「命也！」城破，自焚死。贈僉事。

李芳春。蓋州人。順治間，知慶雲縣。邑當殘破之餘，芳春年少，賊甚易之，乃與鎮防郭天培等密謀，勦捕賊黨二千餘人，訓練鄉民，皆知守禦，賊相戒不敢入境。

趙良棟。寧夏人。康熙十二年，以總兵官鎮天津，整隊伍，勤簡練，士馬雄勁，爲諸鎮最。

張奎祥。華容人。乾隆間，知滄州。嚴禁包納，政聲大著。修築南關隄岸，州人呼爲張公隄。以升任去。

人物

漢

雋不疑。勃海人。治春秋，爲郡文學，進退必以禮。武帝末，徵拜青州刺史。昭帝初，擢京兆尹，吏民敬其威信。有男子詣北闕，自謂衛太子。詔公卿雜識視，莫敢發言。不疑後到，叱從吏收縛，曰：「昔蒯聵違命出奔，輒拒不納，春秋是之。衛太子得罪先帝，此罪人也。」遂送詔獄。天子與霍光聞而嘉之，曰：「公卿大臣當用經術，明于大誼。」由是名聲重于朝廷。後致仕，卒。

鮑宣。高城人。好學明經。哀帝初，徵爲諫大夫。居位常上書諫争，其言少文多質。是時丁、傅子弟並進，董賢貴幸，宣上書切諫，帝以宣名儒，優容之。後拜爲司隸。尋以罪下廷尉。太學諸生千餘人守闕上書，乃減死一等，髡鉗，徙上黨。王莽秉政，陰除漢忠直臣不附己者，遂遇害。

王調。勃海人。李固門生，梁冀誣固與劉文、劉鮪共爲妖言，下獄。調貫械上書，證固之枉。太后明之，乃赦固。

巴肅。高城人。察孝廉，歷慎令、貝丘長，皆以郡守非其人，辭病去。後拜議郎。與竇武、陳蕃等謀誅閹宦，武等遇害，肅亦坐黨禁錮。中常侍曹節後聞其謀，收之。肅自載詣縣。縣令見肅，入閤解印綬與俱去。肅曰：「爲人臣者，有謀不敢隱，有罪不逃刑。」遂被害。

三國　魏

韓宣。勃海人。累官大鴻臚。始南陽韓曁以夙德在宣前爲大鴻臚，及宣在後亦稱職，故時人語曰：「大鴻臚、小鴻臚，前後治行曷相如。」

晉

石苞。南皮人。雅曠有智局，仕魏，屢遷驃騎將軍。武帝即位，進位大司馬，封樂陵郡公，在位稱爲忠勤。子崇，官衛尉。

刁彝。饒安人。父協，元帝時，官尚書令，死于王敦之難。敦誅後，彝斬讐人黨，以首祭父墓，詣廷尉請罪，朝廷特宥之，由是知名。仕至徐兖二州刺史。

南北朝　魏

刁雍。協曾孫。劉裕以嫌誅刁氏，雍奔姚興。後歸魏，以建威將軍討宋，徙鎮濟陰〔五〕，賜爵東安伯。後除薄骨律鎮將。

皇興中，與隴西王源賀、中書監高允並以耆年賜几杖，劒履上殿。雍性寬柔，好尚文典，手不釋書，所著文百有餘篇。卒年九十五，謚曰簡。

刁沖。雍曾孫。十三而孤，孝慕過人。家世貴達，從師于外，自同諸生學，通諸經、陰陽、圖緯、算數、天文、風氣之書，當世服其精博。性壯烈，不畏强禦。延昌中，司徒高肇擅恣威權，沖抗表極言，辭旨懇直。神龜末〔六〕，襲爵東安侯。卒謚安憲先生。

刁雙。雍族孫。少好學，兼涉文史，爲中山王英所知賞。後中山王熙起兵誅元叉〔七〕，事敗，熙弟畧投命于雙。雙藏護周年。時購畧甚切，畧苦求南轉，雙遣從子昌送達江左。明帝末，爲西兗州刺史。盜悉擒獲，州境清肅。遷驃騎大將軍。卒謚清穆。

齊

李鉉。南皮人。家素貧，常春夏務農，冬乃入學。年十六，從浮陽李周仁受毛詩、尚書，章武劉子猛受禮記，常山房虬受周官、儀禮，漁陽鮮于靈馥受左氏，又與州里楊元懿、河間宗惠振等結友，詣大儒徐遵明受業，潛居討論，撰定孝經、論語、毛詩、三禮義疏及三傳異同、周易義例合三十餘卷。又删正六藝經注中謬字，名曰字辨。仕終國子博士。

隋

王伽。章武人。開皇末，爲齊州行參軍，被州使送流囚李參等七十餘人詣京師。行次滎陽，伽憐其辛苦，盡脱去枷鎖，與期曰：「某日當至京師。」流人咸悦，依期而至。帝聞異之，召伽及流人賜宴殿廷而赦之，詔曰：「使官盡王伽之儔，人盡李參之輩，刑措不用，其何遠哉！」於是擢伽爲雍令。政有能名。

唐

許法慎。清池人。甫三歲，已有知，時母病，不飲乳，慘慘有憂色。或以珍餌詭悦之，輒不食，還以進母。後母喪，常廬墓。天寶中，表其閭。

高適。滄州人。明皇時，舉有道科。肅宗時，累擢諫議大夫。負氣敢言，權近側目。李輔國惡之，出爲蜀、彭二州刺史。後爲西川節度使。徵入爲散騎常侍，封勃海縣侯。卒謚曰忠。適尚節義，以功名自許，爲政寬簡，所莅人便之。年五十始爲詩，即工，每一篇已，好事者輒傳布。

賈耽。南皮人。天寶中，舉明經，補臨清尉。累進汾州刺史，政有異績。貞元九年，拜同中書門下平章事，封魏國公。順宗立，進檢校司空、左僕射。卒謚元靖。耽嗜觀書，老益勤，尤悉地理，譔古今郡國縣道四夷述，古郡國題以墨，今州縣以朱，刊落疏舛，多所釐正。又著貞元十道録〔八〕。爲相十三年，檢身勵行，每歸第，對賓客無少倦，家人近習，不見其喜愠。世謂淳德有常者。

高元裕。勃海人。第進士，召爲右補闕。敬宗時，宦豎恣放，大臣不得進見，元裕切諫。累進中書舍人。鄭注入翰林，元裕當書命，乃言「以醫術侍」，注愧憾，貶閬州刺史。注死，復授諫議大夫，進御史中丞。歷山南東道節度使，封勃海郡公。元裕性勤約，通經術，敏于爲吏，巖巖有風采，推重于時。自侍講爲中丞，文宗難其代，元裕表言兄少逸才可任，因命之，少逸既代，稍進給事中，出爲陝虢觀察使。以兵部尚書致仕。

宋

劉遇。清池人。少魁梧有膂力。宋初以瓊州團練使從征太原。累遷洮州觀察使。征江南，會諸路兵，破吴兵三萬于皖口，擒其將朱令贇、王暉等，獲戎器數萬，金陵平，録功加領大同軍節度使。卒，贈侍中。

賈黄中。南皮人。唐相耽四世孫。方五歲，父玭每日令正立，展書卷比之，謂之「等身書」，課其誦讀。六歲，舉童子科，十五第進士。累判太常禮院。多識典故，每詳定禮文，損益得中，號爲稱職。太平興國二年，知昇州。按行署中，得金寶數十匱，皆南唐宫閣中遺物，即表上之。帝嘉其廉恪，召還知制誥，遷翰林學士，兼掌吏部選。品藻精當，官至參知政事。黄中性端謹，能守家法，廉白無私。多知臺閣故事，薦引當世文行之士，未嘗自言。有文集三十卷。

索湘。鹽山人。開寶進士，釋褐鄆州司理參軍。齊州有大獄，連逮者千五百人，有司不能決，湘受詔鞫，事隨以白。真宗時，累官河北轉運使，終知廣州。湘長于吏治，歷邊郡，所至必廣儲蓄爲備豫計，出入軍旅間，頗著能名。

胡元興。滄州人。母死，負土成墳。太平興國中旌表門閭。

張凝。無棣人。真宗時，任北作坊使。屢破遼兵，遷邠寧環慶靈州路副部署兼安撫使，邊境獲安。澶淵之役，遼人北歸，所過侵掠，以凝爲緣邊安撫使，躡其後，乃不敢畧奪。凝忠勇好功名，累任西北，善訓士卒，賞賜多以犒軍，家無餘貲。子昭遠，年十六，凝與遼戰，挺身陷敵，昭遠從行，即單騎疾呼，突入陣中，掖凝出，左右披靡不敢動。

張知白。清池人。幼篤學，中進士第，累遷京東轉運使。時羣臣賀瑞星，知白以爲人君當修德應天，因陳治道之要。帝謂宰臣曰：「知白可謂乃心朝廷矣。」拜給事中，參知政事。王欽若爲相，議論多相失，因稱疾辭位。仁宗時，以工部尚書同中書門下平章事。知白在相位，慎名器，無毫髮私，雖顯貴，清約如寒士。卒，贈太傅、中書令，謚文節。知白九歲，其父終邢州，殯于佛寺。及遼寇河北，寺宇頹廢，殯不可辨。知白既登第，徒行訪得之，其衣衾皆可驗，衆歎其誠孝。

李之純。無棣人。舉進士。熙寧中，累官成都路轉運使。成都歲發官米六千石，損直與民，言者謂惠下損上。之純言：「蜀人恃此爲生，奈何奪之。」事遂止。累遷御史中丞。疏救蘇軾、蘇轍被論誣妄，爲劉拯所劾，出知單州。從弟之儀，能爲文，尤工尺牘，登第幾三十年，乃從蘇軾於定州幕府。歷樞密院編修官，通判原州。

金

師安石。清州人。承安中進士。補尚書省令史。宣宗南遷，留平章完顔承暉守燕都，承暉將就死，以遺表托安石〔九〕，使赴行在。安石間道走汴，帝嘉之，擢樞密院經歷官。至大中。累遷尚書右丞。臺諫劾近侍張文壽、張仁壽、李麟之，安石亦論列三人不已。帝怒甚，有旨切責數百言。安石驟任用，遭摧折，及卒，帝甚惜之。

陳岢。滄州人。大安初進士。天興間，爲右司諫，遇事輒言，無少隱。及汴京被兵，屢上封事，言得失，切中時病。時相錫占哈什等沮之，策不行，識者惜焉。「錫占哈什」舊作「赤盞合喜」，今改正。

元

張榮。清州人。從金太保明安降元〔一〇〕。後領軍匠，從征西域諸國，至木倫河，不能涉。帝召問濟河之策，榮請造舟，以一月爲期，乃督工匠造船百艘，遂濟河。帝嘉其能，累升鎮國上將軍。「木倫河」舊作「莫蘭河」，今改正。

劉正。清州人。少讀書，習吏事，累官至中書右丞，多所建白。仁宗初政，風動天下，正與諸老臣陳贊之力居多，拜榮禄大夫、平章政事。卒，謚忠宣。

陳顥。清州人。幼穎悟，日記誦千百言。以薦入宿衛，尋爲仁宗潛邸説書，日開陳古聖賢君艱貞之道。拜集賢大學士。時伺帝燕閒，輒取聖經所載大經大法，有切治體者陳之，每見嘉納。後辭禄家居。文宗立，復起爲大學士。卒，追封薊國公，謚文忠。顥出入禁闥數十年，樂談人善，而惡聞人過。士大夫因其薦拔以至顯列，有終身莫知所自者。

楊乘。滄州人。至正初，爲介休縣尹，民饑爲盜，乘招之，皆棄兵願爲良民。累官江浙行省左右司員外郎，免官寓居松江。張士誠入平江，遣張經招乘，乘讓經平日讀書云何，經俯首不能對。經促行急，乃整衣冠自經死。

明

馬昂。滄州人。永樂中舉人。正統時，累遷副都御史，參贊甘肅軍務，討平赤斤蒙古罕東等衛蕃族，擒索諾穆巴勒等，自是不敢犯邊。景泰初，總督兩廣，平蠻寇，進兵部尚書。尋命總督陝西，未行，會曹欽反，昂討平之。加太子太保，終户部尚書。卒，謚恭襄。「索諾穆巴勒」舊作「鎖南奔」，今改正。

王翺。鹽山人。永樂進士。正統時，歷官都御史，出鎮撫江西、陝西，改督遼東軍務，又改兩廣，皆有異績。景泰末，爲吏部尚書。英宗復辟，眷顧益厚，召對便殿，稱先生而不名。翺爲人剛明廉直，憂國奉公，忘情恩怨，爲時名臣。成化初卒，贈太保，謚忠肅。

强珍。滄州人。成化進士。知涇縣。奏減賦額，民爲立祠。擢御史，巡按遼東，劾奏巡撫陳鉞罪，忤汪直，謫戍遼東。直敗，復官。弘治時，官南京右通政。

向化。静海衛人。父上爲衛指揮，坐罪憤而投海死。化求屍不得，亦投海死。已而與父屍並浮出，衆收葬之。

殷尚質。天津衛人。嘉靖中，襲指揮僉事，歷太原、大同參將，擢遼東總兵。遇敵赴鬬，兵盡援絶，殁於陣。贈少保，謚忠愍。

本朝

王正志。静海人。順治初，以僉都御史巡撫延綏，軍政修明，邊境乂安。姜瓖叛，正志檄諸將固守。參將王永彊開門納賊，正志死之。詔贈左都御史，廕一子。

周天命。天津人。順治初，爲天津參將。土寇弄寨等聚衆肆掠，天命率兵赴勦，力戰而死。事聞，優卹，廕其弟明命都司經歷。

王顯謨。天津人。爲漳州府同知。海寇陷城，被執不屈。賊怒，埋其身，露首，餓死。詔贈按察司副使。

李尚賢。慶雲人。順治間，土寇圍城，尚賢突圍出，赴鹽山求援，道遇賊被執，紿曰：「我能開門納衆。」賊信之，隨至城下。尚賢大聲語城上人曰：「奉使無狀，爲賊所執，今死矣！賊單弱，諸軍幸堅守，無慮也。」賊怒，殺之。

勵杜訥。静海人。學問淵通，尤工書法，以諸生恭繕世祖章皇帝實録，議敘授福寧州同，未赴，賜六品俸，入直内廷。尋授翰林院編修，累遷刑部侍郎。出入禁闥二十餘年，小心慎密。卒，謚文恪。雍正九年〔一一〕，詔贈太子太傅、禮部尚書，入祀賢良祠。

陳奉敕。滄州人。以父喪廬墓旌。

隋光啓。天津人。爲永州衛守備。康熙二十七年，湖廣督標裁兵，夏逢龍糾衆倡亂。光啓嬰城固守，力竭而死。事聞，贈卹如例。

勵廷儀。杜訥子。康熙進士。授編修，累遷刑部尚書。世宗憲皇帝御書「矜慎平恕」額賜之，加太子少傅〔一二〕，調吏部尚書。卒，謚文恭，入祀賢良祠。

柴堪棟。南皮人。諸生。性至孝，父母皆年登九十，色養備至，友愛庶弟，以所應得産讓之。卒，入祀鄉賢祠。

俞金鼇。天津人。乾隆武進士，授侍衛，洊升肅州鎮總兵。辦理伊犁屯田，收穫豐裕，擢烏嚕木齊都統〔一三〕。四十九年任甘肅提督。固原回民李化玉等滋事，勦平之。旋調湖廣，調直隸，未起程，適辰州勾補寨苗人石滿宜等聚衆倡亂，金鼇聞報馳往，擒首犯，燬賊巢。仍留湖廣。以病乞休，加左都督，卒。

周大綸。天津人。貢生。任彰化縣丞。乾隆五十二年，逆匪林爽文滋事，罵賊被戕。又張芝馨，南皮人，任彰化縣竹塹巡檢，同時遇害。事聞，均卹廕如例。

黄應文。天津人。以經歷署巴東縣事。嘉慶元年，邪匪聶人傑等滋事，應文會營弁督勦，屢有殲獲。後追擊林之華黨匪於長陽縣之查角石，會大雨，賊圍甚急。應文手刃數人，以衆寡不敵，與其子廩生掞並歿於陣。事聞，加等議卹。

章潮。天津人。任四川長壽縣典史。嘉慶二年，教匪突至，擊賊陣亡。事聞，議卹如例。

劉揮。慶雲人。武進士。任甘肅守備。嘉慶四年於鞏昌府什川鎮擊賊陣亡。事聞，議卹如例。

列女

漢

雋不疑母。不疑爲京兆尹，每行縣録囚徒還，其母輒問不疑：「有所平反，活幾何人？」苟不疑多所平反，母喜笑，爲飲食語言異於他時；或無所出，母怒，爲之不食。故不疑爲吏，嚴而不殘。

鮑宣妻桓氏。勃海桓氏女，字少君。宣常就少君父學，父奇其清苦，以女妻之，裝送甚盛。宣不説，妻乃悉歸侍御服飾，更著短布裳，與宣共輓鹿車歸鄉里。拜姑禮畢，提甕出汲。修行婦道，鄉邦稱之。

唐

趙氏女。滄州鹽院吏趙璘之女。咸通六年，璘犯罪應死，將刑，女請隨父死，自訴七歲喪母，父長育之，辭旨甚哀。鹽使崔據義之，遂具以聞。詔嘉之，且減璘死。

宋

賈玭妻王氏。黄中母也。黄中參知政事，太宗召見其母，命坐，謂曰：「教子如是，真孟母矣。」作詩賜之，頒賜甚厚。黄中改知澶州，陛辭，上謂侍臣曰：「朕嘗念黄中母有賢德，七十餘年未覺老，每與之語，甚明敏。」後黄中卒，既葬，母入謝，上賜白金三百兩，謂之曰：「勿以諸孫爲念，朕當不忘也。」

元

劉平妻胡氏。滄州人。至元間，平當戍棗陽，車載家以行。夜宿沙河，有虎銜平去，胡氏拔刀追及，斫虎，扶平抵季陽城〔一四〕，以傷卒。事聞，詔卹其母子，仍旌異之。

明

樊德華妻楊氏。静海人。正德間，流賊陷静海，被虜。氏怒罵，賊以金帛誘之，終不屈，遂遇害，屍僵立不仆。

陳俞妻賈氏。慶雲人。正德六年，兵變，值舅病卒，家人挽之去，氏痛哭曰：「舅尚未斂，婦何惜一死。」兵至，縱火迫之出，罵不絶口，刃及身無完膚，與舅屍同燼。年二十五。

馬氏女。青縣人。崇禎十二年，兵變，女年十六，被逼不從，遇害。

往採之。」小姑行，氏遂縊于墓側。

王文楝妻劉氏。鹽山人。崇禎己卯，兵變，攜女避地窖中。兵搜得，欲犯之，氏投地詈罵，母女同被戕。

馬斯臧妻姜氏。慶雲人。結縭甫三月，斯臧卒，氏欲從死不得。會祭墓，姑令小姑與之偕，氏紿小姑曰：「燎紙用薪，可

本朝

馮鼎錫妻朱氏。天津人。夫亡守節，撫孤成立。順治年間旌。

李廷楨妻王氏。滄州人。夫亡守節，姑卧病九年，朝夕侍牀褥無少怠。康熙年間旌。

宋文元女。天津人。遇盜夜入，執逼不從，與祖母劉氏同遇害。同縣烈婦：張庚錫妻陳氏，張大妻張氏，皆守正被戕。均康熙年間旌。

曹氏。天津人。夫王國士，貧而無行，利里豪馬榛多金〔一五〕，逼妻與榛苟合，曹憤恚痛哭投水死。同縣節婦：邢國琦妻宮氏，韓韶妻汪氏，李嶲妻邢氏，劉慎繼妻郎氏。均康熙年間旌。

沈繼元妻徐氏。天津人。夫亡守節，勤紡績以事舅姑，無子，繼姪世英爲嗣，教育成立，克振家聲。同縣節婦：于允科妻龐氏，張國紀妻李氏，張廷宣妻申氏，張鳳鳴妻婁氏，王馨芝妻李氏，邢大成妻張氏，林遷妻沈氏，武廷豫妻魯氏，王士英妻胡氏，劉機妻李氏，王克家妻周氏，張濤妻王氏，王極妻于氏，俞天覆妻穆氏，張峒詹妻林氏，張嵋詹妻靳氏，李天生妻王氏，王應祥妻鄧氏，靳廷檜妻白氏，靳乾健妻陳氏，李萃妻張氏，孔行祚妻王氏〔一六〕，符鍾奇妻任氏〔一七〕。均於雍正年間旌。

邊楷妻周氏。静海人。夫亡無子，以嗣子託伯叔，自縊以殉。雍正年間旌。

趙鏊妻張氏。南皮人。年十九，夫亡，家貧紡績養姑，鞠遺腹子成立，守節七十年。雍正年間旌。

張氏女。天津人。歲貢生廷琦女〔一八〕。幼讀書，許字王琈，琈殁，女聞訃投水死。乾隆年間旌。

高而恭妻孫氏。天津人。而恭爲諸生早亡，家貧，勤女紅以養翁姑。翁疾篤不能延醫，氏割股和羹以進，撫遺孤，口授詩書，後成名。同縣節婦：高立長妻李氏，許履中妻王氏，賈廷瓚妻宋氏，王國泰妻蘇氏，傅珣妻宋氏，劉文煥妻李氏，倪世貴妻李氏，曾世爵妻吉氏，劉景玉妻殷氏，劉景雲妻李氏〔一九〕，劉成明妻王氏〔二〇〕，劉國燦妻于氏〔二一〕，張景妻章氏，蘇文禄妻賈氏，倪以端妻王氏，楊仁滋妻李氏，唐樂山妻黄氏，唐裔籙妻袁氏，李培元妻裴氏，周岐昌妻劉氏，楊瑞琳妻王氏，黄國寶妻閻氏，王元杰妻靳氏，鄭友汲妻武氏，王承緒妻丁氏，崔裕民妻王氏，楊溥妻李氏，沈名揚妻唐氏，繆大超妻傅氏，李榮秀妻張氏，張暢妻解氏，梅珽妻劉氏，劉源泗妻李氏，姚廷詔妻張氏〔二二〕，聞重望妻武氏，解洲妾田氏〔二三〕，高巖妻岳氏，王權妻解氏，李毓蕊妻張氏，李毓英妻季氏〔二四〕，陳一酉妻董氏，鍾繼祚妻李氏，劉富祥妻閻氏，沈元焜妻程氏，袁進舉妻梁氏，李鑑妻楊氏，劉恂妻李氏，李文魁妻張氏，解良東妻沈氏，王錡妻劉氏〔二五〕，單文錦妻趙氏，劉友益妻梁氏，靳世法妻劉氏，陳文炳妻周氏，陳立妻李氏，王嵩繼妻侯氏，魏璞妻郝氏，郝剛妻鄭氏，郝廷瑜妻吕氏，郭理志妻陳氏，闞容妻孟氏，傅有仁妻徐氏，孫實寧妻翟氏〔二六〕，繆承恩妻王氏，李汝嶠妻胡氏，郭應第妻鄧氏〔二七〕，郭鏸妻徐氏，陸四謙妻徐氏〔二八〕，李塏妻王氏，曹世佩妻柴氏，楊汾妻谷氏，陶弘淑妻師氏，張有恭妻馮氏，鄭必濟妻蕭氏，王採妻吴氏，李永錫妻趙氏〔二九〕，黄焞妻馮氏〔三〇〕，劉漢煜妻趙氏〔三一〕，柴弘勳妻魯氏，趙連璧妻王氏，趙完璧妻石氏，趙都妻趙氏，許敬祖妻宋氏，張延詡妻馮氏，宋廷桂妻李氏，汪美妻鄭氏，汪炡妻李氏，張朝樞妻陳氏，張棟妻柳氏，邢昌言妻王氏，楊篤慶妻楊氏，陳所養妻韓氏，劉慶弘妻宣氏，吴應賓妻林氏，孟宗尹妻蔣氏，楊懋禧妻王氏，陸暉妻丁氏，趙應貞妻李氏，張夢周妻吕氏，張英妻馮氏，王思哲妻孫氏，沈可成妻董氏，姜萬捷妻王氏，辛念恒妻劉氏，漆生色妻李氏，倪光國妻何氏，母槐慶妻張氏，母光瑜妻靳氏，姜承美妻劉氏，張書紳妻楊氏，倪光棨妻謝氏，張汝弼妻周氏，李先登妻于氏，秦守安妻靳氏，詹金妻劉氏，于滋妻羅氏，韓再捷妻朱氏，湯橋妻穆氏，馬永堅妻胡氏，胡點妻陳氏，汪文紀妻楊氏，汪文鋭繼妻鄭氏，于邦翰妻吉氏，張國臣妻李氏，張鑄妻李氏，張我實妻王氏，耿全德妻張氏，王銘新妻張氏，于起泮妻嚴氏，于崇文妻陸氏，張恂繼妻侯氏，孫天職妻蕭氏，劉邦祺妻彭氏，趙某妾裘氏，張我德妻馮氏，閻世英妻王氏，詹嶽妻孫氏、周氏，劉玖妻靳氏，魏星士妻王氏，章紹學妻李氏，王之臣妻田氏，王言妻趙氏，張釗妾郭氏，楊文妾郭氏，牛奭妻李氏。烈婦：金振妻丁氏，阮奇玉妻諸氏，程氏、陶氏，關品未婚妻吴氏，張有名聘妻邢氏，貞女梁氏女。均乾隆年間旌。

殷氏。天津人。父早喪，兄外出，家赤貧，其母爲媒妁所賺，年十六，配邢文貴爲繼室。其姑趙氏有淫行，先娶于氏女，强逼繼其醜，不從逐去。繼娶烈婦，伶仃孤苦，謂可以氣指頤使也。婦貞潔不少許，姑屢加捶楚，守志愈堅。夫姑合謀，乃淋以沸水，焫以炮烙，膚盡潰爛，志益不移，死之日身無完膚。乾隆年間旌。

吴之奮妻竇氏。静海人。夫亡守節。同縣節婦：施延慶妻李氏，馬呈圖妻劉氏〔三二〕，胡偉人妻姚氏，劉標妻張氏，谷化鶴妻劉氏，劉起沛妻于氏，王士吉妻胡氏，任典妻李氏，劉榜妻李氏，高緝雍妻蕭氏〔三三〕，任俊妻高氏，任作哲妻張氏，胡淶妻施氏，張九經妻華氏，劉舜年妻張氏，尚禮妻蕭氏，劉又足妻杜氏，楊基深妻劉氏，張雲行妻杜氏，朱點妻夏氏，于其澤妻邊氏，高光族妻邊氏，翟致遠妻劉氏，邊嶠妻趙氏，竇超妻管氏，齊士凱妻蕭氏，劉選賓妻張氏，姜珣妻胡氏，姜維寧妻邊氏，鄭萬璋妻李氏。烈婦：鄭萬鵬妻高氏，貞女金氏、王氏。均乾隆年間旌。

趙文玢妻車氏〔三四〕。青縣人。夫亡，孝事翁姑，姑病，嘗焚香夜禱，願以身代，撫嗣延祀。同縣節婦：齊公瑄妻孫氏，倪子元妻姚氏，張鏞妻解氏，陳舒妻卞氏，蘇光宗妻提氏，姚元濬妻段氏，馬敬止妻顧氏〔三五〕，姚師郊妻李氏，姚念虞妻張氏，陳元瓛妻姚氏，姚景遂妻陳氏，蕭繼楊妻劉氏〔三六〕，張麟生妻只氏，王煜妻張氏，張元會妻郝氏，龐士華妻許氏，陳仁妻郭氏，白瑞妻林氏，郭寬妻李氏，馬汝拜妻姚氏〔三七〕，林偉妻張氏〔三八〕，梁坦妻張氏。烈婦：李五妻劉氏。均乾隆年間旌。

丘濬妻吴氏。滄州人。夫殁，事孀姑盡禮，姑亡，哀毁喪明。同州節婦：吴秉秀妻蘇氏，呂王諟妻王氏，劉永元繼妻馬氏，曹會璟妻吴氏，張漢妻張氏，陳聖震妻張氏，戴寬妻胡氏，袁勃妻張氏，吴重熹妻李氏，張六德妻李氏，王九長妻呂氏，劉鳳妻孟氏，孫之綸妻袁氏，白文鉽妻張氏，左方煇妻王氏，張文德妻宋氏，姚夢兆妻賈氏，戴珽妻姚氏，宋之傑妻王氏。均乾隆年間旌。

吉禄圖妻吴氏。滄州駐防。披甲蒙古人。夫亡守節，乾隆年間旌。

趙守福妻張氏。南皮人。夫亡守節。同縣節婦：王超妻秦氏，翟有量妻許氏，葉選妻劉氏。均乾隆年間旌。

張印利女桂姐。鹽山人。守正捐軀。同縣節婦：趙元棟妻王氏，韓咨妻趙氏，趙果妻王氏，胡士美妻王氏，于廷佐妻韓氏，劉文徽妻張氏。烈婦：王文成妻韓氏，傅承先妻劉氏，張得財妻邵氏。均乾隆年間旌。

韋小喜女。慶雲人。年十三，遇暴不從，投井死。同縣節婦：鄧鈞妻鄒氏，胡達先妻陳氏，李資深妻王氏，馮芳妻鄧氏，馮蕙妻魏氏，王者興妻張氏，張翔鳳妻姚氏，劉夢燕妻孫氏，齊兆麟妻李氏，馬驄妻胡氏〔三九〕，孫貴榮妻韓氏〔四〇〕，張燦妻陳氏，陳鑑妻路氏。均乾隆年間旌。

徐東鸞妻金氏。天津人。夫亡守節。同縣節婦：齊旺興妻羅氏，華芝妻徐氏，李述妻王氏，邊二益妻張氏〔四一〕，吴國政妻王氏，楊連繼妻齊氏，楊瑚繼妻湯氏，趙立誥妻徐氏，李永寧妻劉氏〔四二〕，黄元植妻王氏，楊瑚妾張氏，王之烑妻俞氏，姜鐸妻許氏，蕭經妻穆氏，田德運妻鄭氏，顧守富妻吴氏，趙龍光妻王氏，田福妻蘇氏，畢浩妻范氏，于相妻郭氏，王紀妻楊氏，蔣世義妻張氏，張吉仁妻李氏，楊瑞圖妻劉氏，張可遠妻章氏，孟永烈妻張氏，侯國楨妻吉氏，王德孚妻汪氏，俞本妻張氏，符景灝妻趙氏，陸四澤妻王氏，杜興基妻安氏，施煥妻張氏，陳九思妻張氏，楊永甡妻劉氏，沈元慶妻欒氏，諸廷標妻劉氏，金寶妻吕氏，魏兆鯨妻蔡氏，張植妻姜氏〔四三〕，侯言妻郝氏，西仲祥妻許氏，趙世紳妻王氏，蕭啓昌妻張氏，竇永麟妻趙氏，查克紹繼妻金氏，王世忠妻崔氏〔四四〕，竇文會妻董氏，沈雲俊妻王氏，郭樹妻竇氏，趙之佺妻丁氏，潘繩妻江氏，李蟠奇妻張氏，邵煥妻王氏，孟永位妻邢氏，高際昌妻褚氏，李廷文繼妻劉氏，金思敬繼妻馬氏，王甲繼妻汪氏，張民信繼妻毛氏，劉國棟妻張氏，靳鶴齡妻王氏，徐尚達妻張氏〔四五〕，張澍妻路氏，楊捷妻李氏，鄭瑞妻趙氏，高文定妻劉氏〔四六〕，高希仲妻于氏，顧弼妾吴氏，邵華淳妾霍氏，龍筠妻阮氏，孫士毅妻吳氏，侯漢妻閻氏，楊繼雲妻谷氏，傅毓麟妻李氏，范錫光妾趙氏〔四七〕，王福寬妻陳氏，張桓妻蓋氏，王自成妻李氏，沈家相妻邵氏，段成式妻張氏，段秉義妻龔氏，韓鏻妻沈氏，段成德妻劉氏，張雙全妻穆氏〔四八〕，徐著妻牛氏，馬德從妻章氏。烈婦：祁遇春妻高氏，王德妻李氏、張趙氏、李朱氏，邵梁聘妻王氏，韓李妻張氏〔四九〕。均嘉慶年間旌。

邊氏女。静海人。字蕭長庚，未嫁夫亡，矢志守貞。同縣節婦：張奉藻妻林氏，姜峋妻胡氏，姜維寧妻邊氏，姚永瀚繼妻趙氏，岳天緯妻王氏，南有功妻秦氏，薛成性妻劉氏，薛穎華妻戴氏，沈廣業妻何氏，李璣衡妻毛氏，劉廷鎮妻張氏，楊緒妻張氏，邊循妻劉氏〔五〇〕，張文魁妻邢氏，鄭士端妻郭氏。烈女：陳二姐，董愛姐，房焕姐，陳尚志女。均嘉慶年間旌。

周世興妻張氏。青縣人。夫亡守節。同縣節婦：賈光照妻段氏，司極妻劉氏〔五一〕，王文明妻董氏，沈廣業妻何氏，姚思德妻張氏〔五二〕。烈婦：孫八妻昝氏。均嘉慶年間旌。

高氏女。滄州人。守正捐軀。同州節婦：張樹萱妻李氏，袁紀妻薛氏，遲毓芳妻劉氏，劉福德妻張氏，遲捷妻張氏，劉廷琢妻沙氏，劉玉笏妻陳氏。烈婦：李二妻徐氏。均嘉慶年間旌。

賽尚阿妻張氏。滄州駐防披甲，滿洲人。夫亡守節。又忠福妻趙氏，皓月妻祁氏，扎克桑阿妻潘氏，永亮妻傅氏。均嘉慶年間旌。

張裕慧妻王氏。南皮人。夫亡殉節。同縣節婦：張壁震妻章氏〔五三〕。均嘉慶年間旌。

趙俊妻王氏。鹽山人。守正捐軀。同縣節婦：張用荃妻韓氏，竇翊妻劉氏。均嘉慶年間旌。

楊廷臣妻宋氏。慶雲人。守正捐軀。同縣烈婦：宗立妻吳氏。均嘉慶年間旌。

仙釋

金

劉德仁。滄州人。始生有光照一室，及長讀書通大義。會宋靖康之亂，徙居鹽山太平鄉，有老者授以「道德要言」，投筆一枝而去，自是學大進。大定初詔居京師天長觀，賜號「東岳真人」。

土產

簟。唐書地理志：「滄州土貢葦簟。」寰宇記：「滄州土產水葱蓆、莞蓆、細文葦蓆〔五四〕。」

柳箱。唐書地理志：滄州土貢。寰宇記：「滄州土産，五色柳箱。」

鹽。漢書地理志：「章武縣有鹽官。」寰宇記：滄州土產。衛志：「天津、滄州、鹽山等處俱有鹽場。」

酒。出滄州。州志：「有菊酒、時酒、東陽酒等名。」

蔓荆子。南皮縣出。

兔毫。寰宇記：滄州土產。

翠雀。通志：「翠雀多生水際，似麻雀而小，毛羽緑翠可愛。」

蠏。唐書地理志：「滄州土貢糖蠏。」天津衛志：「秋間肥美，味甲天下。又産海蛤。」

魚。天津帶河面海，鱗族極饒，回網魚最稱肥美，俗呼鮰鰉，以其不受釣餌，遇網即回，故名。羊魚，形圓，尾似羊尾。巨羅魚，細鱗多刺，俗呼爲騰香魚。鰔魚，其形似鰔。比目魚，俗呼爲鞋底魚。春時，河豚上市尤多，朱彝尊河豚歌「天津之水連北溟，七十二沽漩迴汀」是也。又産鰲、石首，皆其尤者。

鯉。通志：「鯉以潮退取之。」府志：「天津産裙帶鯉，極美。」

蝦。舊志：「出天津，色白者爲銀米，小而紅者爲金鈎米。」按舊志載：「唐書地理志滄州土貢絲布，宋史地理志清州貢絹，寰宇記滄州土産綿、綾，今皆不甚流播，間有土布、土綾，質殊麤劣，謹附記。」

校勘記

〔一〕盂人　「盂」，原作「孟」，乾隆志卷一七天津府名宦（以下同卷簡稱乾隆志）同。按宋史卷二七三李謙溥傳：「并州盂人。」其子允則。據宋會要方域六之三載：太平興國四年爲并州，嘉祐四年爲太原府。宋史卷八六地理志二：太原府領有盂縣。此「孟」爲「盂」字形近而訛，據改。

〔二〕官舍間穿井泉　「官」，原作「宫」，據乾隆志及宋史卷三二四李允則傳改。

〔三〕凡增户一萬八千　「八」，乾隆志同。按宋史卷三〇三田京傳作「七」，此「八」蓋爲「七」字之誤。

〔四〕及復諸縣租等第　按宋史卷三五一唐恪傳：「乃上疏請暫免保甲、保馬呈閱及復諸縣租，等第振貸，以寬被水之民。」此「等第」下蓋脱「振貸」二字。

〔五〕徙鎮濟陰　「陰」，原作「陽」，乾隆志同，據魏書卷三八、北史卷二六刁雍傳改。

〔六〕神䴥末　「神䴥」，原作「神麍」，乾隆志同。中華書局一九七四年點校本北史卷二六刁沖傳校勘記：「諸本『神䴥』作『神麍』，魏書無此三字。按『神麍』是太武帝年號，沖不得於此時襲爵。據魏書卷三八刁雍傳，沖祖遵死於熙平元年。熙平後即爲神䴥，則沖襲祖爵必是在神䴥時，今據改。」從改。

〔七〕後中山王熙起兵誅元叉　「叉」，原作「義」，乾隆志同，據北史卷二六刁雍傳改。

〔八〕又著貞元十道録　「十」，原作「千」，據乾隆志及新唐書卷一六六賈耽傳改。

〔九〕以遺表托安石　「表」，原作「衆」，乾隆志同。按金史卷一〇八師安石傳作「表」。同書卷一〇一承暉傳：「承暉約抹撚盡忠同死社稷，一作遺表付尚書省令史師安，其表皆論國家大計，辨君子小人治亂之本」。此「衆」乃「表」字之誤，據改。

〔一〇〕從金太保明安降元　乾隆志同。中華書局一九七六年元史點校本校勘記：「廿二史考異云：『案石抹明安仕金未嘗爲太保，此云金太保，誤。』按明安稱太保在降蒙古之後。紫山集卷一六張榮神道碑作『明安太保』，本無『金』字。」則此「金」字衍。

〔一一〕雍正九年　乾隆志同。按清史稿卷二六六勵杜訥傳：「雍正元年，贈禮部尚書。八年，祀賢良祠。高宗即位，加贈太子太傅。」清國史國史宗室王公傳卷七。勵杜訥列傳：「雍正八年，入祠賢良祠。」此記年誤。

〔一二〕加太子少傅　「少」，乾隆志同。清史稿卷二六六勵廷儀傳作「太」。

〔一三〕擢烏嚕木齊都統　「都統」，清史稿卷三三五俞金鼇傳作「提督」。清國史國史滿漢文武大臣畫一列傳卷一九一俞金鼇傳同。

〔一四〕滄州人至扶平抵李陽城　「滄州人」，乾隆志同。按元史卷二〇〇列女傳一：「胡烈婦，「渤海劉平妻也」。不載其籍貫。「車載」原作「軍攜」，「季陽城」原作「陽城」，脱「季」字，並據元史列女傳改補。

〔一五〕利里豪馬榛多金　「多」，原脱，據乾隆志及光緒重修天津府志卷四七列女二補。

〔一六〕孔行祚妻王氏　「行」，同治畿輔通志卷二六四列女二〇、光緒重修天津府志卷四九列女四皆作「衍」，此「行」疑爲「衍」字之誤。

〔一七〕符鍾奇妻任氏　「符」，同治畿輔通志卷二六四列女二〇作「苻」。

〔一八〕歲貢生廷琦女　「廷琦」，乾隆志同。同治畿輔通志卷二六四列女二〇作「張廷錡」。

〔一九〕劉景雲妻李氏　「雲」，乾隆志同，同治畿輔通志卷二六四列女二〇、光緒重修天津府志卷四九列女四皆作「陽」，此「雲」疑爲「陽」字之誤。

〔二〇〕劉成明妻王氏　「明」，原作「名」，據乾隆志及同治畿輔通志卷二六四列女二〇、光緒重修天津府志卷四九列女四改。

〔二一〕劉國燦妻于氏　「燦」，乾隆志同，同治畿輔通志卷二六四列女二〇、光緒重修天津府志卷四九列女四皆作「琛」，此「燦」疑爲「琛」字之誤。

〔二二〕姚廷詔妻張氏　「廷」，原脱，據乾隆志及同治畿輔通志卷二六四列女二〇、光緒重修天津府志卷四九列女四補。

〔二三〕解洲妾田氏　「妾」，乾隆志同，同治畿輔通志卷二六四列女二〇、光緒重修天津府志卷四九列女四皆作「妻」。

〔二四〕李毓英妻季氏　乾隆志同，同治畿輔通志卷二六四列女二〇作「李氏」。

〔二五〕王錡妻劉氏　「錡」，同治畿輔通志卷二六四列女二〇、光緒重修天津府志卷四九列女四皆作「舒」。

〔二六〕孫寶寧妻翟氏　「孫」，同治畿輔通志卷二六四列女二〇、光緒重修天津府志卷四九列女四皆作「徐」。

〔二七〕鄧氏郭應第妻　同治畿輔通志卷二六四列女二〇、光緒重修天津府志卷四九列女四皆作「郝氏」。

〔二八〕陸四謙妻徐氏　「陸」，同治畿輔通志卷二六四列女二〇、光緒重修天津府志卷四九列女四皆作「張」。

〔二九〕李永錫妻趙氏　「錫」，同治畿輔通志卷二六四列女二〇、光緒重修天津府志卷四九列女四皆作「翕」。

〔三〇〕黄焞妻馮氏 「焞」，同治畿輔通志卷二六四列女二〇、光緒重修天津府志卷四九列女四皆作「惇」。
〔三一〕劉漢煜妻趙氏 「漢」，同治畿輔通志卷二六四列女二〇、光緒重修天津府志卷四九列女四皆作「湧」。
〔三二〕馬呈圖妻劉氏 「圖」，原作「國」，據乾隆志及同治畿輔通志卷二六五列女二一、光緒重修天津府志卷五〇列女五改。
〔三三〕高緝雍妻蕭氏 「雍」，乾隆志同，同治畿輔通志卷二六五列女二一作「顒」。
〔三四〕趙文玢妻車氏 「玟」，乾隆志同，同治畿輔通志卷二六五列女二一、光緒重修天津府志卷五〇列女五皆作「珍」。
〔三五〕馬敬止妻顧氏 「敬」，乾隆志同，同治畿輔通志卷二六五列女二一、光緒重修天津府志卷五〇列女五皆作「景」。
〔三六〕蕭繼楊妻劉氏 「繼」，乾隆志同，同治畿輔通志卷二六五列女二一、光緒重修天津府志卷五〇列女五皆作「維」。
〔三七〕馬汝拜妻姚氏 乾隆志同，同治畿輔通志卷二六五列女二一、光緒重修天津府志卷五〇列女五皆無「拜」字。
〔三八〕林偉妻張氏 「偉」，乾隆志同，同治畿輔通志卷二六五列女二一、光緒重修天津府志卷五〇列女五皆作「渭」。
〔三九〕馬驄妻胡氏 「驄」，乾隆志同，同治畿輔通志卷二六七列女二三作「聰」。
〔四〇〕孫貴榮妻韓氏 「貴榮」，乾隆志同，同治畿輔通志卷二六七列女二三作「容貴」。
〔四一〕邊二益妻張氏 「二」，同治畿輔通志卷二六四列女二〇、光緒重修天津府志卷四九列女四皆作「三」。
〔四二〕李永寧妻劉氏 「永」，同治畿輔通志卷二六四列女二〇、光緒重修天津府志卷四九列女四皆作「勇」。
〔四三〕張植妻姜氏 「植」，同治畿輔通志卷二六四列女二〇、光緒重修天津府志卷四九列女四皆作「植元」。
〔四四〕王世忠妻崔氏 「王」，同治畿輔通志卷二六四列女二〇、光緒重修天津府志卷四九列女四皆作「黄」。
〔四五〕徐尚達妻張氏 「尚」，同治畿輔通志卷二六四列女二〇、光緒重修天津府志卷四九列女四皆作「立」。
〔四六〕高文定妻劉氏 「劉」，同治畿輔通志卷二六四列女二〇、光緒重修天津府志卷四九列女四皆作「牛」。
〔四七〕范錫光妾趙氏 「范」、「妾」，同治畿輔通志卷二六四列女二〇、光緒重修天津府志卷四九列女四皆作「沈」、「妻」。
〔四八〕張雙全妻穆氏 「全」，同治畿輔通志卷二六四列女二〇、光緒重修天津府志卷四九列女四皆作「奎」。

〔四九〕韓李妻張氏　「李」，同治畿輔通志卷二六四列女二〇作「理」。

〔五〇〕邊循妻劉氏　同治畿輔通志卷二六五列女二一、光緒重修天津府志卷五〇列女五皆作「邊循禮」。

〔五一〕司極妻劉氏　同治畿輔通志卷二六五列女二一、光緒重修天津府志卷五〇列女五皆作「司敬極」。

〔五二〕姚思德妻張氏　同治畿輔通志卷二六五列女二一、光緒重修天津府志卷五〇列女五皆作「姚世德妻袁氏」。

〔五三〕張壁震妻章氏　同治畿輔通志卷二六七列女二三、光緒重修天津府志卷五一列女六皆作「張氏」。

〔五四〕細文葦蓆　「蓆」，乾隆志同，太平寰宇記卷六五作「簟」。